KB200778

츠빙글리와 불링거

서원모

서울대학교(B.A.), 장로회신학대학교(M.Div., Th.M.), 프린스턴신학대학원(Th.M., Ph.D.)에서 공부했으며, 지금은 장로회신학대학교 역사신학 부교수, 교부학회 총무로 있다. 역서로는 「한국교회 대부흥운동 1903-1908」, 「여성과 초대기독교」(공역), 「신학의 정수」, 「팡세」, 「역사신학」, 「모든 진리는 하나님의 진리다」 등이 있다.

김유준

연세대학교(B.Th.), 연세대학교 대학원(Th.M., Ph.D.), 한신대학교 신학대학원(M.Div.)에서 공부했으며, 지금은 연세대학교 겸임 교수, 한신대학교 외래 교수, 한국에드워즈학회 임원, 토지+자유연구소 연구위원으로 있다. 역서로는 「소유권: 초대교부들의 경제사상」, 「조나단 에드워즈의 매일묵상」이 있고, 저서로는 「문화시대의 창의적 그리스도인」(공저), 「희년, 하나님 나라, 한국사회」(공저)가 있다.

기독교고전총서 19

츠빙글리와 불링거

옮긴이	서원모·김유준
초판인쇄	2011. 1. 17.
초판발행	2011. 2. 1.
표지디자인	송원철
펴낸곳	두란노아카데미
등록번호	제 302-2007-00008호
주소	서울시 용산구 서빙고동 95번지
영업부	02-2078-3333 FAX 080-749-3705
편집부	02-2078-3478
홈페이지	http://www.duranno.com
이메일	academy@duranno.com

ISBN 978-89-6491-019-1 04230
      978-89-6491-000-9 04230(세트)

두란노아카데미는 두란노의 '목회 전문' 브랜드입니다.

기독교
고전총서 19

츠빙글리와
불링거

서원모 · 김유준 옮김

Zwingli and Bullinger

두란노아카데미

발간사

먼저 두란노서원이 창립 30주년을 맞이하면서, '기독교고전총서' 20권을 발간할 수 있도록 허락하신 하나님께 감사드립니다.

실용 음악을 하기 위해서는 고전 음악부터 공부한다고 합니다. 운동선수들이 화려한 개인기를 발휘하기 위해서도 수천 혹은 수만 번 기본기를 먼저 연습해야 하지 않습니까? 목회나 신학도 마찬가지입니다. 현대를 풍미하는 최첨단의 신학은 기독교 고전에 대한 깊은 탐구로부터 시작되며, 21세기를 살아가는 성도의 마음을 이끄는 목회와 설교 역시 고전으로부터 중요한 통찰력을 얻을 수 있습니다. 바로 여기에 '기독교고전총서' 발간의 의미가 있습니다.

두란노서원은 지난 30년간, 크게 네 가지의 주제를 놓치지 않으며 기독교 출판에 앞장섰습니다. 첫째는 '성경적'입니다. 지난 30년 동안 두란노가 많은 책을 출판했지만, 성경의 정신에 입각한 출판을 목표로 했습니다. 둘째는 '복음적'입니다. 두란노는 지금까지 성경에 근거한 복음주의적 신학을 포기한 적이 없습니다. 셋째는 '초교파적'입니다. 한국 교회 안에 다양한 교단이 있지만, 두란노는 교단과 교파를 초월하여 교회가 하나님의 나라를 바라볼 수 있도록 돕기 위해 노력했습니다. 넷째는 '국제적'입니다. 두란노서원은 문화적이고 국제적인 측면에서 세상과의 접촉을 시도했습니다.

두란노서원이 창립 30주년을 맞이하면서 '기독교고전총서'를 발간하는 것은 위에서 언급한 네 가지 주제를 더욱 확고히 하는 기초 작업 가운데 하나입니다. 기독교 고전에는 교파가 있을 수 없고, 가장 성경적이면서도 가장 복음적인 신학을 우리는 기독교 고전에서 배울 수 있습니다. 또한 각 시대마다 교회가 어떻게 세상과 소통하려 노력했는지를 알게 되어, 우리 시대의 목회를 위한 귀한 통찰력을 얻을 수 있습니다. '기독교고전총서'의 발간이라는 기념비적인 사업이 가져다주는 이러한 유익은 단지 두란노 안에만 머무는 것이 아니라, 한국 교회 전반에 넓게 확산되리라 확신합니다.

 '기독교고전총서'를 번역하기 위해 한국교회사학회 교수님들이 수고하셨습니다. 문장 하나하나, 단어 하나하나를 가장 적절한 우리말로 옮기기 위해 노력해 준 번역자들에게 이 자리를 빌려 감사를 전합니다.

두란노서원 원장

한국어판 서문 GENERAL EDITOR'S PREFACE

중세 사상가인 베르나르 드 샤르트르는 "거인들의 어깨 위에 올라서서, 그들의 위대한 선조들보다 더 멀리까지 바라볼 수 있었다"고 말했다. 또한 피에르 드 블루아도 "우리는 거인들의 어깨 위에 올라앉은 난쟁이와 비슷한 처지에 있으며, 그들 덕분에 그들보다 더 멀리까지 바라볼 수 있다. 우리는 고대인들의 저작을 연구함으로써 그들의 세련된 사상을 되살리고, 그들을 시간에 의한 망각과 인간의 무관심으로부터 구출해 낼 수 있다"고 말했다. 우리는 고전들을 연구함으로써 거인들의 어깨 위에 있는 난쟁이처럼 더 멀리 바라볼 수 있을 것이다.

'기독교고전총서'는 오래 전부터 구상되었으나 이제야 결실을 보게 되었다. 처음에는 40권 정도의 기독교 고전 전집을 구상하였으며, 모두 그리스어나 라틴어 등 그 저작의 원문에서 번역하려고 구상하였다. 그러나 그것은 아직 힘에 겨운 일이어서 우선 'The Library of Christian Classics'을 대본으로 하여 번역하기로 결정하였다. 이는 초대 교회 시대로부터 종교 개혁 시대까지의 고전들을 모두 26권에 편집한 것이다.

우리는 이 중 여섯 권은 제외하기로 결정하였다. 우리가 제외시킨 것은 제4, 18, 20, 21, 23, 26권이다. 제4권의 제목은 *Cyril of Jerusalem and Nemesius of Emesa*로, 예루살렘의 키릴로스의 교리 문답과 에메사의 네메시오스의 '인간 본질론'을 담고 있다. 제18권의 제목은 *Luther: Letters of Spiritual Counsel*로, 루터의 영적 상담의 서신들을 담고 있다. 제26권의 제목은 *English Reformers*로, 영국 종교 개혁자들의 저작을 담고 있다. 이들 고전들은 그 저작들이 중요하지 않아서가 아니라 이미 단행본으로 널리 보급되어 있기 때문에 이번 전집에서는 제외시키기로 결정하였다. 제20권과 제21권은 칼뱅의 「기독교 강요」로, 매우 중요한 저작이긴 하지만 이미 우리말로 많이 번역 출판되어 있기 때문에 제외시키기로 결정하였다. 또한 제23권은 칼뱅의 「성경 주석」으로, 이 역시 소중한 저작이긴 하지만 이미 우리말로 번역 출판되어 있어서 제외시키기로 결정하였다. 영어 전집에서 아우구스티누스의 「신국론」이나 오리게네스의 「원리론」이나 루터의 「3대 논문」을 제외시킨 것도 마찬가지 이유다.

　'기독교고전총서'의 제1권은 사도적 교부들의 저작들과 이레나이우스의 「이단 반박」을 담고 있다. 제2권은 알렉산드리아의 클레멘스와 오리게네스의 저서들을 담고 있다. 제3권은 아타나시오스와 나지안조스의 그레고리오스와 니사의 그레고리오스의 저작들과 함께, 아리우스와 네스토리오스의 서신들과 「칼케돈 신조」를 포함하여 초대 교회 총회들의 결정들을 담고 있다. 제4권은 테르툴리아누스, 키프리아누스, 암브로시우스, 히에로니무스 등 라틴 교부들의 저작들을 담고 있다. 제5권은 「독백」, 「자유 의지론」, 「선의 본성」 등 아우구스티누스의 초기 저서들을, 제6권은 아우구스티누스의 「고백록」과 「신앙 편람」을, 제7권은 「삼위일체론」과 「영과 문자」 등 아우구스티누스의 후기 저서들을 담고 있다. 제8권은 동방 교회의 금욕주의를 다루고 있는데, 사막 교부들의 말씀이 있다.

　제9～13권까지는 중세 교회의 저작들을 담고 있다. 제9권은 초기 중세 신학들을 담고 있는데, 레렝스의 빈켄티우스의 저작, 라드베르와 라트랑의 성찬론 논쟁, 그레고리우스 대교황의 「욥기 주석」, 비드의 「영국 교회사」 등이 있다. 제10권은 스콜라 신학을 다루고 있으며, 캔터베리의 안셀름, 피에르 아벨라르, 피에트로 롬바르도, 보나벤투라, 던스 스코투스, 오컴의 윌리엄 등의 저작들을 담고 있다. 제11권은 중세 신학의 대표자라고 할 수 있는 아퀴나스의 「신학대전」을 담고 있다. 제12권은 중세 신비주의를 다루고 있는데, 클레르보의 베르나르, 생 빅토르의 위그, 아시시의 프란체스코, 에크하르트, 독일 신학, 쿠사의 니콜라우스 등등의 저작들이 있다. 제13권은 위클리프, 총회주의자들, 후스, 에라스무스 등 종교 개혁 선구자들의 저작들을 담고 있다.

제14~20권까지는 종교 개혁자들의 저작들을 담고 있다. 제14권은 루터의 「로마서 강의」를 담고 있다. 제15권은 루터의 초기 저작들 중 「히브리서에 대한 강의」, 「스콜라 신학에 반대하는 논쟁」, 「하이델베르크 논제」, 「라토무스에 대한 대답」 등이 있다. 제16권은 자유 의지와 구원에 대한 루터와 에라스무스의 논쟁을 다루고 있는데, 에라스무스의 「자유 의지론」과 루터의 「의지의 속박론」이 있다. 제17권은 멜란히톤의 「신학총론」과 부처의 「그리스도 왕국론」을 담고 있다. 제18권은 칼뱅의 신학적 저작들을 담고 있는데, 「제네바 신앙 고백」, 「제네바 교회 교리 문답」, 「성만찬에 관한 신앙 고백」, 「예정에 관한 논제들」, 「사돌레토에 대한 대답」 등의 저작들이 있다. 제19권은 츠빙글리와 불링거의 저작들을 담고 있는데, 츠빙글리의 「하나님 말씀의 명료성과 확실성」, 「청소년 교육」, 「세례」, 「주의 만찬론」, 「신앙의 주해」와 불링거의 「거룩한 보편적 교회」가 게재되어 있다. 제20권은 급진적 종교 개혁자들의 저작들을 담고 있는데, 후터파의 연대기, 뮌처, 뎅크, 프랑크, 슈벵크펠트, 호프만, 메노 시몬스, 후안 데 발데의 저작들이 있다.

이 전집은 기독교 고전들에서 가장 중요한 부분을 발췌하여 훌륭하게 번역한 것이다. 또한 세계적인 전문가들이 각 저작들에 대해 명료한 해설을 해 주고 있으며, 학문적 논의들도 심도 있게 다루고 있다. 독자들은 이 전집에서 기독교 사상의 진수들을 접하게 될 것이다. 이 전집이 신학도들과 뜻있는 평신도들의 신앙을 강화시키고 신학을 심화시키며 삶을 성숙시키는 데 크게 기여하리라 믿는다. 이 전집의 출판을 흔쾌히 허락해 준 하용조 목사님과 이 전집을 출판하기 위해 수고를 아끼지 않은 두란노서원의 관계자들과 번역에 참여해 준 모든 번역자들에게 심심한 감사를 드린다.

이양호
'기독교 고전총서' 편집위원회 위원장

두란노아카데미가 두란노서원 창립 30주년을 맞아 총 20권의 '기독교고전총서'를 발간하는 실로 눈부신 일을 해냈다. 두란노가 주동이 되어 한국교회사학회 교수들이 전공에 따라 번역에 참여하여 이루어 놓은 결실인데, 한국교회사학회는 우리나라 신학대학교와 각 대학교 신학과 교수들이 대거 참여한 기관이기에 한국 교회 전체의 참여로 이루어졌다는 또 다른 하나의 의미가 있다.

'기독교고전총서'는 초대, 중세, 그리고 종교 개혁 시대까지의 저명한 신학 고전들을 망라한다. 각 시대의 신학적 특색들과, 그리스도의 교회가 시대마다 당면한 문제가 무엇이었으며, 어떻게 교회를 지키고 복음을 전파하며 정통을 수호하였는지에 대한 변증과 주장과 해석의 가장 기본적인 문제들이 무엇이었는지를 확인하는 기회가 될 것이다.

두란노아카데미의 이번 '기독교고전총서' 간행은 그런 보화(寶貨)가 반드시 한국 교회 도처 서가에 꽂혀 그 신학적 수준을 세계 최선의 것으로 치솟게 하고자 한 사명감에서 착수한 것으로, 우리들로서는 그 고전들을 회자(膾炙)할 수 있음이 천행이 아닐 수 없다. 이는 한국 교회 역사에 또 다른 기념비를 세운 일이라 여겨 충심으로 찬하하여 마지아니한다.

민경배 백석대학교 석좌 교수

1962년부터 한 권 한 권 사기 시작해서 나는 'The Library of Christian Classics' 전집 (26권)을 다 소장하게 되었고 가장 애지중지한다.

26권을 살 때마다 나는 책 뒷면에 나의 이름과 책을 산 곳과 날짜와 가격을 적곤 했는데, *Augustine: Earlier Writings*과 *Christology of the Later Fathers*는 1962년 6월 21일 총신에서 각각 485원에, *Early Christian Fathers*는 1965년 미국 웨스트민스터 신학교에서 5달러에 사서, 평생 교회사를 연구하면서 그 어느 책들보다 자주이 전집을 읽으면서 참고하곤 했다. 특히 제일 처음 사서 읽게 된 *Augustine: Earlier Writings*는 나의 학문적인 삶에 큰 영향을 미쳤다. 한철하 교수님의 가르침을 따라 영문으로 읽으면서 아우구스티누스의 진솔하고 처절한 고백과 기도에 매료되었고, 믿는 것을 이해하려는 신학 활동에 공감하게 되었고, 세상과 교회와 하나님 나라를 바라보는 폭넓은 우주적인 안목에 깊은 감동을 받았다. 그리고 아우구스티누스를 전공하기에 이르렀는데 그것이 나의 삶과 사역에 얼마나 큰 축복이 되었는지 모른다.

이번에 두란노서원이 'The Library of Christian Classics'의 26권 중 20권을 선별해서 번역한 '기독교고전총서'를 출간하게 됨을 진심으로 축하하며 많은 사람들이 이 고전을 읽고, 삶과 사역이 보다 건강하고 아름답고 풍요롭게 되기를 바란다.

김명혁 강변교회 원로 목사, 한국복음주의협의회 회장

옛것을 버리고 새것만 추구하는 세대에서 온고지신(溫故知新) 즉, 옛것을 연구하여 새로운 지식이나 도리를 찾아내는 일이 얼마나 중요한 것인지를, 학문을 사랑하고 진리를 탐구하는 이들이라면 누구나 이해할 것이다.

세기를 넘어 두고두고 읽히고 사랑받는 고전은 시간뿐 아니라 국경을 뛰어넘어 공간을 초월하여 읽히고 인용되는 책들로 영원한 진리의 진수를 맛보게 한다. '기독교고전총서'의 번역자들은 그 시대의 신학자나 신학의 맥을 바르게 이해하는 학자들로 구성되어 있어 그 책들의 질에 걸맞은 높은 수준의 용어 선택과 표현을 했다. 이것

은 우리에게 또 한 번 감격을 주는 것이다. 영어로 번역된 고전들을 다시 우리말로 번역함으로 원저자의 의도가 왜곡될 수도 있겠으나 'The Library of Christian Classics'과 같은 기독교 고전의 권위 있는 영역본을 번역함으로 오히려 그 이해의 폭을 더 넓게 했다 할 수 있을 것이다.

지금은 얕은 물에서 물장난이나 하듯 쉽고 재미있고 편리한 것만 찾는 시대이지만, 날마다 생수의 강물을 마시고 그 깊은 샘에서 길어온 물을 마시려는 목회자, 신학생, 평신도 리더, 그리고 그 누구라도 꼭 한 번 이 고전들을 읽어보도록 추천한다.

이종윤 서울교회 담임 목사, 한국장로교총연합회 대표 회장

'기독교 고전'이라 불리는 책들은 기독교의 2000년 역사와 함께해 왔다. 한국의 기독교 역사의 연수(年數)가 유럽의 연수와 비교할 수 없이 짧지만, 이미 세계 기독교 역사의 한 획을 그을 정도로 영향력이 강한 한국 기독교가 '고전'이라 일컬어지는 책들을 출간한다는 것은 큰 의미가 있다.

기독교는 가난한 자를 부하게 하고 묶이고 포로 된 자를 자유롭게 하는 '생명'인데, 지금 우리는 세상에서 오명을 뒤집어쓰고 있다. 이것은 우리의 잘못으로 책임이 우리에게 있다. 이 오명을 벗어버리기 위해서는, 우리 안에서 철저한 자성과 회개와 갱신이 일어나야 한다. 이것은 오직 주의 성령으로, 주의 말씀으로만 가능하다. 시간이 흘러도 여전히 깊은 고전의 메시지를, 하나님 앞과 교회 안에서, 개인의 삶의 터에서 깊게 묵상하고, 묵상한 그것을 삶의 영역에서 진실하게 드러낸다면 분명히 우리는 변할 것이고, 우리 기독교는 새로워져서 세상을 변화시킬 능력을 가진 생명이 될 것이다. 나는 분명 이렇게 소망하고 기대한다.

오늘의 교회를 갱신시키고, 오늘의 교인들을 영적으로 신학적으로 성숙시키는 일에 크게 기여하는 고전시리즈가 될 것을 필자는 분명히 확신한다.

김홍기 감리교신학대학교 총장

역사상 존재했던 다양한 배경의 성도들이 하나님과 관계를 맺고, 그 영혼의 깨달음과 하나님을 향한 갈망과 예배를 뭉뚱그려 놓은 것이 기독교 고전이다. '고전'이라는 칭호를 얻은 이유는 그만큼 통찰력이 깊고, 영성이 준수하며, 시대를 초월하는 내구성이 있기 때문인데, 예수 그리스도의 충만한 분량에 이르기 위해 지속적으로 영성을 계발해야 하는 목회자나 신학생이나 성도는 끊임없이 영성을 살찌울 수 있는 영양분을 공급받아야 한다. 영성 훈련이라면 보통 기도회나 성령 은사를 체험할 만한 집회 참석을 상상하지만 그것이 영성 훈련의 핵심이 아니다. 구름떼같이 허다한 증인들이 하나님과 관계를 맺어온 고전 문헌들을 살펴보면서 자신들의 신학과 예배와 경건 생활을 살펴보고 계발하는 것이다.

이에 '기독교고전총서' 우리말 번역을 진심으로 환영하는 바이다. 지금 시대에 최고의 실력을 갖춘 번역가들이 각고의 노력으로 번역한 이 글들이 한국 성도들의 영성 개발에 큰 공헌이 될 줄로 확신한다. 바라건대 목회자들뿐 아니라 일반 성도들도 더욱 고전에 쉽게 친근해질 수 있게 되기를 소망한다.

피영민 강남중앙침례교회 담임 목사

기독교는 2천 년 역사를 이어오면서 풍성한 영적 광맥을 축적하고 있다. 그 가운데 하나가 기독교 고전 문헌이다. 이는 시대가 변하고 사람이 바뀐다 해도, 각 세대가 캐내어 활용해야 할 값진 보물이요 유업이다.

그럼에도 이런 문헌이 대부분 그리스어나 라틴어 같은 고전어로 쓰였거나 외국어로만 번역되어 있는 것이 오늘의 우리 현실이어서 신학 대학에서 훈련받은 사람조차도 기독교 고전에 손쉽게 접근하기 어려운 형편이었다.

그런데 이 '기독교고전총서'는 초기 기독교 교부로부터 시작하여 16세기 종교 개혁자에 이르기까지 대표적인 기독교 저작들을 대부분 포함하고 있다는 점과, 두란노아카데미 편집부와 한국교회사학회가 협력하여 이루어 낸 결실이라는 점에서 누구도 그 권위를 의심치 않으리라 여겨진다. 번역은 창작 이상의 산통과 노고가 필요한 작업이기에, 교회사 교수들이 합심하여 기독교 고전들을 한국어로 살려 낸 이 시리즈는 한국 교회사에 길이 기억될 역작이라 생각한다.

위대한 신앙 선배들의 그리스도의 복음을 향한 뜨거운 가슴과 깊은 이해가 독자들에게 전달되어 풍요로운 영성을 체험하는 가운데 놀라운 영적 부흥이 일어나기를 소망하며, 많은 분들에게 추천하고 싶다.

목창균 전 서울신학대학교 총장

고전의 가치를 인정하는 기독교가 중요하게 여기는 '고전 중의 고전'은 단연 성경이다. 기독교는 성경을 하나님의 말씀으로 믿는데, 하나님께서 교회에 선물로 주신 보물은 성경 외에 다양한 고전들 속에도 담겨 있다. 기독교 역사 2천 년 동안, 하나님의 일꾼으로 세움 받은 분들이 기록해 놓은 고전은 기독교의 보화다. 기독교 고전은 우리의 믿음과 경건이 한층 성숙해지는 계기를 제공하고 신학적 수준을 한 단계 높이며 신앙을 성숙하게 하는 좋은 자양분이 될 것이다. 기록된 하나님의 말씀인 성경이 기독교 역사를 거쳐 오면서 각 시대마다 어떻게 해석되고 적용되었는지를 이 고전에서 살펴볼 수 있다.

이번에 출판되는 '기독교고전총서'를 보다 많은 성도들이 읽음으로써, 성경을 각자의 삶에 어떻게 적용시킬 수 있는지를 배우게 되기를 바란다. 아무쪼록 '기독교고전총서'의 출판으로 말미암아, 한국 교회가 기독교 고전의 귀중함을 새롭게 깨달아 기독교의 근원으로 돌아가려는 움직임이 강하게 일어나기를 바라며, 기쁜 마음으로 이 책을 추천한다.

장영일 장로회신학대학교 총장

일러두기

'기독교고전총서'(전20권)는 미국 Westminster John Knox Press(Louisville·LONDON)에서 출간된 'Library of the Christian Classics'에서 19권, 그리스어에서 1권을 '한국교회사학회'의 각 분야 전문 교수들이 번역하였다.

1. 맞춤법 및 부호 사용 원칙

맞춤법의 경우, 기본적으로 '국립국어원'의 원칙을 따랐다.

본문의 성경 인용의 경우, '개역개정'을 기본으로 하고 그 외에는 인용 출처를 밝혔으며 사역에는 작은따옴표(' ')로 표시하였다.

국내 단행본, 정기간행물의 경우에는 낫표(「 」)를, 외서의 경우에는 이탤릭체를, 논문에는 큰따옴표(" ")를 하였다.

라틴어의 경우, 이탤릭체로 표시하였다.

강조 문구는 작은따옴표(' ')로 표시하였다.

원서에서 사용한 부호를 가능하면 그대로 사용하였다.

2. 주

원저의 각주 외에 옮긴이의 각주가 추가되었다. 이것을 *, ** 등으로 표시했으며 각주 란에 추가하였다.

각주 번호는 원서 그대로 따랐다.

3. 용어 통일

인명과 지명의 경우, '한국교회사학회 용어(인명·지명) 통일 원칙'을 따랐으며(다음 쪽 참고), 영문은 처음 1회에 한하여 병기하였다.

한국교회사학회 용어(인명·지명) 통일 원칙

1) 문교부가 1986년에 고시한 외래어 표기법을 따른다

　　현행 외래어 표기법은 다음과 같이 네 개의 장으로 구성되어 있다.

　　제1장 표기의 기본 원칙

　　　　제1항 외래어는 국어의 현용 24자모만으로 적는다.

　　　　제2항 외래어 1음운은 원칙적으로 1기호로 적는다.

　　　　제3항 받침에는 'ㄱ, ㄴ, ㄹ, ㅁ, ㅂ, ㅅ, ㅇ'만을 쓴다.

　　　　제4항 파열음 표기에는 된소리를 쓰지 않는 것을 원칙으로 한다.

　　　　제5항 이미 굳어진 외래어는 관용을 존중하되 그 범위와 용례는 따로 정한다.

　　제2장 표기 일람표(현재 19개 언어): 생략

　　제3장 표기 세칙(현재 21개 언어): 생략

　　제4장 인명, 지명 표기의 원칙: 생략

2) 〈외래어 표기법〉에 제시되어 있는 〈라틴어의 표기 원칙〉은 다음과 같다.

　　(1) y는 '이'로 적는다.

　　(2) ae, oe는 각각 '아이', '오이'로 적는다.

　　(3) j는 뒤의 모음과 함께 '야', '예' 등으로 적으며, 어두의 l+모음도 '야', '예' 등으로 적는다.

　　(4) s나 t 앞의 b와 어말의 b는 무성음이므로 [p]의 표기 방법에 따라 적는다.

　　(5) c와 ch는 [k]의 표기 방법에 따라 적는다.

　　(6) g나 c 앞의 n은 받침 'ㅇ'으로 적는다.

　　(7) v는 음가가 [w]인 경우에도 'ㅂ'으로 적는다.

3) 〈외래어 표기법〉에 제시되어 있는 〈고전 그리스어 표기 원칙〉은 다음과 같다.

　　(1) y는 '이'로 적는다.

　　(2) ae, oe는 각각 '아이', '오이'로 적는다.

　　(3) c와 ch는 [k]의 표기 방법에 따라 적는다.

　　(4) g, c, ch, h 앞의 n은 받침 'ㅇ'으로 적는다.

목차 CONTENTS

제1부 츠빙글리

하나님의 말씀의 명료성과 확실성   서원모 옮김

청소년 교육   김유준 옮김

세례   김유준 옮김

주의 만찬론   서원모 옮김

전체 서문 EDITOR'S PREFACE

1. 츠빙글리의 생애

울리히 츠빙글리가 태어난 해는 1484년인데, 같은 해에 루터도 태어났다.* 그가 태어난 토겐부르크(Toggenburg) 지방의 빌트하우스(Wildhaus)는 취리히에서 64km 정도 떨어진 곳으로 해발 914m다. 그는 농부의 가문에서 태어났지만, 유능한 사람이었던 부친의 뒤를 이어 그 마을 행정관을 역임했다. 어린 시절 가정에서는 불굴의 독립심과 강한 애국심, 신앙에 대한 열정과 학문에 대한 실제적 관심 등을 최고로 여기는 스위스 생활 방식으로 양육되었다. 츠빙글리의 후기 생애와 특징은 이러한 어린 시절 환경의 영향을 잘 보여 준다.[1]

츠빙글리의 첫 번째 교사는 원래 빌트하우스의 사제였다가 그 당시에는 베젠(Weesen)의 수석 사제로 있던 그의 삼촌 바르톨로뮤였다.[2] 바르톨로뮤 츠빙글리는 다방면에 지적인 관심이 있어서, 그의 어린 조카에게 새로운 배움과 학문적 연구의 가치에 대한 인식을 미리부터 심어 줄 수 있었다. 츠빙글리의 첫 번째 관심은 중세 구조

---

1. 츠빙글리의 초기 환경에 대한 흥미로운 자료는 O. Farner, *Huldrych Zwingli*, I, 1-138을 보라.
2. *Ibid.*, 152f.에서 파르너는 츠빙글리가 아마도 베젠에서 정규 학교에 다녔을 것이라고 주장하는데, 츠빙글리의 삼촌이 그의 교육을 담당했다는 것은 의심의 여지가 없다.

---

* 루터는 1483년 11월 10일에 태어났고, 츠빙글리는 1484년 1월 1일에 태어났기에 같은 해에 출생한 것은 아니다.

해체에 상당히 영향을 끼친 르네상스 운동으로부터 시작되었다.

그의 제안대로 츠빙글리는 1494년 가을 학기에 바젤의 고등학교에 들어갔다. 거기에서 만난 교사 그레고르 뷘츨리(Gregor Bünzli)는 베젠 출신으로, 원래 바르톨로뮤를 조력했던 사람이다.[3] 바젤에서 츠빙글리는 라틴어, 논리학, 음악을 공부했는데, 그의 전 생애에 걸쳐 함께했던 음악에 대한 재능과 열정을 처음 계발할 수 있었다.[4] 그는 1496년 또는 1497년경에 베른으로 가서 하인리히 뵐플린(Heinrich Wölflin)과, 르네상스의 개념과 방법론에 정통한 유명한 교사 루풀루스(Lupulus)에게 학문적 체계를 익혔다.[5] 베른에 있는 동안, 츠빙글리는 진지한 음악 교육의 기회에 매료되어 거의 도미니쿠스 수도사가 될 뻔했다. 사실 그는 도미니쿠스 수도원에 들어갔지만,[6] 그의 친척에 의해 1498년경에[7] 비엔나 대학교로 다시 옮겼다.

츠빙글리는 잠시 휴식하며[8] 비엔나에 1502년까지 계속 머물렀지만, 그 해 봄에 바젤 대학교의 입학 허가를 받았고, 거기서 자신의 학창 시절을 최종적으로 마무리했다. 그는 인문학 과정에 등록했는데, 거기에 어느 정도 신학이 포함되어 있어서 처음으로 스콜라주의의 방법론을 습득할 수 있었다. 그는 성 마틴 학교에서 강의하면서 생활비를 마련했다. 1504년에 학사(B.A.) 과정을 졸업했고, 1506년에 문학 석사(M.A.) 학위를 마치고 토마스 비텐바흐의 강의, 피에트로 롬바르도(Peter Lombard)의 「명제집」(Sentences)에 대한 과목을 수강했다.[9] 츠빙글리가 성경의 수위권, 은총과 신앙에 의한 칭의의 두 가지 주요 교리에 관심을 갖게 된 것도 비텐바흐의 영향이었다.[10] 비텐바흐의 가르침에 대한 영향을 너무 과장해서는 안 되는데, 이편이나 저편 모두 중세의 체계를 깨뜨리던 그 시기에 어떤 의문도 없었기 때문이다. 그러나 복음적 가르침의 씨앗이 분명하게 뿌려졌고, 자신의 교리로 인해 나중에 엄청난 고난을 겪은 비텐바흐뿐

---

3. *Ibid.*, 162.
4. *Ibid.*, 168f.
5. *Ibid.*, 164.
6. C. R., III, 486. 이것과 밀접한 관계가 있었던 것으로 추정된다.
7. 그 날짜는 보통 1500년으로 언급하지만, 파르너는 1498년이 확실하다고 주장한다. *Ibid.*, 176f.
8. *Ibid.*, 184f. 파르너는 그가 정치적 이유로 인해 일시적으로 추방당했을 것으로 본다.
9. *Ibid.*, 226f.
10. 츠빙글리의 유명한 주장 C. R., V, 718을 참고하라.

만 아니라, 레오 유드(Leo Jud), 카피토(Capito), 그리고 펠리칸(Pellican)도 츠빙글리처럼 그에게 큰 은혜를 입었다.

츠빙글리가 향후 10년 동안 사역한 글라루스(Glarus) 교구의 청빙을 받은 때가 바로 같은 해인 1506년이었다. 그는 콘스탄스에서 사제 서품을 받았고, 빌트하우스에서의 첫 번째 미사 집례에서 축하를 받았다. 글라루스 교구는 작은 도시에 세 개의 마을이 포함되어 있었기에 크고 분주했다. 그는 매우 성실하게 수많은 목회 활동을 수행하였기에, 그의 인문학적 연구와 신학적 연구를 지속할 수 있었다.[11]

글라루스에 있는 동안 츠빙글리는 후기 개혁 작품에 지대한 역할을 한 용병 제도에 대한 문제에 관심을 갖게 되었다.[12] 스위스인들은 불굴의 정신과 용맹함으로 알려져 있었기에 그 당시에 용병으로 많은 요청을 받았다. 그래서 연방 전체 모집이나 개별 모집 모두 교황을 포함하여 여러 유럽 의회들에 높은 가격을 요구할 수 있었다. 그러나 이런 모든 용병 제도와 부유함이 스위스에 심각한 도덕적 타락을 가져왔다. 그래서 1503년 초에 연방 의회는 모든 대외 지불을 금지시키는 헛된 노력을 했다.[13]

애국자이자 목회자인 츠빙글리는 본질적이며 필연적인 구조 악을 개탄했고, 그것을 반대하고자 그의 첫 번째 두 개의 문학적 글을 저술했다. 처음에 츠빙글리는 교황을 위한 복무 면제를 받았는데, 1512년에 자원해서 글라루스의 종군 신부로 참전하면서 교황의 군대와 우연히 전투했다. 그해 군복무 기간 동안과 1513년과 1515년에 다시 그는 교황의 치하와 장려금을 받았고, 그로 인해 글라루스 마을에 대해 교황이 안건으로도 다루었다. 실제로 교황청을 존중하는 상황 속에서도[14] 그를 각성시킨 결정적 시기였지만, 그가 즐겁게 지지했던 취리히에서 초기 몇 년간은 그에게 크게 도움이 되었다. 1523년처럼 상당히 뒤늦은 시기에도 교황 아드리안 6세(Adrian Ⅵ)는 그를 치켜세우는 용어로 글을 썼다.[15] 그래서 첫 번째 개혁은 교회의 심각한 간섭 없이 수행되었다. 게다가 용병 제도의 간접적 결과로 인해 그는 이탈리아에서 교회의 생명과

---

11. 글라루스에 있는 동안의 설명은 Farner, *op. cit.*, II, 7f.를 참고하라.

12. *Ibid.*, 88f.

13. D. C. 153.

14. 시 *Das Labyrinth*을 참고하라. C. R., I, 39f.

15. D. C. R., 187.

활동에 대해 점검할 수 있는 기회를 얻었다. 그는 자신이 본 것에만 감명을 받지 못한 것이 아니고, 현대적 미사를 고전적 미사 예전서에 근거하여, 특히 밀라노의 것과 비교했을 때 그러했다.[16] 고전적 미사 예전서는 그로 하여금 기독교의 현대적 형태의 진정성에 의심을 품게 했다. 물론 그 권위는 그들이 세워 놓은 것이었다.

츠빙글리가 군복무보다 더 중요하게 여기며 지속적으로 관심을 가졌던 것은 고전과 신학적 배움이었다. 그는 책을 구하기 위해 교황의 장려금을 사용한 것으로 보인다. 이러한 도움으로 그는 상당한 도서를 모을 수 있었고, 그 당시의 모든 최신 작품들을 섭렵할 수 있었다.[17] 그는 여전히 르네상스 학자들에 대해 많은 관심이 있었으며, 에라스무스와 아주 훌륭한 서신 왕래를 시작했다.[18] 유망한 청년들을 위해 그가 개설한 강의로 인해 그는 활발한 학문적 작업을 할 수 있었고, 1513년에는 그가 학창 시절이나 대학에서 배운 적이 없는 언어, 그리스어를 직접 가르칠 계획을 세웠다. 유용한 교과서가 없는 상황임에도 불구하고 그가 점진적으로 상당한 수준의 어학을 익혔다는 것은 그의 근면함과 능력을 확실히 입증해 준다. 훌륭한 인문주의자 츠빙글리는 자신의 그리스어 지식을 먼저 고전을 습득하는 데 사용했지만, 신약성경을 원문으로 읽는 것이 그의 첫 번째 목적이었음은 의심할 여지가 없다. 비록 츠빙글리가 폭넓은 인문학적 관심을 유지했지만, 그것은 궁극적으로 자신의 근원적 관심으로 귀결되는 신앙문제였다.

그의 내적 계발의 관점에서 보면 글라루스에서의 마지막 해인 1516년은 아마도 가장 고통스러운 해였을 것이다.[19] 츠빙글리는 거룩한 말씀들을 복음주의적으로 이해하며 헤쳐 나갔던 때처럼 이 시기를 보내고자 끊임없이 자신에게 의뢰했다.[20] 동시에 에라스무스의 영향은 전통적인 체계 가운데 그가 여전히 확신했던 것들을 서서히 무너뜨리는 데에 도움을 주었다. 츠빙글리는 에라스무스의 덕을 입었음을 분명히 인

---

16. *Ibid.*, 161.
17. Farner, *op. cit.*, II, 107f.를 참고하라.
18. *Ibid.*, 153.
19. *Ibid.*, 234f.
20. C. R., II, 145을 참고하라.

식했고, 후에 은혜를 입은 것에 대해 좋은 말로 답례를 했다.[21] 그러나 혁명은 전적으로 지적인 것만은 아니었다. 파르너가 지적한 대로, 그 당시에는 도덕적으로 음란 문제가 상당히 심각했기에, 츠빙글리는 복음적 신앙 안에서 그것을 대항할 새로운 힘과 구원을 발견했다.[22]

그 사이에도 츠빙글리는 글라루스에서 목회 활동을 계속했고, 흥미롭고 효과적인 설교자로 상당한 명성을 얻었다. 하지만 용병 제도 전반에 대한 반감을 갖게 되었고 이는 글라루스의 다른 용병들을 자극했다. 비록 그에게는 여전히 유력하고 호의적인 추종자가 있었지만, 1516년 아인지델른(Einsiedeln)에서 대중의 목회자로 새로 청빙되어 옮기게 되었다. 글라루스 사람들은 츠빙글리가 그곳에서의 목회를 사임하려는 것에 대해 공식적으로 인정하지 않으려 했지만 소용이 없었다. 그래서 간혹 츠빙글리가 이전 교구에서의 목회도 수행하기 위해 '대리 사제'를 두어 두 곳에서 겸직을 했다고도 한다.[23]

아인지델른에서의 사역은 글라루스와는 상당히 달랐다. 그곳에서는 설교자와 학자로서의 두 가지 재능을 모두 심화시킬 수 있는 기회가 주어졌다. 아인지델른은 취리히에서 남동쪽으로 32km에 위치한 작은 마을이지만, '전대사'(全大赦, plenary indulgence)* 이며 어느 천사의 봉헌으로 된 성모 마리아 상이 있는 유명한 순례지로써 스위스 전역에서 오는 순례자들의 관심을 끄는 곳이다. 그곳에서 설교는 매주 주일과 축제일에 있었고, 개인 면담은 언제나 가능했다. 게다가 천사의 봉헌을 나타내는 특별한 축제가 열렸고, 9월 14일 주일에는 중요한 축제가 예배와 설교와 함께 2주간 거행되었다. 츠빙글리가 청빙된 해에 중요한 축제가 열려, 새로운 사제로서 진행하는 데 두각을 나타냈다. 이러한 폭넓은 기회들이 츠빙글리로 하여금 설교자로서의 자질뿐만 아니라, 지역에서의 명성과 영향력에도 큰 도움이 되었다. 그래서 다른 주에서 복음적 가르침을 확대하기 위한 길을 마련했다.

---

21. D. C. R., 160.
22. Farner, op. cit., II, 140f.
23. Opera, VII, 30을 참고하라. 1517년 10월 30일 편지에 보면, 그가 자신을 글라루스의 목회자로 칭했다.

---

* 가톨릭교회에서 죽은 사람들과 산 사람들의 죄벌(罪罰)을 모두 사해 주는 것을 의미한다.

하지만 아인지델른은 다른 이점을 지녔다. 츠빙글리는 글라루스에 있을 때보다 오히려 훨씬 더 많은 여가 시간을 활용할 수 있었기에, 교부 연구와 신약성경 연구를 할 수 있었다. 그곳의 지역 수도원에는 훌륭한 도서관이 있어서 수도원장과 행정관이 모두 새로운 학문을 수용할 준비가 되어 있었다.[24] 게다가 큰 지역에 있는 츠빙글리의 친구들이 최근 출판물들을 그에게 잘 보내 주었다.[25] 비교를 통해 철회를 하는 시기에 그는 복음적 진리에 대한 새로운 이해를 하였고, 설교에서 그는 평범한 신학적 토론이나 주제별 토론을 그날의 복음서에 대한 강해로 대체하여, 그의 주석은 주로, 단지 성경 그 자체에 대한 것이었다.[26]

이 당시에 물론 츠빙글리는 교회로부터 분리하려는 생각을 전혀 하지 않았다. 정말로 그에게 주교와 주교 총대리뿐만 아니라 교황 사절 등은 가장 친근한 호칭이었다. 그들은 그와 함께 어느 정도 같은 마음을 품고 개혁의 필요성을 느꼈다. 1518년에 프란시스코 수도회의 설교자인 삼손(Samson)이 와서 사면증 사건이 일어났지만, 이 문제에 대해 츠빙글리의 상관들은 그를 견책하기보다는 오히려 격려해 주었다.[27] 이러한 사건에서 츠빙글리는 루터보다는 에라스무스의 사상을 더욱 분명히 보여 주었다. 그곳에는 삼손의 작품에 관심을 갖는 사람이 거의 없었기 때문에, 비텐베르크와 같이 심각한 상황은 아니었다. 확실히 츠빙글리는 교회의 지지 안에서 어떠한 희생도 치르지 않았다. 같은 해인 1518년에 그는 교황의 미사를 돕는 사제가 되었고, 그가 초래한 일부 견책들로부터 면제되었다.[28] 1519년에 교황 레오 10세는 삼손을 징계했고, 의회에서 그를 그 나라에서 추방할 수 있는 자유를 주었다.[29]

츠빙글리는 아인지델른에서 좋은 시간을 보냈지만, 오랫동안 만족할 만한 곳은 분명 아니었다. 1518년에 그는 빈터투어(Winterthur)의 초청을 거의 수락했지만, 글라루스의 사람들이 그를 놓아주지 않았다. 그 해 말에 그의 친구 미코니우스(Myconius)의 좋은

24. Opera, VII, 59.
25. Farner, op. cit., 257.
26. C. R., II, 145.
27. 베아투스 레나누스(Beatus Rhenanus)의 답변을 참고하라. D. C. R., 163.
28. C. R., VII, 95f. 그 영예는 물론 헛된 것이었다.
29. D. C. R., 164.

직무를 통해, 상당한 반대가 있었음에도 불구하고 마침내 취리히 대성당의 사제 직무를 감당하게 되었다.[30] 반대 이유는 음악 작품에 대한 그의 사랑과 세상적인 기쁨, 그의 부정한 삶 등이었고, 그가 영향을 끼친 위대한 개혁에도 불구하고 확실한 증거들이 여전히 남아 있다.[31] 아인지델른은 그의 동기생인 레오 유드가 후임이 되었고, 이전 동기들 중의 한 사람인 츄디(Tschudi)가 글라루스 교구를 맡게 되었다.

츠빙글리가 수락한 대성당은 많은 사례비를 주지는 못했고, 초창기에 자신의 직무를 수행하는 제한된 영향력 외에는 시의회에서 아무런 발언권도 없었다. 그러나 츠빙글리는 대성당에서 정기적으로 설교할 수 있었기에, 그 직무가 매우 중요했다. 처음부터 그는 시민들에게 성경 지식을 확산할 수 있는 성경 강해 과정을 곧바로 시작했다.[32] 그래서 개혁 작업을 위한 근간을 마련했다. 장날에 한 설교에서 그는 주위 도시에 사는 여러 지역 사람들도 접할 수 있었다. 삼손의 의도적인 간섭으로 연방으로부터 그가 실질적으로 배제되었고, 교황 사절이 그의 작품 출간을 금지하려는 적대적 수도사들의 공격으로부터 츠빙글리를 보호했다.[33] 불행하게도 취리히는 1519년 가을에 흑사병으로 비참하게 고통을 받았다. 츠빙글리는 그의 목회지에 남아서 사람들을 신실하게 도왔지만, 그 자신이 전염병에 걸려 심한 고생을 하다가 차츰 건강을 회복했다. 사실 죽어가는 수많은 사람들을 위해 자신의 목숨까지 아끼지 않는 츠빙글리의 모습에 사람들은 깊은 감동을 받았다. 그는 이것을 취리히에서 자신의 개혁을 완수하기 위해 마련해 놓은 신적 보증으로 여겼다.[34] 그의 형제 앤드류가 1520년 11월에 죽게 되자, 그의 사상에 훨씬 더 중대한 변화가 생겼다.

츠빙글리의 주요 활동을 따르던 시기에, 다음 회기에 고려할 개혁 작업에 착수했다. 현재 상황에서 우리는 개인적이거나 외적인 문제를 더 고찰하고자 한다. 1522년에 츠빙글리는 바젤의 오이코람파디우스(Oecolampadius)와 서신을 교환하기 시작했다.

---

30. 충분한 설명은 Farner, *op. cit.*, II, 285f.를 참고하라.

31. *Ibid.*, 298–301.

32. *Ibid.*, 293을 참고하라.

33. Opera, VII, 96.

34. Farner, *op. cit.*, II, 347f.

그는 츠빙글리의 진실한 친구였고 루터교도와의 논쟁에서도 지지를 해 주었다.[35] 이러한 새로운 우정으로 1523년 여름에 에라스무스와의 논쟁으로 인해 잃게 된 부분을 어느 정도 보상받게 되었다.[36] 에라스무스는 풍자와 비평을 즐겼지만, 실질적 개혁 작업에는 흥미가 없었다. 그래서 그는 취리히에서 그 당시 이루어지고 있는 사건들에 대해서 경계했다. 문제는 츠빙글리가 후텐(Hutten)의 울리히(Ulrich)를 보호해 주려고 할 때 위기가 닥쳤다. 울리히는 에라스무스를 반박하는 글을 쓰는 무모한 행동을 했고, 에라스무스는 취리히 시의회에 그를 추방하라고 요구했다. 취리히의 안전국으로부터 후텐의 울리히는 8월 15일 에라스무스에 대한 신선한 공격을 대수롭지 않게 여겼지만, 며칠 후인 8월 31일에 그는 죽었다. 에라스무스는 츠빙글리에게 헌사를 한다고 답장했지만, 츠빙글리에게 다시는 편지를 보내지 않았다. 츠빙글리는 그 사건이 벌어진 것에 대해서 상당히 후회했다. 왜냐하면 그가 상당히 존경했던 에라스무스뿐만 아니라 스위스의 인문주의자 글라레아누스(Glareanus)도 잃었기 때문이다. 그러나 정책과 전망에 있어서 결정적인 차이가 있었기에 그 단절은 아마도 불가피했다. 그래서 에라스무스와 루터 사이의 불화처럼 동일한 교리적 신랄함에 참여하지 않는 것이 행운이다.

1524년 츠빙글리가 행한 중요한 새로운 단계는 안나 라인하르트(Anna Reinhard)와 공식 결혼을 한 일이다. 그녀는 한스 마이어(Hans Meyer)의 과부였고, 그녀의 아들은 게롤트(Gerold)였는데, 츠빙글리가 그를 위해「기독교 청소년 교육」(Education of Christian Youth)을 저술했다. 이것은 츠빙글리가 어쨌든 1522년부터 '목사로서' 안나와 결혼했음을 주장할 수 있는 분명한 증거다.[37] 그러나 4월 2일에 직분은 조정되었고, 의회는 공식적으로 6월 26일에 인정해 주었다.

스위스 종교 개혁을 옹호하기 위한 츠빙글리의 방대한 저술 작업이 시작된 때가 바로 이 시기였다.「처음과 끝」(Archeteles)과 하나님의 말씀과 동정녀에 대한 설교들이 1522년에 나왔고, 「논문 해설」(Exposition of the Articles)과 하나님의 의와 인간의 의에 관한

---

35. Opera, VII, 251-52, 261.
36. Ibid, 251, 302, 307-11.
37. Ibid, 210, 226, 253.

설교도 같은 해에 나왔다. 1523년 츠빙글리는 소논문 「청소년 교육」(*The Education of Youth*)을 작성했고, 계속해서 목사로서의 설교와 각종 강연, 서신과 답신을 1524년에 썼다. 「주석」(*Commentarius*)과 세례와 주의 만찬에 관한 논문들이 1525년에 나왔는데, 주로 재세례파와 루터교를 반박하는 논쟁적인 저술 시리즈로 이루어졌다. 1530-1531년에 걸친 마지막 시기에는 「반(反)재세례파의 속임수에 대한 평판」(*The Reputation of the Tricks of the Catabaptists*), 「신앙의 이성」(*Fidei Ratio*), 「기독교 신앙 해설」(*The Exposition of the Christian Faith*)이 나왔다. 이러한 작품 중 대부분은 논쟁적인 상황에서 기획되었고 구성에 있어서도 상당히 서둘러 작성되었음이 분명하다. 츠빙글리 자신도 나중에 많은 오류를 알았지만 그것을 수정할 수 없었다. 한 예로, 그가 깊이 연구한 신학 저술에 있어서 실천적 문제가 지나칠 정도로 많이 차지했다. 또 다른 예로, 꼭 필요한 인내가 부족했다. 한번은 그의 저술에서, 자신의 전체 목적은 가능한 한 가장 빠른 시간 안에 인쇄된 것을 보는 것이라고 했다. 하지만 그의 작품이 정확성이나 심오함이 결여되지는 않았지만, 위대한 신학 작품을 특징짓는 일관성이나 균형은 부족하다. 특히 독일 작품의 경우, 은총이나 간결함보다는 오히려 설득력 있는 이성으로 두드러지는데, 그러한 점이 부족하다.

그러나 츠빙글리의 작품에 나타나는 결점은 전적으로 그의 성격에 나타나는 결점을 반영하는 것은 아니다. 그의 이성은 종종 확신보다는 분명히 정확함이었고, 폭넓은 그의 작품은 복음적 진리에 대한 그의 합리적 이해를 충실하게 증명해 준다. 그러나 종종 그의 극단적 작품이 지적 우월에 대한 거만함을 보여 준다면, 그의 개인적 관계에서는 전혀 나타나지 않았다. 사실, 츠빙글리는 따스한 마음과 친근한 성향을 지녔으며, 그의 성공의 대부분은 그의 개방성과 관용적인 성품에 기인했다. 그는 자신이 명백하고 확실한 진리로 보는 것을 받아들이길 의도적으로 거부하는 적대자들, 즉 어떻게도 할 수 없는 무지를 고집하거나 너무나 자명한 핑계와 어리석음을 옹호하는 이들이 나타날 때만 화를 냈다.

1524년부터 개혁 운동은 취리히만이 아니라 다른 도시와 주에도 영향을 끼치기 시작했다. 그 결과 츠빙글리는 복음적 교육을 옹호하고 전파하는 폭넓은 활동 조직에서 점차 영향력이 증대되었다. 개혁을 반대하는 자들도 역시 분주했다. 사건의 동향에 경계심을 갖게 된 가톨릭의 주들은 츠빙글리와 그의 지지자들을 반박하기 위해 에크(Eck) 박사가 만든 "오래되고 진실한 기독교 신앙과 실천에 대한 성경적 특징"(1524년 10월)이라는 제안을 수용했다.[38] 츠빙글리는 스스로 그 초청을 정중히 거절하고 바젤의 오이코람파디우스와 베른의 베르흐톨트(Berchthold)가 참석했다. 그 기간에는 전통주의자들이 주도했지만, 개혁을 지지하는 사람들이 처음에는 베른에서, 나중에는 바젤에서 우위를 차지했다.[39] 아펜젤(Appenzell), 글라루스, 샤프하우젠(Schaffhausen), 그리고 토겐부르크, 생갈(St. Gall), 투르가우(Thurgau) 같은 인근 지역들을 포함한 대다수의 다른 주도 그들 스스로 복음주의 진영임을 선언했다.[40]

츠빙글리 자신이 이러한 도시에 개혁의 확산을 위해 직접적인 역할을 하지는 않았지만, 실제적 의미로 취리히는 그 운동이 확산되는 중심 역할을 했고, 츠빙글리는 그곳의 교회 지도자이자 신학적 지도자임을 인식했다. 이에 따라, 비록 츠빙글리가 서로 느슨하게 연관된 교회들을 위해 통일된 질서나 예전을 세우려고 하지 않았지만, 특히 호된 성만찬 논쟁의 결과로 루터교 국가로부터 고립될 위험을 감안하면서, 교회들의 보존과 복지를 위한 책임감을 느꼈다. 그의 생애 중 마지막 해에 그의 주요 관심은 교리적이며 정치적인 연맹 조직으로 이미 승리한 기반을 보호하는 것이었다. 원래 그는 신학자이자 목사로서 끊임없는 활동을 계속했지만, 점점 더 그와 잘 어울리지 않는 정치가와 외교관의 업무를 감당해야만 했다.

츠빙글리의 정치적 활동은 주로 세 가지로 파악된다. 첫째, 그는 스위스 안에 공동의 복음적 진영을 형성시키고자 했고, 기독교시민동맹(Christian Civic Alliance)이 설립되고 확장되는 목적을 추구했다.[41] 기독교시민동맹은 불가피한 전제 조건 중 하나로 만든 신앙고백 협정을 제외하고는, 연방이 수용한 바젤 시의 조약을 본받았다.[42] 그 연맹은 빠른 속도로 힘을 얻었지만, 가톨릭 주들이 대항 조직을 형성하게 하는 불가피

---

38. Opera, II, 2, 399f.

39. D. C. R. 459.

40. Loc. cit.

41. D. C. R. 220.

42. Ibid.

한 결과를 초래했다.[43] 이러한 세력과 적대 그룹이 존재함으로 거의 불가피한 충돌이 생겼지만, 1529년 6월에 충돌이 있었을 때, 주도권을 잡은 곳이 바로 개혁 진영이었다.[44] 가톨릭 주들은 매우 긴장했고, 비록 제1차 카펠 평화 협정에 뜨거운 논쟁이 있긴 했지만 유리한 상황에서, 전쟁이 쉽게 복음주의 진영의 승리로 끝났다.[45] 확대된 기독교시민동맹은 국내의 공격에 대항하는 안전망으로서 스스로를 정당화하게 되었다.

하지만 1529년에 외부로부터 가장 심각한 위협이 생겼다. 슈파이어(Speier) 의회가 모든 복음적 교육을 금지시켰으며 성찬 형식론자들에 대한 근절을 요구했기 때문이다. 위협적인 상황에서 츠빙글리는 루터교 국가와의 다소 폭넓은 일치에 대한 가능성을 모색하게 되었다. 그래서 그는 헤세의 필립(Philip of Hesse)이 루터교의 지도자들과 함께하는 예비 신학 논쟁에 참여하도록 초청한 것을 환영했다.[46] 츠빙글리는 자신의 교육에 대한 거침없는 인식에 만족했던 것 같고, 관용에 근간을 두어 사역에 동의를 얻었는데, 토론한 주제의 대부분은 실제로 만장일치로 결정했다. 그러나 루터는 또 다른 생각으로 마르부르크(Marburg)에 갔다. 예를 들면, 그는 하나님의 말씀은 실재적 임재 교리를 뒷받침한다고 생각했다. 그래서 그것을 거부하는 자들에 대해서는 묵인할 수 없었다. 다른 예로, 루터는 연맹이나 군사적 행동에 대해 실제로 신뢰하지 않았고, 그는 정치적 유익을 위한 신학적 원리를 맞바꾸는 것은 아주 잘못된 것으로 여겼다. 루터의 경직성으로 실제 연합의 모든 가능성은 시작부터 파괴되었다. 츠빙글리는 자신의 공세적 성향 속에서 어쨌든 황제가 중단시킨 것으로 충분하다고 느꼈다.[47] 그 실패로 인한 불길한 결과가 1530년 아우구스부르크 의회에서 나왔다. 반대 세력을 모두 반박할 수 있는 강력한 힘을 위해 하나의 일치된 신앙고백을 해야 할 장소에서, 개신교 그룹이 세 개의 분리된, 즉 아우구스타나 신앙고백(Augustana),* 네 개 도시 신앙고

43. Bullinger, *Reformationsgeschichte*, II, 264.
44. *Ibid.*, 297–98.
45. *Ibid.*, 314. 참고 Opera, VIII, 296.
46. Opera, VIII, 287.
47. *Ibid.*, 370.

* 루터의 신학적 입장을 집대성한 것으로 멜란히톤이 작성했다.

백(*Tetrapolitan*),* 그리고 신앙의 이성(*Fidei Ratio*)**에 신앙고백을 진술해야만 했다. 그 상황은 시민동맹에게는 특별한 어려움이 있었다. 츠빙글리 자신도 거의 동의할 수 없는 성찬 교리를 중재하는 것을 수용하면서, 1531년 2월 27일, 네 개 도시는 슈말칼덴 리그(Schmalkaldic League)에 들어갔다.[48]

마르부르크 이후 츠빙글리는 복음적 세력에 필수적이지 않은 반제국주의자와 세 번째 그리고 최후 정치적 동맹을 의지한 것조차도 점점 고립의 위협으로 심각해졌다. 1529년 그의 첫 번째 동맹자는 물론 헤세의 필립이었고,[49] 같은 해 베니스와[50] 접촉했고 1530년에는 프랑스와 동맹을 맺었다.[51] 츠빙글리 자신은 이러한 동맹을 통해, 궁극적으로 종교 개혁 신앙의 폭넓은 전파와 승리를 위한 길이 열릴 것으로 믿었다. 확실히 그는 프랑스에서 그러한 소망을 갖고 있었지만, 원래 그들은 실제적 토대가 없었고 변화될 상황이 아니었다. 프랑스인들과의 협상은 더뎠고, 결국에는 무익했다. 그래서 그 당시에 잇달아 일어난 사건들은 단지 츠빙글리를 죽게 한 것이 아니라, 그가 주도했던 개혁 운동을 위태롭게 했다.

1531년 2월 네 개 도시의 피해는 츠빙글리 자신이 가장 중요하게 여긴 교리적이며 지리적인 동맹을 무너뜨린 것이다. 동시에 루터교인들의 반감과 프랑스인들의 의심으로 취리히와 그 도시의 인근 지지자들이 완전한 고립이라는 위태로운 지경에 빠지게 되었다. 츠빙글리는 결정적으로 황제의 압도적인 공략에 두려움을 느꼈고,[52] 다섯 개 삼림 주들을 진압하기 위한 새로운 노력을 펼칠 때가 이러한 상황이었다.[53] 그러나 베른은 다섯 개 삼림 주들에 대한 경제적 제재를 강조하면서, 이러한 극단적인 단계

---

48. *Ibid.*, 579.
49. *Ibid.*, 665.
50. *Loc. cit.*
51. *Ibid.*, 397.
52. *Ibid.*, 593.
53. *Ibid.*, 583.

---

* 츠빙글리의 신학적 입장을 마르틴 부처(Martin Bucer)가 정리한 네 개 도시(Strasbourg, Konstanz, Memmingen, Lindau)의 신앙고백이다.

** 츠빙글리가 네 개 도시 신앙고백에 반대하여 자신만의 신앙고백문을 작성한 것이다.

에는 동의하지 않았다.[54] 츠빙글리가 예견한 대로 이러한 정책은 단순히 적대자들의 원한만 자극시킨 것이 아니라, 그들이 실제로 군사적 주도권을 쥐게 만들었다. 1531년 10월, 삼림 주들이 더 이상 버틸 수 없어 취리히 지역을 공격했을 때, 절정에 다다랐다. 취리히 사람들은 자연스럽게 자신들을 보호하기 위해 동맹했지만, 준비가 부실했고 위험을 무릅쓰고 싸울 준비도 되어 있지 않았다. 그래서 그들의 부실한 협력으로 1531년 10월 11일에 치명적인 카펠 전투에서 비극적 종말을 맞이했다. 츠빙글리도 재앙의 징후를 알았지만,[55] 종군 목사로서 전투에 참전하여 죽게 되었다. 츠빙글리의 사망과 제2차 카펠 평화 협정은[56] 독일어권 주들의 개혁을 진행하는 데 있어서 결정적인 중단을 초래했다.

2. 츠빙글리의 사역

츠빙글리는 폭넓은 계획을 전혀 의도하지 않았지만, 그가 주도권을 가졌던 개혁에 충실하기 위해 취리히를 남겨 놓았기에, 그의 사역은 사라지지 않았다. 정말로, 츠빙글리가 신약성경의 복음적 이해에 따라 총체적으로 재조직한 교회의 첫 번째 본보기와 귀감을 좁은 영역에서만 보여 주긴 했지만, 츠빙글리의 주요 역사적 중요성이 발견된 것은 이러한 개혁의 영역과 효력 안에 있다.

　츠빙글리는 복음주의자와 설교자로서 취리히에 처음 중대한 영향을 끼쳤다. 이러한 존경 속에서 그의 목적과 방법은 루터의 방식과 실질적으로는 다르지 않았다. 루터는 그 상황에서 참된 열쇠는 교회의 행동이 아니라 하나님의 말씀 선포에 있다고 믿었다. 취리히에서 츠빙글리는 초창기에 의회나 총회(참사회)에 참석하지 않았지만, 민

---

54. Bullinger, op. cit., II, 377. 밀, 포도주, 소금, 철, 강철 등에 대한 통상을 금지시켰다.

55. S. M. Jackson, Ulrich Zwingli, 352.

56. D. C. R. 227.

중의 사제로서 금요일에는 주위 도시로부터 온 많은 사람들이 포함된 회중의 귀가 되었다. 그의 일차적 목적은 끊임없이 성경을 연속적으로 해설하는 것이었지만, 불신앙과 도덕적 타락을 질타하며, 면죄부를 강력히 반박하면서도, 실천적 적용이나 주제별 적용을 하는 것도 두려워하지 않았다. 흑사병이 도는 동안에 그의 신실함과 헌신적 목회로 취리히에서 그의 입지는 강화되었고, 자신의 집이나 대성당 학교에서의 강의는 미래 공동체의 지도자들에게 영향을 끼칠 기회로 제공되었다.

츠빙글리의 담대한 복음적 설교는 원래 수도사의 수도회에[57] 대한 반박에서 생겨났지만, 1520년처럼 이른 시기에도 그가 "하나님의 말씀과 일치하는 거룩한 복음과 사도들의 서신서, 그리고 구약과 신약의 참된 하나님의 성경"을[58] 설교할 자유를 허락하는 명령을 의제로 다룬 의회가 불만을 표시했을 때에도, 설교를 했다. 특히 1520년에 교황으로부터의 연금을 스스로 포기하고 자유롭게 된 후부터 츠빙글리는 용병 제도에 대해서 비판했다.[59] 프랑수아 1세가 1521년 5월에 용병 제도를 시도하려고 했던 때라 그것은 의미심장한 일이다. 프랑수아 1세는 다른 열두 개 주들과만 협약을 맺을 수 있었다.[60] 취리히와 함께한 도시들은 용병 제도를 전적으로 거부했다.[61]

하지만 이 시기에, 1521년 4월 29일 총회(참사회)에서 츠빙글리를 임명했기에, 그가 폭넓은 부문에서 사역을 행할 수 있는 길이 열려, 그는 자동적으로 의회의 구성원이 되었다.[62] 하지만 츠빙글리는 개혁의 참된 비밀은 대중들이 교육을 통해 준비되는 것임을 결코 잊지 않았다. 자신이 행한 모든 활동 가운데 법률 제정을 통해 교회에 강요하려고 하지 않았지만, 그는 회중이 자발적으로 요구하는 활동이 생기면 적절한 시기를 기다리며 행했다. 그것은 장래의 개혁이 설교와 교육을 통해 모두 조심스럽게 준비되었기 때문이다. 설교와 교육은 견고하고 지속적인 기초 위에 최소한의 반대를 통해 진행되었다.

---

57. D. C. R. 165.
58. *Ibid.*, 166.
59. Opera, I, 365.
60. Oechsli, I, 116.
61. *Ibid.*, II, 160.
62. Egli, *Analecta Reformatoria*, I, 22f.

전체 개혁 프로그램을 진행함에 있어서 근본적인 원칙이 두 가지 있었다. 첫째, 모든 교리와 교회 문제는 성경의 가르침이나 본을 따라야만 한다. 둘째, 기독교 정부는 성경의 통치 방식이 준수되는 것을 보기 위해 권리와 의무 모두를 지닌다.[63]

첫 번째 문제가 발생한 것은 교회에 의해서만 재가 되고 시행되는 모든 세 가지 실천과 관련된 것이다. 금식, 성직자의 독신 생활, 그리고 성자들의 중보가 그것이다. 이 세 가지는 모두 전통적 관습이나 감독의 명령과 아무런 관계없이 정착되었다. 어떤 사람들이 자기 멋대로 사순절 금식을 어김으로 금식 문제가 1522년 갑작스럽게 대두되었다.[64] 츠빙글리는 고기의 올바른 사용에 대한 자신의 설교에서 그들의 행동을 변호했다. 위원회는 주교를 보냈지만, 항의와 징계에도 불구하고 의회는 그 문제가 명료하게 밝혀질 때까지 금식의 준수를 요구하는 것 이상을 시행하지 않았다.[65] 독신과 관련해서 츠빙글리는 현재 상황의 불합리함을 느끼고, 1522년 6월에 성직자의 결혼을 허락할 것을 요청하면서 다른 성직자와 함께 주교와 의회에 직접 청원하였다.[66] 이 문제는 의회에서 바로 논의되지는 않았지만, 뒤이은 몇 달 동안 독신 생활은 어쨌든 권위자들의 묵인 하에 취리히에서 정당하게 폐기되었다. 성자들의 중보는 1521년 여름 초기 논쟁의 주제였기에, 츠빙글리가 복음적 진영을 취했을 때, 전통적 입장은 프란체스코회, 순회 수사인 프란시스 랭베르(Francis Lambert)가 주장했다.[67] 결과는 츠빙글리의 승리였는데, 그것은 "거룩한 성경으로부터, 스코투스와 토마스 등과 같은 사람들을 배제해야 한다"고 츠빙글리가 설교함으로 그 지역의 탁발 수도원장과 질서(order)에 대해 깊은 논쟁을 한 후였기 때문이다.[68] 주목할 만한 성공은 8월 19일 총회(참사회) 결의에서 동일한 원칙을 수용했을 때였고,[69] 세속 성직자의 설교를 위한 오이텐바흐(Oetenbach) 수도회 창립식에서 의회가 그의 결정을 따랐을 때였다.[70] 츠빙글리가 민

---

63. Opera, III, 339을 참고하라.
64. Egli, A. S., 233.
65. *Ibid.*, 236.
66. D. C. R. 178.
67. *Ibid.*, 180.
68. Bullinger, *op. cit.*, I, 78.
69. Egli, A. S., 490.
70. D. C. R. 389.

중의 사제로서 신중히 자신의 직무를 사임하고 설교를 위한 새로운 권리를 수용했을 때, 의회의 권위는 11월 12일에 훨씬 더 강화되었다. 그때부터 츠빙글리는 주교의 권위가 아닌 시의회의 권위로부터 사역을 했다.[71] 이러한 활동이 함축하는 것은 부득이하게 국가 지상론자가 되는 것이 아니라, 츠빙글리는 의회가 하나님의 말씀에 종속된 것이라는 이해를 가지고 교회의 문제 안에서 의회의 권위를 받아들였다.

1522년 츠빙글리의 근본 의도가 수용되었지만, 츠빙글리의 과거 직무나 가능한 유용성의 관점에서 감독하기 위해 준비된 교황권과 같은 비교적 하찮은 문제들에 대해서만 적용이 되었다. 반대 세력의 약점과 함께 대다수 민중의 명백한 지지자들은 다음 해에 있을 훨씬 더 야심찬 프로그램을 수행해야 하는 개혁자들을 격려해 주었다. 그래서 1월에 그는 29일에 열릴 1차 논쟁을 대비하며 67개 조문을 출간했다.[72] 의회는 다시금 츠빙글리의 경향과 현재 늘어나는 개혁의 속도에 대한 판단을 내렸다. 독신 생활은 많은 성직자들과 수도사들에 의해 폐기되었다.[73] 67개 조문은 강행되었다.[74] 세례 의식의 첫 번째 변형이 준비되었다.[75] 미사의 기준은 성경 본문 비판에서 나왔다.[76] 대성당의 개혁을 위해 계획이 세워졌다.[77]

신속하고도 과감한 변화가 있었기에, 츠빙글리는 대중의 마음을 앞지르려고 하지 않았고, 모든 과정을 위해 준비된 목사들이 대중들에게 끊임없이 설교를 했다. 1522년 가을에 정말로 주민들 중 일부가 직접 법을 지키며 성상들을 파괴하기 시작했다.[78] 의회는 파괴자들을 처벌했지만, 성상과 미사에 관한 2차 논쟁에서는 인정해 주었다.[79] 주교는 의회(Diet) 때까지 그 문제를 연기하려고 무의미한 시도를 했지만, 이러한 중재는 무시되었고, 의회(Council) 전 10월에 논쟁이 열렸다. 츠빙글리와 레오 유드가

---

71. Egli, A. S., 290.

72. Opera, I, 141–48.

73. Bullinger, op. cit., I, 63.

74. Ibid., 60.

75. Opera, II, 2, 224.

76. Ibid., III, 83f.

77. Egli, A. S., 426.

78. Ibid., 421.

79. Opera, VII, 311f.

지도한 의회는 성상과 미사 모두를 반대하기로 결정했고, 주교의 권위에 상관하지 않고 두 가지 모두의 폐기 명령을 결의했다.[80] 교구 주교의 권위는 이제 완전히 파괴되었고, 의회는 그것을 그 나라의 도시들에 복음적 설교를 접할 수 있도록 자신들의 설교자들을 임명하기 위해 제안한 것으로 인식했다.[81]

교회가 미사를 대체하기로 결정하자 총회(참사회)에서 수많은 반대에 부딪혔고, 그것의 집행이 7개월간 지체되어야만 했다. 1523년 12월과 1524년 1월 논쟁은 이전의 결정을 재확인했지만, 다시금 다른 주들로부터 즉각적인 집행을 막아달라는 반발이 있었다.[82] 하지만 개혁의 사역은 여전히 지속되었다. 아인지델른의 성령강림절 주간이 5월 14일에 금지되었고,[83] 오르간과 성인 유물을 6월에 금했고,[84] 성상은 공식적으로 7월에 제거되었고,[85] 종교적 가옥들을 12월에 해체했는데, 종교와 자선의 목적으로 고쳐 놓음으로 이곳은 그들의 고정 수입원이 되었다.[86] 그동안 미사는 일시적으로 남아 있긴 했지만, 우선 츠빙글리의 저술 「주석」에서 1525년 상반기에 새롭고도 집중적인 공격을 펼쳤기에, 시의회는 신선한 소개로 받아들였다. 4월 12일에 시의회가 최종적으로 그것의 폐지를 선언했기에, 그 공격은 성공적이었다.[87] 취리히에서의 마지막 미사는 고난주간 수요일에 있었고, 그 자리는 이어지는 날에 새로운 교회 공동체의 예배로 대체되었다.[88] 정결한 세례식은 같은 해에 설명되었고,[89] 그것은 성경 낭독이나 예언서에 의한 성가대의 역할로 대체될 때에만 남았다.[90] 그래서 예전의 재건은 얼마간 완성되었다. 1527년에 행한 교회 월력의 개혁에서 성탄절, 부활절 그리고 모든 성인들의 날과 같은 주요 축일들만 존속되었다. 이러한 축일과 주일에는 수확의 필수

---

80. Egli, A. S., 436.

81. *Loc. cit.*

82. Bullinger, *op. cit.*, I, 85.

83. Egli, A. S., 527.

84. *Ibid.*, 547.

85. *Ibid.*, 552.

86. *Ibid.*, 598.

87. *Ibid.*, 687.

88. *Loc. cit.*

89. Opera, II, 2, 230.

90. Bullinger, *op. cit.*, I, 160.

적인 일을 제외하고는 모든 사역이 금지되었다.[91] 1527년 말에 대성당의 사용할 수 없는 오르간은 파괴되었으며, 이전에 도시 교회들을 꾸민 값비싼 장식들은 팔거나 파괴되었다.

1523년의 명령으로 생긴 결정적 파괴로 츠빙글리와 그의 세력은 교회 재조직과 복음적 사역을 모집하는 일에도 휘말리게 되었다. 후자의 경우는 즉시 요청되는 일이었기에, 대성당에 참여하는 학교를 개혁하는 일부로써 곧바로 신학교 설립을 추진했다.[92] 장래의 목사들을 가르치기 위해 그리스어와 히브리어를 모두 강의했고, 레오 유드는 다양한 성경 과목을 독일어로 개설했다. 그 과정을 도시의 성직자들과 일부 평신도들도 수강했다. 최고의 모범으로 세워졌고, 자신의 경험에 비추어 츠빙글리는 학문의 가치에 감사했다. 그는 교구 안에서 개혁이 깊게 뿌리내리기 위해서는 영적인 토대뿐만 아니라 건전한 지적 토대도 세워져야 함을 알았다.

교회 조직의 문제는 복음적 교육을 넓게 확산하면서 생겨났다. 감독의 권위에 대한 파괴는 자연스럽게 영적 감독이 즉각적으로 철수하게 되었고, 재세례파의 발흥이 교육과 실천에 있어서 불법적인 개인주의의 위험을 초래했다. 그것은 의심의 여지없이, 재세례파가 츠빙글리와 시의 권위를 모두 무자비하게 묵살할 위험 때문이었다.[93] 주(州) 영역 안에서 목사들은 물론 공식적으로 시의회를 책임졌지만, 일상적인 사법 절차는 그렇다 해도, 영적으로나 도덕적 훈련을 실행할 만한 실제 기구도 없었다. 새로운 위계질서를 만드는 데서가 아니라, 교회의 노회 설립에서 그 필요가 대두되었다. 노회는 교리에 있어서의 기본적 일치를 강화하는 일을 담당하며, 윤리적 목회의 삶에 대한 타당한 표준을 제시한다.[94] 종교 개혁 신앙을 위해 다른 주들과 도시들의 가입으로, 더 많은 총회가 회합했지만, 그 방대한 조직은 스위스가 정치적으로 익숙한 연방제였다. 공동 신앙고백은 연합의 주된 끈이었다. 예전과 교회의 문제에 대해서 개별 도시들이나 주들은 자신들만의 직무를 정할 수 있는 개별적 권리를 유지했다.[95]

91. Jackson, op. cit., 291–92.
92. Ibid., 293.
93. Egli, A. S., 622, 624.
94. Jackson, op. cit., 286.
95. Ibid., 294.

아마도 주도면밀함과 일관성으로 츠빙글리가 개혁을 실행한 것이 사실상 개혁에 있어서 가장 현저한 특징이었다. 이러한 면에 있어서 루터와의 비교는 특별히 두드러진다. 루터는 하나님의 말씀을 선포함으로 교회를 정결케 하는 것이 목적이었지만, 그는 실천적 개혁의 프로그램이 거의 없거나 전혀 없었다. 그가 수행한 예전과 교회의 재정비는 지속적인 계획이라기보다는 상황에 따라 용인된 것이 더 많았다. 반면 츠빙글리는 루터와 동일한 기본 목적을 가졌지만, 하나님의 말씀에 의한 교회 정화를 위해 그는 단지 신앙의 부흥과 교리의 재건이 아닌, 교회의 삶과 실천의 모든 부분을 철저히 조사했다. 엄밀하게 말하자면, 츠빙글리에게는 어정쩡한 행위(*adiaphora*)가 없었다. 하나님의 말씀으로 모든 면에서 교리뿐만 아니라 실천으로도 검증되어야 했다. 실제로 성경이 금지하지 않은 토대 위에서 단순히 행하는 전통적 형태나 의식들을 존속시키는 것에 대해서 문제시할 수 없었다. 츠빙글리가 취리히에서 개혁 프로그램을 완전하게 수행한 것을 말하지만 끝이 없다. 그러나 그는 분명히 그의 모든 개혁 프로그램을 수반하는 원칙이 있었다. 그것은 바로 하나님의 말씀이 단지 신앙과 윤리 문제가 아닌, 교회 실천과 연관된 모든 문제를 탄원하는 최고 법정이어야 한다는 원칙이다. 일관성과 주도면밀함으로 사역을 한 츠빙글리는 그 원칙을 유연하게 적용했다.

　　하지만 츠빙글리는 일차적으로 교회의 정치가가 아니라 복음적 진리의 설교자였다. 그것 때문에 근본적으로 취리히에서의 개혁이 정치적인 문제라기보다는 오히려 교리적이고 영적인 문제였다. 물론 츠빙글리가 교회 업무에 자율성을 얻기 위해, 의회의 본능적인 요구를 활용한 것은 사실이다. 그가 다양한 개혁을 수행함에 있어서 실제 효과를 얻기 위해 의회의 영향력을 활용한 것도 사실이다. 그러나 츠빙글리가 성공한 실제 비밀은 대성당 설교단에서 그 도시의 신앙적 사상을 지도할 수 있는 능력이었다. 츠빙글리는 자기 사역의 참된 근본에 대해서 전혀 의심하지 않았다. 배우고 선포된 하나님의 말씀으로만 개혁이 가능했다. 그래서 츠빙글리는 학문과 열정을 겸비한 성직자였기에 매우 확고했다. 성경을 배운 사람들만이 전통적 신앙과 실천의 거짓을 알 수 있고, 신약성경과 일치된 신앙과 질서를 요구하고 유지할 수 있기 때문이다. 표면적으로 보면 취리히의 종교 개혁은 매우 실천적이었지만, 근저의 실천적 수단은 단지 하나님의 말씀을 설교함으로 실행된 내적 혁명의 결과였다.

설교에 대한 강조는 궁극적으로 교육받은 평신도들이 교회 방침에 있어서 모든 부분을 감당할 수 있게 했다. 이러한 점에서 츠빙글리는 아마도 그가 알던 것보다 더 낮게 확립했기에, 분명 그는 자신의 교육이 의미하는 바가 무엇인지를 깨달았을 것이다. 우리가 이미 주목한 대로, 많은 경우에 있어서 그는 대중들이 자발적으로 솟아나온 개혁의 요구를 인정했다. 게다가 그는 의회가 신학 논쟁의 문제에 대해 판단할 수 있길 기대했고, 교회 문제에 있어서 정부의 권리를 인정했다. 물론 대부분 이러한 용인은 일반적인 것으로 츠빙글리가 루터와 실제 모든 종교 개혁자들이 공유한 법적으로 확립된 권위였다. 그는 떳떳한 마음으로 그것을 할 수 있었는데, 그가 예견한 대로 의회가 복음의 진리에 견고히 서 있는 그리스도인으로 구성되었기 때문이다. 그래서 교회의 문제에 있어서 그들의 책임감을 훈련하기에 적합했다. 이러한 점에서 츠빙글리는 항상 참된 목사직의 궁극적 우위를 유지했는데, 말씀을 해설하거나 선포하는 것은 목사의 직무이기에, 행정관직은 하나님의 말씀을 해결하거나 넘어설 권위가 없었다. 취리히에서 최종 권위는 시의회에 있는 것이 아니라, 성경에 있었다.

취리히에서 시행된 전례 재건의 특징을 결정짓는 것은 바로 성경과 그 권위에 대한 강조였다. 그것은 두 가지 방법으로 전개되었다. 첫째, 교회의 예배는 모든 면에서 성경의 모범을 따르는 것이었다. 둘째, 성경의 진리를 교육하는 가장 중요한 목적을 돕는 것이었다. 실천에 있어서, 두 가지 방법은 하나의 동일한 것이었다. 그것은 본래 성경 교육의 궁극적 목적을 가장 잘 돕는, 성경에 가장 조화되는 형태이기 때문이다. 그래서 츠빙글리는 모든 예배를 자국어로 드려야 한다고 주장했다. 이것은 분명 신약성경의 평범한 실천으로 돌아가는 것이었지만, 교육을 돕는 필수적인 것이기도 했다. 또한 마음을 산란하게 하며 예배와 무관한 장식과 의식을 과감히 금했고, 모든 예전 형식은 신약성경 예배의 기본 구조를 따르면서, 그리고 복음적 신앙에 대한 적극적 전파를 위한 영역을 확장하면서 평범하고도 단순했다.

츠빙글리 사역의 견실함의 가장 확실한 증거는 짧은 기간에 이루어 놓은 철저한 변화였는데, 그것도 자신의 죽음의 충격을 극복했을 뿐만 아니라, 다음 세대의 종교 개혁 공동체에 걸친 폭넓은 영향을 끼쳤다. 물론 어떤 의미에서 우리는 그가 행한 그 사역이 제한된 것이며, 불완전한 한계가 있음을 인정해야 한다. 그의 프로그램은 철저하고도 주도면밀했지만, 비교적 적은 범위 안에서만 그것을 수행할 수 있었다. 그의 직접적 영향은 취리히와 스위스 연방의 인근 도시들과 주들에 제한되었다. 그가 살아 있을 때, 광범위한 영역과 기회가 주어졌다면, 그의 참된 계승자는 바로 종교 개혁 교회들의 지도자인 존 칼뱅이 되었을 것이다. 실제로는 츠빙글리의 야심찬 계획을 완수할 수 없었다. 하지만 그가 해낸 것은, 철저하고도 멋지게 해냈다. 취리히 교회는 결코 세계적인 탁월함이나 제네바와 같은 권위를 획득하지는 않았지만, 하나님의 말씀에 따른 온전한 개혁 교회의 첫 번째 모범으로서 중요하며 자부심을 지닐 만하다. 그는 종교 개혁의 사건과 형식 모두에 영향을 끼친, 종교 개혁 전통의 개척자였다.

3. 츠빙글리의 신학

엄격한 의미에서 츠빙글리의 신학을 그의 사역과 분리하는 것은 잘못이다. 교회의 활동이 그의 신학적 원칙들에 대한 단순한 실천적 적용이었기 때문에, 이 둘은 함께 속한 것이다. 모든 활동의 배경에는 그가 궁극적으로 중심에 둔 전체 사상으로 두 가지 중요한 교리가 있었다. 하나는 성경 속에 있는 하나님의 계시의 우월성이고, 다른 하나는 선택과 은총 안에 있는 하나님의 주권이다. 한편 성경적 계시에 대한 인식은 은총의 내적 작용에 달려 있고, 성경 지식의 범위는 하나님의 주권에 이차적인 것이다. 그러나 다른 한편 은총의 교리는 성경 전체를 통해 계시되고 알려진 것이며, 성경의 범위는 신앙적 삶과 사상의 참된 근원으로서 나타난다. 순수하게 역사적 관점에서, 츠빙글리의 철학적이며 일반 신학적인 독서로 하나님의 절대주권을 이해한 것으로 볼 수 있다. 그러나 동시에 그는 성경에 대한 조직적 연구를 했고, 그것은 내적으로 그의 초기 교육에서 확정된 성경적 계시의 내용으로, 츠빙글리의 독특한 특징이 반영된 신학이다.

아무튼, 츠빙글리가 성경에 대한 교리나 인간의 타락과 비참함보다도 오히려 신론에 늘 자부심을 둔 그의 교리 해설은 주목할 만하다. 이런 면에서 그는 신조들의 전통적 질서를 따랐다.[96] 이 신조들은 많든 적든 간에 진리의 근원이자 기준으로서 당연시 되는 성경을 따른다. 그래서 그는 대부분의 종교 개혁 신조들이 따르는 하나의 모범을 세웠다. 자신의 경험을 충실하게 반영하면서, 그는 보통 기독교 교리에 대한 자신의 진술을 철학적 개론으로 시작했다. 그것은 그가 만물의 근원이자 기준이신 하나님의 통일성과 독특성을 이성적 근거로 주장한 것이다.[97] 「주석」에서 그는 신앙의 본질에 관해서 훨씬 더 일반적인 토론으로 시작한다. 그래서 하나님의 존재와 본성의 첫 번째 가치를 위한 길로 열어가면서, 신앙의 본질을 하나님과 인간 사이의 관계로 정의한다.[98] 그래서 그는 철학이 우리에게 하나님의 실존과 섭리의 기본 사실들을 제공하기에 신앙의 합리성을 나타낸다고 주장하면서, 자신의 평범한 질서를 따른다.[99]

하지만 비록 이러한 토론에서 이성이 전통적 스콜라주의의 형식 안에서 그런 것처럼 같은 부분을 거칠게 역할하고 있음을 인식해야 한다. 츠빙글리가 진전시킨 신론은 모든 것에 의도된 것이며 엄밀하게 성경적으로 목적된 것이다. 출발점과 외적 형태는 모두 이성적이지만, 이성의 임무와 능력은 면밀히 한계가 정해진다. 이성은 우리에게 하나님에 대한 일신론적 묘사를 명확하게 제시할 수 없다. 그것은 확실히 신적 본성과 속성에 관한 불변의 것을 드러낼 수 없다. 그래서 그것은 하나님의 실존에 대한 외적 이해를 대항하는 것으로써, 하나님과의 내적 관계를 세우는 데 있어서는 완전히 무기력하다. 하나님이 누구며 무엇을 하는지를 인지하기 위해, 그리고 그분의 성품에 대한 내적 이해를 위해, 신구약성경에 증언된 신적 자기 계시로 돌아가는 것은 필연적이다.

성경으로부터 츠빙글리는 하나님에 관한 세 가지 중요한 사실을 배웠다. 그분의 자존, 그분의 선하심, 그분의 완전하심이다. 자존하는 한 분 하나님은 유일하며 홀로

96. Zwingli, *Hauptschriften*, XI, 302f.
97. 예를 들면, *Exposition of the Faith*에 있다.
98. *Ibid.*, IX, 18f.
99. *Ibid.*, 20f

충만하다. 그분은 어떤 방식으로든 다른 피조물에 의존하지 않으며, 다른 피조물에 의해 제한받지 않는다. 그분은 영원하며 무한하고, 그분의 무한성과 영원성에 있어서 유일하다. 그러나 초월적 하나님은 선한 하나님이기도 하다. 그래서 하나님의 선하심은 정적 속성이 아니라, 창조, 섭리, 구속에 관한 신적 사역에 있어서, 그분 스스로를 외적으로 표현하는 능동적 선함이다. 그것은 그 안에 모든 신적 속성들을 포함한다. 그래서 하나님은 완전한 하나님이시다. 사람 안에 반영된 모든 탁월하심은 가능한 최상의 형태로, 즉 무소부재, 전지전능, 사랑으로써 사람에게 드러난다. 하나님의 은혜는 그분의 선하심과 완전하심을 필수적으로 동반한다. 그 자체 본성의 논리로 하나님의 공의와 사랑이 값없는 자비의 사역 안에서 외적으로(ad extra) 표현된다.[1]

츠빙글리는 하나님의 절대주권과 함께 지혜와 능력과 선의 총체로써 그분의 완전하심을 강력하게 주장했다. 그러나 민감한 형태로 이러한 두 가지 면의 주장은 악의 실존, 특히 타락과 관련해서 하나님의 섭리에 의한 사물의 처리 문제가 제기되었다. 츠빙글리는 자연스럽게 그 문제를 인식하여, 그것을 「섭리에 관한 논문」(Treatise on Providence)에서 상당히 자세하고도 날카로운 통찰력으로 다루었다. 한편 그는 하나님의 섭리가 완전무결하다고 주장했다. 하나님은 모든 행위나 사건의 직접적 원인이다. 츠빙글리가 이방인의 선함조차도 동일한 주권의 성령의 작인으로 추정할 수 있는 것도 그 이유 때문이다. 그러나 다른 한편, 츠빙글리는 하나님이 어떤 의미에서는 도덕적으로 인간의 죄악 된 행위에 책임이 있다는 것을 부정하려고 했다. 그는 하나님이 그러한 행위의 직접적 원인임을 인정해야만 했다. 그러나 그는 도덕적 책임은 부정했다. 정식으로 하나님 자신은 인간이 세워 놓은 법보다 뛰어나기 때문이며, 본질상 그분은 자신의 도덕적 의지에 반하여 일으키는 인간의 입장에서 범하는 행동에 대해 언제나 고상하고 타당한 이유가 있기 때문이다. 그래서 하나님이 죄악 된 행위의 원인일지라도, 그러한 행위의 죄는 하나님이 아닌 인간에게서 기인한다. 그것은 인간이 하나님의 의지에 직접 반발하기 때문에 인간에게 범죄가 덧붙여진다는 의미다. 그러므로 실제적 의미에서는 하나님이 직접적 원인이 되는 행위에 대해서 영원한 처벌을

1. *Ibid.*, IX, 20f.; XI, 302.

주는 하나님은 모순이 없다.

츠빙글리에게 있어서 하나님의 유일한 작인은 필연적으로 하나님의 예정과 선택에 대한 엄격한 교리와 연관된다. 하나님으로부터 얻는 모든 것이 선하기 때문이며, 신앙 그 자체도 하나님이 주권적으로 주기로 정한 경우에만 가능하기 때문이다. 츠빙글리는 신앙 혹은 불신앙에 대한 단순한 예지로써의 예정을 도저히 설명할 수 없었다. 이에 반해, 그것은 구원받을 사람에 관한 하나님의 자유로운 결정이다. 이러한 결정은 하나님의 구속 활동의 참된 근원이다. 그것의 성취 가운데, 구원을 위해서 하나님의 선택이 필수적이라는 것은 하나님이 모든 것을 제공하기 때문이다. 한편, 그분은 예수 그리스도의 성육신과 죽음과 부활을 통해 인간의 죄를 보상한다. 다른 한편, 그는 성령의 비밀스런 작용으로 믿음과 선행을 일으킨다.[2]

츠빙글리가 기독교에 대해 실재하는 이론과 실천을 강력하게 반대하며 저항하지 않을 수 없었던 것은 하나님의 주도권과 주권에 대해 대단히 강조했기 때문이다. 그것이 츠빙글리가 끊임없이 만든 확실한 것일지라도, 중세 체제가 단지 신약성경의 기준에 상반된다는 것이 아니다. 좀 더 깊은 차원에서 중세 체제는 성경의 복음적 교리를 직접 반대하는 반(半)펠라기우스주의 전제에 기초를 두었다. 츠빙글리는 성경의 특별한 가르침에 따른 모든 체제를 자세하게 시도할 수 있었지만, 최종적 분석에서 기본 교리가 비성경적이었기에, 세부 사항들이 부담스러웠고 결점이 발견되었다. 구원은 선택과 은혜에 의한 것이라면, 믿음 그 자체도 성령에 의한 하나님의 직접적 사역이다. 그래서 인간 행위의 공덕을 위한 것이나 성례전적 준수에 대한 사효론(*ex opere operato*) 효력을 인정하는, 신앙적 삶이나 사상을 계획할 여지가 있을 리가 없다.

루터가 칭의론에 대한 새로운 복음적 이해를 했던 것처럼 츠빙글리도 그의 기본 가르침에 따라 추진했다.[3] 칭의는 그리스도의 공로 때문에 의롭게 되었음을 받아들이면서 예수 그리스도를 믿기로 한, 선택 받은 자들에 대한 하나님의 주권과 창조적 선언으로 되었다. 칭의의 참된 토대는 인간의 신앙 행위가 아니고, 하나님의 공의와 자비가 신적 선함의 단순한 행위로 결합된, 예수 그리스도의 생애와 죽음이다. 츠빙

---

2. *Ibid.*, XI, 266-68.
3. *Ibid.*, IX, 102f.; XI, 337f.

글리가 그것을 「신앙의 주해」에서 기록한 대로, 자비가 선함을 제공한 것처럼 공의도 희생과 선함을 요구한다.[4] 개인에게 적용된 칭의가 의미하는 것은 구원하는 믿음이다. 그 믿음은 단순히 이성적 동의가 아니라, 성령의 직접적 활동에 의한 모든 본성의 움직임이다. 이러한 관점에서 선행은 여전히 존경할 만한 것으로 유지된다. 그것은 참된 믿음의 자생적 열매가 필수적이라는 것을 강조하기 때문이다.[5] 그러나 선행은 의롭게 할 능력이 전혀 없다. 의롭게 여기는 분이 하나님이며, 공의에 합당한 열매를 맺는 분도 하나님 자신이기 때문이다. 또한 인간을 위한 하나님의 의지에 대한 영원한 표현처럼, 신자들을 인도하며 악행자를 경고하며 억누르는 것처럼 법은 지속되기 때문에, 믿음에 의한 자유로운 칭의를 강조하는 것은 법을 부정하는 것이 아니다.[6] 츠빙글리가 반대한 것은 율법주의였고, 특히 율법주의의 중세적 형태로써 연옥, 면죄부, 열쇠의 능력, 공로의 재물, 죽은 사람을 위한 기도, 적선을 통한 행위의 공로처럼 너무 부패하고 허구적인 개념을 불러일으키는 것이었다.[7]

그것은 교회에 대한 츠빙글리의 이해로 결정한, 선택과 은혜 안에서 하나님의 주권에 관한 동일한 교리였다.[8] 그리스도의 몸이나 신부처럼 신약성경에서 묘사한 참된 교회는 지상에서 외부로 표현된 가시적 조직이나 조직들의 복합이 결코 최종 목적이 아니다. 가장 엄밀하고도 적합한 의미에서 교회는 모든 세대와 나라로부터 부름 받아 선택된 자들이나 구원받은 사람들 전체의 사귐이다. 그래서 전통적 특징이 적용되는 곳이 이러한 교회다. 예수 그리스도와 함께 믿음 안에서 연합의 미덕으로 교회는 하나다. 그리스도 안에서 누리게 되는 칭의의 미덕으로 교회는 거룩하다. 어느 특정한 교구나 지역에 제한되지 않기에 교회는 보편적이다. 사도들의 믿음과 실천을 참으로 계승하기에 교회는 사도적이다.

이러한 선택된 자들의 내부 교회를 위해, 츠빙글리는 '불가시적'이라는 용어를 사용했다. 이로써 그는 교회가 세상에서 아무런 외적 표현도 하지 말아야 한다는 의미

---

4. *Ibid.*, XI, 307–08.
5. *Ibid.*, 339f.
6. *Ibid.*, 345; IX, 127–29.
7. *Ibid.*, XI, 288, 314–15.
8. *Ibid.*, 267–70; IX, 184f.

는 아니지만, 교회의 구성원은 단지 사람들이 붙일 수 있는 외적 수단으로 판단될 수 없다. 하나님의 선택은 항상 하나님과 성령의 내적 사역을 아는 자들의 비밀로 남는다. 사실상, 불가시적 교회는 하나님의 백성이 모두 기독교 신앙의 외적 고백을 하는 모든 사람들로 구성된 가시적 공동체에 속해 있기 때문에, 항상 외적 조직으로 그 자체를 표현한다. 참된 신자들이 불가시적 교회와 가시적 교회에 동시에 속해 있는 한, 이 둘은 실제로 동일한 것이지만, 가시적 교회가 참된 신자가 아닌 고백자들을 포함하는 한, 이 둘은 별개의 것이다. 가시적 교회의 특징은 세 가지가 있다. 즉 하나님의 말씀에 대한 설교, 주님이 정하신 두 가지 성례의 합당한 집행, 그리고 교회의 권징이다.

츠빙글리가 성육신 교리와 함께 엄밀한 일치로 발전시킨 교회론은 흥미롭다. 하나님의 교회는 신적이며 인간적인 양면이 있으면서도 인간적 면을 가지고 있다. 그래서 두 가지 측면 사이에는 비록 완전한 동일성은 아니지만, 어떤 근본적 일치가 있다. 교회에 대한 그의 교리와의 관계에서 이것이 사실이라면, 그것은 말씀과 성례와의 관계에서 아마도 훨씬 의식적으로 참되다. 말씀과 성례는 성령이 선택된 자들에게 하나님의 은혜의 선물들을 적용하는 수단이다.[9] 말씀과 성례 모두에 대해서 교회를 특징짓는 것과 동일한 이중성이 있다. 한편, 거기에는 외적 형태가 있어서, 순수하게 인간 차원에서 그 자체의 의미와 가치를 지닌다. 다른 한편, 거기에는 내적 내용이 있어서, 성령의 능력 안에서 나타나듯이, 영혼들에게 생명과 구원을 주는 하나님의 메시지가 있다. 그래서 신적이며 인간적인 양면과 인간적 면 사이에 다시 근본적 일치가 있다. 그것은 하나님의 성령의 조명이 있을 때, 하나님의 내적 말씀도 생기는, 성경이라는 외적 말씀이 있기 때문이다. 그러나 내적 말씀이나 은혜를 받은 사람들과, 외적 말씀이나 의식을 받은 모든 사람들이 완전히 동일한 것은 아니다. 외적 말씀과 의식은 하나님이 정하고 신적 소명이나 거절의 공간과 의미라는 의미에서 항상 '하나님에 의해' 혹은 '신적'으로 행해진다. 그러나 그것을 받아들이는 모든 이들이 확신과 믿음을 전혀 틀림없이 가져온다는 의미에서는, 항상 '하나님에 의해' 행해지지는 않는다. 이

---

9. 이러한 점은 특별히 그의 설교 「하나님의 말씀의 명료성과 확실성」(On the Clarity and Certainty of the Word)을 보라. C. R., I, 338f.

러한 점에서, 결정적인 것은 성령의 내적 작용이 개개인의 회개와 확신의 참된 근원이라는 것이다. 외적 교회가 내적 교회와 같이 공존하기에, 이쪽인지 저쪽인지를 결정하는 것은 각각의 신자들이나 불신자들의 마음속에 있다. 성경의 문자 또한 살아 계신 하나님의 말씀이고, 상징은 상징적 실재와 함께 결합된다. 그러나 말하자면, 하나님의 주권은 모든 것을 정지할 수 있는데, 하나님의 주권이 인간의 선택에 의해 움직이는 것이 아니라, 그것을 정하고 지도한다.

상징과 실체 사이의 완전한 동일성을 거절한 것은 빵과 포도주의 실체의 장소나 실체 안에서, 실체와 함께 그리고 실체 아래에서 그리스도의 몸과 피의 문자 그대로의 임재에 대한 츠빙글리의 격렬한 부정이었다.[10] 이것을 부정하기 위해 사용한 논점은 세 가지였다. 문자적 임재에 대한 주장은 신약성경의 증언과 상반된다. 그것은 성례의 참된 본성을 파괴한다. 그리고 그것은 성육신에 대한 역사적 교리와도 일치하지 않는다. 츠빙글리가 참된 신자들을 위한 그리스도의 영적 임재를 부정한 것이 아니고, 모든 수용자들을 위한 문자적이고 물질적인 임재를 부정했다. 확실히 상징과 상징적 실재의 결합은 성령의 내적 작용이 있는 곳에 가능하다. 그러나 원소 그 자체가 마술 같은 변화의 효력으로 생긴 결합은 필요가 없다.

사실 이러한 모든 교리들은 동일하고도 단순한 전제, 즉 성경의 우월성과 절대적인 하나님의 주권에 기초하고 있음을 기억하는 것은 중요하다. 분명, 하나님의 주권은 츠빙글리의 신학에 명료성과 일관성을 제공한다. 루터가 훨씬 더 심오한 저술을 했다면, 츠빙글리는 훨씬 더 넓은 범위에서 명료성과 일관성이 늘 명료하지는 않았다. 사실, 츠빙글리가 저술한 교리적 작품은 평범한 인상을 준다. 그는 영적 참뜻과 통찰력보다는 훨씬 더 강력한 지적 이해를 수행하기 위해 그 일을 했다. 명료한 문체의 약점에도 불구하고, 그는 항상 자신의 주장을 훌륭한 정확성과 변증법적 능숙함으로 철저하게 하지만, 그의 표현의 모든 논리로 그는 종종 완전한 확신을 펼치는데 실패한다. 그것은 인용한 문맥의 깊이 있는 인식이 부족한 성경을 그가 지속적으로 호소했기 때문이다. 그것은 츠빙글리가 성경의 궁극적인 주제를 파악하지 못했다는

10. Zwingli, *Hauptschriften*, XI, 275f.

것이 아니다. 그가 천재적인 개인적 이해력이 없다는 것도 아니다. 그러나 개인적 상황을 다룸에 있어서, 그가 기본적 영적 판단보다는 오히려 논리적 치밀함에 훨씬 더 의존한다. 사실상, 그의 해설대로 그러한 능력은 지적 명민함과 그의 본질적 메시지에 대한 엄청난 일관성이 함께 결합되어 나온 것이다.

츠빙글리의 신학을 통일하는 요소는 하나님의 주권에 대한 압도적인 강조다. 그것은 의심할 여지없이 엄밀하게 복음적 형식을 따라 중세적 믿음을 재건할 수 있는 기본 진리에 대한 그의 확실한 이해력이었다. 그러나 동일한 강조는 또한 츠빙글리의 계획에 최대의 어려움들을 노출시켰다. 왜냐하면 후대의 칼뱅처럼 그는 보편적인 섭리의 질서 속에 인간의 타락을 포함해야 함과, 생명과 멸망에 대한 엄정한 예정을 옹호해야 함을 발견했기 때문이다. 직접적 신적 작인과 죄에 대한 완전한 인간의 책임을 조화시키기 위한 츠빙글리의 방책은 거의 성공적으로 묘사되지 못했다. 그래서 선택의 엄격한 교리는 필연적으로 인간 자신의 영원한 운명을 선택할 실질적 자유마저도 파괴했다.

하지만 츠빙글리의 방어에서 두 가지가 언급되어야 한다. 첫째, 하나님의 섭리가 약간의 방식에서는 작용의 범위 안에서 모든 경우를 포함해야 한다는 사실의 섬세한 의미를 지녔다. 마지막 분석에서, 하나님이 하나님이라면, 아무도 하나님 없이 죄를 짓거나 믿을 수 없다는 것은 충분한 진실이다. 츠빙글리의 오류는 아마도 하나님의 직접적 혹은 단독 작인을 주장한 것이지, 그가 자신의 계획이나 위압적인 작인을 주장한 것이 아니다. 둘째, 츠빙글리는 하나님의 주권에 대한 수많은 교리들로 손상시켜 놓은 가혹함으로 자신의 교리를 적용하지 않았다. 그의 아우구스티누스주의 신학은 항상 그의 인문주의적 훈련과 자극으로 조절되었다. 이러한 연관 속에서 츠빙글리가 원죄나 근원적 죄의식에 대한 매우 심오한 교리를 다루지 않았음은 의미심장하다. 그는 분명히 성례전의 매개인, 하나님의 선택적 은혜를 제한하지 않았다. 참으로 만물보다 높은 하나님의 작인에 대한 의미로 그는 이방인의 사상과 생활에까지 하나님의 사역을 아주 쉽게 분별할 수 있었다.[11] 츠빙글리가 예견한 대로 선택받은 자들의

---

11. *Ibid.*, 349.

몸은 작은 규모의 배타적 모임이 아니라, 아마도 유아기 때 죽은 모든 아이들을 포함한, 모든 시대와 종족과 문화로부터 온 방대한 회중이다.[12] 선택을 가정한 바로 그 주권은 하나님의 은혜의 작용이란 측면에서 하나님의 자존성도 포함한다. 그래서 선택은 오직 하나님만 알고, 외적 인간이 기준에 따른 어떤 참여나 시도된 제한도 허락하지 않는다는 사실이다.

그것은 만물 안에서 신적 작용의 동일한 의식과 같은 것으로, 츠빙글리의 일차적 주장을 변호함으로 이방인 철학자들의 논쟁을 그가 독점할 수 있었다. 자연스럽게 그는 최상의 전통적 사상조차도 분명한 한계를 볼 수 있었다. 그는 이성으로 획득할 수 없는 지식을, 성경만이 유일하게 하나님과 그분의 사역에 대한 확실한 지식을 제공함을 알았다. 그러나 그 지식이 진리의 영으로부터 나온 것이기 때문에, 츠빙글리는 철학에서 참된 것은 영원히 참되다는 것도 믿었다. 그는 모든 이성적 노력을 타락으로 변질된 것처럼 간주하지 않았다. 타락은 하나님을 드러낼 수도 없고, 필히 그분을 확실히 알 수도 없다. 그가 아는 것처럼, 성경과 철학 사이의 관계에서 비교해 볼 때, 철학이 차지하는 것보다 성경이 압도적으로 많은 역할을 감당한다. 하지만 우리에게 언급한 그것이 바로 하나님의 말씀이 전해 준 더욱 완전한 지식을 위한 유용한 소개로써 도울 수 있다. 사실 그것은 중요한 출발점이다.

츠빙글리가 성례의 임재와 효력에 대한 훨씬 더 만족할 만한 교리의 토대를 준비해 놓은 성만찬에서, 그리스도의 문자적 임재를 믿는 모든 형태에 대한 그의 예리한 거부는 츠빙글리의 가르침에서 소중한 점이다. 이 점에서 츠빙글리의 공헌은 너무 부정적이었다. 그의 부정은 그의 주장보다 훨씬 더 두드러졌다. 그러나 한 가지에 대한 중세의 강요는 다른 것에 끊임없는 강조를 거의 불가피하게 요구하는 극단적인 것이다. 그래서 츠빙글리의 계승자들은 그의 가르침의 긍정적 함의들을 완전하게 제거했다. 츠빙글리는 그리스도의 신성 이후 그리스도의 참된 임재는 물론, 성령의 주권적 사역으로 상징과 상징적 실재의 결합 가능성도 모두 부인하지 않았다. 그는 그리스도의 인성 이후 그리스도의 육체적 임재와, 성례의 유효한 집행의 효력으로 상징과 상징

---

12. *Ibid.*, 265-66.

적 실재와의 필연적인 결합을 부정했다. 그래서 미신적 인식이 분명히 사라지고, 훨씬 성경적 교리로 세워졌다면, 이러한 부인은 필수적인 것이었다.

좀 더 가치 있는 점은 속죄론에 대한 표현이다. 표현의 형태는 종종 잘못되었지만, 츠빙글리는 신적 행위의 통일성에 대한 확고한 개념을 유지했다. 이것은 두 가지 결정적인 면에서 드러난다. 첫째, 그는 공의와 자비를 포함하는 하나님의 유일한 선함으로부터 심판과 구속 모두를 도출했다. 둘째, 그는 그리스도의 성육신을 그의 죽음과 부활뿐만 아니라, 인간의 구원의 성취에까지 연관시켰다.[13] 한편 우리가 이미 살펴본 대로, 그것은 희생을 요구하고 제공하는 하나님의 동일한 선함이다. 다른 한편, 그것은 우리의 죽음과 함께 자신의 부활로 우리를 이끌어 내기 위한 그리스도의 동일시다. 이러한 방법으로 츠빙글리는 신적 위격과 속성 사이의 어떤 거짓된 분리를 피했을 뿐만 아니라, 그리스도의 모든 면과 그의 사역을 하나의 구속적 사명과도 관련시킬 수 있었다.

츠빙글리의 신학은 시종일관된 복음적이고 성경적인 형태로 기독교 교리를 새로 진술하려는 첫 번째 시도로써 매우 중요하다. 그것의 담대하고 철저한 특징의 가치는 그것을 동의할 수 없는 곳에서도 항상 칭찬할 만하다. 하지만 첫 번째 시도로써 그것은 어쩔 수 없이 거의 급진적이고 불완전했다. 한편, 그것은 적합한 답변을 하지 않은 질문들이 생기게 했다. 다른 한편, 그것은 본질적인 구조상의 작업이 요구되면서, 발전시키지 못한 많은 통찰력과 사상의 윤곽을 남겨 놓았다. 물론 사실상 츠빙글리 자신이 포괄적이며 조직적 구조의 방대한 작업을 수행할 기회나 기질 혹은 재능을 가지지 못했다. 그의 실천적 사역에서처럼 신학에서, 츠빙글리는 그것을 확장하고 완성하기보다는 오히려 준비하고 주도권을 잡는 데 기여했다. 홀로 진행했기에, 츠빙글리의 신학은 늘 비체계성과 불균형이라는 인상을 남겨야만 했지만, 그가 비춰준 빛으로 인해 그것의 영원한 가치와 중요성은 분명 부정될 수 없다.

---

13. Zwingli, *Hauptschriften*, XI, 311-13을 참고하라.

4. 하인리히 불링거

카펠 전투에서의 패배와 츠빙글리의 죽음이라는 두 가지 비극으로 인해 취리히의 복음적 진영에는 직접적인 재난이 몰려왔다. 취리히 교회는 탁월한 교회 지도자이자 신학적 대변자를 잃게 되었다. 취리히에서 로마 가톨릭교회를 지지하는 세력들은 도시의 가까운 근교에서 개혁 운동을 뒤엎을 절호의 기회로 삼았다. 가톨릭 주에서 장차 복음적 가르침을 전하고자 했던 모든 희망들도 치명적으로 좌절되었다. 그래서 카펠 전투에서의 참패로 인해, 모든 면에서 이단 운동이자 그것의 가장 대표적인 옹호자에 대한 신적 심판으로 맹비난을 받았다.

위기의 시간에 좌절을 막기 위해서 높은 수준의 일관성과 절제가 요구되었고, 그것은 곧 높은 수준의 자질을 겸비한 지도자를 요구한 것이었다. 이러한 점은 취리히의 행운이었다. 하인리히 불링거가 취리히에서 대중을 위한 츠빙글리에 뒤이어 목회자 후임으로 지명되었을 때, 그는 선임자처럼 탁월한 비전이나 장기적인 비전을 제공할 수는 없었지만, 츠빙글리가 매우 뛰어나면서도 효과적으로 주도했던 특정 지역의 사역을 지속시키며 통합함으로 그가 할 수 있는 한 자신의 재능을 충분히 발휘했다.

불링거는 츠빙글리보다 20년 늦은 1504년 7월 18일에 태어났다. 그의 아버지의 이름도 하인리히 불링거(Heinrich Bullinger)였는데, 취리히에서 16km 정도 서쪽에 위치한 브렘가르텐(Bremgarten)의 작은 도시에서 교구 목사이자 교구장이었다. 어린 하인리히는 성직자 결혼을 통해서 태어난 다섯 번째 아이였다. 그의 아버지는 안나 비더케르(Anna Widerkehr)와 약혼했지만, 1529년에 이르러서야 그 결혼은 합법적으로 인정받았다. 아주 어린 시절부터 불링거는 학문에 두각을 나타냈고, 브렘가르텐에서 처음 학문을 익힌 후,[14] 그는 상급반 가르침, 특별히 라틴어를 배우기 위해 라인 강변의 에머리히(Emmerich)로 보내졌다.[15] 그의 아버지는 재산이 없지는 않았지만, 불링거는 가난하고

---

14. K. Pestalozzi, *Heinrich Bullinger*, 9을 참고하라.
15. 그는 아마도 그의 형 존이 그곳에 있었기 때문에 에머리히로 보내졌을 것이다. Blanke, *Der junge Bullinger*, 24을 참고하라.

궁핍한 사람들에 대한 절제와 공감의 미덕을 자신에게 가르치기 위해 매우 적은 용돈으로 생활했다고 자신의 일기에 기록한다. 만약 이것이 모든 학생들에게 일반적인 학습 방법이었다면, 그것은 아마도 루터의 학생 시절에서 잘 알려진 에피소드에서 영향을 받았을 것이다. 여하튼 이 경우에 그러한 방식은 효과적이었는데, 불링거가 수도사적 생활에 한동안 매료되었기 때문이다.[16]

불링거는 에머리히에서 쾰른(Cologne)으로 갔는데, 그곳 부르자 몬티스(Bursa Montis)에 있는 대학에서 신학 공부를 시작했다. 이미 그의 생각은 개혁 노선으로 바뀌고 있었는데, 그것은 그가 예비 교과 과정을 마친 후 롬바르도와 그라지아노(Gratian)를 통해 초대 교부들로, 특히 크리소스토모스, 암브로시우스, 오리게네스 그리고 아우구스티누스에게로 선회했기 때문이다. 그는 또한 대다수의 동료 학생들이 전혀 알지 못한 책이라고 스스로 묘사한 신약성경에 대한 직접적인 연구를 시작했다. 아마도 가정에서의 여러 계기로 인해 널리 인정된 사상과 의식에 대해서 의문 제기를 하게 된 것이다. 쾰른으로 이사한 해, 1519년에 그의 아버지는 면죄부를 파는 삼손을 반대하는 데 주도적이었다. 불링거는 루터의 초기 저작들을 주의 깊게 읽었기 때문에 루터의 증언에서 그러한 영향을 받았고, 멜란히톤의 「신학총론」(Loci communes)도 출판되자마자 독파했다.[17]

1520년에 문학사와 1522년 문학 석사를 마친 불링거는 잠시 브렘가르텐으로 돌아왔다. 그곳에서 그는 성경과 교부 연구를 계속했다. 다음 해에 그는 인근에 있는 카펠의 시토회 수도원에서 수도사들과 다른 학생들을 가르치기 위한 강사로 초빙되었다.[18] 그곳의 수도원장인 볼프강 요너(Wolfgang Joner)는 영적이며 교리적인 개혁의 필요성을 분명하게 인식한 사람이었다. 그래서 그는 불링거를 위해서 평탄한 길을 제공해 주었는데, 요너는 적대자들을 대항하여 불링거를 지지해 주었으며, 불링거가 수도사 서약을 해야 한다는 어떠한 압박도 가하지 않고 불링거의 예배를 인정해 주었다.

그다음 해에는 약간의 저술과 함께 정기적인 독서와 강의로 대부분의 시간을 보

16. *Ibid.*, 26f.
17. *Ibid.*, 50–52.
18. *Diarium* 7.

냈고, 1527년에 불링거는 그곳을 떠나 몇 달간 취리히를 방문했는데, 취리히에서 츠빙글리의 강의에 참석하게 되었고, 그리스어와 히브리어에 대한 자신의 지식을 더욱 심화시킬 기회도 가졌다. 그 방문은 불링거가 츠빙글리와 레오 유드와 매우 밀접하고도 친밀한 관계를 맺게 된 중요한 시간이었다.[19] 그 방문으로 인해 그는 츠빙글리의 성만찬 가르침에 대한 깊은 이해와 함께 고마움을 표시하였다. 그런데 불링거의 뛰어난 학습과 능력으로 인해, 1527년 이후에 그는 1528년 1월 7일 베른에서 열린 논쟁에서 츠빙글리의 지지자로 지명되었다.

결국 1528년에 불링거는 목사 직분을 감당하기로 했고,[20] 6월 21일 카펠 인근 하우젠(Hausen)에서 첫 번째 설교를 했다. 이듬해에 그의 아버지는 공개적으로 복음적 가르침에 대한 자신의 입장을 밝혔다. 불링거는 목사 직분을 사임하라는 압력을 받았지만, 브렘가르텐 대중들의 요구, 요너의 설득, 그리고 불링거 친지들의 설득으로 인해 그 개혁 노선을 따라 그곳의 첫 번째 목사로서 그 도시로 돌아왔다.[21] 그 해는 그가 안네 아들리쉬바일러(Anne Adlischweiler)와 결혼한 해였다. 그녀는 전에 오이텐바흐 수녀원의 수녀였는데, 불링거의 취리히 방문 기간에 약혼을 했었다.

불링거는 광범위한 설교 사역과 자신의 저술 작업을 통해 개혁적 가르침을 확산하기 위해 2년간은 분주했다. 그가 신약성경에 관한 방대한 주석을 시작한 것이 바로 이 시점이었다. 그러나 1531년의 사건으로 인해 브렘가르텐 사역을 갑자기 그만두고 부득이하게 예상하지 못했던 취리히로 돌아가야만 했다.* 인접한 카펠에서의 패전으로 요너도 처형되었고, 종교 개혁 운동을 반대하는 자들에 의해 브렘가르텐도 위험하게 되었다. 그래서 휴전을 제안한 상황에서 다섯 개 주에서는** 불링거를 받아들이지

---

19. 불링거는 이미 1523년 말의 짧은 방문 기간에 그들을 알게 되었다. *Diarium* 8.

20. *Diarium* 12.

21. 그가 '마부르크 회담'(Colloquy of Marburg)에서 츠빙글리를 지지해 달라는 초대를 정중히 거절한 이 중대한 시점에 그의 사역은 매우 중요한 것이었다. *Diarium* 18.

* 1531년의 사건은 카펠 전투의 패배와 츠빙글리의 죽음을 말한다. 결국 츠빙글리의 죽음으로 불링거가 취리히 교회의 후임 목사가 되었다.

** 여기에서 5개 주는 글라루스, 생갈, 아펜젤, 투르가우(Thurgau), 그리고 아르가우(Aargau)를 말한다.

않기로 했기 때문에 대중들은 그가 취리히로 피신할 것을 강력히 권했다.[22] 아마 불링거 자신도 혼란이 극에 달한 시점에 반대자들의 공격적인 정치를 공개적으로 반대하는 것은 무의미했을 것이다. 일단 불링거는 취리히에서의 훨씬 더 책임감 있는 목회 사역 청빙을 즉시로 받아들였다. 바젤 의회는 그를 가능한 한 오이코람파디우스 후임자로 세우려고 교섭을 했고, 베른도 그의 목회를 안전하게 보장해 주길 바랐다. 하지만 취리히 의회는 또 다른 계획을 세웠고, 불링거는 결국 취리히에서 대중의 목사 직분을 승낙했다.[23]

1531년에 불링거가 맡은 임무는 세 가지였다. 첫째는 취리히에서 이미 시작된 개혁을 지속하는 것이었다. 둘째는 대중들에게 특히 성경에 기초한 새로운 신앙에 관해서 더욱 분명하고도 온전한 이해를 돕는 것이었다. 셋째는 취리히와 이미 같은 마음을 품은 공동체들과 교제의 끈을 견고히 하는 것이었다. 불링거는 이러한 세 가지 임무를 그의 남은 생애 동안 꾸준하고도 충실히 수행했다. 군중들과 츠빙글리의 파란 많은 목회에 비교해 본다면 이것은 그리 눈부신 시간은 아니었다. 그것은 불링거가 실제 개혁이나 신학적 개혁의 방식에 있어서 츠빙글리의 사역에 덧붙인 것이 거의 없기 때문이다. 그는 츠빙글리처럼 종교 개혁을 먼저 인접한 여러 주에 직접 확산하거나 궁극적으로 전 유럽에 빠르게 확산하고자 하는 열망을 가지고 있지 않았다. 그러나 모든 면에 있어서 그것들은 힘든 시간이었고, 비생산적인 사역은 아니었다. 즉 하나님의 말씀을 거의 매일 전했으며, 논문들과 변증들 그리고 주석들을 꾸준히 저술했다.[24] 상당수의 서신을 통해 안내를 해 주었으며, 피난민들을 위해서, 특히 영국과 이탈리아에서 온 피난민들을 맞아들였다.[25] 또한 종교 개혁을 수용한 모든 교회들과 함께 공동의 복음적 진영을 세웠다. 에큐메니칼 진영에 있는 거의 모든 사람들에게는 너무나 유명하게 알려진 이야기다. 1536년에 불링거는 '제1헬베틱 신앙고백'(First Helvetic Confession)을 이끌어 낸 총회에서 탁월한 역할을 감당했다. 더욱 중요한 행보는 1549년

22. *Diarium* 20. 불링거는 실제로 그렇게 하도록 요구되었을 때에만 가려고 했다.
23. 짐러(Simler)와 라바터(Lavater)는 그들의 자서전에서 불링거는 츠빙글리가 직접 지명해 놓았다고 진술한다. E. Egli, *Zwingliana*, 1904, 2, 443-44를 보라. Blanke, *op. cit.*, 152도 참고하라.
24. 불링거 자신이 이러한 주요 저작을 10권으로 모았지만, 그의 전체 저작은 훨씬 더 방대했다.
25. 필킹턴(Pilkington's)은 불링거를 "고통 받는 자들 모두의 아버지"라고 묘사했다. *Zurich Letters*, I, 135.

칼뱅과 파렐과 함께 맺은 취리히 '일치 신조'(Consensus Tigurinus)에 대한 협약이었다. 그리고 메리 여왕을 피해서 나온 많은 사람들을 친절하게 대해 줌으로써 불링거는 엘리자베스 여왕파 교회의 후대 지도자들과 가장 진실한 관계를 맺을 수 있었다. 그는 또한 베스트팔루스(Westphalus)와 브렌티우스(Brentius)의 새로운 공격에 맞서서, 두드러진 종교 개혁의 가르침으로 변증하는 데에 상당한 기여를 했다. 불링거의 말년에는 흑사병이 계속 창궐하여 1564년과 1565년에 그의 아내와 세 딸들의 죽음으로 암울한 시간을 보냈다. 불링거 자신도 흑사병이 두 번째로 창궐했던 시기에 심각하게 병세가 악화되어, 1574-1575년 가을에 마지막으로 치명적인 병이 생길 때까지 그의 건강은 급속도로 쇠약해졌다.

불링거의 오랜 사역이 비교적 안정적이었던 것은 그 사역의 성공을 보면 알 수 있다. 츠빙글리의 사역이 두드러졌던 것에 비해, 불링거의 교회 지도력은 안정적이고 평화로운 발전의 시기였다. 분명 1531년 이전의 결정적인 변화들은 츠빙글리의 역동적인 영감이 없이는 얻을 수 없었을 것이다. 하지만 그 시기의 취리히는 없어서는 안 될 정치적 수완이나 츠빙글리가 없었기에 불링거는 복음 획득을 위한 진전에 집중하고 있었다. 제2차 카펠 전투와 함께 충돌이 일어나자, 불링거는 흔들리지 않는 확신과 조용하면서도 효과적인 인내로 혼동하지 않고 안정된 절제와 타협의 성품으로 유별나지 않은 상황으로 만들어 갔다. 그 결과로 취리히의 교회 생활은 다시 안정적인 뿌리를 내렸고, 이전 10년 동안의 매우 빠르게 영향을 끼친 변화들도 그들 스스로를 기독교 신앙과 경건의 모범으로 세워갈 수 있었다.

불링거 하에서 취리히는 의심할 여지없이 츠빙글리 하에서 유지된 종교 개혁 운동의 폭넓은 지도력에서 벗어났다. 이러한 이유는 두 가지였다. 한 가지는 취리히가 비록 여전히 초기 전통의 중심지로서 존경받았고 불링거 스스로도 높은 수준의 학식과 목회적 삶을 유지했지만, 취리히는 베른이나 바젤처럼 다른 도시들에 비해서 매우 뛰어난 중심지로서의 역할이 중단되었기 때문이다. 다른 한 가지는 칼뱅의 등장과 그의 신학과 실제적 사역에 있어서 점차 커지는 영향력으로 인해, 독일어권 스위스에서의 예전 교제권이 스위스의 프랑스어권 지역으로 대체되면서 불가피하게 관심사가 옮겨지게 되었다. 제네바에서 칼뱅의 사역은 취리히에서의 불링거의 사역과 약간 짧기는 하지만 거의 같은 시기에 진행되었다. 그래서 그 사역의 마지막에는 그들이 주장한 종교 개혁 전통에 대해서 매우 활동적인 사역자들이 취리히가 아닌 제네바에 우선순위를 두게 되었다. 불링거는 취리히의 지역적 지도력에서 츠빙글리를 계승했지만, 종교 개혁을 지지하는 대부분 교회들의 폭넓은 지도력을 발휘해 츠빙글리를 계승한 사람은 칼뱅이었다.

그러나 그것을 언급하는 것은 불링거가 이룬 독특한 공헌의 가치를 다시 강조하기 위함이다. 불링거는 관대함과 타협의 정신으로 논쟁이나 진통 없이 과도기를 이끌 수 있었던 인물이었다. 그는 초기 공동체들 간에 공통된 신앙고백의 일치를 만들어 내는 방법을 마련했을 뿐만 아니라, 그 시기가 왔을 때 그는 결정하는 과정에 있어서 서두르지 않았다. 그래서 제네바와 근본적 유대 관계를 맺을 수 있었고, 복음주의 진영 전체의 실질적 지도자인 칼뱅의 출현을 인식할 수 있었다. 물론 그 시기에 그러한 결정들을 수행하는 주도권에 대한 변화가 얼마나 결정적이었는지, 그리고 얼마나 요원한 것인지를 인식할 수 있는 것이 쉽지 않았다는 것을 과장해서는 안 된다. 분명 츠빙글리가 살아 있었을 때, 취리히와 제네바의 일치가 아주 평화롭게 성취되거나 유지되었다고 생각하기는 힘들다. 또한 취리히와 제네바의 일치로 인한 이점들이 그렇게 신속하고도 유리하게 작용했다고 보기도 어렵다. 일반 교회사의 폭넓은 관점에서 볼 때, 일치 신조에 대한 불링거의 수용은 그의 사역 중 가장 중요한 순간이며 정말로 절정에 달하는 행동이었다.

불링거의 저술 대부분은 자신의 목회 사역에서 두드러지게 행한 일과 동일한 면을 보여 준다. 불링거는 1526년에서 작고한 1575년까지 전 생애에 걸쳐 저술을 했다. 가장 흥미로운 글들을 언급하면 다음과 같다. 신약성경의 여러 주석들, 성찬과 초기 신앙과 성경의 권위와 확실성과 결혼과 성례에 대한 교리 논문들, 참된 그리스도인의 희생, 주의 만찬과 최후의 심판에 대한 설교들, 기독교 교리의 중요성에 대한 설교 시리즈인 *Decades*의 다섯 권, 재세례파와 루터파를 반박하는 논쟁서, 불링거의 생애에 완성되었지만 미간행 된, 종교 개혁사 등이다. 그의 방대한 작품에서 우리는 위대한 사상의 독창성이나 그것에 대한 열망을 발견할 수는 없다. 그러나 이미 일반적으로 수용하고 배운 교리들에 대해서 명료하고도 균형 잡힌 표현을 제시했기에, 우리는 그에게서 사려 깊은 학자적 소양의 증거를 분명히 확인할 수 있다.

외관상으로 불링거의 교리 논쟁들은 츠빙글리보다 더욱 인상적이다. 예를 들어 불링거의 교리 논쟁들이 훨씬 잘 정리되었고, 츠빙글리의 수백 개의 글에서 결여되어 있는 논리로 그의 사상을 전개했다. 또한 더 체계적인 배열로 훨씬 더 균형 잡힌 논의가 진행된다. 츠빙글리가 여기저기를 포착한 반면, 불링거는 전체를 바라보았고, 그의 주제를 단순히 논쟁적 필요가 아닌, 그것의 다양한 모든 면을 포괄적으로 다룰 수 있었다. 게다가 불링거는 학문에 있어서도 더 훌륭한 영향력을 끼쳤다. 그는 교부들에 대해서도 정통했을 뿐만 아니라(츠빙글리도 동일하다고 볼 수 있다), 자신의 자료를 매우 효과적으로 언급하며 전개할 수 있었다. 정말로 불링거의 논쟁 전체는 츠빙글리의 예리하지만 항상 확신할 수 없었던 추론보다 더욱 견고한 면모를 보여 준다.

하지만 전체를 놓고 볼 때, 비록 성급한 비약이 있기는 해도 대담성을 지닌 선임자의 작품에 비교해 보면, 불링거의 작품은 의심할 여지없이 평범하다. 그의 작품은 단순한 학식이 아닌 천재적인 사상과 표현의 생명력인 참신성이 부족하다. 그의 작품은 많은 곳에서 현재 가르침의 유능한 옹호자이자 주석가임을 입증해 주지만, 가르침 전체를 주도하거나 납득시키는 독창적이며 창조적인 사상은 아니다. 어떤 점에서 그것들은 츠빙글리의 작품보다는 칼뱅의 작품에 훨씬 더 가깝다. 칼뱅의 「주석서」와 「기독교강요」에서 상당히 눈에 띄는 체계와 정확성 그리고 높은 학문의 수준을 지니고 있기 때문이다. 그러나 여기에는 또한 교회 조직의 영역만큼 신학의 영역에서 츠빙글리의 진정한 계승자인 칼뱅이 보여 준 노련하며 구성적 정신을 통해 감동을 주는 것이 부족하다. 불링거는 분명하고 효과적인 방식으로 복음주의 입장을 탁월하게 진술하였다. 그러나 기독교 신앙의 도전과 생명력이 넘치는 재건을 위해서는 종교 개혁 전통의 진정한 대표인 츠빙글리와 칼뱅을 주목해야 한다.

역자 서문

종교 개혁에서 루터파 신학과 쌍벽을 이루며 발전했던 개혁 신학은 흔히 제네바의 개혁자 칼뱅의 신학을 중심으로 이해하기 쉽다. 하지만 칼뱅보다 한 세대 이전에 스위스 취리히에서 종교 개혁을 주도한 츠빙글리라는 개혁자가 있었으며, 츠빙글리와 그의 후계자 불링거의 신학과 사역은 칼뱅의 신학과 함께 개혁 신학 전통의 중요한 내용을 이룬다는 사실을 기억해야 한다. 츠빙글리는 루터와 비슷한 시기에 태어났으며, 또한 비슷한 시기에 독립적으로 교회 개혁과 신학 개혁을 추진했다. 가톨릭 세력의 위협 속에 개혁이 풍전등화의 위기에 빠진 상황 속에서 루터와 츠빙글리가 많은 일치점에도 불구하고 신학적 차이를 좁히지 못하고 동맹을 이룰 수 없었다는 사실은, 종교 개혁이 다양한 성격을 지니고 있으며 츠빙글리 신학의 독자적인 성격을 잘 이해하게 해준다. 불링거는 츠빙글리의 뒤를 이어 계속 개혁을 추진하면서도 교회 일치를 위해 노력했고, 개혁 교회가 공동 전선을 이루는 데 크게 기여했다. 따라서 취리히의 개혁자인 츠빙글리와 불링거의 작품을 통해 우리는 개혁 전통의 중요한 한 축을 배울 수 있을 것이다. 이 책은 「하나님의 말씀의 명료성과 확실성」, 「청소년 교육」, 「세례」, 「주의 만찬론」과 「신앙의 주해」라는 츠빙글리의 다섯 작품과, 불링거의 「거룩한 보편적 교회」라는 설교를 담고 있다.

츠빙글리의 개혁 신학

츠빙글리는 무엇보다도 말씀의 신학자라고 할 수 있다. 츠빙글리에게는 성경 이해와 연구가 개혁의 토대가 되며, 이는 예배 갱신, 교회와 사회 갱신의 토대가 되었다. 그는 종교 개혁의 원리인 '오직 성경, 오직 그리스도로만'을 강조했을 뿐만 아니라 하나님의 말씀을 '지금 여기서' 구원 사건을 일으키는 생명의 말씀으로 파악했다. 루터와 달리 츠빙글리는 예수 그리스도의 뒤를 따르는 성화와 윤리를 강조했으며 이러한 하나님 말씀에 기초한 책임 윤리가 교회 갱신과 사회 변혁의 과정에서 나타났다. 츠빙글리가 얼마나 하나님 말씀을 중요하게 생각했는지는 그가 교리와 교회의 유익에 따라 성경의 한 부분을 뽑아 설교하는 중세 전통, 또한 루터교 전통을 따르지 않고 성경을 차례대로 읽고 설교하는 'lectio continua' 전통을 확립했다는 것에서 잘 나타난다.

이 책의 첫 글인 「하나님의 말씀의 명료성과 확실성」은 이러한 츠빙글리의 말씀 이해를 잘 소개해 준다. 이 글은 1522년 취리히에서 사순절 금식에 대한 논쟁이 일어나면서 개혁 논의가 본격화되는 시점에서 작성되었다. 금식에 대한 논쟁은 중세 교회의 규례에 대한 전반적인 논쟁으로 확산되었다. 성인 숭배나 마리아 숭배, 수도회의 지위, 성직자의 결혼 문제 등이 폭넓게 논의되기 시작했고, 이는 1522년 7월 21일 공개 토론으로 이어졌다. 이 토론회에서는 다른 토론회와 달리 독일어로 논쟁하고 성경에 근거하여 자기주장을 해야 한다는 원칙이 세워졌다. 츠빙글리는 이 토론회에서 승리했고, 이후에 시의회는 오직 성경에 기초해서만 설교해야 한다는 규례를 발표했다. 이러한 상황에서 츠빙글리는 이 글을 통해 성경, 즉 하나님 말씀의 권위만을 인정해야 한다고 주장했다. 성경과 전통을 나란히 두는 가톨릭교회 신학자들에 대항하여 그는 성직자나 교회의 전통이 하나님의 말씀을 이해하는 일을 중재할 수 없다고 밝혔다. 왜냐하면 하나님은 성령을 통해 성경 안에서 말씀하시며, 그리스도 안에서 누구나 하나님의 말씀을 이해할 수 있고 하나님의 뜻을 깨달을 수 있기 때문이다.

두 번째 글인 「청소년 교육」은 츠빙글리의 또 다른 면모를 보여 준다. 츠빙글리는 이 글을 1523년 8월에 대성당과 성당부속학교를 중심으로 개혁을 조직하는 시점에서 썼다. 성당부속학교를 통해 종교 개혁의 진리를 전파하고 목회자를 양성하려 했던 그는 이 글에서 교육 개혁의 원리를 밝혔다. 여기서 그는 라틴어, 그리스어, 히브리어 교육뿐만 아니라 오락과 체육의 중요성과 도덕과 예의 교육까지도 강조하여 삶 전체에 대한 자신의 이상을 알 수 있게 해준다. 그럼에도 츠빙글리는 교육과 삶의 기초가 하나님에 대한 내적인 신앙과 신앙의 의무를 받아들이는 것에 있음을 분명히 했다. 이 점에서 그는 인간 중심적인 인문주의자의 한계를 넘어선다. 츠빙글리의 교육 이념은 모든 삶을 포괄하지만 기독교적이고 복음적인 진리를 가르치는 것을 기초로 했는데, 이 글이 그것을 잘 보여 준다.

츠빙글리의 성례론은 가톨릭교회와 루터파와 급진주의자 사이에서 자신의 신학을 정립하려 했던 츠빙글리의 길을 잘 보여 준다. 그는 1525년 2월 이른바 '재세례' 운동이 시작되면서 그와 급진파와의 대립이 첨예하게 된 시점에서 유아 세례에 대한 자신의 입장을 밝히기 위해 「세례」를 썼다. 여기서 츠빙글리는 세례가 언약의 표지라는 것을 강조한다. 이것은 우선 외적인 세례가 그 자체로 죄를 씻는다는 가톨릭교회의 성례주의를 반대하는 것이다. 츠빙글리는 또한 세례가 신앙과 제자도로의 언약이지, 재세례파처럼 절대적 완전으로의 언약은 아니라고 썼다. 그는 세례가 시작을 나타내는 표지이며 내적인 변화를 일으키지는 않더라도 이를 상징하는 표지가 됨을 강조했다.

츠빙글리의 성찬론은 루터파와 공동 전선을 펴는 것을 불가능하게 만들 정도로 중요하고 양보할 수 없는 가르침이었다. 1525년 4월 취리히에서는 미사가 폐지되었는데, 그 전후로 츠빙글리는 루터파와 인문주의자의 성찬론을 받아들일 수 없음을 밝혔다. 특히 츠빙글리는 8월과 10월 두 개의 라틴어 논문을 통해 자신의 성찬론을 방어했고, 루터파와 가톨릭교회로부터 맹렬한 비판의 대상이 되었다. 그는 1526년 2월에 자신의 성찬론에 대한 이해를 돕기 위해 이 책에 수록된 「주의 만찬론」을 보다 대중적인 형태로 썼다. 여기서 중심적인 주제는 주의 만찬에서 그리스도의 임재의 성격이며, 츠빙글리는 전통적이고 인문주의적이고 루터파적인 성찬 이해를 모두 부정하고, 빵과 포도주는 그리스도의 몸과 피를 표시할 뿐이라고 주장했다. 우리는 이 글을 통해 츠빙글리가 1529년 마르부르크 회담에서 왜 루터와 결별할 수밖에 없었는지를 이해하게 된다.

오늘날 우리는 츠빙글리가 성례의 유효성을 거의 언급하지 않은 것에 대해 불만을 표할 수 있을 것이다. 그는 세례가 용서와 중생의 표시라고 말하지 않았으며, 하나님이 우리에게 행하신 것보다는 우리가 언약 관계에서 행해야 할 것에 대한 서약이라는 관점에서 세례를 이해했다. 「주의 만찬론」에서 그는 표지와 사물을 지나치게 분리시키고 하나님의 내적인 활동과 외적인 활동을 너무 날카롭게 구분했다. 이런 점에서 츠빙글리는 은혜의 수단으로써 성례를 너무 약화시켰다는 비판을 받을 수 있다.

그럼에도 1531년 스위스의 가톨릭 주들의 동맹이 취리히 종교 개혁을 위협하던 위기의 상황에서 쓰인 「신앙의 주해」는 이러한 츠빙글리의 성례론이 그의 신학 전체와 유기적으로 연결됨을 잘 보여 준다. 프랑스의 프랑수아 왕을 개혁파로 끌어들이려는 목적으로 사도신경의 항목에 따라 자신의 신학을 요약하는 형식으로 쓰인 이 글은, 츠빙글리 신학의 핵심과 특징을 잘 보여 주는 대표작이라고 말할 수 있다. 츠빙글리는 창조주와 창조된 것을 구분하면서 이 글을 시작한다. 창조주는 한 분이시며, 오직 하나님에만 우리의 신뢰를 두어야 하며 피조물을 의지해서는 안 된다. 바로 이것이 츠빙글리 신학의 골격이다. 바로 이것이 성인 숭배, 마리아 숭배, 가톨릭교회의 성례 이해를 거부하는 이유가 되며 그의 신학의 기본적인 원리가 된다.

기독론에서 이 원리는 그리스도의 인성과 신성의 연합보다는 구분을 강조하는 입장으로 표현된다. 츠빙글리는 인격의 하나 됨을 추호도 약화시키지 않았다. 그럼에도 그는 창조주(신성)와 창조된 것(인성)의 엄격한 구분을 강조했고, 이러한 입장은 특히 성찬에의 그리스도의 임재에서 잘 나타난다. 츠빙글리는 승천하여 하늘에 오르신 그리스도의 인성이 주의 만찬에 임하는 것은 불가능하다고 주장한다. 인성은 시간과 공간의 제약을 받으므로 개교회에서 행해지는 주의 만찬에 동시에 임할 수 없기 때문이다. 그는 이러한 관점에서 속성의 교류를 강조하며 그리스도의 몸이 빵과 포도주와 함께 있다는 루터의 주장을 맹렬히 비판했으며, 그리스도의 몸과 피를 먹는 것은 영적으로, 신앙과 언약 가운데 먹는 것을 뜻한다고 주장하여 성례에서 하나님의 주권과 영적인 성격을 강조했다.

「신앙의 주해」에는 하나님의 주권에 대한 츠빙글리의 강조가 여러 곳에서 나타난다. 칭의는 믿음으로 이루어지지만, 칭의의 근거는 믿음이라는 인간 행동이 아니라 예수 그리스도의 삶과 죽음이며, 바로 여기서 하나님의 정의와 자비가 만난다. 칭의는 구원의 믿음을 통해 각 개인에게 적용되지만, 이 믿음은 이성적인 동의가 아니라 성령의 직접적인 활동에 대한 전인적인 응답이다. 선행은 이 믿음의 열매로 필연적이며 자발적으로 따라 나오지만 그 자체로 인간에게 칭의를 가져다주는 것은 아니다. 의롭다고 하는 분은 하나님이시며, 하나님 자신이 의의 열매를 맺도록 하시기 때문이다. 그럼에도 츠빙글리는 칭의가 율법을 폐기한다고 보지 않는다. 율법은 하나님의 뜻의 표현으로 신자를 선한 길로 인도하고 악인에게는 경고와 규제를 준다. 이 점에서 츠빙글리는 칼뱅을 예비했다.

불링거의 개혁 신학

「신앙의 주해」는 1531년 8월에 작성되었는데, 바로 그해 10월에 츠빙글리는 카펠 전투에 참여했다가 목숨을 잃었다. 취리히 교회는 개혁의 지도자를 잃었고 취리히의 가톨릭 지지자들은 츠빙글리의 개혁을 무너뜨리기 위해 온 힘을 기울였다. 이러한 위기 상황에서 취리히 교회가 계속해서 개혁의 길을 걸어가고 흔들리지 않을 수 있었던 것은 하인리히 불링거의 지도력에 힘입은 바가 크다. 불링거는 츠빙글리의 뒤를 이어 취리히 교회의 민중 사제가 되었고 츠빙글리가 시작한 개혁을 공고히 하며 더욱 발전시키기 위해 노력했다. 비록 츠빙글리처럼 취리히를 넘어 큰 영향을 미치지는 못했지만, 불링거는 종교 개혁의 여러 집단을 연결하고 일치와 연대를 위해 노력했고, 이에 큰 기여를 했다.

불링거는 츠빙글리보다 20년 뒤인 1504년에 태어났다. 1527년 그는 취리히를 방문하고 츠빙글리와 교분을 맺었으며, 그다음 해부터는 개혁파 목회자로서 활동했다. 고향인 브렘가르텐에서 목회하던 그는 1531년 츠빙글리의 죽음 이후 취리히에서 새로운 소임을 맡게 되었다. 그는 크게 세 가지 방향에서 노력했다. 첫째는 취리히에서 시작된 개혁을 계승하고 발전시키는 것이었고, 둘째는 민중이 성경 말씀에 기초하여 새로운 신앙을 보다 분명하고 온전하게 이해하도록 돕는 것이었고, 셋째는 다른 종교 개혁 집단과의 연대와 일치를 추구하는 일이었다. 불링거는 온유함과 화합의 지도력으로 개혁을 정착시켰으며, 그를 통해 개혁은 취리히의 교회와 일상생활에 깊이 뿌리

내리게 되었다.

　불링거의 교회 일치에 대한 노력은 1536년 제1차 스위스 신조에 잘 나타난다. 그는 바젤의 종교 개혁자인 미코니우스와 그리나이우스와 협의를 거쳐 스위스 전체 교회를 위한 신앙고백을 마련했으며, 이는 모든 개신교 스위스 주에 의해 인정되었다. 일치를 위한 노력에서 이보다 더욱 중요한 합의는 1549년 칼뱅과 파렐과 함께 도출한 '취리히 합의'(consensus Tigurinus)이다. 취리히 합의는 칼뱅, 파렐이 대표하는 프랑스어권 스위스 개혁 교회와 불링거가 대표하는 독일어권 스위스 개혁 교회의 일치를 표현하며, 불링거의 화해 정신을 잘 보여 준다. 또한 그는 메리 여왕의 박해로 피신한 망명자들을 환대하여 미래의 엘리자베스 교회의 지도자들과도 좋은 관계를 맺었다.

　이 책에 번역된 「거룩한 보편적 교회」는 기독교의 주요 교리에 대한 일련의 설교 중 하나이다. 그는 여섯 개의 10부작 설교를 통해 기독교 교리를 다루었는데, 이 설교들은 1549년, 1550년, 1551년에 출판되었다. 여기서 불링거는 칼뱅의 「기독교 강요」처럼 기독교 교리의 전반적인 내용을 다루었는데, 다섯 번째와 여섯 번째 10부작 설교의 주제는 「기독교 강요」 제4권처럼 교회, 목회, 기도, 성례였으며, 이 설교 중 가장 먼저 나오는 것이 「거룩한 보편적 교회」이다.

　불링거는 이 설교에서 교회의 본성과 특질을 다룬다. 다음에 나오는 설교도 교회론을 가르치는데, 여기서는 그리스도의 몸 혹은 신부, 또한 모든 신자의 어머니로서 교회의 일치에 중점을 둔다. 불링거의 교회론은 츠빙글리가 기초를 놓은 개혁주의 신학을 충실히 따른다. 그는 선택받은 자의 보이지 않는 교회와 기독교 신앙을 고백하는 모든 자들로 이루어진 보이는 교회를 구분한다. 여기서 보이지 않는다는 말은 하나님만 아신다는 뜻을 지닌다. 보이는 교회의 두 가지 표징은 하나님 말씀의 설교와 성례의 집행이다. 불링거는 교회의 사도성이 감독직의 계승이 아니라 사도적 진리를 가르치느냐에 따라 달려 있다고 주장한다.

　불링거의 교회론은 새롭거나 놀랄 만한 것이 거의 없다. 다만 그가 승리의 교회와 전투적 교회의 전통적 구분을 받아들였다는 점과, 보이는 교회뿐만 아니라 보이지 않는 교회에도 표지가 있다고 가르친 점은 새롭다. 승리한 교회는 하늘에 있는 교회이며 하나의 교회를 이루지만, 전투적 교회는 이 땅에 있는 교회로서 보이는 교회와 보이지 않는 교회의 이중적인 구조로 이루어져 있다. 보이지 않는 교회의 표지는 성령의 교제, 진지한 신앙, 하나님 사랑과 이웃 사랑 세 가지이다. 불링거는 오직 하나님만 보이지 않는 교회를 아시지만, 참 신자가 알아볼 수 있는 외적 표지가 있다고 주장했다.

이 책을 읽는 독자는 츠빙글리와 불링거가 자신만의 고유한 특징으로 개혁 신학을 발전시켰다는 점에 동의할 수 있을 것이다. 종교 개혁 신학이 루터뿐만 아니라 츠빙글리와 칼뱅에 의해 기초되었으며, 개혁 전통 안에도 츠빙글리와 불링거와 같은 개혁자가 있었다는 것을 알 때, 우리는 각 시대와 상황에 맞게 사람들을 불러 세우시는 하나님의 오묘한 손길을 느끼게 된다. 특히 하나님의 주권적인 역사를 강조하고 하나님을 하나님 되게 하라는 츠빙글리와 불링거의 외침은 부흥과 개혁을 준비하는 오늘날에도 귀 기울여 들어야 하는 광야의 소리일 것이다. 이 책이 한국 교회의 각성과 갱신에 조그마한 디딤돌이 되기를 바란다.

서원모

A.S.   E. Egli: *Acetensammlung zur Geschichte der Zürcher Reformation in den Jahren* 1519–1523.

C.R.   *Corpus Reformatorum* edition of Zwingli's works.

D. C. R.   B. J. Kidd: *Documents illustrative of the Continental Reformation.*

Opera   Schuler & Schultess edition of Zwingli's works.

R.G.   H. Bullinger: *Reformationsgeschichte* (Ed. Hottinger & Vögelin).

제1부

츠빙글리

PART I

ZWINGLI

하나님의 말씀의 명료성과 확실성[1]

편집자의 해설

비텐베르크와 마찬가지로 취리히에서도 하나님의 말씀의 선포가 개혁주의 가르침을
확산시키고 교회를 정화시키는 중요한 무기였다. 성경적 진리가 당시 옛 체제 아래 종
교 생활의 본래적인 중심지였던 수도원에 도입될 수 있었다면 개혁 작업이 보다 부드
럽고 효과적으로 이루어졌을 것이라는 것이 느껴졌다. 이러한 목적을 추구하기 위해
1522년 여름에 츠빙글리는 오이텐바흐 수도원 접근에 성공하였으며, 특별히 하나님
의 말씀과 동정녀 마리아를 두 주제로 삼았다.

　　이러한 시도의 자세한 내용에 대해서는 1522년과 1524년 말씀에 대한 설교의 연
이어 출간된 두 판본의 서문에 많은 빛을 지고 있다.[1] 오이텐바흐 수도원은 도미니쿠
스 수녀회의 오래된 기관이었다. 이 수녀원은 상당한 부와 영향력을 행사했다. 왜냐
하면 이 수도원의 수녀들은 모두 취리히의 최고의 가문 출신이었으며, 종교 개혁 시대
에도 60명의 서원 수녀와 12명의 평신도 자매가 있었기 때문이었다.[2] 200년 이상이나
이 수녀원의 영적인 지도는 설교자 수도원(Predigerkloster)의 도미니쿠스 수도사들의 손에

---

1. C. R., I, 338–41.
2. *Ibid.*, I, 328.

맡겨졌다. 도미니쿠스 수도사는 처음에는 종교적 변화에 대해 반대했으며, 수녀들이 복음주의적 가르침과 접촉하는 것을 막으려고 모든 가능한 조치를 취했다. 하지만 츠빙글리는 시의회를 통해 수녀원을 개혁주의 설교자들에게 개방하도록 노력했으며, 1522년에는 도미니쿠스 지도자들에게 압력을 가하는 법령이 통과되었다. 이 법령에 따르면 수녀들은 재속 사제의 목회를 받아들여야 했으며, 츠빙글리 자신이 이러한 가르침의 사역을 맡도록 임명되었다.[3] 도미니쿠스 수도사는 일부 수녀들이 츠빙글리의 가르침을 피하고 나중에는 소명에 충실하게 남아 있도록 설득하는 데 성공했다. 하지만 이러한 목회가 효과를 잃지 않도록 츠빙글리는 수정되고 확대된 형태로 설교를 출판하게 되었다.

이 사건에 대한 증거가 츠빙글리 자신이 서문에서 말하는 것 이외에는 남아 있는 것이 없지만− 심지어 시의회의 법령도 남아 있지 않았다− 오이텐바흐 수녀원을 얻기 위한 투쟁은 츠빙글리가 일반적인 탁발 수도사에 맞서 싸우고 있었던 보다 큰 투쟁의 결과 혹은 그 일부였음을 주목하는 것은 흥미롭다.[4] 이 투쟁은 1522년 7월 두 논쟁이 취리히에서 열렸을 때 결합되었다. 처음 논쟁은 마리아와 성인들의 공경에 대해 16일에 열렸고, 둘째 논쟁은 성경의 권위라는 보다 넓은 주제로 21일에 열렸다. 이것들이 오이텐바흐 수녀들에게 츠빙글리가 설교한 두 주제였다는 것은 중요하다. 첫 논쟁에서 츠빙글리는 프란체스코회 순회 수사인 아비뇽의 프란시스 랭베르와 대결했고,[5] 둘째 논쟁에서는 시 종단의 강사와 설교자들, 특히 도미니쿠스회 수사와 아우구스티누스회 수사와 대결했다. 관행대로 이 논쟁들은 영적인 당국자뿐만 아니라 세속적인 당국자들 앞에서 열렸다. 이 논쟁들은 개혁파의 결정적인 승리로 이어졌으며, 시장은 토마스와 스코투스와 다른 스콜라주의 신학자들보다는 복음서와 서신과 예언자를 설교해야 한다고 판결을 내렸다.[6]

공식적인 선언이 논쟁을 끝내지는 못했다. 왜냐하면 도미니쿠스회 강사는 취리히를 떠났지만, 수도사 전체는 이 판결을 무시할 준비가 되어 있었기 때문이었다. 그들

---

3. *Ibid.*, I, 338.

4. 이러한 갈등에 대해서는 Bernard Wyss, *Die Chronik*, 1519–1530, 13–20을 보라. 또한 Bullinger, R.G., I, 76–78을 보라.

5. 참고 D. C. R. 180. 랑베르는 자신이 설득되었다고 고백했고, 나중에 헤세의 종교 개혁을 위해 일했으며, 1517–1530에 마르부르크의 신학 교수가 되었다(Jackson, *op. cit.*, 171, 1번을 보라).

6. C. R., I, 257.

의 완고함은 오이텐바흐 수녀원에서 복음주의적 설교를 확고하게 제외시킨 것에서 표현되었다. 하지만 이러한 반대는 시의회의 물리적인 행동으로 이어졌고, 결국 수도회의 완전한 해체로 이어졌다. 첫 단계 중 하나로 시의회는 오이텐바흐 수녀원에게 수도 성직자가 아닌 성직자를 받아들이도록 명령하는 법령을 통과시켰다. 이 법령의 정확한 날짜는 알려지지 않았지만, 아마도 7월말이나 8월초였을 것이다. 왜냐하면 8월 23일 나타난 「처음과 끝」(*Archeteles*)에서 츠빙글리는 출판된 형태의 말씀에 대한 설교에 대해 언급했기 때문이다.[7] 이 설교 자체는 9월 6일에 출판되었으며, 아마도 「처음과 끝」이 나왔을 때는 인쇄 중에 있었을 것이다. 츠빙글리의 설교의 결과 많은 수녀들이 개혁파의 견해를 받아들였으며, 그중 일부는 영적인 지도자로서 재속 사제를 원했고, 일부는 수녀원을 완전히 떠날 마음을 지니고 있었다.[8] 하지만 여전히 옛 신앙을 고수하는 강하고 단호한 집단이 있었다.[9] 1523년 3월 7일 시의회는 도미니쿠스 수도사를 내쫓았고 레오 유드를 수녀원의 목회자로 임명했으며,[10] 결국 이 수녀원은 1524년 말에 해체되었다.

또 다른 두 역사적 사항을 간략히 언급할 필요가 있다. 1522년은 츠빙글리에게는 매우 중요했다. 왜냐하면 탁발 수도사의 반대 외에도, 그는 「츠빙글리가 시시하게 말하는 사항」(*Articuli frivole dicti a Zwinglio*)이라는 문서에서 불평의 대상이 되었기 때문이다.[11] 이 문서는 스콜라주의자에 대한 경멸, 수도회에 대한 공격, 성인들에 대한 불공경을 이유로 츠빙글리를 비난한다. 이 문서는 연대를 쓰지 않았지만, 1522년 여름에 쓰였다는 것에 대해서는 거의 의심할 여지가 없으며, 1522년의 결정적인 승리 이전에 투쟁의 상황을 보여 준다. 하지만 복음주의적 설교에 유리한 판결을 확보하기 위해 츠빙글리는 하나님의 말씀에 따라 설교하는 것을 승인받은 1520년의 결정에 호소할 수 있었다고 보인다.[12] 이 법령의 내용은 불링거의 기술로만 알 수 있지만,[13] 이러한 법령이

---

7. *Ibid*., 312.

8. D. C. R. 184.

9. C. R., I, 340-41.

10. Egli, A. S., 346, 348, 366.

11. Egli, *Analecta*, III.

12. D. C. R. 160.

13. Bullinger, R. G., I, 32, 38.

존재했다는 것은 1524년 3월 21일의 스위스 연방에 대한 「응답」에서 공적으로 입증된다.[14]

이 설교 자체는 하나님의 말씀이라는 가장 중요한 가르침을 주요한 두 가지 측면, 즉 말씀의 권능과 말씀의 명료성에서 다룬 분명하고 강력한 선언이다. 하지만 츠빙글리는 이 두 가지 주요 사항에 들어가기 전에 매우 흥미로운 서론적인 부분에서 성경에 대한 가르침의 본질적인 기초라고 생각하는 것, 즉 하나님의 형상 개념을 다룬다. 그는 창세기 1:25의 본문을 출발점으로 삼고 삼위일체론적 표현이 암시된 것에 관심을 둔다. 이 구절에 비추어 그는 먼저 하나님의 형상의 성격에 대해 논의하며, 이는 필연적으로 인간 본성의 물리적인 부분이 아니라 영적인 부분과 관련된다고 지적했다. 아우구스티누스와 함께 그는 우리가 정신, 의지와 기억에서 이 형상을 분별할 수 있을 것이라고 인정한다. 하지만 짧은 논의 후에 그는 이 형상이 복된 삶에 대한 보편적인 갈망과 하나님의 계시 혹은 말씀에 대한 본래적인 갈증에서 가장 분명하게 나타난다고 결론을 내린다. 인간의 참된 삶은 땅의 먼지로 만들어진 것에 있는 것이 아니라 영을 불어넣으심에 있다. 이것은 사람이 영원한 목적을 위해 창조되었다는 것을 뜻한다. 또한 땅에 속하며 죄악 된 욕망의 방해에도 불구하고 그리스도의 구속적 능력 안에서 사람은 하나님과 닮게 되는 현실을 다시 얻을 수 있으며(그리스도 예수 안에서의 새 사람), 내면 깊숙한 곳의 갈망에 대한 대답이 되는 하나님의 말씀의 능력과 조명을 경험할 수 있다.

하나님의 형상에 대한 논술은 엄격히 말하자면 츠빙글리의 주요 주제와 관련되는 것은 아니지만 이는 그 나름대로의 중요성이 있으며, 이 설교 전체에 보다 큰 흥미와 힘을 더해 준다. 여기서 두 가지 사항에 특별한 관심을 두어야 한다. 츠빙글리는 타락의 결과로 하나님의 형상이 일반적으로 없어졌다고 보지 않은 듯하다. 타락이 이 형상에 영향을 주고 어느 정도 희미하게 만들고 세속적 관심이 한 사람의 삶 전체를 지배하게 되는 어떤 경우에는 하나님의 말씀에 대한 소원과 영원에 대한 갈망이 완전히 숨겨질 수 있는 것도 사실이다. 하지만 모든 사람의 마음 깊숙한 곳에는 하나님의 형상이 성령의 중생의 능력에 따라 새 생명으로 일으켜지기 위해 기다리며 인류의 종

---

14. *Amtliche Sammlung der älteren Eidgenössichen Abschiede*, IV, 399f.

교적인 열망과 성취 안에 이미 나타났다. 츠빙글리가 이해하듯 기독교적 중생은 완전히 새 창조가 아니다. 이것은 태초에 하나님의 형상과 모양에 따라 창조된 영적인 본성이 그리스도를 닮는 것에 따라 재창조되는 것이다.

그럼에도, 하나님의 형상이 계속 존재한다고 주장하면서도, 츠빙글리는 초기의 펠라기우스적인 연역에 맞서 자신을 지켰다. 인간이 하나님과의 닮음을 누리는 사실이 자신의 힘으로 의를 얻을 수 있다는 것은 아니다. 여기에는 두 가지 이유가 있다. 첫째, 그리스도의 구속 사역과 떨어질 때 하나님의 형상은 육신의 죄악 된 욕망에 의해 늘 어느 정도 희미해진다. 둘째, 이 형상은 하나님의 형상이며 따라서 우리가 우리 자신의 의가 아니라 하나님의 의를 반사할 때 온전하게 보인다. 확실히 츠빙글리는 일부 현대 저자들이 개혁주의 은총론의 필수적인 결과라고 생각한 하나님의 형상의 완전한 상실이라는 가혹한 교리를 피한다. 원죄 또는 원래의 죄책에 대한 보다 덜 엄격한 이해는 같은 방향으로 생각될 수 있다. 하지만 동시에 츠빙글리는 인간의 본성과 목적에 대해 순전히 인본주의적인 이해를 위한 길을 열고자 하는 의도는 가지고 있지 않았다.

참으로 하나님의 형상에 대한 논의는 츠빙글리의 주안점으로 이어지고 이를 증명하도록 고안되었다. 그리고 주안점은 다음과 같다. 모든 사람 안에는 하나님의 말씀에 대한 은밀한 갈망이 존재하며, 성령의 중생의 사역이 이루어질 때 이는 하나님의 말씀에 대한 개방되고 집중적인 열망으로 자연적으로 또한 필수적으로 표현될 것이라는 것이다. 이것이 그렇게 되어야 한다는 충분한 이유가 있다. 왜냐하면 하나님의 말씀 안에서만 인간의 신적 본성이 참된 생명과 양육과 위로를 발견할 수 있기 때문이다. 하나님의 말씀은 불가피하게 영생과 복을 구하는 사람의 이 부분을 충족시킨다. 왜냐하면 말씀의 확실성과 명료성이라는 두 가지 특징에 대해서 츠빙글리는 말하고자 하기 때문이다.

츠빙글리는 말씀의 확실성 혹은 능력을 말씀이 선언하거나 가리키는 실재를 일어나게 하는 능력이라고 본다. 그는 성경의 많은 부분에서 이 능력에 대해 명백한 확증을 발견한다. 이는 하나님이 하늘과 땅을 창조하시는 그 하나님의 말씀 안에서 처음부터 나타난다. 하나님은 단지 "빛이 있으라"고 말씀하셨으며 곧 어둠에서 빛이 나타났다. 이것은 신약성경에서도 그리스도의 구속적 활동 안에서 나타난다. 병자와 절름발이와 귀신 들린 자와 심지어 죽은 자들도 그리스도에게로 이끌려 왔을 때, 그분은 단지 "나으라", "떠나라", "일어나라"고 명령만 하셨고 회복의 기적이 일어났다. 이러한 분명하고 확신을 주는 사례로부터 츠빙글리는 모든 하나님의 말씀 혹은 약속이 필연적으로 적절한 때에 이루어져야 한다고 끌어낸다. 하나님 자신이 말씀하실 때 창조 전체가 자리를 내주어야 한다. 그렇다면 우리는 말씀의 구속 능력에 우리의 마음을 열어서 우리가 그만큼 확실한 심판에 의해 사로잡히지 않도록 해야 한다.

츠빙글리는 말씀의 명료성을 말하거나 기록한 것의 뚜렷함을 생각하기보다는(물론 모든 종교 개혁자들처럼 그는 하나님의 말씀이 본질적으로 명백하고 솔직하다고 생각했다) 겉으로는 반대인 것처럼 보이지만 내적인 조명과 확신을 가져오는 말씀의 능력을 생각한다. 그의 뜻을 분명히 하고 자신의 가르침의 진실을 확증하기 위해 츠빙글리는 구약성경과 신약성경에서 몇 가지 사례와 본문을 제시한다. 그는 노아의 사례를 예로 든다. 노아는 동시대인들도 그처럼 잘 이해할 수 있었던 말씀을 받았다. 그러나 그들은 이 말씀을 겸손과 신앙으로 받지 않았기 때문에 그 진실을 알아채지 못했으며, 하나님의 목적에 대한 통찰이 주어지지 않았으며 이는 노아의 구원으로 이어졌다. 노아는 말씀을 겸손하고 신앙으로 받았고 말씀은 그 권위에 대한 외적인 보증이 없더라도 그 자체의 조명과 확신을 동반했다. 인용될 수 있는 또 다른 사례는 아브라함과 모세의 사례이며, 구약성경에서 예시된 진리는 요한복음 3:27과 6:44 그리고 고린도전서 2:12과 같은 신약성경 구절에서 서술되었는데, 이 구절들은 내적인 신앙과 이해가 인간 지성이나 학문의 산물이 아니라 말씀 자체를 통해 직접적으로 일하시는 하나님의 영의 산물이다. 츠빙글리의 결론은 우리가 말씀에 우리 마음과 정신을 모두 열어야 한다는 것이다. 왜냐하면 이렇게 함으로써 우리는 하나님의 자녀로서 우리의 참다운 목적을 이룰 수 있으며, 말씀에게만 고유한 능력과 조명을 경험할 것이기 때문이다.

이 설교의 주목할 만한 특징은 츠빙글리가 하나님의 말씀에 대한 정확한 정의를 제시하거나 말해진 말씀과 기록된 말씀을 구분하려는 시도를 하거나 양자 간의 관계를 확정하지 않는다는 것이다. 말씀의 확실성에 대한 부분에서는 츠빙글리가 인용한 예들이 기록된 말씀보다는 말해진 말씀의 능력에 대한 예시라는 것이 주목할 만하다. 창조 때의 하나님의 명령과 그리스도의 구속적인 말씀은 기록으로 새겨진 말보다는 혀로 말해진 말씀이다. 물론 의심할 여지없이 츠빙글리는 성령의 기록과 이 직접적이고 살아 있는 말씀을 같은 것이라고 생각한다. 하지만 그는 어떻게 또는 왜 이 둘을 같다고 볼 수 있는지를 보여 주지 않으며, 성경이 이 개념의 전체적인 의미를 다 보여 줄 수 있다고 생각하지 않는다. 참으로 기록의 능력과 효과는 외적인 문자가 하나님 자신의 살아 있는 영적인 말씀이 되는 하나님의 사역에 의존한다. 어떤 의미에서 츠빙글리가 어떻게 말로써의 말씀이 기록으로써의 말씀으로 전환될 수 있는지를 밝혀 주지 않는 것은 이러한 논의에서 약점이 될 것이다. 하지만 또 다른 의미에서 이것은 유익이 될 수도 있다. 왜냐하면 이것은 츠빙글리가 성례의 사효론에 대한 복음주의적인 짝이 될 수 있는 성경에 대한 정태적이고 이론적인 개념을 피한다는 것을 뜻하기 때문이다. 말씀과 성경을 정확하게 일치시키는 것을 거부하면서 츠빙글리는 온전하고 참된 의미에서 말씀 자체가 살아 있는 말이라는 진리를 굳게 붙든다. 말씀은 기록된 문서를 통해 매개되지만 이는 성령에 의해 지시되고 적용되는 한에서만 말씀으로써 그 특징과 효과를 가진다.

강조해야 할 둘째 사항은 츠빙글리가 바라본 명료성은 사상과 표현의 일반적인 뚜렷함을 훨씬 넘어서는 것이라는 것이다. 본래적으로 츠빙글리는 성경의 본질적인 말씀이 일반적이고 합리적인 지성이 파악할 수 있다는 것을 부정하기를 원하지 않았다. 이러한 이유로 평신도 그리스도인도 학문적인 주석가나 신학자와 마찬가지로 성경을 이해할 수 있다. 물론 학자의 작업이 보다 어려운 구절을 밝히고 개별적인 단어와 문장의 정확한 뜻을 확정하기 위해서는 유익하고 필요하다. 그러나 성경이 본질적으로 그 가르침에서 간단하므로 모두가 그것을 받아들이거나 이해할 것이라는 것이 따라 나오지는 않는다. 그렇게 하기 위해서는 합리적인 이해의 빛뿐만 아니라 내적인 조명이 필요하다. 하나님의 진리가 보일 뿐만 아니라 인지되어야 한다. 그것은 이해될 뿐만 아니라 숙지되어야 한다. 츠빙글리가 말하는 명료성은 내적인 이해나 인지를 가능하게 하는 조명이다. 이 조명은 성령이 그 말씀을 참회와 신뢰로 받는 자에게 적용할 때 이루어진다.

이러한 점에서 츠빙글리는 성경의 진리가 역동적인 진리보다는 추상적인 명제라는 관점에서 생각될 때 희미해지거나 어떻든지 잘못 이해될 수 있는 하나님의 말씀의 이중적 성격을 올바로 파악하고 있다. 그는 말씀이 생명과 빛의 말씀이라는 것을 보지만 또한 말씀이 자동적으로 읽고 이해하는 모든 사람들에게 빛과 생명을 주지 않는다는 것을 안다. 참다운 반응이 불붙는 곳에서만 이렇게 될 수 있다. 다른 말로 하면, 이는 신앙의 결단을 요구한다. 또한 말씀의 내적인 뜻이나 진리에 대해서는 어떤 의심도 있을 수 없다. 이는 그 자체로써 조명과 확신을 지니고 있다. 하지만 말씀이 외적으로 이해되더라도 그러한 결단이 없다면 말씀은 내적으로 인지되지 않고 신자에게는 빛과 생명이 되는 것이 불신자에게는 어둠과 파멸이 된다.

종교 개혁자들이 하나님의 말씀에 호소하는 것은 정확하게 해석되고 이해된 성경의 외적 본문에 대한 호소만은 아니었다. 말씀에 붙여진 중요성은 외적인 권위를 또 다른 권위로 대체하려는 욕망 때문만은 아니었다. 종교 개혁자의 호소는 참회와 신앙으로 말씀을 듣고자 하는 모든 자에게 내적으로 스스로를 증명하는 살아 있고 효과적인 말씀이다. 이 말씀은 그 권위가 외적으로 증명될 수 있기 때문이 아니라 내적으로 파악되기 때문에 권위적이 된다. 말씀은 하나님이 구속의 뜻을 알게 하고 듣는 자를 결단으로 부르는 수단이다. 말씀의 명료성은 말씀의 내적인 의미와 진리가 신앙으로 그것을 받아들이는 사람들에게 보증하는 자기 조명과 자기 증언이다.

또 언급할 사항은 이 말씀의 명료성이라는 개념이 츠빙글리에게 학문적인 신학적 논의의 혼돈 속에서 어디서도 발견할 수 없는 성경적 진리의 확고한 지식을 주었다는 것이다. 모든 종교 개혁자들은 진리의 제시에서 확실성이라는 민감한 문제와 마주쳐야 했다. 그들은 어떻게 가장 위대한 학자들이 서로 다를 때, 또한 과거와 현재의 다수의 신학자들이 그들에 맞서 확고하게 정렬했을 때, 자신들의 해석이 바른 해석이라는 것을 알 수 있는가? 이러한 문제를 다루면서 그들은 성경의 외적인 본문에만 호소하는 것으로는 충분하지 않다는 것을 알았다. 왜냐하면 본문은 명백하지만, 본문은 여러 가지 다른 방식으로 해석되고 적용될 수 있었다. 종교 개혁자들이 자기 나름의 관점에서 올바르게 참되고 간단한 주석이 자신들의 특정한 해석을 지지할 것이라고 주장했다는 것은 사실이다. 하지만 그들은 첫째 자신의 이해가 맞는다는 것이 학문의 탁월성에 기초될 수 없고, 둘째 본문에 대한 참된 해석을 얻기 위해서는 일반적인 언어 능력 혹은 명민한 주석 이상의 것이 필요하다는 것을 예리하게 인식하고 있었다. 그들이 가지고 있는 확실성은 궁극적으로는 내적인 이해의 직접성, 성령의 내적인 증거에 의존했다. 또한 츠빙글리는 바로 이 내적이고 영적인 조명을 알고 있었기 때문에 외적이고 단순히 인간적인 권위로 확실성을 찾을 때 일어나는 혼돈에 대해 경멸적으로 지적할 수 있었다. 교황, 교부, 탁발 수사, 이 모든 것은 영적인 지식과 이해에 확실성을 준다고 주장한다. 하지만 츠빙글리는 자신을 위해서 어떤 것도 주장하지 않는다. 그가 가리키는 확실성은 어떤 지적인 능력이나 종교적인 성취에서 주장되는 탁월함에서 유래하는 것이 아니다. 그가 진리에 대한 확실하고 움직일 수 없는 지식을 가지고 있는 것은 단순히 성경의 명백한 진술을 이해하기 때문이 아니라 성령이 그에게 성경이 선포하는 하나님의 가르침을 내적으로 파악할 수 있게 해주었기 때문이다. 또한 그는 기도와 신앙으로 성경에 다가서는 모든 사람은 필연적으로 자기 자신과 마찬가지로 그 진리를 똑같이 파악하는 데에 이르러야 한다고 주장한다.

우리가 이미 보았듯이 말씀의 명료성에 대한 츠빙글리의 가르침의 성격은 그가 나중에 개신교 정통주의 안에서 발전되는 것과 같은 추상적인 성서주의를 주장하는 것이 아니라는 것을 분명하게 밝혀 준다. 하지만 우리는 과장하지 않아야 한다. 츠빙글리는 기록된 말씀이 특별히 영감을 받았다는 것을 부인할 이유가 없었으며, 그것에 대해 소리 높여 강조할 필요가 없었다. 확실히 그의 설교에서 일부 현대 신학자들이 참된 개혁주의적 통찰이라고 선언한 형식과 내용의 결정적인 분리를 선호했다는 증거는 없다. 그럼에도 츠빙글리는 말씀이 성경의 외적인 문자 이상의 것이며, 이는 성령이 살아 있는 말씀으로 적용할 때 효력을 발휘하며 내적 확신을 전해 준다고 분명히 생각했다. 실제로 이 설교는 말씀과 그 작용에 대한 역동적인 개념을 위한 호소이다. 본래적으로 말씀은 말과 글의 외적인 형식으로 표현된다. 하지만 그 능력과 권위는 외적인 표현에 놓여 있지 않다. 말과 글은 필연적으로 합리적인 의미를 지니지만, 참된 의미는 신적인 능력에 의해 개인에게 확신을 줄 때 깨달아지고 알려진다. 말씀에는 능력과 명료성이 있지만, 이는 말씀의 본문과 참 의미와 작용 사이의 정적인 관계의 능력과 명료성이 아니라 성령 하나님의 창조적 활동의 능력과 명료성이다. 그리고 이것은 결국 말씀은 하나님 자신의 살아 있고 기적적인 말씀이 있는 곳에서만 온전히 현존한다는 것을 의미한다.

이 설교를 전체적으로 개관할 때 우리는 거의 모든 츠빙글리의 글을 손상시키는 결점을 지니고 있다는 것을 인정해야 한다. 이는 목적에서 치우쳐 있으며, 형태가 잡히지 않는 것은 관행적인 성급한 저술을 보여 준다. 성경의 예가 불필요하게 많고, 주제와 직접적으로 관련되지 않은 구절들을 너무 많이 주석한다. 그럼에도 이러한 명백한 결점에도 불구하고 서술에는 능력과 자유가 있으며, 생동적인 사고와 독창적이고 참신한 논법이 함께 결합하여 이 작품을 초기 신학적인 저술에서 가장 인상적이고 중요한 작품 중의 하나로 만든다. 문체에서 이 글은 틀림없이 츠빙글리 자신의 시대에 속하지만, 사상에서는 보다 영속적인 가치를 지닌 작품으로 만드는 현실적합성이 있다.

판본

이 설교는 1522년 9월 6일 취리히에서 처음 출판되었다. 인쇄업자의 이름은 드러나지 않았지만, 의심할 여지없이 크리스토퍼 프로샤우어의 작업이다. 이 초판은 주의 깊고 정확하다. 또 다른 판본은 아마도 같은 해에 아우구스부르크에서 나왔겠지만, 인쇄업자의 이름이나 출판 연도와 장소를 알려 주지 않았다. 대부분 이 판본은 초판을 따랐지만 몇몇 오류를 수정하고 새로운 오류를 도입했으며, 독일어권에서 보다 일반적으로 사용되는 방언 형식으로 많은 방언을 바꾸었다. 크리스토퍼 프로샤우어는 1524년 새로운 판본을 냈는데, 이때에는 이름을 밝혔다. 이 판본은 본질적으로 1522년 판과 같지만, 보다 긴 새로운 서문이 도입되어 활자를 재배열하였으며, 몇몇 오류가 교정되었다. 프로샤우어의 또 다른 판본은 1524년 판과 거의 같다.[15]

번역

이 설교는 *De certitudine et claritate verbi dei liber*(G)라는 제목으로 괄터에 의해 라틴어로 번역되었다.[16] 크리스토펠은 그의 *Zeitgemässige Auswahl*, I(취리히, 1843)에서 현대 독일어로 번역했다. 초기의 영어 번역은 존 베론의 번역으로 그는 이것을 「거룩하고 신성한 경전의 올바르고 참된 이해를 위한 지름길」[A Short Pathway to the Right and True Understanding of the Holy and Sacred Scriptures (Worchester, 1550)]이라는 약간 오해하기 쉬운 제목으로 출판했다.

이 번역은 *Corpus Reformatorum*(츠빙글리, 제1권)에 실린 원본에 기초를 둔다.

---

15. 제목 쪽과 함께 이 판본에 대한 자세한 내용에 대해서는 C. R., I, 332–37을 보라.

16. *Opp. Zw.* Tom I, fol. 160b–175a. 괄터는 확실성을 명료성 앞에 두어 제목의 순서를 논문의 순서와 맞아떨어지게 했다.

하나님의 말씀의 명료성과 확실성

본문

전능하신 하나님께서 세상을 처음 창조하셨을 때 가장 경이로운 피조물인 인간을 창
조하려고 하셨다.[17] 그분은 스스로 다음과 같이 생각하셨다. "우리의 형상을 따라 우
리의 모양대로 우리가 사람을 만들고 그들로 바다의 물고기와 하늘의 새와 가축과
온 땅과 땅에 기는 모든 것을 다스리게 하자"(창 1:26-27). 우리는 '우리가 만들자'라고 표
현된 구절에서 하나님이 스스로에 대해 말씀하면서도 하나 이상의 인격에 대해 말씀
하신다는 것을 알 수 있다. 왜냐하면 만약 그분이 오직 한 인격에 대해서만 말씀하신
다면 '내가 만들리라'고 말씀하셨을 것이기 때문이다. 하지만 '우리가 만들자'라고 말
씀하실 때, 그분은 의심할 바 없이 한 하나님이신 세 인격에 대해 말씀하시는 것이다.
이것은 특히 그다음에 나오는 '우리의 모양을 따라'라는 말과 '하나님의 형상에 따라'
라는 말이 계시하는 바다. 그분은 '우리의 모양들을 따라'라고 말씀하지 않으셨는데,
만약 그렇다면, 이는 다수의 본질들 혹은 신들을 뜻하는 것이 된다. 하지만 유일하
신 하나님의 '하나 됨'과 인격의 '셋 됨'에 대해 말하는 것이 우리의 당면 과제는 아니

---

17. *erwag er sich, deliberare* (G).

다.⑵ 우리 앞에 또 다른 주제(하나님의 숙고에 따라 이루어진 것, 즉 인간이 하나님의 형상과 모양으로 창조되었다는 것)가 있기 때문이다.

여기서 우리는 우리 본성의 어느 부분이 하나님의 형상으로 만들어졌는가, 즉 몸인가 영혼인가를 물어야 한다. 우리의 몸에 관련되어 하나님의 형상으로 만들어졌다면, 이것은 하나님이 상이한 지체들로 이루어진 몸을 가지고 있으며, 우리의 몸은 그분의 몸의 복사본임을 뜻하는 것이 된다. 하지만 우리가 이것을 인정한다면, 하나님이 이루어졌다가 결국 해체될 것이라는 결론이 따라 나온다.[1] 이것은 신적 본질의 확고함에 대한 부정이요 따라서 비 기독교적이며, 이단적이며, 신성 모독이다. 왜냐하면 요한복음 1장에서는 '하나님을 본 사람이 없다'라고 말하기 때문이다. 만약 하나님을 본 사람이 없다면, 어떻게 하나님이 인간의 형태를 가지고 있다고 오만하게 말하는 이단자[2] 멜리톤과 신인동형론자들⑶이 말하듯이 그분이 이러저러한 모양을 지니고 있다고 말할 수 있겠는가? 의심할 여지없이 이 사람들은 성경에서 눈, 귀, 입, 얼굴, 손과 발이 하나님에게 속한다고 나와 있기 때문에 잘못된 길로 갔다. 하지만 성경에서 이러한 지체들은 단순히 하나님의 사역을 나타내기 위해 사용되었을 뿐이며, 사람들 가운데서 이러한 표현이 사용되는 방식대로 말할 때, 우리는 이것을 가장 명확하게 이해할 수 있다. 우리가 눈으로 보기 때문에, 성경은 하나님의 만물에 대한 완전한 지식과 인지를 나타내고자 할 때, 눈이 하나님에게 있다고 말한다. 성경이 귀가 하나님에게 있다고 말하는 것은 그분이 어디서나 계시므로 우리의 모든 기도, 신성 모독, 혹은 비밀스런 생각들을 듣고 아시기 때문이다. 입이 있다고 말하는 것은 그분이 말씀으로 그분의 뜻을 계시하시기 때문이며, 얼굴이 있다고 말하는 것은 그분의 은사를 주시고 거두시는 것을 나타내기 위해서다. 또한 손이 있다고 말하는 것은 그분의 전능을 나타내는 것이며, 발이 있다고 하는 것은 그분이 신속하고 빠르게 악한 자를 사로잡으시는 것을 나타내기 위해서다. 이것을 성경에서 증명하는 것은 너무도 장황한 일이 되며, 우리의 당면 과제를 넘어서는 것이다. 하지만 멜리톤이 하나님을 인간의 형상에 따라 생각하는 오류에 빠진 것은 이러한 성경적인 용법을 이해하지 못했기 때문이며, 따라서 이것은 이단이다. 왜냐하면 신명기 4장에서 모세는 하나님이 이

---

1. *entfügt (auseinandergenommen)*.

2. *frävenlich, impudens* (G).

스라엘 백성들에게 자신의 얼굴을 보여 주지 않으신 것은, 그들이 하나님을 남자든, 여자든, 어떤 피조물의 모양이든 어떠한 형상과도 유사하게 표현하거나 나타내지 않도록 하며, 그분의 형상이나 모양을 세워 예배하지 않도록(이것은 우상 숭배이다) 하기 위해서였기 때문이라고 이스라엘 백성에게 말하기 때문이다. 또한 그리스도 자신도 요한복음 5장에서 말씀하셨다. "너희는… 그 형상을 보지 못하였다." 우리는 여기서 예수 그리스도의 인성을 생각하는 것이 아니다. 왜냐하면 그분 자신이 죄의 결함을 제외하곤 인간의 모든 본성과 연약성을 짊어지셨기 때문이다.[3] 그리스도의 인성은 인간의 형태이지 신성의 형태는 아니며, 그분은 인성을 영원 전부터 가지신 것이 아니라, 그분이 잉태되어 순결한 동정녀 마리아에게서 태어날 때 입으셨다.[4]

따라서 우리가 마음이나 영혼에 있어서 하나님의 형상으로 만들어졌다는 것만 남게 된다. 우리는 영혼이 그 형상이 특별히 각인된 실체라는 것을 제외하곤 그 형상의 정확한 형태를 알 수 없다. 아우구스티누스[5] 및 고대의 박사들의 견해는 지성, 의지, 기억[4]의 세 기관은 서로 구분되었다. 하지만 하나의 영혼을 구성하는 것으로써 한 존재와 삼위의 위격을 지닌 한 하나님의 모양이라는 것이었다. 나는 우리가 세 기관 때문에 혼란에 빠져 하나님이 우리와 마찬가지로 의지의 충돌이 있다고 상상하지 않는 한, 이러한 견해를 논박하지 않는다.

우리는 하나님 안에는 우리와 마찬가지로 이원성이나 모순이 없다는 것을 기억해야 한다. 우리의 뜻이라고 말하는 육신의 욕구는 정신과 영의 뜻을 대적하는데, 이것은 바울이 로마서 7장에서 가르친 바와 같다. '우리는 하나님 자신을 결코 볼 수 없다.' 따라서 우리는 어떠한 점에서 우리 영혼이 그 실체와 본질에서 그분 자신과 닮았는지를 결코 알 수 없다. 왜냐하면 영혼은 스스로를 실체와 본질로는 알 수 없기 때문이다. 또한 결국 우리는 영혼의 활동과 기관, 즉 의지와 지성과 기억은 우리가 그분 자신을 보고 그분 안에서 우리 자신을 볼 때까지는 결코 보지 못할 본질적인 닮음에 대한 표지에 불과하다고 결론을 내릴 수 있다.

고린도전서 13장은 "우리가 지금은 거울로 보는 것같이 희미하나 그때에는 얼굴과 얼굴을 대하여 볼 것이요 지금은 내가 부분적으로 아나 그때에는 주께서 나를 아

---

3. *den prästen der sünde*, 즉 원죄.

4. *intellectus, voluntas et memoria* (G).

신 것같이 내가 온전히 알리라"(고전 13:12)고 말하며, 요한일서 3장은 "그가 나타나시면 우리가 그와 같을 줄을 아는 것은 (우리가) 그의 참모습 그대로 볼 것이기 때문"(요일 3:2)이라고 말한다. 모든 사람이 요한일서의 이 말씀을 제대로 묵상하여, 아타나시오스 신조(Quicunque)는 이성적인 영혼과 육신이 한 사람을 이루듯이 하나님과 인간이 한 그리스도를 이룬다고 말한 것을 알도록 하라.(6) 하지만 이것은 단순히 모양이지 정확한 형상은 아니다. 우리는 여기서 그분이 인성을 입지 않고 그분 자신의 형상으로 인간을 지으실 때의 하나님에 대해서 말하고 있다. 따라서 인간은 몸과 관련해서가 아니라(하나님은 한참 후에야 신체적인 형상을 입었다), 영혼과 관련해서 하나님 형상 안에 있다고 결론을 내릴 수 있다.

영혼의 세 능력, 즉 지성, 의지, 기억보다 더 특별하게 우리 안에서 하나님의 형상을 경험할 수 있는 많은 방법들이 있다. 나는 아우구스티누스의 견해를 거부하지는 않지만, 우리는 아우구스티누스가 가장 중요한 것으로 뽑아낸 것과 다르게 하나님의 형상을 알게 하는 많은 것을 가지고 있다고 생각한다. 특별히 하나님과 하나님의 말씀을 바라보는 것은 하나님과의 관계,[5] 우리 안에 있는 하나님의 형상과 모양에 대한 확고한 표지가 된다.(7) 우리는 이것을 처음에는 예시를 통해, 그다음에는 성경을 통해 설명할 것이다.

우리가 인간을 식물과 나무와 비교하면, 식물이 인간이나 인간의 말에 아무런 주의도 기울이지 않는다는 것을 우리는 발견한다. 이것은 식물이 인간의 본성과 너무 멀기 때문에 양자 사이에 관계, 교제, 혹은 사귐이 없기 때문이다. 하지만 이성이 없는 짐승일지라도 어쨌든 약간은 인간을 주목한다. 왜냐하면 짐승은 신체적인 구조와 생명에서 인간의 본성과 훨씬 더 가깝기 때문이다. 인간의 경우 인간은 이성적일 뿐만 아니라(인간은 이 점에서 하나님과 공통적이다), 하나님과 하나님의 말씀을 바라보며, 이것은 인간이 본성상 하나님과 보다 가깝게 연관되어 있고 하나님과 더 많이 비슷하며,[6] 훨씬 더 하나님과 닮았다는 것을 보여 준다. 의심할 바 없이 이 모두는 인간이 하나님의 형상으로 창조되었다는 사실에서 유래된다.

바울은 사도행전 17장에서 "우리가 그의 소생"(행 17:28)이라고 말하고, 바로 그다음

---

5. *früntschafft, cognatio* (G).
6. *etwas zûzûgs zû im hat*, 즉 그와 더 닮아진다.

구절에서는 우리가 "하나님의 소생"(행 17:29)이라고 말할 때, 이러한 진리를 알려 준다. 또한 하나님의 영은 시편 82편에서 직접적으로 증언하여 "내가 말하기를 너희는 신들이며 다 지존자의 아들들이라"(시 82:6)고 말씀하시며, 또한 이사야 19장에서는 "나의 기업 이스라엘"(사 19:25)이라고 말씀하신다. 우리 그리스도인들은 참 이스라엘 백성이요 그분의 기업이다. 또한 시편과 예언서의 많은 다른 구절도 같은 뜻으로 말한다. 우리가 그분의 기업이라면, 필연적으로 상속에 의해서다. 그리스도와 바울과 베드로는 또 다른 말로 우리가 하나님의 자녀라는 것을 인정한다. 하지만 이것들은 나중에 논의할 것이다. 인용된 세 구절 및 처음에 인용한 하나님의 말씀은 하나님을 향한 갈망이 보편적 경험으로 우리가 타고난 것으로, 이는 우리가 하나님의 형상으로 창조되어 하나님의 본성을 닮을 수 있다는 것을 보여 주기에 충분하다. 이것은 시편 4편에 "여호와여 주의 얼굴을 들어 우리에게 비추소서"(시 4:6)라고 쓰인 대로다. 이러한 이유로 인해 우리는 하나님을 갈망하고 그분의 말씀을 만물 위에 두고 믿는다.

우리는 어디서나 현재의 고통 이후에 영원한 복락을 바라는 보편적인 열망을 발견한다. 이러한 열망은 우리가 타고난 것이 아니었다면, 동물이나 식물처럼 우리와 아무런 관련이 없었을 것이다. 영원한 복락에 대한 열망이나 이생 이후에 복락이 있다는 믿음이 존재하지 않는다는 글들,[7] 특히 사르다나팔로스와 네로와 헬리오가발루스,[8] 또한 이와 같은 더러운 돼지의 말은 이 논증에 영향을 주지 못한다. 왜냐하면 그들은 영원한 복락에 대한 욕구를 볼 수 없을지라도, 최소한 영원한 유기에 대한 공포를 가지고 있기 때문이다. 모든 인간의 영은 영원한 기쁨을 갈망하며, 영원한 유기를 두려워하며, 다른 모든 것과 마찬가지로 처음 시작으로 돌아가기를 간절히 바란다. 이것은 솔로몬이 전도서 1장에서 "바람은 남으로 불다가 북으로 돌아가며 이리 돌며 저리 돌아 바람은 그 불던 곳으로 돌아가고 모든 강물은 다 바다로 흐르되 바다를 채우지 못하며 강물은 어느 곳으로 흐르든지 그리로 연하여 흐르느니라"고 보여준 대로다. 따라서 복락을 위해 수고하지 않는 자들이 있다면 그것은 그들이 절망 및 육신과 야수적 정욕의 깊은 구덩이에 빠진 결과로, 이로 인해 그들은 자신도 알지 못한다(사 51장). 육적인 사람은 영에 속한 일들을 감당치 못한다(고전 2장). 유다, 즉 배반자

---

7. *süw*. 문자적으로는 '돼지.'

가 아니라 레바이우스라고 불려지는 유다[9]는 말세에 조롱하는[8] 자들이 도래할 것을 예견했다. 그들은 자신의 정욕과 불경을 따라 생활하고 스스로 분리하여 관능적이 되며 영을 가지고 있지 않다. 하지만 그들의 행위를 통해 우리는 그들이 복에 대한 소망이 없더라도 최소한 저주에 대한 두려움을 가지고 있다는 것을 알 수 있다. 그들은 광분하며, 염치도 모르고 살며, 지나치게 욕심을 내며, 오만하게 괴롭히며, 자신들이 약탈하거나 훔치거나 얻을 수 있거나 손댈 수 있는 모든 것을 붙잡아 손에 넣으려 하는데, 이 모든 일은 그들의 불경과 절망의 징표이며, 그들은 그 마음에 저주를 받아 마치 그들의 아비 마귀와도 같이 모든 사람에 대해 가혹하며 구원의 기쁨과 위로를 거부하며 그들을 오류에서 돌이켜 영원한 위로로 인도할 모든 경고를 무시한다. 이것은 솔로몬이 잠언 18장에서 "악한 자가 이를 때에는 멸시(즉 하나님과 모든 피조물에 대한 멸시)도 따라오고, 부끄러운 것이 이를 때에는 능욕도 함께 오느니라"고 보여 준 대로다. 만약 그들의 지식 속에 하나님이 없고(롬 1장), 주린 영혼을 그들이 하나님에 대한 달콤한 소망으로 채우지 않으면, 의심할 바 없이 의로운 심판자이신 하나님이 그 마음을 영원한 형벌에 대한 예고와 두려움과 고통으로 채우셔서, 그들은 조용한 기대 속에 영생에 들어가는 소망을 지니지 않으므로, 다가올 세상에서 영원히 이루어질 영원한 나락을 이미 경험하기 시작한다. 따라서 그들은 영원한 복락에는 관심이 없지만, 영원한 유기에는 관심이 있다. 현재의 목적으로는 그들이 자신 안에서 영원(그것이 영원한 형벌이든 영원한 복이든)에 대한 관심이 있음을 느낀다는 것으로 충분하다.

그렇다면 구원에 대한 갈망이 우리 안에 본성적으로 있으며, 이것은 육신이나 그 정욕의 본성 때문이 아니라, 장인(匠人)이신 하나님이 우리에게 각인한 형상 때문이라는 것을 우리는 배웠다. 하나님이 아담의 코에 숨으로 불어넣으신 생명의 영은 인간의 숨과 같이 헛되고 무력한 것이 아니다. 창세기 2장에서는 "여호와 하나님이 땅의 흙으로[9] 사람을 지으시고 생기를 그 코에 불어넣으시니"라고 말씀하신다. 영원하신 하나님이 아담에게로 불어넣으신 이 생명의 영은 의심할 바 없이 아담 안에 물질적인 생명이 아니라 영원한 생명에 대한 열망을 나눠 주고 싶었으며, 아담은 항상 자신에게 처음으로 생명과 숨을 불어넣은 영에 대한 갈망을 가지고 있다. 이것은 시편 33

---

8. *anfechtungen*– 츠빙글리가 좋아하는 단어로 죄스런 욕망이나 유혹을 가리킨다.

9. *uss dem lätt (lehm) oder stoub...*

편에서 "그 만상을 그의 입 기운으로 이루었도다"라고 말씀한 대로다. 이렇게 생명을 주는 숨이 불어넣어져 아담 안에서 생명에 대한 썩지 않는 열망을 불러일으켰다는 것은 더욱더 당연하다. 숨, 공기, 혹은 바람이라는 말이 사용될 때 우리는 항상 하나님의 영을 생각해야 한다. 성경에서는 영은 '숨'이라고 불리기 때문이다. 우리가 육신적으로는 공기를 들이마셔서 살듯이, 만물은 하나님의 영 안에 살며, 생명을 그분으로부터 받는다. 라틴어 *spiraculum*(숨)은 그리스어 pnoe(돌풍, 공기, 바람)에 해당된다. 창세기 2장에서 그다음 말씀은 "사람이 생령이 되니라"이다.[10] 이것은 사람이 영원한 생명을 위해 창조되었다는 것을 보여 준다. 만약 그가 짐승처럼 몸과 영혼으로 죽는다면 '생령'이라는 말을 덧붙일 필요가 없었을 것이다. 앞에서 나온 짐승의 창조 기사에서는 생령이 되었다고 말하지 않는다. 또한 하나님이 짐승에게 입으로 숨을 불어넣어 생명을 주셨다고 말하지도 않는다.

또한 하나님이 인간의 창조 기사에 나온 것처럼(70인역에서는 *choun labon tes ges*라고 기록된다) 흙을 취해 그것으로부터 짐승을 만드셨다고 말하지도 않는다. 성경이 말씀하신 바는 다음과 같다. "하나님이 이르시되 땅은 생물을 그 종류대로 내되 가축10과 기는 것과 땅의 짐승을 종류대로 내라 하시니 그대로 되니라"(창 1:24). 우선 우리는 여기서 하나님이 땅에게 짐승을 내라고 명령하셨다는 것을 알 수 있다. 하지만 인간을 창조할 때는 그분 자신이 흙을 잡고 그것으로 인간을 빚으셨다. 또한 "생물을 그 종류대로"라고 말씀하실 때, 그분은 피조물의 혼이 생명이긴 하지만, 이것은 그 종류 혹은 본성에 따르면 오직 일시적이며 썩어야 하는 생명이라는 것을 명백히 보여 주신다. 마지막으로 그분은 짐승에 대해 그들이 생령으로 만들어졌다고 말씀하지 않으신다. 하지만 인간에게는 그렇게 말씀하시며, '그 종류대로'라는 제한적이며11 약화시키는 소절을 첨가하지 않으신다.

'그 종류대로'라는 말은 짐승이 본성상 사는 것과 마찬가지로 인간이 그 본성에 따라 생령이 되었다고 말하는 것과 같다고 생각할 수도 있다. 하지만 그렇지 않다. 그분은 아무것도 덧붙이지 않고 '생령'이라고 말씀하신다. 그렇다면 우리는 인간이 본래 본질적으로 육신적으로 살면서도, 결코 썩지 않는 그러한 피조물의 질서에 속한다는

---

10. *arbeitsame* (짐 싣는 짐승).

11. *luter und alles mindern hindan gesetzt, sine omni diminutione aut exceptione* (G).

것을 알 수 있다. 하지만 이렇게 성경을 부지런히 인용하고 해석하더라도, 우리 안에 있는 하나님의 형상에 대한 우리의 해석, 즉 우리가 하나님의 형상으로 지음을 받았으므로 우리 안에 하나님에 대한 갈망을 지니고 있다는 해석을 성경으로 증명할 수 없다면, 이는 무익한 일이 될 것이다.

골로새서 3장에서 바울은 이렇게 말한다. "너희가 서로 거짓말을 하지 말라. 옛사람과 그 행위를 벗어 버리고 새사람을 입었으니 이는 자기를 창조하신 이의 형상을 따라 지식에까지 새롭게 하심을 입은 자니라." 옛사람은 아담의 연약한 본성에 참여하여 유혹을 받고 육신의 힘으로 인해 유혹에 넘어질 수밖에 없는 자였다. 새사람이 무엇인지에 대해서는 우리는 바울 자신의 말로부터 알 수 있다. 그것은 무분별한 육신의 욕망이 없으며, 그리스어의 온전한 의미에 따른다면, 하나님의 지식이 더욱더 자라서 창조자의 형상을 드러내고 명백히 하며, 더 빛나게 하는 것이다. 그분이 하나님의 형상이라는 사실에 기초하여 이 새사람은 새로워지기 위해 더욱더 지식, 즉 그를 창조하시며 그 위에 이 형상을 새긴 분에 대한 지식에 이르려고 탐구한다. 옛사람은 새사람을 희미하게 하고 어둡게 한다. 새사람이라고 불리는 것은 시간적으로 후에 창조되었기 때문이 아니라, 항상 새롭고, 수치스런 육신의 연약함[12]에 더럽혀지지 않고, 늙지도 않고 죄도 없는 영원을 소유하도록 정해졌기 때문이다.[11]

바울은 에베소서 4:22-25에서 같은 내용을 표현한다. "너희는 유혹의 욕심을 따라 썩어져 가는 구습을 따르는 옛사람을 벗어 버리고 오직 너희의 심령이 새롭게 되어 하나님을 따라 의와 진리의 거룩함으로 지으심을 받은 새사람을 입으라[13] 그런즉 거짓을 버리고 각각 그 이웃과 더불어 참된 것을 말하라 이는 우리가 서로 지체가 됨이라." 하나님에 따라 창조된 그 사람이 새사람이라고 불린다는 것을 주목하라. 새사람은 결코 늙지 않는 의와 진리를 연구하니, 이것은 하나님 자신이 의롭고 진리이시기 때문이다.

이러한 구절들은 우리가 하나님의 형상으로 만들어졌고 그 형상이 우리 안에 심겨진 것은 그 지으신 분과 창조자와 가장 가까운 관계를 누리도록 하기 위해서라는 주장을 증명하기에 충분하다고 생각한다. 늙을 뿐만 아니라 썩고 스러지는 옛사람이

---

12. *prästen.*

13. *heylige der warheit.*

공격과 유혹에서 강하지 못하지만, 새사람 혹은 속사람은 더욱더 온전하게 하나님을 구할 것이며 보다 경건한 삶을 살 것이다. 하지만 우리가 형상으로 창조된 그분을 갈 망하고 구하는 힘조차도 우리에게 주어지지 않았던 때가 있다. 또한 우리는 무엇보다 도 육신이 연약할 때 그 힘을 가진다. 이는 바울이 고린도후서 12장에서 "내가 약한 그때에 강함이라"고 말한 대로다. 그는 육신에 병이 났을 때 영혼에서는 강하다. 영 혼은 하나님의 형상의 본성에 따라, 비록 육신의 장애로 인해 그분을 얻을 수는 없지 만, 하나님을 좇아갈 능력이 있다. 그 때문에 바울은 옛사람이 굴욕을 당하고 파괴되 며 새사람이 그 참된 형상을 얻을 수 있을 때 기뻐한다.

고린도후서 4장에서는 이렇게 말하고 있다. "우리의 겉사람은 낡아지나 우리의 속사람은 날로 새로워지도다." 새로워진다면 그것은 이미 창조되었고 지어졌고 갖추 어진 것으로 썩고 부서졌다가 이제 다시 최초의 상태로 복구되어,[14] 우리가 하나님의 형상을 원래 창조된 그대로 볼 수 있음을 의미한다는 것에 주목하라. 바울은 로마서 7:18-23에서 로마 교회 교인들에게 비슷하게 말한다. "내 속 곧 내 육신에 선한 것이 거하지 아니하는 줄을 아노니 원함은 내게 있으나 선을 행하는 것은 없노라 내가 원 하는 바 선은 행하지 아니하고 도리어 원하지 아니하는 바 악을 행하는도다 만일 내 가 원하지 아니하는 그것을 하면 이를 행하는 자는 내가 아니요 내 속에 거하는 죄 니라 그러므로 내가 한 법을 깨달았노니 곧 선을 행하기 원하는 나에게 악이 함께 있 는 것이로다 내 속사람으로는 하나님의 법을 즐거워하되 내 지체 속에서 한 다른 법 이 내 마음의 법과 싸워 내 지체 속에 있는 죄의 법으로 나를 사로잡는 것을 보는도 다." 이 말은 모두 바울의 말이며 그 자체로 우리의 해석이 올바르다는 것을 증명하기 에 충분하다. 바울은 우리 속사람(하나님의 형상으로 창조된)은 하나님의 법과 뜻에 따라 살기 를 원하지만, 겉사람(그 지체 안에, 즉 그 안에 죄, 즉 죄의 성향이 거하는)이 이를 반대한다고 명백하게 말한다.[15] 바울은 여기서 죄라는 말을 죄를 일으키게 하는 연약성을 의미하는 것으 로 사용한다.(12)

바울의 이 구절로부터 우리는 궤변가들의 잘못된 결론으로 비약해서는 안 된다. 그들은 우리가 본성으로 할 수 있는 것이 있다는 것을 주목하라고 말한다. 그렇지 않

---

14. *zů seiner ursprünglichen erste, in pristinum statum* (G).

15. *der süntlich prästen*, 즉 죄스런 연약함.

다. 우리의 본성으로 가지고 있는 것이 무엇인지 말해 보라. 만약 형상이 우리 자신의 것이라면, 그것은 우리 자신의 형상일 뿐이다. 만약 그것이 하나님의 것이라면 어떻게 그것을 우리 자신의 것이라고 부를 수 있는가? 따라서 당신은 우리 자신이 결코 아무것도 아니며 육신 안에서는 아무것도 할 수 없다는 것을 알 수 있다. 그러므로 그가 죄로 사로잡혔다고 호소한 바로 다음에 바울은 외친다. "오호라 나는 곤고한 사람이로다 이 사망의 몸에서 누가 나를 건져내랴." 이것은 속사람이 사로잡힌 것이 죽음이라는 것을 의미한다. 그리고 즉시 그는 위로를 받는다. '나는 예수 그리스도로 말미암아.' 즉 주 예수 그리스도를 통해 죄의 저주로부터 구원을 받고 더 이상 정죄당하지 않게 된 것을 '하나님께 감사하리로다.' 따라서 그는 "그런즉 내 자신이 마음으로는 하나님의 법을 육신으로는 죄의 법을 섬기노라"고 덧붙인다. 바울이 자신을 하나님의 종이며 동시에 죄의 종으로 이해하는 것을 주목하라. 어떻게 그가 동시에 그렇게 될 수 있는가? 요한일서 1장에 따르면 우리는 결코 죄가 없지 않으며, 참으로 우리가 이미 본 바와 같이 죄는 그리스도에 의해 정복되고 사로잡혔지만(히 9장; 롬 6장. '죄가 너희를 주장하지 못한다') 우리 안에 거한다. 따라서 우리는 하나님의 법에 따라 살 의무가 있지만 우리는 이것을 성취할 수 없다. 바울처럼 우리도 외칠 수 있다.[16] "오호라 나는 곤고한 사람이로다 이 사망의 몸에서 누가 나를 건져 내랴." 우리는 같은 대답, 즉 예수 그리스도를 통한 하나님의 은혜로 돌아가야 한다. 겉사람은 항상 죄의 법, 즉 연약성에 복종하지만 우리는 속사람이 겉사람에 의해 지배당해 육신과 정욕을 섬기지 않도록 항상 주의해야 한다. 현재의 맥락에서는 이 내용을 더 발전시킬 여지가 없다. 하지만 이 정도로 충분하다고 본다.

속사람이 앞에서 말한 것과 같은 것이며 하나님과 교제하기 위해 하나님의 형상으로 창조되었기 때문에 하나님의 법을 즐거워한다는 것을 우리가 안다면 속사람에게는 하나님 말씀보다 더 즐거움을 주는 법이나 말이 없다는 것이 필연적인 결론으로 따라 나온다. 이사야 28장에 따르면 "침상이 짧아서 능히 몸을 펴지 못하며 이불이 좁아서 능히 몸을 싸지 못함 같으리라 하셨느니라"고 말씀하신다. 즉 하나님은 영혼의 신랑이요 남편이시다. 그분은 그것이 손상되지 않기를 원하신다. 그분은 그분보다

---

16. *streng schreyen.*

다른 어떤 존재를 사랑하거나 높이 공경하고 귀하게 여기는 것을 허락하지 않으신다. 또한 그분은 그분 말고 다른 곳에서 영혼의 위로를 구하거나 그분의 말씀 이외에 위로를 줄 다른 말을 인정하는 것을 원하지 않으신다. 이것은 아내가 오직 남편만 붙잡고 모든 관심을 그에게 쏟고 그가 줄 수 있는 것 외에는 다른 어떤 위로도 구하지 않는 것이 남편의 뜻인 것과 마찬가지다. 이사야가 말하듯이 "하나님은 질투하시는 분이요 연인이다."[17] 이것을 증명하기 위해 우리는 많은 성경 구절을 구약성경으로부터 인용할 필요가 없다. 왜냐하면 그리스도 자신이 마태복음 22장에서 "네 마음을 다하고 목숨을 다하고 뜻을 다하여 주 너의 하나님을 사랑하라"고 말씀하시고 마가복음 12장에서는 "힘을 다하여"란 말을 덧붙이셨기 때문이다.

우리가 그분을 이러한 식으로 사랑한다면 그분의 말씀보다 더 큰 기쁨과 위로를 줄 수 있는 말은 없다. 그분이 우리 창조주요 아버지이기 때문이다. 자신이 사랑하는 아버지의 말씀보다 더 기쁘고 위로를 주며 두려움을 주는 말은 없다. 바로 그 말씀으로 그리스도는 마태복음 4장에서 마귀에게 대답하셨다. "사람이 빵으로만 살 것이 아니요 하나님의 입으로부터 나오는 모든 말씀으로 살 것이라." 양식이 몸을 지탱하듯, 하지만 이와는 다른 방식으로 사람의 영혼을 더욱더 지탱하는 것이 말씀의 생명이요 능력이다. 이로써 우리는 우리가 하나님의 형상이라는 사실로부터, 영혼에게 그 창조주와 지으신 분의 말씀보다 더 기쁨과 확신과 위로를 주는 것은 없다는 것을 알게 되는 자리에 이르렀다. 이제 하나님의 말씀의 명확성과 무오성을 이해하도록 하자.

하나님의 말씀의 확실성 혹은 권능

하나님의 말씀은 확고하고 강하여 만약 하나님이 원하시면 말씀하시는 그 순간에 모든 것이 이루어진다. 하나님의 말씀은 살아 있고 강력하여 이성이 없는 것도 즉시 그

것에 순응하며, 보다 엄밀하게 말하자면 이성적이건 비이성적인 것이건 모든 것이 그 목적에 부합되어 지어졌고 보내지며 제한된다. 이에 대한 증명을 창세기 1장에서 발견할 수 있다. "하나님이 이르시되 빛이 있으라 하시니 빛이 있었다." 말씀이 얼마나 강력하고 살아 있는지를 주목하라. 말씀은 만물을 다스릴 뿐만 아니라 그 원하는 바를 무로부터 창조하신다. 그대는 스스로 많은 다른 증명을 찾을 수 있을 것이다. 하지만 여기서는 간략하게 다루기 위해 넘어가고자 한다.[13] 땅은 싹이 돋게 하라고 명령을 받았고 물은 물고기들을 내고 번성하게 하라고 명령을 받았는데 바로 그날에 그것이 이루어졌다. 바로 그것이 영원하게 권능을 주는 말씀의 위력이다.

또한 창세기 3장에서 하나님은 여자인 하와에게 말씀하셨다. "내가 네게 임신하는 고통을 크게 더하리니 네가 수고하고 자식을 낳을 것이며 너는 남편을 원하고 남편은 너를 다스릴 것이니라."[18] 바로 그날에 모든 것이 이루어졌고 몸 안에 생명이 있는 한 계속될 것이다. 동시에 그분은 아담에게 말씀하셨다. "땅은 너로 말미암아 저주를 받고 너는 네 평생에 수고하여야 그 소산을 먹으리라 땅이 네게 가시덤불과 엉겅퀴를 낼 것이라 네가 먹을 것은 밭의 채소인즉 네가 흙으로 돌아갈 때까지 얼굴에 땀을 흘려야 먹을 것을 먹으리니 네가 그것에서 취함을 입었음이라 너는 흙이니 흙으로 돌아갈 것이니라." 여기서 전능하신 하나님의 말씀에 의해 수고와 죽음이 인간에게 피할 수 없게 놓였다는 것을 주목하라. 또한 인류가 점점 더 타락했을 때, 하나님은 생명의 기한을 120년으로 단축시키셨다(창 6장). 이것은 세상의 종말에 대해서도 마찬가지다. 또한 그분은 아담과 하와에게 그들이 금지된 열매를 먹는 그날에 죽을 것이라고 말씀하셨다(창 2장). 이것은 하나님이 말씀하실 때 확실히 이루어졌다(창 3장). 또한 하나님은 40일 밤낮 비가 와서 모든 피조물이 전멸될 것이므로 노아에게 방주를 만들라고 말씀하셨다(창 7장). 이것은 확실히 이루어졌다. 왜냐하면 노아라는 이름 대신에 듀칼리온이라는 이름을 사용했지만 이방인들도 홍수에 대해 기록했기 때문이다.[14] 또한 그분의 천사를 통해 하나님은 소돔과 고모라와 다른 도시들을 멸하겠다고 선언하셨고, 이것은 어김없이 그분이 말씀하신 대로 이루어졌다(창 19장). 또한 롯과 그 가족은 뒤를 돌아보지 말라고 명령을 받았지만 롯의 아내가 불순종하자 그녀는

---

18. 문자적으로는 '너의 남편의 권위 아래 있을 것이다.'

소금 기둥으로 변했다(창 19장). 또한 하나님은 아브라함에게 "기한이 이를 때에 내가 네게로 돌아오리니 사라에게 아들이 있으리라"고 말씀하셨다(창 18장). 사라 자신은 80여 세가 되었으므로 믿지 않았지만 하나님이 말씀하신 대로 이루어졌다(창 21장). 구약성경은 하나님의 말씀의 확실성에 대한 예시로 가득 차 있다. 왜냐하면 앞에서 언급된 모든 구절은 창세기 한 책, 그것도 그 책의 일부에서만 뽑아낸 것이기 때문이다. 내가 하나님이 모세가 이집트에서 그리고 이스라엘 백성 가운데서 행하리라고 약속하신 위대한 기적에 대해(모세는 이 모든 기적을 행했다), 또한 그분이 여호수아, 기드온, 입다를 통해 이루신 것에 대해 말하기 시작한다면, 끝이 없을 것이다. 이러한 일은 그대 스스로 읽고 또한 설교되는 것을 들을 때 주목하고 생각하라.

이제 신약성경으로 돌아가서 거기서 발견되는 하나님의 말씀의 힘과 확실성과 능력을 고찰하겠다.

천사 가브리엘이 사가랴에게 전한 하나님의 말씀은 처음에는 완전히 믿을 수 없는 것이었다. 왜냐하면 그의 아내 엘리사벳은 잉태를 못하고 두 사람의 나이가 많았기 때문이다. 또한 사가랴는 믿지 않았으므로 말하는 능력을 상실했다. 하지만 그가 불가능하다고 생각했던 것이 확실하게 이루어졌고(이것이 하나님의 말씀의 힘과 확실성과 생명이다) 메시아보다 앞서 의로운 자[19] 세례 요한이 태어났다. 순결한 동정녀 마리아는 천사가 예수 그리스도의 탄생을 전할 때 남자를 알지 못했으므로 놀랐다. 하지만 하나님의 말씀은 살아 있고 확고하므로 그녀의 정절에서 어떤 것도 감하지 않고, 그 거룩한 것이 그녀 안에 잉태되어 자랐고, 결국 세상의 구원을 위해 그녀로부터 태어났다. 이로써 우리는 하나님의 말씀이 이루어지지 않는 것보다는 만물의 운행이 바뀌는 것이 더 합당하다는 것을 알 수 있다.

누가복음 1장에서는 천사가 그녀에게 말한다. "그가 큰 자(그리스도를 말한다)가 되리라." 언제 세상이 그분보다 더 위대한 사람을 보았던가? 알렉산드로스와 율리우스 케사르는 위대했지만, 그들의 지배는 세상 반쪽을 넘지 못하였다. 하지만 그리스도를 믿는 자들은 해 돋는 데서부터 해 지는 데까지 미치며, 전 세계가 그분을 믿고 그분 안에서 지극히 높으신 분의 아들을 인정하고 높였으니, 그분의 나라는 끝이 없다. 우

---

19. 문자적으로는 '하나님으로부터 나온'– *gottesvorgenger*.

리가 그리스도에 대한 신앙의 지배와 권위보다 더 고대적인 지배와 권위를 가진 통치자를 어디서 발견할 수 있는가? 그 신앙은 비록 소수 가운데서 남아 있을지라도 결코 파괴될 수 없다. 참으로 이러한 하나님의 예언은 우리 앞에서 매일 가시적으로 성취된다.

또한 그리스도가 자라서 가르치기 시작했을 때 만물이 그분에게 복종했고 그분의 뜻에 맞게 이루어졌다. 나병환자가 그분에게 "주여 원하시면 저를 깨끗하게 하실 수 있나이다"라고 하자, 그분이 "내가 원하노니 깨끗함을 받으라"고 대답하시니 즉시 그 나병이 깨끗하여졌다. 왜냐하면 하나님이 그것을 원하시고 "깨끗함을 받으라"는 말씀이 그것을 이룰 수 있는 권능을 가지고 있기 때문이다(마 8장). 백부장에게 그분은 말씀하셨다. "가라 네 믿음대로 될지어다." 그 즉시 하인이 나았다. 이 경우에 치유의 확실성이 백부장의 신앙에 의존하게 되었다는 것을 주목하라. 이것은 우리에게 하나님과 하나님의 사역에 대한 확고한 신뢰를 가르쳐 주기 위해서다(마 8장). "네 아들이 살아 있다" 하시니 그렇게 되었다(요 4장). 그분이 거기 없었는데도 이 일이 이루어진 것은 하나님의 말씀이 이루기 어렵거나 할 수 없는 것이 없다는 것을 가르쳐 주기 위해서다. 눈멀고 귀먹고 혀가 맺힌 사람에게 그분은 '에바다' 즉 '열려라' 하고 말씀하시니 맺힌 것이 모두 풀렸다(막 7장). 그분이 맹인에게 "보라 네 믿음이 너를 구원하였느니라"고 말씀하시자 곧 보게 되었다(눅 18장). 그분이 마태에게 "나를 따르라"고 말씀하시자 그는 지체 없이 그분을 따랐다(마 9장). 그분은 침상에 누운 자에게 "네 죄 사함을 받았느니라"고 말씀하시고, 외적인 표징으로 내적인 정결의 확신을 주기 위해 "일어나 네 침상을 가지고 집으로 가라"고 말씀하시자, 그가 일어나 집으로 돌아갔다(마 9장). 그분이 꼬부라진 여인에게 "여자여 네 병에서 놓였다"[20]고 말씀하시자(그분은 안수하여 그녀에게 확고한 표징을 주고 그분의 선한 뜻을 증거하셨다),[15] 여자가 곧 폈다(눅 13장). 우리가 복음서에서 보는 바와 같이 그분이 빵과 물고기를 축사하시자 그것들이 불어나 수천 명이 먹고 처음보다 훨씬 더 많은 양이 남았다. 그분이 더러운 영을 꾸짖자 곧 그것이 사로잡은 사람에게서 나갔다(마 17장). 그분이 제자들에게 그물을 오른편으로 던지면 발견하리라고 말씀하시자 즉시 제자들은 153마리의 큰 물고기를 잡았다(요 21장). 그분이 베드로에게 물

---

20. *bettrisen, paralyticus* (G).

위로 오라고 명령하셨고, 물에 빠지자 즉시 그를 들어 올리셨다(마 14장). 그분은 하늘에서 아나니아에게 바울이 자신의 이름을 땅의 임금과 군주와 이스라엘 자손 앞에서 전하기 위해 택한 그릇이라고 말씀하셨다(행 9장). 바울이 로마를 향해 떠나 배가 파선되었을 때 그분은 바울에게 아무도 잃지 않고 오직 배만 잃을 것이라고 말씀하셨으며, 이것이 그대로 이루어졌다(행 27장). 신약성경에 있는 이 구절들은 하나님의 말씀이 살아 있고 강력하고 힘이 있어, 만물이 그 말씀에 필연적으로 복종해야 하며, 그것도 하나님이 친히 정하신 때와 빈도대로 이루어진다는 것을 보여 주기에 충분하다. 또한 에스겔 시대의 불경한 자와 같이(겔 12장), 하나님에게 예언자가 전했던 날이 늦춰졌다고 말하며 불평하지 않도록 유의하도록 하자. 하나님이 오래 참으시는 것은 소홀히 여기시는 것이 아니라 가장 좋은 때를 생각하시기 때문이다.

이러한 생각은 하나님에게 필요한 것이 아니라 우리에게 유익하다. 왜냐하면 하나님은 어떤 것에도 종속되지 않으므로 그분에게는 시간이 없고 우리에게 시간이 걸리는 것이 그분에게는 영원히 현존하기 때문이다.(16) 하나님에게는 과거나 미래와 같은 것이 없고 만물이 그분의 눈앞에 드러나 보인다. 그분은 시간을 통해 배우거나 시간을 통해 잊지 않으시며 틀림없는 지식과 지각으로 만물이 영원 안에서 현존하는 것을 보신다. 시간적인 존재인 우리는 시간 안에서 긴 것과 짧은 것의 의미와 기준을 발견한다. 그럼에도 우리에게 장구한 것이 하나님에게는 오래되지 않고 영원히 현존한다. 만약 당신이 하나님이 때로 악한 자나 민족을 징벌하지 못하고, 그들의 오만을 너무 오래 참으신다고 생각한다면 완전히 잘못된 생각이다. 그들이 결코 그분을 피하지 못한다는 것을 주목하라. 전 세계가 그분 앞에 있으니 그들이 그분의 현존으로부터 어디로 피할 것인가? 확실히 그분이 그들을 찾을 것이다(시 139편). 그대가 그분이 말씀대로 벌하지 않거나 구원하지 않으신다고 생각한다면 잘못이다. 그분의 말씀은 결코 폐할 수도 무너질 수도 저항할 수도 없다. 만약 그렇다면 하나님은 말씀을 항상 이루시지 못하며, 그분보다 더 힘센 자들이 있어 말씀에 저항할 수 있다면, 말씀은 전능할 수 없다. 하지만 말씀은 항상 이루어져야 한다. 그대가 원하는 때에 말씀이 이루어지지 않는다고 하더라도 그것은 능력의 결함 때문이 아니라 그분의 자유로운 뜻 때문이다. 그분이 그대의 뜻에 따라 행동해야 한다면, 그대가 그분보다 더 강하며 그분이 그대에게 조언을 구해야 할 것이다. 이보다 터무니없는 일이 어디 있는가? 하나님은 말씀을 무력하게 남겨 두지 않으신다. 이것은 에스겔 12장에서 "반역하는 족속이여, 내가 말하고 이루리라"고 말씀하신 대로다. 바로 뒤에는 "내가 한 말이 이루어지리라"고 하셨다. 복음서의 모든 가르침은 하나님이 약속하신 것은 확실히 이루어진다는 것에 대한 확고한 증명이다. 복음은 이제 이루어진 사실이 되었다. 족장에게 또한 모든 인류에게 약속된 그분이 우리에게 주어졌으며, 그분 안에서 우리는 모든 소망에 대한 확신을 지닌다. 이것은 누가복음 2장에서 시므온이 말한 대로다. "자기 아들을 아끼지 아니하시고 우리 모든 사람을 위하여 내주신 이가 어찌 그 아들과 함께 모든 것을 우리에게 주시지 아니하겠느냐"(롬 8장).

하나님의 말씀의 권능 혹은 확실성에 대해서는 이 정도로 충분하다.

하나님의 말씀의 명료성

우리가 말씀의 명료성에 대해 말하기 전에 먼저 이것을 반대하는 자의 반론을 다루겠다. 그들은 '이 명료성이 어디에 있는가? 만약 말씀이 이해되기를 원하신다면 하나님이 왜 비유와 수수께끼로 말씀하셨는가?'라고 말한다. 대답은 다음과 같다. 우선 내가 이 답변을 주는 것은, 그대의 무례한 질문에 대해 답변할 의무가 있으며, 하나님의 경륜을 변호할 필요가 있거나 하나님의 모든 행동의 근거를 어느 누가 알 수 있다고 생각하기 때문이 아니라는 것을 알라. 성경의 명백한 증언이 허용하는 한, 나는 그대의 입을 막아 그대가 하나님을 모독하지 않도록 하고 싶다(딤전 1장). 과거에는 하나님이 비유로 가르치셨지만 이 마지막 때에 주 예수 그리스도에 의해 온전하게 자신을 계시하셨다는 사실은, 하나님이 사람에게 온화하고 매혹적인 방식으로 메시지를 전하기를 원하셨다는 것을 가리킨다. 비유와 잠언과 수수께끼로 말하는 본질적인 이유는 사람들의 이해에 호소하고 그들을 지식으로 인도하여 그 지식을 확대하기 위해서다. 집회서 39장에서는 "지혜자는 격언의 숨은 뜻을 연구하고 난해한 비유를 푸는 데 흥미를 느낀다"(17)고 전한다. 비유나 격언이 우리가 그 숨겨진 의미를 찾도록 자극한다면 우리가 그것을 발견했을 때, 명백하게 알 수 있을 때보다 더 소중하게 여길 것이다. 따라서 이것은 시편 49편에서 "내 입은 지혜를 말하겠고 내 마음은 명철을 작은 소리로 읊조리리로다[21] 내가 비유에 내 귀를 기울이고 수금으로 나의 오묘한 말을 풀리로다"라고 말씀한 대로다. 하늘에 속하는 하나님의 지혜는 자신의 뜻을 달콤한 비유의 형태로 드러낸다. 이는 그렇지 않을 경우 지루해 하며 내키지 않는 자들이 귀를 기울이고, 발견된 진리를 더욱 확고하게 받아들이고 소중히 여겨서, 하나님의 가르침이 지성에 보다 오래 작용하고 오래 남아 있어 그 뿌리가 마음속에 깊이 박히게 하기 위함이다.

예를 들어보자. 그리스도 자신이 씨 뿌리는 자와 씨앗의 비유에서 행하셨던 것보다 하나님의 말씀의 더할 나위 없는 풍성한 결실에 대해 더 좋은 이미지를 제시할 자가 또 누구인가(마 13장). 이 비유는 제자들이 탐구하여 그 안에 감추어진 교훈을 찾도록 인도했다. 하지만 비유는 불경한 자들을 몰아낸다. 이것은 비유 자체가 그러하기 때문이 아니라, 필요한 것을 배우려고 하지도 않고 들으려고 하지도 않는 강퍅한 마음 때문이다.[18] 이것은 이사야 예언자가 6장에서 "너희가 듣기는 들어도 깨닫지 못할 것이요 보기는 보아도 알지 못하리라 하여 이 백성의 마음을 둔하게 하며 그들의 귀가 막히고 그들의 눈이 감기게 하라 그들이 눈으로 보고 귀로 듣고 마음으로 깨닫고 다시 돌아와 고침을 받을까 하노라 하시기로 내(즉, 이사야)가 이르되 주여 어느 때까지니이까 하였더니 주께서 대답하시되 성읍들은 황폐하여 주민이 없으며 가옥들에는 사람이 없고 이 토지는 황폐하게 되며 여호와께서 사람들을 멀리 옮기는 때까지니라"고 예견한 대로다.

이미 언급한 구절에서 그리스도는 이 이사야의 말씀을 사용하셔서 그들이 커다란 죄악으로 눈이 멀어 하나님을 대적하고 진노케 해서, 그 결과 구원에 이르도록 모든 사람에게 전파되어 지식에 이르도록 이끄시는 말씀이 죄로 인해 상처가 되었다는 것을 보여 주셨다. 하지만 신자에게는 이 말씀이 구원에 유익한 것이니, 이는 마태복음 13장에서 바로 다음에 "무릇 있는 자는 받아 넉넉하게 되되 없는 자는 그 있는 것도 빼앗기리라"고 말씀하신 대로다. 그 뜻은 이러하다. 하나님의 메시지를 원하며 하

---

21. 혹은 분별- *fürsichtigkeit, prudentia* (G).

나님의 말씀 중 무엇인가를 가진 자, 그에게는 그것이 주어진다. 혹은 더 좋게는 하나님의 말씀에 나아가는 자로서 자신의 생각을 가져가지 않고, 힐라리우스[19]가 말하듯이 하나님 말씀으로부터 무엇인가를 배우려는 마음을 가진 자, 그 사람은 이미 무엇인가를 가지고 있다, 즉 자신을 보지 않고 하나님과 하나님의 음성에 전적으로 자신을 드린다. 그대는 그 사람이 진정 무엇인가를 가지고 있다고 생각하지 않는가? 따라서 그 사람에게 말씀은 주어질 것이다. 하지만 가지고 있지 않는 자, 즉 자신의 의견과 해석으로 성경에 나아와서 성경을 그것에 비틀어 맞추는 자, 그대는 그가 무엇인가를 가지고 있다고 생각하는가? 아니다. 그는 자신이 지니고 있다고 생각하는 의견과 해석도 빼앗길 것이며, 지혜서 2장의 말씀이 그에게 이루어질 것이다. "그들의 악한 마음 때문에 눈이 먼 것이다. 그들은 하나님의 오묘한 뜻을 모른다." 오 선한 기독교인이여,[20] 그대는 우리 대부분이 하나님의 노염에서 얼마나 멀리 떨어져 있다고 생각하는가? 우리는 수치를 모르는 죄를 보고 어디서나 탐욕과 억지를 보니, 우리의 의도 위선이요 사람을 기쁘게 한다. 하나님의 말씀인 복음적인 가르침이 우리의 악행을 질책하고 폭로하고 바로잡으려 할 때에도, 우리는 귀를 막고 하나님이 우리의 선을 위해 보내 주신 것을 그렇게도 오랫동안 그리고 여러 번 거부하여 결국 심판이 임하게 된다.

역대하 36장에서 그대는 하나님이 이스라엘 백성을 계속해서 경고하고 그들이 고치지 않았을 때, 결국 그들이 자신의 땅에서 포로가 되어 쫓겨났다는 것을 발견할 것이다. '그 조상들의 하나님 여호와께서 그의 백성과 그 거하시는 곳을 아끼사 부지런히 그의 사신들을 그 백성에게 보내어 이르셨으나 그의 백성이 하나님의 사신들을 비웃고 그의 말씀을 멸시하며 그의 선지자들을 욕하여 여호와의 진노를 그의 백성에게 미치게 하여 회복할 수 없게 하였으므로 하나님이 갈대아 왕의 손에 그들을 다 넘기셨다. 그가 와서 그들의 성전에서 칼로 청년들을 죽이며 청년 남녀와 노인과 병약한 사람을 긍휼히 여기지 아니하였으며 또 하나님의 대소 그릇들과 여호와의 전의 보물과 왕과 방백들의 보물을 다 바벨론으로 가져가고 또 하나님의 전을 불사르며 예루살렘 성벽을 헐며 그들의 모든 궁실을 불사르며 그들의 모든 귀한 그릇들을 부수었다.' 하나님의 말씀이 경멸되고 무시당할 때 어떠한 재앙들이 따랐는지 주목하라. 또한 하나님의 말씀을 믿지 않는 것이 하나님의 진노가 곧 우리를 덮칠 것이라는 확고한 표징이라는 것을 주목하라.

하나님의 말씀과 말씀의 전달자는 향기로운 냄새 혹은 감미로운 맛이다(고후 2장). 하지만 이것은 어떤 이들에게는 생명으로의 냄새가 되고, 어떤 이들에게는 사망의 냄새가 된다. 아주 좋은 독주를 생각해 보라. 건강한 사람에게는 맛이 아주 좋다. 그것은 그를 기쁘게 하고 강하게 하며 피를 따뜻하게 한다. 하지만 질병이나 열병에 걸린 자가 있다면, 그는 그것을 마시는 것은 고사하고 맛볼 수도 없으며, 건강한 자가 그렇게 할 수 있다는 것에 놀란다. 이것은 독주에 어떤 결함이 있어서가 아니라 질병 때문이다. 하나님의 말씀도 마찬가지다. 말씀은 그 자체로 옳고 그 선포는 항상 선을 위한 것이다. 그것을 감당하거나 이해하거나 받을 수 없는 자들이 있다면 그들이 병에 걸렸기 때문이다. 마치 우리를 위험에 빠지게 하는 것이 하나님의 뜻인 것처럼,(21) 우리가 그분의 말씀을 이해하는 것을 하나님이 원하지 않는다고 경솔히 주장하는 자들에 대한 답변은 이 정도로 충분하다. 우리가 그분을 이해하지 못한다면, 이는 우리가 하나님에게 멀리 있기 때문이다. 아들은 아버지가 자신에게 거칠게 말하거나 질책할 때에도 아버지의 총애를 받고 있다는 것을 안다. 아버지가 가르치거나 경고하기 위해 말하지 않는다면, 그는 아버지의 은혜 밖에 있다. 하나님의 말씀의 위로를 빼앗기는 것이 가장 쓰라린 형벌이요, 임박한 재앙에 대한 확고한 표징이다.

이제 말씀의 명료성과 빛을 고찰해 보도록 하자. 하나님이 영광을 받으시며, 그분이 우리 입에 적당한 말을 넣어 주셔서 우리가 그것들을 명확하게 말할 수 있기를 기원한다. 아멘.

하나님의 말씀은 인간의 지성에 비추어 지성이 말씀을 이해하고 고백하며 그 확실성을 알도록 조명한다. 이것이 다윗의 내적 경험이었으며 그는 이것을 시편 119편에서 말했다. "주의 말씀을 열면 빛이 비치어 우둔한 사람들을 깨닫게 하나이다." 여기서 우둔한 사람들이란 스스로는 아무것도 아닌 자들을 뜻하며, 예수께서 그의 제자들 가운데 두고 "너희가 돌이켜 어린아이들과 같이 되지 아니하면 결단코 천국에 들어가지 못하리라"고 말씀하며 겸손을 가르치신 그 아이와 비슷하다(마 18장). 이러한 동시적인 혹은 선행적인 말씀의 명료성은 그리스도의 탄생 시에 외적인 현현으로 나타났다. 그때 주님의 영광이 목자들 주위에 비추고 천사가 그들에게 이야기하며, 목자들은 천사의 말을 믿고 천사가 말한 대로 모든 일이 이루어진 것을 발견했다(눅 2장).

I

우리는 처음에는 구약성경에서 그다음에는 신약성경에서 몇몇 사례들을 통해 말씀의 명료성을 증명할 것이다.

1. 노아가 하나님으로부터 방주를 지으라고 명령을 받았을 때 그는 하나님이 홍수로 온 땅을 멸하실 것이라고 믿었다. 그가 그렇게 행했던 것은 인간적인 조명 때문이 아니었다. 만약 그렇다면 관심을 두지 않고 집을 짓고 결혼하고 바라는 대로 살아갔던 많은 사람들이 마음에 의심의 씨앗을 쉽게 뿌리며 말했을 것이다. "아, 네게 전해진 말은 환영(幻影)이 네 마음에 알려 준 망상이다." 하나님의 말씀은 말씀과 함께 조명도 주어져서, 이로써 노아는 그것이 다른 존재가 아닌 하나님으로부터 왔다는 것을 알았다(창 6장).

2. 아브라함이 아들, 이삭을 바치라고 명령 받았을 때 그는 그 음성이 하나님의 음성이라고 믿었다. 그가 그렇게 한 것은 어떤 인간적인 조명이나 지각에 의한 것이 아니었다. 왜냐하면 아브라함은 이삭의 씨 안에서 구원을 약속 받았기 때문이었다(창 21장). 하지만 이제 하나님은 그에게 사랑하는 아들, 이삭을 제물로 드리라고 명령했다(창 22장). 인간적인 관점에서 보면 아브라함은 필연적으로 다음과 같이 생각했어야 했을 것이다. "그 소리는 잘못된 것이다. 이는 하나님으로부터 나오지 않았다. 하나님이 네게 이 아들 이삭을 네 사랑하는 아내 사라를 통해 사랑의 특별한 표시로 주셨다. 그렇게 행하심으로써 그분은 그의 씨로부터 만인의 구주가 나신다고 약속했다. 만약 네가 그를 죽이면 그 약속이 무효가 되며 선물도 없어진다. 네가 아들에게 기쁨을 느끼기 시작했다고 다시 빼앗아 간다면 아들을 주신 이유가 무엇인가? 아니다. 그 소리는 하나님에게서 나오지 않았다. 이것은 너를 유혹하기 위해 네가 가장 사랑하는 아들을 없애기 위해 마귀로부터 나왔다." 하지만 아브라함은 그러한 날카로운 질문과 갈등으로 정신을 흐트러뜨리지 않았으며 자신의 생각을 따르지도 않았다. 이 모든 것은 하나님으로부터 왔고 그분은 말씀으로 그를 조명하여, 비록 이전의 하나님의 약속과는 완전히 모순되는 것을 행하라고 명령 받았지만 그것이 하나님의 말씀인 것을 알았다. 신앙의 신경과 뼈와 근육 모두가 단단히 대비했다. 그의 이성은 그 명령을 받아들일 수 없었지만 신앙이 다음과 같이 말하며 이성을 이겨 냈다(롬 4장). "네 아들을 약속하고 주신 분이 우선 죽은 자로부터 그를 살리실 수 있고, 아니면 그분이 다른 방

법을 사용해서 세상에게 그를 통해 약속한 구주를 주실 것이다. 그분은 말씀하신 모든 것을 이루실 수 있는 능력과 자원을 가지고 있다." 신앙이 승리를 얻었다. 신앙이 그렇게 한 것은 하나님의 말씀과 함께 주어진 조명 때문이었다.

3. 모세가 이스라엘 자손을 말과 벽 사이로, 즉 요세포스가 말하듯이[22] 산과 바다와 원수 사이로 인도할 때 모세는 절망하지 않았다.[22] 그리고 그 백성이 모세에 대해 "애굽에 매장지가 없어서 당신이 우리를 이끌어 내어 이 광야에서 죽게 하느냐? 우리가 애굽에서 당신에게 이른 말이 이것이 아니냐!"(출 14장)라며 성내고 불평하기 시작했을 때[23] 모세는 확신과 위로를 주었다. "너희는 두려워하지 말고 여호와께서 너희를 위하여 싸우시리니 너희는 가만히 있을지니라." 그리고 그는 은밀히 마음으로 하나님께 부르짖었다. 하나님이 그에게 대답하셨다. "지팡이를 들고 손을 바다 위로 내밀어 그것이 갈라지게 하라. 이스라엘 자손이 바다 가운데서 마른 땅으로 행하리라." 모세가 절망에 빠지지 않고, 하나님의 목소리가 망상에 불과하다면 모든 것을 잃을 것이라고 생각하면서도 온전한 확신으로 하나님의 목소리를 인정한 것은, 아무리 이집트인의 온갖 기술과 지혜를 배웠다고 하더라도 자신의 명철 때문이 아니라 하나님의 말씀의 빛 때문이었다. 하나님의 말씀은 명료성과 확신으로 다가와서 확실히 알려지고 믿어졌다.

4. 야곱은 사닥다리 꼭대기에 서 있는 자의 목소리를 알았다. "나는 여호와니 너의 조부 아브라함의 하나님이요 이삭의 하나님이라" 등. 그가 말씀대로 행하고 그 목소리를 헛된 꿈이라고 생각하여 버리지 않은 것은 자신의 명철 때문이 아니었다. 그가 어디에서 하나님을 보고 목소리를 들어, 그것을 인정할 수 있었는가? 하지만 하나님의 말씀은 그에게 명확한 깨달음을 주어, 그는 그것이 하나님의 말씀이라는 것에 대해 아무런 의심을 가지지 않았다. 그가 일어났을 때 그는 말했다. "여호와께서 과연 여기 계시거늘 내가 알지 못하였도다." 현명하다는 자들아, 그대가 어떤 공의회나 중재자의 권위로 하나님의 말씀을 진실로 받아들이고 참으로 하나님의 말씀이라고 믿었는지 말해 보라. 하나님의 말씀은 스스로 명료성과 조명을 동반하여, 그는 그것이 하나님의 말씀이라는 것을 분명히 알았고 말씀과 말씀이 포함한 모든 약속을 확

---

22. 문자적으로는 '말과 벽 사이에', *zwüschen ross und wand.*

23. *mit mülichen worten, verba molestissima* (G).

고하게 믿었다(창 28장).

5. 미가야는 하나님이 그에게 주신 환상과 그것과 함께 주어진 메시지를 하나님의 말씀이라고 인정했다. 그리고 그가 그것을 환상으로 거부하지 않는 것은 사람에게서 오지 않고 하나님에게서 왔기 때문이다(왕상 22장). 400명의 예언자들이 미가야를 반대하고 반박했을 때, 특히 시드기야가 그의 뺨을 치며 "여호와의 영이 나를 떠나 어디로 가서 네게 말씀하시더냐?"라고 말했을 때, 명성이 자자한 수많은 예언자의 반대와 아합과 여호사밧 두 왕의 권력 때문에 그는 이렇게 생각할 수도 있었다. "네가 옳지 않을 수 있다. 너는 바로 보고 이해하지 못했다." 만약 그가 명철의 빛 이외에 다른 빛을 가지지 않았다면 이렇게 되었을 것이 뻔하다. 하지만 하나님의 말씀이 그에게 계시되고 말씀과 함께 명료성이 주어져 명철을 붙잡고 확신을 주어, 그는 듣고 본 것을 굳게 붙들었다. 지혜로운 그대여, 하나님에게서 온 환상과 말씀이 다수의 예언자들에게 복종했다면(23) 하나님의 진리가 어떻게 되었겠는지, 또 미가야가 옳다고 선언한 자가 도대체 어디에 있었는지, 내게 말해 보라. 다른 모든 예언자는 두 왕의 승리를 약속했다. 하지만 이 일은 인간의 간섭 없이 하나님으로부터 가르침을 받은 자의 말에 따라 이루어졌고, 나머지 모든 사람은 거짓으로 예언했다.

6. 예레미야는 하나님의 말씀을 선포하려고 명령을 받았을 때, 사람들이 그것 때문에 그에게 손을 대고 죽이려고 했음에도 불구하고 두려움 없이 말씀을 선포했다. 그가 그렇게 했던 것은 하나님의 말씀에 대한 확고한 신뢰를 가지고 있었고 하나님에 의해 가르침을 받아 그것이 하나님의 말씀이라고 알았기 때문이었다(렘 26장).

7. 열왕기상 18장에서 "너는 가서 아합에게 보이라 내가 비를 지면에 내리리라"는 하나님의 말씀을 통해 엘리야는 바알의 사제에 대한 모든 내용을 깨닫고 이루었다. 그가 그렇게 했던 것은 자신의 명철이 아니라, 인간의 판단을 완전히 배제하고 그 모든 일에서 어떻게 해야 할 지를 가르쳐 준 하나님의 조명에 의해서였다. 왜냐하면 엘리야는 완전히 자기만 홀로 남았다고 생각했기 때문이다(왕상 19장; 롬 11장).

이러한 구약성경의 일곱 구절은 하나님의 말씀이 인간적인 지시 없이 사람에게 이해될 수 있다는 것을 확고하게 보여 주는데 충분하다. 이것은 사람 자신의 명철 때문이 아니라 하나님의 빛과 영 때문이다. 후자가 그 말씀을 조명하고 영감을 주어 거룩한 내용의 빛을 자신의 빛 안에서 볼 수 있게 했으니 시편 36편에서 말씀하신 대로

다. "진실로 빛의 원천이 주께 있사오니 주의 빛 안에서 우리가 빛을 보리이다." 마찬가지로 요한복음 1장을 보라.

II

이제 신약성경 구절을 다루겠다.

요한복음 1장에서는 하나님의 말씀, 아들이 세상에 와서 모든 사람을 비추는 참 빛이었다. 하지만 빛이 모든 사람을 비춘다면 그것은 밝음 자체다. 왜냐하면 어떤 것이 아무리 밝고 맑다고 하더라도, 밝음 자체가 아니라면 모든 사람을 비출 수 없기 때문이다. 그리고 그것이 계속해서 모든 사람을 비추고 있다면 그것은 필연적으로 영원해야 한다. 밝은 모든 것은 밝음 때문에 밝게 된다. 성경을 신뢰하지 않는 트집쟁이여, 성경이 모든 사람을 비추는 하나님 자신에게서 온 하나님의 말씀이라는 것을 알라. 그대의 해석자가 하나님의 말씀에 덧붙인 스스로의 빛을 제거하라.[24] (24) 요한복음 3장에서 세례 요한은 말한다. "위에서 주신 바 아니면 사람이 아무것도 받을 수 없느니라." 우리가 어떤 것을 받고 이해하려면 그것은 위로부터 와야 한다. 거룩한 교리의 이해와 파악은 위로부터 오는 것이지, 발람과 같이 미혹에 빠지기 쉬운 해석자로부터 오는 것이 아니다. 베드로후서 2장을 보라.

사마리아 여인은 명철하여 그리스도에게 말했다. "메시아 곧 그리스도라 하는 이가 오실 줄을 내가 아노니 그가 오시면 모든 것을 우리에게 알려 주시리이다"(요 4장). 하지만 우리의 신학자들은 그 교훈을 배우지 못했다. 그들에게 그리스도가 *caput ecclesiae*, 즉 교회의 그분의 몸 된 모임 즉 머리라는 것을 이해하고 있는지 물어보라. 그들은 그렇다고 대답할 것이다. 그들이 이것을 매우 잘 알고 있지만, 사람의 공식적인 선언을 떠나 그렇게 이해하는 것은 아니다.(25) 얼마나 가련한 존재인가? 진리에 의해 정복되는 대신 스스로가 인간이라는 것을 부인하며, 마치 보통 수준의 지성을 지니고 있지 않고, *caput*의 뜻을 알지 못하는 것처럼 행세한다. 이 모든 것은 진리를 가야바의 것, 안나스의 것, 그 공식적인 해석자에 종속시키기 위해서이다.(26) 그리스도가 이사야 54장의 말로 "그들이 다 하나님의 가르침을 받으리라"고 말씀하신 일은 하

---

24. *mit üweren richteren.*

찮은 것이 아니다. 만약 모든 기독교인들이 하나님으로부터 배운다면, 왜 그대들은 기독교인을 하나님 자신이 나눠 주시는 이해력에 따라 그 가르침의 확실성과 자유에 맡겨 놓지 않는가? 하나님 자신이 신자들의 마음의 교사라는 것을 우리는 바로 그다음에 나오는 그리스도의 말씀으로부터 배운다. "아버지께 듣고 배운 사람마다 내게로 오느니라"(요 6장). 아버지로부터 그분을 알도록 배우지 않으면 어느 누구도 주 예수 그리스도에게 올 수 없다. 누가 스승인지 주목하라. 스승은 박사도, 교부도, 교황도, 감독좌도, 공의회도 아니며, 오직 예수 그리스도의 아버지다. 그대들은 "우리는 사람으로부터도 배운다"라고 말할 수 없다. 그럴 수 없다. 왜냐하면 바로 전에 그분은 "하늘의 아버지께서 이끌지 아니하시면 아무도 내게 올 수 없다"고 말씀하시기 때문이다. 그대들이 예수 그리스도의 복음을 사도로부터 듣더라도 하늘의 아버지가 영으로 가르치고 이끌지 않는다면 복음에 따라 행동할 수 없다. 이 말씀은 분명하다. 조명, 교훈, 확신은 인간 편에서의 어떠한 간섭도 없이 하나님의 가르침에 의해 이루어진다. 그들이 하나님으로부터 가르침을 받으면 명확성과 확신을 가지고 잘 배울 것이다. 그들이 먼저 사람에게 가르침을 받고 확신을 얻으면, 우리는 그들이 하나님이 아니라 사람에게서 배웠다고 말해야 한다.

하지만 그리스도는 말씀하신다. "아버지께서 이끌지 아니하시면 아무도 내게 올 수 없다"(요 6장). 하지만 그 본문이 말한 대로 아버지께서 주신다면, 또 다른 교사, 인도자, 해석자가 필요하겠는가? 그리스도가 "너희도 가려느냐?"라고 물었을 때 베드로는 모든 제자를 대표해서 대답했다. "주여 영생의 말씀이 주께 있사오니 우리가 누구에게로 가오리이까? 우리가 주는 하나님의 거룩하신 자이신 줄 믿고 알았사옵나이다." 제자들이 그분 이외에는 자신에게 위로를 주며 생명의 말씀을 가르칠 수 있는 또 다른 선생을 알지 못했다는 사실에 주목하라. 그럼에도 그대들은 그분의 말씀을 이해할 수 없고 다른 사람으로부터 그것을 배워야 한다고 나를 설득하려고 한다. 또한 사도들이 아무런 의심도 없이 사람에게서가 아니라 하나님에게서 배운 자들처럼 "우리는 믿고 확신한다"라고 말한 것을 주목하라. 그대들은 "하나님이 나를 가르쳐 주었다면!"하고 말한다. 나는 하나님이 그대들을 가르치지 않았다는 것을 안다는 것이 내 대답이다. 그분이 그대들을 가르쳤다면 그대들은 제자들처럼 그분이 가르쳤다는 것을 확실하게 알 것이기 때문이다. 참으로 말 자체가 그대들을 보여 준다. "땅에서 난

이는 땅에 속하고, 하늘로부터 오시는 이는 만물 위에 계신다"(요 3장). 그대들이 어떻게 내가 그분으로부터 가르침을 받아 이러저러한 교리가 그분의 뜻에 따른다는 것을 확실히 알 수 있느냐고 묻는다면 오직 하나의 답변만 있다. 그분에게 구하라, 그러면 그분이 필요한 모든 것을 줄 것이다. 그분은 그대들 자신보다 필요한 것을 더 잘 아시기 때문이다. 그분은 "구하라 그러면 주실 것이다"(마 7장)라고 말씀하신다. 여기서 신앙은 스스로 뻗어 가야 한다. 신앙은 겨자씨만큼 강해져야 한다(마 17장). 하지만 나는 요한복음 6장에서 그다음에 나오는 그리스도의 말씀이 그대들에게도 적용되지 않을까 걱정이다. "너희 중에 믿지 아니하는 자들이 있느니라."(27)

마태복음 11장에는 그리스도가 하늘의 아버지께 감사하며 말씀하신다. "천지의 주재이신 아버지여 이것을 지혜롭고 슬기 있는 자들에게는 숨기시고 어린아이들에게는 나타내심을 감사하나이다 옳소이다 이렇게 된 것이 아버지의 뜻이니이다." 그리스도가 하나님이 이 세상의 지혜로운 자들에게 하늘의 지혜를 감춘 것에 대해 감사드리는 것을 기억하라. 그럼에도 그대들은 하나님으로부터 배운 마음을 다시 이 세계의 지혜로운 자에게 돌리려고 하는가? 그분은 지혜를 어린아이에게, 낮은 자에게 알리신다. 높은 자와 강한 자[25]에게는 그분이 미칠 수 없다. 왜냐하면 이사야가 말한 대로, 그분은 외치지 않기 때문이다. "그분의 목소리는 낮다." 그 말씀은 말과 하인과 음악과 승전가의 자만[26]이나 그러한 상황에서는 들을 수 없다.(28) 하지만 그대들은 말한다. 우리의 지혜는 하나님으로부터 온다. 그대들은 이것을 가야바의 예로 증명한다. 그들이 악하더라도 하나님은 여전히 진리를 선포하기 위해 그들을 사용하신다.

하지만 그들이 우리에게 하나님에 대해 무엇을 말하는지 말해 보라. 나는 그들이 하나님에 대해 말하는 것을 전혀 듣지 못한다. 모든 소리, 거룩한 교부, 선조, 베드로좌에 대해서는 복음서에서나 베드로의 가르침에서 읽을 수 없다. 그 감독자가 복음서에서 언급되었다면 그들이 어떻게 말했겠는가? 그들은 어디서나 이것에 대해 말하지만, 복음서의 가르침에서는 확고한 증거를 발견할 수 없다. 종합하자. 나는 하나님이 그들을 보내셨다는 어떠한 말씀도 알지 못한다. 나는 그들이 가르침에서 폭군의 친구라고 안다. 열매를 보고 그들을 알 것이다. 하나님은 이러한 일들을 낮은 자들에게

---

25. 문자적으로는 '높은 말 위로'- *uff die hohen ross.*
26. *jo triumphe*- 로마의 승전가에서 잘 알려진 외침.

계시하셨다.

또한 요한복음 6장에서 그리스도는 말씀하신다. "나는 생명의 빵이니 내게 오는 자는 결코 주리지 아니할 터이요 나를 믿는 자는 영원히 목마르지 아니하리라." 이 구절에서 그리스도가 가르침의 방식에 대해 말하고 있다는 것은 확실하다. 그리고 이것은 그분 안에서 발견되어야 한다. 그분은 두건과 자주색 옷을 입은 자들에게 가라고 말씀하지 않으신다.[27] 거기에는 확실성이 없기 때문이다. 하나님이 어떤 자에게 확실성을 주신다면, 그는 양육 받고 새로워져서 주리거나 목마르지 않을 것이다. 이미 하나님에게 양식을 얻었는데, 왜 이 빵에서 돌이켜 교부에게 가라고 말하는가?

마찬가지로 바울은 요한복음 6장에 있는 "그들이 하나님의 가르치심을 받으리라"는 그리스도의 말씀을 적용하고 같은 문맥에서(히 8, 10장) "내 법을 그들의 생각에 두고 그들의 마음에 기록하리라", "그들의 죄와 그들의 불법을 내가 다시 기억하지 아니하리라"는 예레미야 31장의 예언을 인용했다. 그분이 율법을 우리 마음에 쓸 것이라는 것을 주목하라. 왜냐하면 그분은 계속해서 "그들이 자기 나라 사람과 각각 자기 형제를 가르쳐 이르기를 주를 알라 하지 아니할 것은 그들이 작은 자로부터 큰 자까지 다 나를 앎이라"고 말씀하시기 때문이다. 하나님이 확실하게 가르쳐서 사람에게 물을 필요가 없다는 것에 주목하라. 하나님 자신이 사람의 마음을 가르치며, 다른 누구도 필요 없다.

또한 고린도전서 2장에서 바울은 "우리가 세상의 영을 받지 아니하고 오직 하나님으로부터 온 영을 받았으니 이는 우리로 하여금 하나님께서 우리에게 은혜로 주신 것들을 알게 하려 하심이라"고 한다. 하나님이 주신 은사는 하나님의 영으로 알려지며, 인간의 말과 지혜의 재주로(이는 이 세상의 영이다) 알려지지 않는 것에 주목하라. 하지만 그대들은 말한다. "나는 감독회의도 하나님의 영을 가지고 있다고 생각한다." 하지만 그대는 감독이 그분에게 너무 높고 멀리 떨어져 있다는 것을 알지 못하는가? 그분은 자신이 이 세상의 영으로 알려지도록 허용하지 않으신다. 그분은 자신을 어린아이에게 계시하신다. 어떻게 가난한 목수가 군주에게(혹은 민중[28]이 말하듯 거지 왕자) 자신을 맡길 수 있겠는가? 우리가 그분의 은총에 끌린다면, 군주의 호의를 위한 여지가 있겠는

---

27. *zu den gehübten, purperten.* 이 문맥에서 *haube*가 감독관 대신에 사용되었을 수 있다.

28. *Cůntz*— 하층 신분을 나타내는 대표적인 이름으로 사용된 까불이(wag).

가? 왜냐하면 직함은 이 세상에서 나오지 하나님에게서 나온 것이 아니기 때문이다. 하나님은 그분 자신의 영으로 계시하시며, 우리는 그분의 영 없이는 그분에게서 배울 수 없다. 그분은 자신에게 복종하고 자신에게 나아오는 모든 자에게 참으로 자신을 주신다. 그분은 우리에게 오라고 초청하신다(요 7장). "누구든지 목마르거든 내게로 와서 마시라." 그들이 겸손으로 구하면 다른 사람과 마찬가지로 하나님이 그들을 비추실 것이라고 확신해도 좋다.

사도행전 9장에서 바울은 땅에 엎드려 질책을 받았다. "사울아, 사울아 네가 어찌하여 나를 박해하느냐?" 그가 "주여 누구시니이까?"라고 물었을 때 그는 "나는 네가 박해하는 예수라"는 대답을 들었다. 그가 예수라고 안 것은 자신의 이해나 판단 때문이 아니라 뚜렷한 광채로 둘러싼 하나님의 빛 때문이었다. 그렇지 않다면 그리스도의 이름과 영광을 깨뜨리려는 열정 때문에 그 음성을 듣거나 따르지 못했을 것이다.

요한일서에서 요한은 말한다. "아무도 너희를 가르칠 필요가 없고 오직 그의 기름 부음이 모든 것을 너희에게 가르치며 또 참되고 거짓이 없으니 너희를 가르치신 그대로 주 안에 거하라"(요일 2:27). 우선 이 기름 부음이 성령의 조명과 은사와 같은 것임을 주목하라. 그다음에는 하나님이 우리를 이 기름 부음, 즉 그분의 영으로 가르치면 우리는 또 다른 교사가 필요하지 않다는 것을 알게 될 것이다. 왜냐하면 더 이상 오류가 없고, 우리가 거해야 하는 순전한 진리만이 있기 때문이다. 하지만 이 점에서 우리의 반대자는 말한다.[29] "내 믿음이 하나님에게서 왔는지 혹은 하나님의 가르침이라고 알고 인정하는 것을 직무로 가진 자가 그렇게 알고 인정하지 않는다면(29) 어떻게 내 믿음이 하나님의 영에게서 왔는지 알 수 있는가?" 대답은 다음과 같다. 나는 예수께서 유대인에게 주었던 것과 같은 대답을 그대들에게 주겠다. 그들이 무슨 권위로 그분이 기적을 행하느냐고 물었을 때, 그분은 반대 질문으로, 하지만 그들의 의도를 깨닫게 하기 위한 질문으로 반박하셨다. "요한의 세례가 어디로부터 왔느냐. 하늘로부터냐 사람으로부터냐?" 그래서 나는 그대들에게 반대 질문으로 묻는다. "너희 어리석은 자들이여,[30] 그대들이 주라고 부르는 육신적 신학자의 무리가 의심스런 교리를 선

---

29. *die vorgenannte rott, adversarii* (G).

30. *du tolle rott.*

포하더라도,[31] 그대들은 성령의 조명을 받아 '그들이 말한 바대로다'라고 절대적인 확실성으로 아는가?" 그대들은 그렇다고 대답한다. 오, 그대들을 미혹시킨 어리석은 갈라디아인과 같은 자여, 속이는 사람들의 말을 믿고 진리 자체이신 하나님의 말씀을 믿지 않다니! 진리를 주신 하나님의 영을 믿지 않고, 하나님의 은총과 영이 없이는 아무것도 할 수 없는 틀리기 쉬운 사람을 신뢰하다니, 그대들의 완악함을 어떻게 넘어설 수 있을까? 그대들은 사람이 확실성을 줄 수 있다고 믿지만, 이것은 확실성이 될 수 없다. 또한 그대들은 하나님이 확실성을 줄 수 있다는 것을 믿지 않는다. 그대들은 모든 사람의 마음과 이해가 인간이 아니라 하나님에 대한 복종과 섬김에 사로잡혀야 된다는 것을 알지 못하는가?[32] 하지만 나는 그대들의 오류를 보며, 하나님의 이름으로 이 오류를 그대들에게 보여 주겠다. 그대들은 하나님이 친히 사람을 가르치신다는 것을 알지 못하며, 하나님이 어떤 사람을 가르쳤을 때 그 사람이 내적인 확실성과 확신을 지닌다는 것을 알지 못한다. 왜냐하면 그대들은 복음이 진정으로 무엇인지를 모르기 때문이다. "들을 귀가 있는 자는 들을지어다."

복음이란 말은 사람들이 모르거나 의심하는 일에 대해 하나님이 주시는 좋은 소식 혹은 소문이다. 예를 들어보자.[(30)] 어떤 사람이 자신의 구원을 갈망하다가 카르투지오회 수도사에게 묻는다.[(31)] "형제여, 내가 구원받으려면 무엇을 해야 하는가?" 대답은 의심할 여지없이 다음과 같다. "우리 종단에 들어오면 확실히 구원받을 것이다. 왜냐하면 우리 종단은 가장 엄격하기 때문이다." 하지만 베네딕투스회 수도사에게 물어보면[(32)] 그는 대답한다. "우리 종단에서 구원이 가장 쉽다. 왜냐하면 우리 종단은 가장 오래 되었기 때문이다." 하지만 만약 도미니쿠스회 수도사에게 묻는다면[(33)] 그는 이렇게 대답할 것이다. "우리 종단에서 구원이 확실하다. 왜냐하면 우리 종단은 우리 귀부인(마리아)에 의해 하늘로부터 주어졌기 때문이다." 만약 그대가 프란체스코회 수도사에게 묻는다면[(34)] 그는 말할 것이다. "우리 종단이 모든 종단 중 가장 크고 유명하다. 따라서 그대들이 다른 어떤 곳에서 구원을 더 쉽게 발견할 수 있을지 생각해 보라." 만약 그대들이 교황에게 물으면 그는 말할 것이다. "면죄부로 한다면 가장 쉽다." 그대들이 콤포스텔라 사람들에게 묻는다면[(35)] 그들은 대답할 것이다. "그대들

---

31. *der fleischlich geistlichen.*

32. *aller gedanck, intellectus* (G).

이 여기 성 야고보에게로 오면 결코 버림받지 않고 가난해지지도 않을 것이다." 그대들이 알듯이 그들은 모두 다른 길을 보여 주며 모두가 자기 길이 옳은 길이라며 심히 다툰다. 하지만 구도하는 영혼은 외친다. "아 내가 누구를 따라야 할까? 그들이 모두 설득력 있게 논증을 해서 무엇을 해야 할지 모르겠다." 결국 그 영혼이 할 수 있는 일은 하나님께 뛰어가 진심으로 기도하는 것이다. "오 하나님, 내게 어느 종단 혹은 어느 길이 가장 확실한지 보여 주십시오." 어리석은 자들이여, 그대들은 하나님께 가서 겨우 사람들을 구분해 달라고 기도할 뿐, 어느 구원의 길이 그분에게 기쁘고 확고하고 확실한지 보여 달라고 구하지 않는다. 그대들이 단지 하나님께 사람들이 말한 것을 확인해 달라고 구한다는 것에 주목하라. 하지만 왜 그대들은 말하지 않는가? "오, 하나님, 그들이 서로서로 일치하지 않습니다. 하지만 당신은 유일하신 선한 분입니다. 내게 구원의 길을 보여 주십시오." 그리스도가 그대들 앞에 팔을 펼쳐 그대들을 초청하며 말씀하신다. "수고하고 무거운 짐 진 자들아 다 내게로 오라 내가 너희를 쉬게 하리라"(마 11장). 오, 기쁜 소식이여, 이는 빛을 동반하여 우리가 위에서 증명한 대로 우리가 그것이 참이라고 알고 믿게 한다. 그것을 말한 분은 세상의 빛이시다. 그분은 길이요 진리요 빛이시다. 그분 말씀 안에 있으면 결코 길을 헤맬 수 없다. 그분 말씀 안에 있으면 결코 속거나 헤매거나 망할 수 없다. 만약 그대들이 영혼을 위한 확신이나 확실성이 없다고 생각한다면, 하나님의 말씀의 확실성을 들으라. 영혼은 가르침을 받고 조명되어– 명료성에 주목하라– 자신의 구원과 의 혹은 칭의가 예수 그리스도 안에 있다고 깨달으며,(36) 그분이 은혜롭게 그대들을 초청하고 부르신다면 결코 내치지 않으리라는 확고한 위로를 가지게 된다.

그대들이 영혼을 그분에게서 돌이켜 "여기 혹은 저기에 그리스도가 있다"고 말하면 아가서에 나오는 연인의 영혼과 함께 그대들의 영혼이 대답할 것이다. "내가 그분을 붙잡았으니 놓치지 아니하리라." 막달라 마리아와 함께 영혼은 좋은 편인 주님 자신을 받았다.(37) 오직 그분 말씀만이 격려와 위로를 줄 수 있다. 수도회 종단은 어리석고 오만한 자랑에 안주한다. 우리야말로 막달라 마리아의 진정한 자손이며 관상적 삶을 사는 자다.33 그들은 스스로 좋아하는 것을 말하는 것이며, 이것이 그리스도 자

---

33. *das schowlich leben, via contemplativa* (G).

신의 견해이기도 하다. 항상 땅의 일로부터 꼭 필요한 영에 대한 가르침으로 옮기는 것이 그리스도의 습성이다. 예를 들어보자. 어떤 자가 그분에게 "당신의 어머니와 동생들이 당신께 말하려고 밖에 서 있나이다"(마 12장)라고 말했을 때, 그분은 그들의 관심을 육체적인 관계[34]에서 하나님과의 관계로 옮기고자 손을 내밀어 제자들을 가리켜 말씀하셨다. "나의 어머니와 나의 동생들을 보라. 누구든지 하늘에 계신 내 아버지의 뜻대로 하는 자가 내 형제요 자매요 어머니이니라." 마찬가지로 치유 받은 여인이 "당신을 밴 태와 당신이 먹인 젖이 복이 있나이다"라고 외쳤을 때 그분은 영적이고 하나님께 속한 출생에 대해 가르침을 주셨다.[35] "하나님의 말씀을 듣고 지키는 자가 복이 있느니라." 그분은 어머니와 의절한 것이 아니라 어머니의 행동의 중요성을 보여주셨다. 그분의 어머니는 하나님의 말씀을 받았다. 같은 방식으로 하나님의 말씀을 들은 자는 받아들여지며, 하나님의 영으로 태어난다. 그녀는 순결한 동정녀로 그분을 배었다. 같은 방식으로 하나님의 말씀을 받고 말씀 안에서 행하고 양육 받은 자는 놀랄 만한 열매를 맺는다. 그분이 두 자매와 있었을 때도 그들은 바르게 행동했지만, 그분은 막달라 마리아를 교훈의 출발점으로 삼아, 빼앗기지 않을 좋은 편이란 그분을 받아들이고 구하는 것이라고 말씀하셨다. 그렇게 되면 아무도 그분에게서 떨어지지 않으려 할 것이다. 이것 때문에 그분은 마르다에게 "네가 많은 일로 염려하고 근심한다"라고 말씀하시고, 한 가지 좋은 것을 분별하는 것으로 나아가신다. "한 가지만으로도 구원을 위해 족하며 막달라 마리아가 그것을 발견했다. 굳게 잡으라." 그대들은 이 구원을 위해 필요한 이 한 가지가 무엇인지 아는가? 혹은 그 한 가지가 누구인지 아는가? 그대들은 그리스도라고 대답한다. 바르게 판단했다. 그분을 굳게 붙잡고 결코 버리지 말라. 하지만 봉쇄되고 고깔을 쓴 그대들만이 그리스도를 발견하고 그분의 말씀을 들을 수 있다고 생각하는가? 하지만 정반대로 그대들은 그분의 가르침을 결코 들을 수 없다.(38) 왜냐하면 그대들은 다른 것을 붙들고, 굳게 잡고 그 안에서 위로를 얻기 때문이다.

막달라 마리아에 대해 그분의 가르침은 말한다. 그녀는 그분의 말씀을 들었다.

---

34. *fründschafft.*

35. *gotzbürtige schwengre, divina nativitas* (G).

그것이 그녀가 선택한 좋은 편이었다. 모든 영혼에게도 마찬가지다. 영혼이 하나님에 의해 조명되면, 사람의 말에서 확신, 위로 혹은 격려를 발견하지 못하고 오직 하나님의 말씀에서만 발견한다. 요한복음 6장에 있는 제자들처럼 그분의 가르침은 말한다. "영생의 말씀이 주께 있사오니 우리가 누구에게로 가오리이까?" 이 말은 당신의 말씀은 생명을 주시고 살리고 회복시키니 영혼이 당신에게 위로를 얻고 매여 있으며 당신의 말씀 외에 다른 것을 신뢰할 수 없다는 말이다. 하지만 하나님에게서 부르심을 받을 때 그대들은 말한다. 어떻게 내가 준비하여 그분의 은총을 얻는 것을 확신할 수 있는가? 나는 대답한다. 주 예수 그리스도에게 그대들의 모든 신뢰를 두시오. 즉 그분이 우리를 위해 고난 당하셨으므로, 영원토록 하나님 앞에서 우리를 위한 대속이 있다는 것을 확신하며 거하십시오(요일 1장). 그대들이 믿는 순간, 그대들은 하나님에 의해 이끌리고, 자신의 일이라고 생각한 것이 그대들 안에서 은밀하게 역사하시는 하나님의 영의 일이라는 것을 아십시오. 요한복음 6장에서 그리스도는 말씀하신다. "아버지께서 이끌지 아니하시면 아무도 내게 올 수 없다." 만약 그대들이 그분을 구하고 발견하고 굳게 붙들면 그대들은 아버지에게 이끌린 것이다. 그렇지 않으면 그대들은 결코 그분에게 나아갈 수 없었을 것이다.

내가 이 증명을 위해 이렇게 많은 부분을 할애한 이유는 다음과 같다.[36] 사람의 가르침을 옹호하는 자는 말한다. 다른 모든 가르침들 위에 우리는 복음적 가르침, 즉 하나님이 선포하고 가르치는 가르침을 존중해야 하는 것이 사실이지만— 그들이 이렇게 인정하면 찬양을 하나님께 돌릴지라— 우리는 복음을 다른 방식으로 이해한다. 만약 그대들의 이해와 우리의 이해 사이에 충돌이 있다면 우리 사이에 누군가가 결정해서 잘못한 자를 침묵시켜야 할 것이다. 그들이 이렇게 말하는 것은 하나님의 말씀의 해석을 사람에게 종속시키고, 따라서 가야바와 안나스를 통해 복음적인 설교자를 질책하고 억압할 수 있게 만든다.[(39)] 모든 해석, 생각, 경험이 하나님의 뜻과 하나님을 섬기는 것에 사로잡혀야 한다는 바울의 가르침과 직접적으로 모순되도록 그들은 하나님의 교리를 사람들의 판단에 종속시키려고 한다. 대답에 주목하라. 우선 복음이라는 것은 단지 마태, 마가, 누가, 요한의 글만을 말하는 것이 아니라 우리가 말한 대

---

36. *bewärnus, argumentum* (G).

로 하나님이 인간을 가르치고 그분의 뜻에 대한 확고한 지식을 주시기 위해 인간에게 계시한 모든 것을 말한다.

하지만 하나님은 한 분이시며 그분은 일치의 영이지 혼돈의 영이 아니다. 따라서 우리는 그분의 말씀이 항상 참되고 본래적인 뜻을 가진다는 것을 알 수 있다. 우리가 이러저러한 방식으로 그분의 말씀을 쥐어짜더라도 하나님이 이 본래적인 뜻을 알도록 허락하시기를 기원한다.(40) 여기서 나는 하나님의 이름으로 그대들이 공통된 잘못을 저지르고 있다고 말하더라도 화내지 않기를 간청한다. 이는 요즘에 복음을 대적하는 자들 중 다수가 저지르는 잘못이다. 그들은 이렇게 한다고 공개적으로는 인정하지 않지만 은밀히 이 목적을 위해 자신의 힘이 닿는 한 모든 것을 행한다. 그들이 말하는 것을 들어보라. 그들은 "복음서에서 모든 것을 우리에게 말씀하는 것은 아니다. 복음서에서 전혀 생각지 못한 선한 일이 많이 있다"(41)고 말한다. 오, 그대 악당들이여, 그대들은 복음서에서 가르침을 받거나 복음서에 정통하지도 않다. 그대들은 문맥과는 상관없이 거기서 구절을 뽑아내어 그대들이 원하는 대로 비튼다. 이것은 마치 꽃을 뿌리 채 뽑아 정원에 심으려고 하는 것과 같다. 하지만 이렇게 해서는 안 된다. 그대들은 그것을 뿌리와 흙과 함께 심어야 한다. 마찬가지로 우리는 하나님의 말씀의 뜻이 우리 모두에게 같다면 그 고유한 성격을 남겨 두어야 한다. 또한 이러한 면에서 잘못을 범하는 자들을 우리는 근원으로 인도하여[37] (비록 그들이 좋아서 가진 않겠지만) 쉽게 이길 수 있다. 하지만 그들 중 일부는 나귀의 가죽에 딱 붙어 있어 본래적 뜻이 너무도 분명하게 주해될 때에도, 교부들이 그렇게 이해하는 것을 허용하지 않으면 감히 그렇게 이해할 수 없다고 주장한다. 많은 주해자들이 한두 주해자보다 보다 잘 이해할 수 있다는 근거로 말이다.(42) 답변은 다음과 같다. 만약 그렇다면 그리스도도 잘못을 범하신다(하나님 맙소사!). 왜냐하면 당대의 대부분의 제사장은 상당히 다른 견해를 가지고 있었고 그분은 홀로 서야 했기 때문이다. 사도들도 또한 잘못되었다. 그들은 온 민족과 도시의 반대를 받았기 때문이다. 또한 오늘날에도 불신자의 수가 신자의 수를 훨씬 넘어선다.

그렇다면 그들이 우리보다 숫자가 더 많다는 이유만으로 자기 견해가 옳고 우리

---

37. *so tuff in die eselshut vernäyt*, 문자적으로는 '나귀의 가죽에 촘촘히 꿰맴.'

견해는 틀렸다고 결론을 내려야 하는가? 그렇지 않다. 스스로 생각해 보라. 진리가 항상 다수에 있는 것만은 아니다. 그렇다면 이 논증은 어떻게 되나? 이 논증은 현재의 논쟁에서는 아무런 힘이 없다. 나는 특히 아나스타시우스와 아리우스 이단의 리베리우스와 같이 교황과 공의회도 때때로 심각한 잘못을 범한다는 것을 안다.(43) 그대들은 이것을 인정하는가? 그렇다고? 그러면 그대들의 소송은 진 것이다.[38] 그대들은 교황과 공의회가 한 번이라도 잘못했다면, 다시 잘못할 수 있을지도 모른다는 것을 인정해야 하며, 따라서 우리는 확실하게 이것을 신뢰할 수 없다. 우리가 이것을 발견하면(왜냐하면 *omnis homo mendax*, 모든 인간들이 거짓말쟁이요, 속고 속임을 당하기 때문이다), 우리는 오직 하나님이 친히 모든 의심을 제거하는 확실성으로 진리를 가르칠 수 있다는 것을 알게 된다. 하지만 그대들은 말한다. 어디서 하나님을 발견할 수 있는가? 답변은 이러하다. 골방에서 찾고 은밀하게 구하라(마 6장). 그분이 보시고 하나님의 진리를 이해하게 하실 것이다. 앞에서 든 예시가 보여 주듯이, 하나님에 대한 가르침은 하나님이 친히 가르칠 때보다 더 확실하게 배울 수 없다. 그 가르침은 하나님으로부터 오며, 그분만이 진실하고 참으로 그분이 진리 자체이시다. 우리가 이미 언급한 요한일서 2장의 말이 이것을 증명한다. "아무도 너희를 가르칠 필요가 없다." 그대들은 이 말씀을 듣는가? 우리는 인간적인 해석자들을 필요로 하지 않고, 그분의 기름 부음(이것은 영이시다)이 모든 것- 모든 것이라는 말에 주목하라- 에 대해 가르치며 따라서 그것은 거짓이 아니라 진리다. 하지만 여기서 그들은 말한다. 내가 그분에게 기도했고 지금도 여전히 전과 같은 마음을 가지고 있다. 그대들은 내가 "그대들은 거짓말하고 있소"라고 말해도 화내지 않을 것이다. 물론 나도 그대들이 기도했다는 것을 인정하지만, 마땅히 해야 하는 대로 기도하지 않는다.

그렇다면 어떻게 그분에게 나아가 그분에게 기도할까? 다음과 같은 방식으로다. 첫째, 성경 안으로 읽어 들이고 싶은 자신의 의견을 버리라. 내가 증명할 것이지만 이것은 전혀 무가치하다. 나는 그대들이 스스로 성경을 뒤져 자기 견해를 지지하는 본문을 찾았다고 대답할 것이라는 것을 안다. 저런! 여기서 우리는 모든 인간적 체계의 핵심에 있는 암 덩어리에 도달한다.(44) 그것은 다음과 같다. 우리는 우리의 견해에 대

---

38. *So ist der sach der hals ab*- 즉, 목이 부러진.

한 지지를 성경에서 발견하고 싶다. 따라서 우리는 그 견해를 성경으로 가지고 가서 아무리 자의적이더라도 이것과 연결되는 본문을 찾으면 이를 연결시키고 이러한 방식으로 성격을 비틀어 성경이 말하고자 한다고 생각하는 것을 성경이 말하도록 만들고 싶다. 예를 들어 보자. 우리 대부분에게는 가르침과 해석이 모두 예비 되어 있다. 마치 좋아하는 도끼를 손에 들고 "내게 주어라, 아니면 도끼가 나를 위해 말해줄 것이다"라고 말하는 사람처럼 말이다. 이것이 우리가 성경으로 나아가는 방식이다. 교황과 어리석은 황제와 왕은– 주군이여, 진리를 말하는 것을 이해해 주시오– 독일 감독의 대다수를 세속적 군주(민중[39]이 말하는 거지 군주)로 만들었다. 이러한 방식으로 그들은 권력을 획득했다. 그들은 검을 가지고 있으며 그 검을 가지고 성경으로 간다. 그들은 베드로전서 2장의 *regale sacrerdotum*, 왕 같은 제사장을 인용한다. 또한 그 검으로 베드로를 강요한다. 여기서 그가 의도한 것은 "성직자도 세속적 군주가 될 수 있고 세속적 권위[40]를 행사할 수 있다"라고 말한다.[(45)] 이것이 도끼가 행할 수 있는 일이다. 하지만 베드로의 참뜻은 주 예수 그리스도가 모든 기독교인을 왕의 영예와 제사장직으로 부르셨기 때문에 기독교인은 더 이상 자기 대신 제사를 드리는 제사장이 필요 없다는 것이다.

기독교인은 모두 제사장이요 영적인 예물을 드린다. 즉 자신을 모두 하나님께 헌신한다. 우리는 그들과 같은 방식으로 성경에 다가가서는 안 된다는 것을 주목하라. 그렇다면 우리가 어떻게 나아가야 하는가? 이렇게 나아가면 된다. 그대들이 어떤 문제에 대해 말하고 그것에서 배우기를 원한다면 그대들은 먼저 다음과 같이 생각해야 한다. 어떤 것을 말하고 혹은 사람의 가르침을 듣기 전에 먼저 하나님의 영의 마음을 물어볼 것이다(시 85편). "내가 하나님 여호와께서 하실 말씀을 들으리다." 그리고 하나님이 그분의 마음과 영을 주셔서 그대들이 자신의 의견이 아니라 그분의 의견을 붙들 수 있도록, 경외하는 마음으로 그분의 은총을 구해야 한다. 그분이 그대들을 바르게 이해하도록 가르칠 것이라고 확고하게 신뢰하라. 모든 지혜는 주 하나님에게서 온 것이기 때문이다. 그리고 복음서의 기록된 말씀으로 가라. 하지만 이 시점에서 많은 사

---

39. *Cüntz*, 각주 29번 참고.

40. *nach der welt herschen.*

람들은 자신의 코[41]를 치켜들고, 하나님을 부르면 그분이 다른 깨달음, 즉 그분 자신의 깨달음을 주실 것이라고 믿지 않는다. 그들은 사람의 깨달음을 너무 많이 쌓아두어서, 다른 깨달음이 있을 수 없다고 확신한다. 하지만 그대들이 얼마나 거짓되게 말하는지 주목하라. 그대들은 *theodidacti*, 즉 하나님에게서 가르침을 받아야 하지, 사람에게서 가르침을 받아서는 안 된다. 이것이 진리 자체가 말씀하신 것이며, 진리는 거짓을 말할 수 없다(요 6장). 만약 그대들이 믿지 않으면, 또한 확고하게 믿어 사람의 지혜를 떠나 오직 신적인 가르침에만 거하지 않으면, 그대들에게는 참 신앙이 없다. 이것은 내 자신의 견해만이 아니며 성 힐라리우스도 같은 견해를 가지고 있었다.[46] 하지만 우리에게는 그의 도움도 필요 없다. 그리스도와 베드로와 바울과 요한이 모두 같은 견해를 가지고 있었다.

따라서 스콜라 신학(*theologica scholastica*)이라고 불리는 철학 체계 전체가 무너진다. 이것은 단순히 사람에 의해 발전된 체계이기 때문이다. 이것이 사람의 마음을 차지하면, 하나님의 가르침이 사람에게서 받은 무오한 가르침과 일치되게 판단되고 왜곡되어야 한다고 생각한다. 이것이 그렇다는 것은 "철학자들이 떠난 곳에서 신학자들이 시작한다"는 상투적인 어구에서 알 수 있다. 이것은 사람이 인간의 가르침으로 철저하게 훈련을 받을 때 하나님의 가르침을 보다 잘 해석할 수 있다는 것을 뜻한다. 이것은 마치 우리 빛이 하나님의 빛을 조명하고 비추는 것처럼 말하는 것이며 그리스도가 요한복음 5장에서 "나는 사람에게서 빛(영광)을 취하지 아니하노라. 다만 하나님을 사랑하는 것이 너희 속에 없음을 알았노라"고 말씀하신 것과도 어긋난다. 만약 그들 안에 하나님의 사랑이 있었다면 그들은 다른 말이 아니라 그분의 말씀을 믿었을 것이다. 그분은 세상에 와서 모든 사람을 비추는 빛이시며, 철학은 그러한 빛이 아니기 때문이다. 이에 대한 증명은 다음과 같다. 제자들을 가르친 철학자가 누군가? 하나님이 그분의 교훈을 선포하고 또한 바울이 말한 대로(고전 1장) 이 세상의 지혜 있는 자들을 뒤엎고 혼돈 시키도록 그들을 선택했을 때, 그들은 약하고 어리석은 존재였다.

마찬가지로 오늘날 세속적이고 인간적인 지혜는 내적인 갈망과 신앙으로 하나님

---

41. *werffend sy die nasen uff.*

의 가르침을 얻은 자들에 의해 혼돈되고 뒤엎어지고 있다. 우리는 제자들이 단순하므로 하나님에게서만 가르침을 받았다는 것을 알 수 있다. 이것은 우리가 하나님에게서만 하나님의 가르침을 구해야 한다는 사례가 된다. 하나님의 가르침은 하나님 자신에 의해, 하나님의 말씀 안에서 이루어질 때보다 더 명료하게 이루어질 수 없다. 자신이 성경의 중재자라고 자부하는 자는 자신의 계획과 오만 때문에 하나님의 영에 대한 신뢰를 조롱하며, 자신의 어리석음에 따라 성경을 비틀고 강요하고 있다고 나는 감히 말한다. 어느 누가 중재하거나 증언한다고 나서면, 그 사람은 의혹에 자신을 내어 놓는 것이다. 다음과 같은 특별한 경우, 즉 우리에게 자신에게로 나아오라고 요청하는 분이 있고 그분에게서 말씀이 오는데, 말씀의 연약성 때문이 아니라 우리를 속이고 변덕스런 마음에 따라 말씀을 비트는 죄악 된 정욕[42] 때문에 말씀을 거부하는 경우에는 더더욱 그러하다.

그대들이 이 문제를 결정하고 패배한 자를 강요하기 위해 중재자가 필요하다고 말한다면 나는 이를 거절할 것이다. 왜냐하면 가장 학식이 있는 자도 하나님께 인도받지 않으면 잘못을 범할 수 있기 때문이다. 그들이 확실하지 않으면 하나님이 그들을 인도할 것이다. 나 자신도 같은 선생과 인도자에게 나아갈 수 있고 그분은 의심할 여지없이 나도 이끌 것이다. (47) 그대들은 말한다. 그분이 당신을 가르치는지 아닌지 어떻게 아는가? 대답은 마태복음 21장과 마가복음 11장에 있는 그분 자신의 말씀에서 주어진다. "무엇이든지– 무엇이든지 하나님이 주시기에 바르고 타당한 것– 기도로 구하고 믿으라 그러면 받을 것이다." 또한 성 야고보가 지혜를 위해 하나님께 나아가도록 가르친다(약 1장). "너희 중에 누구든지 지혜가 부족하거든 모든 사람에게 후히 주시고 꾸짖지 아니하시는 하나님께 구하라 그러면 주시리라 오직 믿음으로 구하고 조금도 의심하지 말라." 야고보가 우리에게 하나님을 가리키고 사람을 가리키지 않는 것을 주목하라.

그대들은 말한다. 오늘날 우리에게는 설교자들이 있다. 우리가 설교자와 박사에게 구해야 하는가? 대답은 이러하다. 어떤 사람이든, 자신의 생각과 마음에 따라 그대들을 가르치면 그의 가르침은 거짓이다. 하지만 그 사람이 하나님의 말씀에 따라

---

42. *anefechtungen, vitio affectum* (G).

가르치면 그대들을 가르치는 자는 그 사람이 아니라 그 사람을 가르친 하나님이다. 바울이 말한 대로 우리가 그리스도의 일꾼이요 하나님의 비밀을 맡은 자요 청지기들 외에 또 누군가? 하나님이 나를 가르치고 있다고 나는 확실히 안다. 왜냐하면 나는 그 사실을 경험했기 때문이다. 오해를 막기 위해 내가 하나님이 나를 가르친다는 것을 확실히 안다고 말할 때 뜻한 것은 다음과 같다. 내가 젊었을 때 나는 당대의 다른 사람과 마찬가지로 사람의 가르침에 너무 몰두했다. 또 7년 혹은 8년 전에 성경에 완전히 몰두했을 때에는 철학과 신학에 의해 가로막혔다. 하지만 결국 하나님의 말씀과 영으로 이러한 모든 것들을 제쳐 놓고 하나님의 가르침을 직접적으로 그분 자신의 말씀에서 배울 필요를 느끼는 그러한 경지에 도달했다.(48) 그다음에 나는 하나님께 빛을 구했고 성경이 내게 보다 명료해졌다. 다른 것을 읽지 않더라도 오히려 많은 주석가와 주해가를 연구했을 때보다 성경이 내게 더 명료해졌다. 이것이 항상 하나님의 인도하심에 대한 확고한 표징이라는 것을 주목하라. 내 자신의 연약한 이해로는 그 지점에 이를 수 없다. 그대들은 내 해석이 자신에 대한 과대평가가 아니라 복종에서 나온다는 것을 알 수 있을 것이다.

그대들이 말하고 싶겠지만 미리 말하겠다. 그대들이 말하고 싶은 것은 이러한 것일 게다. "당신이 한 문제를 완벽히 알고 조언을 받아들이지 않는 것은 큰 잘못이다." 대답은 이러하다. 우리가 우리 자신의 깨달음에 머무른다면 정말 그러하다. 이것이 그대들이 행하는 바다. 그대들은 사람의 깨달음을 떠나지 않고, 내가 이렇게 말해도 된다면, 하나님의 깨달음을 그것에 맞추고자 한다.(49) 바울의 말을 들어라(고전 2장). "육에 속한 사람은 하나님의 성령의 일들을 받지 아니하나니 이는 그것들이 그에게는 어리석게 보임이요, 또 그는 그것들을 알 수도 없나니 이러한 일은 영적으로 분별되기 때문이라 신령한 자는 모든 것을 판단하나 자기는 아무에게도 판단을 받지 아니하느니라 누가 주의 마음을 알아서 주를 가르치겠느냐." 이 바울의 말은 지상에 있는 모든 금보다 더 귀하다.[43] 육신에 속한 인간은 자신의 생각을 가져오는 자다. 신령한 사람은 하나님이 주신 생각만을 신뢰하는 자다. 그는 순결하며 단순하며, 세속적인 야망이나 탐욕, 육신적인 정욕이 없다. 신령한 자는 만물을 판단한다. 즉 그는 그 가르

---

43. *uff unnd in dem erdtrich.*

침이 하나님에게서 온 것인지 아닌지를 단번에 안다. 하지만 그는 누구에게도 판단을 받지 않는다. 즉 그가 원래 이러한 이유 때문에 판단 받을 수 없지만, 설혹 판단을 받는다 하더라도 찢기거나 뒤집어지지 않는다. 어떠한 인간의 지혜가 그를 대적할지라도 그는 대답한다. 누가 그대들에게 하나님의 마음을 가르쳐 주었는가? 그대들은 하나님이 친히 말씀하지 않은 것을 선언한다. 즉 그대들은 하나님에게서 받았다고 말하지만 거짓말을 한다. 그렇지 않다면 하나님이 다른 곳에서는 매우 다른 것을 말씀하시기 때문에 스스로 모순되게 될 것이다. 하지만 그대들은 하나님을 가르치며 그분을 욕심에 따라 강요하고자 한다.

예를 들어보자. 마태복음 18장에서 하나님은 출교를 제정했다. 악독한 죄를 저지르고 이웃을 실족하게 한 죄인은 동료에게서 떼어 놓아야 한다. 이것은 마치 죽은 가지를 나무에서 떼어 내고 썩은 지체를 몸에서 떼어 내는 것과 같다. 하지만 감독이 가난한 민중을 정죄하여 고리대금업자의 빚을 상환 받으려 한다면,(50) 나는 그들이 하나님 앞에 의무를 지거나 출교되어야 한다고 생각지 않는다. 하나님은 "네 형제가 범죄 하면"이라고 말씀하셨지, "네 형제가 빚을 지면 그를 떼어 내라"고 말씀하시지 않으셨기 때문이다. 나는 이것이 하나님의 가르침이라고 확신한다. 그대들이 내게 교회 법학자의 온갖 거짓과 방법, 수도사의 위선,[44] 혹은 거만한 고위 성직자의 노염 혹은 로마의 독, 혹은 에트나(Ethna), 참으로 지옥의 불을 들이대어도, 나는 내 생각을 바꾸지 않을 것이다. 만약 하나님이 은총을 빼앗고 죽음을 두려워하여 내 입술로 다른 말을 했을지라도 이러한 폐해가 하나님을 기쁘시게 하지 않고 하나님이 세우신 권위를 지니고 있지 않다고 생각한다. 하지만 그들이 자기 행위를 가리는 멋들어진 말을 들어 보라. 그들은 말한다. 우리가 출교하는 것은 빚 때문이 아니라 불순종 때문이다. 그들은 마치 출교자가 요구하는 순간에 빚이 면제될 수 있는 것처럼 말한다. 하지만 그것이 우리의 진짜 대답이 아니며 바로 이것이다. 기독교인이 그들에게 이러한 종류의 문제에 있어서 순종하는 것은 무슨 근거인가? 하나님이 감독에게 세상의 채권자가 되라고 명령하셨는가? 그대들은 대답한다. "너희들을 인도하는 자에게 복종하라" (Obedite prepostiis vestries). 하지만 그것이 '빚 때문에 사람들을 출교하라'는 뜻인가? 이 문

---

44. kappenfritzen-Kapuzenträger— 두건 달린 외투를 입은 자들.

제, 또는 다른 문제에서 우리는 영의 마음만을 구하면 헤매지 않을 것이다. 하지만 그렇지 않고 잎사귀와 풀[45]에 불과한 우리 자신의 생각에 대한 성경적 지지를 찾기 위해 정력을 쏟는다면, 계속적으로 잘못을 범하는 것이다.

하나님의 뜻은 그분만이 교사가 되어야 한다는 것이다. 나는 가르침의 문제에 있어 사람이 아니라 그분에 의해 가르침을 받고자 한다. 죄와 불순종에 있어서 나는 모든 자에게 복종할 것이다. 우리가 앉아서 성경과 하나님의 진리를 판단하는 것이 아니라 하나님이 그것 안에서 그것을 통해 그분의 일을 행하시도록 해야 한다. 우리가 오직 하나님에게서만 배울 수 있기 때문이다. 물론 우리는 우리의 성경 이해에 대해 설명해야 한다. 하지만 우리 자신의 뜻에 따라 강요하고 비트는 방식이 아니라 성경에 의해 가르침을 받는 방식으로 설명해야 한다. 이것이 내 의도다. 바울은 말한다 (고전 4장). "너희에게나 다른 사람에게나 판단 받은 것이 내게는 매우 작은 일이라. 나도 나를 판단하지 아니 하노니 내가 자책할 아무것도 깨닫지 못하니 이로 말미암아 의롭다 함을 얻지 못하노라. 다만 나를 심판하실 이는 주시니라." 바울과 모든 사도와 진리를 선포하는 모든 자에게 말씀하시고 가르치신 주님, 바로 그분이 그들의 심판자다. 이것은 성경에 대해 말하는 것이며, 성경은 하나님으로부터 왔지 사람에게서 온 것이 아니다(벧후 1장). 어떻게 사람이 그 판단자가 될 수 있는가? 바울은 그것을 *theopneuston*, 즉 하나님에게서 영감을 받거나 말해진다고 서술한다(딤후 3장).[(51)] 그는 지도적인 예언자, 즉 교사가 진리를 맞추지 못했을 때, 지극히 비천한 자도 하나님에 의해 영감을 받는다면 성경에 대해 말할 수 있다고 인정한다(고전 14장). 여기서 그대들은 질문할 것이다. 누가 내게 그가 하나님에 의해 조명되었는지 아닌지를 말해 줄 수 있는가? 그를 조명한 하나님이 그가 말한 것이 하나님에게서 온 것인지를 알게 할 것이다. 그대들은 말할 수 있다. 이것은 내 경험과 다르다. 만약 그렇다면 그리스도가 이사야로 보여 주듯이(마 13장), '그대들이 귀가 있어도 듣지 못하는 자가 되지 않도록 유의해야 한다.' 하나님이 그대들을 자신의 적대적인 생각에 사로잡혀 조명 받지 못한 채로 내버려두신다 하더라도, 그분은 선을 위해 그대들을 사용하실 것이다. 어떻게? 이런 방식으로다(고전 11장). 바울은 말한다. "너희 중에 파당이 있어야 너희 중에 옳다

---

45. *loub und gras.*

인정함을 받은 자들이 나타나게 되리라." 그대들의 투기는 다른 방식으로는 하나님에게서 구하거나 묻지 않게 되는 것을 계시하는 수단이다. 이제 마지막으로 반론에 대한 대답을 끝내기 위해 이 문제에 대한 우리의 견해는 이러하다. 우리는 하나님의 말씀을 최고로 존중해야 하며– 하나님의 말씀은 하나님의 영에게서 오는 것만을 뜻한다– 우리는 다른 어떤 것에 주지 않는 신뢰로 말씀을 신뢰해야 한다. 하나님의 말씀은 확실하고 결코 잘못될 수 없다.

말씀은 명료하고 결코 우리를 어둠 속에 내버려 두지 않는다. 말씀은 스스로 진리를 가르친다. 말씀은 일어나 온전한 구원과 은총으로 사람의 영혼을 비춘다. 말씀은 영혼에게 하나님 안에서 확고한 위로를 준다. 말씀은 영혼을 낮추어 자기를 잃고 정죄하며 하나님을 붙들도록 한다. 하나님 안에서 영혼은 살며 영혼은 그분을 부지런히 구하여 모든 피조물의 위로를 단념한다. 하나님이 영혼의 신뢰와 위로이기 때문이다. 그분 없이는 영혼이 쉼을 얻지 못한다. 영혼은 그분에게만 안식한다(시 77편). "내 영혼이 위로 받기를 거절하였도다. 내가 하나님을 기억하니 기운이 났다." 복은 이 현생에서 본질적으로가 아니라 위로하는 소망의 확신에서 시작된다. 하나님이 우리 안에서 확신을 점점 더 크게 하시기를, 그리고 우리가 그것에서 멀어지도록 내버려 두지 않으시기를 기원한다. 아멘.

여기서(52) 하나님 말씀을 진정으로 이해하고 우리가 하나님에게서 가르침을 받는다는 인격적인 경험에 도달하는 방법에 대한 가르침을 주는 것이 좋겠다. 우리가 성경에 정통하지 않다면, 우리를 가르치는 사제가 자신의 죄스런 욕망에 의해 더럽혀지지 않은 순수한 진리를 주해하고 있는지 어떻게 알 수 있겠는가?

첫째로, 우리는 하나님께 스스로의 지혜와 능력을 중요시 여기는 옛사람을 죽여 달라고 내적으로 기도해야 한다.

둘째로, 옛사람이 죽고 제거될 때 하나님이 우리를 은혜롭게 채우셔서 우리가 오직 그분만을 믿고 신뢰하게 해 달라고 기도해야 한다.

셋째로, 그것이 이루어졌을 때 우리는 크게 새로워지며 위로를 받을 것이다. 우리는 지속적으로 예언자의 말을 반복해야 한다. 주님, 하나님, 우리 안에서 행하신 것을 강하게 하소서. 왜냐하면 바울이 말하듯이 선 줄로 아는 자는 넘어질까 조심해야 하기 때문이다.

넷째로, 하나님의 말씀은 어느 누구도, 특히 가장 큰 자도 눈감아 주지 않는다. 하나님이 바울을 불렀을 때 그는 아나니아에게 "이 사람은 내 이름을 땅의 군주들과 임금들 앞에서 전하기 위해 택한 내 그릇이라"고 말씀하셨다. 또한 그분은 제자들에게(마 10장) "너희가 나로 말미암아 총독들과 임금들 앞에 끌려가리니 이는 그들에게 나에 대해 증거 하게 하려 하심이라"고 말씀하신다.

다섯째로, 높고 강한 자를 낮추시고 낮은 자를 높이시는 것이 말씀의 속성과 특성이다. 이것은 동정녀 마리아의 노래였다. "그분은 권세 있는 자를 그 자리에서 내리치셨으며 비천한 자를 높이셨다." 또한 요한은 그리스도에 대해 "모든 골짜기가 메워지고 모든 산과 작은 산이 낮아진다"고 선언했다(눅 3장).(53)

여섯째로, 하나님의 말씀은 그리스도가 증언하는 대로 항상 가난한 자를 끌어들이고 도우며 위로 받지 못하고 절망하는 자를 위로하지만 자신을 의지하는 자는 대적한다.

일곱째로, 말씀은 자신의 유익을 구하지 않는다. 그 이유 때문에 그리스도는 제자들에게 돈이나 지갑을 가지지 말라고 명령했다.

여덟째로, 말씀은 하나님이 사람들에게 계시되고 완악한 자가 그분을 두려워하고 낮은 자가 하나님 안에서 위로 받기를 구한다. 이러한 방식으로 설교하는 자는 의심할 여지없이 옳다. 자신의 유익을 위해 조심스럽게 돌려서[46] 이야기하며 하나님의 가르침을 붙들고 주해하는 대신 사람의 가르침을 지키는 자는 거짓 예언자다. 그들의 말로 그들을 분별하라. 그들은 '거룩한 교부' 혹은 '인간이 할 수 있는 것은 아무것도 없는가?'라고 외치며 그럴 듯한 소리를 낸다. 하지만 모든 불평에도 불구하고, 그리스도의 복음이 더디게 전파되는 것에 대해서는 불평하지 않는다.

아홉 번째, 그대가 하나님의 말씀이 그대를 새롭게 하며, 이전에 사람의 가르침을 들었을 때보다 그것이 더 소중하다고 느껴질 때, 이것이 그대 안에서 하나님의 사역이라는 것을 확신할 수 있다.

열 번째, 말씀이 하나님의 은혜와 영원한 구원에 대한 확신을 준다는 것을 알게 되면 그것은 하나님에게서 나온 것이다.

---

46. *hüpschlich strychend, wie ein katz umb ein bry*: 문자적으로는 '(뜨거운) 곤죽 주위를 고양이처럼 살금살금 돌아다닌다.'

열한 번째, 말씀이 그대를 부수고 무너뜨리지만 그대 안에서 하나님을 높이는 것을 알게 되면 그것은 하나님의 사역이다.

열두 번째, 하나님을 경외하는 것이 슬픔보다 기쁨을 주기 시작했다는 것을 알게 되면 그것은 하나님의 말씀과 영의 확실한 사역이다.

하나님이 우리에게 그 영을 허락하소서.[47] 아멘.

---

47. *Den welle uns got geben* − 독일어 판이 가리키는 내용을 엄밀하게 표현하자면 den을 "그분"이라고 번역하거나 "그 성령"을 되풀이하는 것이 필요하다.

청소년 교육

편집자의 해설

츠빙글리는 기독교 교육의 본질에 관한 소논문을 1523년에[1] 취리히에서 종교 개혁에
활발히 참여했을 때 저술했다. 표면상 그것은 그의 장차 의붓아들,[2] 게롤트 마이어
폰 크노나우(Gerold Meyer von Knonau)를 위한 개인적 선물로 기록되었다. 게롤트는 바덴의
온천장 방문으로부터 막 돌아왔다. 하지만 그 논문이 나온 1523년 8월 1일은 츠빙글
리가 대성당과 성당학교 재조직을 착수한 바로 그때였기에 중요하다. 후자인 성당학
교의 재편이 중요한 이유는 사실 츠빙글리가 종교 개혁의 진리를 보급할 매체로, 그
리고 종교 개혁 교회의 장래 목사들을 훈련할 장소로 보았기 때문이다.[3] 이러한 상황
에서 개인적 권면보다는 어떠한 논문으로 간주하는 것이 불합리하지는 않다. 그것은
계획된 교육 개혁에 기초가 되는 원칙에 대한 진술이다. 논문은 대부분 일반적인 논
조이고, 기록할 당시, 츠빙글리 자신의 마음에는 분명히 그것을 출판할 목적으로 기

---

1. C. R., II, 526f.를 참고하라.
2. 엄밀히, 게롤트는 이미 그의 의붓아들이었다. 츠빙글리와 안나 마이어 사이에 1524년 4월 2일 공식 결혼을 하기 전에 비밀 결혼을
   했기 때문이다.
3. D. C. R. 194을 참고하라.

록했다.[4]

교육을 위한 요구와, 그가 그것에 관한 아주 명확한 개념을 가지고 있었던 사실에 대해서 츠빙글리가 진술한 강조점은, 르네상스 학문의 방식으로 그가 스스로 일부 복음적 진리의 지식을 알았다는 것을 우리가 기억한다면, 그리 놀랄 만한 일이 아니다.[5] 그것은 또한 그가 대학 시절, 바젤에서 교사로서의 경험이 있었음을 생각나게 한다. 그리고 글라루스와 아인지델른과 취리히의 일부 지역까지 그가 그 회중 가운데 장래가 촉망된 젊은이들을 위한 강의들을 개설했다.[6] 또한 취리히에서 츠빙글리는 신속하게 그리스어 연구 개론서를 출간했는데, 특히 신약성경에 대해서 심화된 지식의 관점이었다.[7] 그리고 이미 1522년에 그는 그리스어와 히브리어 강의를 듣기 위해 유명한 학자 케포리누스(Ceporinus)에게 갔다.[8] 츠빙글리는 히브리어 강좌에 참석했을 것이다. 예전에 훌륭한 강의를 들은 적이 없었기 때문에, 그는 이 언어를 배우기 위해 많은 노력을 기울였다. 불행하게도 케포리누스는 몇 달 이상을 취리히에 머물 수 없게 되었다. 그는 츠빙글리에게 헌정한, 자신의 그리스어 문법책 출판을 검토하기 위해 바젤로 돌아갔기 때문이다. 하지만 1523년 6월에 츠빙글리는 대성당 학교의 재조직을 위한 그의 프로그램을 소개할 수 있었고, 이것은 9월 29일에 시의회를 통해 공식적으로 수용되었다. 재편 후에, 그 학교는 두 개의 주요 부문으로 구성되었다. 하나는 고전 교육의 기초를 가르치는 문법 학교며,[9] 다른 하나는 목회자들과 성직 후보자들에게 심화된 신학 교육을 제공하기 위한 신학교다.[10] 양쪽 모든 곳에서의 주요 강조점은 인문학과 성서학으로, 일반 기독교 교육을 위한 토대를 형성하며 목회 사역을 위한 훈련에 특별한 가치를 지닌 것이다. 케포리누스는 그리스어와 히브리어를 강의하기 위해 1525년에 돌아왔지만, 그해 12월, 그는 26세의 젊은 나이에 죽었다.

그 논문에 주목할 만한 가치가 있는데, 츠빙글리가 훈련의 모든 과정에 관계하긴

---

4. C. R., II, 526f.

5. 르네상스 영향의 범위는 여전히 의문의 여지가 있다. O. Farner, *Huldrych Zwingli*, II, 특히 152f.

6. *Ibid.*, I, 194f.; II, 특히 152f.

7. C. R., II, *loc. cit.*

8. 케포리누스(Jakob Wiesendanger)는 1499년경에 태어나서 빈터투어(Winterthur), 쾰른, 비엔나, 잉골슈타트(Ingolstadt)에서 공부했으며, 라틴어뿐만 아니라 그리스어와 히브리어에 능통했다. 바젤에서 그는 그리스어 교정원으로 일했다.

9. D. C. R. 194, 7.

10. *Ibid.*, 5.

했지만, 그는 기독교의 진리와 복음적 진리 안에서 명확한 교육을 위한 탁월한 자리를 마련한다. 츠빙글리는 종종 종교 개혁자로서보다는 인문주의자로서 주장을 했다. 어쨌든 그는 먼저 인문주의자였기에, 종교 개혁자가 된 것이다.[11] 그의 르네상스 접촉과 연구가 츠빙글리로 하여금 신약성경 진리에 대한 이해를 도왔다는 것은 이제 거의 부인할 수 없다. 그러나 츠빙글리가 성경과 복음적 진리에 도달하도록 깊은 신학과 영적인 필요를 제공해 준 인문주의적 면을 과장하기 쉽다.[12] 행동에 나타난 그의 사상에서 츠빙글리는 복음 그 자체의 우월성과 중심성을 충분히 알았다. 그러한 이유로 교사의 첫 번째 가장 중요한 일은 신학적 진리와 윤리적 의무에 대한 지식을 주입하는 것이다. 다른 모든 목적들은 최우선적이며 궁극적인 목표에 비하면 부수적인 것이다. 교육은 단지 좋은 학자를 만드는 것만이 아니라, 훌륭한 고전 학자를 만드는 것이다. 교육은 무엇보다도 훌륭한 그리스도인을 세워 주는 것으로 이루어진다. 그래서 그러한 이유로 츠빙글리 논문의 첫 번째 부문은 복음서의 주요 가르침에 대한 해설에 집중한다. 또한 두 개의 이어진 부문에서도 그는 교과 과정과 지도에 관한 더욱 상세한 내용들과, 기독교 신앙과 제자도와 끊임없이 관련된 개별 주제들을 다룬다.

물론, 그 작품이 소모적인 논문임을 의미하는 것이 아니라, 바로 그러한 이유로 인해 츠빙글리가 특별한 관심과 가치를 둔 강조점이자 견해였다. 훨씬 더 순수하게 학술적 면에서 그는 세 가지 고전어인 라틴어, 그리스어, 히브리어에 강조점을 두었다.[13] 라틴어는 학문에 있어서 필수적이며, 그리스어와 히브리어는 집중적인 성경 연구에 유용하기 때문이다. 그는 다른 주제에 대해서는 많이 언급하지 않았다. 그는 효과적으로 말하는 능력을 핵심적인 것으로 여겼다. 당연히 그는 목사들을 고려해서, 이러한 쉽지 않은 예술에 대해서 몇 가지 흥미로운 충고를 했다. 어떤 가치가 수학과 조화를 이룰 수는 있지만, 수학자가 낮은 신분으로 16세기에 생계를 꾸릴 수 없었던 것으로 나타난다. 그래서 츠빙글리는 이러한 주제에 대해서 진지한 연구를 추천할 수 없었다. 사실, 오늘날 기준에 의하면 전체 프로그램의 가장 심각한 결함은 과학적인 면과 다소 현대적인 면이다. 분명히 츠빙글리는 신학적 가치로 인해, 자연과학 고찰의

---

11. S. M. Jackson, *Zwingli*, 77f.를 참고하라.
12. Farner, *op. cit.*, II, 127f., 234f., 347f.
13. 개혁의 법령은 이러한 세 가지 언어 안에서 강좌들을 구성했다.

한계를 직시했다.[14] 과학에서는 그것 이외에는 다른 것에 대한 관심이 전혀 나타나지 않는다. 그래서 역사와 지리학은 철저히 무시된다. 이와 마찬가지로, 적어도 철자는 도움을 줄 수 있는데도, 거기에는 자국어에 대해 연구할 여지가 전혀 없다. 그것은 라틴어가 여전히 학문과 문학의 공용어로 남아 있었기 때문이다. 물론, 츠빙글리가 마음속에 신학자에게 가장 적합한 훈련의 형태를 가지고 있었음을 기억해야 할 것이다. 그래서 이러한 모든 한계와 함께 제안한 프로그램은 특별한 목적을 고려하며 유용한 과정을 확실하게 형성한다.

학문적 면은 그렇다 하고, 그 논문은 훨씬 더 흥미로운 점이 있다. 츠빙글리의 관심이 종교적으로나 학문적으로 편협하지 않았다는 사실이 드러난다. 그는 교리와 학문적 교육뿐만 아니라, 레크리에이션과 신체적 훈련의 필요성도 강조했다. 이러한 면에서 츠빙글리의 이상은 르네상스─종교 개혁 운동에서 모두 가장 잘 나타난다. 츠빙글리가 볼 때, 이상적 인간상은 인간 본성의 세 가지 주요한 면의 완전하고 타당한 발전으로만 획득할 수 있다. 비록 그것은 가장 우선시 되어야 하지만, 단지 영이나 정신을 각각 계발하는 것으로는 충분하지 않다. 영과 정신을 함께 계발하는 것으로도 충분하지 않다. 정신은 훈련되어야 하며, 심지어 정신은 순수한 학문 이외의 것에 흥미를 가져야 한다. 그러한 이유로 츠빙글리는 물론 그것들이 목적에 부합하는 한, 지적이며 문화적인 가치를 지닌, 예를 들어 체스와 같은 놀이들을 권장했다. 게다가, 츠빙글리는 신체가 정신과 영처럼 훈련되고 튼튼해야 한다고 보았다. 신체적 훈련이 경건과 분리된다면 결코 득이 되지 않지만, 완전히 무가치한 것으로 처리해야 함을 의미하지는 않는다. 이 사안에서 츠빙글리는 균형의 올바른 의미를 유지했으며, 그는 육체적 건강과 활기에 기여하는, 그중에서도 달리기, 도약, 레슬링과 같은 모든 신체적 훈련을 강력하게 주장할 수 있었다. 오히려 이상하게도, 그는 수영에 대해서는 큰 관심을 기울이지 않았다. 스위스에 많은 호수와 강이 있어서 빈번한 사고가 있었음에도 그것의 유용성을 뒤늦게 인식한 것 같다.[15] 같은 맥락에서 츠빙글리는 평범하고 건강에 좋은 음식의 가치와, 먹고 마시는 데 있어서 절제의 필요를 지적했다. 육체적 건강의 전체적 강조점은 중세의 수많은 경건의 특징적인 모습, 즉 신체에 대한 상대적 경

---

14. 예를 들어, 하나님의 존재와 섭리를 증명하는 것이다.

15. Farner, *op. cit.*, II, 24을 참고하라.

시와는 대조된다.

　도덕과 예절에 대한 주목은 다시금 스위스 종교 개혁자의 건전하고 균형 잡힌 견해를 입증한다. 츠빙글리는 도박과 카드놀이를 허락하지 않았는데, 그것이 악과 연관되기 때문이다. 다른 한편 그는 공개적으로 이성들 간에 자유롭게 어울릴 수 있는, 청소년과 성인들 간 친교 모임의 필요성을 직시했다. 공공연한 축제에서 표현되는 본능을 완전히 억누르려는 시도보다 훨씬 더 어리석고 위험한 것은 없다. 결혼을 고려할 때, 츠빙글리는 그것을 인간 삶의 단면에 대한 평범한 성취로 간주했다. 정확히, 그는 성적 관계에 있어서 어떠한 방종도 비난했지만, 또한 그는 억지로 억압하기보다는 오히려 올바른 활용 안에서의 구제책을 발견했다. 이러한 점에서 그는 교회의 정결법이 제한할 때, 자신의 어려운 경험으로 배웠다.[16] 전쟁에 관한 츠빙글리의 비평은 흥미롭다. 그의 죽음의 경우처럼, 군사력 사용은 어떤 양심의 가책도 없음을 지적한다. 츠빙글리는 군사훈련의 이점을 강조했지만, 유럽의 혼란스런 국가는 방어적인 경계가 요청된다는 전제 안에서만 그러한 행동을 정당화했다. 비록 츠빙글리가 루터보다 외교와 군사 수단을 사용하기 위해 훨씬 많은 준비를 한 것은 사실이지만, 이탈리아에서의 경험은 그에게 전쟁의 비참함과 무익함을 가르쳐 주었다.[17] 그래서 그는 애국심이나 복음적 의무가 있을 때를 제외하고는 그것을 수용할 수 없었다.

　논문 전체는 거의 모든 츠빙글리의 작품을 특징짓는 비체계성으로 지적을 받지만, 그것은 단지 교육만이 아닌 삶 전체를 위한 종교 개혁의 이상에 대한 훌륭한 진술을 담고 있다. 논문에서 우리는 인문주의 운동에서 최선으로 여기는 모든 것이 소개된, 종교 개혁의 신앙과 경건을 보게 된다. 상당히 많은 중세 작품에 두드러진 편협함, 모호함과 불균형의 다른 세속적임은 흥미로운 숨결, 더욱 생생한 학문, 그리고 르네상스의 특별한 선물인 인간 삶에 대한 이해의 균형 이전에 생겨났다. 하지만 츠빙글리는 인문주의자의 독특한 유혹인 인간 중심주의의 위험을 피했다. 모두가 말할 때, 츠빙글리주의자의 교육과 생명의 기초는 하나님을 믿는 내적 신앙과, 신앙의 책임에 대한 수용이다. 그 토대 위에 더 크고 넓은 건물이 세워진 것이지만, 토대 자체는 본질적으로 같은 것으로 남아 있다.

---

16. *Ibid.*, 140f.
17. *Ibid.*, 180f.; C. R., XII, 267.

번역서[18]

「청소년 교육」은 원래 라틴어로 기록되었고 이 형태로 1523년 바젤에서 초판이 나왔다. 케포리누스가 출판을 교정해 주었고 서문도 작성해 주었다. 그 책은 잘 팔려서 새로운 판들이 1524년(아우구스부르크), 1525년(취리히), 그리고 1561년(취리히)에 나왔다. 이름이나 날짜가 없는 다섯 번째 판이 아우구스부르크에서 나왔다. 케포리누스는 독일어로 처음 번역을 했고, 1524년에 아우구스부르크에서 출판했다. 개정판은 2년 후 취리히에서 나왔고, 이 판은 츠빙글리 자신의 작품이 거의 분명하기에 더욱 흥미롭다.[19] 이러한 추정의 분명한 증거는 없지만, 그것은 헌정의 말, 수많은 특징적 어휘와 구절 사용, 그리고 라틴어 원전을 자유롭게 확장하고 압축하는 것 등에 나타난 개인적 특성으로 확실히 알 수 있다. 초기 영어 번역판은 에드워드 6세의 통치 기간에 「확실한 교훈」(Certain Precepts)이란 제목으로 1548년 영국에서 출판되었다.

이 번역의 기초는 1523년 라틴어 원전(A)이지만, 1526년에 나온 츠빙글리의 독일어 판(B)도 사용했다. 독일어 판은 특별히 가치가 있는데, 부분적으로 그것은 라틴어를 직역하여 서로 대조할 수 있기 때문이며, 부분적으로 원전의 일반적인 확장으로 일부 유용한 어미 변화를 제공하기 때문이다. 전체적으로 그것은 독일어 판에서 주로 표기된 고전적 암시를 잘 유지했다. A와 B 사이의 주요 어미 변화는 본문 기록에 표시되어 있고, 도움이 되는 참고를 1524년에 나온 케포리누스의 충실한 직역(C)으로 만들었다.

---

18. C. R. II, 526f.

19. 그래서 쾰러(W. Koehler)의 선집 1918–19에 있다. •

선한 행실과 그리스도인의 훈련에 관한 청소년 양육과 교육: 울리히 츠빙글리의 권면

본문

나, 울리히 츠빙글리는 고상하고 경건한 청소년 게롤트 마이어에게,(1) 하나님과 우리 주 예수 그리스도의 은혜와 평강이 있기를 바란다. 네가 바덴의 온천장으로부터[1] 돌아왔을 때,(2) 너는 어디서나 늘 선물로 여겨졌다. 이러저러한 방식으로 나는 너를 자랑스러워했다. 그러므로 내가 무례를[2] 행한다면, 그것은 나의 분신이자, 나의 사랑스런 게롤트,[3] 너를 내가 선물로 환영하지 않는 것이다. 온천장에서 돌아오거나 거기에 지금도 머무는 사람들을 그 길에서 환영하는 것이 친구들 간의 일반적 습관이다. 나는 두 가지 이유로 너를 나의 친구로 여긴다. 첫째, 너는 내 바람대로 학문에[4] 진지하면서도 유익하게 집중했기 때문이다. 둘째, 너는 우리의 글라레아누스 밑에서[5] 섬긴 사람들 중에 한 사람이기 때문이다.(3) 나는 너에게 가장 합당한 선물이 무엇인지

---

1. A, *a thermis*; B, von Baden

2. A, *incivilis*; B, eine grosse grobheyt und unvernunft.

3. A, *Gerolde adolescens suavissime.*

4. A, *literis*; B, der leer und kunst; C, die schrifft.

5. A, *sub Glareani nostri signis meres*; B는 상당히 확장되었다: under unserem Glareano als under einem gelerten und berichten houptmann unnd leerer in der zal siner jungen helden dich arbietest.

를 신중하게 고려했다. 그래서 나는 너의 신앙적 인격이나 학문적 인격 중에 하나, 혹은 이 둘 모두가 최선의 도움이 될 것이라고 결론을 내렸다. 본래 너는 하나님의 은혜와 덕으로 태어나서, 이미 받아들일 만한 훈련과 훈육의 성과들을 보여 주었다. 하지만 내가 아무리 열심히 친히 그 일을 실행한다 해도 나에게는 어떤 학문적 업적을 쌓는 것은 아니다. 그러므로 만약 내가 몸과 영혼에 유익하며 도움이 되고 미덕과 경건의 진보를 가져다 줄 어떤 교훈을,[4] 상술함으로 너에게 나의 의무를 충실히 이행한다면, 그것이 네 자신과 다른 사람들에게 유익할 것이라고 생각했다. 종종 나는 올바른 청소년 양육과 교육에 관한 책을 계획해 왔지만, 내 계획은 계속 밀려오면서 마음에 걸리는 많은 일들로 인해 방해를 받았다. 그러나 선물하기로 생각한 대로 내가 초기에 계획한 것을 다시 구체화했다. 나는 많은 저술가들이 그들의 작품을 마쳤을 때, 그것의 참된 가치를 아는 누군가에게 그것을 헌정하길 갈망한다는 것을 안다. 그러나 우리는 정반대의 경우다. 이 책을 헌정할 사람이 이미 정해져 있지만, 나는 시간과 여유가 없어서, 9년간 일로 분주하게 보냈다.[5] 궁색하긴 하지만 두 가지 요구가 있었기 때문이다. 첫째, 너에게 줄 무언가가 필요했고, 둘째, 그 일을 온전히 마칠 시간이나 여유가 없었기에, 우리 모두를 만족시키기 위한 방법으로 생각하게 되었다. 나는 그렇게 많지도 않은 약간의 교훈과 권면을 함께 서둘러 모을 충분한 시간이 없었다. 그래서 그러한 것이 사라지지 않도록 모든 것을 신중하게 선택했다. 종종 그러한 것이 거의 고갈되는 경우가 있기에, 그것에 대한 갈증은 더욱 더 커진다.[6] 너는 외적 형식에 따라 이러한 말을 재거나 판단하지 말고, 그 내용과 이것을 살리는 영을 따라서 판단해야 한다. 경건하지 않은 사람도 경건한 일을 약속할 수 있기 때문이다. 그러나 학식이 가장 뛰어난 사람도 그 학문을 지키는데 수치를 당할 수 있다. 이러한 나의 교훈은 세 가지 부분으로 되어 있다. 첫째, 청소년의 예민한 마음이 하나님의 일에 대해 어떻게 가르침을 받는지에 대해 말한다. 둘째, 그 자체에 관심을 갖는 것에 대해 어떻게 가르치는지를 말한다. 셋째, 다른 사람들에게 어떻게 행동하는지를 교훈해 준다.

어린 시절부터 혹은 학교에서 제시해야 할 지침들을 나열하려는 목적이 아니라,[6]

---

6. A, *neque⋯ a cunis ordiri, neque a rudimentis*; B, söliche underwysungen, die man den kinden von den wiegen an geben sölle, ouch not wie man die anfahenden schüler erstlich berichtet.

그것은 이미 분별할 수 있고 자기 스스로 판단할 수 있는 젊은이에게 알맞은 것들이다.[7] 나는 이러한 젊은이들 가운데 너를 포함시킨다. 나의 바람대로 너는 부지런히 이 교훈을 읽고 다른 사람에게 살아 있는 모범이 됨으로 그 교훈의 훌륭한 모델이 될 것이다. 하나님께서[8] 친히 너에게 이것을 행하실 것을 기도한다.[(7)] 아멘.

1523년 8월 1일, 취리히에서

제1부

첫 번째로 중요하게, 페리클레스(Pericles)의 뛰어난 설득력을 소유했을지라도 우리가 인간의 마음에 한 분이신 하나님에 대한 신앙을 불러일으키는 것은,[(8)] 우리 인간의 능력 밖이다.[9][(9)] 그분이 우리를 자신에게 이끄는 것처럼, 그것은 하늘에 계신 우리 아버지만이 하실 수 있는 것이기 때문이다. "믿음은 들음에서 나고, 들음은 하나님의 말씀으로"라는 사도 바울의 말씀에서, 그러한 경우는 여전히 있다. 하지만 이것은 성령의 내적 설교와 강권을 떠나서, 외적 말씀인 설교로 성취될 수 있는 것이 아니다.[(10)] 그러므로 그것은 단지 하나님의 입으로부터 나오는 순수한 말씀으로 젊은이들에게 신앙을 주입시키기 위해서가 아니라, 우리에게 그분의 말씀을 가르쳐 주는 성령에 의해 빛을 비춰 주는 신앙을 줄 수 있는 유일한 분에게 기도하기 위해 필수적인 것이다.

그것은 나에게 그리스도 자신의 가르침을 지키는데 있어서 완전하게 하는 것 같다. 그리스도의 가르침은 외적 현상 안과 그 속을 관통하여 젊은 사람들을 하나님의 지식으로 이끈다.[(11)] 마치 우리가 그들을 개별적으로 각각의 부분을 지시하면서, 그들을 우주의 완전한 구조로 이끌기 때문에, 우리는 이러한 만물이 변화되고 파괴될

---

7. 문자적으로는 '코르크 없이 수영함'이다.

8. A. *Christus optimus maximus*; B, gott.

9. B에서는 다음과 같이 확장한다. den hochberümpten und wol beredten Periclem.

¹⁰ 수 있음을 배운다. 그러나 전체적으로 오래 지속하며 놀라운 그것들을 결합하는 그분은 필연적으로 불변하며 불멸한다. 또한 우리는 그분이 이러한 만물을 손수 지으심으로 결코 잊히거나 무시되지 않게 매우 훌륭하게¹¹ 만물을 정하셨음을 배운다. 가장이¹² 집안의 모든 일들을 주의 깊게 돌보지 않는다면, 사람들도 그것을 비난한다.⁽¹²⁾

그래서 젊은이들은 하나님의 섭리에 의해 만물이 정해졌음을¹³ 배운다. 참새 두 마리가 동전 하나에 팔리는데, 하나님의 섭리로 결정되지 않으면 한 마리라도 땅에 떨어질 수 없다. 우리의 머리털까지 다 세시는 분이기에, 돌봄을 받지 못할 만큼 하찮은 존재는 없다.

그러므로 하나님의 섭리가 영혼뿐만 아니라 육체를 위해서도 필요한 것을 지정함은 자명하다. 우리는 그것으로 큰 까마귀가 자유로이 먹고 백합화가 영화롭게 입는다는 것을 안다. 그러한 하나님의 섭리의 형태로 인간의 영은 모든 염려나 비열한 탐욕이 결코 길을 제시해 주지 못함을 배운다. 만약 탐욕과 염려의 유혹이 자라나자마자 그것을 베어내고 뿌리 뽑는다면, 우리는 영혼을 위험한 독으로부터 지킬 수 있다.¹⁴

이제 우리는 마음에 하나님이 주되심뿐만 아니라, 그분을 의지하는 모든 자들의 아버지가 됨을 알아야 한다. 사람들이 지상의 아버지에게 한 것 못지않게 도움을 위해 그분께 달려가야 함을 우리는 알아야 한다. 우리는 그분의 말씀 속에서 그분이 우리를 도우신다고 약속한 것을 알아야 한다. 실제로 그분은 우리가 그분께 기도드리길 원한다. 그래서 만약 우리가 몸과 마음이 병으로 고생하게 되면, 치유를 위해 그분만을 바라봐야 함을 배운다. 만약 우리가 적에게 압제를 당하거나 시기와 미움으로 괴로움을 당한다면, 오직 그분께만 피해야 함을 배운다. 만약 우리가 지혜나 학식을 바란다면, 오직 그분께 요청해야 함을 깨닫게 된다. 사실, 심지어 아내와 자녀들까지도 우리가 구하는 것은 그분으로부터 온다. 또한 부와 명예가 우리에게 자유롭게

---

10. A, *esse mutatione obnoxia*; B, dass die ding alle wandelbar und zerstörlich sygind.

11. A, *tanta solertia*; B, so klüglich, so artlich.

12. B, hussvater; 이것은 A를 확장한 것이다.

13. A, *destinare*; B, 확장: fürsieht, fürordnet und bescheert.

14. B, und wo wir dise anfächtung (C, bewegung) dess gyts und sorgfaltiger angst, glych so sy anfacht grünen, abhauen und ussrüten, werdend wir unsere gemüt vor einem schädlichen gifft verhüten.

주어진다면, 우리의 마음이 그분에게서 돌아서거나 타락하지 않도록 그분께 기도해야만 한다.

내가 좀 더 말할 필요가 있다. 이러한 방식으로 가르침을 받은[15] 영혼은 하나님께 모든 것을 간구해야 함을 안다. 그래서 하나님이 적절하게 주실 수 없는 것을 구하는 것이 얼마나 부끄러운지를 안다. 사실상, 하나님께 적절하게 받을 수 없는 그 무엇인가를 구하거나 소유하면 수치를 당할 것이다. 참된 복의 근원인 것들만 지키며 구할 것이다.

우리가 가르친 젊은이들은 다음과 같은 복음의 신비를 알고 이해할 것이다.[(13)] 첫째, 그는 사람의 원래 상태, 어떻게 하나님의 명령을 어김으로 죽음에 이르게 되었는지, 그 범죄로 그의 자손이 어떻게 영향을 받고 타락했는지를 알아야 한다. 모든 인류는 죄로 인해 생명에 이를 수 없기 때문이다. 우리가 영국에서 아프리카 흑인을 찾을 수 없음과 마찬가지다.[16 (14)] 이것으로부터 젊은이들은 자신의 병듦을 배우고 인정할 것이다. 그는 우리가 본래 약함과 번뇌와 유혹을 지닌 존재임을 깨닫게 될 때도 그 병듦을 볼 것이다. 그러나 하나님 자신은 무엇보다도 그러한 유혹과는 거리가 멀다.[17] 그분께는 유혹이 없기 때문이다. 그러므로 자연히 우리가 하나님과 함께 거한다면, 모든 유혹들로부터 자유로워질 것이다. 경건한 자들과 사악한 자들 사이에서의 교제가 있을 수 없다. 사악한 자들이 경건한 자들을 만들 수도 없다. 예를 들어 네로는 세네카를 처벌하라고 명령했고, 엔니(Ennii)와 스키피오(Scipios)는 같은 무덤에 묻혔다.[18 (15)] 동일하게, 하나님께서 거룩하신 것처럼 거룩한 자들만이 오직 하나님과 함께 거할 수 있다. 그들의 삶은 완전하며 그들의 마음은 순수하다. "마음이 청결한 자는 복이 있나니, 저희가 하나님을 볼 것이다."

그러나 엄청난 유혹으로 인한 괴로움이 모든 곳에 있는데, 우리가 어떻게 그러한 순수성을 획득할 수 있겠는가? 우리는 망치와 모루 사이에 놓여 있기 때문이다. 즉

---

15. B에서는 다음과 같이 확장한다. wo und gemût sölicher mass, wie obergesagt, bericht ist.
16. A, *nec Aethiopem vidimus imquam apud Britannos natum*; B, als wir dann by den Britanniern nye kein Moren geborn gesehend habend. 에디오피아는 흑인의 의미로 사용되었다. Erasmus, *Adagiorum Chil. I, Centur. IV, Prov. 50*을 참고하라.
17. B에 확장된 판을 따랐다.
18. B는 이러한 언급을 생략한다.

반은 짐승이고 반은 천사다.[19] 하나님은 우리에게 완전한 의를 요구하시지만, 우리는 죄로 오염되었고 죄로 가득 차 있기에, 행하려 하거나 행할 수 있는 것은 오직 악뿐이다. 그러므로 우리는 하나님의 손 안에 우리 자신을 내어맡기고 우리 자신을 전적으로 그분의 은혜에 맡기는 것 외에 다른 선택의 여지가 없다. 그래서 거기에는 우리에게 선포되는[20] 기쁜 소식, 복음의 빛이 퍼지는데, 바로 그리스도께서 우리가 저지른[21] 절망적인 비참함에서 우리를 풀어 준다는 소식이다. 또한 그리스도는 주피터와 같은 다른 구원자보다[22] 훨씬 더 훌륭하게 우리를 구속한다.(16) 첫째 그분은 거의 절망에 빠진 양심을 회복시켜 준다. 그분은 흔들리지 않는 소망 안에서 자신과 함께 양심을 연합한다. 그래서 평안 가운데 거한다. 그분은 성령으로 잉태하여 순수한 동정녀에게서 태어나, 죄악의 모든 오염과 공격으로부터 자유롭기 때문이다. 그래서 그분은 우리의 슬픔과 병을 담당하면서, 먼저 우리를 위해 자신의 의를[23] 드러낸다.(17) 그래서 그분은 확고부동하게 믿는 모든 사람들을 구원한다. 하나님께서 우리의 연약한 인생을 그리스도 안에서 풍성한 선물을 믿는 사람들에게 구원을 주고, 그리스도와 함께 공동 상속자가 되게 하며, 아버지와 함께 영원한 행복을 즐길 수 있게 한다. 그분이 계신 곳에 그분의 종들도 함께 거하길 원한다.

죄악으로 타락한 우리를 위해 나타난 그리스도의 의는[24] 우리를 죄, 죄책감, 죄의 고통으로부터[25] 구원해 주며 하나님 앞에 우리를 값진 존재로 만든다. 그리스도가 모든 오염된 정서로부터 자유롭게 하면서, 하나님의 의의[26] 모범을 획득할 수 있다는 이유로 그렇게 한다.(18) 그분은 의롭다. 훨씬 더 의로운 하나님이 친히 우리들 중 하나처럼 되었다. 그래서 우리 안에 결여된 그분의 의가 우리의 것이 된다. "그분은 우리에게 하나님의 지혜, 의, 거룩 그리고 구속을 주시기 때문이다."(19) 그러므로 이제 우리는 그분을 통해 하나님께 갈 수 있다. 그분은 우리의 것이다. 즉 하나님 은혜의 확실

---

19. A (*inter malleum et incudem*)와 B (*zwûschen tür und angel*)의 다양한 형태를 모아 놓았다.

20. "우리에게 선포한다"는 것은 B에서 첨가되었다.

21. B는 이 사상을 확장한다.

22. B는 "servator" 제목을 생략한다.

23. A, *innocentia*; B, unschuld und frombkeyt.

24. A, *innocentia*; B, die unschuld, frombkeyt und reynigkeyt.

25. 이후는 B에서 약간 확장된 판이다.

26. A, *justitia*; B, frombkeyt und unschuld.

한 표증, 변호사, 피난처, 보호, 중보자, 중재자, 처음과 나중,27 알파와 오메가, 우리의 모든 것이 된다.28

복음의 신비를 이해하고 믿는 사람들은 단연 하나님께로 난 자들이다. 인간의 어리석음으로 눈이 먼 마음은 하나님의 은혜의 깊은 목적을 알 수 없다. 이로 인해 복음으로 거듭난 자들은 다시 죄를 범하지 않음을 배운다. "하나님께로 난 자마다 죄를 범하지 않기" 때문이다. 또한 복음을 믿는 자는 누구나 하나님께로 난다.(20) 그러므로 복음으로 거듭난 사람들이 죄를 짓지 않는다는 것은 곧, 죄가 그들을 죽음과 멸망으로 정죄하지 않음을 의미한다. 왜냐하면 그리스도가 친히 죽음의 대가로 그들을29 구속했기 때문이다.

우리가 죽을 수밖에 없는 몸으로 주님으로부터 떠나는 한, 우리는 유혹으로부터 자유로울 수 없다. 그러므로 우리는 죄 없이 완전하게 존재할 수는 없다. 그러나 그리스도는 친히 우리의 것이 되어서 우리의 불완전함을 모두 선하게 만든다. 그분은 영원한 하나님이며 영이기 때문이다. 그래서 그분은 모든 사람의 범죄, 즉 사람들이 지을 수 있는 훨씬 많은 범죄까지도 구속할 만큼 존귀한 가치를 지니고 있다.(21)

그러나 그리스도 안에서의 그러한 확신은 우리를 게으르게30 만들지 않는다.(22) 이에 반해 그것은 우리가 선을 행하며 올바로 살도록 무장하며 도와준다. 그러한 확신은 사람의 것이 아니기 때문이다. 대부분 인간의 마음은 외적 감각에 의존한다. 그러나 감각으로 인식할 수 없는 무언가를 어떻게 확신할 수 있겠는가? 이러한 견해로 우리는 그러한 신앙과 확신이 그리스도 안에서 하나님께로만 나올 수 있음을 잘 안다. 이제부터 하나님께서 일하시는 곳에, 너는 그 일이 올바르게 이뤄지지 않을 것이라는 두려움을 가질 필요가 없다.

하나님은 생명력,31 (23) 즉 만물을 운행하며 부동의 존재로 완전하고 불변하는 힘이다. 그래서 그분은 마음이 움직이지 않거나 정적인 상태로 자신에게 다가오는 자들

---

27. A, *prora et puppis*.

28. 다른 번역본들을 이곳에 혼합했다. A, *prora et puppis, a et ω*; B, unser all; 그리고 C에는 das Alpha und Omega 다음에 der anfang und das end를 덧붙였다.

29. B에는 "그리고 깨끗하게 된 자들"을 덧붙인다.

30. A, *segnes*; B, ful, noch farlässig.

31. A, *endelechia*; B, ein vollkommnende, yemerwärende bewegnus oder bewegende kraft.

128

을 인정하지 않는다. 이 말은 증거로서가 아니라 실제로 확인되어야 한다. 신자들만이 그리스도가 자신의 백성을 게으르게 두지 않는다는 사실을 알고 경험한다. 그들만이 그분의 예배에 참여하는 것이 얼마나 즐겁고 기쁜지를 안다.

그러므로 복음의 신비를 올바르게 이해하는 자들은 올바르게 살기 위해 스스로 노력할 것이다. 가능한 한 우리는 아주 정확하고 근면하게 복음을 배워야 한다. 예배가 무엇인지를 우리가 공부해야 한다고 말할 때, 하나님은 가장 기뻐하신다. 의심의 여지없이 이러한 것들은 그분이 친히 우리에게 주시는 의, 성실 그리고 자비와 같은 것이다.[32] 하나님은 영이시기에, 신령한 희생으로만 참으로 예배 받으실 수 있다. 젊은 이들은 하나님의 사람으로, 의로운 삶을 위해, 그리고 가능한 한 하나님처럼 성장하기 위해 공부한다는 것을 알아야 한다. 하나님은 모두에게 선을 행하며 모두에게 유익이 된다. 그분은 자신을 먼저 고통스럽게 하는 자들에게만 고통을 준다. 그래서 하나님과 같은 사람도 모두에게 유익할 수 있도록, 모든 사람에게 만사가 잘 되도록, 그리고 모든 악의 형태로부터 지키기 위해 공부를 하는 사람이다. 우리가 자신의 능력을 생각할 때, 이러한 것들은 매우 어렵지만, "그분께는 만사가 가능하다고 믿는다."

제2부

언젠가 한 젊은이가 신앙으로 형성된 견고한 덕에 대해 가르침을 받았는데,[(24)] 자연히 그는 그 안에서 스스로 조절하며 풍부하게 자신을 꾸밀 것이다. 전 생애가 정돈된 그 사람만이 쉽게 다른 사람들에게 도움을 주며 조언을 해 준다.[(25)]

그러나 어떤 사람은 자기 스스로 밤낮 하나님의 말씀을 준행하지 않으면 자신의 영혼을 올바르게 정돈할 수 없다. 그가 그리스어와 히브리어 같은 언어들에 능통하면 그러한 것을 가장 쉽게 행할 수 있다.[(26)] 히브리어 없이는 구약성경의 올바른 이해는

---

32. B는 이러한 덕목을 짧게 덧붙인다.

어려우며, 마찬가지로 그리스어 없이는 신약성경의 올바른 이해가 어렵기 때문이다.

그러나 우리는 기초를 이미 익힌 자들을 가르치고 있고, 라틴어는 어디에서든지 우선적으로 배운다. 이러한 환경에서 나는 라틴어는 아주 무시되어야 한다고 생각하지 않는다. 성경에 대한 이해를 위해서 히브리어와 그리스어보다는 덜 중요하겠지만, 다른 목적을 위해서 그것은 당연히 필요하다. 그래서 그것은 종종 우리가 라틴어를 사용하는 사람들 사이에서 그리스도의 사역을[33] 행해야 하는 경우가 생긴다. 그리스도인은 이러한 언어들을 단지 자신의 이익이나 기쁨을 위해 사용해서는 안 된다. 언어는 성령의 선물이기 때문이다.

라틴어를 익힌 다음, 우리는 그리스어를 배워야 한다. 내가 이미 언급한 대로, 신약성경 연구를 위해서 우리는 이것을 해야 한다. 만약 내가 그렇게 말한다면, 내 지식의 최선을 위해서 라틴어보다는 항상 그리스어로 기독론을 논해 왔다.[(27)] 그러한 이유로 우리는 항상 젊은이들에게 이러한 원천을 지도해야만 한다. 그러나 라틴어뿐만 아니라 그리스어에 대해서 우리는 순결과 신앙과 함께 우리의 영혼을 요새에서 주의해야 한다. 이러한 언어는 음탕, 욕망, 폭력, 교활, 헛된 철학, 그리고 이처럼 우리의 고통을 통해서만 배울 수 있는 많은 것들이 있기 때문이다. 그러나 율리시스와 같은 영혼이[(28)] 미리 예고되었다면, 즉 목소리의 첫 번째 음성에서 그것의 경고에 주의한다면, 이러한 모든 과거를 안전하게 조정할 수 있다. 피하고 받지 않기 위해서 이것을 경청해라.

나는 마지막에 히브리어를 놓는데, 라틴어는 일반적으로 사용하며 그리스어는 다음으로 가장 편리하게 사용하기 때문이다. 반면 나는 히브리어의 우선순위를 기꺼이 인정한다. 많은 경우에 히브리어 형식에 대해 무지한 그리스인들 가운데에서도 성경의 참된 의미를 도출하려고 시도할 때 상당한 어려움을[34] 갖기 때문이다. 그러나 그것은 내가 이러한 언어들을 과장해서 말하려는 목적은 아니다.

만약 누군가가 천상의 지혜를 간파하려면, 지상의 지혜로는 비교는 고사하고 올바르게 고찰할 수도 없을 것이다. 그것은 그러한 무기를 가지고 무장해야만 한다. 또

---

33. A. *negotium*; B. gschäfft; C. sach.

34. A. *sudet*; B. gross arbeit haben muss.

한 그는 여전히 겸손하고[35] 간절한 영으로 접근해야 한다.(29)

하지만 그가 오면, 그는 어디서나 올바른 지도 방법을 발견할 것이다. 즉 그는 모든 덕의 완전한 본이신 그리스도 자신을 발견할 것이다. 또한 그가 자신의 말과 행동에서 그리스도를 온전히 안다면, 그는 자신의 모든 행동과 상담 속에서 인간의 약함이[36] 허락하는 한, 그리스도의 덕의 일부를 과감히 드러내야만 한다는 것을 알 것이다.

그는 언어와 침묵 속에서, 각각의 적합한 때에 그리스도를 배울 것이다. 청소년 시기에, 그는 성인들에게 훨씬 적합한 것에 대해서 말하길 부끄러워할 것이다. 그는 그리스도가 13세가 될 때까지는 설교를 하지 않았음을 주목하게 된다. 12세였을 때 그분이 율법 학자들의 관심을 유발시킨 것은 사실이지만, 이러한 사례로 인해 우리가 조급히 행동할 것을 배우지 않고, 청소년 때부터 하나님에 대해 가치 있는 고상한 것에 자기 스스로 노력해야 함을 배운다.

침묵이 아내의 가장 아름다운 장식인 것처럼, 젊은이다움에 있어서 잠시 침묵하려고 노력하는 것보다 더 나은 것은 없다. 정신과 말을 따로따로 배우기도 하고 함께 배워, 서로 협력하는 것을 배운다. 그것은 피타고라스가 자신의 제자들에게 요구한 것처럼,(30) 내가 5년간 침묵을 강요하려는 의도는 아니다. 그러나 언어에서 너무 지나친 준비를 경계하는 것이다. 그래서 나는 어떤 젊은이가 유용하고 필요한 말을 하지 않을 바에야 말하는 것을 금했다.

아주 자연스럽게, 젊은이는 자기 교사의 언어 습관을 익힌다. 그렇기에 그는 바람직하지 않은 점을 따라하지 않도록 주의해야 한다. 언어에서도 어떤 흠이[37] 있기 마련이기 때문이다. 그래서 이러한 경고를 너무 가볍게 여기지 말아야 한다. 고대 문명인들 가운데, 자기 스승의 결점을 언어뿐만 아니라 삶에서도 따라한다고 기록했다. 언어의 부족함을 인식하는 것은 쉽지만, 우리가 전문적으로 말하지 않기에 표현과 발음에서 이러한 일반적인 실수를 한다. 즉 말하는 속도가 너무 빠르거나 너무 느린 것, 주제와 상관없이 억양이 너무 낮고 약하거나 너무 높고 강한 것, 문체가 단조로운 것

---

35. A, *humili*; B, niderträchtigem.

36. A, *tenuitati*; B, blodigkeit; C, unvermügen.

37. A, *vitii*; B, lastren oder prästen.

등이다. 수반하는 동작이 진부하고, 혹은 아마도 몸짓이 말하는 것과 어울리지 않은 것 등이다.[31]

코끼리들끼리 있을 때에 자신들이 직면한[38] 것들에 대해 배우기 위해 자기들끼리 걱정하며 적용하는 것을 볼 수 있다.[32] 같은 방식으로 젊은이는 자신의 말투와 외모를 어떻게 구성해야 하는지, 자신의 손을 어떻게 사용해야 하는지 끊임없이 훈련해야 한다. 그래야 그가 요구하는 것이 무엇이든지 간에 단순히 허공을 두드리지 않고 올바르게 진술할 수 있다.

이러한 모든 것 가운데 그는 절제를 공부해야 한다. 그것은 그저 단지 사람을 기쁘게 하기 위함이 아니라 진리를 세우기 위함이다. 그리스도인의 영혼이 어떻게 그토록 저속한 간계를 묵인할 수 있겠는가? 그래서 나는 젊은이가 훈련해야 함을 요구할 때, 나는 자신의 외적 결함을 극복하고 제거하기 위해서는 각자 개인적으로 배워야 함을 강조한다. 항상 외적 결함은 계발되지 않거나 불완전한 영의 확실한 표징이다.

다른 무엇보다도 영 자체는 건전하고 정돈되어야 한다.[39] 그러한 것은 이런 경우인데, 외모의 외적 움직임을 조절하는 것은 쉽다. 그래서 눈살을 찌푸리거나 입술을 비틀거나 머리를 흔들거나 손을 이리저리 흔드는 대신, 우리의 모든 몸짓을 농부처럼 단정하고 꾸밈없는 절제로 지도한다. 결국 말과 침묵에 관한 것이다.

젊은이들은 과다한 포도주를 독처럼 피해야 한다.[33] 젊은이에게 그 효과는 몸에 불을 지르는 것으로, 자연스럽게 그것은 폭력과 정욕에 떨어뜨린다. 그것은 또한 조산아를 낳게 한다. 그리고 맨 처음에 그것은 몸을 타락시킨다. 그것은 우리가 주장하는 평온과 달리 그 나이에 문제만 일으킨다. 폭음에 익숙한 사람들은 불가피하게 심각한 질병, 간질,[40] 중풍,[41] 수종,[42] 상피병 그리고 이와 같은 것들로 마침내 죽게 된다. 그러므로 네가 오래 살고 싶으면, 나이에 맞게 살아야 한다.

다른 음식들은 간소해야[43] 한다.[34] 청소년의 위는 원래 적당하게 만들어졌기 때

---

38. B는 원문을 확장한다.

39. A, *integram*; B, styff; C, rechtschaffen.

40. B, siechtag.

41. B, lämmy; C, gicht.

42. A, *malatzy*; C, aussatz.

43. A, *parabilis*; B, nochgültig; C, gemain.

문이다. 그러면 거기에 메추라기, 개똥지빠귀, 논종다리, 염소, 수노루 등 다른 무슨 진미가 필요한가? 치아와 아래턱이 닳고 오래 사용하여 목소리가 거칠어지고 위가 차가워지고 몸이 반쯤 죽어 있는 노년 전에 그러한 일에서 떠나는 것이 훨씬 낫다. 그래서 이러한 일이 필요하다. 자기 절제가 부족하여 방탕한 청소년기 나이에 맞는 것들과 그것을 기쁘게 하는 것들이 엉망이 된다면, 어떻게 노년을 풍요롭게 할 수 있겠는가?

음식으로 채워야 하는 굶주림은 완전히 제거되진 않는다. 갈레누스는 식사 때마다 과식하지 않고 적당할 때 식탁에서 떠남으로 120년 동안 살았다고 기록되어 있다.(35) 나는 네가 죽을 때까지 굶주리라는 것이 아니라, 생명에 필수적인 것을 초과하여 물릴 줄 모르는 식욕에 맡기지 말라는 것이다. 나는 이 문제에서 양쪽 모두에게 결점이 있다는 것을 너무나 잘 안다. 한편으로는 자신의 탐욕으로 늑대와 같은 사람이 있고, 다른 한편으로는 음식이 부족해서 자신을 쓸모없게 만드는 사람이다.(36) 나는 값비싼 의복으로 명성을 구하는 것보다 더 어리석은 것은 없다고 생각한다. 만약 우리가 외양에 따라서만 판단한다면, 우리는 영광과 영예를 교황의 노새들에게 돌려야 할 것이다. 노새들은 어떤 밀로(Milo)보다[44] 훨씬 많은 금과 은과 값진 보석을 운반할 수 있을 만큼 힘이 세다.(37) 그러나 그는 하나님의 아들과 동정녀가 말구유에서 울고 있는 소리를 들을 때, 그렇게 값비싼 복장을 부끄러워하지 않을 것이다. 동정녀 마리아가 아들의 출생을 예상치 못해서 그녀가 입은 옷을 포대기로 감싼 것 외에는 아무 옷도 없었다.

매일 새로운 옷을 입는 사람들은 변덕스럽다는 확실한 증거다. 만약 그것이 매우 심하다면 나약하거나 유치한[45] 마음의 성향이다. 그들은 그리스도인이 아니다. 이러한 패션으로 자신을 치장하는 동안 그들은 추위와 배고픔으로 멸망할 빈곤을 인정하는 것이다. 그래서 그리스도인은 악의 다른 형태를 대적하듯이 과도하고 터무니없는 의복을 경계해야 한다.(38)

젊은이가 사랑에 빠지기 시작하면 그는 영혼의 참된 고결함을 보여 주어야 한다. 전쟁에서 다른 사람들이 자신의 손을 무기와 강력한 기술로 훈련하듯이, 젊은이는

---

44. B는 밀로에 대한 언급을 생략한다.

45. A. *tenerare*; B. kinlich; C. waychen gemůts.

이제 무감각한 격정에 대항해 방어하는 데에 자신의 모든 힘을 적용해야 한다. 젊은 이가 사랑에 빠지는 것은 불가피하다. 그러나 그가 절망적인 격정의 길로 들어서지 않도록 주의해야 한다. 그러나 그가 원하는 누군가를 자신의 애정의 대상으로 선택하는 것은 항상 합법적으로 결혼생활을 하고 출산해야 한다.[46] 한 여자를 만나면, 다른 여자를 알지 않고 그녀와의 연합이 아주 순수하고 더럽혀지지 않도록 하라.

이교도 작가들이 그러한 악을 혹평할 때, 그리스도인 청소년이 명성과 부에 대한 모든 열망을 금하기 위해서 무엇이 필요한가?[(39)] 그는 탐욕스런 야망의 길로 가는 그리스도인은 아니다. 그 야망은 하나씩 둘씩 셋씩 삼켜버릴 뿐만 아니라, 번성한 왕국을 전복하고, 강력한 도시들을 황폐화시키고 정부의 모든 토대를 공격하고 붕괴시킨다. 이러한 악이 한 번 그 영을 붙잡으면, 올바른 행동이 불가능해진다. 야망은 치명적인 독이다. 그래서 오늘날 그것은 모든 곳에서 지배하고 만연해 있다.[47][(40)] 오직 그리스도를 통해서만 우리는 그분을 따르길 간절히 구함으로, 이러한 악을 파멸시킬 수 있다. 이러한 악을 파괴할 수 있는 것이 그리스도의 사역 말고 무엇이 있겠는가?

나는 젊은이가 음악을 포함해서 수학을[48] 경시하지 않길 권고한다.[(41)] 하지만 그가 이 과목에 너무 많은 시간을 소모하지 않길 바란다. 그것을 아는 사람들에게는 유용하지만, 알지 못하는 사람에게는 걸림돌이 된다. 그러나 이 부문에서 자라나는 사람들에게 어떤 다른 이익에도 양보하지 않는다. 또한 여기저기 방황하는 것을 줄여줌으로 부족한 행동으로 멸망하지 않게 한다.

나는 전쟁의 기술을[49] 익히는 사람을 정죄하지 않는다. 그러나 내가 공동체 생활의 유익을 추구하지 않는 다른 왕국을 모른다면 다르게 판단할 것이다. 그리스도인은 국가가 허락하는 안전과 평화와는 거리가 먼 전쟁의 무기를 피해야 한다. 하나님은 다윗이 무기에 숙달되지 않고 물맷돌을 가지고 골리앗과 싸우러 나갔는데도 승리하게 만드셨다.[50] 그래서 그는 침공하는 적의 공격으로부터 무장하지 않은 이스라엘 백성을 보호했다. 의심할 것 없이, 그분은 우리를 돕고 보호할 것이다. 그분이 제대로

---

46. 이후는 B에서 확장된 판이다.

47. 이후는 B에 나온다.

48. A, *mathematicae discilina*; B, die zal.

49. A, *palaestram*; B, fächten; C, ringen und fechten.

50. 뒤 이은 B에서, mit der schlingen을 첨가한다.

본다면 그분은 우리의 수중에 있는 무기를 내려놓게 할 것이다. "그분은 우리의 손으로 싸우도록 가르치기" 때문이다. 그러나 젊은이가 군사 훈련을 받는다면, 그의 유일한 목적은 자기 나라와 하나님께서 인정하시는 사람들을 보호하기 위함을 알아야 한다.(42)

하나님의 말씀을 선포하라고 명령을 받은 모든 사람들이 마르세유[51]에 필적한 도시를 세우는 것이 내 소망이다.(43) 마르세유는 고대 도시들 중에서 무역을 주도하고 스스로 자급자족할 수 있었던 유일한 도시로 평가된다. 우리도 그렇게 되면, 모든 악의의 뿌리이자 씨앗인 게으름은 제거될 것이며, 우리의 몸은 더욱 건강해지고 강건해지며 더 오래 살 것이다.

제3부

고결한 영은 그리스도께서 우리를 위해 죽고 우리의 것이 되셨다는 사실을 먼저 생각해야 한다. 그러므로 우리는 자신의 것으로 생각하지 않고, 다른 사람에게 속한 것으로 생각하면서, 모든 사람의 선을 위해 우리 자신을 포기해야 한다.

어린 소년 시절부터 젊은이는 스스로 의, 성실, 정절을 훈련해야 한다.[52] 이러한 덕으로 그리스도의 공동체,[53] 공동선, 국가와 개인을 섬길 수 있기 때문이다. 연약한 자들만 조용한 삶을 찾는데 관심이 있다. 하나님을 좋아하는 대부분의 사람들은 자신의 상처에도 불구하고 모든 사람의 이익을 위해 공부한다.

이러한 연관에서 아무튼 우리는 사물이 하나님의 영광을 위해, 혹은 사탄이나 자기만족에 의해 타락하지 않은 국가나 공동선을 위해 경영된다는 것을 주의 깊게 알아야 한다. 그래서 결국 우리는 자신이 원하는 자기 유익이 다른 사람들의 유익을 수

---

51. A, *Massilia.*

52. B는 덕목이 증가한다.

53. A, *rei publicae Christianae*; B, gemiener Christenheyt.

행하는 것으로 바뀐다. 많은 사람들이 처음에는 잘 시작하지만, 금방 타락해서 모든 선한 권고의 독이 되는 허영으로 인해 선한 모든 것으로부터 돌아선다.

다른 사람의 행운이나 불운에 관해서, 그리스도인의 영은 마치 그것이 자신의 것인 것처럼 지도할 것이다. 다른 사람에게 행운이 올 때, 그는 자신에게 온 것처럼 생각할 것이고, 불행도 마찬가지이다. 그는 한 가정이나 가족처럼 전체적 교제[54]를 바라볼 것이다. 실제로 한 몸으로서 모든 지체들이 다른 사람과 함께 기뻐하며 슬퍼함으로, 무슨 일이든 한 사람에게 일어난 것은 모두에게 일어난 것이다.

그러면 그는 다른 사람의 행운을 자신의 것으로 여기면서, "기뻐하는 자들과 함께 기뻐하고 우는 자들과 함께 울게" 될 것이다. 세네카가 말한 것처럼, 한 사람에게 일어난 것은 모든 사람에게 일어날 수 있다.[44]

하지만 그리스도인은 행운에 의해 이루어졌거나 악에 의해 절망 속에 빠진 일반적인 예절에서 기쁨이나 슬픔을 보여서는 안 된다. 반면, 우리는 항상 한 사람이나 다른 사람에 의해 영향을 받고 있음을 알아야 한다. 현명하다면 우리는 합당한 예절의 경계를 결코 침범하지 말고 그것들을 조절해야 한다. 모든 일을 중용과 절제로 행하는 것이 바로 다른 사람들의 성공에 대해서 우리 자신의 일처럼 기뻐하는 비결이며, 또한 슬퍼하는 비결이다.

나는 젊은이가 적당한 즐거움을 금해야 한다고 생각하지 않는다. 예를 들어 그 시간에 남성과 여성이 친척의 결혼식, 정기적인 경기, 카니발과 축제 등과 같이 공개적으로[55] 함께 있는 것은 관습이다.[45] 그리스도께서도 친히 결혼 잔치를 경시하지 않았다. 그러한 일이 필수적인 것임을 알기에, 나는 그것을 한쪽 구석이나 비밀리에 하지 않고 공개적으로 행하는 것을 훨씬 더 즐거워한다. 그들 자신의 양심보다 어느 정도는 많은 증인들이 더 무섭기 때문이다. 그래서 만약 공개적으로 그들 스스로 상당히 예의 없이 행동하면서 부끄러워하지 않는 사람들이 있다면, 그들에게서는 아무런 선도 기대할 수 없다.[56]

이러한 공공의 모임이 진행될 때, 젊은이는 그것이 이익이 되도록 항상 연구해야

---

54. A, *rem publicam*; B, gmeind.
55. 다음은 확장된 B에 있다.
56. 이 문장은 B에서 바뀌었고 확장되었다.

한다. 그래야 그는 소크라테스가 불평한 형편없는 집으로 돌아오지 않을 것이다. 결국에 그는 영예롭고 예의 바르게 행동하는 자들을 주목해야, 그들을 따라 갈 수 있을 것이다. 또한 수치스럽고 명예롭지 못하게 행동하는 자들을 피해야 한다.

그러나 이러한 일들은 어른들에게는 적합하지 않다. 그러한 이유로 젊은이가 그러한 모임에 가능한 한 드물게 참석하는 것을 허락해야 한다는 것이 나의 충고다. 불가피하게 이러한 방식 속에 다른 사람들과의 연관을 위한 거의 세속적 열광주의가 존재하겠지만, 이러한 열광주의로부터 신속하게 회복되어야 한다. 회복을 위한 도움에는 이성이 제공될 수 있는데, 그 이성은 우리가 더 나은 일들을 항상 의도하고 있음을 아는 사람들에게 만족을 준다.

이웃이 어려움에 처했을 때, 우리는 모르는 체하고 숨어서는 안 된다. 우리는 그곳에 제일 먼저 가서 맨 마지막에 나와야 한다. 그래서 우리는 고통을 다루고 제거하고 상담을 해 주면서, 고통을 숙고할 수 있도록 스스로 노력해야 한다.

영원하신 하나님 다음으로 우리의 부모는 최고의 존경을 받아야 한다. 이교도나 신앙이 없는 사람들 가운데에서도 마찬가지다.(46) 우리는 부모에게 항상 순종해야 한다.(47) 때때로 부모가 그리스도의 정신을 따라 행동하지 않을지라도, 우리는 폭력적으로 부모에게 반항해서는 안 된다. 그러나 부모가 해야 할 언행에 대해서 가능한 한 공손하게 말해야 한다.(48) 또한 그들이 듣지 않는다면, 그들에게 무례하게 굴거나 나무라기보다는 피하는 것이 낫다.

자연과학자들이 말한 것처럼, 분노는 흥분의 결과다. 그래서 청소년은 흥분하기 쉬운 시기이기에, 청소년은 분노를 누그러뜨리기 위해서 주의 깊은 관심을 기울여야 한다. 즉 말과 행동이 분노에 휩싸이지 않도록 해야 한다. 우리에게 분노가 지속된다면, 분노를 일으킬 수 있는 것이면 무엇이든지 의심해 보아야 한다.

우리가 참을 수 없을 만큼 너무나 호된[57] 모욕을 받는다면, 그 문제를 치안 판사나 법정으로 가지고 가는 편이 낫다. 우리를 비난한 사람을 비난하거나 말로 반박한다면 우리 스스로 비난하는 자들과 똑같이 될 뿐이다.

적절한 때에, 네가 친구들과 놀이를 즐기지 말아야 하는 이유는 없지만, 그것이

---

57. A. *prae amaritudine*; B, dass es ja uns zů bitter dunckt.

교육적으로나 신체적 훈련에 유익해야 한다. 교육적 가치가 있는 놀이는 산수를 배울 수 있는 숫자나 지략이 포함된 것이다. 예를 들어 장기는 어떻게 전진하고 후퇴해야 하는지를 가르쳐 주며, 전후로 어떻게 주의해야 하는지를 가르쳐 준다. 우리가 이러한 놀이에서 배우는 중요한 가르침은 경솔하게 행동하는 것이 아니기 때문이다.(49) 그러나 여기에서도 절제는 준수되어야 한다. 거기에는 진지한 삶의 문제를 밖으로 제쳐놓고 오로지 이러한 일에만 몰두하는 일부 사람이 있기 때문이다. 내 입장에서 나는 이따금 그리고 기분풀이로만 그러한 레크리에이션을 허락한다. 도박과 카드놀이에 대해 나는 엄격하게 금한다.[58]

신체를 단련하는 놀이는 달리기, 뛰기, 던지기, 격투기, 레슬링이 있지만, 뒤의 운동은 절제가 필요한데, 종종 심각한 문제를 일으킬 수 있기 때문이다.[59] 그러한 운동은 거의 모든 사람들에게 보편적인데, 특히 스위스에서[60] 수많은 다른 환경에서 그것들을 유용하게 활용한다.(50) 적절한 때에 수영은 사람의 폐활량을 늘려 주며 물고기처럼 흉내 낼 수 있는 즐거움을 주지만, 수영에 동일한 가치를 두지는 않는다. 카피톨(Capitol)로부터 헤엄쳐 와서 탐욕에 빠진 도시의 비참한 국가에 대해 카밀루스(Camillus)에게 말한 사람처럼, 수영도 때때로 유용함이 입증되었다.(51) 클로엘리아(Chloelia)도 수영으로 그녀의 국민에게로 달아났다.(52)

우리의 대화와 연설은 우리가 함께 살아가는 사람들에게 이익이 되도록 모두에게 친절해야 한다. 우리가 비난하거나 책망해야 한다면, 그것을 현명하고 재치로 행해야 한다. 또한 우리를 향한 공격을 몰아낼 뿐만 아니라 범죄자를 극복할 수 있도록, 그를 우리에게 더욱 친밀하게 결속하면서, 기분 좋게 그리고 사려 깊게 행해야 한다.

우리는 그것이 어떤 기만이나 거짓을 포함하지 않는다면, 우리 자신의 말이나 다른 사람의 말까지 숙고하는 일관성과 한마음으로 진리를 따라야 한다. 고결한 영의 사람은 본의 아니게 진리가 아닌 것을 떠나게 할 때보다 결코 혼란스러워하지 않는다. 자신이나 다른 사람들을 따라 조작한 게으름이나 공허한 잡담의 홍수를 제거할 때, 자신의 부끄러움이나 두려움을 언급하는 것이 아니다. 그리스도인은 이웃과 함께

---

58. 교수형에 처한다는 의미. B, an ryffen hinuss; C, verwirf ich gar.

59. B에서는 이 구절이 다른 문장 뒤에 나온다.

60. A, *Helvetios*; B, Eydgnossen.

진리를 말할 것을 명령받았다. 그리스도 자신이 곧 진리다. "두 마음을 품은 사람은 자신의 모든 일에 불안정하다." 자신의 말에 일관성이 없는 사람은 신뢰할 수 없다. 말 속에 마음이 드러난다. 말이 공허하고 신뢰할 수 없고 일관성이 없다면, 내적으로는 훨씬 악하다는 확실한 표시다. 동시에 거짓말은 그것이 비록 오랜 기간 동안 지속될지라도, 무한정 속일 수는 없다. 그래서 거짓말이 은밀하게 남을 것이라는 희망으로 은밀한 죄악을 은닉하거나 완화하는 것은 어리석다.[61]

그러나 우리는 말과 행동에 대해서 진실하게 공부해야 한다. 우리는 명백하게 거짓된[62] 것을 결코 행해서는 안 된다. 얼굴과 손과 모든 외양은 마음과 다른 척하지 말아야 한다. 마음은 우리의 모든 행동의 근원이다. 누군가가 그의 본성이 요구하는 것과 상당히 다른 길로 들어선다면, 그의 변질된 처세는 그 사람이 경솔하고 방탕한 영을 지닌 사람임을 우리에게 충분히 보여 준다.

그러나 내가 무엇을 더 말할 필요가 있는가? 젊은이는 자신의 모든 관심을 그리스도에게 흡수될 만큼 최대한 전심전력을 기울여야 한다. 그것을 마치면, 그는 자신을 억제하게 될 것이다.[63] 올바르게 행동함으로 그는 결코 교만하거나 낙심하지 않을 것이다. 그는 날마다 커질 것이지만, 자기 스스로는 줄어든다고 느낄 것이다. 그는 진보할 것이지만, 항상 자신은 모든 사람 가운데 가장 작은 자로 인식할 것이다. 그는 다른 사람들에게 선을 행할 것이지만, 그들을 대적하면서 선을 붙잡지 않을 것이다. 그것이 바로 그리스도의 방법이기 때문이다. 그래서 완전하게 되는 것은 우리 자신이 오직 그리스도만을 따라가는 것이다.

사랑하는 게롤트야,[64] 내가 말한 것은 젊은 귀족을 가르치는데 핵심적인 것이다. 내가 그것들을 진술함에 있어서 체계적이지 않은 것에 신경 쓸 필요는 없다. 쉽게 인식되기 때문이다.(53) 너의 마음속 깊이 생각하고 너의 행동에 표현하라고 내가 종이에 개략적으로 진술한 것은 너를 위함이다. 그렇게 행동함에 있어서, 너는 산발적이고 뒤섞여 있는 것들이 잘 정돈될 것이고, 너는 내가 널 위해 기록한 방식의[65] 살아

---

61. B에 문단이 따라온다.

62. A, *ficte*; B, välschlich.

63. A, *ipse sibi regula erit*; B, wirt inn Christus wol wysen zu läben, zu reden, zu handeln.

64. A, *elegantissime Gerolde*.

65. A, *formulae*; B, des leysts; C, dieses musters.

있는 귀감이 될 것이다. 정말로 네 스스로 그것을 적용한다면, 내가 말로 표현할 수 있는 것보다도 훨씬 더 온전하고 완전해지지는 않을 것이다. 그러나 너의 모든 신경을 집중한다면, 비록 악한 야망이 다른 것들에 남아 있고 모든 사악한 행동으로 가득할지라도, 수치스럽게 중독된 수많은 사람들의 악한 습관인 게으름, 해악의 뿌리를 추방할 수 있을 것이다. 그러나 시인이 언급한 대로,(54) 네 젊음을 선한 가치로 돌이켜라. 세월이 빠르게 지나가기 때문에, 후일에는 젊음보다 더 좋은 것이 결코 없다.[66]

참된 그리스도인은 단순히 하나님의 율법에[67] 대해서 말하는 자가 아니라, 하나님의 도움으로 위대한 일을 시도하는 자다. 그러한 이유로 고결한 젊은이는 자신이 받은 인생, 체격과 재산이라는 공정한 선물로 훨씬 더 훌륭하고 참된 장식으로 꾸민다는 것을 안다. 내가 해야 할 말이 더 있겠는가?(55) 신분, 아름다움, 부는 기회의 조건이기에, 참된 부유함이 아니다. 유일한 참된 장식은 덕과 영예다. 네가 하나님을 절대로 떠나지 않고 이 세상의 것들을 통해 하나님께서 너를 인도하시길 기도한다.[68] 아멘.

---

66. B에서 부연한다.

67. A, *dogmatis*; B, von gott; C, von den gesetzen.

68. 확장된 판은 B에 나온다.

세례

편집자의 해설

세례 교리는 츠빙글리의 신학에서 중요한 위치를 차지한다. 부분적으로 그것은 그의 성례전 가르침 전반에 대한 이해를 돕기 때문이지만, 특별히 언약과 선택으로써의 근본 주제와 함께 그것의 내적 연관 때문이다. 츠빙글리가 그 주제에 대해 적극적으로 관심을 갖게 된 시기는 1523년 취리히에서 재세례파의 소요로부터 시작되었을 것이다. 새로운 운동의 승자들은 모두 종교 개혁의 지지자들이었고, 먼저 츠빙글리는 성경에 대한 그들의 호소로 감동을 받았던 것으로 보인다. 사실 그는 정상적으로 세례는 교육이 선행되어야 한다는 것으로 발트슈트(Waldshut)의 목사 발타자르 후브마이어(Balthasar Hubmaier)에게 인정받기까지 했다.[1] 츠빙글리의 견해로 그 문제에 결정적인 변화가 있었다고 말하기는 힘들다. 아마도 그는 재세례파의 분파주의나 그들의 혁명적인 경향성,[2] 혹은 구약을 평가 절하하는 그들의 경향 등에 영향을 받았을 것이다. 츠비카우(Zwickau)의 선지자들에 대한 루터의 단호한 반대로부터 무언가를 얻은 것일 수

---

1. Füsslin, *Beyträge*, I, p. 252; Zwingli, *Opera*, I, 260을 참고하라.
2. 스위스 재세례파들은 토마스 뮌처(Thomas Müntzer)와 상관이 있었다. D. C. R. 210을 참고하라.

도 있다.[3] 무엇보다도 그의 성경에 대한 호소가 한 개나 두 개의 증거 본문의 단순한 인용보다는 훨씬 더 크고 깊은 무언가를 의미했음에 틀림없다. 분명히 1524년에 그는 직접 유아 세례의 옹호자들을 조직했고, 점차 그의 변론이 발전되면서, 그는 구약과 신약성경 모든 본문과 가르침의 관련 속에서 필연적으로 전체 주제를 세워나갔다.

다음 해 취리히에서 그 사안들을 신속하게 변경하기 시작했다. 1525년 1월 10일과 17일에 두 번의 회의가 열렸지만, 후브마이어, 그레벨, 만츠를 대표로 하는 재세례파들은 그들의 입장 철회를 거부했다. 1월 18일 의회에서 유아 세례를 실시하고 반대자들은 침묵하라는 법령이 통과되었다.[4] 이 법령을 무시하여 첫 번째 재세례가 2월 7일 졸리콘(Zollikon)에서 시행되었고,[5] 뒤이어 샤프하우젠(Schaffhausen)과 발트슈트에서도 다른 사람들이 실시했다. 뒤이은 논쟁이 3월 20일에 열렸지만, 아무런 효과가 없었다. 강제철회를 시도하려고 당국자들은 상당히 유명한 재세례파들 여러 명을 수감했지만, 그들은 4월 5일에 성공적으로 탈출했다. 마지막 논쟁이 11월에 열렸고, 그 목적을 성취하지 못하자, 의회는 이단을 고집하는 모든 자들에 대한 형벌로 사형이라는 이해할 수 없는 강력한 법적 조치를 취했다.[6] 잇따른 몇 달간 재세례파 지도자들은 모두 수감되었고, 처형되거나 추방되었다.

하지만 그동안 재세례파의 가르침은 인근 도시까지 널리 전파되었고, 그것은 출판한 저술에서 츠빙글리의 입장을 선언하는데 자극이 되는 대대적인 도전이 되었다. 이미 그는 「참된 신앙과 거짓 신앙에 관한 주석」(Commentary on True and False Religion)에서 자신의 저술 의도를 그 주제에 관한 특별한 논문으로 알렸다.[7] 1525년 봄에 그는 자신의 견해를 펼치기 시작했고, 그 문제를 완전히 새로운 시각으로 다룰 수 있음을 확신했다. 의도한 작품에 대한 첫 번째 직접적 참고는 생갈(St. Gall)에 있는 그의 친구 바디안(Vadian)에게 1525년 3월 31일에 보낸 서신에 있었다.[8] 그 작품은 츠빙글리의 평상시 속도로 진행이 되었고, 5월 27일에 출판되었다. 원래 그는 그것을 베른에 있는 교회

---

3. *Ibid.*, 52–54.
4. Egli A. S., 622–624; D. C. R. 211.
5. Egli A. S., 636; D. C. R. 212.
6. D. C. R. 213.
7. C. R., III, 773.
8. *Ibid.*, VIII, 336.

에 헌정할 의도였지만, 재세례파의 위협이 있던 5월에, 특별히 생갈이 심각해졌고,[9] 세례에 관한 논문이 완료된 시기에도 균형의 문제가 여전히 남아 있었다. 5월 19일에 재세례파는 바디안이 길게 진술한 연구를 두 주간 확인하도록 허락받았고, 그 기한이 끝날 때에는 그 논제가 의회에서 논의되었다. 바디안이 츠빙글리에게 호소했다는 실제 증거는 없지만,[10] 친분이 있었고 위기의 상황에서 그의 친구를 돕기 위해 그는 만찬에 관한 그의 계획된 라틴어 작품, *Subsidium seu Coronis de Eucharistia*를 베른에서 헌정하면서, 그의 새로운 작품을 생갈에서 헌정할 결심을 했다는 두 가지 증거가 있었다. 5월 28일에 그는 새로운 논문의 제본을 생갈에 보냈다. 이미 취리히에 있던 전달자가 초판이 나온 다음에 출발을 했다.[11] 그는 새로운 이단을 반박하며 신속히 견고해지도록 생갈의 사람들을 권면하면서 헌정서도 썼다. 그는 취리히 논쟁에서 꾸민 속임수의 유형을 반박하기 위해 특별한 경고도 했고,[12] 생갈 사람들이 앞장서서 따르도록 취리히 의회의 결정을 인용했다.

직간접적으로 츠빙글리의 작품은 일련의 사건들 속에서 하찮은 역할을 한 것이 아니었다. 그레벨은 그 책을 신속히 접하고, 바디안에게 서신을 보냄으로 즉각적으로 응수했다. 즉 그레벨은 츠빙글리에 대한 반박과, 특히 십일조에 관련된 츠빙글리의 행동에 대해서 바디안에게 경고를 했다.[13] 바디안은 이 서신을 의회에 보여 주었고, 거기에서 그레벨의 간섭에 크게 분노했다. 그동안 츠빙글리의 책은 널리 확산되었다. 목사들 중의 한 사람인, 도미니코 칠리(Dominico Zili)는 교회에서 그것을 공개적으로 낭독하기 시작했다. 재세례파들이 그것을 중단시켰다. 재세례파들은 먼저 그레벨의 서신이 다시 읽혀져야 한다고 요구했고, 그들이 원하는 것은 하나님의 말씀이지, 츠빙글리의 말이 아니라며 불만을 토로했다.[14] 결국, 바디안의 논쟁과 그레벨에 대한 분노는 정통 가르침의 승리를 초래했고, 의심의 여지없이 츠빙글리의 논문이 이러한 승리에 큰 기여를 할 수 있었다.

---

9. 생갈에서 재세례파의 역사에 관한 것은 E. Egli, *Die St. Galler Täufer*를 보라.

10. 이것은 Egli, *op. cit.*, 33에서 주장한 것이다.

11. 이 전달자는 원래 그 요청을 도와주려고 온 것으로 보이지는 않는다.

12. 일부 계몽적인 일화들이 주요 본문에 포함되어 있다.

13. *Vadian Briefsammlung*, 430을 보라.

14. Kessler, *Sabbata*, 149.

반면에, 츠빙글리는 자신의 견해를 넘어서는 재세례파의 승리로, 그의 첫 번째 목적은 성공하지 못했다. 생갈이나 취리히 어디에서도 그 책은 재세례파의 근본 교리를 단념시키지 못했다. 사실 취리히에서 큰 학문 전쟁이 일어난 것이다. 후브마이어는 그의 작품, 「기독교 신자의 세례」(The Christian Baptism of Believers)로 답변했고, 일련의 답변과 반론들이 나왔고, 1531년 츠빙글리의 「반(反)세례파의 속임수에 대한 논박」(Refutation of the Tricks of the Catabaptists)으로 종결지었다.

확실한 이유로, 츠빙글리는 이제 논쟁에서 아주 현저하게 나타난 주석과 역사의 표면적 질문뿐만 아니라, 세례의 더 깊은 문제를 고찰하게 되었다. 그는 자신의 작품을 네 개의 주요한 부분으로 나누었다. 세례, 세례의 제정, 재세례, 그리고 유아 세례. 그의 주장에 더 많은 강조점을 만들고자 그는 짧은 결론 목록을 추가했다. 그는 또한 취리히에서 시행 중인 유아 세례의 정결예배를 추가했다.[15] 신학적으로 그 작품의 주요 관심은 개혁 교회의 적극적 입장 표명이다. 이러한 관점에서 가장 본질적인 강조점은 첫 번째 두 부분에 포함되어 있고, 현재 번역본에서 두 개의 마지막 부분과 세례 명령은 포함할 필요가 별로 없다.[16] 짧은 요약은 작품 전체의 범위와 교훈을 명확하게 만들기에 충분하다.

첫 번째 부분에서 츠빙글리는 외적 세례는 자연히 죄를 정화시킬 수 있다는 전통적 교리를 논박함으로 시작한다. 당연히 이해하는 바, 세례의 성례는 단순히 언약의 표시다. 신약성경에서 세례라는 용어는 여러 다양한 방법으로 사용되었고, 츠빙글리는 네 개의 주요한 사용으로 구별했다. 즉 물세례, 성령 세례, 세례 교육, 그리고 세례를 동반하는 믿음이다. 츠빙글리는 세례를 시행함에 있어서 이러한 요소들이 모두 있어야 하는지, 혹은 그것들이 다른 특별한 질서 속에서 서로 연계되어야 하는지 양쪽 모두 필요하다고 생각하지 않았다. 물세례는 성령 세례 없이도 주어질 수 있고, 세례 교육도 물세례 이후에 할 수 있다.

이러한 짧은 분석 이후에, 츠빙글리는 언약의 표시로서 세례의 의미와 가치에 대

---

15. 이것이 두 번째 개혁 명령이었다. 첫 번째는 레오 유드가 기존 예배의 변형을 보다 적게 했다. C. R. IV, 707f.를 참고하라.

16. 그 명령의 번역본은 D. C. R. 192에서 볼 수 있다. 개회 기도에서 두 개의 간단한 오역은 주목할 만하다. *selb acht*는 노아가 여덟 명 중에서 한 사람임을 가리키지만, *selb*는 '너 자신'을 표현한 것이고, 여덟 명은 언급되지 않았다. 또한 *grundlos*는 훨씬 더 좋은 '억제할 수 없는'이나 '헤아릴 수 없는' 대신, '가치가 없는'으로 번역했다.

해서 훨씬 더 상세히 고찰했다. 그는 그러한 표시의 목적과 효력이 믿음을 확고하게 한다는 것에 동의할 수 없었다. 믿음을 확고히 해 주는 표시는 신비로운 상징이다. 그러한 경우에서도 확신은 실제로 성령의 사역이다. 언약의 표시는 믿음과 제자도를 서약하는 상징이다. 그것은 재세례파들이 요구하는 것처럼, 절대적 완전의 생명에 대한 서약이 아니다. 그들이 의도하는 것처럼, 기독교 지식의 절정은 서약이 아니다. 세례는 그것을 받아들이는 자들의 내적 변화에 효력을 미치는 것이 아닌, 상징적인 입문의 표시다. 이런 이해는 마태복음 3장과 로마서 6장의 올바른 주석으로 뒷받침된다. 츠빙글리는 재세례파들이 세례 의식을 공격함으로, 그리고 영혼을 정화하기 위한 외적 요소의 비효율성에 대해 주장함으로 탁월한 일을 했음을 인정할 수 있었다. 그러나 그들이 세례를 집행하는 순간과 함께 내적 변화를 연결하려고 할 때 완전히 실수했다고 츠빙글리는 주장했다. 그리고 세례 받은 자들에게 완전한 의를 강제로 시도함으로 새롭고 엄격한 율법주의를, 결과적으로 자기 의와 위선을 초래했다.

두 번째 부분에서 츠빙글리는 마태복음 28장의 명령으로부터가 아니라, 요한의 세례로부터 기독교 세례의 제정을 산정하려고 했다. 중세 신학자들은 수난 이전에 성례의 제정을 인정했지만, 그들은 그것이 같은 효력을 지닌다는 것에는 동의할 수 없었다. 요한의 세례와 동일시한 것은 완전히 새로운 것이었다. 자신의 견해를 변호하기 위해 츠빙글리는 요한의 예비 사역이 그리스도의 사역의 시작이며, 지속되며 완성된다고 주장했다. 예를 들어, 그의 가르침에서 요한은 회개를 촉구했고, 그리스도를 구원자로 가장 먼저 증언했다. 그래서 그의 가르침은 모든 기독교 선포 안에서 두 가지 기본 요소를 포함한다. 다시금 츠빙글리는 우리의 위대한 귀감으로서 우리가 따라야 할 유일한 분이 요한에게 세례를 받으셨지, 그분 스스로나 사도들에 의해서가 아님을 지적했다. 요한이 삼위일체의 이름으로(in) 세례를 주지 않았다고 반박한다면, 츠빙글리는 '이름으로'(in)가 '이름이나 능력으로부터'(into)를 의미한다고 대답했다. 요한이 만약 언어의 규정된 형식을 사용하지 않고 세례를 주었을지라도 삼위일체나 삼위일체의 능력 '으로부터' 한 것이다. 츠빙글리는 에베소에서 재세례로 추정되는 논쟁을 그 이야기의 오해에 대한 근거로서 처리했다. 열두 사도가 요한의 세례만을 알고 있었다는 것은 실제로 그들이 요한의 세례 교육만을 알았고, 심지어 그들의 지식조차도 부분적이며 불완전했음을 의미한다. 확실히 그들이 물세례를 받았다고 가정할 수 있는 근거가 어디에도 없다.

세 번째 부분에서 츠빙글리는 재세례의 특별한 질문을 고찰했다. 그의 주된 목적은 교황 제도 아래에 있는 그의 반대 측의 세례가 참되고 유효하다는 것을 입증하는 것이었다. 한때 이러한 전제는 수용되었고, 연속적인 집행의 불법과 무익함이 명백하게 드러날 것이다. 첫째, 츠빙글리는 키프리아누스 시대에 이단의 세례에 대한 논쟁으로 돌아가 언급했다. 그는 교황주의 이단 아래에서의 세례도 여전히 유효한 세례이며 되풀이되어서는 안 된다고 추론했다. 그 세례가 유아 세례였다는 사실은 그 논제에 영향을 주지 않는다. 재세례파들의 일부가 인정하는 것처럼, 유아 세례의 관습은 아우구스티누스 시대로 쉽게 거슬러 올라갈 수 있다. 그것을 니콜라스 2세 교황이 고안했다는 고집스런 주장에 대해 츠빙글리는 터무니없는 허구라고 공공연하게 비난했다. 재세례파들이 실제로 세례를 받았다는 것에 만족하지 못한다면, 그들의 대부모를 모욕하는 것이며, 그리스도인의 이름이 어디에서 언제 주어졌는지를 어리석게 질문하는 것이다. 재세례파 지도자들의 오만, 불성실, 분파주의에 대한 유용한 탄핵을 하지 않으면, 힘으로 계속 방해한다는 주장은 주목할 만하다.

세 번째와 마지막 부분에서 츠빙글리는 유아들의 세례에 대한 현안을 다룬다. 그는 본성과 제정에 의해 언약의 표시가 개인보다는 오히려 가족에게 속한다고 논증했다. 이것은 할례의 분명한 예로 입증된다. 그러나 재세례파들은 신약성경의 명백한 본문에 대해 시끄럽게 떠든다. 이에 대한 답변에서 츠빙글리는 주님의 식탁에 여성들의 허입을 인정한 본문이 아무데도 없음을 지적했다. 그러나 분명히 우리 자신들을 위한 집행에서 이러한 세부사항을 설정할 때 성경은 덧붙이지 않는다. 심지어 명백한 본문이 추론될 수 없을지라도, 츠빙글리는 많은 구절들에서 사도들이 유아들에게 세례를 집행했다는 최소한의 가능성을 지지한다고 느꼈다. 특별히 그는 아이들에 대한 그리스도의 축복과 사도행전의 가정 세례를 인용했다. 츠빙글리는 유아 세례가 원죄에 대한 단정된 죄책감에 기초했음을 완강히 거부했다. 그는 불가피하게 죄를 짓는 우리 본성의 유전되는 약점은 인정했지만, 하여튼 그리스도인들의 경우에도, 그 약점에 붙는 어떤 죄책감도 믿지 않았다. 재세례파들은 마가복음 16장에서 믿음이 세례에 선행된다는 자신들의 기준과 같은 본문을 인용했다. 츠빙글리는 그것을 복음의 설교가 먼저 완성된 곳에서는 적용할 수 없는 것으로 배제했다. 그래서 그는 유아 세례에 관한 사도성의 근거로 아우구스티누스를 인용했고, 골로새서 2:10-12을 세례가 할례를 대체한다는 결정적 증거로 지적했다. 츠빙글리는 집행의 외적 세부사항에, 예를 들어, 세례를 첫째 날에 집행해야 할지, 성별된 물에서 해야 할지 집착해서는 안 된다고 보았지만, 질서를 위해서 그는 보통 공개적으로 안수 받은 목회자가 주어야 한다고 생각했다. 목사나 부모 모두 자녀를 교육할 의무가 있고, 증인이 없을지라도 그들은 두 세 증인을 위한 성경의 일반적 요구에 응답했다.

그래서 논문에서 일반적 본질을 위한 것이 매우 많다. 그것의 가치 평가에서, 우리는 무엇보다도 그것이 거의 장점보다는 오히려 단점을 강조하기 위한 규정임을 주목할 수 있다.[17] 이것은 놀라운 일이 아니다. 단점들이 확실하고 매우 중요하기 때문이다. 아마도 두드러진 약점은 실제로 모든 작품을 특징짓는 사상 속의 불가피한 진보가 부족한 것이다. 그 작품은 의식적이며 한정된 계획을 추구하지만, 다양한 주제의 상호연관은 항상 명백하지는 않고 너무 많은 여담이 있다. 츠빙글리를 변호하는 측면에서 그것을 짚어 줄 수 있다. 첫째, 그 주제를 배열하기에는 어려웠고, 둘째, 논문의 산만한 특징이 대부분 여러 논쟁에서 사용한 산발적인 주장이라기보다는 오히려 이해하기 쉽게 답변하기 위한 그의 염려에서 온 것이다. 하지만 이 경우에도 여전히, 그가 논리적인 전체 주장을 정리할 충분한 숙고의 시간을 거치지 않았다. 그래서 그는 심지어 이것이 더 자세한 재세례파 논쟁을 무시하는 의미를 지녔다고 해도, 그는 확실히 건설적인 주장에 관심을 더 기울였다.

두 번째이자 밀접한 관련의 단점은 주석적 논법의 빈약함이다. 여기서 다시, 개인적 본문의 문자적 어법과 체계로부터 끌어낸 그의 반대자들의 추론으로 인해, 츠빙글리가 지루한 주해의 세부사항을 큰 범위로 다루게 되었다. 대부분의 변화에서 츠빙글리는 그의 대항자들보다 훌륭한 명민함과 높은 의미의 조화 등 더 나은 학문성을 보여 주었다. 그러나 그것은 여전히 그의 정교함이 종종 성경이 의미하는 것보다 다른 의미를 만들려는 시도에서 약화되는 것이 당연시 되어야 한다. 외적 확신에도 불구하고, 츠빙글리 자신의 해석에 너무 확신하지는 않았음은 명백하다. 요단강에서 유아들이 요한에게 세례를 받았다는 주장은 분명히 억지 해석이다. 또는 요한의 세

---

17. C. R., IV, 202의 서론을 참고하라.

례만을 아는 사람들이 사실은 요한이나 그의 제자들의 손으로 물세례를 받지 않았다는 것도 마찬가지다.

세 번째와 마지막 약점은 신학적 토대에 유아 세례를 위한 어떤 강력한 필연성을 보여 주는데 실패한 것이다. 츠빙글리는 전통적 시행을 선호하는 다소 적합한 주장을 제시한다. 또한 그는 재세례파 사례에서 일부 약점을 분명하게 드러낸다. 그러나 츠빙글리 자신은 유아 세례를 논리적으로 필요하게 만드는 신념이나 전제가 부족했던 것 같다.[18] 그는 세례가 용서의 수단이나 표시인, 유아들 안에 있는 원죄의 죄책감을 수용하지 않는다. 그는 유아들 안에 실제 믿음의 가능성을 인정하지 않는다. 물론 성례를 위한 완전한 자격으로 믿음을 지녀야 하는 것도 인정하지 않는다. 실제로 주석의 빈약함은 세례에 관한 신학 전반에 있는, 특히 루터의 원기 왕성한 가르침과 비교해 볼 때, 그리고 후기 종교 개혁의 학교에서 훨씬 더 발전된 "성례주의"와 비교할 때, 일반적 빈약함이 드러난다. 그것은 사실 세례를 평가절하하는 완전한 의미에서 세례에 적용하지 않고, 외적 표시에만 적용한다. 그러나 실제로 츠빙글리가 표시를 상징화된 사물과 너무 엄격하게 분리한 것 같다. 그는 분명히 성례의 근본적 이중성을 파악하지만, 그는 본질과 기초가 되는 일치를 잃어버릴 위험이 있다.

결점이 있기는 하지만, 논문은 좋은 특징들을 많이 지니고 있다. 한 가지 예로, 재세례파의 경우, 그것의 옹호자들이 믿는 것처럼 결코 명백하지도 똑바르지도 않다는 것을 보여 줌으로, 그것의 즉각적인 목적을 성취한다. 츠빙글리는 논쟁에서 항상 우월하지는 않았지만, 적어도 그는 단일 본문의 상세한 용어에 대한 주장이나 악한 역사의 무지한 전파를 통해서 확립되지 않는 문제를 명백하게 만들었다. 언약에 대한 호소를 통해 재세례파들의 신앙과 실천을 단지 신약성경이 아닌 성경 전반에 기초하여 재세례파들의 실패를 폭로했다.

또한 논문은 논쟁 전반의 근본 요점으로 드러난 것에 대해서 츠빙글리의 예리한 인식을 증명한다. 그는 교회의 가르침에 세례론도 포함된다는 것을 깨달았다. 세례에 관한 재세례파의 관점을 수용함으로 불가피하게 교회에 대한 재세례파의 견해를 수용하게 되었다. 재세례파들이 목적한 바는 '순수'하거나 '모인' 교회였다. 선택된 자들

---

18. 이 점은 C. R. 판의 서론에서 잘 드러난다. C. R., IV, 202.

의 불가시적 교제에 있는 교회는 세례 받은 가시적 교제와 동일한 경계에 있으며 실제로는 동일하다. 부당하게 진술한 그의 비평대로, 순수하게 정치나 교회의 근거로는 필수적이지 않지만, 유아 세례를 옹호하는데 츠빙글리의 긴급한 것들은 당연히 국가 교회를 보호하기 위한 염려에 기인했다. 츠빙글리는 재세례파가 분파주의임을 분명히 알았고, 그는 하나님의 특권만 있는 최후의 심판의 교회 안에서 시도한 기대를 정당화하는 성경이나 교회사 모두 믿을 수 없었다. 당연히 츠빙글리는 이 점을 자세히 논의할 시간과 공간이 없었지만, 이 논제에 대한 그의 인식은 그의 적대자들을 대항하는 책임에서, 그리고 도나투스주의의 역사적 유사성에 대한 그의 호소에서 종종 드러났다.

이 책의 또 다른 특성은 츠빙글리가 세례의 효력에 대한 중세의 교리를 논박한 과감성과 일관성이다. 명백히 츠빙글리는 표시와 상징화된 사물에 대한 그의 구분을 오히려 더 심화시킨다. 다른 한편 중세 교회는 이 둘의 동일화에 너무 많이 가 버렸다. 결과는 참담했는데, 아무튼 대중은 성례의 효과가 표시 그 자체에 기여하는 것이지, 표시 안에서 그리고 표시를 통한 성령의 사역이 아니라고 생각했다. 이러한 종류의 위험하고 비뚤어진 인식에 대항해서 어떤 항의가 생기는 것은 올바르고 필요한 것이었다. 츠빙글리는 그의 사상을 반대하는 수 세기 동안의 증언이 있다는 것을 충분히 잘 알았지만, 그가 진리라고 알고 있는 것은 무엇이든지 간에 확언하는데 주저하지 않았다. 그래서 그는 중세의 교리와 실천의 오류와 타락에 대한 주의를 끄는데 재세례파들이 선한 역할을 한 것을 정직하게 인정했다.

여기에 마지막 요점이 하나 있다. 츠빙글리는 세례에 대해 완전히 체계를 갖추거나 일관된 신학을 성립하는데 실패했다. 그러나 언약의 표시와 같은 세례에 대한 그의 정의로 그는 후기 개혁주의 신학자들이 행한 수많은 유익한 일의 윤곽을 제시해 주었다. 츠빙글리의 이해에서 약점을 간파하기는 쉽다. 그는 성례의 다양한 면을 분리시킨다. 그는 성례의 효력에 대한 참된 가르침을 가지지 않았다. 그는 세례에 관해서 용서와 중생의 표시로 거의 언급하지 않았거나 전혀 하지 않았다. 그는 끊임없이 세례는 하나님께서 이미 우리를 위해 하신 것보다는 오히려 우리가 해야 할 서약이라는 사실을 지나치게 강조한다. 하지만 츠빙글리가 다른 작품에서 분명히 한 것처럼, 언약은 필연적으로 두 가지 면이 있다. 결국 세례의 언약은 하나님이 주신 서약뿐만 아니라, 우리가 한 서약임을 포함한다. 세례의 궁극적 토대는 우리가 기꺼이 하나님의 섬김을 받아들이는 것이 아니다. 그것은 오히려 하나님께서 우리를 그분의 종들로서 기꺼이 받아주는 것이다. 그래서 마지막 분석에서 그것은 하나님의 자발성이 인간보다 선행하기 때문이다. 하나님의 자발성으로 우리는 언약 안에 있는 아이들에게 성례를 올바르게 집행할 수 있다. 언약의 표시로서 세례의 개념 안에 있는 잠재적 가능성들은 츠빙글리에 의해 완전히 살아나지 않는다. 분명히 이 논문에서는 아니지만, 이 자료로부터 그 주제에 관한 가장 훌륭한 종교 개혁 작품이 도출되었다.

판(Editions)

이 논문의 첫 번째 세 개의 판들은 모두 취리히의 하거(Hager)에 의해 출판되었다. 이러한 세 개의 판들 사이에는 본질적으로 차이점이 없지만, 인쇄상의 오류들은 계속 제거된다.[19] 괄터는 모음집, *Opera*(Tom. II)를 포함하기 위해 그 작품을 라틴어로 번역했다. 현대 독일어 본은 라겟 크리스토펠(Raget Christoffel)이 자신의 *Zeitgemässige Auswahl*(Zurich, 1843)에 만들었다. 원전은 하거가 오자에 대한 지적을 각주로 달면서 *Corpus Reformatorum*판(IV)으로 재판되었다. 최근에 츠빙글리 출판사(Zwingli-Verlag)에서 선집 대중판(XI)에서 그 논문을 재판했다. 뒤의 번역은 *Corpus Reformatorum*판에서 재판한 원문을 직접 기초로 했다.

---

19. 이러한 판에 대한 세부사항은 C. R., IV, 203f.를 보라.

세례

본문

하늘에 계신 우리 아버지, 만물 위에 계신 하나님 안에서 가장 사랑받는 형제들에게, 그분의 독생자이신 우리 주 예수 그리스도를 통해, 나는 그분 자신의 뜻과 진리에 반대되는 어떤 것도 말하거나 기록하지 않기를 기도한다. 그래서 내가 세례에 관해 기록한 목적대로, 모든 신자들이 분명히 인식한 것이 아닌, 논쟁으로 모호해진 것을 다툼과 고집으로 고정시켜 받아들이지 않으면서, 그리스도인의 선한 의지와 자비로 나의 말을 읽고 숙고하기를 간구한다. 우리는 진리를 논쟁으로 배우지 않는다. 논쟁은 계곡의 급류나 홍수와 같기 때문이다.[2] 그것을 가로질러 가는 모든 것은 그 앞에 곤두박질치고 그것으로 인해 힘이 증가한다. 처음에는 작은 돌들이 굴러가지만, 끊임없는 회전으로 큰 돌들을 움직이고, 아주 강력한 수마가 생긴다. 그것은 길가에 서 있는 모든 것들을 휩몰아쳐서 휩쓸어간다. 그것은 불필요한 재난과 고통만을 남기며 아름다운 들판과 목장을 폐허로 만든다. 고집과 논쟁도 그렇다. 시기와 분쟁의 세속적인 본성을 자극하는 작은 것 안에 그러한 힘이 있다. 이러한 두 개의 커다란 돌들이 조류에 빠지면, 집어삼킬 듯이 논쟁의 소란함과 교묘함이 시작된다. 큰 바위들이 그 안에 숨겨져 있어서 진흙탕이 된 물을 제외한 급류에서 아무것도 볼 수 없는 것처럼, 논쟁적이고 혼란한 연설도 증오와 야망과 그러한 돌들을 가져온다. 그러나 우리는 그것들을 볼 수 없고, 한바탕 소란을 통해서만 그것의 실체를 알게 된다. 또한 논쟁은 자신의 이익을 위해 돌아서서 모든 것을 그 앞에 동반한다. 결국 계곡의 급류처럼 유일한 결과는 그것을 압도한다. 그것은 그렇다 치고, 그것은 단지 기독교 대중 사이에서 불필요한 다툼과 걱정을 불러일으킨다. 그것은 자비를 파괴한다. 그리고 외부 일의 이익을 위한 모든 것이 하나님의 영예에 의지하지 않고, 의식의 순수함과 평온함에도 진보가 없다.(3) 논쟁 뒤에는 올바르고 풍성한 교회를 폐허로 만든다. 그러므로 나는 내 독자들이 논쟁의 효과가 아닌, 진리의 가르침에 감동되길 충고한다.

세례 문제에 대해 양해를 구하며 말할 수 있다면, 나는 사도 시대로부터 모든 교사들이 오류에 빠졌다고 결론지을 수 있다.(4) 이것은 심각하고 중대한 주장이며, 나는 침묵을 유지하면서 진리를 단순히 가르치길 좋아하기에, 논쟁적으로 하도록 강요받지 않았지만, 그것을 아주 부득이하게 한다. 그러나 그 주장이 참된 것임을 알게 될 것이다. 모든 교사들은 세례가 지니지 않는 능력과 거룩한 사도들이 가르치지 않는 능력이 물에 속한다고 생각했기 때문이다. 그들은 또한 요한복음 3장에 나오는 물과 성령에 관한 그리스도의 말씀을 오해했다. 우리의 현재 일은 세례가 정말 무엇인지를 아는 것이다. 많은 부분에서 우리는 고대나 현대의 저술가들, 혹은 현대 사람들 모두에게서 받은 것과 다른 길을 가야만 한다. 우리는 자신의 변덕이 아닌, 하나님의 말씀으로 인도를 받아야 한다.

예수 그리스도, 바로 하나님의 아들이 율법의 저주를 그분이 직접 받으실 때, 우리에게서 모든 형식적인 의를 박탈하셨다. 그러므로 형식적인 일은 우리를 순수하거나 의롭게 만들 수 없다. 그것은 모두 의식적이며, 모든 외적 과시와 상황은 바울이 히브리서 9장에서 언급한 대로, 이제 폐지되었다는 뜻이다. "이 장막은 현재까지의 비유니, 이에 따라 드리는 예물과 제사는 섬기는 자를 그 양심상 온전하게 할 수 없나니, 이런 것은 먹고 마시는 것과 여러 가지 씻는 것과 함께 육체의 예법일 뿐이며 개혁할 때까지 맡겨 둔 것이니라." 이 개혁은 우리가 다음 구절에서 볼 수 있는 것처럼, 그리스도에 의해 성취되었다. 그러나 지금 그것을 말하기에는 너무 오랜 시간이 지났다. 하지만 이러한 구절은 우리에게 그리스도께서 형식적인 일들을 폐지하셨음을 말해주는 것이며, 그래서 우리는 의를 위해 그러한 것들 안에서 소망하거나 그것들을 바라보지 않는다. 분명히 우리는 여전히 남아 있는 형식적인 일에서 정결하게 된다고 생각하지 않는다. 구약성경 안에 그것이 단지 세속적이고 외적이면서, 우리를 정결케 하거나 우리에게 평화나 확신을 심어줄 수 없다면, 성령만이 생기를 불어넣을 수 있는 것을, 어떻게 그것들이 그리스도 안에서 무언가를 성취할 수 있겠는가?

하지만 그분의 동료 지체들인 우리에게, 그분은 두 개의 의식을 남기셨다. 즉 세례와 성만찬(혹은 기념), 두 가지 형식적 일이나 표시다.[5] 그리고 틀림없이 그분은 우리의 약함을 인정하면서 이것을 행하셨다. "상한 갈대를 꺾지 아니하며, 꺼져 가는 심지를 끄지 아니한다."[6] 이러한 표시의 첫 번째인 세례로 우리는 주도적으로 하나님께 구별된다. 주의 만찬이나 성만찬과 같은 다른 곳에서, 우리는 그분이 자신의 아들로써 우리를 구속하셨기 때문에 하나님께 감사를 표현한다.

세례를 다루기 전에 우리는 먼저 성례라는 말의 의미를 지적해야 한다. 우리 모국어에서 그 말은 죄를 사해 주고 우리를 거룩하게 만드는 힘을 지닌 것으로 나타난다.[7] 이러한 오해의 결과로 인해 항의하는 사람들이 있다. "그들은 우리의 가난한 영혼을 평안하게 하는 거룩한 성례들을 우리에게서 빼앗아간다." 그러나 우리는 성례를 빼앗아 갈 의도가 전혀 없고, 단지 그것을 올바르게 사용하고 악용하지 말라는 것이다. 그리고 자신들이 소유하지 못한 덕이 그 속에 있다고 생각하는 자들에 의해 악용된다. 이러한 상황에서 사용될 때, 성례라는 말은 언약의 표시나 서약을 의미한다. 만약 어떤 사람이 하얀 십자가에 붙어 있다면, 그는 '연맹'이라고 외친다.[8] 그리고 만약 그가 내헨펠스(Nähenfels)에 순례지를 만들고, 하나님께 찬양을 드리며 우리의 선조들에게 승리를 허락해 주심에 감사한다면,[9] 그는 실제로 '연맹'임을 표명한다. 동일하게 세례의 표지를 받은 사람은 하나님께서 그에게 말씀하시는 것을 듣고, 하나님의 지각을 배우고, 그것과 조화를 이루는 삶을 살아가는 것이 해결된 사람이다. 교회에서 기념이나 만찬을 통해 하나님께 감사를 드리는 사람은 그가 그리스도의 죽음 안에서 기뻐하며 이를 위해 그분께 감사를 드리는 바로 그 마음으로부터 그 사실을 증명한다. 불평하는 자들 중에 나는 이것만을 요구한다. 즉 그들은 성례가 실제 성례가 되게 하고, 성례를 실제로 그것이 상징하는 표시로써 묘사하지 않는다. 만약 성례가 상징하는 사물이라면 그것은 더 이상 표시가 아니다. 표시와 상징화된 사물은 동일시할 수 없기 때문이다.(10) 교황주의자들조차도 유지하는 성례(Sacramenta)는 단순히 거룩한 사물의 상징이다. 세례는 우리가 주 예수 그리스도께 서약한 표시다. 기념은 그리스도께서 우리를 위해 돌아가셨음을 보여 준다. 이러한 거룩한 사물들 가운데, 성례는 상징이고 서약이다. 만약 네가 할례의 서약과 유월절 양에 대한 감사를 고찰한다면 너는 이것에 대한 확장된 증거를 발견할 것이다.

세례

구약의 모든 성례와 서약은 피로 맺는다. 육신적 정화는 반드시 피가 요구되기 때문이다. 이러한 면에서 성례는 주 예수 그리스도께 집중된다. 그분의 피는 짐승의 피로는 결코 할 수 없는 일, 양심을 깨끗이 한다. 그러나 그분의 피가 단 한 번 흘림으로 우리의 양심이 정화되었고, 피 흘림이 멈추었다. 유대인들의 두 가지 주요 성례인 할례와 유월절의 어린 양은 모두 피가 함께 있었다. 그러나 그리스도의 보배로운 피 흘림으로 육체적 피 흘림이 멈추었다. 그리스도는 두 가지 표시를 두 가지의 더욱 부드러운 성례로 바꾸셨다. 즉 거기에는 더 이상의 피 흘림이나 육체적 죽음이 없다.(11) 한편 거기에는 유월절 어린 양의 죽음과 피가 있었는데, 그들은 이집트에서의 유월에 대해 감사했고 결박으로부터 해방되었다. 그분은 이제 두 개의 가장 적합하고 평범한 사물인 빵과 포도주로 대체했다. 우리는 그분이 자신의 몸을 우리의 구원을 위해, 자신의 피를 우리의 죄를 씻기 위해 내어 주심에 찬양과 감사를 그분께 올려 드린다. 다른 한편 거기에는 할례의 피가 있었고, 그분이 이것을 이제 모든 사람에게 일반적이고 동의할 만한 다른 요소, 즉 물로 바꾸셨다. 이러한 가장 친근한 요소와 표시인 물과 포도주와 빵은 외적 표시에 의해, 우리가 더 이상 그리스도의 보혈로 폐지된 피 흘림과 같은 율법 아래 있지 않고, 은혜 아래 있어, 신약성경의 은총과 사랑스런 친절을 알 수 있도록 우리에게 주어졌다.

이제 성경에서 세례라는 단어는 네 개의 다른 방식으로 사용된다. 첫째, 그것은 우리가 개인적으로 그리스도인의 삶에 서약하게 될 때, 물속에 잠기기 위해 사용된다. 둘째, 우리가 하나님을 알고 그분께 결합되는 성령 세례 때, 내적 조명과 소명을 위해 사용된다. 셋째, 그것은 구원의 외적 가르침과 물속에서의 외적 잠김을 위해 사용된다.

마지막으로, 그것은 외적 세례와 내적 믿음을 위해 사용된다. 즉 전체적인 그리스도인의 구원과 시여를 위함이다.

그들은 이러한 그 용어의 다른 사용을 명확히 보지 않기 때문에, 거기에는 알지 못하거나 이해하지 못하는 것을 판단하면서, 이상한 오류에 빠지는 자가 많다. 우리의 견해에 적합한 성경으로부터 우리는 특별한 본문을 인용할 것이다.

1. 요한복음 3장에 다음과 같이 기록되어 있다. '요한도 살렘 가까운 애논에서 세례를 베푸니 거기 물이 많음이라. 그러므로 사람들이 와서 세례를 받더라.' 여기에서 기록한 것은 단지 물세례라는 증거다. 그곳에 물이 많았음을 지적한 것이며, 이것의 가치는 오직 외적 세례만을 위한 것이다. 거기에는 의심할 것 없이, 이 세례를 집행한 자들이 단지 물로 세례를 주고 있음을 잘 알고 있었다.

2. 그리스도께서 친히 사도행전 1장에서 성령의 세례에 대해 말씀하신다. "요한은 물로 세례를 베풀었으나, 너희는 몇 날이 못 되어 성령으로 세례를 받으리라." 이 구절에서 그리스도는 두 가지 종류의 세례가 있음을 강조하신다. 요한은 물로 혹은 형식적 가르침으로 세례를 베풀었다. 그래서 그것은 오늘날과 거의 같다. 사람들이 줄 수 있는 것은 외적 가르침이나 물을 붓거나 잠기는 외부의 세례뿐이다. 세례에서 사도들이나 요한이나 다른 어느 누구도 외적 가르침과 물에 잠기는 것 이상을 줄 수 없다. 그러므로 유아 세례에 관한 논쟁은 물세례와 가르침에 관한 논쟁일 뿐이다. 우리가 유아들에게 세례를 주는 것이 그들을 가르치기 전인가 아니면 후인가? 오직 하나님만이 성령으로 세례를 베푸실 수 있다.(12) 그래서 그것이 바로 그리스도께서 한 번 더 덧붙이신 이유다. "그러나 너희는 성령으로 세례를 받으리라." 이것은 내적 가르침과 부르심의 세례, 그리고 하나님께 결합하는 세례다. 그래서 그분이 이것을 말씀하실 때, 그리스도는 요한의 세례를 거부하지 않는다. 요한의 외적 세례는 우리가 나중에 살펴보는 것처럼, 그리스도와 사도들의 세례와 같기 때문이다. 요한의 세례에 대해서 그리스도께서 말씀하신 것은 사람이 집행하는 모든 세례를 언급한 것일 수 있다. 베드로와 바울과 야고보는 물과 외적 세례 외에 다른 어떤 세례도 집행하지 않았다. 그들은 성령으로 세례를 베풀 수 없었는데, 오직 하나님만이 성령으로 세례를 베푸시며, 그분이 어떻게, 언제, 누구에게 성령 세례를 베푸실지 스스로 선택하신다.

3. 사도들의 가르침과 세례는 '세례'라는 말이 요한복음 1장에서 요한 자신의 언급에서 볼 수 있듯이, 외적 가르침과 세례를 위해 사용된 것임을 명백하게 한다. "나는 물로 세례를 베풀거니와." 요한은 물로만 세례를 베푼 것이 아니다. 그는 가르치기도 했다. 그러나 요한과 사도들의 가르침은 오직 외적인 것이었다.[13] 그것은 심령을 움직이는 능력이 없었다. 그러한 이유로 그것은 단지 물을 붓거나 물에 잠기는 정도의 외적인 것이었다. 그래서 요한이 스스로 "나는 물로 세례를 베풀거니와"라고 말했지만, "나는 광야에서 외치는 자의 소리"라고 방금 말했기에, 그는 세례뿐만 아니라 가르침도 한 것이다. 또한 그 세례는 우리가 요한복음 3장에서 명백히 볼 수 있는 가르침을 위한 것이다. '그 후에 예수께서 제자들과 유대 땅으로 가서, 거기 함께 유하시며 세례를 베푸시더라.' 그러나 어떻게 그분이 세례를 베풀었는가? 그분이 그것을 친히 했는가? 곧바로 요한복음 4장에 다음과 같은 말씀이 이어진다. '예수께서 친히 세례를 베푸신 것이 아니요 제자들이 베푼 것이라.' 그러나 요한복음 3장 말씀은 다음과 같다. '선생님이 증언하시던 이가 세례를 베풀매, 사람이 다 그에게로 가더이다.' 이 문맥에서 세례라는 말이 분명히 가르침을 위해 사용된 것임을 의심할 여지가 없다. 그리스도께서 친히 말씀하신 대로, 가르침은 그분의 주요 사역이었고, 바울이 고린도전서 1장에서 언급한 대로, 그것은 모든 사도들, 복음 증거자들, 감독들과 목사들의 주요 사역이다.[14] 물로 세례를 베푼 것은 제자들이었다. 그리고 그리스도께서 심령을 움직일 세례를 어떻게 사용해야 하는지를 친히 아셨다. 또한 그것은 마태복음 21장에 요한의 세례가 자신의 가르침을 의미함은 분명하다. 그것은 그리스도께서 유대인의 지도자들에게 "나도 한 말을 너희에게 물으리니, 요한의 세례가 어디로부터 왔느냐, 하늘로부터냐?" 라고 말씀하셨다. 이 상황에서 그리스도는 물세례만을 의미할 수 없었는데, 그 경우에 그것은 사람들에 의해 그에게 주어진 것으로 대답하는 것이 상당히 옳았을 것이기 때문이다.[15] 그러나 그분은 그의 가르침에 관해 그것이 사람으로부터인지 하나님으로부터인지를 말씀하셨다. 그분의 적대자들은 스스로 생각하며 말했다. "우리가 만일 '하늘로부터'라 하면 어찌하여 그를 믿지 아니하였느냐 할 것이요." 유대인들이 그의 세례가 그의 가르침을 의미하는지를 온전하게 알고 있었음을 주목하라. 그래서 세례는 사도행전 19장에서 가르침을 위해서도 사용된다.

4.[1] 세례는 그리스도인의 시여와 구원을 위해 사용된다. 즉, 베드로전서 3장처럼, 우리를 구원하는 내적 믿음 때문이다. "이제 너희를 구원하는 표니 곧 세례라." 물이나 외적 가르침으로 주는 세례가 우리를 구원하는 것이 아니라, 믿음이다.

이 구분은 내 자신의 의도가 아니고 성경의 가르침에 따른 것이다. 물세례, 곧 가르침으로서의 세례를 말하는 것인지 혹은 성령의 세례를 말하는지를 알지 못하는 자들은 심각한 오류에 빠질 것이다. 하지만 매순간 우리는 자신들이 동일하다고 대답한 재(再)세례파들(Anabaptists)과 반(反)세례파들(Catabaptists)을 토론에서 구분하고자 노력했다. 그들은 물세례 없는 구원의 가능성을 부인하려 했다. 우리는 요한복음 6장에 나오는 그리스도의 말씀을 인용함으로 그것들을 강제로 금하지 않았다. "진실로 진실로 너희에게 이르노니 나를 믿는 자는 영생을 가졌나니."(16) 그리스도는 친히 세례와 구원을 연결하지 않으셨다. 구원은 항상 믿음에 의해서만 가능하다

우리는 이제 세례의 세 가지 형태 모두가 따로따로 주어진 것임을 보여 줄 것이다.

제자들은 가르침과 성령 없이 물세례를 베풀었다. 우리는 이미 요한복음 4장에서 살펴본 대로, 그리스도께서 가르치셨지만 세례를 베풀지 않으셨고, 제자들이 세례를 베풀었다. 고린도전서 1장을 보라. "하나님(그리스도)께서 나를 보내심은 세례를 베풀게 하려 하심이 아니요 오직 복음을 전하게 하려 하심이다." 그래서 어떤 경우에는 한 사람이 가르치고 다른 사람이 세례를 주었다. 그들이 믿기 전에 세례를 받은 사람도 있다는 것을 우리는 요한복음 6장에서 본다. 세례 받지 않고 가버린 제자들은 아무도 없었다는 것은 분명하다. 요한복음 4장에서 우리가 본 대로, "예수께서 제자를 삼고 세례를 베푸시는 것이 요한보다 많다." 나중에 요한복음 6장에서 그분은 그들의 불신앙에 대해서 질책하셨다. "너희는 나를 보고도 믿지 아니한다." 그래서 결국 주님은 "너희 중에 믿지 아니하는 자들이 있다"고 말씀하셨다. 하지만 그분은 그들이 세례 받는 것을 허락하셨다. 또한 동일한 구절에서 언급된 대로, 유다는 믿지 않았다. "내가 너희 열둘을 택하지 아니하였느냐? 그러나 너희 중의 한 사람은 마귀니라." 그러나 처음 인용된 그 말씀에서 그는 세례를 받았음이 아주 분명하다. 그리스도께서 요한보다 제자들이 많았고, 그의 제자들을 통해서 그들에게 세례를 베풀었기 때문이다.

---

1. 초판에는 이 숫자가 생략되었다.

그러나 세례를 준 사람들은 서로 간에 세례를 받았다. 그래서 물세례는 신앙이 없는 경우에도 주어졌고, 믿음이 없는 자들도 주었다. 사도행전 8장에 '시몬도 믿었다'라고 언급한 것처럼, 시몬 마구스의 경우도 그러했다. 아우구스티누스가 그것을 해석한 것처럼, 이 문맥에서 '믿었다'는 것은 '그의 메시지를 들었다' 혹은 '스스로 신자로 여겼다'는 의미로 받아들여야 한다.[17] 조금 뒤에 보면 그가 믿지 않았음이 분명히 드러난다. 이것이 큰 차이를 만드는 것은 아니다. 우리가 증명하고자 하는 모든 것은 물세례가 종종 내적 세례나 신앙이 없는 곳에서도 베풀어진다는 것이다. 또한 불행히도 이것은 현재에도 그런 경우가 빈번하다. 신앙이 없는 수많은 사람들이, 특히 유대인들이 스스로 세례 받는 것을 인정하기 때문이다.[18] 하지만 그들은 가르침과 물로 형식적 세례를 실제로 받는다. 그래서 그것은 두 가지를 동반할 필요가 없다는 증거다. 사람이 세례를 받을 때, 그가 반드시 신자가 되어야 한다고 말하는 것보다 어리석은 것은 없다.

가르침의 세례는 아무도 믿지 않거나 물세례를 받은 사람이 아무도 없을 때, 종종 외적으로 집행된다. 예를 들어, 사도행전 18장에서 바울은 고린도에서 유대인들이 그리스도를 받아들이지 않았기에, 그의 옷을 털면서 유대인들을 배격했다.[19] 또한 거기에는 다른 경우들이 많다.

성령의 세례는 물세례 없이도 주어진다. 니고데모, 라못의 요셉, 그리고 가말리엘은 모두 신자들이었지만, 드러나지 않았다. 그들은 분명히 세례를 받지 않았다. 반면에 그들은 자신들의 비밀을 유지할 수 없었다. 동료 신자들의 유익을 위해 세례를 주고받았기 때문이고, 세례를 받는 자들 안에 효력이 있기 때문이 아니다. 사도행전 10장에 고넬료와 베드로에게 설교를 들은 모든 자들은 세례를 받기 전에 성령을 받았다. 그래서 두 가지 세례는 항상 동반되지는 않는다. 정말로 성경 전체에서 우리는 물세례 이후보다 이전에 주어진 성령의 예를 더 많이 찾을 수 있다. 특별한 경우에 믿음은 물로만 주어지는 것이 아니고, 믿음이면 구원받기에 충분하다. 십자가 위에서 믿은 강도는 동일한 날 그리스도와 함께 낙원, 즉 영원한 행복에 들어갔다.[20] 그 강도는 분명히 외적 세례를 받지 않았다. 한때 나를 잘못 인도한 이 구절에 대한 히에로니무스의 주장처럼, 그가 피로 세례를 받았다는 것은 사실이 아니다.[21] 강도가 거기에 매달린 것은 그리스도를 위해 고난당한 순결한 자들처럼, 하나님 때문이 아니고, 그의 살인 행위 때문이다. 그래서 베드로는 베드로전서 2장에서 말한다. "죄가 있어 매를 맞고 참으면 무슨 칭찬이 있으리요."

이런 구절들은 모두 우리에게 성경 안에 세례라는 말이 다른 의미로 사용되고, 형식적 세례 안에 구원이 없음을 보여 주는 데 도움이 된다. 그래서 물세례가 구원과 확고하게 연결되지 않은 의식적 표시라는 것을 안다. 우리는 죽어 가는 강도나 다른 사람들의 예로 이런 형태를 이미 증명했다. 재세례파들과 반세례파들이 주장하는 것처럼, 두 가지가 함께 연결되고 사용되는 것이 아님을 안다. 나는 그들을 모두 재세례파들로 부른다.(22) 나는 그들이 유아 세례를 반대한 점에 토대를 둔다. 세례 그 자체는 하나님을 기쁘시게 하기에, 그들도 부정하지 않는다. 그 제목을 내가 사용하는 것은 어떤 논쟁적인 의미가 아니다.

이제 이러한 연관에서 우리는 첫 번째로 성령 세례에 대해 주로 언급해야 한다.

이 세례는 외적이며 내적인 것이다.

성령의 내적 세례를 마태복음 3장과 누가복음 3장에서 요한이 가르쳤다. "나는 너희로 회개하게 하기 위하여 물로 세례를 베풀거니와 내 뒤에 오시는 이는 나보다 능력이 많으시니 나는 그의 신을 들기도 감당하지 못하겠노라. 그는 성령과 불로 너희에게 세례를 베푸실 것이요." 이 구절에서 우리는 요한이 말한 때를 먼저 인식해야 한다. "나는 물로 세례를 베풀거니와." 그의 직무가 단지 물로 세례를 베푸는 것만을 의미하지 않는다. 물로만 그는 사람들의 죄와 회개를 깨닫도록 가르칠 수 없었다. 우리가 스스로를 알고 고치기 위해, 그리고 우리의 구원자이시며 위로자 되시는 그리스도를 구하기 위해 물로 씻는 것을 잘 다룰 필요가 있다. 요한이 의미한 것은 바로 이것이다. 나는 단지 연약한 그릇이다. 내가 전할 수 있는 메시지는 단지 외적인 것이다. 나는 물로 주는 형식적 세례 외에는 아무것도 줄 수 없다. 나는 마음을 부드럽게 할 능력도 없다. 그러나 내 뒤에 오시는 분은 나보다 훨씬 더 많은 능력을 가지고 계신다. 그분은 마음을 감찰하실 수 있다. 그분의 사랑과 함께 불이 네 위에 임하면서, 그리고 방언과 같은 은사를 내려주시면서, 그분은 자신의 성령과 함께 내적으로 세례를 베푸실 것이다. 성령의 세례는 정확히 그리스도께서 요한복음 6장에서 말씀하신 것과 동일하다. "나를 보내신 아버지께서 이끌지 아니하시면, 아무도 내게 올 수 없으니." 그래서 그분은 "이끈다"는 것이 무엇인지를 우리에게 말씀하기 위해 오신다. "아버지께 듣고 배운 사람마다 내게로 오느니라." 성령의 내적 세례는 하나님께서 우리의 마음 안에서 역사하시는 가르침의 사역이며, 그리스도 안에서 우리의 마음을 위로하고 확신케 하는 그분의 부르심이다. 그래서 이 세례는 하나님이 아니면 아무도 줄 수 없다. 비록 외적 가르침과 잠기는 세례 없이도 구원받는 것이 사실상 가능하지만, 그것이 없이는 누구도 구원받을 수 없다.[23] 십자가에 달린 살인자가 외적으로 가르침이나 세례를 받지 않았지만, 그가 구원 받았다는 것이 바로 이러한 증거다. 우리 중에 복음을 듣는 자들이 구원받는데 필수적인 한 가지는 믿음, 혹은 신뢰다. 그래서 이 믿음은 하나님이 아니면 우리 안에 심을 수 있는 사람이 아무도 없다.

성령의 외적 세례는 외적 표시, 방언의 은사가 있다. 이런 표시는 실제로 다른 방언이나 언어로 말하는 자들의 유익을 위해 주신 것이 아니다. 그들은 이미 마음속에 구원의 도를 배웠기 때문이다. 그것은 고린도전서 14장에서 보는 것처럼, 믿지 않는 자들의 유익을 위해 주신 것이다. "그러므로 방언은 믿는 자들을 위하지 아니하고, 믿지 아니하는 자들을 위하는 표적이다." 그러면 누가 이러한 자들인가? 방언이 주어진 자들인가? 아니다. 그들은 이미 신자들이기 때문이다. 그것은 신자들에게는 표시로 주어진 것이며, 불신자들에게는 경이로운 것이다. 동일하게 세례는 그것을 받은 자들에게 표시로서 주어진 것이 아니고, 다른 신자들의 유익을 위해 주어진 것이다.[24] 그리고 이러한 방언과 같은 외적 세례는 사도행전 1장에서 주님이 친히 약속하셨다. "너희는 몇 날이 못 되어 성령으로 세례를 받으리라." 그때 제자들은 이미 신자들이었다. 그러나 오순절에 일어난 것처럼, 사랑의 불이 확대되고 방언이 주어졌다. 또한 이러한 표시는 구원에 필수적인 것이 아니다. 그것은 흔치 않게 간혹 주어졌기 때문이다. 그것은 기적이며, 다른 기적처럼 하나님께서 원하실 때에만 발생한다. 그럼에도 불구하고 하나님은 친히 세례로 방언의 표시를 나타내셨다. 그리고 이것처럼 표시는 때로는 물세례 이전에 주어졌고, 때로는 후에 주어졌다. 그래서 가르침의 세례도 물세례 전후로 주어질 수 있다. 이것은 우리가 유아 세례를 세운 것 위의 토대가 아니라, 올바른 방향을 제시하는 권고(suasoria)다.[25]

우리는 이제 어떤 저술가들이 발견한 것처럼, 나를 속인 실수를 드러내기 위해, 표시에 관한 질문을 동일하고도 신중하게 점검해야 한다. 일부 사람들은 표시가 우리가 이미 배운 것과 서약한 실재 믿음을 확증하기 위해 주어진 것이라고 가르쳤다.[26]

그러나 이것은 그렇지 않다. 그 위험은 우리가 종종 범하는데, 피상적으로 매료되는 것을 받아들일 경향이 아주 많고, 아마도 매력적으로 표현되는 위험이 있다. 하나님의 말씀이나 내적 믿음에 주의하지 않고, 우리는 그것으로 인해 맹목적으로 죄를 범하게 된다. 물론 일부 표시는 믿음을 확고히 하는데, 혹은 어떤 안정된 믿음을 인정하지 않는 육신을 안심시키기 위한 어떤 부류의 좋은 것을 제공하는 것이 사실이다. 그러나 그러한 표시는 서약이 아니고, 모세의 지팡이와 기드온의 양털, 그리고 선조들에게 주신 수많은 것들처럼, 기적적인 표시다. 하지만 그 순간에 우리는 기적을 말하는 것이 아니고, 옛 언약 아래에 있는 할례처럼, 기적적이지 않은 보증과 서약을 말하는 것이다. 할례는 아브라함의 믿음을 확증하지 않았다. 그것은 하나님과 아브라함의 자녀들 간의 언약의 표시였다. 창세기 15장에서 우리가 배운 대로, 할례는 그가 이미 하나님께 의로 여긴 바 되었을 때, 믿음으로 아브라함에게 주어졌다. 그래서 창세기 17장에 하나님은 친히 할례가 믿음의 확증을 위한 표시가 아니고 언약의 표시임을 매우 명확하게 만드셨다. "너희 중 남자는 다 할례를 받으라. 이것이 나와 너희와 너희 후손 사이에 지킬 내 언약이니라." 하나님께서 그것을 계약 혹은 언약으로 부른 것을 주목하라. 동일하게, 출애굽기 12장에서 우리가 읽은 대로, 유월절의 어린 양은 언약이었다. "너희는 이 일을 규례로 삼아 너희와 너희 자손이 영원히 지킬 것이니." 유월절의 어린 양이 언약의 표시임을 주목하라. 그것에 의해 그들은 이집트에서 첫째로 태어난 모든 사람과 짐승이 죽게 되는 밤에 하나님께서 간과하셨음을, 그리고 그들을 밖으로 인도하시고, 그들을 추격하는 이집트 사람들을 익사시키셨음을 매년 기념하는 것이다. 동일하게, 신약성경에서 세례는 언약의 표시다. 그것은 세례 받은 사람을 의롭게 하지 않으며, 그의 믿음을 확고히 하지도 않는다. 믿음을 확고히 하는 외적 일이 불가능하기 때문이다. 믿음은 외적 일들로부터 생기지 않기 때문이다. 그것은 우리를 이끄시는 하나님으로부터만 발생한다. 그러므로 그것은 어떤 외적 일에 토대가 될 수 없다. 주님의 만찬에도 동일하게 적용된다. 기적이 믿음을 확고하게 해주는 것은 사실이지만,[27] 심지어 이것은 그것들이 믿음에 어떤 것을 덧붙이거나 그것을 증가시킴을 의미하지 않고, 그것들은 끊임없이 보거나 알고 싶은 육신의 호기심을 만족시킨다. 그러한 이유로 예수님께서 유대인들에게 대답하셨다. "하나님께서 보내신 이를 믿는 것이 하나님의 일이니라 하시니, 그들이 묻되 그러면 우리가 보고 당신을 믿도록 행하시는 표적이 무엇이니이까, 하시는 일이 무엇이니이까?" 그러나 일어난 것은 단순히 이렇다. 그곳에 아무런 믿음이 없다면, 또한 육신, 즉 세속적 사람에게 기적이 나타날지라도, 여전히 믿지 않는다. 그리스도께서 유대인의 죄를 심각하게 책망하신 이유다. 실제로 표적을 구한 모든 자들이 그것을 보았음에도 믿지 않았다. 그래서 여로보암은 그의 팔이 말라붙었는데도 믿지 않았고, 하나님께서 동정녀 출생의 기적을 경청하지 않는 자들을 그에게 드러냈을 때도 아합은[28] 믿지 않았다. 그러나 주님이 기드온과 히스기야에게 표적을 주었을 때, 그들은 상당히 회복되었고 반항적인 육신이 진정되었다. 표시가 믿음을 확고하게 해 준다는 개념을 생각 없이 받아들이는 자들에 대해서, 우리는 유아 세례의 실례로 반대할 수 있다. 유아들이 믿을 수 없기에 유아 시기의 세례는 믿음을 확증시킬 수 없다.[29] 언젠가 나 역시도 그 오류에 빠져서 어린이들이 분별할 나이가 될 때까지 세례를 주지 않는 것이 낫다고 생각했다.[30] 그러나 나는 이 견해에 대해서 오늘날 많은 강의를 다룰 만큼 그렇게 교리적이지는 않다. 비록 그 문제에서 그들이 너무 어리고 경험이 없지만, 유아 세례가 교황이나 사탄 혹은 동일한 비상식적인 것에서 시작되었다고 논쟁하거나 분별없이 주장하는 사람들이 있다.[31] 나는 그리스도인 안에서 능력과 일관성을 볼 때면 늘 기쁘다. 그러나 거기에서 그리스도인 예절의 사랑도 징계도 아니면서 분별없이 화를 내는 것은 폭력적이고 반항적인 자들에게만 기쁨을 줄 수 있다.

우리의 다음 일은 서약 세례에는 어떤 종류가 있는지, 다시 말해, 그것이 우리에게 약속하는 것은 무엇인지를 알아보는 것이다.

이 점에서 재세례파들은 주장하길 죄가 없이 살 수 있음을 아는 자들만이 세례의 표시를 받아야 한다는 것이다.[32] 그렇게 함으로 그들은 하나님을 거짓말쟁이로 만들며 율법적 의의 위선자들로 돌아간다. 첫 번째 요점에 대한 내 증거는 이어서 나온다. 요한일서 1장에서 언급한다. "만일 우리가 죄가 없다고 말하면, 스스로 속이고 또 진리가 우리 속에 있지 아니할 것이요." 그것은 하나님께서 친히 요한의 입을 통해서 말씀하신 것이다. 그러므로 우리가 죄 없이 살 수 있다고 주장한다면, 우리는 하나님을 거짓말쟁이로 만드는 것이다. 우리가 죄 없이 살 수 있다는 것은 최악의 억측이 아닌가? 우리가 육신에 있는 한, 우리는 결코 죄 없이 존재할 수 없다. 육신과 영이 서로 상반되기에, 우리는 영의 일을 하려고 하지 않는다. 그러나 우리가 반드시 죄가 있지만, 우리가 죄 없이 살 수 있다고 자랑한다면, 우리가 단지 율법의 위선자로 돌아가는 것이다. 언젠가 어떤 사람이 죄가 없기에, 그는 사람들 앞에서 죄 없이 사는 명성을 유지해야 한다고 주장한다. 결과는 그가 순전히 외적으로 의를 성취한다는 점이다. 내적으로 그는 모든 육신처럼 동일한 세속적 본성을 지니고 있어서 죄가 없는 것이 아니다. 하나님은 거짓말쟁이가 아니기 때문이다. 만일 그가 감출 수 있다면, 그는 다른 세상의 피조물들보다 덜 세속적으로 행동하지는 않는다. 또한 재세례파들이 "죄 없이 존재하는 것"은 "믿음으로 사는 것"이라고 주장한다면, 이전에 출판한 저술들을 통해 우리가 종종 보여 준 것처럼, 거기에는 분쟁이나 논쟁할 것이 전혀 없다. 거기에는 논의할 점이 없기 때문이다.

그러나 재세례파들은 죄 없이 살 수 있다고 주장한다. 이것은 그들이나 다른 사람들이 성도의 견인(*perseverantia justorum*)에 관해 저술하거나 가르친 것에 의해 증명된다. 여기에서 그들은 죄 없이 살 수 있고 살아간다는 견해를 확고하게 주장한다. 내가 한쪽에 남겨 둔 그들의 시기, 거짓말, 소란, 악한 말, 참람함이 나타나는데, 그들의 주장과 얼마나 동떨어졌는가. 그러나 이어지는 일화는 그들이 스스로를 의롭게 여기고 있음을 보여 줄 것이다.[33] 재세례파들은 결국 시의회에 의한 논쟁을 당연하게 여겼다. 그러나 그러한 노력이 3일 지나서, 그들 중 한 사람이 세례에 관해 말할 수 있었던 모든 것은 이것이다. "죄 없는 사람들을 제외하고는 이것을 이해할 사람이 아무도 없기에, 나는 기꺼이 내 입장을 하나님의 말씀으로부터 정당화할 것이다." 너는 어떤 대답을 해야 할 것이라고 생각하는가? 침묵할 것인가? 전혀 그렇지 않다. 오직 주 예수 그리스도만이 말씀하실 수 있다. "너희 중에 누가 나를 죄로 책잡겠느냐?"(요 8장) 그래서 나는 소리를 높여 말했다. "죄 없는 자들을 제외하고는 이해할 수 있는 사람이 아무도 없다고 말할 때, 네가 실수를 범하는 것이 아닌가?" 그가 대답했다. "그것이 바로 내가 말한 것이고, 그 경우다." 내가 말했다. "그러나 네 스스로 유아 세례에 관한 질문을 이해하는가?" 그는 대답했다. "그렇다." 그래서 나는 말했다. "그러므로 너는 죄가 없어야 한다. 그러나 육신에 있는 자들은 모두 죄인이기에, 네가 육신으로 있는 한 불가능하다." 그가 답변했다. "내가 그렇듯이 모든 사람은 하나님 앞에 자신의 죄를 인식하고 있다." 그러나 그가 말할 때, 그도 죄인이라는 사실을 깨닫지 못했다. 그러나 모든 선한 그리스도인들은 이러한 자랑이 단지 공허한 말인지, 혹은 수도사들

이나 수녀들이 만들어 놓은 것보다 덜 오만한지를 스스로 분별할 수 있다.(34)

그래서 분명히 세례는 우리를 그러한 방식으로 묶을 수 없다. 즉 우리가 죄 없이 살 수 없다는 것을 알지 못하면 그것을 받아들여서는 안 된다. 우리가 죄 없이 살 수 있다면, 세례는 헛되이 제정된 것이다. 우리 중 누구도 하나님 앞에 그렇게 주장할 수 없기 때문이다. 그러므로 우리는 하나님의 말씀으로 돌아가서 세례가 무엇인지와 그것이 제정된 시기 모두를 배워야 한다. 첫 번째 질문에서 다룬 것처럼, 세례는 언약의 표시로서 기꺼이 그들의 삶을 고치고 그리스도를 따르기로 받아들인 자들을 가리킨다. 간단히 말해, 그것은 새로운 삶에 입문한 것이다. 세례는 그러므로 입문의 표시인, 의식(ceremonii, 그리스어 teleta)이다. 그것은 수도원에 입문할 때 입는 고깔 달린 수사의 겉옷과 같다. 그들은 그 겉옷이 언제 만들어졌는지 그 규정과 정관을 모르지만, 그들은 겉옷을 입고 그것을 배운다.

우리는 이제 이 부분의 증거를 다음 구절에서 추론할 것이다. 첫 번째는 재세례파들이 유아 세례를 반대하는 근거로 내세우는 마태복음 28장의 본문이다. "그러므로 너희는 가서 모든 민족을 제자로 삼아 아버지와 아들과 성령의 이름으로 세례를 베풀고, 내가 너희에게 분부한 모든 것을 가르쳐 지키게 하라." 이 말씀을 해설하면서 재세례파들은 안타깝게도 자신들과 다른 사람들을 오도한다. 그들은 말씀의 순서를 단순히 주장하며 강조하기 때문이다. 그분이 말씀하셨다. "모든 민족을 제자로 삼아, 세례를 베풀라." 그들은 주님이 계속 말씀하신 것을 보려고 하지 않는다. "내가 너희에게 분부한 모든 것을 가르쳐 지키게 하라." 그 말씀으로부터 세례는 입문의 표시임을 쉽게 알 수 있고, 그것이 주어질 때만 우리는 그리스도께서 명령하신 것을 지키도록 배운다. 그러나 그들은 서신에서 주장하길 이렇게 기록한다. "모든 민족을 제자로 삼아, 세례를 베풀라." 또한 그들이 이 부분에 대한 논쟁을 오히려 중단했지만, 그들의 유익을 위해 나도 서신에서 강조할 것이다. 그들은 말한다. "모든 민족을 제자로 삼아, 세례를 베풀라." 그래서 나는 말한다. "모든 민족을 제자로 삼아 아버지와 아들과 성령의 이름으로 세례를 베풀고, 내가 너희에게 분부한 모든 것을 가르쳐 지키게 하라." 자, 우리와 그들 중에 누가 가르침에 관해서 더 분명한 말씀을 나타내는가? 그들은 "모든 민족을 제자로 삼아, 세례를 베풀라"고 말하지만, 우리가 가르치고 있는 것이 거기에는 없다. 우리는 분명한 말씀을 가지고 있다. "내가 너희에게 분부한 모든 것을 가르쳐 지키게 하라." 그리고 그것이 세례 뒤에 나온다. 또한 그리스어로 '분부하다'라는 단어는 '엔틸라멘'(entilamen)으로 엄밀하게 '내가 맡겼다'는 의미의 옛 라틴어 단어 '만다비'(mandavi)처럼, '맡기다'와 '명령하다'와 동일하게 잘 표현된다. 또한 '가르치다'의 그리스어는 '마세튜사테'(matheteusate)로 '제자를 만들다' 혹은 '주님으로서 나에게 데려오다'로도 번역될 수 있다. 그런데 이것은 문자적 의미다. '너희는 가서 모든 민족을 제자로 삼아라.' 거기에는 그들이 제자를 삼는 것과 함께 입문식이 따라온다. '아버지와 아들과 성령의 이름으로 세례를 베풀고.' 그리고 입문식 이후에 가르침이 있다. '내가 너희에게 분부한 모든 것을 가르쳐 지키게 하라.' 그러나 그것을 '준수하라'는 것은 개인적 말씀으로 부담을 느낄 수 있을지라도, 그리스도 안에서 그 말씀에 대해 논쟁할 여지가 없다. 그러므로 나는 문자적 의미에 그렇게 큰 중요성을 두지 않는다.(35) 우리는 문자적 의미를 연구하지만, 적당하게 해야 한다. 우리는 그 문자가 우리를 죽이도록 허락해서는 안 된다. 복음의 문자는 분명 율법의 문자처럼 우리를 죽이지 않기 때문이다. 하지만 내가 하나님 안에서 소유한 믿음으로, 내가 그분의 말씀에 대한 여전히 미약하지만 분명한 이해를 한다. 나는 이것이 올바르고 진실하며 적합한 의미임을 안다. 이전에 그리스께서 제자들을 부르실 때, 그분은 그들을 사람을 낚는 어부들로 만들 것이라고 말씀하셨다. 그러면 사람들을 그분께로 이끄는 것이 무엇이겠는가, 그들을 주님의 제자로 삼는 것이 아니겠는가? 그러나 나는 유아 세례가 이 말로 무너질 수 없음을 보여 주는 것 외에는 다른 어떤 말도 하지 않을 것이다. 그 명령을 우리에게 강요할지라도, 그 본문은 어린이에게 적용하는 것이 아니며 유아 세례를 금하는 것도 아니다. 그 말씀은 단지 가르침을 받은 자들에게 적용된다. 그러나 우리는 유아들을 가르치지 않는다. 그러므로 그 말은 아이들에게나 그들의 세례를 금하는 데 적용한 것이 아니다. 그들은 말한다. "만약 그들에게 적용하는 말씀이 아니라면, 우리는 그들에게 세례를 주지도 말아야 한다. 그리스께서 세례를 제정하신 곳이 여기에 있기 때문이다." 나는 대답한다. "너희는 성경을 알지 못하는 실수를 저지른 것이다. 세례는 여기에서 제정한 것이 아니며, 그것은 네가 어떻게 잘못 인도하는지를 나타낸 것이다. 우리는 곧 세례의 제정에 대해서 다룰 것이다. 명확한 진리로 네가 자신과 다른 사람들 모두를 속이고 있음을 인정할 것이다. 만약 세례가 이 경우에 세워지지 않아서, 말씀의 문자적 순서가 우리를 강요할지라도, 너는 유아 세례를 반대할 권리도 없다. 그것은 그렇지 않다. 우리가 문자적 순서에 묶여 있다면, 우리는 성경의 많은 구절들을 상당히 어리석게 설명해야만 한다." 예를 들어, 요한복음 1장에서, 요한은 우리에게 그리스도를 가리키며 말했다. "보라 세상 죄를 지고 가는 하나님의 어린 양이로다." 그러나 그 후에 짧게 말한다. "나도 그를 알지 못하였으나." 그러나 그가 방금 전에 말할 때, 그분이 "보라 세상 죄를 지고 가는 하나님의 어린 양"이라는 것을 어떻게 알 수 있었을까? 또한 로마서 10장에서 "네가 만일 네 입으로 예수를 주로 시인하며, 또 하나님께서 그를 죽은 자 가운데서 살리신 것을 네 마음에 믿으면, 구원을 받으리라"고 했다. 이 구절에서 선행되는 것은 외적 시인이지만, 이것은 마음이 없으면 무가치한 것이다. 그러므로 우리는 마태복음 28장 본문에서 이 말을 강요해서는 안 된다. 세례는 우리가 예전에 주장한 대로 그 경우에 제정된 것이 아니다. 요한의 세례와 그리스도의 세례가 다르다는 옛날 신학자들의 일반적인 오류에 의해 세워진 것이 아니다.(36)

그러므로 우리는 마태복음 28장의 구절에 대한 설명을 계속할 것이다.

이미 우리는 그 말이 강요된 것이라면 쉽게 승리를 획득한 것임을 매우 분명하게 했다. 세례 이후에는 그것만을 말한다. "내가 너희에게 분부한 모든 것을 가르쳐 지키게 하라." 세례를 주기 전에는 단지 이것만을 언급한다. 그들이 가르쳐야 할 것에 대한 언급이 없이 "가르쳐라." 그래서 재세례파들조차도 말한다. "뒤의 구절은 앞 구절에 대한 설명에 불과하다. 즉 그것은 그들이 가르쳐야 할 것을 말한다." 내 답변은 이렇다. "그러나 너는 그 말씀의 순서를 주장한다. 너는 그 말씀이 있는 그대로 취해야 한다." 또한 이것은 가르침 이전에 세례를 준 유일한 곳이 아니다. 이것은 우리가 나중에 보여 줄 것이다. 그러나 네가 그 말씀의 순서를 주장하지 않는다면, 마태복음 28장 본문을 놓치고 있음을 알면서도, 너는 어떻게 유아 세례를 없앨 것인가? 그러므로 재세례파들은 문자의 순서를 포기해야 하며, 그들은 실제로 우리 편에 있거나 자신들을 반대해야 한다. 우리는 이제 첫 번째 제정에서 세례가 가르침보다 선행됨을 볼 것이다. 너는 사악하고 살인하며 탐욕스러운 사탄에게만 말해야 한다.(37) 나는 너를 반대한다. 그러면 너는 단순한 진리를 이해할 것이다. "그러므로 너희는 가서, 모든 민족을 제자로 삼아, 그 이름으로 세례를 베풀라"고 그리스도께서 말씀하실 때, 그리스어에서 '제자로 삼아'와 '세례를 베풀라' 사이에 '그리고'가 없다. 그것은 '제자를 삼고 세례를 주라'를 말하는 것이 아니고 '그들에게 세례를 베풀면서 제자를 삼으라'는 뜻이다. 이런 관용구의 사용은 그분이 이곳에 순서상의 어떤 의식적 강조점도 두지 않으셨음을 그리스도께서 말씀하셨을 때 명백해진다. '그들에게 세례를 베풀라'는 말은 단지 독립적인 앞의 말과 밀접하게 연관된 것이 아니다. 그 말에 관심을 갖는 한, 그들은 처음과 같은 입장을 취할 것이다. 이것은 마가복음 16장에서 더욱 분명하게 드러난다. 우리가 아는 바와 같이 그 본문은 이렇다. "믿고 세례를 받는 사람은 구원을 얻을 것이요." 그러나 문자적으로 그리스어는 이렇다. '믿음이 있고 세례를 받은 사람은 구원을 얻을 것이요.' '세례를 받은'이란 말은 비록 그것이 접속사 '그리고'로 연결되었을지라도 상당히 독립적임을 주목하라. 나는 요한이 가르치기 전에 물세례나 침례를 제정했음을 의미하는 것이 아니다. 맨 처음에는 세례의 이유를 가르칠 필요가 있기 때문이다. 심지어 오늘날 아이들은 세례를 받으러 오지도 않는다. 부모가 처음에 배우지 않았기 때문이다.(38) 그러나 한 번 배우면, 과거에 볼 수 있었던 것처럼, 유아들도 세례를 받게 된다. 우리는 이것을 나중에 드러낼 것이다. 마태복음 28장에서 그리스도 말씀의 의미는 이렇다. "그러므로 너희는 가서 모든 민족을 제자로 삼아." 그들이 믿는다면, 나는 모든 사람의 구주가 되기 때문이다. 그러므로 가라, 그리고 그들을 나에게 데리고 오라. '그들에게 세례를 베풀라.' 그리고 우리가 살펴본 대로, 단순히 '그들에게 세례를 베풀면서'라고 원문에서 선행된 것과의 연관에서 매우 약하다. "아버지와 아들과 성령의 이름으로." 그리스어로 '이름으로'가 아니고 '이름 안으로'가 적절하다. 나는 대격(accusativi)이 종종 탈격(ablativos)으로 변한다는 것을 알지만, 그것은 우리가 이제 살펴보는 것처럼, 이 경우에는 적용되지 않는다.

성경에서 '이름'은 빈번히 '능력'이나 '위엄'으로 사용된다. 우리는 이전의 저술에서 많은 예를 제시했고, 하나의 예를 들면 충분할 것이다. 마가복음 16장에서 그리스도께서 말씀하신다. "그들이 내 이름으로 귀신을 쫓아내며." 이 구절에서 '내 이름으로'는 '내 능력으로'나 '위엄' 혹은 '힘'을 의미해야 한다. 그 이름과 내 능력을 신뢰하면 너는 귀신을 쫓아낼 수 있다. 동일하게 아버지와 아들과 성령의 이름으로 세례를 베풀면 하나님 없이, 목자 없는 양처럼 방황하는 자들을 참된 하나님이신 성부와 성자와 성령께 헌신하게 하고, 누리게 하며, 데려갈 수 있다. 우리가 세례를 베풀 때, "아버지와 아들과 성령의 이름으로" 세례를 베풀지 않는다는 의미가 아니다. 그러나 우리는 진리를 말해야 한다. 사실은 신학자들이 유지한 것처럼,[39] 그리스도께서 세례의 형식을 제정하지 않았음을 말하는 것이다. 증거(Probatio)는 이렇다. 제자들이 이러한 형식을 사용하지는 않았지만, 예수의 이름으로 세례를 베풀었다(행 10, 19장). 이것은 어디에서 그것에 의해 피하게 되었는지 알지 못하는 신학자들을 매우 혼란스럽게 했다. 또한 그들은 모두 그리스도의 말씀을 세례의 형식으로 해석했기 때문에, 비록 그리스도 자신이 결코 이것을 제안하지 않았음에도, 단지 세례에 대한 가르침과 언약의 표시로 우리가 참된 하나님이신 아버지와 아들과 성령께 돌아가고 서약하는 것을 의미한다. 그러나 그 말씀이 하나의 형식을 제공했다는 점을 받아들이면서, 그들은 왜 제자들이 예수의 이름으로 세례를 제정했는지 이유를 이해하는 것에는 어려워했다. 그들이 그것을 부른 것처럼 제자들이 그 형식을 사용하지 않았기 때문이다. 그 형식은 그들의 의견에 따라 그리스도께서 친히 규정하셨다. 그래서 그들은 그리스도의 명령에 상반되지 않는 사도의 전통을 보여 주고자 애매한 변명을 고안한 것이다.[40] 요즘에, 거기에 대한 이해가 매우 부족한 자들은 그리스도의 이름이 아버지나 성령의 이름보다 더 적합하다고 말한다. 여기에서 그들은 자신들이 옳다고 정당화하는데, 마치 고양이를 죽여 놓고 그것이 산토끼였다고 생각하는 숙맥과 같다.[41] 유대인들 가운데 예수 그리스도의 이름보다 더 혐오하는 이름은 없고, 이방인들에게는 십자가에 못 박힌 하나님을 말하는 것이 어리석은 것이다(고전 1장). 유대인들은 아버지와 아들과 성령의 이름에 화내지 않았다. 그들은 성경에서 삼위에 대해 자주 들었기 때문이다. 이방인들도 십자가에 달린 예수의 이름보다는 하나님의 이름을 훨씬 더 쉽사리 들었다. 그러나 그리스도는 그렇게 말씀하지 않으셨다. 네가 세례를 줄 때, 이러한 삼위의 이름으로 설명하라. 그것은 그분이 의도한 것이 아니었다. 분명히 나는 그 형식을 권하지만, 우리가 이해하는 것은 말씀에 의해서다. '나는 삼위의 이름으로 세례를 준다'는 것이다. 나는 그 이름에 세 가지를 전한다. 즉 아버지와 아들과 성령의 능력, 위엄과 은혜다. 그리스도께서 이 말씀을 하실 때, 그분의 목적은 불신자들이 참된 하나님께 오도록 그들을 가르치고, 그들을 그분께 헌신하는 것이었다. 그래서 물세례는 우리가 하나님께 헌신하고 서약하는 입문의 표시라는 의미가 아니겠는가? 그것이 바로 제자들이 이해한 방법이다. 그리스도인의 생명과 구원의 전체는 이 안에서 구성되는데, 예수 그리스도 안에서 하나님께서 우리에게 죄의 용서와 함께 모든 것들을 제공하신다. 또한 우리의 삶 속에서 예수 그리스도를 향하고 닮아가는 것이다. 그러한 이유로 제자들은 예수 그리스도의 이름으로 세례를 베풀었다. 그러므로 우리의 이름, 그리스도인들은 곧 그리스도께 입문하여 그분께 헌신하는 것이다. 어디에서도 제자들이 아버지와 아들과 성령의 이름으로 세례를 베풀었음을 읽어볼 수 없다. 그러므로 마태복음 28장에서의 본문은 형식으로써 제정한 것이 아니고, 신학자들이 이 본문에 대한 자신들의 주석에서 그들의 생애 가운데 가장 큰 실수를 범했다는 증거다. 나는 그러한 형식을 따른 세례를 금하는 것이 아니다.[42] 전혀 아니다. 나는 단지 그것의 참되고 본질적인 의미에 따라 하나님의 말씀이 엄격한 세례의 형식을 강요하지 않는다는 것을 지적한 것이다. 만약 그들이 그랬다면, 제자들은 그들이 세례를 줄 때 다른 형식을 사용하지 않았을 것이다. 그래서 나는 그리스도의 실제 의도가 무엇인지를 입증하고 있다. 세례에서 방황하는 양들이 참된 하나님을 향하고, 우리 영혼의 참된 목자이신 예수 그리스도에게로 데려다 주고, 우리가 세례에서 서약함으로 우리가 그분처럼 살게 되는 것이다. 그러나 이것은 나중에 분명하게 될 것이다.

그러므로 "그들에게 세례를 베풀고"의 의미는 이것이다. 이러한 외적 표시로 너는 그들을 아버지와 아들과 성령의 이름으로 그분께 헌신하고 서약하고, 내가 너희에게 분부한 모든 것을 가르쳐 지키게 하기 위함이다.

이제 그리스도인이 믿음으로 살아가고 지속하는 한 그가 믿음과 지식에 증가한다는 것은 분명하다. 그러므로 나는 재세례파들에게 믿음과 지식이 온전하기 이전에 세례를 집행하는 것이 합법적인지 아닌지를 묻는다. 그들이 세례는 믿음이 온전해지기 전에는 집행해서는 안 된다고 말한다면, 내 답변은 이렇다. 즉 우리는 모두 세례를 받지 않은 상태로 남아야 한다. 믿음은 항상 성장하기 때문이다. 누가복음 17장에서 제자들은 말했다. "주님, 우리에게 믿음을 더하소서." 그러므로 그들은 우리가 가르침을 시작하는 한 세례를 집행해야 함을 알아야 한다. 그들은 세례가 성장하는 과정으로 입문하는 표시임을 동의했다. 실제로 그들은 그 논쟁에서 많은 것을 인정했다. 내가 지금 주장하는 모든 것은 바로 이것이다. 나는 세례가 입문하는 표시이고, 그것을 받은 자들은 주 하나님께 헌신하고 서약하는 것임을 입증했다. 나는 이러한 사실 위에 유아 세례를 세우지 않는다. 나는 단지 나의 주요한 논쟁과 논지를 따르는 것뿐이다. 즉 세례는 단지 그것을 받아들이는 자들이 하나님께 헌신하는 표시나 서약이라는 그리스도 자신과 제자들의 말씀으로부터 입증한 것이다. 그래서 마태복음 28장에 나오는 그리스도의 말씀에 관한 논쟁에서, 내 주장은 우리가 유아 세례를 금하는 말을 사용할 수 없다는 것이다.

마태복음 3장에서 우리는 다음을 읽는다. "그때에 세례 요한이 이르러 유대 광야에서 전파하여 말하되." 여기에서 그들은 외친다. "요한이 세례를 베풀기 전에 전파한 것을 보지 못하느냐?" 우리는 볼 뿐만 아니라 그것을 자유롭게 인정도 한다. 그래서 우리들도 동일한 실천을 한다. 우리는 부모가 먼저 배우지 않았으면, 자녀들이 세례를 받으러 오는 것을 허락하지 않는다. 그러나 요한이 전파한 것을 말할 때, 우리가 유아들에게 세례를 주지 말라고 한 것인가? 나에게 그것은 이상한 해석으로 들린다. 하지만, 우리는 유아 세례가 아니라 일반적인 세례를 다루는 것이다. 우리는 표시의 종류가 어떤 것이 있는지, 그리고 그것의 효과는 어떠한지를 보이고자 노력하고 있다. 우리는 요한이 처음에 가르치고 나서 세례를 베풀었다는 것을 확실하게 인정한다. 그러나 그의 청중들이 배웠고, 배우지 못한 자녀들도 세례를 받았다는 것을 부인할 수는 없다. 곧 그들은 세례로 하나님께 헌신했다.(43) 이 논의에서 중요한 점은 우리가 이미 언급한 대로, 잠시 그 질문에서 떠나 있는데, 그들이 하나님의 뜻을 따라 그렇게 행동했는가에 대한 것이다. 잠시 후 마태복음의 같은 장에서 우리는 다음의 말씀을 보게 된다. "이때에 예루살렘과 온 유대와 요단 강 사방에서 다 그에게 나아와, 자기들의 죄를 자복하고 요단강에서 그에게 세례를 받더니." 이 구절에 관해서 우리는 전체 다수가 나왔다면, 자녀들도 나왔다는 것을 확실하게 말할 수 있다. 왜냐하면 동일한 무리가 있는 곳이면 어디나, 오천 명을 먹이신 경우에도 어린이들이 참석했음을 알 수 있다. 우리를 반대하는 자들은 말한다. 그들이 죄를 고백했다고 언급하기에, 이것은 어린이들에게는 적용할 수 없다는 것이다. 나는 성경에서 제유법을 사용한 많은 예가 있음으로 답변할 수 있다. 즉 내포적인 설교로서, 그곳에는 일부에 의한 것이 전체에 속한 것으로 나타난다. 마태복음 26장의 예증에서 보면, "제자들이 보고 분개하여 이르되"라고 언급되어 있다. 그러나 실제로는 그들 중에서 유다를 제외하고는 그렇게 말하지 않았다. 비슷하게, 현재의 경우에서도 나는 말할 수 있다. 만약 아이들이 참석을 하여 세례를 받았다면, 우리는 이것을 완전히 증명할 수는 없지만,(44) 그것은 사람들이 자기들의 죄를 자복한 것은 여전히 사실이다. 자기들의 죄를 자복할 수 있고 자복하도록 충분히 계몽되어진 모든 자들은 의심의 여지없이 그렇게 했다. 그러나 우리는 이 점을 논쟁하지 않을 것이다. 만일 본문이 유아 세례를 다루지 않는다면, 그것을 논박하는 것은 아니다. 그것은 논쟁적인 이유로 목적이 바뀔 수 있다. 우리가 처음에 묘사한 계곡의 급류처럼, 분노하는 사람은 손에 잡히는 것이 있으면 무엇이든지 간에 잡아채서 무기로 사용한다. 그것이 식탁이나 긴 의자, 혹은 걸상이나 무엇이든지 사용 가능하면 그렇게 한다. 그것은 또한 이러한 유아 세례의 문제로 괴롭히는 자들과 함께 있다. 그들은 그것을 반대하는 자신들의 모든 저술로 돌아간다. 특히 실천을 목표로 하지 않는 것들에서도 그렇다.[45] 하지만 요한은 스스로 우리에게 세례의 참된 본질이 무엇인지를 그가 말할 때 제시한다. "나는 너희로 회개하게 하기 위하여 물로 세례를 베풀거니와." 그러나 그가 어떻게 그들을 물로 회개하게 할 수 있는가? 대답은 그가 삶의 변화를 설교하고 나서 회개의 삶에 그들 스스로 서약한 사람들에게 표시로 물을 사용한 것이다. 물은 이전보다 그들을 더 나은 존재로 만든 것이 아니다. 그들은 물에 잠기는 것 없이도 그들의 삶을 쉽게 고칠 수 있다. 물에 잠기는 것은 단지 그들이 회개한 자들 중 한 사람으로 증거하기 위한 의식이다. 그러므로 그가 말할 때, "나는 너희로 회개하게 하기 위하여 물로 세례를 베풀거니와"라고 했다. 그는 세례가 우리 육신의 일평생 금욕에 입문하게 해 주는, 또한 그이 조명하심에 군사처럼 참여하거나 서약하는 입문의 표시이거나 서약임을 아주 명백하게 했다. 마가복음 1장에서 그것이 언급되어 있다. "세례 요한이 광야에 이르러 죄 사함을 받게 하는 회개의 세례를 전파하니." 재세례파들이 무엇으로 이것을 만들겠는가? 첫 번째, 그것은 "광야에"라고 말한다. 그리고 만일 우리가 말씀의 순서를 주장한다면, 승리는 우리 편에 있다. '세례'가 '가르침'보다 선행되기 때문이다. 그러나 우리는 그것을 행하지 않을 것이다. 복음주의자들이 말할 때, "요한이 세례를 베풀었다"는 그가 물세례를 베풀었다는 의미다. 또한 그가 말한 직후에, "그리고 회개의 세례를 전파하니." 그는 세례를 성취한 가르침을 언급하고 있다. 그러므로 우리가 말씀이 순서를 강요한다면, 우리는 미혹될 것이다.

누가복음 3장 본문에서도 세례가 입문의 표시임이 입증된다. 그리고 그것을 받은 자들 중에 다수가, 실제로 대다수가 요구된 서약대로 살지 않았다. 그러나 이것은 그들이 죄 없이 살 수 있음을 아는 자들을 제외하고는 세례를 받아서는 안 된다는 논점을 무너뜨린다. 누가는 다음과 같이 기록한다. "요한이 세례 받으러 나아오는 무리에게 이르되, 독사의 자식들아, 누가 너희에게 일러 장차 올 진노를 피하라 하더냐? 그러므로 회개에 합당한 열매를 맺고." 그가 그들을 꾸짖은 이유에 주목하라. 즉 그들은 세례를 자기들의 생활을 기꺼이 고치려는 표시로 받았지만 그렇게 하지 못했다. 만일 네가 말한다면, 이것은 그들이 그렇게 행동했어야 함을 입증하기에, 네가 상당히 옳다고 할 것이다. 그러나 그것은 요한이 그들에게 스스로 그들이 죄 없이 살 수 있는지를 시험하도록 부과한 것을 입증하지 못한다. 그리고 그것은 우리가 특별히 논쟁하는 것은 어떤 부류의 위선자가 반대하는 것이다. 요한은 세례를 받은 자들에게 존경함 없이 세례를 베풀었다. 그리고 그가 후에 그들이 그렇게 살지 못한 것을 보면, 그는 공개적으로 그들을 꾸짖었다. 그러나 그는 재세례파들처럼, 강요하지 않았다. 재세례파들의 비하와 논쟁 혹은 고집이 물세례의 덕에서 유래를 찾기에, 그것은 율법으로 돌아가는 것이다. 만약 그들이 오직 율법이나, 자기들의 맹세만을 위해서 하나님의 일을 한다면, 그들은 완전히 수도사 제도로 복귀하는 것이다. 실제로, 그들은 다음과 같이 말한다. 나는 내가 그렇게 하지 못하는 곳에서 내 형제들이 나를 올바르게 행동하도록 강권할 수 있게 하기 위해 재세례를 받는다. 우리의 선조들이 감당할 수 없었던 바로 그 멍에에 우리 자신을 두지 말라고 하지 않았는가? 네 자신의 믿음이 네 안에서 역사하게 하고, 너는 종교적인 사람들의 속박을 바라보지 말라. 네가 속박아래 서 있다면, 그 형제들의 책망을 피할 수 있는 곳은 어디서나, 외적으로는 속이면서 네 자신의 길로 돌아갈 것이다.

간략히 말하자면, 누가의 말씀에서 우리는 우리의 이웃에게 외적 표시를 통해 동일한 것을 증명하면서, 그리고 어떤 방식에서 우리 자신을 철회하지 않으면서, 세례가 우리를 하나님께 묶어 주는 입문의 표시나 서약임을 보게 된다. 만약 우리가 철회하게 된다면, 결과는 비밀스러워지고 믿음이 아니기 때문이다.(46)

요한복음 1장에서 유대인들은 요한에게 질문했다. "너는 어찌하여 세례를 베푸느냐?" 그러자 그는 그들에게 이렇게 대답했다. "나는 물로 세례를 베풀거니와, 너희 가운데 너희가 알지 못하는 한 사람이 섰으니, 곧 내 뒤에 오시는 그이라. 나는 그의 신발 끈을 풀기도 감당하지 못하겠노라." 이제 우리는 여기서 요한의 세례와 언젠가 세례를 받거나 가르침을 받은 모든 사람들의 세례가 오직 외적으로만 세례를 줄 수 있음을 보게 된다. 하나님 외에 내적으로 세례를 줄 수 있는 사람은 아무도 없다. 요한은(47) 누가복음 3장에서 말할 때 이 사실을 언급한다. "그는 성령과 불로 너희에게 세례를 베푸실 것이요." 그러므로 세례는 우리가 성령의 내적 세례를 즐거워하지 않는 사람들에게도 집행하고, 그들이 내적 세례를 지녔는지에 대한 지식도 없이 집행하는 입문의 표시다.(48) 그러면 왜 재세례파들은 우리가 성령을 소유한 자들이 아니면 세례를 집행할 수 없다(행 2장)고 하는가? 그래서 유아들은 성령을 소유하지 않았기 때문에, 그들에게는 세례를 베풀지 않는다. 요한과 그리스도와 사도들에게 세례를 받은 자들이 믿음을 아직 갖지 못한 것을, 누가복음에서 우리가 읽어본 것처럼, 얼마나 많이 읽는가? 유아들이 성령을 소유하지 못했다는 거짓된 주장은 헛되고 어리석은 것이다. 왜냐하면 우리는 하나님께서 어디에 거하시는지, 혹은 우리에게 선물로 주시는 은사를 어느 때에 심어 주실지, 모태에서인지, 아니면 어린 소년기인지 아니면 노년기인지 어떻게 알겠는가?(49) 예레미야는 그의 모태로부터 거룩해졌고, 모태에서 세례 요한은 성인들이 하는 것처럼 큰 기쁨으로 구주를 알아보았다. 베레스와 세라, 야곱과 에서는 그들이 태어날 때, 그 시간에 서로 다투었다. 하지만 그들이 그것을 한 것이 아니라 하나님께서 하신 것이다. 그래서 논쟁에서 그들 중 한 사람이, 유아들은 성령을 소유하지 않았다는 경솔한 주장의 가치가 무엇인가? 그는 유아들이 심지어 성령을 소유할 수 없음을 입증하려고 했다. 이것이 바로 논쟁의 결과다. 내 견해로, 나는 하나님께서 어떻게 일하시는 방법과 그분이 원하시는 때를 인정한다.

사도행전 1장에서 우리 주 예수 그리스도는 말씀하신다. "요한은 물로 세례를 베풀었으나, 너희는 몇 날이 못 되어 성령으로 세례를 받으리라." 탁월하시다. 성경은 비록 우리에게 요한의 세례만을 언급하지만, 우리는 제자들이 어떻게 세례를 주었는지를 물을 수 있다. 분명히 그들은 성령으로 세례를 받지 않았다. 오직 하나님만이 그것을 하실 수 있기 때문이다. 그래서 그들이 정확하게 요한과 같은 방식으로 세례를 받았는지를 의심할 수가 없다. 즉 그들은 가르침과 물인 외적 세례를 주었다. 그래서 첫째, 제자들의 세례는 항상 물세례처럼, 입문의 표시나 의식 이상이 아니다. 둘째, 요한의 세례는 제자들의 세례와 그리스도의 외적 세례와 같다. 그러나 우리는 장차 이것에 대해서 더 언급할 것이다.

우리는 이제 물세례가 우리를 하나님 앞에 새로운 생명을 약속하는 입문의 표시임을 가장 확실하게 배운 본문을 다룬다. 그 생명은 우리와 다른 모든 그리스도인들이 물세례의 표시를 받음으로 증언한다. 로마서 6장에서 우리는 이러한 말씀을 발견한다. "무릇 그리스도 예수와 합하여 세례를 받은 우리는 그의 죽으심과 합하여 세례를 받은 줄을 알지 못하느냐? 그러므로 우리가 그의 죽으심과 합하여 세례를 받음으로 그와 함께 장사되었나니, 이는 아버지의 영광으로 말미암아 그리스도를 죽은 자 가운데서 살리심과 같이 우리로 또한 새 생명 가운데서 행하게 하려 함이라. 만일 우리가 그의 죽으심과 같은 모양으로 연합한 자가 되었으면, 또한 그의 부활과 같은 모양으로 연합한 자도 되리라."(50)

내 첫 번째 일은 바울의 말씀의 참되고 자연스러운 의미를 보여 주는 것이 될 것이다. 그리고 나는 재세례파의 반대에 답변할 것이다.

이 구절에서 바울의 목적은 말씀을 듣고 있는 자들의 생명의 순결함을 권면하기 위함이다. 그리스도를 통해 우리가 죄를 용서받았지만, 우리는 죄 가운데 살고 있다.(51) 그래서 그는 그들에게 상당히 잘못된 것이라고 가르치며 말한다. "무릇 그리스도 예수와 합하여 세례를 받은 우리는 그의 죽으심과 합하여 세례를 받은 줄을 알지 못하느냐?" 그가 '그리스도 안에서'가 아니고, '그리스도와 합하여'라고 말한 것에 주목하라. 거기에 실제 차이가 있다. '합하여'와 '안에서' 사이의 차이점도, 우리가 앞에서 '이름으로'가 아니고, '아버지의 이름 안으로' 살펴본 것과 동일하다. '합하여'(into)는 밖으로부터 들어오는 의미로 사용된다. 예를 들어, 우리가 다음과 같이 말할 때다. "그는 집으로 갔다." 그가 밖에 있다가 안으로 들어간 것은 매우 분명하다. 그러나 '안에'는 이미 안쪽에 있을 때 사용된다. 우리를 이럴 때 사용한다. '그는 집 안에서 돌아다녔다.' 그가 움직이기 시작했을 때, 그는 이미 집에 있었음을 안다. 그래서 바울이 "예수와 합하여 세례를 받은 우리"라고 말할 때, 밖에 있는 우리가 예수 그리스도의 세례를 통해 그에게 들어갔다는 의미임에 틀림없다. 그러므로 당연히 세례는 입문의 표시다. "무릇 그리스도 예수와 합하여 세례를 받은 우리는 그의 죽으심과 합하여 세례를 받은 줄을 알지 못하느냐?" 그것은 그가 말한 것과 같다. 사람이 물에 잠길 때 (가시적으로 들어가서 그리스도와 합하는 것), 그는 그리스도의 죽으심에 잠기는 것이다. 즉 그리스도의 죽으심에 밀어 넣는 것이다. 이것은 분명히 세례 의식 자체로부터 알게 되는 것이다. 우리가 물속에 잠길 때, 그것은 그리스도 안에 우리가 묻힌다는 것, 즉 우리가 세상에 대해 죽었음을 의미하면서, 그의 죽음 안에 있음을 알지 못하는가? 또한 그리스도께서 죽음으로부터 살아나신 것과 같이, 더 이상 죽지 않고, 세례의 물로부터 일어난 우리들도 생명의 새로움 안에서 살아가야 한다. 우리가 세례의 물속에 잠길 때, 그의 죽으심과 같이 연합한 것처럼, 우리도 그의 부활하심에 그와 연합하게 될 것이다.(52)

세례가 그리스도께 우리를 소개하거나 서약하는, 그 안에서 우리가 새로운 사람이 되어 새로운 삶을 살아가는 입문의 표시라는, 바울의 이 본문보다 더욱 분명한 증거가 있다. 물속에 잠김은 죽음을 의미하는데, 그리스도께서 죽으시고 장사지내신 것처럼, 우리도 이 세상에서 죽는다는 것이다. 물로부터 다시 일어남은 그리스도의 부활을 의미하는데, 그분이 더 이상 죽지 않도록 일어나신 것처럼, 우리도 그리스도 안에서 새로운 생명을 소유한 것이며, 결코 죽을 수 없지만, 죽음에서 생명으로 옮겨갔다(요 5장). 그러나 이러한 점에서 재세례파들은 반대한다. 우리는 앞 구절의 근거를 알아야 하며, 우리는 사도가 언급하고 있는 자들에게 답변한 것을 알아야 한다. 만일 그리스께서 우리를 모든 죄에서 구원하시고, 죄가 가장 큰 곳에 하나님의 은혜가 가장 분명하게 확증될지라도, 우리는 계속 죄 가운데 있다. 그러므로 바울은 외적 세례가 아니라 내적 세례에 대해서 언급한 것이다. "우리가 알거니와, 우리의 옛사람이 예수와 함께 십자가에 못 박힌 것은 죄의 몸이 죽어 다시는 우리가 죄에게 종노릇 하지 아니하려 함이니." 이 말씀은 그가 외적 세례가 아니라 내적 세례를, 즉 참된 세례를 언급하고 있음을 아주 분명하게 한다. 나의 대답은 이렇다. 나는 앞과 뒤의 모든 근거를 파악하여, 자만하지 않고, 네가 이미 보기 이전에 오랫동안, 나는 너보다 훨씬 더 나은(verbo absit invidia) 이 구절의 의미를 알았다. 그러나 나는 너에게 그것보다 훨씬 더 강력한 답변을 주어야 한다. 이 구절에서 바울이 옛사람의 죽음과 새로운 생명에 대해 언급하고 있다는 것을 부정할 사람은 없다. 그러나 그의 의미를 명백하게 보이기 위해서 그는 물세례를 표상이나 예증으로 소개한다. 그것은 그가 언급한 것과 같다. "죄에 대하여 죽은 우리가 어찌 그 가운데 더 살리요?" 너의 외적 세례는 네가 옛 생활을 계속할 수 없음을 보여 주어야 하기 때문이다. 네가 외적 세례에 서약했을 때, 그것은 네가 그리스도의 죽으심과 합하여 서약했음을 의미한다.(53) 곧, 그리스께서 너를 위해 죽으신 것처럼, 너도 옛사람을 죽여야 한다. 그래서 네가 다시 일어날 때,

그것은 그리스도의 부활을 의미하는 것으로, 그분 안에서 너는 다시 일어나 삶의 새로움으로 이제 행하는 것이다. 사실, 그의 모든 가르침 안에서, 옛사람의 죽음과 그리스도 안에서의 새로운 삶에 관해서, 바울은 그가 세례의 예증이나 표상으로 사용할 때보다 그의 의미를 명확하게 해 준 곳은 어디에도 없다. 그래서 물세례는 그가 그것에 근거를 둔 가르침을 위해 그것이나 다른 아무런 토대가 없다는 특징을 지녀야만 한다. 그래서 당연히 물세례는 우리를 새로운 삶으로 서약하며, 우리를 그리스도께 접붙이는 입문의 표시다.(54) 이러한 연관에서 먼저 바울이 세례의 표시를 억지가 아닌, 그리스도인의 생활을 위한 친밀한 권면으로 사용한 점에 주목하라. 그것은 네가 외적 세례와 내적 세례를 동일시할 때 네가 해야 할 것이 무엇인지를 제시한다. 나는 이제 어떤 공격이 처벌되지 않고 그냥 가게끔 인정하지 않음으로 강제적인 출교에 대해 생각하는 것이 아니라,(55) 네가 세례 받은 자들이 죄 없이 산다고 말할 때, 네가 규정한 대로 말하고 행동하고 입는다고 네가 부과한 억지를 생각하고 있다.(56) 그것은 파벌이나 종파를 형성한다. 세례는 비록 그것이 수도사의 서약이었을지라도, 억지로 집행해서는 안 된다. 이에 반해, 우리는 모든 사람이 하나님께서 친히 권면하신 것처럼, 하나님의 이름 안에서 자유롭게 살도록 해야 한다. 둘째, 나는 너의 말을 너의 행동으로 입증하지 못함을 지적해야겠다. 참된 세례가 옛사람을 벗어버리고 새사람을 입는다면, 실제로 그것처럼, 왜 너는 외적 물세례를 반복하길 시작하는가? 우리는 끊임없이 너에게 말하지 않았는가. 하나님의 은혜가 허락하는 대로, 가서 가능한 최상으로 그리스도인의 삶을 살아라. 그러나 재세례를 피하라. 재세례를 통해 분명히 너는 분파를 형성하기 때문이다. 그리스도인의 삶은 제세례가 없어도 더 잘 살 수 있다. 하나님의 말씀에 재세례의 근거가 없기 때문이다. 재세례의 유일한 출처는 수도원 제도 아래의 경우에서 항상 그랬던 것처럼, 반발을 유발시키는 억지뿐이다.(57) "하나님의 나라는 성령 안에 있는 의와 평강과 희락"이기 때문이다(롬 14장). 너는 참되고 구원 받을 만한 세례를 받을 수 없는가? 즉 너는 아무런 근거도 없는 외적 세례 없이, 네 자신을 하나님께 내적으로 변형할 수 없는가? 너는 하나의 극단으로부터 다른 극단까지 생각이 흔들리고 있다. 만일 네가 강제로 세례를 받는다면, 너는 대수롭지 않은 일처럼 그것을 가볍게 다룬다. 만약 평화를 위해서 다른 사람들이 그것을 가볍게 다룬다면, 너는 그것을 고상하고 중요한 것으로 만든다.(58) 만약 다른 사람들이 너의 본을 따른다면, 그들이 세례를 받는 대로 너는 그들을 새로운 삶을 시작한 자로 다룬다. 만약 그러한 것이 실제 경우라면, 우리는 림마트(Limmat)에서의 온천을 너무 좋아했을 것이다.[59] 모든 선한 그리스도인들은 우리를 분열시키려는 악한 자들이 사용하는 예술을 잘 주목하라. 우리가 나뉠 수 없으면, 우리의 주장이 커질 것임을 그는 알기 때문이다. 그러나 "우리 안에 계신 이가 세상에 있는 자보다 크심이라"(요일 4장). 근본적 진리를 가르치기 위해 사도 바울이 사용한 예화에는 새로운 것이 없음을 덧붙일 수 있다. 고린도전서 10장에서 그는 우상과 함께 교제하지 말아야 함을 보여 주기 위해 주님의 만찬 교제를 사용한다. 그는 그의 가르침을 예화에 두는데, 예화 속에서 그는 주님의 만찬의 올바른 사용을 설명할 수 있기 때문이다. 그것은 현재의 경우와 동일하다. 외적 세례에 의해 그는 내적 세례와 새로운 삶에 대한 가르침을 주지만, 그러한 방식에서 우리는 또한 외적 세례 자체의 본질과 특성을 배운다.[60]

우리는 이제 세례가 어떤 종류의 표시나 성례인지를 충분히 명료하게 했다. 우리의 다음 일은 그것의 효력이나 성취가 무엇인지를 고찰하는 것이다.

이러한 면에서 나는 재세례파들이 논쟁을 통해 많은 유익한 결과를 가져왔음을 기꺼이 인정한다. 첫째, 그것은 우리로 하여금 굿, 침, 소금, 이와 유사한 것들이 덧붙여진 인간의 무가치함을 확신시켰다. 많은 허황된 꿈과 신앙이 이러한 것들에 집착하게 하는데, 그것들이 마술의 형태와 같기 때문이다. 참으로 그것들은 가장 초기 시대부터 우리에게 전해져 내려왔지만, 선조들은 우리가 하는 것처럼 동일한 이유로 그것들을 경외하지 않았다. 그리고 그것들은 하나님께서 제정하신 것이 아니라, 인간이 첨가한 것이다. 그것은 다음과 같은 토대 위에 허락될 수 있었다. 즉 이스라엘의 자녀들처럼, 새롭게 변화된 그리스도인들이 이집트로 돌아가려고 했고, 이교주의 가운데 그러한 의식들을 사용했다. 그것들을 가능하게 하기 위해 이러한 의식들을 더욱 쉽게 포기하여 초기 그리스도인들이 그것들을 다른 용도로 적응시켰다. 그러나 그것들을 완전히 폐지하는 편이 더 낫다.[61] 어떤 경우에 일시적으로 약점을 위해 허락되는 것을 무한정으로 인정해서는 안 된다. 진리를 한 번 배우면, 어둠이 사라져야 하기 때문이다. 어떤 이들은 세례에서 행하는 그리스도인의 기도를 거절하기까지 한다. 내가 그리스도인으로 말하는데, 그들은 상당히 잘못하는 것이다. 그리스도는 아이들이 그분께 올 때, 친히 유아들을 축복하셨다(막 10장).[62]

둘째, 우리가 제시한 논쟁은 죄를 씻는 것이 물을 붓는 것은 아니라는 것이다. 그것은 비록 하나님의 말씀 안에서 어떤 권위가 없어도, 우리가 한 번 믿는 것이다. 우리는 또한 그들이 전혀 하지 않는 세례의 물이 아이들을 죄로부터 깨끗하게 함을 믿는다.[63] 또한 그것이 없으면 그들은 저주를 받는다고 믿는다.[64] 이러한 신앙은 모두 잘못된 것인데, 우리가 나중에 살펴볼 것이다. 물세례는 어떤 방식으로도 죄를 씻는 역할을 할 수 없다. 사도 베드로는 베드로전서 3장에서 이것을 보여 준다. '방주에서 물로 말미암아 구원을 얻은 자가 몇 명뿐이니 겨우 여덟 명이라. 물은 예수 그리스도께서 부활하심으로 말미암아 이제 너희를 구원하는 표니 곧 세례라. 이는 육체의 더러운 것을 제하여 버림이 아니요, 하나님을 향한 선한 양심의 간구니라.' 우리는 이 구절에서 베드로가 세례가 육체를 씻을 수는 있을지라도, 물세례가 할 수 있는 것은 그것이 전부다. 하지만 세례가 죄를 제하여 버릴 수 없다는 견해를 분명히 했음을 볼 수 있다. 죄는 오직 하나님을 향한 선한 양심을 통해서만 사라진다. 그러나 우리가 이미 히브리서에서 증명한 대로, 어떤 물질도 양심을 깨끗이 할 수 없다. 일부 초기 교부들은 그 점에 대해 잘못 이해했는데, 요한복음 3장에서 주님이 니고데모에게 말씀을 하셨을 때, 그들이 그리스도의 말씀을 오해했기 때문이다. "진실로 진실로 네게 이르노니 사람이 물과 성령으로 나지 아니하면 하나님의 나라에 들어갈 수 없느니라." 이러한 교사들은 그분이 물질적 물을 의미한다고 생각했고, 계속해서 그들은 의롭게 되는 것보다 물로 인한 것으로 보았다. 그래서 같은 장에서 계속 말씀하시는 것을 주목하지 않고, 물 자체가 깨끗하게 할 수 있다고 주장하게 되었다. "육으로 난 것은 육이요 영으로 난 것은 영이니." 이러한 말씀으로부터 그들은 물질적 물이 물질적인 것 외에는 어떠한 것도 만들 수 없음을 한 번에 알았어야 했다. 바로 그 이유 때문에, 물질적 물은 영혼의 정결에 어떠한 것도 기여할 수 없다. 그들이 다음과 같이 답변할 것이다. 사실, 물질적 물은 아무것도 아니지만, 그것은 아우구스티누스가 말한 대로, 말씀에 의해 물과 함께 시행되었다. "성례가 그러한 것처럼, 말씀은 하나의 요소로 만들어졌다."[65] (나는 아우구스티누스를 비판하는 것이 아니라,[66] 그를 잘못 이해한 자들을 비판하는 것이다.) 선포된 말씀이나 물질적 말씀이 물보다 더 큰 능력을 가지고 있지 않다는 것도 여전히 그러한 경우다.[67] 하나님 외에는 죄를 제거할 분이 아무도 없다. 그래서 그들이 말하는 대로 말씀과 요소가 함께 성례를 구성한다면, 성례는 결코 영혼을 깨끗하게 할 수 없다. 그것은 단지 외부적인 것이기 때문이다. 영혼을 구원하는 말씀은 외적으로 선포된 말씀이 아니라, 내적으로 이해하고 믿는 말씀이다. 우리가 지금 제시한 것처럼, 그리스도께서 여기에서 언급하신 것이 바로 그 물에 대한 것이다. 요한복음 7장에서 예수님은 말씀하신다. "누구든지 목마르거든 내게로 와서 마시라. 나를 믿는 자는 성경에 이름과 같이 그 배에서 생수의 강이 흘러나오리라." 이 구절에서 그리스도께서, 그 물이 영혼을 살아나게 한다는 말씀을 우리는 명확하게 본다.(68) 그러나 그 물은 그리스도 자신 외에 아무것도 아니다. 그리스도께서 영혼의 유일한 위로와 양식이기 때문이다. 그러므로 초기 본문의 의미는 이것이다. 성령으로만 할 수 있는 것으로 나를 알고 나옴으로, 나를 믿음으로 새롭게 된 사람을 제외하면, 내 아버지 외에는 어느 누구도 그를 나에게로 오게 할 수 없다. 정말로 사람이 거듭나지 않으면, 천국에 들어갈 수 없다. 이것이 진정한 의미이며, 유일한 복음이다. 그리스도는 동일한 메시지를 여러 다른 장소에서 전파하셨고, 수많은 다른 모양의 설교에 사용하셨다. 요한복음 4장에서 그분은 사마리아 여인에게 말씀하신다. "내가 주는 물을 마시는 자는 영원히 목마르지 아니하리니, 내가 주는 물은 그 속에서 영생하도록 솟아나는 샘물이 되리라." 그분의 의도는 단순히 그분을 알고 믿는 자들이 하나님께 간다는 것이다. 어디서나 그분은 그의 청중들이 그것을 가장 잘 이해할 수 있도록 복음을 선포하셨다. 그것이 바로 그분이 요한복음 6장에서 가르치신 복음이다. "썩을 양식을 위하여 일하지 말고 영생하도록 있는 양식을 위하여 하라. 이 양식은 인자가 너희에게 주리니." 이 구절에서 그분을 신뢰하는 것은 양식으로 불린다. 그 후에, 구원의 길을 제시하면서, 즉 그분이 주시는 떡이나 양식이 구워지거나 준비되어 있다는 것은 우리를 위해 죽음으로 내어 놓으신다는 것이다. 그분은 계속해서 말씀하신다. "인자의 살을 먹지 아니하고, 인자의 피를 마시지 아니하면, 너희 속에 생명이 없느니라." 여기에서도 그분의 유일한 목적은 복음을 전하는 것이다. 그분이 우리를 위해 죽음으로 내어 주셨고 우리를 그의 피로 씻기셨음을 우리가 믿지 않으면, 우리가 영적 양식을 신뢰하기 위해 그 사실을 신뢰하지 않으면, 우리에게는 생명이 없다. 그것은 이 말씀으로 요약된다. '나를 믿는 자는 영생을 가졌나니'(요 6장). 그리고 "나로 말미암지 않고는 아버지께로 올 자가 없느니라"(요 14장). 또한 "내가 땅에서 들리면 모든 사람을 내게로 이끌겠노라"(요 12장). 그래서 요한복음 3장에서는 "사람이 물과 성령으로 나지 아니하면 하나님의 나라에 들어갈 수 없느니라." 그분은 단지 갈급한 심령을 새롭게 하는 물질적 물로 영혼을 살아나게 할 수 있는 복음적 교훈을 가르치고 있다. 또한 그분이 이러한 방식으로 물을 적용했을 때, 우리가 구약성경에서도 유사한 적용을 발견할 수 있기에, 그것은 그리스도에 의한 혁신이 아니었다. 이사야 55장에 나온다. "오호라, 너희 모든 목마른 자들아! 물로 나아오라. 돈 없는 자도 오라. 너희는 와서 사 먹되 돈 없이, 값없이 와서 포도주와 젖을 사라." 선지자는 값없이 주는 선물에 신속히 오길 권고하고 있다. 영혼의 참된 안식을 주시는 그리스도에게 오면, 그 안에 우리가 마실 모든 것이 있기 때문이다. 스가랴 14장에서도 우리는 그 말씀을 발견한다. '그날에 생수가 예루살렘에서 솟아나서,' 또한 다른 여러 곳에서도 발견된다. 그러므로 그 문제의 구절은 먼저 공개적이고도 명백하게 물의 형태로 드러난 복음의 선포다. 요한복음 3장을 읽어보면, 그리스도께서 니고데모에게 복음을 가장 분명한 양식으로 가르치신 것을 보게 된다.

그럼에도 불구하고 우리는 본문에 관한 논쟁을 계속하는 자들을 반박하기 위한 주장을 할 것이다. 만일 네가 여기에서 '물'이 물질적 물이라고 주장한다면, 너는 마태복음 3장의 '불'을 물질적 불로 인정해야 할 것이다. 그 본문에서 요한이 말한다. 그는 성령과 불로 너희에게 세례를 베푸실 것이요. 그러나 너는 말한다. 그 경우는 똑같지 않다. 우리는 물로 세례를 주지, 불로 세례를 주지 않기 때문이다. 내 답변은 이렇다. 사실 불로 주는 세례가 있다. 그리스도께서 사도행전 2장에서 거짓말하지 않으시고, 불의 혀와 같이 제자들에게 세례를 주셨다.[69] 그러므로 마태복음 3장의 '불'이 물질적 불로써 이해되지 않는다면, 요한복음 3장의 '물'이 물질적 물로 이해될 수 없다. 우리는 물세례를 거부하지 않는다. 그것은 성경의 다른 구절에 기초한다. 요한복음 3장,[70] 마가복음 1장 등이다. 그러나 그들이 이 점을 이해하지 않기 때문에, 인도 그리스도인들은 외적 세례의 집행에서 실수를 범한다. 먼저 그들은 물로 세례를 베푼 후에 머리 위에 표지를 태운다.[71] 그들은 요한복음 3장의 '물'을 물질적 물로 잘못 안 것처럼, 마태복음 3장의 '불'을 물질적 불로 착각하기 때문에 그렇게 행한다. 실제로 우리가 물을 물질적 물로 여긴다면, 그들은 자기들의 세례가 옳고 우리는 틀렸음을 우리에게 쉽게 확신시킬 수 있었을 것이다. 왜냐하면 우리가 불로 세례를 받지 않았기 때문이다. 그래서 아직도 물을 물질적 물로 이해한다면, 그들은 우리가 살펴본 물에 대한 본문처럼, 불에 관한 본문을 명확하게 했을 것이다. 교부들은 이러한 물세례의 문제에서 실수를 범했다. 그들은 물 자체가 정결함과 구원의 효력이 있다고 생각했기 때문이다. 그러한 상황에서 실수는 불가피했다. 그래서 한 가지 결론은 그들이 유아 세례를 위한 참된 토대를 발견하지 못한 점이다. 그들은 그것을 외적 물세례의 부분에 기초를 두었기 때문이다.(72) 그러나 외적 물세례는 영적으로 깨끗하게 할 수 없음이 분명하다. 그러므로 외적 물세례가 단지 외적 의식, 즉 우리가 주 예수 그리스도의 지체가 되고 접목되는, 그리고 그분께 삶을 서약하고 그분을 따르는 외부의 표시임에 불과하다. 예수 그리스도 안에서 할례나 무할례나 어떤 것도 효력이 없는 것이지만, 새로운 피조물, 새로운 생명의 삶이다(갈 6장). 그래서 우리를 구원하는 것이 세례가 아니고, 새로운 생명이다. 그러므로 논쟁의 선한 결과 중 하나는 세례가 구원이나 정화를 할 수 없음을 우리에게 가르쳐 준 것이다. 하지만 나는 다른 면에서 재세례파들 스스로 물세례에 너무나 많은 축적을 한 것을 생각하지 않을 수 없다. 그러한 이유로 그들은 한 편에서는 실수를 하고, 다른 한 편에서는 교황주의자들로 행한다. 비록 세상 전반은 그것을 반대하며 전개되었지만, 외적 요소나 행동이 영혼을 정화시킬 수 없다는 것은 분명하고 논의할 필요도 없다. 그러나 그 논쟁에서 그들이 세례의 순간에 위대한 해방을 경험했다고 공개적으로 주장하는 일부 사람들이 있었다. 이것에 대해 미코니우스는 질문했다.(73) 너는 상당한 불안으로 세례를 받으러 오지 않았는가? 그들 중 한 사람이 답변했다. 그렇다. 그들이 죄 없이 살 수 있음을 아는 자가 아니면 그에게 세례를 베풀어서는 안 된다고 주장하기 때문이다. 그러나 미코니우스가 말했다. 세례에서 네가 경험한 해방은 단지 네 스스로 만든 불안의 멈춤이었다. 하지만 그들은 하나님께서 그들에게 무언가 상당히 새로운 것을 행하셨다고 확언했다. 바로 그 경험은 우리가 회개할 때 한 번 했다. 우리가 자백하기 전에는 우리는 큰 위협과 재난에 있었기 때문이다. 그러나 우리가 경험한 그 순간으로 우리는 다음과 같이 말한다. 찬양 받기에 합당한 하나님, 나는 큰 기쁨과 새로움을 느낀다. 우리가 실제로 느낀 모든 것은 이전의 긴장에 대한 완화였다. 하지만 고백자는 고해성사나 교황의 사죄 선언 안에서 그가 자백하는 순간 큰 회복을 경험했다고 쉽게 주장할 수 있었다. 그리고 그것은 단지 그의 불안의 제거였다. 이것은 우리의 삶이 연속적인 어떤 큰 변화를 경험하지 않는다는 사실에서 입증된다. 이제 재세례를 받도록 허락하는 자들은 동일한 경험을 많이 한다. 그것의 참된 근원은 사실 하나님의 말씀 안에 아무런 토대가 없다는 것이다. 그러므로 양심은 그것을 반대하며, 그것은 걱정하며 두려워한다. 그러나 행위가 이루어진 대로, 우리는 자신을 강화하면서 그 위험을 받아들인다. 그러면 우리는 모든 사람이 우리가 비난을 면하기 위해 한 것처럼 행동하길 원한다.[74] 오, 그러나 그들은 우리가 이전에 죄인이었음을 말하지만, 이제 우리가 더 이상 죄인이 아니라고 말한다. 나는 답변한다. 수도사들은 그렇게 말하고 했다. 그래서 우리는 그들이 가장 큰 죄를 범하고 있었다는 그러한 종류의 진술을 함으로 올바르게 대답했다. 이제 사탄은 우리를 동일한 악한 길로 돌아가도록 이끌고 있다. 우리는 그의 술책을 폭로했고, 수도사들의 위선을 드러냈다. 이제 그는 새로운 속임수를 하려고 한다. 그는 빛을 사용하면서 우리를 어둠으로 이끌고 가려고 한다. 다시금 그들은 말한다. 우리는 형제들이 재세례를 통해 우리가 죄에 대한 충동이 생길 때, 우리를 제지할 수 있는 힘과 권위를 지닐 수 있도록 재세례 받는 것을 인정한다. 이것은 수도원, 분리주의, 분파주의, 새로운 율법주의와 다를 바가 없음을 잘 주목하라. 우리 그리스도인들은 율법의 강요 하에서가 아니라, 믿음 하에서 올바르게 행동하기 때문이다.[75] 그러나 사람이 세례 받은 형제들에 의해서 그렇게 억지로 행동하기 때문에, 그가 올바르게 행동할지라도 그것은 더 이상 믿음에 의한 것이 아니다. 본래 거기에는 처벌되어야 하는 어떤 불법이 있지만, 그 처벌은 교회와 재세례파 분파가 아닌 사람들에 의해 집행되어야만 한다. 그러나 그들은 말한다. 우리가 교회다. 우리 교회에 속하지 않은 자들은 그리스도인이 아니다. 교회는 우리가 세웠다. 우리 이전에는 교회가 아니었다. 나는 대답한다. 정확히, 그것은 맨 처음부터 내가 말한 대로다. 문제의 근원은 재세례파들이 자신들을 제외하고는 아무도 그리스도인이나 교회로 인식하지 않는 것이다.[76] 그리고 그것은 항상 자신들의 권위로 스스로를 분리시키는 분파주의자들의 방식이다. 그것은 진정한 교회들의 승인이나 동의 없이 참된 교회라고 주장하는, 교황 스스로가 행한 것이다. 사도행전 20장에 나오는 흉악한 이리들이 사람들이 자기들을 좇게 한다는 구절을 주의 깊게 연구하라. 그러면 너는 네 자신이 모습을 발견하게 될 것이다. 아니, 너는 강탈자다. 너는 재세례를 받지 않는 자들까지도 그리스도인으로 인정해야 한다. 또한 너는 그들이 너를 그리스도인으로 인정하는 것을 인해 기뻐해야 한다. 다른 사람들을 무시하는 너를 용인하기보다는 너를 배제하는 것이 아니라, 너를 추방하는 것이 훨씬 더 낫다.(77) 이러한 이유 때문이다. 너는 단지 네 자신의 권위로 교회와 의논하지도 않고 어떻게 감히 교회 안에서 혁신을 이야기하는가? 나는 하나님의 말씀이 공개적이며 성실하게 선포되는 교회만을 말한다. 신기하거나 이상한 의견을 지닌 모든 얼간이들이 그 주변에 분파로 모이는 것을 허락한다면, 수많은 분열과 분파가 생겨나서, 우리가 그러한 어려움으로 현재 세우고 있는 그리스도의 몸이 각각의 개별 회중으로 산산조각 깨질 것이다. 그러므로 교회들의 일반적 동의 없이, 단지 단일 교회만의 어떤 혁신도 행해서는 안 된다. 성경에서의 판단은 나의 것이나 너의 것이 아니고, 교회의 것이기 때문이다(고전 14장). 그것을 행할 수 있는 열쇠가 교회에 있기 때문이다(요 21장).(78) 그러면 이러한 반항이나 분열의 참된 본질은 무엇인가? 그것은 그 안에 하나님의 말씀을 듣고 믿는, 그리고 하나님이 허락하시는 대로 그것을 복종하는 회중 안에 이런 종류의 혁신을 소개하고자 하는 모든 자들을 포함한다. 이제 내가 말한 대로, 사탄은 우리에 대해서 상당히 교활하다. 그는 복음이 확산되는 경향을 어떻게 점검해야 하는지를 잘 안다. 그러므로 선한 그리스도인들은 너무 빨리 나아가려고 밀어붙이지 않는다. 연약한 자들에 대한 고려 없이 강요하는 것은 강한 표시가 아니라 기다리지 못하는 침착하지 못한 영이다.(79) 나는 하나님의 말씀이 선포되고 외적 일들이 있는 교회들에 대해 말하고 있다. 다른 문제들에서 각각의 그리스도인이 하나님께서 허락하시는 은총으로 내적 사람 안에서 그리스도를 따르는 것은 올바르고 적합하다.

그러나 이러한 점에서 그들은 질문한다. 우리가 하나님의 말씀을 따라 사는 것이 올바르고 적합한 것이 아닌가? 반드시, 네가 논쟁적인 문제를 혁신하지 않는다면, 너는 외적이며 대수롭지 않은 것에 네 형제의 길에 방해물을 놓지 않도록 가장 먼저 배울 것이다(롬 14장). 우리가 재세례처럼 얼마나 많이 외적인 일에 방해물을 놓았으며, 하나님의 말씀 안에 보증을 가지지 않았는가? 로마서에 있는 그 구절에서 바울은 고기에 대해 언급하고 있다. 그리고 그것은 성경의 명확한 본문을 통해 고기는 대수롭지 않은 것임이 제시될 수 있다. 그러나 재세례의 경우에는 그렇지 않다. 고기와 달리, 세례는 의식이나 서약이다. 그러나 그들은 말한다. 일이 폐지되거나 시작되어야 할 때, 그리고 당국자들이 행동하지 않을 때 기회가 생긴다. 그러나 재세례와 같은 문제가 있다면, 우호적인 토론을 위해 전체 교회에 제출하면서, 성경 연구를 위한 충분한 시간을 허락하면서, 그리고 성경의 가르침을 충성스럽게 수용하면서, 그것을 대수롭지 않은 일로 다루어야 한다.(80) 그러나 너는 교회들에 강요하고 있다. 그것은 그들이 초심자의 말을 시도하는 것이지, 초심자들을 위해 그것을 강요하는 것이 아니다. 그래서 그리스도의 교회는 결코 너에게 재세례를 베풀라고 권한을 주지 않았다. 재세례를 위한 보증이 없음을 알기 때문이다. 고기에 대한 선택처럼 그러한 문제에서도 동일한 절차가 이어져야 한다. 혁신을 바란다면, 감독이나 선지자는 먼저 교회를 가르쳐야 하고, 회중을 위해 논쟁과 강제력을 그쳐야 한다. 그러나 이 점에서 이렇게 언급될 수 있다. 가르침을 받길 거부하는 당국자들의 문제는 발생하지 않는가? 그것은 사실이다. 그러한 경우에는 반대하지 않는 사람들 가운데서, 사적인 그리스도인으로서 신실하게 가르치고 너의 자유를 실천하라. 당국자들이 깊이 감동될 때까지 그것을 증대하면서, 하지만 하나님께서 친히 역사하시도록 하면, 하나님께서 신자들의 마음에 그의 말씀을 심을 것이다.(81) 그래서 회중을 분열시키기만 하는 외적 문제에서, 네가 명확한 본문을 가지지 않았다면, 교회의 이전 결정 없이 네 자신의 이유에 근거한 어떤 혁신도 독처럼 피하라. 그러나 재세례파들이 이러한 면에서 어떻게 입장을 취하는지 주목하라. 그들은 우리의 한 가운데에서 어느 누구에게도 말하지 않고, 그들이 합법적 소명을 받지 못한 회중에서 그들의 공중 설교에서 말하지 않고 혁신을 했다.(82) 이러한 고려 가운데, 성경으로부터 증거를 제시하는 것은 거의 필요하지 않다. 만약 거기에 은폐하여 말하는 자가 있다면, 그것은 어디서나 발견될 수 있다.

요한복음 3장의 본문으로 돌아가자. 재세례파들이 중간에 끼어들 수 있다. 만일 물이란 단어가 그리스도를 통한 복음이나 갱생을 의미한다면, 왜 너는 이 본문에 따라 물이 성령보다 선행한다는 논쟁에서 반박하지 않는가? 나는 답변한다. 세상이 너의 중상적인 언급에 의해 거짓으로 채워지지 않도록 우리는 이러한 논쟁의 유형을 억지로 사용한다. 그것은 언젠가 레오 유드가 재세례파와(83) 논쟁했을 때와 동일했다. 그 재세례파는 우리가 성경의 문자적 말씀에 머물러야 하며, 기록된 말씀을 지켜야 한다고 주장했다. 그러므로 레오 유드는 답변했다. 나에게 말해 보라. 그리스도께서 말씀하신 요한복음 3장의 '물'이란 단어를 네가 얼마나 이해했는가? "사람이 물과 성령으로 거듭나지 아니하면." 그 사람은 오랫동안 머뭇거렸지만, 여기서 물이 세례의

184

물질적 물 외에는 아무것도 아니라는 견해를 받아들이지 않았다. 그는 단순한 외고집으로 이렇게 했다. 종종 우리가 여기서 물은 고백이며 그리스도에 대한 신앙이라고 말한 것을 들었기 때문이다. 그러나 그것은 본문의 글자와 다르지 않았다. 그래서 레오는 말했다. 만일 네가 글자에 머물러야 한다면, 이 구절에서 '물'은 성령 이전에 놓여 있다. 그러므로 너의 신앙에 따라 우리는 가르침을 주기 이전에 물세례를 줄 수 있다. 그리고 그들은 그 글자를 포기하기보다는 오히려 어떤 답변도 하지 않는 편이 낫다. 만약 그들이 한번 마태복음 28장의 본문을 그들의 손으로부터 내던지고 없앤다면, 그들은 유아 세례의 문제를 주장할 수 없을 것이다. 그래서 그들은 다른 사람들로부터 강제로 제거되지 않기 위한 유일한 본문에서 최악의 것으로 스스로 인정했다. 그러나 가장 어리석게도, 그들의 견해가 하나의 본문으로 반박이 되었다면, 그들에게 조금이라도 도움이 될 수 있는 것은 아무것도 없다. 만약 그들 중 누군가가 우리의 해석을 알지도 못했다면, 그들은 그렇게 수많은 문제들에서 자기들을 타락의 길로 이끈 대단한 교사들에게 감사해야 한다. 지난 여름에 열린 두 번의 개인적 토론에서 본문에 대한 우리의 주석을 나중에 들었기 때문이다.[84] 그 본문은 우리가 유아 세례를 옹호하는 데 가장 유용했을 것이다. 또한 교부들은 모두 그 물은 세례의 물이 된다고 간주했다. 그것은 우리에게 큰 도움이 되었다. 그러나 우리는 그 본문을 곡해하길 거부했다. 성경의 참된 의미와 씨름함으로 언제 우리가 스스로를 옹호하겠는가? 우리는 위에 있는 것들을 반대했는데, 그들 스스로의 완고함을 드러내기 위해서, 그뿐만 아니라 그들 대다수가 아무런 목적이 없음을 드러내기 위함이다.

세례의 기원과 제정[85]

세례의 제정에 관해 재세례파가 받아들이기 어려워하는 부분이 있다. 그들은 세례가 마태복음 28장, "그러므로 너희는 가서 모든 민족을 제자로 삼아 아버지와 아들과 성령의 이름으로 세례를 베풀고 내가 너희에게 분부한 모든 것을 가르쳐 지키게 하라"에 기초하고 있다고 말한다. 그러나 그런 것이 아니다. 세례는 그때 제정된 것이 아니다. 왜냐하면 제자들과 예수님이 이미 오래전에 세례를 받았기 때문이다. 그러므로 당연히 세례는 이미 그전부터 제정된 것이다. 하나님이 세례 요한으로부터 세례를 제정하신 것을 주목하라. 그래서 그의 이름이 '세례자'인 것이다. 하나님께서 말라기 선지자를 통해 말씀하신다. "보라 내가 내 사자를 보내리니 그가 내 앞에서 길을 준비할 것이요." 이 사자 또는 천사는 바로 다름 아닌 세례 요한이 아닌가(막 1장). 요한이 와서 세례를 베풀었고, 우리는 이것을 모든 복음 증거들에게서 명백하게 볼 수 있다. 그러나 그가 주님의 길을 예비하고 준비하러 왔다면, 그리고 그가 세례를 베풂으로써 그 사역을 완수했다면, 그는 주님의 세례 사역을 시작했다는 것이 확실하다. 그러나 재세례파들은 다음과 같이 말한다. 요한의 세례와 그리스도의 세례는 다르다. 그들이 그렇게 주장할 때 그들만 그런 것은 아니다. 내가 지금까지 읽어본 많은 신학자들도 그와 똑같이 주장하기 때문이다. 그러므로 내가 이들에 대해서 반대 주장을 펴기란 결코 쉬운 일은 아니다. 재세례파들과 교황주의자들이 합세해서 나를 공격한다면, 우리 시대에 그 어느 신학자가 당했던 어떤 고난보다 더 큰 고난을 받아야 할 것이 분명하기 때문이다.(86) 그렇다면 나는 어떻게 해야 하는가? 내가 진리를 포기해야만 하는가? 나는 그렇게 할 수 없다. 왜냐하면 이미 진리는 다수에 의해서 버려졌고, 이해의 부족은 많은 실수와 이견을 낳았기 때문이다. 나 자신의 말이 아니라 굳건한 반석이 되는 하나님의 말씀에 기초하는 한, 진리를 사수하는 작업은 나에게 있어서 그렇게 힘들거나 까다로운 작업이 아니다. 그리고 그렇게 함에 따라, 나는 세례가 어디로부터 유래했고, 어떻게 제정되었는지에 대해서 밝힐 수 있다. 이렇게 함으로써 일석이조의 효과를 얻을 수 있다.(87) 요한의 세례가 그리스도의 세례와 동일하다면, 우리는 이미 세례 요한이 세례를 베풀기 시작했을 때, 세례의 사역이 시작되었다는 것을 이미 살펴보았다. 그리고 그때 이미 세례가 시작되었다고 한다면, 마태복음 28장에서처럼 예수님 부활 사건 이후가 아니다. 다시 말하면, 그리스도가 이미 그의 제자들에게 세례를 베풀어 주셨다는 것이 증명될 수 있다면, 세례는 예수님의 부활 이전으로 그 시작점을 찾을 수 있다. 그렇지 않다면 그리스도는 두 가지 세례를 가졌고, 우리가 다음에 보는 바와 같이 이것은 이해하기가 어렵다.

이제 우리가 이미 말라기 선지자를 통해 보았던 본문에서 요한의 외적 세례는 그리스도의 외적 세례와 마찬가지라는 것을 보여 준다. 왜냐하면 만일 요한의 세례가 그리스도의 세례와 다르다고 한다면, 그는 이사야 40장에 예언된, 주님의 길을 예비하는 일을 한 것이라고 할 수 없고, 다만 자기 길을 갔을 뿐이기 때문이다. 그러나 이와 같은 해석은 선지자로서의 그의 사역에서 꽤 벗어나는 것이다. 선지자들은 어떤 새로운 것을 소개했던 것이 아니고, 사람들을 하나님께로 이끌며 하나님의 사역을 한 사람들이기 때문이다.

재세례파들과 교황주의자들은 요한의 세례가 그리스도의 세례의 한 유형이라고 주장한다.[88] 그러나 그렇게 함으로써 그들의 그리스도와 요한 모두에게 불경과 불의를 행하는 것이다. 그리스도께는, 그들이 주님의 말씀을 경시했기 때문이다. 누가복음 16장에서 "율법과 선지자는 요한의 때까지요. 그 후부터는 하나님 나라의 복음이 전파되어"라고 주님은 말씀하신다. 그러나 율법과 선지자가 요한의 때까지라고 한다면, 그리고 그 후로부터 하나님 나라의 복음이 전파되었다면, 필연적으로 하나님의 나라는 그림자라든가 한 가지 유형 이상의 의미를 지닐 것이다. 우리는 세례 요한이 하나님의 나라, 즉 복음을 전파했던 것을 그리스도 자신으로부터 그것을 명확하게 받았기 때문이다. 그러나 요한이 그리스도의 나라를 전파했다면 요한은 그리스도의 세례를 베풀었다. 요한의 세례가 단지 장차 올 미래의 세례의 그림자에[89] 불과하다면 어떻게 요한의 교리가 빛의 교리가 될 수 있었겠는가?

그들은 요한에게도 불경과 불의를 행한 것이다. 그들은 요한을 하나의 유형으로 만든 것이며 그를 구약에 편입시키는 것이기 때문이다. 그러나 하나님의 약속에 의해서, 그는 복음의 문을 열었고 사도들과 마찬가지로 명확하게 복음을 전파했다. 실제로 그는 그리스도의 때가 도래했을 때 우리 주 예수 그리스도를 알아본 첫 번째 사람이었다. 우리는 이것을 요한복음 1장에서 볼 수 있다. "이튿날 요한이 예수께서 자기에게 나아오심을 보고 이르되, 보라. 세상 죄를 지고 가는 하나님의 어린 양이로다. 내가 전에 말하기를 내 뒤에 오는 사람이 있는데 나보다 앞선 것은 그가 나보다 먼저 계심이라 한 것이 이 사람을 가리킴이라." 이 본문에서 명백히 알 수 있는 사실은 그리스도를 이스라엘 백성들 앞에 나타내기 위해 세례 요한이 왔다는 것이다. 그의 사역은 단순히 유형이나 그림자를 제시하려는 것이 아니라, 성경에서 나타내는 것과 같이 세상의 구세주를 선언하는 것이었다. 그러나 여기에서 교황주의자들과 재세례파들은 다음과 같이 말한다. 요한은 자신의 세례를 단지 물세례라고 간주한다. 그러나 그리스도의 세례는 물세례 이상의 의미를 지닌다. 그러므로 요한의 세례는 그리스도의 세례와 같지 않다. 그에 대한 대답은 이것이다. 당신들의 귀가 막히지 않았다면 당신들은 이미 그 대답을 들었을 것이다. 요한이 단지 물로 세례를 주기만 했는가? 아니다. 그러므로 그가 '물로 세례를 베푼다'고 할 때, 그는 단지 물을 붓는 것만을 의미하지 않고 가르침을 말한다. 왜냐하면 물세례로만으로는 그는 그리스도에 대한 소식을 알려주지 못했을 것이다. 물세례를 베풂으로써 그는 가장 우선된 것은 가르치는 것이라고 생각한다. 그리고 그는 사람들이 그리스도를 알게 됨으로써 그들의 소망을 그리스도에게 두게 하기 위해서 이러한 가르침을 베풀었다. 그러나 현재 교황주의자들과 재세례파의 무리들은 이렇게 말한다. 두 개의 세례는 같을 수 없다. 요한 자신이 마태복음 3장에서 말한 대로, 그리스도께서 성령으로 세례를 베푸셨기 때문이다. 그러나 요한은 성령으로 세례를 줄 수 없었다. 답변은 이렇다. 하나님은 찬양받으시기에 합당하다. 왜냐하면 너희는 마치 여우처럼 자신을 속이고 있다. 제자들이 세례를 베풀었을 때, 그리고 오늘날 우리들이 세례를 베풀 때 우리는 무엇을 가지고 세례를 베푸는가? 성령인가, 아니면 물인가? 너희는 제자들과 우리들 역시 외적 가르침을 주고 외적 물세례를 베푼다고 인정해야만 한다. 우리는 성령과 함께 내적으로 세례를 베풀 수 없다.(90) 그러므로 이제 말해보라. 제자들의 세례가 그리스도의 세례와 똑같은가, 아닌가? 너희들은 너희들의 세례가 그리스도의 세례와 똑같기를 원하기 때문에 이것을 부정할 수는 없을 것이다. 그러나 너희들이 주는 것은 무엇이냐? 너희들은 단지 물세례를 베풀고 가르침을 주는 것뿐이다. 나는 너희들이 세례를 줄 때 그리스도를 따른다고 인정하지 않는다. 단지 너희들 자신의 경험으로부터 말미암은 것이다. 나는 그리스도의 세례에 대해서 참된 의미를 제시하고 있다. 그러나 우리가 본 대로, 만약 요한이 베푼 가르침과 세례가 제자들의 세례와 동일하다면, 그리고 제자들의 세례도 그리스도의 세례와 동일하다면, 요한의 세례와 그리스도의 세례 간에는 얼마나 비슷한 것들이 많은가? 그것은 요한은 하나님에 의해서 그의 가르침과 세례를 시작하라고 약속받았기 때문이다.

그러나 우리가 그리스도의 세례가 요한의 세례와 동일하다고 말할 때, 이것은 물세례와 가르침에만 국한된다는 사실을 기억하라.(91) 심지어 제자들의 세례도 그리스도의 세례와 동일하지는 않았다. 제자들은 세례 요한과 다를 바 없이 성령으로 세례를 베풀 수 없었기 때문이다.

이제 내적 세례와 외적 세례, 두 가지 세례가 필수적으로 동시에 발생하는지에 대해서 생각해 보기로 하자. 우리는 외적 가르침과 물세례를 베푼다. 그러나 하나님은 그의 주권적 선택에 따라 내면적으로 역사하신다. 그러므로 우리는 요한의 가르침은 제자들의 가르침과 동일하다는 것을 증명할 수 있다. 즉, 그는 복음을 전파했다. 그리고 이것은 하나의 실례가 되는데, 물세례는 단지 한 가지만 존재한다는 것과 요한의 세례와 그리스도의 세례 간에 어떤 차이점도 없다는 사실이 확립된다. 만일 그리스도 자신도 물세례, 외적 세례를 거행했고 내용상으로도 가르침을 수행했다면, 요한이나 제자들의 세례와 완전히 똑같을 것이다. 즉 제자들이 그의 이름으로, 즉 그를 대신해 세례를 베푼 한, 그리스도의 세례는 물세례와 가르침에 관한 한, 요한과 제자들의 세례와 다를 바가 없다. 내가 말하고자 하는 것은 내용적으로 그리스도의 가르침은 다른 어떤 누구의 가르침보다도 탁월하게 능력을 지니고 있었다는 것에 대해 우리는 모두 동의한다.(92) 이러한 사실은 예수님도 때때로 말씀하신 바와 같이, 그의 말씀을 들은 많은 사람들이 모두 다 그를 믿었던 것은 아니라는 사실로부터 입증된다. 그러나 왜 그들은 믿지 않았을까? 왜냐하면 하나님께서 내적으로 그들의 마음을 감동시키지 않으셨기 때문이다. 하나님께서 그들의 거절을 작정하셨기 때문이다(마 13; 사 6장). 그러므로 그리스도의 세례와 요한의 세례는 의미와 목적이라는 측면에서는 동일하다. 왜냐하면 내적 조명은 아버지 하나님으로부터 주어지는 것으로 그리스도는 내적으로 어떤 것도 성취할 수 없었기 때문이다. 선한 그리스도인들이여, 시험에 들지 말라. 아버지께서 하신 것을 아들과 성령도 하신다(요 5장). 그러나 그의 인성을 따라 (93) 아들은 우리에게 가르침의 본보기를 제시하셨다. 그것이 무엇이냐면, 사람들이 제자들을 믿지 않는 것을 보더라도 제자들은 쉽게 절망해서는 안 된다는 것이었다. 사람들은 그리스도께 대해서도 그랬기 때문이다(요 15장).

우리는 이제 요한의 전도 사역을 조사해 보고 과연 요한의 가르침이 그리스도와 제자들의 가르침과 동일한지 아닌지에 대해서 알아볼 것이다. 마가는 마가복음 1장에서 그리스도의 가르침에 대한 분명한 설명을 제시한다. "요한이 잡힌 후 예수께서 갈릴리에 오셔서 하나님의 복음을 전파하여 이르시되, 때가 찼고 하나님의 나라가 가까이 왔으니, 회개하고 복음을 믿으라." 사도 요한은 요한복음 3장에서 비슷한 설명을 우리에게 제시하는 것을 주목하라. 그는 우리가 이미 살펴본 것과 같이 예수께서 가르치시고 세례를 베푸셨다는 것을 보여 준다. 그러나 마가복음의 기록은 보다 정확하다. 왜냐하면 예수는 유대에서뿐만 아니라 갈릴리에서도 가르치셨기 때문이다.

이제 세례 요한의 가르침과 예수의 가르침을 비교해 보도록 하자. 마태복음 3장에는 다음과 같이 기록되어 있다. "그때에 세례 요한이 이르러 유대 광야에서 전파하여 말하되, 회개하라, 천국이 가까이 왔느니라." 복음에는 두 부분, 즉, 한 가지는 회개이고, 다른 하나는 예수 그리스도를 통해 하나님을 믿는 것이 있다는 것을 주목하라. 누가복음 24장에 보면 그리스도는 우리에게 예수 이름으로 인한 회개와 죄의 용서가 모든 사람들에게 전해져야 한다고 가르쳤다. 그리고 이후에는 우리가 사도행전 11장에서 보듯이, 한 때에는 복음이 회개로 받아들여졌다. "하나님께서 이방인에게도 생명 얻는 회개를 주셨도다." 이제는 오직 그리스도만이 생명을 주실 수 있다. 우리는 충분히 오랜 시간동안 회개할 수는 있으나 우리 영혼에 아무 안식을 얻지 못한다. 그러나 우리가 그리스도를 믿을 때, 우리의 영혼은 기뻐하고 살아난다. 그 당시에는 이 구절 속에는 복음이 회개로 간주되었다.[94] 그리고 사도행전 10장처럼 성경에서 가끔씩, 복음은 죄의 용서로 불린다. "그에 대하여 모든 선지자도 증언하되 그를 믿는 사람들이 다 그의 이름을 힘입어 죄 사함을 받는다 하였느니라." 이 구절 속에서 복음은 죄의 용서로 불린다. 그러므로 우리는 적어도 복음의 한 부분을 요한이 선포했다는 사실을 알 수 있다. 이런 이유로 재세례파들이 주장하는 대로 사도 요한이 복음을 전하는 복음 증거자가 아니라고 주장할 권리가 없다. 우리가 살펴본 대로 회개가 선포되었다는 사실은 복음 전체를 의미하기 때문이다. 우리는 마가복음 6장에서 다음과 같은 부분을 읽을 수 있다. "제자들이 나가서 회개하라 전파하고." 그러나 그것은 그렇고 치고 우리는 요한이 다른 어떤 사도들만큼 분명하게 복음을 선포했음을 명백하게 할 것이다. 요한복음 1장에서 세례 요한이 말했다. "보라 세상 죄를 지고 가는 하나님의 어린 양이로다." 그리고 은혜의 측면에서 이 부분은 복음의 핵심이다. 즉, 그리스도는 세상 죄를 구속하는 하나님의 어린 양이다. 곧이어 이렇게 말한다. "그가 하나님의 아들이심을 증언하였노라." 그리스도는 바로 이런 고백 위에 그의 교회를 세우셨다. 그래서 우리는 사도들을 칭송할 때, 세례 요한도 칭송해야 한다. 즉, 우리는 세례 요한도 제자들과 다름없이 여겨야 한다.[95] 그러나 우리는 이것을 좀 더 면밀히 살펴볼 것이다. 비유 속에서 그리스도는 종종 자신이 하나님의 아들이며 자기를 믿는 모든 사람들은 영생을 얻는다는 것을 가르쳤다(요 4, 6, 7장 등). 이것은 하나님의 은혜에 관한 메시지가 아닌가? 나도 그렇게 믿는다. 만일 내가 요한이 똑같은 메시지를 전했다는 사실을 밝힐 수 있다면, 나는 그래왔고, 또 바라기는 요한이 다른 그 어떤 누구보다 적지 않게 복음을 선포했음을 밝히는 것이다. 요한복음 3장으로 돌아가서 그가 그리스도에 대해서 제자들과 그에게 묻기 위해 찾아온 유대인들에게 말한 부분을 읽어보라. 전체 본문이 너무 길어서 다 인용하지는 못하겠지만 우리가 진술한 대로 이 구절들은 요한의 세례가 그리스도의 세례와 동일하다는 사실을 증명한다. 결론적으로 요한은 이렇게 말한다. "아버지께서 아들을 사랑하사 만물을 다 그의 손에 주셨으니, 아들을 믿는 자에게는 영생이 있고, 아들에게 순종하지 아니하는 자는 영생을 보지 못하고 도리어 하나님의 진노가 그 위에 머물러 있느니라."(96) 탁월하다. 이와 같이 그리스도를 하나님 아버지로부터 모든 권세를 위임 받은 바로 그분이라는 사실을 이보다 더 분명하게 전한 사도가 어디 있는가? 세례 요한의 마지막 증언 부분에서 그가 제시한 것만큼 복음을 이와 같이 분명하고 명확하게 요약한 사도가 어디에 있는가? 다음을 잘 생각해 보라. "너희는 온 천하에 다니며 만민에게 복음을 전파하라. 믿고 세례를 받는 사람은 구원을 얻을 것이요, 믿지 않는 사람은 정죄를 받으리라." 이 말은 세례 요한의 다음 부분과 일치하지 않는가? "아들을 믿는 자에게는." 이 표현의 강조점과 설득력에 주의하라. 요한을 그분을 "하나님의 아들"이라 부르지 않고 "아버지의 아들"이라고 불렀다.(97) 이런 방식으로 그는 그리스도가 '바로 그 아들'임을 더 분명히 드러냈다. 그저 '하나님의 아들'이라고 말하는 것보다 더 분명히 말이다. 왜냐하면 "하나님의 아들들"이라는 표현은 많은 사람들에게 붙여졌으나 그들은 "바로 그 아들들"은 아니었다. 그러나 그리스도는 "아버지의 바로 그 아들"이다. 필연적으로 그분은 아버지와 동일한 본성을 지닌다. "아들을 믿는 자에게는 영생이 있고, 아들에게 순종하지 아나하는 자는 영생을 보지 못하고 도리어 하나님의 진노가 그 위에 머물러 있느니라." 그렇다. 그것은 정확히 동일하다. 사도행전 19장에서도 바울은 말한다. "요한이 회개의 세례를 베풀며 백성에게 말하되 내 뒤에 오시는 이를 믿으라 하였으니 이는 곧 예수라 하거늘." 훌륭하다. 죄인들을 돌이켜 회개하도록 하는 가르침이야 말로 참된 복음이 아닌가? 그리고 죄를 고백하는 자들이 절망으로 아무런 희망도 없을 때, 우리 자신에게서 위로나 구원을 발견할 수 없을 때, 하나님께서 그분의 아들을 보내서서 우리의 위로가 되셨고, 구원의 확실한 보증이 되셨다. 그래서 요한은 아들을 가리켰다. 요한은 그분이 하나님의 아들임을 증언했다(요 1장). 요한은 그분을 믿는 자는 영생을 얻게 된다고 요한복음 3장에서 말했다. 요한은 그분에 대한 믿음을 권고했다. 그것이야말로 총체적 복음이며, 참된 복음이며, 명백한 복음이 아닌가! 너희 재세례파들아, 성경이 회개의 세례처럼 요한의 설교와 세례를 묘사할 때, 요한이 구원의 도를 전파하기 시작했다는 것과 회개를 통해 우리가 복음을 이해해야 한다는 의미를 배워라. 그러나 요한의 가르침이 복음이라면, 요한의 세례가 그리스도의 세례와 다르다는 언급에 대해서 우리가 갖는 토대는 무엇인가? 거기에는 하나의 세례만 있다는 것은 틀림없다. 복음이 요한의 설교와 함께 시작되었기 때문이다. 그것은 우리가 이미 살펴본 대로, 누가복음 16장에서 그리스도께서 친히 말씀하신 것이다. 그러면 그리스도의 세례가 동시에 시작되었음을 알게 된다. 신학자들이 이것을 인식하는데 실패했다면, 그것은 내 일이 아니다. 요한의 가르침은 그리스도와 사도들의 가르침과 동일하며, 그것은 사람들의 구원자이신 그리스도 예수를 가리킨다. 요한은 오시기로 한 유일한 분으로 그분을 선포하고, 이미 존재하는 분으로 그분을 가리킨다. 그래서 사도들도 그렇다. 마태복음 10장, 마가복음 6장, 그리고 누가복음 10장을 주의 깊게 읽어보라. 사도들은 하나님의 나라를, 즉 십자가 이전에도 그리스도를 통한 구원을 전파했다. 또한 그리스도 자신도 그의 죽음과 수난 이전에 선포했다. 나는 세례를 나누는 자들의 다음의 주장이 나오지 않도록 이것을 말한 것이다. 요한은 아직 오시지 않은 그리스도를 전파하지만, 사도들과 우리는 십자가에 달리신 그리스도를 전파한다. 그는 정확히 그리스도와 제자들이 한 것과 정확하게 동일한 방법으로 그리스도를 전파했다.

그러나 우리가 다른 확실한 증거가 없을지라도, 요한에 의한 그리스도 자신의 세례는 그리스도의 세례와 요한의 세례가 하나의 동일한 것임을 입증하기에 충분할 것이다. 그리스도는 다른 누구도 아닌 오직 요한의 세례만을 받으셨기 때문이다. 이제 그리스도께서 우리에게 하나의 모범으로 세례를 받으셨다는 것은 상당히 분명하다. 또한 거기에 다음과 같이 말하는 사람이 있다. 유아들에게 세례 주는 것을 중단하라. 그들은 어떤 경우에 하나님께 속해 있기 때문이다. 그들로 하여금 바로 하나님의 아들이신 그리스도께서 우리가 모두 하나의 표시 아래 들어갈 수 있도록, 일치의 본을 우리에게 보여 주시기 위해서, 친히 세례를 받으셨음을 주목하게 하라. 그러므로 우리는 그리스도께서 그것을 요구하지 않으셨다고 해서, 유아들이 세례 받을 필요가 없다고 말해서는 안 된다. 나의 주요 쟁점으로 돌아가자. 그리스도께서 우리에게 모범을 보여 주시고자 세례를 받으셨는가? 그렇다. 그러면 나는 질문한다. 무슨 세례인가? 너는 그리스도의 세례와 요한의 세례 사이를 분리하기 때문이다. 만약 주님의 세례로 우리에게 모범을 제시하고자 하셨다면, 왜 그분은 자신의 세례로 세례를 받지 않으셨는가? 그러나 주님이 요한의 세례를 받으셨다면, 우리는 또한 요한의 세례로 세례를 받아야 한다. 간략히 말해, 나의 대답은 이러하다. 사도들은 그리스도처럼 요한의 세례로 세례를 받았다.[98] 물론, 그것은 요한의 세례가 아니라, 그리스도의 세례다.[99] 그래서 지금의 무식한 사람들이 그것을 요한의 세례로 간주하긴 했다. 그러나 부정확하게, 고린도전서 1장에서 바울은 게바와 아볼로 등의 세례를 우리가 언급하는 것을 인정하지 않았을 것이다. 그런데 그리스도와 사도들이 모두 요한의 세례를 받았다면, 그것은 당연히 오직 한 세례만 있는 것이다. 그래서 우리가 그리스도께서 받으신 본을 따라 세례를 받길 원한다면, 우리는 요한의 세례를 받아야 한다. 그러므로 거기에는 오직 하나의 세례만 있다. 그것은 요한에 의해 시작된 것이며, 그것은 현재까지 올바르게 계속되고 있다. 요한이 베푼 세례가 동일하게 이어지지 않았다면, 그리스도와 사도들은 우리와 동일한 세례를 받은 것이 아니다. 곧 너희는 멍텅구리들이다. 에베소서 4장에서 바울은 일치에 대한 훌륭한 권면을 한다. "몸이 하나요, 성령도 한 분이시니, 이와 같이 너희가 부르심의 한 소망 안에서 부르심을 받았느니라. 주도 한 분이시오, 믿음도 하나요, 세례도 하나요, 하나님도 한 분이시니, 곧 만유의 아버지시라." 세례를 구분한 너희는 바울의 이 구절을 파괴한다. 요한이 동일한 영을 가르쳤다면, 동일한 몸으로 모이게 했다면, 그리고 그리스도 안에서, 동일한 주, 동일한 믿음, 동일한 하나님과 아버지 안에서 동일한 소망을 가르쳤다면, 요한의 세례가 그리스도와 사도들의 세례와 동일한 세례와 믿음이라는 것을 너희는 왜 인정하지 않는가? 하나님께서 너희에게 이해력을 주시길 간구한다. 그러나 세례를 구분하는 자들은 두 가지를 반박한다. 첫째는 그리스도는 우리에게 아버지와 아들과 성령의 이름으로 세례를 베풀라고 가르치셨지만, 요한은 그렇게 하지 않았기에, 우리는 그리스도와 요한의 세례 사이를 구별해야 한다는 것이다. 이제 너희가 이러한 말씀이 우리의 구원을 위해 모두에게 기여한다는 것을 믿는지 안 믿는지를 나에게 말해보라. 만약 그것이 영혼의 정화에 기여한다면, 사람이 내적 사람의 정화로 나아가는데 도움이 가능한 것이다. 어떤 사람은 이러한 말씀을 다른 사람 위에서 말할 수 있기 때문이다. 그러나 그것은 하나님께 대한 모독이다. 오직 하나님만 영혼과 내적 사람을 정화할 수 있기 때문이다. 그리고 그 말씀이 모두에게 공헌할 수 없다면 왜 요한과 그리스도의 세례 사이를 구별하고자 하는가? 우리가 이미 살펴본 대로, 마태복음 28장의 말씀이 그리스어로 단순하게 의미함을 주목해 보라. "아버지와 아들과 성령의 이름으로 그들에게 세례를 베풀고." 그들이 실제로 그 말씀을 사용해야 하는 것은 그리스도께서 의도하신 것이 아니다. 그 말씀 자체가 죄를 씻을 수 없지만, "나는 너희에게 아버지와 아들과 성령의 이름으로 세례를 준다." 주님이 의도하신 바는 그들이 세례를 베풀 때, 아버지와 아들과 성령의 이름으로 세례를 베푸는 것이었다. 즉 그들이 아버지와 아들과 성령의 능력과 위엄과 순종으로 세례를 베푸는 것이다. 만약 그분이 신학자들이 유지하는 것처럼, 말씀의 형태를 지정하셨다면, 그것은 제자들과 함께 변질되었을 것이다. 왜냐하면 우리는 그들이 그러한 형식으로 세례를 주었다고 읽지 않고, 우리가 이미 살펴본 대로, 단순히 예수의 이름으로 주었다고 읽기 때문이다. 물론 모든 그리스도인들이 이러한 말씀으로 기뻐한다할지라도, 거기에는 우리가 약속된 예배에 참여하는 자들의 이름보다는 훨씬 더 기꺼이 언급할 수 있는 어떤 말씀도 없기 때문이다. 그러나 우리가 살펴본 대로, 사도 요한이 그의 설교에서 아버지와 아들과 성령으로 가르쳤다면, 실제로 그가 그것을 인식했다면, 단순히 예수 그리스도의 이름으로 세례를 베푼 제자들이 했던 것과 분명 큰 차이 없이, 요한도 하나님 아버지와 아들과 성령으로 세례를 베풀었음을 알 수 있다. 아버지는 아들의 세례를 언급하고, 아들이 세례를 받을 때, 그분은 비둘기 형상의 성령을 보았다.[100] 우리는 요한이 그의 입술로 삼중의 이름을 언젠가 말했는가에 대해서는 증거가 없지만, 본질적으로 그는 사람들을 아버지와 아들과 성령께로 인도했다. 그는 다음과 같이 말했기 때문이다. "그분은 너희에게 성령으로 세례를 베푸실 것이다." 그 내용이 거기에 있다면, 그 말씀이 사용되지 않았다는 반박은 아주 대수롭지 않은 것이다. 물론 주어진 형식을 제멋대로 무시하는 것은 상당히 잘못된 것이다. "나는 아버지와 아들과 성령의 이름으로 너희에게 세례를 베푼다." 모든 그리스도인들은 이러한 형식을 사용하는데 동일하기 때문이다. 헬라 교회들은 그들이 이렇게 말할 때, 실수하지 않는다. "너희는 아버지와 아들과 성령의 이름으로 세례를 받으라." 이것은 우리의 것보다 그리스도의 원래 말씀에 더 가까운 형식이다.[101] [102] 그러나 외적 형식은 우리가 올바른 의미를 지니는 것처럼 그렇게 중요한 문제는 아니다. 베드로는 사도행전 2장에서 다음과 같이 언급한다. "너희가 각각 예수 그리스도의 이름으로(in) 세례를 받고." 그리스어에서 그것은 "예수 그리스도의 이름 위에(on)"와 동일할 수 있다. 이름은 힘이나 능력, 근원을 의미한다. 그래서 "이름으로"는 힘으로, 능력으로, 근원으로, 예수의 은혜로 등과 같은 의미다. 그것을 행하는 사람은 새로운 삶을 살아갈 의무가 있다. 그리고 그 안에서 우리가 하나님께 헌신하고, 실제로 우리 자신을 새로운 삶에 서약하는 것이 바로 세례의 전반적 본질과 특징이다.

두 번째 반박은 사도행전 19장 구절이다. "바울이 에베소에 와서 어떤 제자들을 만나 이르되, 너희가 믿을 때에 성령을 받았느냐? 이르되 아니라, 우리는 성령이 계심도 듣지 못하였노라. 바울이 이르되 그러면 너희가 무슨 세례를 받았느냐? 대답하되 요한의 세례니라. 바울이 이르되 요한이 회개의 세례를 베풀며 백성에게 말하되 내 뒤에 오시는 이를 믿으라 하였으니 이는 곧 예수라 하거늘 그들이 듣고 주 예수의 이름으로 세례를 받으니." 우리의 반대자들은 세례의 일치를 깨뜨리며, 단지 그들이 이 구절을 이해하지 못했기 때문에 자신들끼리 재세례를 베푼다. 우리는 먼저 그들이 이 구절을 오해했음을 깨닫게 할 것이며, 그런 후에 우리가 그것의 참된 의미를 제시할 것이다. 또한 이러한 방법으로 할 것이다. 바울이 말한 것처럼 요한이 세례를 집행했는가? 그렇다. 우리는 바울이 진실하지 못하다고 비난할 수 없기 때문이다. 그러나 그렇다면, 요한은 그리스도의 세례를 집행했다. 그리스도의 세례는 우리로 하여금 우리의 삶을 고치도록, 그리스도께 향하도록, 그리고 그분을 믿도록 요구하기 때문이다. 그러나 그가 그렇게 하지 않았다면, 그의 행동은 헛되며, 그가 요한의 세례를 거부하거나 하찮게 보았다면, 그로 인해 바울의 말은 다른 의미를 가졌어야 한다.[103] 이제 요한이 세례에 대한 바울의 설명에서, 우리가 발견한 그리스도의 세례 참된 의미와 내용에 대해 논란이 있을 수 없다. 그러므로 그 본문은 세례의 일치를 파괴하는 데 사용될 수 없다. 우리가 깊이 생각하지 않고 단순히 받아들임으로 가끔씩 우리를 잘못된 길로 이끄는 신학자들의 견해에 아주 강하게 영향을 받는다는 것은 주목할 만하다. 그것은 마치 우리가 현악기를 잘못된 방식으로 연주하도록 배워서, 올바른 방식으로 연주할 수 있도록 노력해야 하는 것과 같다.[104] 우리가 잘못된 방식을 고치고 새로운 방식을 배우는 데 상당한 시간과 어려움이 뒤따른다. 때때로 이전의 방식이 항상 부딪히기 때문이다. 그것이 바로 티모테우스가(105) (106) 이미 악기를 익힌 사람을 가르칠 때, 두 배의 비용을 요구했던 이유다. 첫 번째는 그가 어떻게 연주하지 말아야 하는지에 대한 가르침이고, 두 번째는 어떻게 연주해야 하는지에 대한 가르침이다. 이처럼 오늘날에도 우리는 요한의 세례와 그리스도의 세례와의 차이점을 주장하는 신학자들에 의해 여전히 어느 정도 영향을 받는다. 왜냐하면 그들은 이 본문을 이해하지 못했을 뿐만 아니라, 그것을 쪼개고 나눈다. 그들이 주장하기를 요한의 세례는 단지 통회의 세례이며 이 말은 즉, 그리스도 안에 있는 구원과 관계된 것이 아니라는 의미이다. 이에 대한 증거로 그들은 바울의 진술의 첫 부분을 인용했다. "요한은 회개의 세례를 베풀며" 그리고 나서는 다음 부분은 생략했다. 그러나 거기에서 우리는 복음의 가장 세밀한 부분으로 들어가게 된다. 왜냐하면 요한 역시 우리가 그리스도를 믿도록 가르쳤기 때문이다. 바울의 말 속에서 우리는 복음 전체에 간략한 핵심을 보게 된다. 요한의 세례와 그리스도의 세례, 두 세례 간의 차이점에 대한 잘못된 이해는 무지와 왜곡으로부터 연유하며 알게 모르게 오늘날까지 계속적으로 우리에게 영향을 미친다. 그래서 나는 지금 그 본문의 진의를 가리고자 한다. 바울이 에베소에 갔을 때 그는 열두 사람을 만나게 되는데, 그들은 바울에게 그들은 새로운 신앙을 받은 사람이라고 말했다(나는 그들이 아직 그리스도에 대해서 아무것도 모르기 때문에 이렇게 표현하는 것이다). 그러나 바울은 그들의 가르침이 부족하고 참된 믿음이 결여되어 있음을 알았다. 그래서 그는 그들이 신앙을 가진 후 성령을 받았느냐고 질문하게 되는데 즉, 그들이 하나님을 향한 확신과 그리스도를 통한 기쁨을 받았느냐는 것이다. 이러한 것들은 동일한 출처로부터 비롯될지라도 그는 방언에 대해서 묻고 있는 것이 아니었다. 이런 말을 하는 까닭은 방언을 한다는 것이 구원에 필수적인 것은 아니라는 것이다. 방언의 현상이 곳곳마다 다 일어나는 것은 아니다. 바울이 질문한 것은 이것이다. 너희는 신자라고 고백하는데 그러나 그것이 너희의 마음에 어떻다는 것인가? 너희들은 하나님에 의해서 가르침을 받는가? 너희의 위로는 그리스도를 통해 하나님께 근거하고 있는가? 그는 단지 그들이 고백하는 신앙에 있어서 그들이 건전한지에 대해서 질문하고 있는 것이다. 그러나 바울이 성령에 대해서 언급한 순간 그들은 말하기를 성령에 대해서 들어본 적이 없다고 한다. 그래서 바울은 그들에게 다음과 같이 질문한다. "그러면 너희가 무슨 세례를 받았느냐?" 우리는 여기에서 어법상의 두 가지 작은 부분을 주목해야 한다. 라틴어로는 "너희가 무엇으로(in what) 세례를 받았느냐?"이지만, 그리스어로는 "너희가 무엇으로부터(into what) 세례를 받았느냐?"가 된다. 우리가 이미 "아버지의 이름으로부터"(into)와 "아버지의 이름으로"(in)에서 논의한 적이 있듯이, "무엇에서"와 "무엇으로부터" 사이에 큰 차이점이 존재한다는 것을 주목하라. 이것은 신약의 번역 작업 속에서 설명되어왔다. 마태복음 28장에서는 "아버지의 이름으로"(in)가 아니라 "아버지의 이름으로부터"로 읽혀야 한다. 여기에서도 "너희가 세례를 받은 것은 무엇에서냐가 아니라, 무엇으로부터냐?"로 봐야 한다. 나는 이전에는 이러한 문제에 대해서 연구하지 않았는데 이제 번역을 참고해서 핵심을 잡아냈다. 사실 "너희가 무엇 위에(unto what) 세례를 받았느냐?"가 그리스어 원뜻에 훨씬 가깝다. 즉, "무엇에서"보다는 "무엇으로부터"가 낫다. 왜냐하면 "무엇으로부터"와 "무엇 위에"는 동일한 의미를 지니기 때문이다. 너희 세례는 무엇 위에 근거하고 있느냐? 또는 너희들의 세례는 무엇으로부터 시작이 되느냐? 게다가 "무엇으로부터"는 우리가 단지 물세례와 그것에 동반되는 외적인 용어에 대해서만 이야기하고 있음을 나타내 준다. 즉 이 맥락에서 "세례를 받았다"는 것은 "가르침을 받았다"는 것이다. 이것은 이미 우리가 성경으로부터 강력한 증거를 취함으로써 논의를 진척시켰다. 이제 우리는 지금 이 맥락에서 그것이 어떻게 해석되어야 하는지를 보일 것이다. 신학자들은 요한의 세례가 "아버지와, 아들과, 성령의 이름으로"라는 형식을 사용하지 않았기 때문에 바울이 성령에 관해서 묻고 있다고 주장한다. 그러나 이것은 완전히 왜곡된 것이라는 사실을 쉽게 알 수 있다. 왜냐하면 본문 속에서 바로 그 이후에 사람들이 세례를 받을 때 그들은 아버지와 성령의 이름으로 세례를 받은 것이 아니고 주 예수의 이름으로 세례를 받았기 때문이다. 따라서 바울은 그들에게 그들의 외적 세례에 대해서 질문하고 있는 것이 아니라, 그들의 가르침과 믿음에 관해 질문하는 것이다. 이것은 마치 요한복음 1장에서 보이는 것과 같다. 제사장들과 레위인들이 요한에게 "네가 만일 그리스도도 아니요 엘리야도 아니요 그 선지자도 아닐진대 어찌하여 세례를 베푸느냐"라고 물었을 때 우리는 여러 가지 증거를 통해서 그들이 물은 것이 외적 세례에 대한 것이 아니라는 것을 알 수 있기 때문이다. 유대인들에게는 다양한 결례의식이 있었기 때문이다(히 9장).(107) 만약 요한이 그 이전의 사람들과 다른 방식으로 세례를 베풀었다면 그들은 다른 어떤 거부감도 갖지 않았을 것이다. 그러나 요한은 새로운 구세주를 전했다. 그는 세상 죄를 지고 가는 하나님의 어린 양을 가리켰다. 그리고 그것은 당시 존재하던 희생을 폐지하는 것이므로 그들이 허용할 수 없는 것이었다. 그러므로 그들이 "네가 어찌하여 세례를 베푸느냐?"라고 물었을 때 세례라는 용어는 가르침을 의미했고, 그들은 요한에게 왜 너는 새로운 교리를 퍼뜨리느냐고 묻고 있었던 것이다. 성경은 이처럼 종종 한 단어를 다른 뜻으로 쓴다. 만일 우리가 정확한 의미를 파악하지 못한다면 우리는 완전히 오류에 빠지고 말 것이다.

그래서 바울이 그들에게 요한의 세례에 관해서 말했을 때, 그것은 그 세례를 거부하기 위한 그의 의도가 아니었고, 그것의 근본적인 의미와 특징을 드러내기 위함이었다. 그는 그것을 위해, 마치 언급한 것 같이, 요한의 세례의 참된 본질을 규정했다. 네가 요한의 세례를 받은 것이라고 너는 진술한다. 즉, 너는 요한이 준 가르침을 받았지만, 나는 그것의 어떤 표시도 볼 수 없다. 그러므로 나는 그 세례의 내용을 너에게 말할 것이며, 네가 요한의 가르침에서 올바르게 배웠는지를 우리는 볼 것이다. 요한은 회개에 이르는 세례를 베풀었다. 즉, 그는 "세례"라는 단어가 가르침과 설교를 위해 사용된 것에 주목할 것을 언급하면서, 회개를 가르쳤고 그 위에 세례를 베풀었다. 바울이 말할 때 사용한 "언급"이란 단어는 우리가 명확하게 알 수 있는 기록이나 표시다. "그러면 너희가 무슨 세례를 받았느냐?" 그는 단지 그들의 가르침과 믿음에 관해 질문하고 있는 것이다. 그는 그들이 지니고 있는 믿음이나 교훈이 무엇인지를 질문한다. 그래서 그들은 대답한다. "요한의 세례니라." 즉, 그들이 따라가야 하는 그분을 믿어야 함을 사람들에게 말하면서, 우리가 배운 것은 요한이 가르쳐 준 교훈에 있다는 것이다. 그러나 그것이 복음의 전반적 내용이 아닌가? 복음이 그리스도 예수, 참 하나님이시며 참 인간이신 그분을 통해 새로운 생명과 하나님께 대한 신앙이 아니면 무엇을 위해서인가? 만약 요한이 설교한 것이 그것이라면, 필연적으로 바울의 말씀은 선언이고, 약속이며, 요한의 가르침에 따라 그들이 올바르게 배운 것에 대한 연구다. 그래서 사실은 "세례를 받았다"와 "언급"이라는 단어는 그가 설교했다는 의미와 함께 사용되었다. 우리는 네 개의 다른 점에서 그리스어는 라틴어보다 더 강하고 한정적이라는 것을 잊지 말아야 한다. 첫째, 바울은 "그러면 너희가 무슨(in what) 세례를 받았느냐?"라고 말하지 않고, "그러면 너희가 무엇으로부터(into what) 세례를 받았느냐?”라고 말한다. 둘째, 그것은 “요한의 세례로”(in)라고 하지 않고, “요한의 세례로부터”(into)라고 말한다. 셋째, 그것은 “요한이 회개의 세례와 함께(with) 세례를 베풀었다”가 아니고, “요한이 회개의 세례를 베풀었다”고 말한다. 그 구절을 주목하여, “세례를 베풀었다”는 단어가 “배웠다”는 의미를 제외하고 달리 어떻게 해석될 수 있는지를 네 스스로 질문하라. 그리고 네 번째, 그것은 “그들은 예수의 이름으로(in) 세례를 받았다”가 아니고, “그들은 예수의 이름으로부터(into) 세례를 받았다”라고 말한다.

이제 전반적 문제의 문맥이 이어진다. 아볼로는 탁월한 학자였고, 이 사건 직전의 사도행전 18장에서, “그는 주의 도를 완전히 배우지 않았고, 요한의 세례만 알 따름이라”고 우리는 들었다. “세례”라는 말은 가르침을 위해 사용된 것이다. 그러나 어떤 사람은 다음과 같이 말할 수 있다. 이 구절에서 요한의 세례가 그리스도의 세례보다 열등하다는 것이 분명하다. 답변은 이렇다. 요한의 가르침이 곧 복음의 가르침이었다는 것은 질문할 필요도 없다. 우리는 이미 그것을 살펴보았다. 그러므로 “요한의 세례만 알 따름이라”고 말할 때, 우리는 그가 세례를 알았다는 것을 깨달아야 한다. 즉 요한의 가르침은 오직 그가 세례를 알고 있던 방식으로, 곧 그리스도의 가르침이다. 바꾸어 말하면, 그는 단지 기초만을 알았다. 그는 요한의 세례나 가르침에서도 아주 적은 교훈을 받았다. 만약 그가 요한의 가르침을 충분히 이해했다면, 그는 복음을 알았을 것이다. 진정한 의미는 다음과 같다. 아볼로는 그리스도나 그리스도의 제자들로부터가 아니라 요한의 제자나 요한으로부터 배운 것을 알았을 뿐이라는 것이다.(108) 그리고 아볼로는 성경에 능했기 때문에 성심을 다해 열심히 자기가 알았던 것을 가르쳤다. 그러나 아굴라와 브리스길라가 와서 더욱 완전하게 주님의 도를 알도록 아볼로를 인도했다. 여기에서 주목할 것은 이전에는 세례로 기술되던 것이 이제는 가르침으로 언급된다는 점이다. 곧이어 사도행전 19장에 나오는 열두 명의 사람들 역시 아볼로에 의해 지도되었음을 보여 주는 증거가 있다. 아볼로가 만일 주님의 도를 완전히 또는 분명히 알지 못했다면 열두 명의 사람들 역시 지식이 불충분했을 것이라는 사실은 의심할 여지가 없다. 왜냐하면 그들이 그렇게 짧은 시간동안 자기들의 스승을 능가할 수 없었을 것이라는 것은 자명하기 때문이다. 그래서 바울이 에베소에 왔을 때 아볼로는 이미 그 전부터 있었고 아가야로 항해를 떠난다. 바울은 보통 때처럼 복음을 선포했다. 그때 거기에서 그들은 그리스도의 제자들이라고 고백하는 열두 사람을 만났다. 그는 그들의 지식이 불충분함을 깨닫고 그들이 성령을 받았는지에 대해서 물었는데 즉 그들은 하나님과 온전한 관계를 맺고 있으며 그들 마음 가운데 믿음이 있는지 하는 것이었다. 우리가 언급했던 것처럼 바울은 복음의 완성과 무관한, 방언과 관계된 이야기를 묻고 있는 것이 아니었다. 그 질문은 그들의 무지를 드러냈다. 왜냐하면 그들은 성령을 들어보지도 못했던 것이기 때문이다. 그리고서 바울은 질문했다. "너희가 무엇으로부터 세례를 받았느냐?" 즉, 너희들은 어디로부터 가르침을 받았느냐? 하는 것이다. 이제 우리는 이후에 살펴볼 것이다. 그들은 세례, 즉 요한의 가르침에서 배웠다고 대답했다. 그들은 그들이 어떤 가르침을 받았는지에 대해서 말하지 않는다는 점을 주목하라. 그들은 단지 선생의 이름을 거명한다. 그의 가르침에 대해서 그들은 알았으나 불완전했다. 오늘날에도 행위는 없고 단지 지식만으로 위선적인 그리스도인으로 살아가면서 루터파 혹은 복음주의자임을 자처하는 방랑자들처럼 말이다.(109) 만일 내가 이 열두 사람들과 이런 종류의 사람들을 비교한다면 그것은 그 열두 명이 기만적이어서가 아니라 그들이 두려워했기 때문이다. 그들은 그리스도인 혹은 제자라고 고백하면서 자신들의 무지를 드러내려고 하지 않았다. 그러나 바울은 그들이 대답을 주저하는 것을 깨닫고, 그들에게 자기들이 알지 못하는 바로 그것을 노출시켰다. 요한의 가르침이 그들이 알고 있는 것보다 훨씬 탁월했기 때문이었다. 그래서 그는 그들에게 말했다. "요한은 회개의 세례를 베풀며" 이 문맥 속에서 "세례를 베풀다"(baptize)와 "세례"(baptism)는 "가르치다"(teach)와 "가르침"(teaching)과 다르지 않다. 즉, 요한은 회개의 교리를 가르쳤고 그것과 함께 하나님의 은혜의 확실성을 가르쳤다. 복음의 두 가지 요소임에 주목하라. "백성에게 말하되 내 뒤에 오시는 이를 믿으라 하였으니 이는 곧 예수라 하거늘", 즉, 그리스도에 관해서 가르쳤다. 여기까지 그 열두 명의 사람들이 물로 세례를 받았는지에 대해서 언급하는 그 어떤 부분도 존재하지 않는다. 아볼로가 물로 세례를 베풀었다고 하는 것도 보이지 않기 때문이다. 단지 그는 요한의 세례, 여기에서 세례는 가르침의 의미(행 18장)에 대해서 그가 알고 있던 것을 성실히 가르쳤다고만 나온다. 그리고 복음서 기자들은 세례가 베풀어졌을 때는 주로 물세례라는 표현을 썼다. 요한은 가르침과 동시에 물세례도 주었다. 그리스도는 가르치셨고 제자들에게 물세례도 명하셨다. 그러므로 아볼로가 물로 세례를 베풀었다면 누가는 그것을 언급했을 것이다. 여기에서 나는 재세례파들에게 말하고 싶다. 아볼로가 물세례를 주었다고 너희가 주장한다면 너희가 그토록 강하게 유아 세례를 반대하는 그 명분에 너희 자신들이 거역하는 것이 된다. "우리는 사도들이 유아들에게 세례를 주었다는 사실을 발견하지 못했다. 그러므로 우리는 그들에게 세례를 주어서는 안 된다." 그러나 만약 그렇다면, 너희들은 또한 "우리는 아볼로가 세례를 주었다는 사실을 발견하지 못했기에, 그는 세례를 주지 않았다"는 것을 논증해야 할 것이다. 왜냐하면 너희들은 다른 사람들에 대해서 하고 있는 똑같은 방식으로 근거를 제시해야 하기 때문이다. 나는 너희의 변론과 투쟁에 대해서 정당화하는 것이 아니다. 그러한 논쟁은 우리가 다음에 보겠지만 근거가 없다. 우리가 확인하려는 것은 아볼로가 그 어디에서도 물세례를 준 일을 찾아볼 수 없다는 것이다. 그러나 그 열두 사람들은 아볼로에 의해서 가르침을 받은 것이 분명하다. 누가는 아볼로가 에베소에 있었다는 것과 아볼로의 가르침은 완전한 것이 아니었다는 것을 언급하기 때문이다. 이렇게 함으로써 누가는 에베소에 그리스도에 대한 교리를 처음으로 확립한 사람이 바울이었다는 사실을 보여 주기 위함이었다. 아볼로는 바울 이전에 거기에 있었지만 아볼로의 가르침은 너무 부족해서 바울이 그러한 기초 위에다가 다시 사역을 시작해야 했다. 그리고 열두 명의 사람들은 아굴라와 브리스길라에 의해서 세례를 받은 것도 아니었다. 왜냐하면 이들 두 사람은 복음에 대해 너무나 분명하고 온전한 가르침을 받았기 때문에 아볼로를 보다 완전하게 가르칠 수 있었다. 그 열두 명의 사람들이 아굴라와 브리스길라에게 세례를 받았다는 것은 주장한다손 치더라도 그리스도의 제자들은 가르치기 이전에 세례를 베풀었다는 사실을 우리는 인정해야 할 것이며, 이것은 유아 세례에 있어서 우리의 주장이 옳은 것이다. 스승에 있어서 이 사람들은 아볼로에 의해서 세례를 받지 않았음이 자명하다. '세례를 베풀었다'라는 말에서 '세례를 주다'(baptize)라는 용어는 '가르치다'라는 의미로 사용되었음이 확실하다. 분명히 아볼로는 물로 세례를 베풀지 않았고 바울은 물세례를 언급하고 있지 않다. 그러므로 재세례는 그리스도를 대적하고 그분의 고통의 신비와 내용에 반하는데, 무슨 근거로 이 무지하고 어리석은, 주제에 넘는다고까지는 볼 수 없겠으나, 반역자들과 선동가들은 사도행전의 이 본문을 무기로 삼아 재세례를 베풀고 있는가?(110) 이것에 관해서 우리는 다음에 다룰 것이다. 그러나 바울이 그들에게 설명한 것을 이해했을 때, 열두 명의 사람들은 예수의 이름으로 세례를 받았다. 이로써 그들이 전에는 요한의 물세례를 받지 않았음이 더 명확해지지 않은가. 만약 그들이 이전에 받은 적이 있었다면 그들은 이미 예수의 이름으로 세례를 받았을 것이기 때문이다. 사람들을 그리스도 예수께로 이끄는 것이 요한, 바로 그 사람만의 임무였기 때문이다. 그때 바로 성령이 임하심으로 그들이 방언을 하게 되었다는 사실은 그 열두 명의 사람들이 이전에는 가르침을 받거나 세례를 받지 않았음을 보여 주는 것이다.[111]

주의 만찬론

편집자의 해설

츠빙글리는 재세례파와 쓰라린 내적 논쟁을 벌였던 바로 그 시기에 주의 만찬에 대한 새롭게 보이는 교리의 발전과 주해에도 적극적으로 관여했다. 이미 「참 종교와 거짓 종교에 대한 주석」(*De vera et falsa religione commentarius*)에서 그는 자신의 입장에 대한 간략한 서술을 주었으며, 그가 전통적인 가르침에 대한 루터나 르네상스의 대안을 받아들일 수 없다는 것이 분명해졌다. 그다음 해(1525)에 취리히에서 미사가 폐지되었으며,[1] 츠빙글리는 자신의 견해를 방어하기 위해 두 라틴어 논문, 즉 8월에는 「성찬의 보호 혹은 자랑」(*Subsidium sive coronis de eucharistia*),[2] 10월에는 「요한네스 부겐하겐의 편지에 대한 답변」 (*Responsio ad epistolam Joannis Bugenhagii*)을 썼다.[3] 츠빙글리의 가르침이 알려지면서 이것은 루터파로부터 적대감을, 로마 가톨릭교회로부터는 적극적인 억압을 불러일으켰다. 많은 곳에서, 그리고 우리(Uri) 주와 누렘베르크 시에서 츠빙글리의 글이 금지되었다. 그리고 한편으론 로마 가톨릭교회, 한편으론 루터파와 격렬한 논쟁이 전개되었으며, 심

---

1. D. C. R. 205.
2. 이것은 세례에 대한 논문 대신에 베른에 헌정한 저작이었다.
3. 이러한 대답은 비텐베르크의 요한 부겐하겐에 의해 대표되는 루터파 입장에 반대하는 것이었다.

지어 취리히에서도 츠빙글리는 르네상스적 이해의 대변자인 요아킴 암 그륏(Joachim am Grüt)에 의해 반대를 받았다.

바로 이러한 상황에서 츠빙글리는 자신의 입장이 신학자들에게 뿐만 아니라 교회에게 널리 해명되도록 이 주제에 대한 보다 대중적인 글의 필요성을 느꼈다. 한편으로 이 글은 방어를 위해 필요했다. 일반적으로 츠빙글리의 교리가 모든 당파에 의해 인정을 받지 못한다고 알려져 있었지만, 이 교리가 오직 라틴어로 해설되는 한, 일반적인 독자는 그 교리를 알거나 그것이 참인지 거짓인지 스스로 판단할 수 있는 방법이 없었다. 따라서 어떤 지역에서는 새로운 가르침을 전혀 듣지도 않고 정죄할 수 있는 위험도 있었다. 또 한편으로 이 글은 공격의 목적을 위해서도 필요했다. 츠빙글리는 성찬론이 중세 체계 전체에 핵심적인 자리에 있다는 것을 분명히 알 수 있었다. 종교 개혁 이전의 교회를 괴롭힌 무지와 미신의 많은 부분이 이 근원에서 나온 것이었다. 그리고 한편으로 에라스무스, 다른 한편으로 루터에 의해 제안된 재해석, 즉 빵과 포도주 안에 혹은 그것과 함께 그리스도께서 문자적이고 육신적으로 계신다는 신앙은 이 오류의 근본 원인을 없애는 데는 아무것도 이루지 못했다. 이러한 믿음이 계속 남아 있는 한 어두운 그림자는 계속해서 복음의 순수한 빛을 희미하게 할 것이다. 그러므로 주의 만찬에 대한 참되고 성경적인 가르침이 가능한 한 널리 그리고 강력하게 전파되는 것이 절박하게 요구되며, 민족의 언어로 된 소책자가 이러한 목적을 위해 꼭 필요했다.

이러한 글에 대한 첫 번째 언급은 1526년 1월 17일에 쓰인 바디안에게 보내는 편지에서 나타난다.[4] 츠빙글리는 아직 시작하지는 않았지만, 이 계획이 그의 마음에 완전하게 자리 잡았음에 틀림없다. 확실히 그는 그 후 곧바로 작업하기 시작했을 것이다. 왜냐하면 카피토와 부처는 모두 1월 말(28일과 29일) 편지에서[5] 이 문제를 언급하고 이 논문을 2월 23일에 완성했기 때문이다. 3월 초가 되면 사본들이 바디안과 오이코람파디우스에게 가는 중이었고 부처는 스트라스부르에서 이 글의 도착을 간절히 고대하고 있었다.[6]

---

4. C. R., VIII, 442.

5. *Ibid.*, 444, 446.

6. *Ibid.*, 458.

이 글이 받은 관심과 단호한 진술에도 불구하고 이 논문은 다음에 이어지는 복잡한 논쟁에 어떤 주목할 만한 역할을 하지 못했다. 그리스도의 승천한 몸이 실재적으로 계신다고 주장하여 전통주의자보다 지독한 문자주의를 피한 요아킴 암 그륏이 답변을 썼다. 하지만 츠빙글리는 루터와 그의 제자와 보다 세부적인 논증에 빠져들었으며, 계획했던 요아킴에 대한 답변을 쓸 시간이 없었다. 루터파와 격렬하고 길게 이어진 논쟁에서 주의 만찬에 대한 이 논문은 츠빙글리의 가르침을 분명하게 하는 일반적인 가치를 지니고 있음에도 불구하고 직접적인 역할을 하지 못했다.

이 글의 중심적인 문제는 모든 뒤따라 나오는 논쟁에서와 같이 특히 하늘에 오르심과 (하나님 오른편에) 앉으심의 가르침과 관련되어 거룩한 교제의 성례 안에 그리스도의 임재의 성격이 무엇이냐 하는 것이었다. 대부분 싸움은 '이것은 내 몸이다'라는 제정의 말씀에 대한 주석을 두고 이루어졌다. 논쟁적인 필요에 따라 이 글은 네 부분으로 구분된다. 첫 번째 부분에서 츠빙글리는 지금까지 나타난 잘못된 해석들을 서술한다. 두 번째 부분에서 그는 그 잘못됨에 대한 증거를 제시한다. 세 번째 부분에서 그는 올바른 이해를 해설하고 지지한다. 마지막으로 그는 이에 대해 제기될 수 있는 반론에 대해 응답한다.

그가 공격하는 세 가지 잘못된 해석은 물론 전통적인 견해, 르네상스적 견해, 루터파의 견해였다. 전통적인 견해에 따르면 '이것은 내 몸이다'라는 말은 빵이 문자적으로 십자가에 달린 그리스도의 몸이 된다는 것을 의미한다. 르네상스적 대안은 빵이 십자가에 달린 그리스도의 몸이 아니라 부활하신 그리스도의 몸이라는 것이다. 루터파의 견해는 빵이 남아 있지만 그리스도의 몸이 빵 안에, 빵과 함께 계신다는 것이다. 츠빙글리가 보는 바에 따르면, 이 세 가지 해석은 하나님의 전능하심에 대한 잘못 기초된 주장에 의해 변호되었다. 그들은 또한 서로 배제한다는 약점을 지니고 있었다. 루터파의 가르침은 비논리적이고 자기 모순적이라는 약점을 지니고 있었다. 루터파의 가르침은 '이다'라는 단어가 절대적인 문자주의로 받아들여져야 한다고 주장하면서도 '이것은 내 몸이다'라는 어구는 실제로는 "이것은 빵이며 내 몸이다"라는 것을 의미한다고 설명한다. 단순한 성경에 기초하기는커녕, 이 가르침은 가장 혼돈되고 비지성적인 방식으로 해석된 성경에 기초한다.

널리 알려진 견해를 일반적으로 비판한 다음 츠빙글리는 이에 대한 보다 상세하고 실증적인 논쟁을 전개했다. 그는 두 가지 사항을 지적한다. 첫째, 요한복음 6장의 적절한 주석은 신앙이 그리스도를 참되게 먹는 것이라는 것을 분명히 밝혀주며, 둘째, 성경과 신조와 교부들에 의해 확증되는 그리스도의 승천 교리는 그리스도의 몸의 문자적인 임재에 대한 모든 가능성을 무너뜨린다. 두 번째 사항에 대해 츠빙글리는 루터파의 속성의 교류 이론, 즉 어디서나 계심을 포함하는 그리스도의 신성의 속성이 인성에 나눠진다는 이론이나 부활한 몸의 변용된 성격 이론, 즉 부활 이후 그리스도의 몸이 더 이상 시간과 공간의 일반적인 제한을 받지 않는다는 주장을 받아들일 수 없었다. 루터파의 견해에 맞서 츠빙글리는 속성의 교류는 논리적인 의미에서만 사실이지만 실제로는 그렇지 않다고 주장했다. 이것은 죽음과 수난에 의해 증명된다. 고난당하셨던 분이 하나님이셨지만, 그는 하나님으로서 고난당하지 않았다. 만약 그렇지 않았다면 하나님이 죽으신 것이 되며, 이것은 불가능하다. 르네상스적인 견해에 맞서 츠빙글리는 모든 부활한 자들이 어디서나 있다고 증명해야 할 것이라고 지적하고 어떻든지 이것은 승천에 대한 가르침과 그리스도께서 죽음과 수난 이전에 주의 만찬을 제정했다는 사실과 직접적으로 모순된다.

이 논문의 나머지 부분은 츠빙글리 자신의 해석을 진술하고 변호하는데 바쳐졌다. 그가 아는 바에 따르면, '이것은 내 몸이다'하는 말은 분명히 비유적 혹은 상징적이었다.[7] 츠빙글리는 성례 안에 그리스도의 영적인 임재를 부정하려는 의도가 없었다. 참으로 두 번째 부분의 기독론적 논의 과정에서 그는 신성에 따르는 그리스도의 임재를 자유롭게 인정한다. 이러한 임재는 분명히 성찬이 믿고 받는 자에게는 어떻든지 단순한 표지 이상이라는 것을 의미한다. 하지만 츠빙글리가 인정할 수 없었던 것은 이러한 임재가 빵과 포도주 자체와 어떤 식으로든 동일시된다는 것이었다. 빵과 포도주의 중요성은 그들이 우리를 위해 바쳐진 그리스도의 몸과 피의 표지라는 것이다. 이것이 그것들이 성례라고 불리는 이유이다. 이것은 빵과 포도주가 그리스도의 죽음과 고난을 기억하게 하는 것에 불과하다는 것을 의미하는 것은 아니다. 왜냐하면 이 성례 안에서 우리는 빵과 포도주와만 관련되는 것이 아니라 그리스도 자신의 영적 임재와 성령의 주권적인 활동에 관련되기 때문이다. 그것이 의미하는 바는 빵과

---

7. 그는 헤이그의 코르넬리우스 호엔으로부터 편지에 의해 이러한 해석에 이르는데 도움을 받은 것 같다.

포도주는 그 자체로는 그리스도의 몸과 피의 표상 이상이 아니라는 것이다. ‘이것은 내 몸이다’라는 말은 단순히 “이것은 내 몸을 나타낸다”는 것을 의미한다. 표지와 지시된 사물 사이에 문자적인 동일성은 존재하지 않는다.

이러한 해석을 지지하기 위해 츠빙글리는 다른 부분의 성경에서 끌어낸 비유적인 언어의 예를 제시한다. 아마도 이러한 예 중 가장 흥미롭고 교훈적인 예는 유월절 양에 대한 묘사일 것이다. 여기서 그는 로마 가톨릭 반대자가 인정할 수 없게 구약성경과 신약성경의 표지들을 연관시켰다. 하지만 이와 유사한 구절들이 신약성경에서 발견되며, 심지어 고린도전서 11장의 바울의 주의 만찬의 제정 이야기에서는 잔이 ‘내 피로 세운 새 언약’이라고 불리는데, 이는 엄격하게 문자적인 해석을 지닐 수 없는 서술이다. 자신의 비유적인 이해를 설명하고 변호한 다음 츠빙글리는 이에 대해 행해진 두 반론에 대해 응답하는 것으로 결론을 맺었다. 첫 번째는 이러한 이해의 대변자들이 이 구절의 해석에서 일치하지 않는다는 것이었다. 츠빙글리 자신은 “이것은 내 몸을 나타낸다”라는 것을 의미한다고 이해했지만, 오이코람파디우스는 “이것이 내 몸의 표상이다”라고 이해했다. 츠빙글리는 이것들이 정확하게 같은 것을 말하는 두 가지 방식에 불과하다고 증명하는 데 어려움이 없었다. 두 번째 반론은 고린도전서 10:16의 본문은 그리스도의 몸과 피의 참여에 대해 말하는데, 이는 몸과 피의 실체를 문자적으로 먹는다는 것을 내포한다는 것이었다. 하지만 츠빙글리는 이 구절에 대한 전통적인 주석을 받아들이지 않았다. 그가 이해하는 바에 따르면 ‘축복하다’로 번역된 단어는 ‘축성하다’가 아니라 ‘찬양하다’ 또는 ‘존중하다’를 의미하며 ‘참여’라고 번역된 말은 ‘공동체’ 즉 교회를 뜻한다. 여하튼 그는 우리가 그리스도와 가지는 교제는 물리적이지 않고 영적이라고 항상 주장할 수 있었다.

전체적으로 볼 때 이 논문은 츠빙글리의 가르침에 대한 분명하고 강력한 서술이다. 당대의 많은 글처럼 이는 세부적이고 지루한 주석에 너무 많은 지면을 두었다. 하지만 의심할 바 없이 성찬 논쟁에서 주석학적 싸움은 핵심적인 싸움이었고 우리가 그 배경을 기억한다면, 논쟁이 불가피하게 그에게 요구하는 대로 행한다고 해서 그를 비난할 수 없다. 실체적인 임재에 대한 가르침은 ‘이것은 내 몸이다’라는 말과 매우 중요한 요한복음 6장 안에 있는 말씀과 같이 이와 관련된 서술에 대한 특정한 해석에 기초한다. 만약 츠빙글리가 오류와 싸우고 자신이 진리라고 믿는 것을 확립하기를 원했다면 그는 이 구절들의 참된 의미를 조사해야 했다. 또한 반대자들의 상세하고 복잡한 주해를 대하면서(왜냐하면 스콜라주의자들의 정교함이 어느 곳에서도 더 크게 나타날 수 없었기 때문이다), 그는 자신의 새롭게 보이는 가르침을 변호하는 지름길을 발견할 수 없었다.

우리가 주석학적 논의의 많은 부분이 지루하고 인위적이라는 것을 인정하더라도 그가 이 문제와 관련된 본문에 대한 분별 있고 대체로 참된 해석을 주장했다는 점에서는 츠빙글리의 편을 들 수 있다. 그의 반대자들은 자신들의 이해에 피상적인 단순함에 호소할 수 있었지만, 그들이 제정의 말씀과 요한복음 6장의 병행된 말씀에서 실체적인 임재와 문자적인 참여를 끌어내려고 노력할 때 분명히 무감각과 몰이해를 보여 주었다. 참으로 분석해 보면 그들의 단순한 주석조차도 모든 종류의 논리적인 어려움을 포함한다. 츠빙글리가 자신의 명제를 주장한 상세한 논의는 사소하고 지루하게 보일 수 있지만, 그 명제 자체는 여전히 대부분 타당하며, 츠빙글리와 그의 지지자들이 전통적인 오해의 단단한 껍질을 힘들여 뚫고 들어갔기 때문에 현대의 개신교인에게 이 입장이 당연한 이치로 받아들여질 수 있었다.

이 서술에 대한 보다 심각한 비판은 그것이 폐기된 중세적이거나, 르네상스적이거나, 루터적인 가르침을 대체할 만한 일관적이고 건설적인 가르침을 전개하지 못했다는 것이다. 진실은 츠빙글리는 긍정적인 재구성의 작업보다는 부정적인 비판의 작업을 했다는 것이다. 물론 그는 이러한 해석들을 미심쩍게 생각하고 이를 거부하는 타당한 주석학적, 교리적 이유를 제시했다. 참으로 그는 더 나아가서 성례의 성격과 기능에 대한 일반적인 관념과 어울리는 참된 해석의 방향을 제안했다. 그는 반대자들의 잘못된 구조를 무너뜨렸다. 그는 성례론이 세워져야 하는 견고한 참된 기초를 발견했다. 하지만 그는 재구성의 실제적인 작업을 위한 대규모의 작업을 시도하지 않았다. 발전된 긍정적인 이해를 전개하지 못했다는 바로 그 사실이 그는 단순한 성례주의, 즉 성례는 표지일 뿐 그 이상은 아니라는 주장을 제시하는 것 외에는 아무런 기여가 없다고 보이게 한다.

이제 세례론과 같이 주의 만찬론에서도 츠빙글리는 성례의 두 측면, 즉 표지와 지시된 사물을 너무 엄격하게 분리하려고 했다는 것을 인정해야 한다. 화체설에서 그는 지시된 사물에 의해 표지가 실제적으로 없어지는 것을 보았으며, 이는 그에게는 의미 있는 방식의 성례의 종말을 의미했다는 것은 사실이다. 하지만 그 자신의 주해에서 츠빙글리는 거의 배타적으로 표지, 즉 순전히 외적인 의미에서의 성례에만 집중했다. 자연히 그는 표지가 있다는 것이 지시된 사물의 임재에 대한 보증은 아니라는 것을 보여 주는 데 어려움이 없었다. 그가 이해하는 바에 따르면 지시된 사물의 임재는 전능하신 하나님의 주권적인 의지와 작용에 전적으로 의존한다. 이러한 이유로 이는 비실재적이지는 않을지라도 헤아릴 수 없는 것이었다. 그리고 표지와 지시된 사물을 동일시하는 것에 대한 반대로 그는 양자 사이의 관계에 대한 매우 일관적인 설명을 주지 못했다. 그는 하나님이 은혜의 방편으로 성례를 사용할 수 있고 사용하신다는 것을 부정하진 않았지만 하나님의 주권적 활동을 너무 고립시켜서 실천적인 목적을 위해서는 내적인 사역과 외적인 사역 사이에 어떠한 연관도 없었다. 표지는 표지일 뿐이며 지시된 사물은 표지와 전혀 다르며 그것이 표지에 의해 나타난다는 것 외에는 표지와의 어떤 필연적인 관계도 없다. 받는 자 안에 있는 참된 신앙이 가능한 연결고리가 되었지만, 이것도 궁극적으로는 하나님의 선물이며 외적인 성례와는 독립적이다. 츠빙글리가 성례의 두 본성에 대해 강한 인식을 지니고 있었지만, 그것의 통일성에 대한 어떤 분명한 인식도 보여 주지 못했다는 사실은 남아 있다. 이것은 그는 필연적으로 완전한 의미에서가 아니라 사실상 성례주의자였다는 것을 뜻한다.

하지만 츠빙글리를 변호하여 두 가지 사항을 지적해야 한다. 첫 번째는 그의 일차적인 과제는 표지와 지시된 사물을 잘못되고 위험하게 상호 연관시키는 것에 맞서는 것이었다는 점이다. 불가피하게 그의 글의 주요한 흐름은 양자가 동일하지 않다는 것을 의심할 여지없이 분명하게 만들기 위해 양자를 고립시키는 것이었다. 그가 보다 올바른 상호연관의 필요성을 생각했든 아니든, 그는 오해의 소지가 있는 모험을 시도할 수 없었다.

하지만 두 번째는 츠빙글리는 성례적 이해에 보다 긍정적인 어떤 것으로 이끌 수 있는 사상의 흐름을 우발적으로 제언했다. 하나의 예를 들자면 그는 항상 지시된 객관적인 사물이 있다는 사실을 의식했다. 엄격한 의미에서 성례는 표지에 불과하지만 이것은 주관적인 경험의 표현 이상이다. 그 안에 표지의 가치와 필요성이 있다. 그리고 이 객관적인 어떤 것은 단순히 역사의 주어진 사실만이 아니다. 성례는 우리 앞에 그리스도의 역사적 사역을 가져오지만 또한 우리에게 하나님의 현재적인 활동을 가리킨다. 이 활동은 이 예식의 외적인 집행과 어떤 필연적인 관계도 없을 수 있지만 여전히 그것이 나타내고 선포하는 밑에 깔려 있는 실재이다. 하지만 하나님의 활동은 성례에서 우리의 구속을 위해 십자가에 달리신 분, 또한 부활하고 하늘에 오르시고 산 자와 죽은 자를 심판하기 위해 다시 오실 분으로서 뿐만 아니라, "볼지어다 내가 세상 끝날까지 너희와 항상 함께 있으리라"고 말씀하시듯 항상 계시는 하나님의 아들로서 알려지는 예수 그리스도의 영적인 임재와 연결된다. 츠빙글리는 그리스도가 만찬에 참으로 계시다는 것을 논쟁하지 않기 때문이다. 그가 논박한 것은 그리스도가 실체적으로 계시다든지 그분의 육신과 피의 실체로 계시다든지 그분의 인성에 따라 계시다는 것이다. 성경 자체가 증언하듯 승천은 그리스도의 임재 형태의 단절을 가져왔다. 하지만 이것은 임재 자체를 끝내지 않았다. 승천 이전에 그리스도는 육적으로 장소적으로 계셨다. 승천 이후에 그분은 여전히, 하지만 영적으로 계셨다. 그리스도의 영적 임재에 대한 사상이 강조되지 않는다는 것, 그것은 거의 당연하게 받아들여질 수 있다. 왜냐하면 이것이 문제가 되는 사항이 아니었기 때문이다. 하지만 이러한 방식으로 그리스도가 계신다는 사실은 보다 긍정적인 이해를 위한 분명한 출발점을 보여 주었다.

츠빙글리의 임재론에 맞서 루터파는 이것이 잘못된 기독론에 기초했다고 주장할 수 있었다. 그리스도의 신성은 인성과 분리되어 계실 수 없다. 그렇지 않으면 그리스도의 인격이 통일성이 부정된다. 츠빙글리가 그리스도 자신과 말씀과 성례의 구별된 본성 혹은 측면을 고립시키는 경향이 있다는 것은 인정되어야 한다. 하지만 이 경우에 실제적인 구분이 이루어져야 한다는 것이 강조되어야 하며, 성경도 우리에게 이렇게 할 충분한 이유를 보여 준다. 예수 그리스도는 인성에서는 40일 동안 혹은 다시 올 때와 같은 방식으로 세상에 계시지는 않는다. 논리적으로 그분은 그가 현존하는 어디서나 인류 안에 계시며, 그러한 점에서 루터파는 기록론의 실제적인 진리를 주장한다. 하지만 실제적인 사실에서 그분은 인성에 따라 현존하지 않고 우리가 그리스도의 몸과 피가 만찬 안에 문자적으로 계신다고 의미 있게 말할 수는 없는 것 같다. 츠빙글리가 잘못되었을지라도 그가 그리스도의 임재를 완전히 부정하려고 하지는 않았으며, 그리스도의 영적인 임재가 단순한 회상주의를 훨씬 넘어서는 어떤 것을 포함한다는 것도 사실이다. 만찬은 기념되는 그분 자신이 이 잔치를 지키는 자들 가운데 계시며 일하실 때 단순히 기념 예식일 수 없다.

마지막 사항은 하나님의 활동은 그리스도의 영적인 임재와 연결될 뿐만 아니라 성령의 내적 사역과도 관련된다. 이 점에서 츠빙글리의 교리는 그 반대되는 것, 성례의 유효성에 대한 '사효론'과 손을 잡는다. 왜냐하면 밑바닥에서는 양자가 모두 하나님의 초월성과 주권을 강조하는 데 관심을 두기 때문이다. 어떤 의미에서는 하나님의 초월성과 주권은 그분이 선택하는 방식과 장소에서만 일하시는 하나님의 자유에서 볼 수 있다. 또 다른 의미에서 이것은 하나님이 그분이 그렇게 하기로 약속한 방식과 장소에서 일하신다는 하나님의 신실함에서 볼 수 있다. 츠빙글리에게는 하나님의 내적인 활동은 외적인 성례 예식과 분명하고 결정적인 방식으로 관련되지 않지만 양자 사이의 구별은 그 자신의 진술에서 나타나듯 그렇게 완전하고 최종적일 필요는 없다. 하나님의 초월성을 전혀 희생하지 않고 외적인 성례가 성령께서 자동적이 아니라 그분의 자유로운 결정에 따라 사용하시는 도구가 될 수 있다. 여하튼 이것이 칼뱅에 의해 발전된 긍정적인 성례론이었으며, 이에 대한 씨앗은 이미 츠빙글리의 작품 안에 나타났다.

판본

이 논문의 초판은 1526년 취리히의 하거(Hager of Zurich)에 의해 출판되었으며, 같은 해 취리히의 프로샤우어 판본이 곧 뒤따라 나왔다. 세 번째 익명의 판본이 1526년에 또 나타났다. 이 판본이 모든 면에서 스트라스부르의 쾨펠의 이름을 지니고 있는 제4판(1526년)과 동일하기 때문에 이것이 같은 출판소에 의해 출판되었다고 생각할 모든 이유가 있다. 이 원본들 사이에는 철자의 차이와 인쇄업자의 간혹 나타나는 오류의 교정 이외에는 거의 다른 점이 없다. 원본은 슐라와 슐테스에 의해 다시 출판되었고, 보다 최근에는 *Corpus Reformatorum*(츠빙글리 제4권 제75번)과 *Volksausgabe*(제11권, 1948)에 실렸다. 괄터는 *Opp. Zw.*(제2권) 논문을 라틴어로 번역했으며, 현대 독일어 본이 라겟 크리스토펠에 의해 *Zeitgemässige Auswahl*(1843)에 포함되었다.

이전에는 영어 번역은 나타나지 않은 듯하다. 다음 번역은 *Corpus Reformatorum* 판본에 기초한다.

주의 만찬론

본문

마태복음 11장의 그리스도의 말씀을 들으라. "수고하고 무거운 짐 진 자들아 다 내게로 오라 내가 너희를 쉬게 하리라."

울리히 츠빙글리가 모든 기독교 신자에게 하나님과 우리 주 예수 그리스도로부터 은총과 평강을 빈다.

이 세상으로 독생자를 보내 주신 하나님, 모든 어둠을 뚫는 참 빛이 우리에게 빛과 진리를 주게 하셔서 그분의 영광과 진리를 알리고 우리 이웃의 유익에 도움이 되는 것만 말하게 하소서. 우리는 그분을 믿는 신앙으로, 또한 그분이 온 인류에게 행하실 엄중한 심판으로 그분에게 이 기도를 드린다.

그분은 기도하면 우리 기도를 들어주신다고 약속하셨다. 그분은 약속한 것을 확실히 이루어주실 것이다.

그리스도 안에 있는 동료 신자여, 1년 동안 그리스도의 몸의 성례에 대해 서너 번 저술했었다.(1) 지금까지는 우리 지역과 다른 지역의 상황에 맞춰 독일어로 쓴 적이 없고(2) 오직 라틴어로만 썼다.(3) 하지만 이제 일부 지역에서 내 저작의 반입이 금지되고 금서가 되었다는 것을 안다.(4) 내가 어떤 양심으로 관련자들의 판단에 내 저작을 맡겨야 하는가? 그들은 이전에 "모든 것을 분별하라. 선한 것을 붙들라"는 바울의 말을 진지하게 선포했다. 하지만 그들은 나의 저작을 이단적이라고 공공연하게 말하고, 자기 저서에서 하나님을 불러 우리를 오류에서 구해 달라고 요청한다.

　우리는 하나님의 말씀에서 성찬에서 육신적인 몸과 피에 참여하는 것이 아니라는 것을 알고 있지만, 그들은 우리가 이 문제에 대해 어떤 확실성도 가지지 않다고 말하며, 우리의 견해를 심각한 잘못이라고 헐뜯는다. 그들은 가르침을 받지 않으려 하고 온갖 말로 우리를 호되게 평가한다. 이런 상황에서 나는 하나님의 말씀에서 이 성례의 근본적인 의미를 우리에게 알려 주는 보다 본질적인 본문과 구절 및 고대의 박사와 교황법과 법령을 모으는 것이 필요하다고 생각했다.(5) 내 목적은 일반적이고 단순한 기독교인도 진리를 스스로 알아 복음의 설교자라고 간주되는 자가 그 진리를 유보하거나 왜곡하지 않도록 하는 것이다.(6) 이 사람들은 처음부터 깊은 물에 빠져 점점 더 깊은 곳, 궁극적인 어둠으로 들어가는 것보다 마른 땅에 돌아가는 것이 더 낫다는 것을 인정하기를 거부한다. 빵이 몸이요 포도주가 피며, 우리가 실제로 본질적으로 몸과 피에 참여한다는 거짓 말고 또 무슨 어둠이 있겠는가? 빵의 화체가 오랫동안 논쟁거리가 되었다. 어떤 사람은 십자가에 달려 있는 그리스도의 몸과 피를 받는다고 주장하고(7) 어떤 사람은 부활의 몸을 받는다고 주장한다.(8) 하나님의 말씀은 우리에게 이 모든 견해가 잘못된 것이라고 보여 준다. 이 사실에도 불구하고 이 거짓 교사들은 우리가 잘못을 범하고 있으며, 우리가 근거를 계속 바꾼다고 주장한다. 앞으로 이 글에서 그렇지 않다는 것이 대낮과 같이 명확하게 밝혀질 것이다. 따라서 하나님의 이름으로 나는 모든 고관, 군주, 영주, 정사와 권세자가 이 진리에 대해 화내지 않도록 경고한다. 모든 것을 숙고한 다음 조용히 처리하고, 모든 악하고 과격한 행동을 자제하며, 이 문제를 진지하고 성숙한 판단으로 평가하는 것이 지도자에게 걸맞다. 이 문제에 대해서 그들은 우리 기독교 신조의 다음 항목과 마주치게 된다. "하늘에 오르시어 전능하신 아버지 하나님 우편에 앉아 계시다가 거기로부터 산 자와 죽은 자를 심판하러 오십니다." 따라서 그들은 이 성례에서 그리스도의 본질적인 몸이 현존한다는 거짓 가르침을 포기하거나, 여기 나오는 세 가지 조항을 한 번에 부인해야 한다. 하나님은 이러한 일을 꿈꾸는 것도 금하실 것이다. 따라서 군주들은 몸과 피라는 껍데기 아래 기독교 신앙을 보호하도록 명령하는 교황의 오만에 굴복해서는 안 된다. 이렇게 함으로써 신앙을 보호하고 있다고 생각하는 자는, 우리가 후에 살펴보듯이, 실제로는 신앙을 위협하고 있다.

나는 학자들이 이 문제를 교활함과 세밀함으로써 다루지 않도록 경고한다. 만약 그들이 논쟁하고 싶다면, 담대하고 공개적으로 나오도록 하라. 필요한 경우를 제외하고는, 대답할 때 모든 현학, 철학, 수사학을 피하는 것이 우리의 목표다. 또한 무가치한 말싸움 및 중상하는 말을 쏟고 퍼붓는 것을 중지하도록 하라. 그러한 폭풍 앞에서 흔들리기 때문이 아니다. 나는 이러한 일에 익숙해져 있고(이에 대해 하나님께 감사한다), 내가 흔들리지 않고 휩쓸려 내려가는 것을 막아 주는 반석 위에 서 있다. 하지만 나는 진리가 교만을 나타내는 수많은 말로 손상당하는 것보다는 그 자체로 서 있는 것을 보기 원한다. 나는 그리스도께서 친히 얼마나 신랄하게 말씀하시며 엄중히 책망하셨다는 것을 잘 안다. 하지만 지금 진리를 처음 파악할 때 모든 추론과 무관하게 요란하고 기만적인 말에 몰두하여 자신의 길을 덮치고 단순한 자를 오도하며 다음과 같이 외치는 자들에 대해서만 말하려고 한다. "그들은 선동가다. 그들에게나 루시퍼에게나 우리는 편파적이지 않다. 이 문제가 조사된다면 누가 과거의 소란의 선동자인지, 아니면 그들이 악의 혹은 악명에 대한 욕망에서 성경을 휘젓고 다니는지(만약 우리가 쫓고 있는 것이 악명이라면 아마도 다른 방식으로 구해야 할 것이다), 아니면 그들이 신앙이 없는지(하지만 우리에게 신앙이 없다면 육은 아무런 유익이 없다는 것을 발견하지 말았어야 했다) 등등이 곧 나타날 것이다." 이와 비슷한 말로 그들은 단순한 사람들이 진리를 생각하기도 전에 진리로부터 도망가게 만든다.

하지만 나는 일반 기독교인이 진리가 그 자신의 옷을 입고, 과도한 장식이나 혹은 거만한 소리 없이 나아갈 때, 더 쉽게 진리에 귀를 기울일 수 있다는 것을 안다. 그리고 나는 어디서나 마주치는 악한 말을 일삼는 이러한 비난이 이 문제 전체를 지극히 신경질적이며 염치없는 방식으로 제시한 일부 학자의 저서 때문이라는 것을 또한 잘 안다.(9) 만약 책망의 문제라면, 나는 불평할 이유가 없다. 그러한 책망을 하나님에게서나 참 신자에게서 받으리라고는 생각하지 않지만, 이 문제에 논쟁점이 있고 이 논쟁이 하루 만에 해소되지 않는다는 것을 안다. 하지만 우리가 적대자를 거친 말로 비난하면, 옛말에 나와 있는 대로, 그 허물이 너무 커서 진리를 잃어버린다. 무수한 분쟁에서는 진리를 잃어버리고 만다. 그 때문에 나는 학자들에게 이 문제를 적대적인 외침으로 버겁게 하지 말고 침착하게 행동할 것을 요청한다. 그렇지 않으면, 이러한 말의 뜻과 힘에서 선한 것이 나오는 만큼, 거친 말로부터 악이 나올 것이다.

이 질문 전체는 "이것이 내 몸이다"라는 본문에 대한 오해에 근원을 둔다. 따라서 우리의 최초의 과제는 이 말씀을 갖가지 잘못된 해석으로부터 고찰하고 그 결과 어떤 오류가 나타나는지를 살피는 것이다.

우리의 두 번째 항목으로서 우리는 성경과 신조의 항목으로 돌아가서 이 본문이 단어를 왜곡시킬 때 나타나는 그러한 의미를 가질 수 없다는 것을 증명하고자 한다.

세 번째 항목으로 우리는 성경으로부터 참되고 본래적인 뜻을 확립할 것이다.

네 번째 항목으로 우리는 나타나는 반론에 답변할 것이다.

첫 번째 항목

이 성례에서 우리가 그리스도의 문자적인 몸과 피에 참여한다고 믿는 자 중에는 세 가지 집단이 있다. 첫째로 우리가 십자가에 달린 그분의 몸과 피에 참여하며 빵과 포도주의 물리적 실체가 육신적인 몸과 피의 실체로 변화된다고 말하는 자가 있다.(10) 그다음에는 우리가 빵 아래에 있는 그리스도의 몸을 먹는다고 말하는 자가 있다. 항상 빵은 빵으로 남아 있고 어떻게 우리가 그리스도의 몸을 먹는지 묻지 않고, 단순히 그 사실을 고백하고 우리가 먹는다는 것을 기뻐하기만 하면 된다는 것이다. 왜냐하면 그리스도가 '이것은 내 몸이다'라고 말씀하셨고, 따라서 빵은 그렇게 되어야 되기 때문이다.(11) 마지막으로 마치 제자들에게 닫힌 문을 통해 나타나시듯 우리가 부활하신 그리스도의 몸을 먹는다고 말하는 자가 있다.(12)

우리가 이러한 견해들을 주해하고 논박하기 전에 일반 독자를 위해 우리는 먼저 성례가 무엇이고 그것이 가리키는 것이 무엇인지를 명확하게 밝히고자 한다.(13)

성례는 거룩한 일의 표징이다. 주님의 몸의 성례라고 말할 때 우리를 위해 죽임을 당하신 그리스도의 몸의 상징인 그 빵을 가리킨다. 교황파는 모두 성례라는 단어가 표징이지 그 이상이 아니라는 것을 잘 안다. 왜냐하면 이것이 기독교 박사들이 항상 사용했던 뜻이기 때문이다. 그럼에도 그들은 보통 사람들이 그것이 이상하고 평범하지 않은 것, 그들이 이해할 수 없는 어떤 것, 또한 그러한 이유로 하나님 자신과 동등할 수 있으며, 그런 의미에서 거룩하다고 이해될 수 있는 것으로 생각하도록 속인다. 하지만 그리스도의 몸은 하나님의 오른편에 앉아 계신 몸이며, 그 몸의 성례가 빵이며 그 피의 성례는 포도주로, 우리는 이것에 감사함으로 참여한다. 표징과 그것이 가리키는 것은 동일한 것이 될 수 없다. 따라서 그리스도의 몸의 성례는 몸 자체가 될 수 없다.

이제 이 성례에서 빵의 실체가 그리스도의 실제적인 몸, 즉 구유에 뉘이고 십자가에 달린 그 몸의 실체로 변화한다고 말하는 첫 번째 집단에 대해 살펴보도록 하자. 그들은 다음과 같은 방식으로 자신의 입장을 옹호한다. 하나님의 말씀의 능력이 너무도 크고 너무도 가까이 현존하며, 참으로 살아 있으므로, 하나님이 말씀하시는 모든 것은 말씀하시는 대로 된다. 하늘과 땅은 없어지더라도 하나님의 말씀은 한 획도 떨어지지 않는다(눅 16장).[14] 예를 들면 창세기 1장 창조의 처음에 하나님이 "빛이 있으라" 말씀하시니 빛이 있었다.[15] 따라서 우리는 하나님의 말씀이 살았고 능력이 있어 명령하는 그 순간에 없던 것이 무로부터 생겨나는 것을 알 수 있다.

그렇다면 그리스도가 '이것은 내 몸이다'라고 말씀하실 때 빵의 실체와 본질이 그리스도의 몸의 본성으로 변화하는 것은 얼마나 더 쉬운 일이겠는가? 무로부터 한 실체를 창조하는 것이 한 실체에서 다른 실체로 변화시키는 것보다 더 쉽기 때문이다. 따라서 그리스도가 '이것은 내 몸이다'라고 말씀하신다면, 그것은 문자적으로 그분의 몸이다. 그분이 그렇다고 말씀하시면 그렇게 되며, 만물은 제자리를 가져야 하며 이 빵이 그리스도의 참되고 본질적인 몸이 될 수밖에 없다. 왜냐하면 그분이 "이다"라고 말씀하실 때 그것은 그렇게 되기 때문이다.

마태복음 8장에서 그리스도가 나병환자에게 "깨끗함을 받으라"고 말씀하셨을 때, 그는 그 시간부터 깨끗해졌다. 또한 그분이 눈 먼 자에게 "보라"라고 말씀하실 때, 그는 그 시간부터 보았다. 마찬가지로 그분이 '이것은 내 몸이다'라고 말씀하실 때, 빵은 그분의 몸이며, 포도주는 그분의 피가 된다.[16]

답변은 이러하다. 선한 기독교인이여, 단순한 자의 눈이 이러한 날조에 의해 얼마나 어두워지며 거짓을 믿도록 요구 받고 있는지 주목하라. 만약 우리가 그들의 눈을 뜨게 한다면 이 오류를 논박하는 것보다 쉬운 일은 없을 것이다. 이제 그렇게 할 것이다. 우리의 의도는 그 주장 자체에서 주장에 대해 대답하도록 하는 것이다. 그러므로 나는 하나님의 말씀에 대해 논증한 내용을 거부하지 않는다. 나는 하나님이 어떤 것을 말씀하시면 그렇게 된다고 고백한다. 하나님의 말씀은 살아 있는 명령이다. 하지만 이 논증에 두 가지 허점이 있다는 것을 주목하라. 첫 번째는 교황이나 다른 자가 '이것은 내 몸이다'라고 말할 때, 그리스도의 몸이 필연적으로 계시다고 믿을 이유가 없다는 점이다. 그리스도께서 친히 "이것을 행하여 나를 기념하라"고 말씀하셨으며, 따라서 그리스도의 몸이 거기에 있다고 말하는 것도 아무 소용이 없다. 왜냐하면 교황은 "이것이 그리스도의 몸"이라고 말하지 않고 "이것이 내 몸이다"라고 말하기 때문이다. 따라서 오직 교황의 몸만이 있을 것이다.(17) 하지만 이 답변은 많은 사소한 말다툼을 포함하고 있으며 우리는 이 첫 번째 허점을 우리가 말해야 하는 것의 근거로 사용하지 않고 될 수 있는 한 지나가려고 한다. 이 허점을 활용하는 자가 다수 존재한다.

두 번째 허점은 어떤 것을 정당화하기 위해 하나님의 말씀을 사용하기 전에, 하나님의 말씀을 바르게 이해해야 한다는 것을 알지 못한다는 점이다. 예를 들면, 그리스도가 "나는 포도나무다"라고 말씀하실 때, 우리는 먼저 그분이 비유적인 언어를 사용하고 있다. 즉 그분이 포도나무와 같다고 생각해야 한다. 가지가 포도나무에 의해 양분을 받고 그것 없이는 열매를 맺을 수 없듯이, 신자도 그분 안에 있고 그분 없이는 아무것도 할 수 없다. 만약 그대들이 이러한 해석에 반대하고, 그분이 "나는 포도나무다"라고 말씀하실 때, 그분이 실제적인 포도나무여야 한다고 말한다면 이것은 그리스도를 포도나무로 만드는 것이다. 같은 방식으로 그대들이 '이것은 내 몸이다'라는 말을 다룰 때 먼저 그분이 자신의 몸과 피를 육신적인 형태로 주려고 하셨는지를 확실히 밝혀야 한다. 그렇지 않으면 그분이 그렇게 말씀하셨으므로 그렇다고 주장하는 것은 헛된 일이다. 그분이 친히 그렇게 이해하셨고 그대들이 이것을 오해하지 않았다면 그렇게 되어야 한다.(18) 그분이 요한복음 6장에서 "육은 무익하니라"고 말씀하실 때, 그대들이 성경에서 그분이 육신적인 형태로 몸과 피를 주셨다는 것을 어떻게 증명할 수 있겠는가? 우리는 다음 항목에서 이것을 다룰 것이다. 지금은 이 교리의 기초를 고찰하도록 하자. 만약 그리스도의 "이것이 내 몸이다"라는 말씀에서 우리가 '이다'라는 작은 단어를 실사(實辭, substantive)로, 즉 문자적으로 받아들이면, 그리스도의 몸 혹은 육신의 실체가 문자적으로 또한 본질적으로 임한다는 것이 필연적인 결론으로 따라 나온다.

하지만 이것은 두 가지 명백한 오류를 낳는다.

첫째는 만약 그분이 그 육신 안에 문자적으로 본질적으로 계시다면 그 육신 안에서 그분은 이빨로 바수어지고 감각적으로 씹혀지게 된다. 우리는 "하나님에게는 모든 일이 가능하다"고 말하면서 이 문제를 피할 수는 없다. 그대들이 친히 서두에서 보여 준 바대로, 그분이 말씀으로 창조한 빛은 문자적이며 감각할 수 있는 빛이 아닐 수 없다. 그분이 말씀했을 때, 빛 즉 문자적이고 감각할 수 있고 현존하며 볼 수 있는 빛이 거기에 있었고 지금도 있다. 같은 방식으로 우리가 '이다'라는 단어를 문자적으로 받아들이면, 육신이 감각할 수 없는 것이 되는 것은 불가능하다. 빛은 감각할 수 없는 빛이 아니었기 때문이다. 마찬가지로 나병환자에게 주어진 깨끗함과 눈 먼 자에게 주어진 시력은 지각할 수 없는 것이 아니었다. 나병환자와 눈 먼 자는 치유를 실제로 소유한 것으로 알아차렸다. 하지만 이 성례에서는 누구도 문자적이며 감각할 수 있는 방식으로 몸에 참여하지 않았다. 그 효과를 위해 우화가 만들어지고 선언되었지만, 이는 어떤 것도 증명하지 못한다. 이런 일이 기만에 의해 때때로 일어난다 하더라도 그것으로도 충분하지 않다. 그것은 참여하는 모든 자들의 입에서 같은 것이 되어야 한다. 말과 참여는 모든 경우에 하나이기 때문이다. 그렇다면 살이 문자적이며 육신적인 방식으로 거기에 있지 않다는 것은 분명해진다. 만약 그렇다면, 그 질량과 본체가 지각되며, 이빨로 누를 수 있어야 한다. 간단히 말하자면 하나님이 명령하셨던 궁창과 빛처럼 문자적으로 거기에 있어야 할 것이다. 이것들은 지각할 수 없는 것이 아니고 지각할 수 있는 것이다. 따라서 '이다'가 문자적으로 받아들여지면, 그리스도의 몸도 가시적으로 문자적으로 육신적으로, 지각할 수 있는 방식으로 있어야 한다. 따라서 이 잘못된 가르침에서도 그 말씀이 육신과 몸에 물리적으로 참여하는 것을 뜻할 수 없다는 증거가 들어 있다. 하나님이 만약 문자적으로 '이것은 내 몸이다'라고 말씀하신다면, 그분이 명령했을 때 빛이 문자적으로 거기에 있었던 것처럼, 그 몸이 문자적이며 육신적인 방식으로 거기에 있어야 한다고 나는 주장한다. 그리고 우리가 그러한 현존을 경험하거나 지각하지 못하기 때문에 그리스도의 말씀은 물리적인 살과 피를 가리킬 수 없다는 것이 결론으로 따라 나온다. 만약 이 말씀이 그러한 뜻이라면, 우리는 지속적으로 그것을 지각할 수 있어야 한다. 그분은 거짓을 말할 수 없기 때문이다. 그대들이 보듯이 문자적인 현존에 대한 논증은 혼돈으로 바뀔 뿐이다.(19)

문자적 해석에 기인하는 두 번째 오류는 우리가 첫 번째 오류에 따라 언급했던 두 번째 견해─ 즉 우리는 빵 안에 혹은 빵 아래 그리스도의 몸을 먹고 빵은 빵으로 남아 있다─ 에 해당한다.(20) 만약 우리가 '이다'라는 단어를 실사로 즉 문자적으로 받아들이면 빵은 빵으로 남아 있고 화체─ 빵의 실체가 살의 실체로의 변용─ 를 부인하는 것은 명백한 잘못이다. 이러한 이유로 인해 나는 첫 번째 오류에서 사용된 논증을 적용하겠다. 하나님의 말씀은 살아 있다. 그분이 '이것은 내 몸이다'라고 말씀하셨다. 따라서 그것은 그분의 몸이다. 하지만 두 번째 오류가 완고하게 주장하듯이, 우리가 '이다'라는 단어를 문자적으로 받아들이면, 필연적으로 빵의 실체가 완전히 살의 실체로 변용되어야 한다. 하지만 이것은 빵이 더 이상 거기에 있지 않다는 것을 의미한다. 따라서 빵이 남아 있으며, 빵 안에 빵 아래 살을 먹는다고 주장하는 것은 불가능하다. 이 입장이 얼마나 비합리적인지를 주목하라. 어떤 방식으로도 이 입장은 '이것은 내 몸이다'는 그리스도의 말씀이 비유적이거나 상징적이라는 주장을 허용하지 않는다. 이 입장은 '이다'라는 단어가 문자적으로 이해되어야 한다고 주장한다. 하지만 이 입장은 그 단어를 무시하고 "그리스도의 몸이 빵에서 먹힌다"고 말한다. 하지만 그리스도는 "받아먹으라. 내 몸이 빵에서 먹힌다"라고 말하지 않고 '이것은 내 몸이다'라고 말씀하셨다.(21) 자신의 동굴에서 빠져나오는 것이 얼마나 두려운 일인가? 바로 내가 그리스도의 말씀을 이런 식으로 왜곡했더라면, 심판의 도끼가 나를 쳤을 것이다.(22)

두 번째 오류는 쉽게 알아낼 수 있다. 우리는 양자를 비교하기만 하면 되며 양자는 서로를 배제한다. 전자는 살과 피가 '이다'라는 말씀 때문에 현존한다고 주장한다. 하지만 우리가 그 단어를 문자적으로 받아들이면, 그것은 이 단어를 문자적으로 받아들이면서도 빵이 빵으로 남아 있다고 주장하는 후자를 무너뜨린다. 만약 그 단어가 문자적으로 받아들여지면 빵은 빵이 아니라 살이다. 이와 반대로 두 번째 오류는 최소한 빵의 실체가 살의 실체로 변용되지 않는다는 것을 지각하고 인정한다. 그렇게 함으로써 이 입장은 '이다'라는 단어가 문자적으로 받아들여질 수 없다는 진리를 보전한다. 만약 그것이 문자적이라면 살이 빵만큼 지각할 수 있는 것이 되어야 할 것이다. 축성 이전에(그들이 명명하는 바대로) 빵이 빵으로 지각될 수 있듯이, 축성의 순간 다음에는 빵은 살로 지각될 수 있어야 한다. 따라서 첫 번째 오류는 무너졌고 우리는 양자가 모두 명백하게 잘못된 것이라고 결론을 내릴 수 있다. 두 번째 오류가 '이다'를 문자적으로 받아들여야 한다고 주장한다면, 우리가 이미 본 대로 이것은 잘못된 입장을 취하는 것이다. 비유적인 해석을 피할 수 있는 다른 방법이 없기 때문이다. 그럼에도 우리가 이 결점을 강력하게 드러내어 그러한 환상을 위한 근거가 없다고 지적하면, 그들은 단순히 대답한다. "우리는 그리스도의 단순한 말씀을 지키며(23) 그리스도의 단순한 말씀을 따르는 자가 길을 잃지 않으리라고 믿는다." 하지만 그대들이 말씀의 가장 단순한 의미라고 부르는 것이, 사실은 모든 것 중 가장 의심스럽고 가장 모호하며 가장 이해할 수 없다.

만약 성경의 단순한 의미가 문자에 대한 오해로 인해 우리가 주장하는 것이라면, 그리스도는 포도나무요, 어리석은 양이요, 문이요, 베드로는 교회의 반석이다. 이 단어들의 단순하고 본래적인 의미는 비슷한 모든 경우에서 얻을 수 있으며, 모든 신자의 마음이 가장 자연스럽고 가장 쉽게 이해할 수 있으며, 진리와 모순되지 않는다. 위에서 해설된 두 견해는 어느 하나도 그 주장의 진실을 증명할 수 없다. 첫 번째 견해는 몸이 있다는 것을 증명할 수 없다. 만약 그렇다면 우리는 하나님이 지으신 모든 피조물처럼 그것을 보고 지각할 수 있어야 한다. 또한 두 번째 견해도 몸이 빵 아래에 있다는 것을 증명할 수 없다. 왜냐하면 그리스도는 "이것이 빵 아래 있는 내 몸이다"라고 말씀하시지 않으셨기 때문이다. 따라서 성경에서 단순하고 본래적인 의미는 진리, 즉 하나님의 말씀 안에 토대를 두고 보증된 것으로 말씀과 어떠한 모순 관계도 없다.(24) 교황파는 "너는 베드로, 즉 돌 혹은 반석이라. 이 반석 위에 내 교회를 세우리라"는 말씀이 문제가 될 때, 우리가 본래적인 뜻을 지키지 않는다고 불평할 것이다. 이것이 두 번째 견해가 주장하듯 단순하고 본래적인 뜻을 지키지 않는다면 오류에 빠지는 것을 의미하는가? 절대로 그렇지 않다. 우리는 그리스도만이 반석이요 그리스도만이 머리요, 그리스도만이 우리가 안정을 누릴 수 있는 포도나무라는 것을 발견하기 때문이다. 따라서 그리스도께서 친히 교회가 세워지는 반석이며 이것이 이 말씀의 본래적인 뜻이다. 교황청에 적용될 때, 이 말씀은 본래적인 뜻이 되지 않는다. 이 해석은 신앙과 이성에 모순되며, 믿는 마음이 참으로 받아들일 수 없다. "이것이 내 몸이다"라는 그리스도의 말씀도 마찬가지다.

이 말씀을 그분의 물리적인 살에 관련시키는 것은 본래적인 해석이 아니다. 믿는 마음에게는 이것이 모든 것 중 가장 이해할 수 없다. 이것은 우리가 후에 알게 되듯, 하나님의 말씀에도 근거를 가지지 못한다. 말씀의 고유한 의미에 따르면, 이 말씀은 우리가 이미 본대로 이러한 뜻을 지닐 수 없다. 세 번째 오류는 우리가 죽은 자로부터 부활한 그리스도의 몸을 먹는다는 것인데 우리는 두 번째 항목에서 이를 반론하겠다.

이제 우리는 교황의 법령을 다루어 이 성례에서 우리가 물리적으로 그리스도의 몸과 피에 참여한다는 견해가 그리스도의 말씀에서 정당화될 수 없다는 것을 보여주고자 한다. 내가 교황법에 호소할 때 내 의도는 참 신자에게 어떤 것을 증명하기 위해 이 법을 활용하는 것이 아니라, 단순히 교황을 인정하는 자에게 교황의 법령을 통해서도 진리에 도달할 수 있다는 것을 보여 주기 위한 것이다.(25) 하나님은 적 그리스도가 칭송했던 저작들에서도 적그리스도의 잘못된 교리를 뒤엎는 것을 발견할 수 있도록 정하셨다. 「교회법령집」(De consecr. di 2 ca. Quia passus estr. dist. 2 ca. Ego)(26)의 본문은 다음과 같다. "나 베렝가르,(27) 앙제의 성 마우리키오스 교회의 무가치한 종은 참되고 보편적이고 사도적인 신앙을 고백하며, 내 자신이 오랜 동안 의혹을 받아 왔던 것을 포함하여 모든 이단을 정죄한다. 나는 우리가 제단 위에 놓는 빵과 포도주가 축성 이후에는 단지 성례, 즉 표징에 불과하며— 교황청도 이 성례란 단어를 어떻게 사용하는지 주목하라— 그것은 우리 주 예수 그리스도의 몸과 피가 아니며, 본질적으로나 문자적으로가 아니라 단지 상징적으로 사제가 그것을 만지며 쪼개며, 신자의 입으로 씹는다고 주장했었다. 하지만 이제 나는 거룩한 로마 교회와 사도적 감독좌와 일치하여 내 입술과 마음으로 주님의 식탁의 성례에 대해 나의 귀한 주 교황 니콜라스와(28) 거룩한 교회 회의가(29) 복음적이고 사도적인 권위로 규정하고 확인한 것과 같은 신앙, 즉 축성 이후에 제단 위에 있는 빵과 포도주는 단순히 성례(즉 표징)일 뿐만 아니라 우리 주 예수 그리스도의 몸과 피이며, 성례 뿐만 아니라 그리스도의 몸과 피가 사제에 의해 들려 쪼개지며, 신자의 이빨로 씹히고 부수어진다는 신앙을 가지고 있다고 고백한다." 사려 깊은 신자라면 어떻게 마귀가 광명의 천사로 변할 수 있는지 생각해 보라. 이 베렝가르는 주후 1080년경에 살았다. 그는 이 성례와 관련되어 심각한 오류가 있다고 느꼈으니, 이것은 항상 그 오류를 알아차린 자가 있기 때문이다. 하지만 교황은 이 창문이 열리는 것을 막기 위해 개입하여, 베렝가르가 꼴불견의 공적인 철회를 하도록 강요했는데, 이 철회에서는 그리스도의 물리적 살에 관련되어 주장된 것이 완전히 거짓이라는 것이 매우 분명하다.

일부 역사가들의 증언에 따르면 베렝가르가 너무도 경건하여, 그의 사망 이후에 많은 군주는, 비록 그가 죽을 때까지 계속 교황청의 의혹의 대상이 되었지만(마치 그가 마음속으로는 철회문의 앞부분에 진술된 견해를 결코 포기하지 않았던 것처럼), 교황보다 그를 더 따르겠다고 말했다고 한다.(30) 그는 자신의 양심과 모든 사람의 양심 앞에서 분명 거짓된 철회를 했다.

둘째, 철회에 포함된 것이 무엇인지 생각하도록 하자. 여기에는 그리스도의 몸을 사제가 지각할 수 있게 잡고, 지각할 수 있게 쪼개며, 신자의 이빨이 지각할 수 있게 씹어 부순다고 입술과 마음으로 믿는다는 고백이 포함되어 있다. 하지만 이 세 가지 진술은 모두 "너희가 결코 죽지 아니하리라. 너희가 하나님과 같이 되리라"고 이브에게 말하는 마귀의 말처럼 명백히 거짓이다. 그리스도의 몸을 지각할 수 있게 잡은 사제가 어디에 있는가? 몸이 진정으로 거기에 있다면, 어떻게 사제들이 그것을 들어 올릴 수 있는가? 그리스도를 축축하고 냄새나는 감실에 두는 것은 그리스도에 대한 능욕이 아닌가?(31) 만약 사제가 그리스도를 지각할 수 있다면, 그분도 자신을 지각할 수 있다. 그렇다면 그분은 냉기와 불쾌함을 겪게 된다. 하지만 여기서 그들은 '지각할 수 있게'를 나쁘게 혹은 문자적으로 받아들이지 말고(32) 관주를 읽으라고 주장한다.(33) 답변은 이러하다. 그렇다면 우리에게 어떻게 그 단어를 이해해야 하는지를 말하라. 그대들은 대답한다. "관주에서 말한 대로라." 하지만 관주는 우리가 이 말을 적절하게 이해해야 한다고 그대들과 똑같이 말한다. 그리고 계속해서 이 일을 빵과 포도주의 두 형체로부터 이해해야 한다고 말한다. 이것이 베렝가르가 몸이 성례적으로 쪼개진다고 말하면서 주장했던 것과 다른 것이 무엇인가? 그것이 빵과 포도주의 형체만을 가리키는 것이 아니었나? 하지만 그는 그리스도의 몸이 참으로 취해져서 쪼개지고 이빨로 씹힌다고 고백하도록 강요당했다. 이 말이 '감각할 수 있게'라는 단어가 뜻하는 내용을 명백히 밝히는 것이 아닌가? 왜냐하면 그들이 '이것은 내 몸이다'라는 그리스도의 말씀에서 '이다'라는 단어를 문자적으로 해석할 것을 주장한다면 불가피하게 그리스도가 문자적으로 거기에 있다고 주장해야 하며, 따라서 그분이 쪼개지고 이빨로 씹힌다고 주장해야 한다.

모든 감각이 이것을 논박하지만, 우리가 이미 보여 준 대로, 이것은 '이다'라는 단어를 문자적으로 받아들일 때 불가피하게 주장해야 하는 바다. 따라서 그들 자신이 '이다'라는 단어가 문자적으로 받아들일 수 없다는 것을 인정한다. 만약 하늘이 새벽에 붉게 물든다면 우리는 저녁에는 폭풍이 있을 것이라고 말한다. 태양이 해질녘에 붉게 물든다면, 우리는 내일 날씨가 좋을 것이라고 말할 수 있다. 그럼에도 우리는 육신 안에서 그리스도께서 기적적으로 빵 안에 계시다면, 혹은 그 빵이 실제로 그분의 살이라면, 그것을 지각할 수 있어야 한다는 사실에 눈을 감고 있다. 빵이 살이고 그 살을 문자적으로 먹지만, 이것이 기적적으로 일어나 살과 피가 지각되지 않는다고 말한다면, 우리가 거짓말을 하고 스스로를 속이는 것이 분명하지 않은가? 하나님이 기적을 행하고 기적을 세상에 드러낼 때는, 반드시 누군가 그것을 보거나 어떤 방식으로든 알게 한다. 이 철회는 계속해서 그리스도의 몸을 문자적으로 사제들이 붙잡고 부순다고 말한다. 하지만 어떻게 그것이 부수어지는가? 의심할 여지없이 그들은 대답한다. "십자가에서 부수어졌듯이, 즉 죽음에 이를 때와 같이 부수어진다." 이것이 그들의 성찬 제사 교리의 기초라는 것은 의심할 여지가 없다. 하지만 그리스도가 더 이상 죽지 않는다고 말해 주는 구절은 어떠한가? 혹은 아마도 그들은 이렇게 대답할 수 있다. "오직 빵 혹은 외형(species)만이 부수어진다." 참으로 감사하다! 그것이 바로 베렝가르가 그리스도의 몸이 살이 아니라 육신의 성례에서만 부수어진다고 주장했을 때 뜻했던 바이기 때문이다.

따라서 '문자적으로 부수어진다'라는 것은 '문자적으로 잡고 취해진다'는 말과 똑같이 무의미하다. 다음으로, 이 철회는 그리스도의 몸이 신자들의 이빨에서 지각할 수 있게 눌리고 씹힌다고 진술한다. 하지만 그러한 일을 지각한 신자가 누군가? 그러한 일을 알아채고 떨지 않을 신자가 그 누군가? "입으로 들어가는 모든 것은 배로 들어가서 뒤로 내버려진다"(마 15장)는 그리스도의 말은 더 이상 타당하지 않은가? 이러한 잘못된 진술은 얼마나 터무니없는 일을 생각하게 하는가? 이 터무니없는 일이 신자의 마음속에서 자리 잡게 해서는 안 된다. 하지만 여기서 어떤 사상가는, 예를 들면 라바누스와 같은 회의론자에게도 답변을 줄 필요가 있다고 느꼈다.[34] 하지만 이것도 똑같은 거짓된 가르침에 근거하고 있다. 우리는 말한다. 맞다! 이 모든 일은 기적적으로 일어나며, 이 한 마디로 우리의 모든 난점이 해소된다. 마치 하나님이 지각할 수 없는 기적을 행하신 것처럼 말이다. 빵과 포도주의 그렇게 작은 조각이 살과 피로 실제로 지각된다면 이것은 정말 기적이 될 것이다. 하늘로부터 내려 온 만나는 쓴 나물 씨앗과 같은 크기와 모양을 가지고 있지만 그 맛은 매우 다르다. 이것은 전혀 다른 경우다. 왜냐하면 우리가 보고 맛보는 것은 똑같은 빵과 포도주다. 어떻게 우리가 살이라고 지각할 수 없을 때도 그러하다고 말할 수 있는가? 만약 몸이 기적적으로 거기에 있다면, 빵은 빵이 아니며 우리는 그것을 살로 지각해야 한다. 하지만 우리가 빵을 보고 지각하므로, 하나님이 바라지도 인정하지도 않는 기적을 그분에게 돌리고 있는 것이 분명하다. 왜냐하면 그분은 지각할 수 없는 기적을 행하실 수 없기 때문이다. 관주를 읽은 무식한 자는 이것을 너무 강하게 강조해서는 안 된다. 왜냐하면 이것은 실제적인 뜻이 없는 말에 불과하기 때문이다. 「교회법령집」(*De consecratione di. I cap. I*)[35]의 관주를 쓴 자는 스스로 성례에 대해 진실을 말하는 것이 해롭고 심지어 위험하다고 말한다. 그라지아노[36]는 진실을 말하는 것을 두려워하고 교부를 통해 그것을 암시했지, 다른 곳에서 그가 통상적으로 행하듯 자신의 이름으로 선언하거나 법을 만들지는 않았던 것 같다.

　선한 기독교인이여, 이것이 교황청의 주석가가 말한 내용이다. 그는 교황청 앞에서 성례에 대해 진실을 말하는 것이 두려운 일이라는 것을 알았다. 하지만 살과 피가 계신다고 말하는 것은 위험하지 않으니, 그것이 바로 교황청이 요구하는 바이기 때문이다. 위험한 일은 우리가 주장하는 바를 말하는 것이다. 그리고 이것이 주석가가 이해했던 진실이다. 왜냐하면 성례에 대해 진실을 말하는 것이 위험하다고 말하기 때문이다.[37] 그가 단순히 성례에 대해 말하는 것이 위험하다고 말했다면, 이 말에는 커다란 중요성이 없다. 하지만 그가 성례에 대해 진실을 말하는 것이 위험하다고 말할 때, 성례에 대한 진리를 그 시대에는 말하지 못했다는 것이 분명하다. 내가 그 관주에 대해 이 모든 것을 말하는 것은 주님의 이름으로 용서하지 않으면 매우 다르게 대해야 하는 어리석은 사람을 위해서다.

하지만 여기서 다음과 같이 말하는 자들이 있다. "나는 우리가 우리 입과 이빨로 물리적인 살을 먹는다고 믿지 않고 외적인 감각과 무관하게 그것을 먹는다고 믿는다."(38) 그러한 자들에 대해서 나는 그들이 곧 기쁨으로 진리를 받게 될 것이라는 선한 희망을 가지고 있다. 왜냐하면 그들이 그렇게 말할 때, 비록 원하지 않을지라도 실제로는 교황의 교리를 부인하는 것이기 때문이다. 교황청은 지각할 수 있게 이빨로 누르고 씹는다고 주장한다. 그들은 스스로 주장하는 것처럼 '이다'라는 단어를 문자적으로 이해하지 않는다는 것을 매우 분명히 밝힌다. 만약 그들이 문자적으로 그것을 이해했다면 그리스도의 살이 문자적으로 현존해야 한다는 것을 부인할 수 없을 것이다.

그라지아노의 책– 교황청이 인가했고 오랜 동안 사용했기 때문에 소위 「교황법령집」이라고 불린다(39)– 에 포함된 진리가 실제로는 억압되었다는 것이 타당한 가정이다. 왜냐하면 우리가 그 주석가를 통해 증명했듯이, 그라지아노가 비록 1160년 경 무지의 어둠이 최악에 있었던 시대에 살았지만, 교황의 견해를 지지하지 않았다는 것은 분명하다. 베렝가르의 철회 후에 이 그라지아노는 여섯 번째 법령에서 아우구스티누스의 말을 도입했고 교황청은 이를 인정했다. 이 말은 다음과 같다. "이빨과 위가 무슨 필요가 있는가? 믿으라. 그리고 그대들은 먹었다. 그분을 믿는다는 것은 빵과 포도주에 참여한다는 것이다. 그분을 믿는 자는 그분을 먹고 산다."(40) 이 말은 베렝가르의 철회에서 나타난 말과 모순된다. 전자는 "이빨과 위가 무슨 필요가 있는가?"라고 말하는데, 후자는 "그리스도의 몸과 피가 지각할 수 있게 이빨로 눌린다"라고 말한다. 전자에서 이빨은 불필요하지만, 후자에서는 필수적이다. 진리가 억압되는 것은 그라지아노의 의도가 아니었다. 성례의 모든 기초는 아우구스티누스의 이 말에 포함되어 있다. 그가 "이빨과 위가 무슨 필요가 있는가?"라고 말할 때 그는 우리가 물리적인 것을 먹는 것이 아니라는 것을 이해하도록 한다. 왜냐하면, 우리가 물리적인 것을 먹는다면 이빨과 위가 필요하기 때문이다. 그가 "믿으라. 그리고 그대들은 먹었다"라고 말할 때 그는 그리스도를 양식으로 먹는다는 것이 단순히 그분을 신뢰하고 그분에게 자신을 맡기는 것이라는 것을 분명하게 밝힌다. 믿는 자는 참여하고 믿지 않는 자는 참여하지 않는다.

여기서 나는 다음과 같이 물어야 한다. 얼마나 많은 사람이 실제로 살과 피에 참여하고 있다고 알고 있었는가? 그리스도가 성찬을 제정하신 후부터 그들은 한 사람도 댈 수 없었고 아무도 그렇게 믿지 않았다고 고백한다. 여기서 그들의 잘못을 간파할 수 있다. 왜냐하면 이것은 그들 자신도 그리스도의 몸에 참여한다고 믿지 않는다는 것을 뜻하기 때문이다. 하지만 나는 자극을 피하고자 이렇게 답변한다. "그분을 믿는 것은 빵과 포도주에 참여하는 것이다." 그리고 이 말에서 우리는 아우구스티누스의 말의 첫 부분을 바르게 이해할 수 있다. 아우구스티누스는 "그분을 믿으라"고 말할 때 신뢰 혹은 신앙의 대상이 빵이나 몸이 아니라 오직 그리스도라고 가르친다. 그다음에 그는 말한다. "그리스도를 믿는 것은 빵과 포도주에 참여하는 것이다." 어떻게 이것이 일어나는가? 여기에는 두 가지 어려운 말이 있다. 어떻게 우리가 그것을 해석해야 하는가? 한편으로는 그리스도에 대한 견고한 신앙을 가지지만, 그 성례, 즉 빵과 포도주에 매우 드물게 참여하는 많은 자들이 존재한다. 또 한편으로 아우구스티누스는 여전히 신자가 빵과 포도주에 참여한다고 말한다. 그의 뜻은 이것이다. 그리스도를 믿으면 우리는 성찬으로 나아가고 빵과 포도주에 바르게 참여한다. 우리는 성례를 바르게 활용해야 한다. 왜냐하면 그 직후에 그는 "그분을 믿는 자는 그분을 양식으로 먹는다"라고 말하기 때문이다. 그리스도의 몸을 양식으로 먹는 것은 우리 대신에 죽음에 넘겨진 그분을 믿는 것이다. 하지만 (교황파에) 속은 자들은 아우구스티누스가 뜻하는 것은 그분을 믿는 자가 그분의 살과 피를 양식으로 먹는 것이라고 말한다. 이에 대한 답변은 이러하다. "그분을 믿는 것은 빵과 포도주에 참여하는 것"이라는 아우구스티누스의 말은 참여한다는 것이 그분을 믿는 것이라는 것을 이미 보여주었다. 참으로 서두에 그는 "믿으라. 그리고 그대들은 먹었다"고 말했다. 그리고 우리가 물리적으로 먹는 것을 아우구스티누스는 그리스도가 그분의 몸과 피라고 부른 빵과 포도주라고 언급했으니, 이는 바울이 서술한 것처럼 우리의 감사 행위에서 그것들이 그분의 몸과 피의 중요한 표징이 되도록 하기 위한 것이었다.

간략하게 정리하면 아우구스티누스의 전체 의미는 다음과 같다. 그대들이 이 감사에 나아올 때, 그대들은 그리스도의 몸을 누를 이빨이나 그대들이 씹은 것을 받을 위가 필요 없다. 왜냐하면 그대들이 그분을 믿는다면 이미 그분에게 참여한 것이기 때문이다. 그리고 이 감사에서 무리와 함께 그대들이 행하는 모든 것은 그대들이 주 예수 그리스도를 믿는다는 것을 공개적으로 고백하는 것이다. 따라서 우리가 빵과 포도주의 표징들을 받아들일 때, 바라보아야 하는 가장 중요한 것은 그리스도를 믿는 것이다. 그분을 믿는 자는 그분을 양식으로 먹기 때문이다. 교황파는 이 뜻 전체를 바꾸었고 하나님 말씀(요 6장) 자체인 이 거룩한 말씀을 곡해했다. 이것은 *De con. di. 2 c. Credere*에서[41] "예수 그리스도를 믿는 것은 살아 있는 빵을 먹는다. 믿는 자는 먹는다"라는 아우구스티누스의 말의 인용에서 알 수 있다.

첫 번째 항목은 그 정도까지 하자. 여기에서 우리는 '이것은 내 몸이다'라는 그리스도의 말을 문자적으로 받아들이는 것 때문에 어떠한 심히 어려운 점이 일어나는지, 또한 어떻게 그 말씀이 문자적이 아니라 비유적이며 상징적인 뜻을 지닌다는 것을 그 자체로 알려 주는지 보여 주었다. '이다'라는 단어를 문자적으로 이해한다면, 우리는 그 살, 뼈, 핏줄, 신경, 골수 및 다른 지체들(나는 이것들을 일일이 언급하지 않겠다)과 함께 그리스도의 몸을 먹어야 한다. 하나님은 거짓말을 하실 수 없으시기 때문이다. 그리스도께서 비유적이 아니라 문자적으로 말씀하셨다면, 베렝가르가 강제적으로 고백했듯이, 그분의 몸을 문자적으로 지각할 수 있게 먹는다는 것이 결론으로 따라 나온다. 하지만 모든 신자는 그리스도의 몸을 그러한 방식으로 먹지 않는다는 것을 잘 알고 있다.

따라서 이 문제의 본질과 진리 때문에 우리는 이 말을 문자적으로 받아들일 수 없다. 이 본질과 진리란 인간적인 이해의 본성만을 뜻하는 것이 아니라 하나님의 말씀의 본성, 즉 하나님이 문자적으로 말씀하신 곳에선 그분의 말씀이 문자적으로 성취된다. 즉 볼 수 있고 만질 수 있고 알 수 있고 경험할 수 있는 방식으로 이루어진다는 것을 뜻한다. 하지만 이것이 이 사안에서는 얻어질 수 없으므로, 우리는 하나님이 문자적으로 말씀하시지 않으셨다는 결정적인 증거를 가진다. 왜냐하면 하나님은 우리를 속이지 않으시기 때문이다. 만약 그분이 문자적으로 말했다면 우리는 그 몸을 지각해야 한다. 따라서 우리는 그 말씀이 문자적으로 이해될 수 없다는 분명한 논증을 가진다.

두 번째 항목

첫 번째 항목에서 우리는 하나님의 말씀의 본성과 속성으로부터 '이것은 내 몸이다'
라는 그리스도의 말씀을 문자적으로 받아들일 수 없다는 것을 분명히 깨닫게 되었
다. 두 번째 항목에서는 이 말씀이 문자적인 의미를 가질 수 없다는 것을, 우선은 하
나님의 말씀의 분명한 가르침을 통해, 그다음에는 서론에서 제시된 신앙의 조항들을
통해 증명하고 입증하고자 한다.

고대 교부와 「주석」(Commentarius)과 「보론」(Subsidium)(42)은 요한복음 6장(43)에 나온 가
르침에서 그리스도께서 살을 먹고 피를 마신다고 말씀하실 때, 이 말씀의 의미가 우
리의 구속과 우리 죄의 씻음을 위해 살과 피를 주신 분으로 그분을 믿는다는 것이라
는 것을 매우 분명히 보여 주었다. 이 구절에서 그분은 성례에 대해서 말씀하는 것이
아니라 그분의 살과 피를 먹고 마신다는 비유 하에 복음을 설교하신다. 이 사실을 아
직 알지 못하는 자가 있을까 해서 나는 여기서 간략히 요점을 정리하고, 그 강론 전체
에서 그리스도가 복음, 즉 하나님이 그분 안에서 우리에게 주신 구원을 선언하고 있
다는 것을 알 수 있는 분명한 지표를 지적하고자 한다. 그리스도는 보통 외적인 것을
취하셔서 그분의 가르침을 안내하거나 소개하고, 직유를 사용하듯 그것에 기초하여
하늘에 속한 영적인 메시지를 전하고 가르치셨다.

예를 들면 누가 그분에게 "당신의 어머니와 동생들이 당신께 말하려고 밖에 서
있나이다"(마 12장)라고 말했을 때 그분은 이 일을 모든 신자가 그분의 지체요 형제라는
교훈을 가르치는 기회로 삼으시고, "누가 내 어머니이며 내 동생들이냐"고 하시며 "손
을 내밀어 제자들을 가리켜 이르시되 나의 어머니와 나의 동생들을 보라 누구든지
하늘에 계신 내 아버지의 뜻대로 하는 자가 내 형제요 자매요 어머니이니라"고 말씀
하셨다. 마태복음 16장에서도 단순한 예를 찾을 수 있다. 제자들이 바다를 건너다가
빵을 가져가는 것을 잊었다고 말했을 때, 그분은 이것을 바리새인들의 누룩을 피하
라고 가르치는 기회 혹은 도입으로 이해하셨다. 요한복음 6장도 마찬가지다. 그분은
제자들에게 너무나도 풍성한 양식을 제공해서 제자들은 남은 조각을 열두 바구니에

가득 채웠다. 사람들은 그분에게 달려갔다. 하지만 그분은 그들이 자신을 좇는 것이 그 표적에 놀랐기 때문이요 구원을 갈망했기 때문이 아니라는 것을 아시고 이런 이유로 그들에게 구원을 펼치셨다. 그들은 육신의 양식 때문에 그분을 따라갔고 그분은 영적인 양식(그분 자신)에 대해 가르쳤다. 그때 그분은 그들이 구하고 있는 육적인 양식을 서두 혹은 도입으로 사용하시며 말씀하셨다. "내가 진실로, 진실로 너희에게 이르노니 너희가 나를 찾는 것은 표적을 본 까닭이 아니요 빵을 먹고 배부른 까닭이로다. 썩을 양식을 위하여 일하지 말고 영생하도록 있는 양식을 위하여 하라. 이 양식은 인자가 너희에게 주리니 인자는 아버지 하나님께서 인치신 자니라. 그들이 묻되─ 즉 그분이 영원한 양식을 위해 일하라고 그들을 부르셨기 때문에─ 우리가 어떻게 하여야 하나님의 일을 하오리이까? 예수께서 대답하여 이르시되 하나님께서 보내신 이를 믿는 것이 하나님의 일이니라 하시니(바로 이것이 그분이 먹고 마시는 것에 대해 말씀하신 모든 것이 그들을 그분을 믿는 믿음으로 인도하기 위한 것─ 이 믿음은 영혼의 참 양식이다─ 이라는 것을 보여 주는 분명한 증거라는 것을 주목하라). 그들이 묻되 우리가 보고 당신을 믿도록 행하시는 표적이 무엇이니이까, 하시는 일이 무엇이니이까(이것이 군중이다. 어떤 사람은 하나를 이해하지만 어떤 사람은 전혀 이해하지 못한다. 그들은 자신의 욕심과 생각에 따라 부르짖는다. 그리고 그들은 그분이 자신에 대한 믿음을 설교할 때, 그분을 경멸하고 그분을 믿을 수 있도록 표적을 보여 달라고 외쳤다. 그리고 그들은 그분에게 과거의 위대한 일을 가리키면서 "우리 조상들도 광야에서 만나를 먹었다"라고 말했다). 예수께서 이르시되 내가 진실로 진실로 너희에게 이르노니 모세가 너희에게 하늘로부터 빵을 준 것이 아니라 내 아버지께서 너희에게 하늘로부터 참 빵을 주시나니 하나님의 빵은 하늘에서 내려 세상에 생명을 주는 것이니라." (그분이 빵이라는 같은 비유를 붙잡고 하늘의 빵이라는 이미지 하에 그들에게 자신이 세상에 새 생명을 주기 위해 하늘로부터 보내졌다고 가르치신다는 것을 주목하라. 우리가 이 보다 더 분명한 말을 가지지 못하지만 "하나님의 빵은 하늘에서 내려 세상에 생명을 주는 것이라"는 말씀에서 그리스도가 빵으로 서술된 것은 그분이 세상에 생명을 주시기 때문이라는 것을 증명하기에 충분하다. 그분은 이것을 죽음을 통해 이루셨다. 그리스도를 굳게 붙잡으라, 그러면 그대들은 양식과 생명을 얻을 것이다. 하지만 그대들을 위해 먹히는 분이 아니라 그대들을 위해 십자가에 달린 분을 굳게 붙들라. 그것만이 그분이 생명을 주시는 방법이다. 그리스도를 물리적으로 먹는 것은 생명을 주는데 도움이 되지 못한다.) "그들이 이르되 주여 이 빵을 항상 우리에게 주소서." 왜냐하면 그분은 이 빵이 세상에게 생명을 준다고 말씀하셨기 때문이다. "예수께서 이르시되 나는 생명의 빵이니 내게 오는 자는 결코 주리지 아니할 터이요 나를 믿는 자는 영원히 목마르지 아니하리라." (하지만 어떻게 그분이 생명이 되는가, 십자가에 달려서인가 아니면 먹혀서인가? 우리가 후에 보여 주듯 십자가에 달려서이다. 하지만 그분의 말씀이 도입적인 비유에 잘 맞는지를 주목하라. "나는 생명의 빵이다." 즉 나는 외로운 영혼을 먹이고, 생명을 주는 유일한 양식이다. "내게 오는 자는 결코 주리지 아니할 터이요." 물리적으로 먹는 자가 아니라 오는 자가 양식을 먹는 것을 주목하라. 필요한 것은 그분이 친히 그다음에 말씀하신 대로 그분에게 나아가고 그분을 믿는 것이다. "그리고 나를 믿는 자는 영원히 목마르지 아니하리라." '그리고'라는 작은 단어는 여기서 히브리어의 방식으로 설명, 즉 그분에게 나아가는 것이란 단순히 그분을 믿는 것이라는 것을 나타낸다. 이 성례에서 살과 피에 참여하는 자가 신앙에 덧붙여 육신의 살과 피에 주리고 목마름에 대해 말할 이유가 무엇인가? 그리스도께서 그분에게 나아오는 자, 즉 그분을 믿는 자는 어떤 것, 어떤 다른 소망 혹은 위로의 근원에 대해서도 주리거나 목마르지 않으리라고 말씀하시기 때문이다. 이것은 그다음에 나오는 말씀으로 인해 확인된다. 그분은 말씀하신다. "그러나 내가 너희에게 이르기를 너희는 나를 보고도 믿지 아니하는도다 하였느니라." 여기서 우리는 그분이 신앙 이외에 다른 먹는 것을 요구하지 않고 외적이고 물리적으로 지각하는 것이나 참여하는 것을 배제하셨다는 것을 알 수 있다. 왜냐하면 그분은 "너희가 나를 보고도 믿지 아니하는도다"라고 말씀하시기 때문이다. 이것은 때로 단순한 자에게 제시되는 유아적인 서술을 완전히 뒤집는 것이다. "내가 믿는다. 따라서 나는 그분에게 참여할 것이다. 나는 내 믿음을 가지며 내가 믿는 믿음도 가질 것이다." 유대인들도 분명히 그분을 볼 수 있었지만 그들의 모든 것이 그들을 돕지 못했다. 마찬가지로 먹는 것은 우리를 돕지 못한다. 왜냐하면 먹는 것과 보는 것은 모두 같은 차원에 있고 이것들은 모두 감각적 경험이기 때문이다.) 그분은 계속해서 아무도 아버지가 이끌지 아니하면 그분을 믿을 수 없다고 가르치신다. 이것은 먹든, 보든 육은 아무 유익이 없다는 것을 의미한다. 왜냐하면 그분은 "아버지께서 내게 주시는 자는 다 내게로 올 것이요 내게 오는 자는 내가 결코 내쫓지 아니하리라"(즉 아무도 아버지께서 이끌지 아니하면 그분을 받아들일 수 없다. 이것은 후에 나올 것이다)고 말씀하시기 때문이다. "내가 하늘에서 내려온 것은 내 뜻을 행하려 함이 아니요 나를 보내신 이의 뜻을 행하려 함이니라"(우리는 뒷부분에서 그리스도의 신적인 의지와 인간적인 의지, 두 의지에 대해 언급할 것이다). "내 아버지의 뜻은 아들을 보고 믿는 자마다 영생을 얻는 이것이니 마지막 날에 내가 이를 다시 살리리라." 이것은 단순히 나를 보내신 분의 뜻은 아들을 보는 자, 즉 아들을 아는 자(세 언어 모두에서 '본다'는 단어는 안다. 인지하다. 이해하다 대신 자주 사용되며, 우리는 이미 육신적으로 본다는 것이 우리를 돕지 못한다는 것을 충분히 명확히 밝혔다), 그리고 아들을 믿는 자는 영생을 얻고 마지막 날에 그분이 그를 살리리라는 뜻이다. 우선 그리스도가 자신의 말을 설명하시는 것을 주목하라. 왜냐하면 그분은 두 번이나 "나를 보내신 이의 뜻"이라고 말씀하시는데, 두 번째 말씀이 첫 번째 말씀보다 더 분명하다.

둘째로 성경에서는 '부활하다'와 '부활'과 같은 단어는 죽은 자들의 일반적 부활뿐만 아니라, 고린도전서 15장과 이 구절에서 나타나듯, 이 현생 다음에 오는 영혼의 삶에 대해서도 사용된다.(44) 하지만 여기는 이 주제에 대해 상세히 말할 자리가 아니다. 또한 마지막 날은 심판의 날 뿐만 아니라 우리가 이 현생을 떠나는 것을 가리킨다. 따라서 이 문맥에서 "마지막 날에 내가 이를 다시 살리리라"는 그리스도의 말씀은 내가 그를 최후의 심판으로 부르리라는 것만을 의미하는 것이 아니라, 요한복음 5장에서 명백히 서술되듯이 내가 그가 이생을 떠나는 그 순간 영생을 주리라는 것을 의미한다. "자기가 하늘에서 내려온 빵이라 하시므로 유대인들이 예수에 대해 수군거려 이르되 이는 요셉의 아들 예수가 아니냐 그 부모를 아는데 자기가 지금 어찌하여 하늘에서 내려왔다 하느냐. 예수께서 대답하여 이르시되 너희는 서로 수군거리지 말라." (그들이 모르고 잘못을 범하지 않도록 하시는 그분의 자비에 주목하라.) "나를 보내신 아버지께서 이끌지 아니하시면 아무도 내게 올 수 없으니 오는 그를 내가 마지막 날에 다시 살리리라." (즉, 이 현생의 마지막 시간에 내가 그를 영원한 삶으로 보전하리라.) "선지자의 글에 그들이 다 하나님의 가르치심을 받으리라 기록되었은즉 아버지께 듣고 배운 사람마다 내게로 오느니라." ("아버지께서 내게 주시는 자는 다" 또한 "아버지께서 그를 이끄신다"라고 하신 앞에 나오는 말씀의 뜻에 주목하라. 그분이 친히 계시하듯이, 이것들은 그분의 영으로 하늘의 아버지가 그리스도를 통해 구원하고자 하셨던 자에게 그리스도의 지식과 신앙을 가르치신다는 뜻이다.) "이는 아버지를 본 자가 있다는 것이 아니니라. 오직 하나님에게서 온 자만 아버지를 보았느니라." (그분은 자신을 가리키고 계신다.) "진실로, 진실로, 너희에게 이르노니 믿는 자는 영생을 가졌다." 여기서 그리스도의 말씀은 그분의 살과 피를 먹는다는 것은 단순히 우리가 살도록 자신의 살과 피를 주신 그분을 믿는 것이라는 뜻이다.

그리고 여기서 우리는 또한 앞에서 그분에게 나아온다는 것에 대해 말할 때, 그분이 뜻하는 것이 무엇인지를 분명히 알 수 있다. 그분에게 나아가는 것은 단지 그분을 믿는 것이다. 그리고 그분은 자신의 고난의 신비를 그들에게 계시하기 시작하신다. 그분은 그들이 내놓는 반론에 대해 답변하신다. 그들이 "우리 조상들은 광야에서 만나를 먹었다"고 말할 때 "내가 살아 있는 빵이다"라고 말씀하신다. (이것은 의심할 바 없이 그분이 "나를 믿는 자는 영생을 가졌나니"라고 말씀하실 때 언급한 그 영생의 양식이다. 따라서 이 문맥에서 빵과 살은 단지 그분을 믿는 것이라는 것이 결론으로 따라 나온다. 바로 믿음이 영생을 동반하기 때문이다. 그분이 생명의 빵이라면, 그분은 자신을 믿는 자에게 영생을 주신다.) "너희 조상들은 광야에서 만나를 먹었어도 죽었거니와 이는 하늘에서 내려오는 빵이니 사람으로 하여금 먹고 죽지 아니하게 하는 것이니라"(그분이 처음에는 "아버지께서 내게 주신 자 중에 내가 하나도 잃어버리지 아니하고 마지막 날에 다시 살리리라"고 모호하게 말씀하셨다는 것을 주목

231

하라. 그다음에 그분은 보다 명백한 말씀을 사용하셔서, "아들을 보는 자, 즉 아는 자, 그리고 그의 사역을 이해하고 그를 믿는 자는 영생을 얻으며 내가 마지막 날에 살리리라"고 말씀하셨다).

이제 세 번째로 그분은 다시 핵심을 붙들고 그분이 메시지를 도입할 때와 같은 예시, 즉 죽음으로 자신을 내어 주어 그분이 영적인 양식 혹은 빵이라는 말씀을 사용하신다. "이 빵을 먹으면 죽지 아니하리라"(이것은 이전에 하신 "내가 마지막 날에 다시 살리리라"는 말씀과 같은 말이다). 우선 그분이 짧은 한 문장으로 의미를 함축시킨다는 것을 주목하라. "나는 너희들에게 내가 살아 있는 빵이라고 말했지만 어떻게 그러한지는 말하지 않았다. 이러한 방식으로다. '나는 내 살을 죽음에 내어 주려고 한다. 그렇게 함으로써 나는 하늘의 아버지의 의를 속죄하고 그 결과 사람이 다시 새 생명으로 일으켜지며, 신적 은총을 얻게 되리라.'" 더 나아가서 그분이 죽임을 당한 생명을 주는 빵이지, 이빨로 눌리거나 먹히는 생명의 빵이 아니라는 것을 주목하라. 그분은 이 빵은 내가 육신적으로 먹도록 주는 내 살이라고 말씀하시지 않고 "내가 줄 빵은 곧 세상의 생명을 위한 내 살이니라"고 말씀하신다. 빵이 우리의 몸에 자양분을 주듯이 바로 그것이 영혼에 자양분을 공급하는 것이다. 세 번째로 우리는 살이 그 자체로 보속 혹은 삯이 아니오 죽음의 삯을 나타내는 것임을 안다.⁽⁴⁵⁾ 그리스도께서 육신 안에서 담당하신 죽음과 고난은 우리 구속의 수단이다. 따라서 우리는 "이것은 너희를 위해 주는 내 몸이다"라는 그리스도의 말씀의 의미를 알 수 있다. '몸'이란 단어는 "너희를 위해 주는"이라는 구절이 특별히 보여 주듯, 그분이 몸 안에서 담당하신 고난을 나타낸다. 그리스도의 몸은 죽음에 내어 주는 한, 구속적이다.

우리는 다른 종류의 육신적인 양식을 찾아서는 안 된다. "그러므로 유대인들이 서로 다투어 이르되 이 사람이 어찌 능히 자기 살을 우리에게 주어 먹게 하겠느냐?" 왜 그들이 서로 다투는가? 그들이 눈으로 보고 귀로 듣고 마음으로 이해하지 못했기 때문이다. 그리스도는 양식과 빵에 대해 많이 말씀하셨으며 이 양식이 세상을 위해 죽음에 내어 줄 자신의 존재라고 이제 막 보여 주셨다. "내가 줄 빵은 곧 세상의 생명을 위한 내 살이니라." 하지만 그들은 "내가 줄 빵은 내 살이니라"는 말씀의 전반부를 붙잡으려고 하고, "세상의 생명을 위해 주는"이라는 후반부를 무시한다. 그리고 그들은 그리스도가 가르치는 것이 그분의 죽음만이 믿는 마음의 유일한 위로와 자양분이라는 것을 알지 못하므로 서로 다투었다. 따라서 예수께서 그들에게 말씀하신다. "진실로, 진실로, 너희에게 이르노니 인자의 살을 먹지 아니하고 인자의 피를 마시지 아니하면 너희 속에 생명이 없느니라. 내 살을 먹고 내 피를 마시는 자는 영생을 가졌고 마지막 날에 내가 그를 다시 살리리니 내 살은 참된 양식이요 내 피는 참된 음료로다. 내 살을 먹고 내 피를 마시는 자는 내 안에 거하고 나도 그의 안에 거하리라"[그리스도가 이제 성례에 대한 새로운 강론을 시작하신다고 주장하는 자들에 대해 특별히 반대할 필요는 없다. 왜냐하면 그들이 '그때', '따라서'란 서두의 말을(개역개정에는 분명히 표현되지 않음) 주목하면, 이 그리스도의 말씀이 앞에 나온 말씀과 연관되며, 그분이 살을 먹고 피를 마신다는 것을 말씀하실 때는 우리를 위해 담당하신 그 고난의 가치를 믿으라는 것을 뜻함을 알게 될 것이다. 왜냐하면 여기서 그분은 "내 살을 먹고 내 피를 마시는 자마다 영생을 가졌고"라고 말씀하시기 때문이다. 바로 직전에 그분은 "나를 믿는 자는 영생을 가졌나니"라고 말씀하셨다. 따라서 그분의 살을 먹는 것과 그분을 믿는 것은 동일한 것이다. 그렇지 않다면 구원의 두 길- 하나는 그리스도의 살을 먹고 마심으로써, 다른 하나는 그분을 믿음으로써- 이 있다고 볼 수 있다. 만약 그렇다면 십자가는 불필요하다. 제자들은 최후의 만찬에서 그분의 살과 피에 참여하는 순간 영생의 자녀가 되었기 때문이다. 성경을 곡해하는 것이 그와 같은 진리에 대한 비방으로 이끈다. 하지만 그리스도의 목적은 살과 피를 우리 대신 죽음으로 내어 줌으로써 그분이 우리의 위로와 구원이라는 것을 가르쳐 주는 것이다]. 그다음에는 "살아 계신 아버지께서 나를 보내시매 내가 아버지로 말미암아 사는 것같이 나를 먹는 그 사람도 나로 말미암아 살리라"(여기에 그분이 자신에 대한 믿음을 명백히 언급하는 또 다른 구절이 나타난다. 믿음이 영혼이 살도록 하는 것, 즉 그분에 의해 살도록 하는 것이다). "이것은 하늘에서 내려온 빵이니 조상들이 먹고도 죽은 만나와 같지 아니하여 이 빵을 먹는 자는 영원히 살리라"(그분이 살과 피로 표현한 것을 이제는 빵이라고 부른 것을 주목하라. 이것은 두 가지 이유 때문이다. 첫째는 원래의 예시와 출발점을 고수하기 위한 것이요, 둘째는 빵 혹은 살과 피를 언급할 때, 그분은 영혼의 빵, 양식, 자양분, 성장, 생명은 우리를 위해 하나님께서 육신 안에서, 즉 인성 안에서 아들을 죽음으로 내어 주셨다는 것을 말씀하신다는 것을 설명하고 분명히 밝히기 위한 것이다. 간략히 말하자면 빵이든, 살이든, 믿음이든 그것은 모두 한 가지 동일한 것이다. 들을 귀가 있는 자는 빨리 알 수 있다).

"이 말씀은 예수께서 가버나움 회당에서 가르치실 때에 하셨느니라. 제자 중 여럿이 듣고 말하되 이 말씀은 어렵도다. 누가 들을 수 있느냐 한대 예수께서 스스로 제자들이 이 말씀에 대하여 수군거리는 줄 아시고 이르시되 이 말이 너희에게 걸림이 되느냐. 그러면 너희는 인자가 이전에 있던 곳으로 올라가는 것을 본다면 어떻게 하겠느냐. 살리는 것은 영이니 육은 무익하니라. 내가 너희에게 이른 말은 영이요 생명이라. 그러나 너희 중에 믿지 아니하는 자들이 있느니라 하시니 이는 예수께서 믿지 아니하는 자들이 누구며 자기를 팔 자가 누구인지 처음부터 아심이러라." 무지가 어떤 것인지 주목하도록 하라. 어떤 내용에 대해 이해하지 못하면 못할수록, 더욱더 거만하게 옆으로 빗나가고 독불장군이 된다. 따라서 그리스도께서는 "이 말이 너희에게 걸림이 되느냐?"라고 말씀하신다. 즉 너희들은 내가 스스로 분명히 설명했다고 해서 나에 대해 사납게 화를 내는가? 너희들은 내가 내 육신의 살을 먹으라고 너희를 강요하지 않고 나를 믿으라고 가르친다는 것을 잘 안다. 하지만 너희가 모른다면, 너희가 내게 주려고 했던 내 몸을 물리적인 것이라고 믿는 네 불신앙의 표시로 배신이라는 거침돌을 받으라. 너희가 내가 전에 있던 곳으로 올라가는 것을 본다면, 나를 받아들이기를 거부한 그 불신앙이 혼란에 빠지리라. 내 승천은 너희에게 내가 하나님의 아들, 세상의 구주, 생명의 길이라는 것을 분명히 보여 줄 것이기 때문이다. 그때에는 너희가 내 살에 문자적으로 참여하는 것이 어렵다는 것을 구실로 변명하려는 네 불신앙의 은밀한 죄가 광명에 드러나리라(요 16장). 더욱이 내가 하늘에 올라가는 것을 볼 때 너희는 나를 문자적으로 먹지 않았고 내가 문자적으로 먹힐 수 없다는 것을 분명히 알게 되리라.

생명을 주는 것은 영이다. 나는 영의 생명, 영혼의 생명에 대해 말하고 있다. 영만이 영혼에게 생명을 줄 수 있다는 것은 의심의 여지가 없다. 어떻게 육신의 살이 영혼에게 자양분을 주고 생명을 줄 수 있겠는가? 살에 참여한다는 것은 영혼의 생명에 필요한 어떤 것으로 행하지 않는다면 유익이 없다. "믿는 자는 영생을 가졌다." 또한 "내 살을 먹고 내 피를 마시는 자는 영생을 가졌다"라고 내가 한 말, 그리고 이와 비슷한 말들은 모두 내가 입으로 먹혀서가 아니라 세상을 위해 죽음에 내어짐으로 영혼의 양분과 위로라는 의미로 해석되어야 한다. 그때만이 우리는 이 말들을 영적으로 해석할 수 있고 그때만이 이 말씀이 생명이 된다. 독자들이여, 고대의 박사들이 영적인 의미와 육적인 의미에 대해 말할 때 그들은 일부 사람들이 주장하듯 '육적'이란 말을 '죄스런'이란 의미에서 이해하지 않고, '영적'이란 말을 종종 영적인 의미라고 서술되는 것(예를 들면 마 13장의 원수는 우리의 원수로서의 마귀를 가리킨다)과는 다르게 이해했다는 것을 주목하라. 그들이 육적인 의미와 영적인 의미에 대해 말할 때 '육적'이란 말은 우리가 살과 피를 먹는다고 생각하는 그러한 의미이며, '영적'이란 말은 그리스도에 대한 해석과 이해란 의미, 즉 영혼이 그분을 믿어야 한다는 것을 의미한다.(46) 이러한 진술을 증명하는 구절을 인용하려면, 지면을 너무 많이 차지할 것이다. 하지만 그리스도는 살이나 빵을 먹는 것이 그분이 말씀하신 것을 믿는다는 관점에서 이해되어야 하며, 살을 먹는다는 관념에 거부감을 표시한 자는 잘못에 빠져, 그분을 떠나기 위한 구실로 그렇게 했다는 것을 가르쳐 주신다. 그분이 "너희 중에 믿지 아니하는 자들이 있느니라"고 말씀하시기 때문이다. 이 말씀이 얼마나 유익한지 주목하라. "너희 중에 믿지 아니하는 자들이 있다." 즉 그들은 나에 대한 믿음이 없고 내 살에 증오를 퍼부으려고 노력한다. 하지만 나는 내 살을 문자적으로 먹도록 주지 않는다. 그들을 몰아내는 것은 바로 그들의 불신앙이다. 이것이 그들이 떠나는 진정한 원인이다. 명백히 그들이 베드로처럼 그분을 믿었다면 그분은 그들에 대해 매우 만족했을 것이다. 베드로는 모든 제자의 이름으로— 나는 이것으로 주해를 끝내겠다— "우리가 주는 하나님의 거룩하신 자인 줄 믿고 알았사옵나이다"라고 말했다.

그는 우리가 당신의 살과 피를 먹는다는 것을 믿는다고 말하지 않고, 그들이 그분이 그리스도요, 구세주요, 살아 계신 하나님의 아들이라고 믿는다고 말했다. 그것이 그들을 구원했다. 그들에게 성육신의 목적 및 그리스도의 죽음의 고귀한 가치를 계시하는 것이 앞에 나오는 모든 강론의 목적이었다. 이것이 복음의 요약이다.

나는 그리스도께서 요한복음 6장에서 말씀하신 내용의 참뜻을 밝히는 것이 무식한 자가 교황청을 지지하는 자에 의해 잘못 인도되지 않도록 하기 위해 필수적이라고 생각했다. 나는 이러한 타당한 뜻이 말씀 자체로부터 확고하게 정립되었기 때문에, 이를 반대하는 더 이상의 논증이 제기되지 않으리라고 믿는다. 이제 우리는 이것이 교황 법령에도 따르는 참뜻인지 알아보겠다. 이것은 신자에게 그러한 자료에서 어떤 것을 증명하기 위해서가 아니라, 교황청을 그 자체의 법령으로도 대적할 수 있다는 것을 증명하기 위해서다. 이러한 법령에는 우리가 정죄 받은 그 해석이 우리 진술에서와 같이 명백하게 포함되어 있다.

그대들은 말할 것이다. 왜 교황청이 자신의 법령도 지키지 않는가? 답변은 이러하다. 이것이 모든 참 신자의 불평이다. 교황청은 그 진리를 옆에 두고 다음과 같이 말한다. "진리가 스러지고, 더 이상 유지될 수 없도록 하라." 그대들은 이것이 참 기독교인에게 얼마나 오만하고 부정직하고 참을 수 없는 말인지를 스스로 깨달을 수 있을 것이다. 교회법 혹은 교황의 교령은 아우구스티누스의 말이다. 그들은 그의 말을 교회법이나 교령으로 만들었다.

이 말은 다음과 같다.

「교회법령집」(De consecr. di. 2 ca. prima). (47) "최초의 이단(즉 분열)이 그리스도의 첫 번째 제자들(열두 제자들을 말하는 것이 아니라 더 많은 다른 자들을 의미한다) 가운데서 나타났으며, 이것은 그분의 말씀의 모호성에서 나온 것으로 보인다. 그분은 내 살을 먹지 아니하고 내 피를 마시지 아니하면 너희 속에 영생이 없다고 말씀하셨다. 그들은 그분의 말씀을 이해하지 못하고 모두 말했다. 이 말씀은 어렵도다. 누가 그의 살을 먹을 수 있는가? 또한 이 말씀이 어려워 그들은 그분으로부터 떠났고 오직 열두 제자만이 그분과 함께 남았다. 하지만 일부가 떠났을 때, 그분은 남은 자들에게 가르치셨다. '살리는 것은 영이니 육은 무익하니라. 내가 너희에게 이른 말은 영이요 생명이라.' 그대들이 이 말씀을 영적으로 이해하면 이 말씀은 영이요 생명이다"(여기서 또한 '영적으로'라는 말은 '그리스도가 이해하는 뜻으로'를 의미한다. 이것은 우리가 우리를 위해 살과 피를 죽음에 내어 주신 그분을 믿어야 한다는 것이다). "그대들이 그것을 육적으로 이해하더라도 그것은 여전히 영과 생명이다. 하지만 그것은 그대들에게는 영과 생명이 되지 못한다. 왜냐하면 그대들은 영적으로 그것을 이해하지 않기 때문이다."

(여기서도 이 말씀을 '육적으로' 이해한다는 것이 그분을 떠난 자들과 같은 방식으로 그것을 해석하는 것이라는 것을 주목하라. 따라서 아우구스티누스는 그리스도의 말씀은 그분을 떠난 자들이 말씀을 영적으로 받아들이지 않더라도 여전히 영과 생명이라고 말한다. 하지만 그 말씀은 그들에게는 영과 진리가 아니다. 이로부터 우리는 살과 피라는 관점에서 육적인 이해는 생명을 줄 수 없다고 종합할 수 있다. 하지만 아우구스티누스와 교황청은 그리스도의 이름으로 덧붙여 말한다.)

"내가 너희에게 말한 것들은 영적으로 이해해야 한다. 너희들은 너희가 보는 몸을 먹지 않고 나를 십자가에 단 자들이 쏟게 한 그 피를 마시지 않는다. 내가 너희에게 성례(즉, 표징)를 주니 이것은 영적으로 이해하면 너희에게 생명을 주리라. 육은 무익하다. 하지만 그들은 자기 생각대로 대답했다. 그들은 육신을 시장에서 팔고 자르는 고기라는 관점에서 생각했다."

(선한 기독교인들이여, 여기서 그대들은 교황파에 의해 길을 잃거나 미혹되지 않도록 해야 한다. 그들은 마치 아우구스티누스가 막연히 말하며 심지어 자신들의 견해를 대표하는 것처럼 말한다. 아우구스티누스는 순서를 바꾼다. 첫 번째 사항은 유대인이 그리스도가 자신의 고난에 대해 말씀하신 것을 육적인 살에 적용했다. 두 번째 사항은 만약 육적인 살이 거기에 있다면 이것을 붙잡고, 보고 지각할 수 있다. 아우구스티누스가 이 말을 사용할 때 그는 단순히 '육적인 살'을 염두에 두고 있었다.)

하지만 '예수께서 아시고 이르시되 내가 내 살을 먹도록 하고 내 피를 마시게 한다는 이 말이 너희에게 걸림이 되느냐? 인자가 전에 있던 곳으로 올라가는 것을 본다면 어떻게 하겠느냐?' 이것이 무슨 뜻인가? 그분은 그들을 자극하는 것을 해소하고 그들에게 걸림이 되는 것을 설명하신다. 왜냐하면 그들은 그분이 자신의 몸을 주시리라고 믿었기 때문이다. 하지만 이제 그분은 하늘로 완전히 올라가실 것이라고 말씀하신다. 인자가 전에 있었던 하늘로 올라가는 것을 본다면 너희들이 지금 상상하는 대로 몸을 주시지 않는다는 것을 확실히 알리라. 너희들은 그분의 은총이 먹는 것에 의해 주어지지 않는다는 것을 알게 될 것이다.(48) 선한 기독교인이여, 여기에서 그대는 최초의 기독교인이 그리스도의 몸에 대해 어떻게 생각했는지를 알 수 있다. 우리가 그들 자신의 법령에 포함되어 있는 것 외에는 다른 말을 하지 않았는데, 무슨 근거로 그들은 "이단적이다, 이단적이다"라고 외치는가? "너희들은 너희가 보는 몸을 먹지 않고 나를 십자가에 단 자들이 쏟게 한 그 피를 마시지 않는다"라는 것보다 더 명백하게 이것을 말할 수 있겠는가? 교황파가 우리는 구유에 그리고 결혼식에 있었던 그분, 또한 십자가에 달리신 그분을 먹는다고 말하는 내용이 어디에 있는가? 아우구스티누스가 관찰한 대로 이것이 모든 다른 고기를 먹는 것과 같은 방식으로 그분의 살을 먹는다는 것(베렝가르가 강제로 고백했던 견해) 외에 또 다른 것을 뜻할 수 있는가? 우리가 이미 보았듯이 '이다'라는 말을 문자적으로 받아들여야 한다면 이것은 필연적인 견해가 아닌가? 하지만 그렇지 않다. '육은 무익하다'는 요한복음 6장 본문 자체로도 '이것은 내 몸이다'라는 그리스도의 말씀이 문자적이고 육적인 살을 나타낼 수 없다는 것을 증명하기에 충분하다. 왜냐하면 육이 무익하다면 그리스도는 그것을 주지 않으셨기 때문이다.

이 점에서 우리는 예기치 못한 사람들에게서 배울 수 있다. 우리는 그리스도가 "육은 무익하니라"고 말씀하실 때 그분이 자신의 육신에 대해 말씀하는 것이 아니라 이사야 40장에서의 "모든 육체는 풀이요"(49)와 같이 일반적인 육신의 본성과 연약성에 대해 말씀하시고 계신다고 생각해야 한다. 따라서 우리는 그분의 말씀을 다음과 같이 해석해야 한다. 육적인 이해는 무익하다. 왜냐하면 그분은 "나의 육이 무익하다"고 말씀하시지 않으시기 때문이다. 그것이 우리 구원의 수단인데 어떻게 그분이 그렇게 말씀하실 수 있었는가? 답변은 이러하다. 이 반론은 하나님 말씀 안에 확고한 기초가 없으므로 우리가 넘어갈 수 있는 많은 다른 것의 근원이다. 그들이 "육은 무익하니라"는 견고하고 흔들릴 수 없는 본문을 받아들이지 않고, 또한 우리가 "이것이 내 몸이라"는 말씀에 대한 참 해석을 보여 줄 때 아무 답변도 못하는데, 왜 우리가 성경적인 근거 없이 유아적인 질문에 대답해야 하는가? 문자적으로 받아들이면 이 두 본문은 유지될 수 없다. 하지만 기독교적인 예의로 모든 반론에 대해 대답하고자 한다.

첫 번째 반론에 대해서는 육적인 이해가 무익하고 해롭다는 것은 매우 진실이다. 하지만 그리스도는 그대들이 주장하듯 육적인 이해에 대해 말씀하시지 않는다. 왜냐하면 이러한 비판적인 방식으로 육적인 이해에 대해 말하기 시작한다면, 이것은 그분의 제자들의 필요에 충분히 맞춰진 것이 될 수 없다. 그때의 당면한 현안은 그분의 살을 육적으로 먹는 것이었다. 그들이 오해를 피하려면, 그분의 답변은 그분의 살을 육적으로 먹는 것과 관련되어야만 한다. 그렇지 않으면 그리스도는 그 오류와 대결하시지 않고, 물질적인 혹은 육적인 이해에 관한 전혀 새로운 것을 도입하는 것이 된다.

하지만 이것은 그분의 습성이 아니다. 그분은 보통 그들이 이해하지 못하는 것을 설명해주셨기 때문이다. 그분의 말씀은 특별히 육적인 살에 대해 수군거리는 것에 대해 대답하고 있다는 것을 보여 준다. 왜냐하면 성경은 "예수께서 스스로 제자들이 이 말씀에 대하여 수군거리는 줄 아셨을 때 그들에게 이르시되"라고 말하기 때문이다. 이 말씀은 그들에게 걸림돌이 되는 것을 제거하는 것이 그분의 의도였다는 것을 명백히 만들어 준다. 그분의 의도가 이와 같다는 것은 그분이 말씀하신 많은 것에 의해 증명된다. 예를 들면 "내 아버지께서 오게 하여 주지 아니하시면 누구든지 내게 올 수 없다"고 그분은 말씀하셨다. 이미 세 번 그분은 이 말씀 혹은 그러한 취지를 그들이 깨닫도록 하셨다. 간략히 말하자면 이 논쟁의 주제는 육적인 살이다. 따라서 이 가르침은 육적인 살에 관련된 것이다. 또한 그리스도는 육을 문자적으로 먹는 것이 무익하다고 말씀하신다.

두 번째 사항에서, 우리는 그리스도가 내 육이 무익하다고 말씀하시지 않으신다는 사실을 오해하지 말아야 한다. 왜냐하면 그분은 자신의 육신 이외에 다른 육신을 언급하시지 않기 때문이다. 그분은 '내 영이 생명을 준다'라고 말씀하시지 않고 '영'이라고 말씀하신다. 하지만 모든 신자는 그분이 '내 영'이라고 말하지 않더라도 여기서 자신의 영을 가리키고 계신다고 이해한다.

세 번째 사항에 있어서, 그리스도의 육신은 우리를 위해 죽으신 만큼 우리에게 큰 유익이 된다. 하지만 그것이 바로 유대인과 제자들이 받아들이기를 거부했던 것이다. 그들은 육신적으로 먹는 것에 대해 생각했기 때문이다. 따라서 그분은 먹을 때 그것은 무익하지만, 십자가에 달리면 우리 비참한 인류가 경험하고 받은 축복 중 가장 큰 축복이라고 말씀하신다. 우리의 반대자가 미약한 궤변 밖에는 다른 논증을 제시할 수 없는 것에 대해 하나님께 감사드린다.

하지만 그들은 다시 공격을 개시하며 말한다. 요한복음 6장에는 성례에 대한 언급이 없다. 왜 당신은 그것을 성례라는 주제와 연결시키는가? 답변은 이러하다. 그대들이 성례에 살과 피를 육신적으로 먹는다는 것을 도입시켰기 때문이다.

이제 이 구절이 그리스도의 살과 피가 무익하다는 것을 우리에게 가르쳐 주고 그대들이 육신적으로 먹는 것을 이 성례에 도입시켰다는 것을 안다면, 어떻게 그리스도께서 친히 같은 오류를 논박하기 위해 사용하신 말들을 인용하는 것 말고 다른 방법으로 적절하게 그 오류를 논박할 수 있는가? 그 강론에서 그리스도가 복음을 선언하신다는 것은 사실이다. 하지만 유대인들과 제자들은 바른 길에서 벗어나 그분의 육신을 문자적으로 먹는다는 개념으로 생각했다. 우리가 그분의 육신을 성례에서 문자적으로 먹는다는 똑같은 거짓 관념을 발견할 때, 우리가 같은 관념이 처음 일어났던 바로 그 자리에서 해결 방안을 찾는 것이 타당하다.

'이것은 내 몸이다'라는 그리스도의 말씀에 대한 문자적이고 육적인 해석을 금지하는 명백한 성경 구절 중 첫 번째 구절에 대해서는 이 정도로 충분하다.

두 번째 명백한 구절은 고린도전서 10장에서 발견된다. "형제들아 나는 너희가 알지 못하기를 원하지 아니하노니 우리 조상들이… 다 같은 신령한 음식을 먹으며 다 같은 신령한 음료를 마셨으니 이는 그들을 따르는 신령한 반석으로부터 마셨으매 그 반석은 곧 그리스도시라." 이 구절의 의미는 이러저러한 방식으로 바울의 의도를 면밀하게 검토하지 않은 사람들에 의해 왜곡되었다. 바울이 말하려고 한 것은 이러하다. 우리의 조상들은 우리만큼 귀하며, 그들도 우리에게 있는 같은 하나님, 같은 그리스도를 가진다. 그들은 오실 분에게 소망을 두었으며 우리는 이미 오신 분에게 소망을 둔다. 하지만 이 모든 것에도 불구하고 그들이 불순종에 떨어질 때 하나님을 노엽게 했다. 우리와 마찬가지로 그들이 가지고 있던 것들 중에는 지금 우리가 누리는 같은 영적인 양식과 영적인 음료가 있었다고 바울은 우리에게 말한다. 그들이 그리스도의 문자적인 몸과 피에 참여하지 못했다는 것은 추호의 의심도 있을 수 없다. 왜냐하면 그리스도는 1600년 후에나 육신으로 오셨기 때문이다. 따라서 그들에게서 먹는 것이란 그들 대신에 살과 피를 주실 분을 믿는 것이다. 마찬가지로 우리에게는 그분의 몸을 먹고 마시는 것이 이미 자신의 살과 피를 주신 그분을 믿는 것 이외에 다른 것이 될 수 없다. 그분이 *to auto* 즉 '같은 음식'이라고 말씀하시기 때문이다. 이 본문은 무식한 자에게 그리스도를 양식으로 먹는 것은 단지 우리를 위해 몸과 피를 드리신 그분을 믿는 것이라는 것을 분명히 밝히기에 충분히 확고하며 명확하다. 경멸하는 자가 있더라도 이것은 전혀 차이가 없다. 이 본문은 그리스도의 복음에서 중요한 많은 사람에게도 오해되었다.

이전에 살았던 사람들이 우리와 같은 신앙을 가졌다는 것이 사실이다. 왜냐하면 그들은 같은 하나님을 가지고 있었기 때문이다. 그들이 여전히 오실 그리스도를 대망했고 우리에게 그분이 이미 주어졌다는 것은 신앙에 아무런 차이도 만들지 못한다. 왜냐하면 우리는 그들과 같은 믿음의 영을 가지고 있기 때문이다(고후 4장. 갈 3장). 바로 이것이 아우구스티누스가 「요한복음에 대한 소고」 45에서 바울의 이 구절을 해석하며 "우리가 다른 표징들을 가지고 있지만 그들은 우리와 동일한 그리스도에 참여했다"고 가르친 이유다. 여기서 참여한다는 것은 그분을 믿는 것 이외에 다른 것이 될 수 없다.

세 번째로 명백한 성경은 하나님의 말씀에 기초된 사도신경의 세 항목에서 발견된다. 그렇지 않다면 이 조항들은 신앙의 항목이 될 수 없었을 것이다. 이 세 항목은 다음과 같다. "하늘에 오르시어, 전능하신 아버지 하나님 우편에 앉아 계시다가, 거기로부터 산 자와 죽은 자를 심판하러 오십니다." 처음 두 항목은 마가복음 16장에서 발견된다. "그분은 하늘로 올려지사 하나님 오른편에 앉으시니라." 그분은 문자적으로 거기에 계신다. 왜냐하면 스데반이 그분을 거기에서 보았기 때문이다(행 7장). 하지만 어떤 사람들은 너무나도 자신에 대해 확신을 가지고 있어서 이 문제를 웃음거리로 만든다. 마태복음 28장에서 그분은 "볼지어다 내가 세상 끝날까지 너희와 항상 함께 있으리라"고 말씀하신다. 그들은 이 말씀을 그리스도의 몸에 연관시킨다. 우리가 추후에 명백히 증명할 것이지만, 이것은 성립될 수 없다.

왜냐하면 선한 기독교인이여, 그리스도 안에는 신성과 인성, 서로 다른 두 본성이 있다는 것을 주목하라. 그럼에도 양자는 오직 한 그리스도다.(50) 신성에 따르면, 그리스도는 아버지의 오른편을 결코 떠날 수 없다. 왜냐하면 그분은 하나님과 한 분이시기 때문이며, 이것이 그분이 "나와 아버지는 하나이니라"(요 10장). 또한 "하늘에서 내려온 자 곧 인자 외에는 하늘에 올라간 자가 없느니라"(요 3장)고 말씀하신 이유다. 신성에 따르면 그분은 하늘에 올라갈 필요도 없다. 왜냐하면 그분은 어디서나 계시기 때문이다. 두세 사람이 그분의 이름으로 모인 곳에서 그분은 그 가운데 계신다(마 18장). 또한 신성에 따르면, 그분은 항상 아버지의 오른편에 계신다. 왜냐하면 그분은 몸으로는 땅에 있더라도 하늘에 있다고 말씀하시기 때문이다(요 3장). 이것은 오직 신성에 따라서만 가능하였다.

또 다른 본성은 그리스도의 인성이다. 우리를 위해 그분은 성령의 강림과 수태하심을 통해 마리아의 순결한 몸 안에서 인성을 자신에게로 취하셨고, 여기 이생에서 그렇게 행하셨다. 인성에 따르면, 그분은 지혜와 키가 자라나고 커졌다. 인성에 따르면, 그분은 죄만 제외하고 배고픔과 갈증과 추위와 더위와 모든 다른 연약한 것을 겪으셨다. 인성에 따라 그분은 십자가에 매달렸고, 인성으로 하늘에 오르셨다. 이 본성은 하늘에서는 손님이었다. 왜냐하면 어떤 육신도 이전에는 하늘에 오르지 못했기 때문이다. 따라서 마가복음 16장에서 그리스도가 하늘에 받아들여져서 하나님 오른편에 앉아 계시다는 것을 읽을 때, 우리는 이것을 인성과 연관시켜야 한다. 왜냐하면 신성에 따르면, 그분은 영원히 어디서나 계시기 때문이다. 하지만 마태복음 28장의 "볼지어다 내가 세상 끝날까지 너희와 항상 함께 있으리라"는 말씀은 그분의 신성에만 해당되는 것이다. 왜냐하면 신성에 따라 그분은 특별한 은사와 위로로 신자들에게 어디서나 계시기 때문이다.(51)

만약 우리가 그분의 인성을 신성과 관련되는 모든 것에 무차별적으로 적용하고, 또한 반대로 우리가 신성을 인성과 관련되는 모든 것에 무차별적으로 적용한다면, 모든 성경과 우리 신앙 전체를 없애야 할 것이다. 우리가 신성에 관련시키려 한다면, "나의 하나님, 나의 하나님, 어찌하여 나를 버리셨나이까?"와 같은 말씀에서 무엇을 찾을 수 있을까? 무수한 다른 성경 구절에도 같은 것이 적용된다. 나는 두 본성이 하나의 그리스도를 이룬다는 사실로 인해 하나의 본성에 대해 말해지는 것들이 종종 다른 본성에 적용된다는 것을 잘 알고 있다. 그럼에도 각 본성의 고유한 성격은 온전히 남아 있으며, 우리는 한 본성에 고유한 것을 그 본성에 연관시켜야 한다.

예를 들면, 하나님이 우리 대신에 고난당했다고 종종 말한다. 이 말씀은 기독교인들에 의해 인정되었고 나도 그것에 반대하지 않는다. 신성이 고난을 받을 수 있기 때문이 아니라[52] 인성에 따라 고난당한 그분이 인간일 뿐만 아니라 하나님이기 때문이다. 하지만 엄격하게 말한다면, 고난은 오직 인성에만 속한다. 마찬가지로 승천은 오직 인성에만 적용하는 것이 타당하다. 이것을 웃음거리로 만들지 말라. 신성에 따르면, 그분이 하늘로 올라갈 필요가 없다는 것은 그분이 고난을 당할 수 없다는 것과 마찬가지다. 왜냐하면 요한복음 1장에서 요한은 "아버지 품속에 있는 독생자"라고 말하기 때문이다. 하지만 육으로는 그분은 그때 땅에 있었고, 아버지 오른편에 있지 않았다. 따라서 신성에 있어서 그분은 하늘로 올라갈 필요가 없었다. 비록 올라가신 분이 하나님이므로 하나님의 아들이 하늘로 올라갔다고 말한다 하더라도 잘못 말한 것이 아니라 바르게 말한 것이지만 말이다. 하지만 엄격히 말하자면, 승천은 그분의 인성에만 타당하다. 일반 독자가 이 진리를 굳게 붙들고, 미세한 해로운 설명으로 우쭐하지 못하도록 하라. 이 질문에 대해 많은 싸움이 있었고 이 모든 것은 궁극적으로는 내가 두 본성에 대해 간략히 설명한 것으로 돌아올 것이다.

따라서 이 두 군(群)의 본문의 내용이 혼돈되지 않아야 한다. 승천에 대해서 말한 것은 특별히 인성과 관련되어야 한다. 예를 들면 마가복음 16장의 "그분은 하늘로 올려지사 하나님 오른편에 앉으시니라"와 같은 구절이다. 신성에 고유한 부분은 신성과 관련되어야 한다. 예를 들면 그분의 편재, 우리와의 지속적인 교제, 우리 모두의 마음에 내주, 만물이 그분 안에 있다는 진술과 같은 것이다. 우리가 성경을 읽을 때 이러한 구분이 항상 있어야 한다. 만약 그리스도가 지금 하나님 오른편에 앉아 계시고, 마지막 날에 다시 오실 때까지 거기에 앉아 계시다면, 어떻게 그분이 성례에서 문자적으로 먹힐 수 있는가? 그대들은 말한다. "그분은 하나님이다. 그분은 어디서나 계실 수 있다." 하지만 어떠한 제한을 두고 그대들이 이것을 말하는지 주목하라. 처음에 그대들은 그분이 하나님이라고 말한다. 그대들은 어디서나 계시다는 것이 하나님의 속성이라는 것을 이해하도록 한다. 하지만 이것은 몸의 속성이 아니다. 내가 밝혀 보겠다. 요한복음 16장에서 그리스도는 "내가 아버지에게서 나와 세상에 왔고 다시 세상을 떠나 아버지께로 가노라"고 말씀하신다. 이 말씀이 "볼지어다 내가 세상 끝날까지 너희와 항상 함께 있으리라"와 모순된다는 것을 주목하라. 왜냐하면 요한복음 16장에서는 그분이 "내가 다시 세상을 떠난다"고 말씀하시기 때문이다. 그렇다면 어떻게 그분이 세상을 떠나겠는가? 그분의 거룩한 현존과 보호와 은총과 선함과 자비를 통해서인가? 하나님 맙소사! 어느 피조물도 그렇게 말하지 않을 것이다. 하지만 그분은 필연적으로 우리를 떠나셔야 했다. 왜냐하면 그분이 스스로에게 말씀하셨고 그분은 거짓말을 하실 수 없기 때문이다.

그렇다면 그분은 어떻든 몸으로 우리에게서 떠나셨다. 즉 그분이 몸으로 우리를 떠나셨다는 것이 결론으로 따라 나온다. 여기에는 이상한 것이 없다. 왜냐하면 마태복음 26장에서 그분은 보다 명백하게 "가난한 자들은 항상 너희와 함께 있거니와 나는 항상 함께 있지 아니하리라"고 말씀하셨기 때문이다. 만약 "볼지어다. 내가 세상 끝날까지 너희와 항상 함께 있으리라"는 말씀이 그리스도의 몸과 관련된다면, 그분은 몸으로 우리와 함께 계시지 신적 은총과 권능으로 함께 계시는 것은 아니라는 것이 결론으로 따라 나온다. 그분은 "나는 항상 함께 있지 아니하리라"고 말씀하셨기 때문이다. 하지만 이 말씀을 신성과 관련시킨다면 믿을 수 없고 잘못 인도하는 것이 될 것이다. 따라서 우리에겐 "내가 다시 세상을 떠난다"와 "나는 항상 함께 있지 아니하리라"는 두 말씀이 인성의 떠남과 부재를 가리키는 것이라는 결정적인 증거가 있다. 하지만 그분이 가 버리셨다면, 그분이 세상을 떠나셨다면, 그분이 더 이상 우리와 함께 계시지 않는다면, 사도신경이 그리스도의 말씀에 충실하지 못하거나(이것은 불가능하다), 아니면 그리스도의 몸과 피가 성례 안에 현존할 수 없게 된다. 육신은 노발대발하겠지만, 하나님의 말씀은 확고하다. 그분은 아버지 오른편에 앉아 계시며, 세상을 떠나셨고, 더 이상 우리와 함께 계시지 않는다. 그리고 이 말이 사실이라면, 그분의 살과 피가 성례 안에 현존한다고 주장하는 것은 불가능하다.

이 세 성경 구절이 그 자체로 신조의 항목을 확립하고 그리스도의 살이 성례 안에 현존한다는 주장의 허구성을 폭로하기에 충분하다. 하지만 다투기를 좋아하는 자에게 대답하기 위해 이것에 관해 더 말하고자 한다.

여기서 우리는 다음과 같이 말하는 자에게 공격을 받는다.[53] "그들의 신성 모독적인 발언에 주목하라. 그들은 하나님이 그분의 아들의 몸을 우리에게 회복시켜 줄 수 없는 것처럼 말한다. 이것이 신적인 편재를 부인하는 것이 아닌가?" 또한 우리가 이미 언급했던 다른 사람들은 말한다. "부활의 몸의 본성과 속성은 동시에 하늘에도 있고 성례 안에도 있을 수 있으며, 참으로 어디서나 있다는 것이다."[54]

전자에 대해서 우리는 다음과 같은 세 가지 답변을 한다.

첫째, 하나님을 거짓말쟁이로 만드는 자는 하나님을 모독하는 자다. 왜냐하면 지극히 선한 그분은 거짓말쟁이가 될 수 없기 때문이다. 그럼에도, 만약 그분이 말씀과 모순되게 행하신다면, 그분은 거짓말쟁이가 된다. 하나님은 "내 입술에서 낸 것은 변하지 아니하리로다"(시편 89편)라고 말씀하셨기 때문이다. 따라서 그분이 "내가 다시 세상을 떠난다"와 "나는 항상 함께 있지 아니하리라"고 말씀하셨다면, 그리고 이러한 말씀이 우리가 보여 준 바와 같이 문자적으로 받아들여야 한다면, 또한 우리가 그분이 몸으로 여기에 계시고 마지막 날까지 몸으로 여기에 남아 계신다고 말한다면, 그분을 거짓말쟁이로 만드는 것이다. 그들이 "우리는 '이것은 내 몸이다'라는 명백한 말씀을 가지고 있다"고 말하더라도, 이것은 그렇게 받아들여질 수 없다. 왜냐하면 그 말씀은 모호하며, 우리가 이미 주목했던 명백한 말씀과 모순되기 때문이다. 따라서 우리는 그들이 부여하는 그 의미대로 이 말씀을 받아들일 수 없다. 왜냐하면 하나님의 말씀은 스스로 모순될 수 없기 때문이다. 하지만 문맥 전체와 성경과 신조는 이 말씀이 그렇게도 조야한 문자적 의미를 지닐 수 없다는 것을 우리에게 보여 준다. 만약 그렇다면 이 말씀을 이 다른 구절과 조화시키는 것이 불가능한 일이 될 것이다. 문맥 전체와 의미는 그리스도의 의도가 그들에게 자신이 몸으로는 하늘로 올라가서 마지막 날까지 아버지 오른편에 앉아 계실 것이라고 가르쳐 주는 것임을 보여 준다. 하나님의 전능은 하나님의 말씀에 따라 만물을 성취하며, 그 말씀과 모순되는 것을 결코 행하지 않는다. 따라서 이 말씀은 그들이 말하는 것이 될 수 없다. 왜냐하면 하나님은 자신의 말씀과 모순되는 어떤 것도 행하시지 않기 때문이다. 그리고 이것은 무능이 아니라 진정한 전능이다.[55] 왜냐하면 어떤 일이 하나님에게 가능하다고 해서, 그것이 반드시 일어나야 하는 것은 아니기 때문이다. 하나님이 7년의 흉년을 풍년으로 만드실 수 있지만,[56] 그것이 가능하다는 사실이 실제로 흉년을 풍년으로 만들지 않았으니, 우리가 「보론」(혹은 종결)에서 증명했던 바대로다.

둘째, 우리는 마지막 날까지 그리스도는 하나님 아버지 오른편 말고 다른 곳에 계실 수 없다고 지적했다. 시편 110편에서는 "네 원수들로 네 발판이 되게 하기까지 너는 내 오른편에 앉아 있으라"고 기록되어 있기 때문이다. 바울은 그리스도가 마지막 날까지 아버지의 오른편에 앉아 있을 것이라고 고린도전서 15장에서 가르칠 때 이 구절을 언급한다. 하지만 그리스도가 거기 앉아 계시다면, 그분은 여기 계시지 않는다. 만약 그분이 여기 계신다면, 우리는 그분의 재림을 말할 수 없다. 왜냐하면 그분은 이미 재림하셨기 때문이다. 이것에 대한 증명은 마태복음 26장에 있다. "이후에 인자가 권능의 오른편에 앉아 있는 것과 하늘 구름을 타고 오는 것을 너희가 보리라." 이보다 더 분명한 것이 어디 있겠는가? *ap arti* 즉 '이후에'라는 말은 우리는 그분이 구름을 타고 심판하러 오실 그날까지 아버지의 오른편에서 그분을 찾아야 한다는 것을 우리에게 보여 주기에 충분하다. '이후에'라는 말은 마지막 날까지 해당된다. 그리고 이것이 사도신경의 세 번째 항목의 기초가 된다. "거기로부터 살아 있는 자와 죽은 자를 심판하러 오십니다"이지, "거기서부터 빵으로 오십니다"가 아니다. 따라서 그분은 심판하러 오실 때까지 아버지의 오른편에서 오시지 않으리라는 것이 결론으로 따라 나온다. 이것이 시편 110편에서 다윗이 말한 바요, 그리스도 자신이 우리에게 말씀하신 바요, 사도신경의 이 항목이 우리에게 가르쳐 주는 바로, 이것을 부인하면 이단이 될 것이다. 또한 마태복음 25장에서 "인자가 자기 영광으로 모든 천사와 함께 올 때에 자기 영광의 보좌에 앉으리니 모든 민족을 그 앞에 모으고"라고 말씀하신다.

하지만 만약 그분이 빵 안에 현존한다면, 혹은 빵이 그리스도의 몸이라면 마지막 날은 이미 온 것이 되며, 그분이 이미 계시며, 이미 심판의 보좌 위에 앉아 계시다. 하지만 마지막 날이 아직 오지 않았다면 그분은 육신으로 계시지 않는다. 그분이 육신으로 오실 때, 그분은 앉아서 심판하시기 때문이다. 나는 어리석은 자들이 어떻게 이것을 피하려고 하는지 잘 알고 있다. "하나님의 심판과 형벌은 날마다 우리와 함께 있고 따라서 그리스도의 몸은 날마다 현존한다." 답변은 이러하다. 우리에게는 이런 방식으로 이 문제를 모호하게 만들 권리가 없다. 왜냐하면 그리스도는 여기서 첫 사람부터 마지막 사람까지 전 세계 사람들이 나아올 마지막 심판만을 말씀하신다는 것이 명백하기 때문이다. 그분은 매일의 심판에 대해 말씀하시지 않으며, 여기에는 그분의 육신으로의 현존이 요구되거나 약속되지 않는다.

셋째, 그리스도는 보이는 방식 이외에 다른 방식으로 오실 수 없다. 사도행전 1장에서는 "그들이 보는데 올려져 가시니 구름이 그를 가리어 보이지 않게 하더라 올라가실 때에 제자들이 자세히 하늘을 쳐다보고 있는데 흰 옷 입은 두 사람이 그들 곁에 서서 이르되 갈릴리 사람들아 어찌하여 서서 하늘을 쳐다보느냐 너희 가운데서 하늘로 올려지신 이 예수는 하늘로 가심을 본 그대로 오시리라 하였느니라"고 기록되었기 때문이다. 이 본문은 일반 독자에게는 어떠한 어려움도 일으키지 않는다. 올라가시는 것을 제자들이 본 것과 같이 보이는 형태로 그분이 빵 안에 오신다면, 우리는 그분이 거기에 계시다고 믿을 것이다. 왜냐하면 천사들은 그분이 올라가는 것을 본 그대로 오시리라고 말씀하셨기 때문이다. 하지만 그분이 공개적으로 볼 수 있게 오시지 않는다면, 우리는 그분이 천사들을 통해 말씀하신 바대로 오실 때까지는 몸으로의 재림을 기대할 수 없다. 또한 몸으로의 재림에 대해 어떠한 항변이 있더라도, 제자들이 그분이 올라가는 것을 보았던 것과 같이 볼 수 있는 형태로 그분이 오시는 것을 볼 때까지는 하늘로부터 온 천사나, 사람이나 귀신을 믿지 않을 것이다.

이것이 바로 바울이 고린도전서 11장에서 '주의 죽으심을 그가 오실 때까지 전한다'고 말할 때 의도했던 바다. 바울이 우리가 만찬에서 그리스도의 몸을 먹는다고 믿었다면, 그는 '그가 오실 때까지'라고 말할 수 없었을 것이다. 그는 그분이 신성에 따르면 항상 우리와 함께 하신다는 것을 완벽하게 잘 알고 있었다. 따라서 이 말로써 바울은 필연적으로 인성을 가리키고 있다. 같은 방식으로 그리스도 자신이 마태복음 24장에서 말씀하신다. "번개가 동편에서 나서 서편까지 번쩍임 같이 인자의 임함도 그러하리라." 우리가 그분을 번개와 같이 분명하게 본다면, 우리에게는 그분이 실제로 계시다고 믿을 만한 충분한 이유가 있다. 우리가 그분을 보지 못할 때, 우리는 신앙을 행사하고 있는 것이 아니다. 우리가 성경에 분명한 말씀으로 나타나 있지 않은 것을 믿기 때문이다. 또한 누가복음 17장에서는 제자들이 그분에게 마지막 심판의 때에 대해 물었을 때 예수께서 말씀하셨다. "주검 있는 곳에는 독수리가 모이느니라." 그들에게 답으로 이러한 예시를 주셔서, 그분은 주검 있는 곳에 독수리가 모이듯이 그분의 몸이 있는 곳에 우리도 있게 될 것임을 가르치려고 했다.(57) 그분은 독수리가 먹이와 함께 있는 것과 같은 확실하고 볼 수 있는 방식으로 우리와 함께 있을 때 실제로 현존하신다. 그렇지 않다면 우리는 그분 자신이 가르쳐 주신 공개적이며 확실한 방식으로 그를 볼 때까지, 그분의 오심을 기다리는 것으로 만족해야 한다.

"부활 후에 그리스도의 몸은 그분 자신이 원하는 곳은 어디나 있을 수 있다. 따라서 그분은 하나님의 오른편에 앉아 계시지만 동시에 우리에게 먹힐 수 있다. 왜냐하면 그분이 원하는 곳에 어디나 있을 수 있다면, 우리가 비록 그분의 편재의 원인과 방식과 양식을 알지 못하더라도 그분은 어디서나 계시기 때문이다. 그분은 동정녀 마리아에게서 처녀로서의 순결을 범하지 않고 태어나셨다. 그분은 닫힌 문을 통과하셨다. 그분은 자신을 두 번 보이지 않게 만드시고 원수들의 손을 피하셨다. 이 모든 일은 우리의 이해를 넘어서는 것이다. 우리는 그분의 몸이 실제로 이런 식으로 변용되었다고 굳게 믿어야 한다"고 말하는 다른 자들에게 우리는 다음과 같은 답변을 준다.[58]

첫 번째, 그들은 하나님 말씀 안에 어떠한 보증 없이 이러한 진술을 한다. 그들의 가르침이 근거하고 있는 명제, 즉 어디서나 원하는 곳에 있을 수 있는 것이 그리스도의 부활의 몸의 특성이라고 말하는 것은 신학적인 연역에 불과하다. 비록 그들이 이 변용이 선택 받은 자의 몸 안에서만 적용되고 유기된 자의 몸에는 적용되지 않는다고 주장하여 보다 설득력 있게 만들기는 했지만, 이것은 하나님 말씀에 어떠한 근거도 가지고 있지 않다. 하지만 만약 그렇다고 하면, 이것은 부활한 몸 자체의 속성은 아니라는 것이 결론으로 따라 나온다. 왜냐하면 그렇다면 모든 부활한 자들이 자신이 원하는 곳에 있을 수 있기 때문이다. 또한 그들은 부연해서 말한다. "하지만 선택 받은 자들은 하나님이 원하시는 곳에 있으려 하며, 나는 여기에 대해서 추호의 의심도 없다." 만약 그렇다면 그리스도가 하늘의 아버지께서 원하시는 곳에 계시며, 다른 곳에 계실 수 없다는 것이 필연적인 결론으로 따라 나온다.

다윗이 시편 110편에서 말한 대로, 아버지께서 그분이 원수들로 발판이 되게 하기까지, 즉 마지막 날까지 그분 오른편에 앉아야 한다고 말씀하셨다. 이것은 바울이 고린도전서 15장에서 우리에게 말한 바요, 앞의 주해에서 대낮과 같이 분명하게 밝힌 바다. 따라서 그분은 다른 곳에 있을 수 없다. 왜냐하면 '까지'라는 단어는 신학자들이[59] 타당하게 설명할 수 없는 단어로, 우리는 이를 통해 그분이 지금은 위에서 앉아 계시며 우리는 그분을 마지막 날까지 보지 못할 것이라는 사실이 분명하게 언급된다는 것을 알 수 있다. 따라서 지금 논의되고 있는 견해는 단지 사람의 견해에 불과하며, 우리에게는 그것에 대답할 아무런 의무가 없다. 그럼에도 우리가 명확성과 진리로 이것을 주장하는 자들에게 대응하려고 노력하는 것이 옳다. 또한 우리가 그들의 구실의 무용함을 드러내는 것도 옳다. 순결한 동정녀 마리아로부터의 탄생에도 불구하고, 우리가 후에 보게 되듯 그리스도의 몸이 어디서나 편재하지 않았다는 것을 생각하라. 그분이 항상 닫힌 문들을 통과하셨던 것은 아니다. 간략히 말하자면, 우리가 하나님의 말씀에 근거한 우리의 두 번째 질문에서 증명하듯, 그분은 한 번에 한 장소에만 계신다. 그분이 원하는 곳에 어디서나 계시다는 사실이 그분이 한 번에 모든 곳에 있다는 것을 뜻하지는 않는다. 왜냐하면 그분은 아버지의 오른편이 아닌 다른 곳에 있고자 원하지 않으시기 때문이다.

두 번째, 편재하는 것은 그리스도의 신성에만 속한다. 그렇지 않다면 우리가 보여준 대로 그리스도는 몸으로 하늘로 올라갈 수 없었을 것이다. 왜냐하면 그분은 이미 거기에 계실 것이기 때문이다. 고대 교회에서는 그리스도가 사람이라는 것을 믿기를 거부했던 마르키온이라고 불리는 완고한 이단자가 있었다는 것에 주목하라.[60] 자신의 견해를 옹호하기 위해 그는 이미 언급된 구절을 넌지시 인용했다. 그리스도는 동정녀에게서 나셨다. 그분은 자신을 보이지 않게 만드셨다. 아무런 지지물 없이도 그분은 물 위를 경이롭게 걸으셨다. 그분은 제자들에게 나타나셨다 등등. 하지만 마르키온은 '이것은 내 몸이다'라는 본문에서 지주를 발견하고 이 구절을 다음과 같은 방식으로 해석했다. "먹히는 것은 그분의 몸이 아니다. 왜냐하면 그분은 실체적인 혹은 본래적인 몸을 소유하지 않았기 때문이다. 우리는 그러한 몸을 먹을 수 없다. 따라서 그것은 비물질적이고 영적인 몸이라는 결론이 따라 나온다." 이러한 해석에 대해 당시의 경건한 교사와 전도자는 다음과 같이 답변했다. "그분은 우리에게 물질적 몸을 먹도록 주시지 않고, 빵과 포도주를 그분이 참으로 지니고 참으로 죽음에 내어 주신 살과 피의 표징 혹은 성례로 제정하셨다."[61] 나는 이 점을 지나가면서 언급한다. 이제 답변에 도달한다. 우리가 그리스도의 몸이 동정녀 마리아에게서 나시고 닫힌 문을 통과하셨던 것과 같은 방식으로 빵 안에 있다고 주장하기를 원한다면, 우리는 고난이 그분에게 아무런 손상도 주지 못하고 그분이 그것을 경험하지 못하셨다고 말하든지, 아니면 마르키온의 이단적 교리를 인정해야 한다. 이것은 다음과 같은 이유에서다. 그분이 마리아의 동정성을 손상시키지 않고 기적적으로 마리아에게서 나신 것처럼, 또한 아무 고난 없이 기적적으로 죽음을 당하신 것처럼, 우리가 그분에 참여한다면(그분이 마리아의 동정성을 손상시키지 않고 남겨 두었듯이 그분은 해를 입을 수 없었다. 그분의 말씀은 "이것은 너희를 위

248

해 죽음에 넘겨질 부수어진 내 몸이다"이기 때문이다).(62) 우리는 그분이 죽음을 당했듯이 그분에 대해 참여하며, 그분이 동정녀에게서 나시고 닫힌 문을 아무런 방해 없이 통과했다면, 그분이 고난을 경험하지 못했다, 혹은 그분은 단지 비물질적이고 영적인 몸만 가졌다는 것이 필연적인 결론으로 따라 나온다.

하지만 이것을 믿는 것은 우리 비참한 죄인들을 위해 그렇게도 쓰라린 고통을 당하신 그리스도에게 매우 중대하고 부당한 모욕을 가하는 일이 된다. 우리가 사람의 이성과 사람의 말과 꾀로 명백한 진리를 반대할 때, 이러한 일이 일어난다. 하지만 그렇지 않다. 진리만을 보도록 하자. 그러면 우리는 그리스도의 몸에 참여하는 것이 비가시적이며 지각할 수 없게 일어난다는 것을 우리에게 말하는 자들의 오류를 명백하게 볼 수 있다. 그들은 우리는 *modo quodam ineffabili*, 즉 '형언할 수 없는 방식으로 육체적으로 그분을 먹는다'고 말하는데, 그들이 잘못된 이유는 다음과 같다. 그들이 '이것은 내 몸이다'라는 말씀이 문자적으로 해석되어야 한다고 우리에게 말한다면, 그 뒤에 나오는 말들, 즉 '부수어진, 즉 너희를 위해 죽음에 내어 준'이라는 말을 생각해 보라. 만약 그분이 죽음을 보이지 않고 지각할 수 없는 방식이 아니라 보이며 지각할 수 있는 방식으로 고난 당하셨다면, 그리고 그분이 자신의 몸을 고난에 내어 주듯, 먹도록 주셨다면, 필연적으로 그분의 몸은 보이며, 지각할 수 있으며, 물리적으로 이빨에 눌려질 수밖에 없다. 왜냐하면 그분은 무정한 가시관과 채찍과 못과 창으로 찔리고 맞아서 태양과 땅과 돌도 연민을 억누를 수 없었기 때문이다. 그렇다면, 우리가 보이지 않고 지각할 수 없는 방식으로 혹은 그분이 죽은 자들로부터 부활한 바 그분의 살을 먹는다고 주장하는 자에 대한 우리의 대답은 다음과 같다. 우리는 그분이 지각할 수 없는 방식으로 고난을 당했다고 인정하든지, 제자들이 우리와 같은 방식으로 먹지 않았다고 인정해야 한다. 왜냐하면 그분은 이 감사의 행위를 제정했을 때 아직 부활하지 않으셨기 때문이다. 그분은 '이것은 죽은 자들로부터 부활할 내 몸이다'라고 말씀하시지 않고 '너희를 위해 죽음에 내어 줄 내 몸'이라고 말씀하셨다. 이제 다음으로 넘어가고자 한다.

세 번째 답변은 이미 개괄적으로 소개했다. 우리가 그리스도께서 죽은 자들로부터 부활하신 그 몸에 참여한다고 주장하는 자에게는 그리스도께서 죽을 몸에 대해 '부수어진, 즉 너희를 위해 죽음에 내어 준다'고 말씀하신다는 사실로 이미 반론을 제기했다. 우리가 이미 말한 대로 우리가 '이것은 내 몸이다'라는 말씀을 문자적인 살과 연결시키기를(마치 그분이 이 살을 우리가 먹도록 주신 것처럼) 원한다면, 우리가 부활하신 그분이 아니라 죽임을 당한 그분에 참여하는 것이다. 따라서 그들의 사유는 근거가 없고 심지어 해롭기까지 하며, 하나님의 말씀을 모호하게 하고 혼돈시킨다. 하지만 그들에게 철저히 반대하기 위해, 그리스도의 몸이 동시에 여러 곳에 혹은 어디서나 있을 수 없다는 것과 심지어 부활 후에도 그분의 몸은 한 곳에만 있어야 한다는 것을 하나님 말씀으로부터 증명하고자 한다. 이런 방식으로 우리는 철학으로부터 지지를 얻고자 사용한 *ubi*(곳에) 혹은 *locus*(장소)란 말을 없앨 수 있을 것이다.(63) 이미 우리는 그리스도께서 어머니, 순결한 동정녀 마리아의 동정성을 손상시키지 않고 태어나셨지만, 그렇다고 이것이 그분의 몸이 많은 장소에 동시에 있을 수 있다는 것을 뜻하는 것은 아니라는 것을 분명하게 밝혔다. 왜냐하면 어느 누가 동시에 여러 곳에 있을 수 있다는 기록은 하나도 없기 때문이다. 우리는 이제 부활 후에도 그분이 여러 곳에 동시에 있을 수 없다는 것을 증명하고자 한다.

첫째, 여러 곳에 있다는 것과 어디서나 있다는 것은 같은 것으로 이것은 오직 그분의 신성에만 어울린다. 이것을 생각하면서 마태복음 28장에서 천사가 그분을 찾는 자들, 막달라 마리아와 또 다른 마리아에게 전했던 말씀을 생각해 보자. "십자가에 못 박히신 예수를 너희가 찾는 줄을 내가 아노라. 그분은 여기 계시지 않는다." 만약 예수의 몸이 어디서나 계시다면, 천사는 진실을 말하는 것이 아니다. 왜냐하면 그분은 거기에도 있어야 하기 때문이다. 하지만 그분이 거기 있지 않았다면, 이것은 그분이 하나 이상의 장소에 계실 수 없다는 뚜렷한 표징이 된다. 왜냐하면 그분은 여인들이 찾았던 장소에는 계시지 않았기 때문이다. 그럼에도 그분은 두세 사람이 그분의 이름으로 함께 모인 곳에 함께 계시겠다고 말씀하신다. 그분이 거기에 없었다는 것을 고려한다면, 그분이 어디서나 계신 것은 오직 신성에 따라서이지, 인성에 따른 것이 아니라는 결론으로 따라 나온다. 이와 마찬가지로 그리스도께서는 친히 마태복음 24장에서 말씀하신다. "거짓 그리스도들과 거짓 선지자들이 일어나 큰 표적과 기사를 보이리라." "사람들이 너희에게 말하되 그리스도가 광야에 있다 하여도 나가지 말고 보라 골방에 있다 하여도 믿지 말라." 이 구절과 이미 말한 다른 구절에서 그분을 몸에서 구하지 말아야 한다는 것을 분명히 이해할 수 있을 것이다. 만약 그렇게 행한다면 우리는 "내가 주 하나님을 여기서 보았고 혹은 거기서 그분을 먹었다"고 말하는 자들과 똑같다. 그분이 동시에 여러 곳에 계시다면 그분은 모든 곳에 동시에 계시며, 그때 그분은 우리가 이 곳 혹은 저 곳에서 그분을 보여 주는 자들을 믿지 말라고 가르치지 않으셨을 것이다. 선한 기독교인이여, 일부가 이 구절을 다르게 해석한다는 사실 때문에 속지 말라. 특별히 그분이 이 곳 혹은 저 곳에서 온다는 말을 들을 때 속지 말아야 한다고 그분은 우리에게 가르치신다. 이 내용에 대해 누가복음 17장을 읽어라. 그러면 그대들은 완전한 깨달음을 얻을 수 있을 것이다. 마찬가지로 요한복음 12장에서 그분은 말씀하신다. "나 있는 곳에 나를 섬기는 자도 거기 있으리라." 이 본문은 두 본성을 모두 가리키지만, 먼저 인성을 가리킨다. 그분 때문에 제자들은 어려움을 당하지만 결국 그분과 함께 있을 것이라는 사실로 그분은 제자들을 위로하셨다. 그들이 그분이 계신 곳, 즉 그분이 아버지의 오른편에 앉아 계신 하늘에 있다면, 그분은 몸으로는 오직 한 곳에 계신다는 것이 결론으로 따라 나온다. 그렇지 않다면, 제자들은 그분과 함께 있으므로 한 곳이 아니라 여러 곳에 있을 것이다.

마찬가지로 그분은 요한복음 14장에서 "너희를 내게 영접하여 나 있는 곳에 너희도 있게 하리라"고 말씀하신다. 이것은 오직 그분의 인성만을 가리킨다. 왜냐하면 피조물이 창조주가 계신 곳에 있을 수 없으며, 그들은 하나님이 계신 어느 곳에나 있을 수 없기 때문이다. 만약 그렇다고 말한다면 이단일 것이다. 만약 제자들이 그분이 계신 곳에 있다면, 그분은 몸으로는 오직 한 곳에 계시다는 것이 결론으로 따라 나온다. 그렇지 않다면 제자들은 여러 곳에 있을 것이요, 참으로 제자들은 이른바 무리 안에 있을 것이다. 또한 요한복음 17장에서는 그분은 "아버지여 내게 주신 자도 나 있는 곳에 나와 함께 있어"라고 말씀하신다. 이 구절은 인성에 따르면 그분은 부활 이후에도 한 곳 이상 있을 수 없다는 것을 가르쳐 준다. 왜냐하면 같은 구절에서 그분은 자신이 하늘로 올라갈 것과 그들이 육체적으로는 세상에 남아 있다는 것에 대해 말씀하시기 때문이다. 모든 독자들이여, 그대는 우리가 이 구절에서 성경 본문을 곡해한다는 말을 들을 것이다. 하지만 누가 그대에게 이렇게 말하더라도 신경 쓰지 말라. 그가 자신의 견해를 문서로 쓴다면 하나님의 도움을 힘입어 우리가 가르치는 것이 진리이며 진리의 말씀이 우리 안에 있다는 것을 증명할 것이다.

우리는 이제 교황청의 법령으로부터 그리스도의 부활한 몸이 동시에 한 곳 이상 있을 수 없다는 것을 증명하고자 한다. 왜냐하면 「교회법령집」(*De consecr. dist. 2 ca. prima. paragr. finali*)(64)에서는 다음과 같이 기록되어 있기 때문이다. "주님 자신이 세상 끝까지 위에 계신다. 하지만 주님의 신실함은(65) 여전히 우리와 함께 있다. 부활한 몸은 필히 한 곳에 있다. 하지만 그분의 신실 혹은 은총은 모든 곳에 쏟아진다."(66) 이것은 교황청의 책에 나온 것이다. 이것보다 더 분명한 것이 또 있겠는가? 주님은 그리스도를 뜻한다는 것을 알 수 있다. 따라서 부활한 그리스도의 몸이 필히 한 곳에만 있어야 한다면 의심할 바 없이 그곳은 아버지의 오른편 말고 다른 곳이 될 수 없다. 그렇다면 어떻게 그분이 여기 아래 있는 빵에 있을 수 있는가? 교황파는 우리가 보여 준 또 다른 해석으로 그대를 얻으려고 노력할 것이지만, 속지 않도록 하라. 이 말을 굳게 붙잡으라. "부활한 몸은 필히 한 곳에 있어야 하며, 그대는 모든 반론을 물리칠 것이다."

하나님이 원하시면, 모든 경건한 사람은 우리가 유대인처럼 주 예수 그리스도, 하나님의 아들, 우리의 구세주를 하늘에서 내던지고 부인하려고 한다 등등으로 우리를 논박하는 자가 어느 정도 진실한지를 깨달을 수 있을 것이다. 우리가 대체로 그분의 육신에 참여한다는 것에 대한 지식을 그분이 마지막 날까지 신적 위엄의 오른편에 불변하게, 그다음엔 영원히, 앉아 계신다는 사실로부터 끌어낸다는 것이 그들에게 분명해질 것이다. 그분에게 찬양과 영광이 무궁하도록 있을지어다. 아멘.

세 번째 항목

첫 번째 항목에서는 '이것은 내 몸이다'라는 말씀을 문자적으로 받아들일 수 없다는 것이 그리스도의 말씀의 성격에서 분명해졌다. 그렇지 않으면 우리는 못과 창으로 뚫는 것과 같이 이빨로 그분의 살을 뜯게 된다. 두 번째 항목에서 우리는 그분의 살과 피가 이 성례 안에 문자적으로 현존할 수 없다는 명백한 성경 구절을 살펴보았다. 이것은 우리가 성경에 쓰인 자세한 내용에 뛰어 들어가지 않고 모든 것에서 성경이 전체로서 지니고 있는 뜻을 살피려면 꼭 필요한 단계다. 만약 성경이 베드로와 바울이 가르친 대로 하나님이 말씀한 것이라면, 스스로 모순될 수 없다. 성경이 그렇게 보인다면, 그것은 우리가 성경을 바르게 이해하지 못하고, 성경을 서로 비교하지 않았기 때문이다. 이러한 점에서 사도신경의 세 항목이– '하늘에 오르시어 전능하신 아버지 하나님 우편에 앉아 계시다가 거기로부터 살아 있는 자와 죽은 자를 심판하러 오십니다'– 그분을 몸으로 먹는다는 입장을 받아들이면 성립될 수 없다는 것이 매우 분명해졌다. 이제 우리의 당면 과제는 성경의 나머지 부분과 사도신경의 세 항목과 가장 잘 어울리는 '이것은 내 몸이다'라는 말씀에 대한 해석을 제시하는 것이다. 하나님의 도움을 힘입어 이 세 번째 항목에서 이것을 이룰 것이다. 오, 주님. 우리의 눈을 열어 주소서.

우선 우리는 성경 전체를 통해 그리스어로는 '트로포스' 즉 전의적(轉義的)이라고 불리는, 비유적 표현이 발견되며, 다른 의미로 이해되어야 하는 부분이 있다는 것을 이해해야 한다. 예를 들면, 요한복음 15장에서 그리스도는 '나는 포도나무다'라고 말씀하신다. 이것은 그리스도가 우리와의 관계에서 생각하면, 즉 가지가 포도나무 안에서 자라나듯 우리가 그분 안에서 유지되고 자란다는 관점에서 볼 때, 포도나무와 같다는 것을 뜻한다. 마찬가지로 '너희는 가지다'는 말씀은 수사적 어구다. 우리는 이 구절을 전의적으로, 즉 이미 보았던 바와 마찬가지로 우리는 가지와 같다는 의미로 이해해야 한다. 마찬가지로 요한복음 1장 "보라 세상 죄를 지고 가는 하나님의 어린 양이로다"라는 말씀에서 이 구절의 전반부는 수사적 표현이다. 왜냐하면 그리스도는 문자적으로 양은 아니기 때문이다. 필연적으로 이것은 매우 다른 의미, 즉 그분은 온 세계의 죄를 지고 가는 순전한 제물이라는 뜻을 가지고 있다. 마찬가지로 요한복음 6장 '내가 곧 생명의 빵이니라'는 말씀에서 '빵'이란 말은 전의적으로, 즉 '나는 영혼에 대한 생명의 양식, 양분, 위로다'로 이해해야 한다. 마찬가지로 마태복음 21장에서 그리스도가 자신을 돌로 지칭하여 '이 돌 위에 떨어지는 자는 깨지겠고'라고 말씀하실 때, 이중의 수사적 표현 혹은 은유가 존재한다. '돌'이란 말은 흔들리지 않는 불변성으로 그리스도를 가리키며, '이 돌 위에'라는 말은 '그분을 곡해하다'에 대한 비유다. '이다'란 말은 비유적이거나 전의적인 의미에서 특별히 자주 사용된다.

예를 들면, 누가복음 8장에서 그리스도는 '씨는 하나님의 말씀이라'고 말씀하신다. 여기서 그 뜻은 문자적인 뜻이 아니다. 곧 그분이 말씀하시는 씨는 하나님의 말씀을 가리킨다. 이 경우에서 '이다'는 말은 '가리킨다'라는 뜻으로 사용되어 '씨는 하나님의 말씀을 가리킨다'는 뜻이다. 마찬가지로 마태복음 13장에서 그분이 밀과 가라지의 비유를 주해할 때, 그리스도는 '좋은 씨를 뿌리는 이는 인자요,' 즉 좋은 씨를 뿌린다고 일컬어지는 그 사람은 인자를 가리킨다고 말씀하신다. 또한 '밭은 세상이요'는 '밭은 세상을 가리킨다'를 의미한다. 또한 '좋은 씨는 천국의 아들들이요'는 '천국의 아들들이 좋은 씨로 나타내진다'는 것을 의미한다. 또한 '가라지는 악한 자의 아들들이요'라는 것은 '원수는 악마를 가리킨다'는 것을 의미한다. '추수 때는 세상 끝이요'는 말씀에서 '이다'는 '가리킨다'는 뜻으로 사용되었다. 이 모든 말씀에서 '이다'는 '가리킨다'를 의미한다. 하지만 어떤 자는 말한다. '그렇다. 하지만 이것은 오직 비유에서만 그러하다.' 답변은 이러하다. '그렇지 않다. 이것은 모든 것이 지극히 분명해졌을 때 비유에 대한 설명에서 나타난다.' 또한 그것이 어디에 위치하느냐는 것은 아무런 차이도 없다. 우리는 단순히 성경 안에 '이다'라는 말이 '가리키다'는 뜻으로 사용된 수많은 구절이 있다는 것을 보여 주려고 할 뿐이다. 이 사실에 라틴어로 반론을 제시한 자에게[67] 이러한 짧은 답변을 주려고 한다. "내가 말하는 것이 허용된다면, 나는 그들이 문법이나 논리를 지키지 않는다고 말하고 싶다." 우리는 구약성경 창세기 41장에서 또 다른 예를 발견할 수 있다. 요셉은 꿈을 해석하면서 말한다. '일곱 좋은 암소는 일곱 해요 일곱 좋은 이삭도 일곱 해니' 또한 '파리하고 흉한 일곱 소는 칠 년이요 속이 빈 일곱 이삭도 일곱 해 흉년이다.' 이 두 경우에 수사학적 혹은 비유적 표현으로 인해 '이다'라는 단어는 '가리키다'는 뜻으로 사용되었다. 하지만 히브리어에서는 '이다'에 해당되는 말이 없다는 반론이 제기된다. 답변은 이러하다. 그대는 왜 '이다'라는 말이 없는지 아는가? 하지만 지금은 유치한 장난을 할 때가 아니다. '이다'라는 계사가 없는 것은 단순히 히브리어가 독일어와 같지 않기 때문이다. 만약 같다면, '이다'라는 말이 필요할 때 나올 것이다. 하지만 히브리어는 위에서 보여 준 대로 독일어와 같은 뜻을 지닌 표현을 가지고 있다. 보다 상세한 대답은 라틴어 본에서 주어질 것이다.[68] 인용될 수 있는 많은 다른 사례들은 불필요한 것으로 생각하여 생략하고자 한다. 우리는 충분한 수의 논박될 수 없는 구절을 이미 제시했다.

우리의 다음 과제는 마태복음 26장에서 '이것은 내 몸이다'라는 그리스도의 말씀이 비유적으로 혹은 '전의적으로'(tropice) 이해될 수 있느냐는 것을 보이는 것이다. 이 문맥에서 '이다'란 단어가 문자적으로 받아들여질 수 없다는 것은 이미 분명해졌다. 따라서 이것이 전의적으로 또는 비유적으로 이해되어야 한다는 것이 결론으로 따라 나온다. '이것은 내 몸이다'는 말씀에서 '이것은'이란 말은 빵을 의미하며, '몸'이란 단어는 우리를 위해 죽음에 내어진 몸을 의미한다. 따라서 '이다'라는 말은 문자적으로 받아들여질 수 없다. 왜냐하면 우리가 이미 보았던 바와 같이, 빵은 몸이 아니며 몸이 될 수도 없기 때문이다. 그렇다면 마땅히 이것은 비유적으로 혹은 전의적으로 받아들여져야 한다. '이것은 내 몸이다'는 '그 빵은 내 몸을 가리킨다' 혹은 '내 몸의 형상이다'는 뜻이다. 왜냐하면, 바로 그다음에 누가복음 22장에서 그리스도는 '이를 행하여 나를 기념하라'고 덧붙여 말씀하시기 때문이다. 이로부터 빵은 단지 그분의 몸의 형상으로, 우리에게 만찬 안에서 그 몸이 우리를 위해 십자가에 달렸다는 것을 기억하게 한다.

이제 구약성경에서 우리는 수사학적 표현 혹은 은유가 사용된 표현과 얼마나 정확히 일치하는지를 보여 주고자 한다. 출애굽기 12장에서 우리는 특별히 한 밤에 하나님이 이집트 땅에서 사람이나 짐승이나 모든 만물을 치셨지만 이스라엘의 자손은 살려 둔 이야기를 듣는다. 하나님은 이스라엘 자손에게 양을 잡아 죽여 그 피를 좌우 문설주와 문 윗 가름대에 바르도록 지시하였으니, 이는 그분이 그 표징을 보고 그곳을 치지 않도록 하기 위함이었다. 그 무서운 밤 전에 그들은 불로 구운 양을 먹어야 했다. '너희는 그것을 이렇게 먹을지니 허리에 띠를 띠고 발에 신을 신고 손에 지팡이를 잡고 급히 먹으라. 이것이 여호와의 넘어감(유월절)이니라.' 여기서 양 자체가 '넘어감'이라고 불린다는 것을 주목하라. 그들이 처음 양을 먹을 때는 '넘어감'이 아직 일어나지 않았다. 또한 그렇다고 하더라도 양은 넘어감이 될 수 없는데, 넘어감이란 공격을 삼가는 것인 반면 양에게는 살과 피가 있기 때문이다. 그럼에도 하나님은 '이것이 넘어감(유월절)이다'라고 말씀하신다. 따라서 이 문맥에서 '이다'라는 작은 말은 마땅히 비유적이 되어야 한다. 다시 말하면 이 단어는 '가리키다'는 뜻으로 사용되었다. 즉 양은 넘어감을 가리킨다, 다시 말하면 이것은 곧 이어질 밤에 넘어가는 것을 말한다. 이넘어감은 후에 이스라엘 자손들에 의해 매년 기념되었다.

이 말이 일부 학자들에 의해 곡해되었다는 사실은 우리의 해석을 더욱 든든하게 해준다. 왜냐하면 라틴어본이 앞으로 보여 주겠지만, 이 구절을 곡해함으로써 얻는 것은 하나도 없다. 유월절 양의 모형보다 더 귀하고 정확하고 분명한 모형은 없다. 이는 그리스도가 죽음 직전에 그렇게 기쁨으로 제자들과 이 양을 나누신 이유다(눅 22장). 그러한 이유로 우리가 그리스도의 말씀의 비유적 의미를 살피고 탐구할 때, 유월절 양이 나오는 본문보다 더 확신 있게 의지할 수 있는 본문은 없다. 유월절 양은 하나님이 치고 넘어가기 전날 밤에 먹었다. 하지만 그때와 앞으로 올 시대에 이것은 주님의 유월절의 표상이 되었다. 마찬가지로 그리스도는 그분의 죽기 전날 밤에 자신의 죽음에 대한 기념을 만드셨고, 그분의 죽음에 대한 이러한 기념은 그분이 죽기 전에 만들어져 그분이 오실 때까지 모든 신자들에 의해 지켜져야 한다. 전자에서는 이집트인들이 죽임을 당했지만 이스라엘 백성은 넘어갔다. 후자에서는 그리스도가 잡혀 죽임을 당했고 살인자 바라바는 넘어갔다. 우리가 「보론」에서 길게 증명했듯이 우리의 범죄는 그리스도의 의가 짊어지고 갔다.(69)

이제 두 본문을 비교하라. 유월절 양은 넘어감이다. 즉 유월절 양은 하나님의 천사의 넘어감을 대표한다. 이 빵을 먹은 것은 그리스도가 영혼의 참 위로와 양식으로 우리를 위해 십자가에 달리셨다는 표징과 상징이 된다. 하지만 어떤 사람들은 다음과 같이 주장한다. 이전의 유월절 양에 대해서는 '그것' 혹은 '이것'이란 단어가 양을 가리키는 것이 아니라 축제를 나타낸다. 따라서 이 축제는 유월절이며, '이것'이란 단어는 축제를 나타낸다. 그러한 자들에게 우리는 다음과 같이 답변한다. 그들이 주장하듯 '이것'이란 말이 축일을 나타낸다는 것은 얼토당토않으며, 이 단어는 본문 자체가 아주 분명하게 보여 주듯 유월절 양을 나타낸다. 하지만 '이것'이란 단어가 축일을 나타낸다고 해보자. 그 축일은 유월절이며, 우리는 그 축일의 기원에 대해 탐구해야 할 필요가 있다. 왜냐하면 모든 축제는 어떤 것에서부터 유래하기 때문이다. 그들은 마지못해 대답한다. '이것은 양과 넘어감에서 유래한다.' 하지만 이것이 양과 넘어감에서 유래한다는 것을 안다면 승리는 우리에게 있다. 왜냐하면 '양이 넘어감이다'라는 말은 원래의 양과 관련되기 때문이다. 그대는 지금 그렇게도 널리 돌아다니는 편지 중 일부가 확고한 근거가 없다는 것을 알 수 있을 것이다.(70)

하지만 '이것'이란 말이 축일을 나타낸다고 가정하여 이 축제는 넘어감이라고 생각할지라도 '이다'라는 단어를 설명해야 한다. 왜냐하면 축일이 넘어감일 수는 없기 때문이다. 필히 '이다'라는 단어는 '나타내다' 혹은 '가리킨다'는 뜻으로 사용되었다.

또한 그들이 유월절 양이 축일이라고 주장하려고 할지라도, 우리는 여전히 그것이 무슨 축일인지 물어야 하며 우리는 또 다시 넘어감에 돌아온다. 양은 그 첫 번째 넘어감의 형상이다. 하지만 더 나아가서 우리가 그것이 축일이라고 인정하고 그 유래에 대해 탐구를 강요하지 않는다면(그 기원은 탐구되고 발견되어야 할지라도), 우리는 '이것은 내 몸이다'라는 그리스도의 말씀이 '이 빵은 축일이다'를 뜻한다고 받아들일 모든 권리를 가지고 있다. 이것은 우리가 이 양은 넘어감이다. 즉 양은 축일이라는 것을 뜻한다고 받아들이는 것과 마찬가지다. 바울이 고린도전서 5장에서 우리에게 보여 주고 오리게네스가 레위기 주석에서 최초의 교부들에 기초하여 이야기하듯이[71] 이것은 감사의 절기다. 간단히 말해서 우리가 '이것은 내 몸이다'라는 말이 필히 비유적이거나 전의적이어야 한다고 보여 준 이상, 이 말은 '이것은 주님의 넘어감이다'와 비슷한 뜻을 지니고 있다. 즉 이 말씀은 '빵은 너희를 위해 주어진 내 몸을 나타낸다', 그리고 '양은 주님의 넘어감을 나타낸다'고 이해될 수 있다. 이것이 참되고 본래적인 뜻이라는 것을 문맥에 나타나는 다양한 사항들로 분명하게 알 수 있다.

첫 번째 사항은 마태복음 26장에 나오는 그리스도 자신의 말씀이다. 이 성례를 만드신 후 그분은 말씀하셨다. "내가 포도나무에서 난 것을 이제부터 내 아버지의 나라에서 새것으로 너희와 함께 마시는 날까지 마시지 아니하리라." 그리스도가 포도주를 자신의 피라고 말하며, 그들에게 포도주를 준 다음에도, 그것을 가리켜 포도나무의 열매라고 부르실 수 있었다. 이것은 그분이 '이것은 내 몸이다'라고 말씀하셨을 때, 문자적으로 말씀하시는 것이 아니라 은유적으로 말씀하시는— 이 포도주는 내 피를 나타낸다— 명백한 표시가 된다. 왜냐하면 바로 다음에 그분 자신이 그것을 포도나무의 열매라고 부르셨기 때문이다. 그분은 '열매'라는 단어를 의도적으로 사용하셨다. 왜냐하면 이것은 문자적인 뜻에서, 또한 그 참된 본성과 종류에 따라 이 음료가 참으로 포도주이며, 포도나무로부터 나온 것이라는 것을 우리에게 명백하게 보여 준다. 그렇다면, 우리는 왜 그것을 그리스도처럼 포도나무의 열매로 받아들일 수 없는가? 누가가 이 말씀을 앞에 둔다는 사실은 같은 목적에 이바지한다. 누가는 다음에 나오는 말씀에 대한 어떠한 오해— 마치 포도주가 실제로 피인 것처럼 생각하는— 도 없애기 위해 이 말씀을 앞에다 둔다.

두 번째 사항은 제자들의 완전한 침착함이다. 그들은 전혀 놀라거나 소란을 피우지 않았다. 그들은 서로 묻거나 주장하지 않았다. 오직 이전에 짧은 순간에, 이것보다 훨씬 덜 중요한 문제에- 만약 그것이 우리가 그려보는 것과 같은 것이라면- 제자들은 크게 흥분하고 몰이해를 보여 주었으며, 심지어 베드로는 자신의 발을 씻을 수 없는 이유를 찾으려고 노력했다. 하지만 이 문제에 있어서는 의심을 나타내는 어떠한 말에 대한 암시도 없다. 만약 베드로가 자신이 실제로 살로 그리스도를 먹는다고 그리스도가 말씀하신 것으로 이해했다면, 누가복음 5장보다는 여기에서 "나를 떠나소서 나는 죄인이로소이다"라고 말했을 것이라고 생각할 충분한 이유가 있지 않은가? 확실히 모든 제자들은 "주여 내 집에 들어오심을 나는 감당하지 못하겠사오니"라는 마태복음 8장에서의 백부장의 말과 비슷한 말을 서로에게 주고받았을 것이다. 하지만 그렇지 않았다. 우리는 제자들이 뛸듯이 환호하거나 놀라서 그분으로부터 물러나거나 피하지 않았다는 것을 안다.

이것은 다음과 같은 이유 때문이었다. 유대인으로서 그들은 '이것은 내 몸이다'라는 말씀에서 어떤 새로운 것도 발견할 수 없었기 때문이다. 매년 그들이 유월절 양을 먹을 때 그들은 '이 양은 넘어감'이라고 이와 비슷한 말을 들었으며, 그들은 이 말을 단순히 그 양이 넘어감을 나타낸다는 뜻이라고 받아들였기 때문이다. 따라서 그들은 주님이 비슷한 감사의 절기를 만드실 때 이와 다르지 않은 말씀을 사용하신다고 알았다. 그 결과 그들은 그리스도가 말씀하시고 행하신 것에 대해 특별히 놀라지 않았고 놀라움이나 새로움을 느끼지도 않았다.

세 번째 사항은 사도들 중 누구도 특별히 이 성례에서 빵이 그리스도의 몸이 되고 포도주가 그리스도의 피가 된다고 가르치지 않았다는 것이다. 오히려 정반대의 것이 기대될 수 있다. 그들이 이 성례에 대해 오늘날 일어나는 대로 설교했다면, 모든 종류의 색다른 질문이 던져졌을 것이고 이 질문에 대해 그들이 어떤 답변을 주어야 했을 것이다. 하지만 그러한 일은 일어나지 않았다. 심지어 바울은 이 성례의 제정에 대해 모든 것을 설명한 후에도 이 성물을 그리스도처럼 빵과 포도주라고 부른다.

우리는 이제 이 사건을 누가복음 22장과 고린도전서 11장에서 누가와 바울이 서술하는 대로 한 단어 한 단어 고찰하고자 한다. 이 이야기에 비추어 우리가 마태복음 26장과 마가복음 14장에서 기록된 말씀을 제자들만큼 분명하게 이해할 수 있게 되기를 하나님 앞에서 바란다. 누가복음 22장의 본문은 다음과 같다. "또 빵을 가져 감사 기도하시고 떼어 그들에게 이르시되 이것은 너희를 위하여 주는 내 몸이라 너희가 이를 행하여 나를 기념하라." 우리는 '이것은 내 몸이다'라는 말과 '너희를 위하여 주는'이라는 말을 갈라놓아서는 안 되며 함께 다루어야 한다. 이 말이 함께 다루어질 때에만 그리스도의 말씀이 온전해지기 때문이다.

따라서 그리스도는 오직 우리를 위해 죽음에 넘겨질 그 몸에 대해서만 말씀하신다는 것이 결론으로 따라 나온다. 또한 빵 자체가 몸이 아니라는 것이 따라 나온다. 그렇지 않다면 몸이 빵의 형태로 우리에게 주어졌을 것이기 때문이다. 이 말씀은 다음과 같다. '이것- 그분은 빵을 가리키신다- 은 내 몸이다.' 빵이 그분의 몸이라면 그것은 또한 우리에게 주어진다. 왜냐하면 그분은 빵이 우리를 위해 주는 그분의 몸이라고 말씀하시기 때문이다. 따라서 빵이 우리를 위해 주는 그분의 몸이라면 빵이 우리에게 주어진다. 하지만 이것은 그리스도의 말씀의 본래적인 의미가 아니다. 왜냐하면 '이다'라는 단어가 빵과 몸을 문자적인 의미로 연결시킬 수 없기 때문이다. 이 단어는 전의적으로, 즉 빵은 너희를 위해 주는 내 몸을 나타낸다, 혹은 빵은 내 몸의 형상이라는 의미로 이해되어야 한다. 어떤 방식으로 그러한가? 어떻게 성례적 빵이 그리스도의 몸을 나타내는가? 답변은 이러하다. 그리스도 자신이 '너희를 위해 주는'이라고 말씀하실 때 그분의 뜻은 단순히 그 빵은 그분의 몸이 우리를 위해 주어진다는 표징이라는 것이다. 그다음의 말씀이 이것을 지극히 분명하게 해 준다. 그분은 '이를 행하여 나를 기념하라'고 말씀하신다. 이 말씀은 왜 그분이 이러한 상징적 빵을 마련하셨는지 말해 준다. 이것은 그리스도와 우리를 위한 그분의 희생을 기념하기 위한 것이다. 따라서 그 빵은 몸을 가리킨다는 의미에서 몸이라는 것이 결론으로 따라 나온다.

왜냐하면 그것을 통해 우리는 몸 자체가 현존하지 않더라도 그 몸을 기억하게 되기 때문이다. 고린도전서 11장에서 바울은 우리에게 다음과 같은 형식으로 이 말씀을 주신다. '이것은 너희를 위하여 부수어진 내 몸이다.' '우리를 위해 주는'이란 말과 '우리를 위해 부수어진'이란 말은 같다. 이것은 바울이 여기서 감추어진 유비- 즉 그리스도가 부수어지듯, 다시 말하면 그리스도가 우리를 위해 죽음에 넘겨지듯, 그분을 기억하면서, 그리스도가 우리 모두에게 행하셨듯이, 서로에게 빵을 바치고 빵을 쪼개는데, 후자는 전자를 나타내고 전자에 참여하는 것이다- 를 다루기를 원하기 때문이다.

잔에 대해 정하신 것은 누가에 따르면 다음과 같다. "이 잔은― '그릇' 혹은 '잔'이란 말은 그 내용물에 대해 사용되었는데 이것은 우리가 실제로는 그릇을 마시는 것은 아니지만 포도주 한 컵 혹은 한 병을 마신다고 말하는 것과 마찬가지다― 내 피로 세우는 새 언약이니 곧 너희를 위하여 흘리는 것이라." 이 말씀을 해설하기 위해 고린도전서 11장의 말씀으로 가 보자. 여기서 바울은 "이 잔은 내 피로 세운 새 언약이다"라고 말한다. 그리고 간략하게 말한다면 그 의미는 이러하다. "포도주는 새 언약이다. 새 언약은 내 피 안에 있다. 그리고 내 피는 너희를 위해 흘린다." 누가나 바울에게서 포도주가 그리스도의 피라는 말이 없다는 것을 주목하라. 이로써 우리는 다른 두 복음서 기자가 누가와 바울과 같은 것을 말하고자 했다는 것을 분명히 알 수 있다. 그들은 "이것― 즉, 포도주― 은 내 피다"라고 말하지만, 그들이 뜻하는 바는 포도주가 우리를 위해 흘린 새 언약의 피에 대한 표징, 형상, 기념이라는 것이다.

이 경우에 명백한 비유 혹은 은유가 있다는 것을 안다면, 빵의 경우에 있어서도 같은 원리가 적용되어야 한다. 하지만 일부는 다음과 같이 주장한다.(72) '만약 포도주가 새 언약이라면, 그리스도의 피도 그러하다. 왜냐하면 그리스도의 피는 새 언약이기 때문이다.' 답변은 이러하다. '새 언약은 그리스도의 피가 아니며 우리 죄를 값없이 은혜롭게 용서하는 것이다.' 이것은 예레미야 31장과 히브리서 8장의 새 언약이다. 그리고 그 죄 용서는 그리스도의 피로 말미암아 우리에게 일어난다. 그것은 값없는 것이지만, 그리스도에게는 값없는 것이 아니다. 그분은 그것을 충분히 비싼 값을 치르고 사셨기 때문이다. 그렇지만 하나님은 우리 자신 편에서의 어떠한 공로도 없이 값없는 은총으로 그것을 우리에게 주셨다. 따라서 그리스도의 피가 새 언약 자체는 아니며, 새 언약의 피, 즉 새 언약― 값없는 죄 용서― 이 작용하고 얻어지는 피라는 것이 결론으로 따라 나온다.

마찬가지로 구약성경에서는 사람들과 율법 위에 뿌려진 피가 언약 혹은 계약의 피라고 불리지만 이것이 언약 자체는 아니다(출 24장). 왜냐하면 언약이란 그들에게 설교된 것이기 때문이다. 따라서 우리는 결코 그리스도의 피가 언약으로 서술되지 않고 오직 언약의 피로 이야기된다는 것을 발견한다. 그리고 포도주가 새 언약이라고 불릴 때, 우리는 이것이 창세기 17장에서 할례가 언약이라고 불릴 때와 마찬가지로 (하지만 실제로 이것은 그 언약의 표징에 불과하다고 보는 것이 맞다) 말하는 방식이라는 것을 알아야 한다. 마찬가지로 성찬에서 포도주를 새 언약으로 나타내는 것은, 우리가 이미 보았던 대로, 포도주는 새 언약을 맺게 해준 그리스도의 피의 표징이기 때문이다. 만약 그대가 이 내용을 더 알기를 원한다면 내 「보론」을 참고할 수 있다.(73) '너희를 위해 흘리는'이라는 말이 이 반론에 대한 또 하나의 대답을 준다. 포도주가 아니라 그리스도의 피가 우리를 위해 흘려지기 때문이다. 만약 피가 언약이라고 불리지 않는다면, 어떻게 그것이 나타내는 것이 언약이라고 불릴 수 있겠는가? 그것이 언약이라고 불리는 것은, 우리가 이미 보여 준 바와 같이, 표징에게 그것이 가리키는 것의 이름을 주는 성경의 일반적인 용법과 일치한다.

계속해서 고린도전서 11장을 읽으면 우리는 기념이라는 것이 무엇인지 그리고 그것이 나타내는 바가 무엇인지를 분명하게 가르치는 구절에 이른다. "너희가 이 빵을 먹으며 이 잔을 마실 때마다(제정 이후에도 그분이 여전히 성물을 빵과 포도주라고 부른다는 것에 주목하라. 만약 그분이 이것을 우리가 전에 생각하던 대로 생각했다면 이렇게 말하지 않았을 것이다) 주의 죽으심을 그가 오실 때까지 보여 주는 것이니라." 이 구절에서 '보여 준다'는 말은, 베드로전서 2장과 많은 구약성경 구절과 같이, 찬양하고 공경하고 감사하는 것을 의미한다. 이것은 바울이 이것을 공적인 감사라고 생각했다는 분명한 증거다. '그가 오실 때까지'라는 말은 필히 몸을 나타내야 한다. 왜냐하면 신성에 따르면 그분은 항상 우리와 함께 계시기 때문이다. 하지만 그분이 여전히 오셔야 한다면, 그분은 우리와 함께 계시지 않는다. 바울의 뜻은 기독교 교회는 그분이 마지막 날에 오실 때까지 감사하는 것을 중단하지 말아야 한다는 것이다.

간단히 말하고자 다음 말씀을 제외한 다른 모든 구절은 생략하고자 한다. '주의 몸을 분별하지 못하고 먹고 마시는 자는 자기의 죄를 먹고 마시는 것이니라.' 여기서 바울이 생각하는 것은 우리가 모두 만찬에 걸맞게, 즉 참 신앙으로 나아가야 한다는 것이다. 참 신앙으로 나아가지 못하는 자는 그리스도의 몸과 피에 대해, 즉 우리가 믿는 그 몸이 아니라 그리스도가 죽으실 때 우리에게 주신 실제적인 몸에 대해 범죄 하는 것이다.(74) 만약 그리스도에 대한 참 신앙을 고백하면서도 늘 하나님 앞에서 꾸미려고 한다면, 그는 겉으로는 믿는 척하지만 실제로는 믿지 않는 죄 없는 피에 대해 범죄하는 것이다. 바로 이것이 아우구스티누스의 「요한복음 논고」 62와 암브로시우스의 고린도전서 11장에 대한 주석이 이 말씀을 이해한 방식이다.

우리의 다음 과제는 처음 5세기의 기독교인과 교부들이 모두 '이것은 내 몸이다'라는 그리스도의 말씀을 문자적인 의미에서가 아니라 비유적인 의미로 이해했다는 것을 보여 주는 것이다. 하지만 학식 있고 경건한 오이코람파디우스가 이미 매우 기독교적인 책을 출판하여[75] 상당한 길이로 고대 교부들에게서 이러한 해석을 증명했고, 또 이 책이 번역되었기 때문에,[76] 나는 여기서 이 교부 중에 배우지 못한 일반 기독교인에게 가장 잘 알려진 세 사람- 히에로니무스, 암브로시우스와 아우구스티누스-만 말하고자 한다.

히에로니무스는 '이것은 내 몸이다'라는 말을 다음과 같은 말로 설명한다.[77] '유월절의 형상이 이루어지고 그분이 제자들과 함께 양의 살을 먹었을 때, 그분은 사람의 심령을 강하게 하는 빵을 잡고 유월절의 형식을 따라 지극히 높으신 하나님의 사제인 멜기세덱이 빵과 포도주를 가져왔을 때 예형적으로 행했던 것처럼, 그분의 몸과 피의 실재를 나타내고 가리키셨다.' 히에로니무스는 이것으로 충분하다. 그가 멜기세덱의 예물에 대해 말한다고 해서 오해하지 말라. 왜냐하면 이것은 우리가 자주 다뤄왔던 어려운 문제이기 때문이다. 하지만 히에로니무스가 얼마나 분명하게 빵을 유월절 양, 즉 그리스도의 표징 혹은 성례라고 말하는지 주목하라. 그는 그리스도의 의도가 자신의 몸과 피를 가리키거나 나타내는 것이라는 것을 분명히 알았다. 따라서 히에로니무스는 '이것은 내 몸이다'라는 그리스도의 말씀을 그 빵이 내 몸, 내가 너희를 위해 주는 그 몸을 나타낸다는 것을 뜻한다고 받아들인다.

암브로시우스는 고린도전서 11장에 대해 다음과 같이 해설한다.[78] "우리가 주님의 죽음으로 구속된 것을 알기 때문에 우리는 그것을 계속적으로 기억한다. 우리가 살과 피를 먹고 마실 때, 우리는 우리를 위해 드려진 것을 나타낸다." 교황청은 암브로시우스의 이 말을 *de cons. di. 2c. Quia morte*의 교회 법령 안에 포함시키지만, 여기서는 이 말이 실제로는 그렇지 않지만 아우구스티누스가 한 말로 돌려진다.[79] 나는 교황파가 불평할 수 있는 원인을 제공하지 않기 위해 그들이 해석하는 대로 이 말을 번역했다. 하지만 이 말은 다음과 같이 번역될 수도 있다. "우리가 그리스도의 죽음으로 구속되므로 우리는 그것을 계속적으로 기억한다. 그리고 우리가 그리스도(즉 그분이 말하고 있는 성례적 빵과 포도주)를 먹고 마실 때, 우리는 우리를 위해 드려진 살과 피를 나타낸다."⁽⁸⁰⁾ 암브로시우스의 말을 잘못 해석하여 교황파가 '우리가 우리를 위해 드려진 살과 피를 기념할 때 그리스도의 살과 피를 먹는다'고 말할 수도 있다.

우리의 답변은 이러하다. 내가 그대의 말을 바르게 들었다면 두 개의 살과 피가 있다. 첫째는 우리를 위해 죽음에 내어 준 것과 지금 아버지의 오른편에 앉아 계신 살과 피이며, 둘째는 우리가 우리를 위해 죽음에 내어 준 참 살을 기억하면서 먹는 살과 피다. 왜냐하면 우리를 위해 죽음에 내어 준 살과 피가 하늘로 오르셨다는 것은 부정할 수 없기 때문이다. 이것은 그리스도가 친히 누가복음 24장에서 말씀하신 바와 같다. "내 손과 발을 보고 나인 줄 알라 또 나를 만져 보라 영은 살과 뼈가 없으되 너희 보는 바와 같이 나는 있느니라." 이 말씀에서 그리스도의 뚜렷한 목적은 부활한 몸이 죽은 몸과 같다는 것을 보여 주는 것이다. 그리고 같은 몸이 그들을 떠나 하늘로 올라갔다. 왜냐하면 바로 다음에 '축복하실 때에 그들을 떠나 하늘로 올려지셨다'라고 말하기 때문이다. 하늘로 올라간 몸이 그분이 그들에게 만지라고 명령한 그 몸과 같은 것이라는 것을 주목하라.

따라서 우리는, 몇몇 사람이 주장하듯, 부활의 몸을 십자가에 달린 몸의 표상으로 생각할 수 없다. 왜냐하면 부활의 몸은 십자가에 달린 몸과 같기 때문이다. 그렇지 않다면 그리스도의 부활은 헛되다. 이렇게 제안만 해도 우리의 거룩한 신앙에 대한 모욕이다.⁽⁸¹⁾ 여기서 우리는 '우리가 살과 피를 먹고 마실 때 우리는 우리를 위해 드려진 것을 나타낸다'라는 구절에서 암브로시우스가 '빵과 포도주' 대신에 '살과 피'라는 단어(즉 그 중요한 표징이 가리키는 것)를 사용했다. 그리스어에서 이러한 형식의 말은 메토니미아(metonymia) 혹은 카타크레시스(catachresis), 즉 한 단어를 다른 단어에 대신해 사용하는 환유법이라 불린다. 그리스도는 빵이 자신의 몸의 표상이라는 것을 의도했을 때,⁽⁸²⁾ 빵을 자신의 몸이라고 부르셨다. 그리고 이것이 '우리를 위해 드려진 것을 나타낸다'는 말을 통해 드러난 암브로시우스의 생각이다. 우리는 우리를 위해 드려진 것을 먹지 않고 단순히 그것을 나타낼 뿐이다. 만약 우리가 그것을 먹는다면, 우리는 그것이 드려진 대로 먹어야 한다. 왜냐하면 그분은 '이것은 너희를 위해 주는 내 몸이다'라고 말씀하시기 때문이다. '드린다'와 '준다'는 말이 동의어라는 것을 주목하라. 하지만 이것은 불필요하다. 왜냐하면 암브로시우스가 의도하는 바는 우리가 살과 피의 표징인 빵과 포도주를 먹고 마실 때, 우리는 이로써 살과 피가 우리를 위해 드려졌다는 것을 보여 주는 것이기 때문이다. 왜냐하면 그가 바로 전에 이것을 우리 구속의 기념이라고 부르기 때문이다. 암브로시우스의 말로부터 우리는 그에게는 '이다'는 말이 '나타내다' 즉 *est*는 *significat*의 힘을 가지고 있었다는 것을 분명히 알 수 있다.

이와 연관해서 고대의 박사들이 빵과 포도주를 살과 피라고 불렀을 때, 그들은 그리스도와 똑같은 방식으로 말하고 있다는 것을 주목해야 한다. 내 자신도 나의 명제에 대한 해설에서 '그리스도의 거룩한 몸과 피의 성례'라는 용어를 똑같이 사용했다.[83] 왜냐하면 그리스도의 몸은 아버지의 오른편에 앉아 계시지만, 성례, 즉 거룩하고 산 몸의 표징은 그분의 몸이 우리를 위해 죽으셨다는 감사와 기억 속에 기독교적 교제 안에서 우리가 먹기 때문이다. 그리고 이 성례가 그 몸을 나타내기 때문에 그것은 종종 그리스도의 몸과 피라고 불린다. 왜냐하면 그리스도도 이것을 그렇게 부르셨기 때문이다.

아우구스티누스의 말은 *de cons. di. 2c Semel Christus*[84]에서 발견되며 다음과 같다. "그리스도는 한 번에 죽으셨으니 의로운 자가 불의한 자를 위해 죽었다. 우리는 그리스도가 죽은 자들로부터 살아나셔서 더 이상 죽지 않으시며, 사망이 그분을 더 이상 지배하지 못한다는 것을 알고 확신하며 끊이지 않는 소망을 지니고 있다. 이것은 바울의 말이다. 하지만 우리가 전에 일어났던 일을 잊지 않도록, 우리는 매년 유월절에서 그것을 기념해야 한다. 그리스도가 이때에 또 다시 죽는가? 아니다. 하지만 연례적인 기념은 전에 일어났던 일을 가리키고 나타내어, 마치 우리가 주님이 십자가에 달린 것을 실제로 보듯 그것을 기억하게 해 준다."[85] 이 모든 것은 아우구스티누스의 말이며, 이것은 이 성례가 단지 한 번 일어난 것을 기억하고 혹은 나타내는 것이라는 것을 분명하게 해 준다. 왜냐하면 시편 3편 주석 서문에서 그는 "그리스도는 유다를 최후의 만찬으로 인도했으며 거기서 그분은 제자들에게 그분의 몸과 피에 대한 표상 혹은 표징을 주셨고 그들로 하여금 그것을 지키도록 요구했다"라고 말하기 때문이다.[86]

고대 교부들에게서 또 다른 발췌문을 제시하는 것은 거의 불필요하다. 왜냐하면 오이코람파디우스가 이미 소책자에서 충분한 자료를 제시했기 때문이다. 어떤 사람은 학식보다는 오만함으로 우리가 교부들을 곡해한다고 주장한다. 하지만 우리는 그들의 저술에 대한 우리의 답변에서 그러한 일을 다루고자 한다. 오만하기 보다는 학식이 있는 자들은 교부들이 우리와 똑같은 견해를 가지고 있다는 것을 알게 될 것이다. 또한 교부들은 우리와 똑같은 말을 사용한다. 왜냐하면 그들은 빵과 포도주를 그리스도의 몸과 피라고 부르기 때문이다. 하지만 그들이 실제로 의도하는 것은 그것이 그분의 몸과 피의 표상과 기념이라는 것이다. 이것은 남편에게서 반지를 증표로 받은 신실한 아내가 종종 반지를 남편으로 언급하면서 '이것은 나의 고인이 된 남편이다'(하지만 그녀가 뜻하는 것은 그것이 그녀의 남편을 기억하게 한다는 것이다)라고 말하는 것과 마찬가지다.[87] 또는 아우구스티누스가 보니파키우스에게 보내는 서한에서 보여 준 대로,[88] '오늘은 주님의 승천 혹은 주님의 부활, 마리아의 수태고지이다'라고 말하지만 마리아의 수태고지와 아들의 부활과 승천은 오직 한 번만 일어났다. 하지만 한 번 일어난 일의 기념일에 우리는 그것들이 일어나서 제정되었을 때에 붙여진 이름과 같은 이름을 붙인다. 이것이 우리의 기념 행위에 있어서 우리가 그리스도의 말씀과 바울의 말을 원래 주어졌던 것과 똑같은 형식으로 보전하며,[89] 그것과 함께 우리가 바른 이해를 제시하기 위해 다음과 같은 해설의 말을 하는 이유다. "그분이 자신을 죽음에 내어 주시던 그 밤에(이 죽음으로써 그분은 구약의 피를 끝내시고 모든 육신적인 제물을 없애셨다) 우리 주 예수 그리스도는 그분의 죽음, 은총, 구속의 기념을 만들고자 하셨다. 이집트로부터의 구원과 탈출은 그분의 구속의 모형이었고, 이 구원의 사건에서는 넘어감의 표징으로 양을 죽이고 먹었으며 그 피는 문설주와 윗 가름대에 뿌렸는데, 이것은 모두 뚜렷하게 예수 그리스도를 보이고 나타내었다. 같은 방식으로 그분은 친히 자신이 전 세계를 구속할 그 구원의 기념을 정하여 그분이 우리를 위해 자신의 몸을 수치스런 죽음으로 내어 주었다는 것을 잊지 않도록 하셨다. 이는 그것을 우리 마음속에서 잊지 않도록 할 뿐만 아니라, 우리가 찬양과 감사로 이것을 공개적으로 증거하고 함께 모여 그분의 거룩한 고난의 성례를 먹고 마시면서 그 내용을 보다 잘 기리고 선포하고자 함이다. 이 성례는 그리스도가 우리를 위해 몸을 주시고 피를 흘리신 것에 대한 표상이다. 그분은 '이것은 내 몸이다, 즉 내 몸을 나타낸다'라는 말씀으로 이것을 가리키셨는데, 이것은 아내가 남편의 반지를 보이면서 '이것은 고인이 된 내 남편'이라고 말하는 것과 같다. 그리고 우리 불쌍한 피조물이 우리 가운데서 이 감사의 행위를 지킬 때, 우리는 모두 주 예수 그리스도를 믿는 자라는 것을 고백하며, 이러한 고백이 우리 모두에게 요구되므로, 이 기념 혹은 감사를 지키는 모든 자는 다른 모든 기독교인들과 한 몸을 이룬다.

따라서 우리가 그분의 몸의 지체라면, 우리는 기독교인으로서 더불어 살아가야 한다. 그렇지 않으면 우리는 바울이 말한 대로 그리스도의 몸과 피에 대해 범죄하게 된다." 그리고 만약 이 성례가 이러한 방식에 따라 집행된다면, 그렇게도 많은 불신앙, 오만, 시기, 증오 및 모든 종류의 잡초가 기독교인 가운데서 뿌리를 내려 열매 맺을 수 없게 될 것이다. 따라서 취리히에서 우리는 그리스도의 말씀을 바꾸지 않고 남겨 두었지만, 그리스도와 제자들과 고대 교회가 지녔던 올바른 이해를 가리키기 위해 약간의 해설의 말을 첨가했다.

하나님이 진리를 우리에게 계시하시며, 그것이 우리에게 소중하게 되도록 하시며 우리가 진리로부터 떨어지도록 내버려 두지 않으시기를 원한다. 아멘.

네 번째 항목

여기서는 한두 가지 반론에 대해 대답하고자 한다. 이미 주어진 해설을 따라온 자는 어떠한 오만한 비판에도 훌륭히 대답할 수 있겠지만 말이다.

한 가지 반론은 다음과 같다. 살과 피를 성례에서 문자적으로 먹지 않는다는 것을 알지만, 우리는 서로 갈려 있다. 한 파는 '이것은 내 몸이다'라는 그리스도의 말씀이 이것이 내 몸을 나타낸다는 뜻으로 이해하고, 다른 파는 이 말씀을 이것은 내 몸의 표상이라는 뜻으로 이해한다. 우리가 그리스도의 말씀에 대해 일치하지 않는다면 우리는 한 영을 가지지 못한다.(90) 답변은 이러하다. 이러한 불평의 특별한 성격에 주목하라. 왜냐하면 뜻이 같으면, 단어도 같은 것을 의미하며, 다른 단어가 사용되었더라도 뜻이 같은 것으로 남아 있다면 아무런 차이도 없기 때문이다.

이와 비슷한 차이가 복음서 기자와 사도 가운데도 발견되고 심지어는 같은 저자의 글에서도 나타난다. 이 사실을 증명하려면 많은 지면이 필요하겠지만, 우선 로마서 6장과 골로새서 2장을 비교해 보자. 여기서는 바울이 똑같은 견해를 진술하지만 다른 단어를 사용한다. 또한 포도주에 대해 마태와 마가는 이러한 제정 말씀을 준다.

'이것은 나의 피, 곧 새 언약의 피다.' 하지만 바울과 누가는 '이 잔은 내 피로 세우신 새 언약이다'라고 기록했다. 단어는 같지 않지만, 우리가 이미 본 대로 뜻은 같다는 것을 주목하라. 이것은 우리의 경우에서도 마찬가지다. 한 파는 '이 빵은 내 몸을 나타낸다'고 말하고, 다른 파는 '이것은 내 몸의 표상이다'라고 말한다고 해도, 뜻이 다르지 않다는 것이 분명하다면 무슨 문제가 있겠는가? 어떤 사람들은 이렇게 케케묵은 계략을 사용하지만, 우리가 위에서 보여 준 대로 스스로는 그 말씀이나 뜻을 알지 못한다.

두 번째 반론은 고린도전서 10장을 근거로 나타난다. 그들은 이것을 '우리가 축복하는 바 축복의 잔은 그리스도의 피에 참여함이 아니며 우리가 떼는 빵은 그리스도의 몸에 참여함이 아니냐? 많은 우리가 한 빵이요 한 몸이니 우리가 다 한 빵에 참여함이라'고 이해한다. 그들은 이 구절에서 바울이 우리가 그리스도의 몸과 피에 참여한다고 말하는 것으로 생각한다. 하지만 우리가 교황청 법령의 구절을 통해서도 정확하게 보여 주었듯이 바울은 이렇게 말하지 않는다. 우선 그들이 생각하듯 '축복'과 '축복하다'로 번역하는 것은 잘못된 것이며, 이것은 '감사'와 '감사하다' 혹은 '공경하다'가 되어야 한다. 우리가 이제 보여 주듯 이것이 히브리어와 그리스어의 참 의미다. '바라크'와 '에울로게인'은 '감사드리다' 혹은 '찬양하다'를 뜻하며 이것이 또한 라틴어의 참뜻이기도 하다. 로마인들은 공공선이나 복지에 크게 이바지한 자를 '축복했다,' 곧 공경했다. 예를 들면 창세기 47장에서는 "요셉이 자기 아버지 야곱을 인도하여 바로 앞에 서게 하니… 야곱이 바로에게 축복하니", 즉 그에게 감사했다. 성경의 말꼴을 모르는 자들이 마지막 단어를 "야곱이 바로에게 축복하니"로 번역했지만, 믿지 않고 우상 숭배하는 왕을 축복한다는 것은 이 지혜롭고 유능하고 경건한 자의 목적에 어긋나는 것이다. 바로는 그의 축복을 조롱거리로 삼았을 것이다. 실제적인 의미는 '그가 그를 기렸다' 즉 그가 바로에게 자신과 요셉과 모든 가문에 대해 베풀어 준 영예와 호의들에 대해 감사를 드렸다는 것이다.

마찬가지로 시편 145편을 '내가 매일 당신을 축복하리라'로 번역하지 말고, '내가 매일 당신에게 찬양 혹은 감사를 드리리라'로 번역해야 한다. 우리가 이러한 내용을 알면, '참여함'이라는 단어를 이해하는 것이 쉽다. 왜냐하면 우리는 그 단어에 단순히 '공동체'라는 의미를 부여했기 때문이다.(91) '우리가 찬양 혹은 감사를 드리는 바,

혹은 우리가 찬양하거나 감사함으로 마시는 찬양 혹은 감사의 잔은 그리스도의 피의 공동체가 아닌가? 우리가 떼는 빵은 그리스도의 몸의 공동체가 아닌가? 우리는 한 빵이요 한 몸, 한 무리, 혹은 한 공동체니 이는 우리가 다 한 빵에 참여함이다.' 바울의 목표는 고린도 기독교인을 우상에 대한 예배와 제사로부터 떼어 놓는 것이며 그가 원하는 주요 논점은 다음과 같다. 너희는 우상 숭배자의 무리 안에서 먹는 그러한 공동체가 아니다. 왜냐하면 너희는 그리스도의 몸과 피의 공동체이기 때문이다. 너희가 잔과 빵으로 감사를 드리며, 함께 먹고 마실 때, 너희는 이로써 너희가 한 몸과 한 빵, 곧 그리스도의 몸, 교회라는 것을 가리킨다.

교회는 이 성례에서 우리를 위해 몸과 피를 주셨던 주 예수 그리스도에 대한 신앙을 고백한다. 그리고 바울은 신자들이 그리스도의 피의 공동체라고 부르는데, 이는 '우리가 한 빵이요, 한 몸이요 한 무리 혹은 공동체니 이는 우리가 다 한 빵에 참여함이라'는 말에서 분명히 알 수 있다. 바울은 우리가 한 빵에 함께 참여하기 때문에 우리를 한 빵과 한 몸이라고 부른 것을 주목하라. 바울을 새롭게 연구하라. 그러면 그대는 우리가 옳다는 것을 알 것이다.

우리는 이제 우리의 해석이 옳다는 것을 보여 주기 위해 교황청의 책을 언급하고자 한다. 「교회법령집」(consecr. di 2 ca. Quia passus est)[92]의 단락에는 아우구스티누스의 다음과 같은 말이 나온다.[93] '주님이 우리를 위해 고난 당하셨기 때문에 그분은 이 성례 안에서– 즉 몸과 피를 우리를 위해 주신 것을 기념하는 것– 자신의 몸과 피를 우리에게 맡기셨다. 그리고 그분은 우리를 그 몸과 피로 만드셨다. 왜냐하면 우리는 그분의 몸이 되었고, 그분의 은총으로 우리는 우리가 받은 그것이 되기 때문이다.' 즉 하나님의 은총으로 우리는 우리 구주로서 하나님의 아들을 인성에 따라 받았다. 그분이 사람이 되셨기 때문이다(요 1장). 그리고 우리는 그분의 몸이 되었다. 교회가 그분의 몸이다(골 1장).

또한 *eadem dist. c. Commendavit* [94]에서는 "이 성례 안에서 그리스도는 자신의 몸과 피를 우리에게 맡기셨다. 그리고 우리는 그 몸과 피가 된다. 왜냐하면 우리가 그분의 몸이 되었기 때문이다"라는 구절이 있다. 다른 반론은 하나님의 말씀에 기초하지 않고 따라서 힘이 없다.

이 성례에 대해서는 이 정도면 충분하다. 여기서 그리스도가 하나님의 오른편에 몸으로 앉아 계시다고 확신하면 할수록, 그리스도가 몸으로 이 성례에 현존할 수 없다는 것을 확신한다. 하지만 우리는 우리 생각을 늘 온건하고 유보적인 자세로 진술하여, 하나님의 교회에서 자기주장의 사례를 남기지 않으려고 노력했다. 하지만 나는 이미 말한 신조의 항목을 빼지 않는다면 그리스도의 몸이 이 성례에 결코 현존할 수 없다는 것에 대해, 하늘과 땅을 만드신 하나님, 하나님의 참 아들이신 예수 그리스도 안에서 자그마한 의심도 가지고 있지 않다. 또한 익명의 저자[95]가 이러한 이유로 루터와 칼슈타트[96]에 반대하며 나를 지지하는 저작을 출판했으나 나는 그와 달리 가장 학식 있는 자, 마르틴 루터에 대해 어떠한 공격도 하지 않을 것이다.

선한 기독교인들이여, 이 문제에서 학자들이 그대들을 고민과 상처에 매어놓도록 허용하지 말라. 그들은 처음부터 여기로 뛰어들었고, 이제 진리를 주장하지도 못하고 자신의 오류도 인정하지 않으려고 한다. 왜냐하면 신조가 깨어지든지 아니면 우리의 가르침이 참이든지 해야 하기 때문이다. 하나님이 우리에게 은총을 주셔서 우리가 그 진리에 복종하고 하나님에 대항하는 것을 붙잡지 않기를 바란다.

취리히, 2월 23일

단순한 평신도의 질문:
그대가 안다면 말해 보라
어떻게 아버지와 아들과 성령,
빵과 포도주와 살과 피가
모두 한 하나님일 수 있는가?

신앙의 주해

편집자의 해설

"신앙의 주해"는 츠빙글리의 삶의 마지막 시기의 정치적 발전과 정책의 직접적인 산물이었다. 1529년 취리히와 베른의 개신교 주는 전통적인 입장을 열렬히 지켰던 산간의 다섯 주와의 짧은 투쟁에 참여했다.[1] 이 전쟁은 겉으로는 복음주의 진영의 승리로 끝났지만, 근본적인 적대감은 정복이나 유화책에 의해서 해소되지 않았다.[2] 더욱이, 제 1차 카펠 강화 조약에 앞서 맺어진 슈파이어 국회의 칙령과[3] 그 직후에 나타난 유럽의 일시적인 평화는[4] 개신교 진영 전체와 특히 개혁파 진영에 매우 불리한 상황을 만들었다. 이러한 위협적인 상황에 맞서 츠빙글리는 마르부르크에서 루터파와 일치를 이루기 위한 초청을 받아들였지만,[5] 보다 넓은 반황제 동맹을 만들기 위해 적극적인 단계를 밟아 나갔다. 그는 1529년 헤세와 베네치아와의 보다 긴밀한 연합을 추구함

---

1. Strickler, *Aktensammulung*, II, No. 46f.

2. 참고 *Opera*, VIII, 296; Bullinger, II, 314.

3. D. C. R. 105.

4. *Ibid.*, 108.

5. *Opera*, VIII, 286, 662.

으로써 이 일을 시작했으며,[6] 1530년에는 스트라스부르에 성공적으로 접근했을 뿐만 아니라 프랑스의 훨씬 더 유리한 동맹을 위한 최초의 제안을 제시했다.[7]

프랑스와의 동맹에 대한 생각은 츠빙글리의 초기 가르침과는 근본적으로 모순되었다. 왜냐하면 1522년, 그리고 1524년에 그는 프랑스인을 위한 용병 복무를 한다고 스위스인을 격렬하게 비난했기 때문이다.[8] 하지만 이 중요한 때에 츠빙글리의 급진적인 편견은 정치적 필요에 자리를 내어 주었고, 프랑스의 복음주의적 공동체의 존재는 그가 처음에는 프랑수아, 궁극적으로는 이 나라 전체를 개혁파 신앙으로 인도할 수 있다고 바라게 했다. 이미 1525년에 츠빙글리는 자신의 「참 종교와 거짓 종교에 대한 주석」을 프랑수아 왕에게 헌정했으며, 프랑수아가 국내에서 계속해서 간헐적인 박해를 했지만, 황제와의 경쟁은 해외의 개신교 국가들과 시 정부에 대해 보다 호의적으로 바라볼 충분한 이유를 만들어 주었다.

그럼에도 프랑수아는 위험한 이단과 새롱거린다는 의구심을 일으켜 교황청을 멀리하는 것을 원하지 않았다. 따라서 암시된 이해를 따라서 그는 랑베르 메그레(Lambert Maigret)를 특별히 시민동맹의 신앙에 대해 사전 조사를 하기 위해 스위스로 보냈다.[9] 취리히에서 메그레는 츠빙글리에게 프랑수아가 신학적인 관점뿐만 아니라 정치적이고 사회적인 관점에서 복음주의 운동에 대한 심각한 의문을 가지고 있다고 알려 주었다. 그는 츠빙글리에게 어떤 의구심과 오해를 해소하기 위해 프랑스 궁정에 그의 신앙에 대한 분명한 진술서를 제출하라고 조언했다.[10] 당시 해외 상황은 계속 악화되었다. 왜냐하면 아우크스부르크 국회는 카를로스의 지배를 높여 주었고 성찬 논쟁은 스위스를 개신교 본 진영, 심지어 슈말칼트 동맹에 들어가기를 원했던 '네 도시 신앙 고백'(the Tetrapolitan Confession)의 네 도시들에서 분리시켰기 때문이다.[11] 완전한 고립 위기에 직면하여, 츠빙글리는 메그레의 제안을 받아들였고, 1531년 초여름[12] 「신앙의 주

---

6. *Ibid.*, 665.

7. *Ibid.*, 397.

8. *Zwingli-Hauptschriften*, VII, 1f., 105f.

9. *Ibid.*, XI, 297.

10. *Loc. cit.*

11. D. C. R. 124.

12. 정확한 저작 연대는 알려지지 않았다.

해」를 작성하여 대성당 학교의 그리스어 교수이며 츠빙글리와 절친한 친구인 루돌프 콜린 편으로 프랑스 궁정에 보냈다.[13] 프랑수아가 이 글을 읽었는지는 알려지지 않았다.[14] 하지만 이는 사건들의 전개에 아무런 영향도 주지 못했다. 프랑스에서는 박해가 계속되었으며, 취리히는 제2차 카펠 전투와 이로 인한 츠빙글리 자신의 죽음의 재앙을 피할 수 없었기 때문이다. 「신앙의 주해」가 준 유일한 결과는 루터파와 츠빙글리파 사이에 이미 존재했던 원한이 더욱 커졌다는 것이었다. 루터는 선택받은 자에 경건한 이방인을 포함시킨 것에 격분했으며, 이것을 자신의 스위스의 경쟁자의 기본적인 불신앙에 대한 또 다른 표시라고 생각했다.

「신앙의 주해」는 결코 츠빙글리 자신에 의해 출판되지는 않았다. 이것은 부분적으로는 아마도 그 기원의 정황 때문이었으며, 보다 분명하게는 츠빙글리의 사망이 뒤따랐기 때문이다. 결국 출판은 1536년 2월 불링거에 의해 이루어졌다. 이 글은 제1차 스위스 신앙고백과 같은 때에 나타났으며, 의심할 여지없이 불링거는 츠빙글리의 가르침, 특히 주의 만찬과 관련한 가르침을 자신이 충실히 따른다는 것을 보여 주기 위해 이때에 출판했다.[15] 자신이 쓴 서문에서 그는 「신앙의 주해」를 츠빙글리의 가장 성숙하고 훌륭한 신학 연구, 다가오는 죽음 앞에서의 일종의 '최후의 업적'이라고 서술했다. 그는 또한 시민동맹의 교회가 사용하는 예전의 형식과 함께 주의 만찬과 미사에 대한 또 다른 해설을 덧붙였다. 이러한 것들은 원본의 일부가 아니며, 따라서 이 번역에는 포함되지 않았다.

형태와 내용에서 「신앙의 주해」는 츠빙글리가 아우크스부르크 국회에서 제시한 변증서인 「신앙의 이유」(*Fidei ratio*)와 다르지 않다.[16] 이는 한편으론 신앙고백, 다른 한편으론 비난하는 자들과 그가 당한 오해에 대한 변론의 성격을 지니고 있다. 「신앙의 주해」는 사도신경 위에 세워졌는데, 그는 의심할 여지없이 사도신경을 자신의 본질적인 정통 교리를 증명하기 위한 기초로 받아들였다. 하지만 그는 사도신경의 모든 항목을 다루지는 않았고 그의 목적과 적합한 항목만 특별히 다루었다. 따라서 그는 성

---

13. *Zwingli-Hauptschriften*, XI, 297.
14. 이 필사본은 아직 파리 국립박물관에 소장되어 있다.
15. *Zwingli-Hauptschriften*, XI, 298.
16. *Opera*, IV, 1f.

령에 대해서는 전혀 말하지 않았다. 반면 그는 가장 논쟁적인 주제인 성찬에 상당한 관심을 쏟고 지면을 할애했다. 사용된 논증은 만찬에 대한 논문보다 상세하지만, 다른 논증과 본질적으로 동일하다. 하지만 새로운 것은 없지만, 여기서는 편리하고 강력한 방식으로 요약되었다. 츠빙글리는 또한 시민 정부의 문제와 재세례파에 대한 결론적인 공격에 대해 비교적 긴 항목을 도입하였다. 그는 자신이 재세례파를 모든 정부에게 두려움과 의구심의 대상이 되게 만든 이러한 사악한 가르침이나 혁명 사회적이고 정치적인 강령을 받아들이지 않았다는 것을 분명하게 서술하기 위해 이렇게 행했다.

「신앙의 주해」의 흥미로운 특징은 명백한 인문주의적인 색채이다. 우리는 이것을 신론에 대한 처음 단락에서 곧 발견할 수 있다. 여기서 츠빙글리는 성경적이고 기독교적인 자료만큼 고대 철학에서 많은 것을 끌어낸다. 또한 시민 정부 항목에서 그는 자신의 가르침을 아리스토텔레스의 분석 위에 두고 지배자의 의무와 책임을 증명하기 위해서만 성경으로부터의 사례를 끌어낸다. 인문주의적인 강조는 영생에 대한 논의에서 절정에 이른다. 왜냐하면 츠빙글리는 영혼의 수면에 대한 재세례파의 가르침을 논박하기 위해 고전적인 논증을 사용할 뿐만 아니라 헤라클레스, 테세우스, 소크라테스와 아리스티데스와 같은 고대의 영웅들도 구원을 받는다고 주장하기 때문이다.

그의 글의 보다 뚜렷한 인문주의적 색채는 대체로 르네상스의 후원자로 유명했던 프랑스 왕의 관심과 인정을 얻고자 하는 츠빙글리의 열망 때문이었다는 것은 거의 의심할 여지가 없다. 동시에 이것은 전적으로 정책의 문제만은 아니었다. 왜냐하면 츠빙글리는 그의 글에서 동일한 인문주의적 영향과 관심에 대한 증거를 보여 주고, 이러한 점에서 「신앙의 주해」는 그의 사상의 근본적인 요소를 반영한다. 사실은 츠빙글리가 성례론과 교회의 실천에서 보다 급진적인 개혁파 입장을 받아들였지만, 그는 어떤 면에서는 보다 보수적인 루터와 마찬가지로 스콜라주의적인 종합과 단호하게 결별하지는 않았다. 특별히 기독교적인 교리에서 그는 성경에 배타적으로 호소했다. 하지만 신학뿐만 아니라 철학의 관심 영역인 문제에서는 계시만큼 이성에 의해 교육을 받을 준비가 되어 있었다. 다른 말로 하면 츠빙글리는 루터가 목표로 했던 철저한 하나님의 말씀의 신학자는 결코 아니었으며, 그의 가르침에서 가장 생생하며 흥미로운 측면은 복음주의적인 자료에서 나왔다는 것이 사실이지만, 그의 사상은 언제나 철저하면서도 근본적으로는 이질적이고 인문주의적인 요소를 포함했다는 것도 사실이다.

그럼에도 이 점을 너무 멀리 밀고 나가서는 안 된다. 왜냐하면 경건한 이방인의 구원에 대한 그의 주장에서 츠빙글리는 복음주의적인 전제를 떠나지 않았기 때문이다. 때때로 비록 정당한 고려이긴 하지만 이것은 루터도 비슷한 가능성에 대해 암시했던 것 때문만은 아니다. 실제적인 내용은 츠빙글리가 이러한 주장을 했던 것은 하나님의 주권과 은혜의 선택이라는 그의 개념과 일치했기 때문이었다. 하나님의 구속적 목적과 활동은 성육신과 속죄의 연대나 지리에 의해 제한되지 않았다. 모든 구원이 달려 있는 선택의 결정은 영원으로부터의 결정이었으며, 그 안에 모든 세대의 사람들을 포함한다. 연대적으로 족장과 경건한 이스라엘인은 구세주의 강림에 앞선다. 하지만 이것이 예견적 신앙에 의해 그들의 구원을 가로막지는 않았다. 마찬가지로 경건한 이방인은 복음의 시간적인 범위 밖에 있었지만 하나님의 은총과 구속을 받은 사람들일 수 있다. 그들은 경건함 때문이 아니라 선택과 대속에서 하나님의 영원한 활동 때문에 구원된다. 구속자의 삶과 죽음의 시간성은 하나님의 영원한 은총의 가능성에 어떠한 제한도 두지 않았다. 외적인 형태로는 의심할 여지없이 이 주장은 츠빙글리의 인문주의적 성향에 의해 결정되었지만, 그 신학적인 토대는 타협할 수 없는 개혁주의였다.

츠빙글리의 신론과 관련해서도 같은 것이 적용된다. 츠빙글리가 고전 철학에서 발견한 개념과 논증을 사용하는 것은 사실이지만 그가 고전 철학을 적용하는 그 하나님은 성경의 살아 있는 삼위일체 하나님이며, 그가 하나님에 대한 신앙과 그분의 계시와 사역을 받아들이는 것에서 모든 신앙을 끌어낸다는 것도 사실이다. 만약 진리가 단순히 인간 이성의 문제라면, 무한한 다양성과 오류를 위한 여지가 있을 것이다. 하지만 진리가 하나님 자신이 주신 어떤 것이라면 완전한 확신이 가능하다. 진리를 증명하거나 오류를 논박하기 위해 이러저러한 시점에서 합리적인 논증이 사용될 수 있다. 하지만 마지막 분석에서 이성은 진리의 주인이 아니라 진리의 하녀로서 고용된다.[17]

칭의, 연옥, 교회와 같은 매우 논쟁적인 주제를 다루면서 츠빙글리는 다른 개신

---

17. 위의 내용이 쓰인 다음에 로허(G. W. Locher)가 『기독론적 관점에서 본 울리히 츠빙글리의 신학』(Die Theologie Huldrych Zwinglis im Lichte seiner Christologie, Zurich, 1952)에서 같은 내용을 주장했다.

교 지도자들과 본질적으로 다르지 않다. 그는 이신칭의를 가르치지만, 참 신앙의 사람은 내적인 강요에 의해 율법의 일을 완수할 것이라고 주의 깊게 지적한다. 연옥은 성경 본문과 또한 칭의와 용서라는 성경적인 교리와 일치하지 않으므로 즉시 거부된다. 또한 이른바 보이는 교회, 즉 선택받은 무리와 보이는 교회, 즉 예수 그리스도에 대한 신앙을 고백하는 사람들의 외적인 모임 사이에 통상적인 복음주의적인 구분이 이루어진다. 이러한 항목에서는 특별히 독창적이거나 놀랄 만한 것이 없지만, 그의 표현 방식은 츠빙글리의 글을 특징짓는 모든 힘과 분명함을 지니고 있다. 또한 츠빙글리가 자신의 가르침을 지지하기 위해 성경 본문에 계속적으로 호소한다는 것도 주목할 만하다. 그가 성경을 다루는 방식은 날카롭고 논리적이지만 때때로 루터에게 특징적인 성경의 메시지에 대한 보다 큰 통찰을 놓치고 있는 듯하다.

요약하면 「신앙의 주해」는 그것이 기록된 목적을 감탄할 정도로 잘 완수한다. 이 글은 그 저자의 주요한 교리적 입장에 대한 분명하고 적절하게 간결한 서술이며, 그의 관심과 방법을 충실하게 반영한다. 이전에 이야기되지 않았던 어떤 것도 거의 또는 전혀 나오지 않지만, 츠빙글리의 신학적 가르침의 요약으로써 이 글보다 더 나은 글은 없다.

판본

「신앙의 주해」는 라틴어로 쓰였으며, 원본은 슐러와 슐테스 판에서 발견될 수 있다. *Volksausgabe*(XI)에 독일어 번역이 있다. 영어 번역은 미국에서 출판된 츠빙글리 라틴 작품 선집의 세 권짜리 번역에 포함되었다. 이 번역은 원래의 라틴어와 독일어 본문에 기초한 독립적인 번역이다.

신앙의 주해⁽¹⁾

본문

들어가는 글

경건한 왕이시여, 이 격동의 시대가 낳은 모든 것 중에서 열매 맺지 못하는 거짓보다 더 풍요로운 것은 없습니다. 악의 창시자인 악령(cacodaemon)이 좋은 씨앗을 늘 덤불로 질식시키려 애쓰는 것이나(마 13:24-25), 영혼들을 돌보는 하늘의 농부가 악덕과 배교를 통해 덕행과 신앙을 연마하고 진보시킨 것은 스파르타인이 많은 땀과 피로 함락한 어떤 도시를 완전히 망하지 않도록 하고, 근접 전투에서 군인들을 훈련시키도록 하는 것과 다르지 않습니다.⁽²⁾ 마찬가지로 주 하나님은 우리가 기묘한 방식으로 공격받고 연단 받도록 허용하셔서 우리가 그분에게 인정받도록 하십니다. 위험의 소용돌이나 과도한 향락에 처하지 않는다면, 그 누가 어떻게 용맹과 절제를 배울 수 있습니까? 마찬가지로 이제 고개를 들기 시작한 진리는 거짓 때문에 더 찬란하게 되고 더 높이 일어났습니다. 거짓이 사방에서 공격하고, 진리를 향해 모든 독을 뿜어낼 때에, 진리는 자신을 자세히 살펴 묻은 것을 털어 내고 지체를 보호하여, 거짓의 속임수와 진리의 어여쁜 얼굴이 더욱 많이 드러나고 빛나게 해야 합니다. 하지만 나는 미리 말하지 않겠습니다.

　배교자들이 지극히 허황되고 거짓된 아첨으로 당신을 나쁜 데로 이끌지 않을까 하는 두려움이 나를 사로잡았습니다.(3) 하지만 나는 당신의 자비가 헛될 수 없다는 것을 알고 있습니다. 신앙을 저버리면 저버릴수록, 그들은 진리를 드러내지 못하고 오히려 진리를 비방했습니다. 그들은 모든 구실로 우리가 종교를 짓밟고 왕과 행정관들의 거룩한 직임과 위엄을 경멸했다고 우리를 고발합니다.(4) 내가 우리 신앙의 원리들과(5) 우리 교회의 법과 관행 및 권세자에 대한 존경심을 힘껏 설명할 때, 그들이 참으로 행하는 모든 일이 어떤지를 당신이 공정하게 판결해 주시기를 요청합니다.

　사람에게 자신의 신앙을 설명하는 것보다 더 손쉬운 일은 없습니다. 왜냐하면 사도가 정의하듯이, 영혼으로 하여금 보이지 않는 하나님을 확고하게 신뢰하게 하는 힘과 굳건함과 확신이 신앙이라면(히 11:1), 그 누가 자신이 어떤 것을 믿는지 안 믿는지를 설명할 수 없을 정도로 어리석고 우둔할 수 있습니까? 특히 신앙이 진리의 딸이라면 말입니다. 모든 사람은 자신이 가장 참되다고 생각하는 그것을 신뢰합니다. 하나님만이 참되시므로, 누구든지 이것을 스스로 알게 되고 깨닫게 된다면, 어떻게 그 신뢰를 간략히 설명하지 못하겠습니까?

　하나님과 하나님에 관한 일들에 대해 우리는 다음과 같이 생각합니다.

하나님과 그분의 경배에 대하여

존재하는 모든 것은 창조되거나 창조되지 않은 것입니다. 유일하신 한 하나님만이 창조되지 않았으니, 하나가 아니라면 창조되지 않을 수 없기 때문입니다. 만약 창조되지 않은 것들이 여럿이라면 영원한 것도 여럿일 것입니다. 창조되지 않은 것과 영원한 것은 서로 짝이 되어 한 편은 곧 다른 편도 되기 때문입니다. 만약 영원한 것이 여럿이라면, 무한한 것도 여럿일 것입니다. 둘은 너무도 비슷하고 서로 짝이 되어, 영원한 것이라면 또한 무한하며, 무한하다면 또한 영원합니다. 하지만 오직 하나만 무한할 수 있습니다. 왜냐하면 우리가 무한한 실체가 둘 존재한다고 인정한다면, 이들 각자는 유한하기 때문입니다. 따라서 하나이며 유일하신 하나님만이 창조되지 않으신 분이라는 것은 분명합니다. 우리 신앙의 첫 번째 항목의 기원과 근원과 기초는 다음과 같습니다. 우리가 "나는 전능하신 아버지 하나님, 천지의 창조주를 믿습니다"라고 말할 때 우리는 우리의 신앙이 무오한 신앙이라는 것— 왜냐하면 신앙이 유일하신 한 창조주에 굳게 기초하기 때문에— 을 고백하고 주장합니다.

이방인과 불신자와 피조물을 신뢰하는 모든 사람은 믿음이나 생각에서 속고 있다는 것을 인정해야 합니다. 왜냐하면 그들은 피조물을 신뢰하고 있기 때문입니다. 하지만 시작이 없으시나 다른 것을 존재하게 하신 창조주 혹은 만물의 근원을 신뢰하는 자들은 오류에 빠질 수 없습니다.(6) 이러한 피조물은 견고하고 흔들리지 않는 힘, 즉 신앙의 대상과 기초가 될 수 없다는 것은 확실합니다. 있기 시작한 것은 한때 없었습니다. 그것이 없었다면, 도대체 그 누가 없었던 것을 신뢰할 수 있었습니까? 따라서 있기 시작한 것은 신앙의 본래적인 대상이나 기초가 될 수 없습니다. 오직 영원하고 무한하며 창조되지 않고 선하고 참된 것이 신앙의 기초입니다. 따라서 몇몇 사람들이 지극히 거룩한 피조물 혹은 지극히 신성한 성례에 경솔하게 돌리는 모든 어리석은 신뢰는 무너지고 맙니다.(7) 왜냐하면 우리가 틀림없이 신뢰해야 할 분은 하나님이어야 하기 때문입니다.

우리가 피조물을 신뢰해야 한다면, 피조물이 창조주가 되어야 합니다. 만약 성례를 의지해야 한다면, 성례가 하나님이 되어, 성찬 성례뿐만 아니라 세례와 안수도 하나님이 될 것입니다. 이것이 배우고 경건한 자의 귀로 듣기에 얼마나 터무니없는 일인지는 학자뿐만 아니라 지성을 갖춘 자라면 누구나 판단할 수 있습니다. 신학자들이 진리를 따르도록 우리는 기꺼이 이것을 빛으로 드러낼 것입니다. 오직 피조물은 사용해야 하고, 오직 하나님만을 즐거워해야 한다고 말할 때,(8) 그들이 자기 말을 알지 못한 채로 전달한다는 것만 빼놓고는 우리와 똑같은 것을 말합니다. 오직 하나님만을 즐거워해야 한다면, 그분만을 신뢰해야 합니다. 즐거워해야 하는 그분을 신뢰해야지, 사용해야 하는 존재를 의지해서는 안 됩니다.

지극히 자비로운 왕이시여, 이로부터 당신은 어떤 사람들이 우리를 탓하듯이 우리가 성인이나 성례를 무시하거나 배제하지 않고 오히려 이것들을 고유한 위치와 위엄으로 유지하고 보전하여 아무도 그릇되게 사용하지 못하게 한다는 것을 분명히 알 수 있을 것입니다. 우리가 하나님의 어머니(Deiparam) 동정녀 마리아를 흠숭(欽崇, Latraiva)하여 경배하는 것을 금지한다고 해서[9] 그를 모욕하는 것은 아닙니다. 오히려 우리가 그에게 창조주의 위엄과 권세를 돌릴 때, 그 자신이 이러한 경배를 참지 않을 것입니다. 참된 경건은 어디서나 모든 사람에게서 하나이면서 동일하니, 같은 한 성령에게서 나오기 때문입니다. 그러므로 어떤 피조물도 참으로 경건하면서 동시에 하나님에게 합당한 예배를 자신에게 드리도록 요청한다는 것은 상상할 수도 없습니다. 따라서 하나님의 어머니인 동정녀 마리아는 자신이 모든 피조물 위로 높여질수록, 또한 하나님이신 자신의 아들에 대한 경외심이 크면 클수록, 하나님에게 합당한 예배를 더욱더 받으려 하지 않을 것입니다. 하나님에게 합당한 영예를 자신에게 드리도록 허용하는 것은 불경한 자와 귀신의 광란입니다. 이것은 귀신의 우상과 헤롯의 교만에 의해 증명됩니다. 전자는 자신에 대한 예배를 가르쳐서 세상을 파멸로 인도했습니다. 후자는 하나님에게 돌려진 영예를 거부하지 않아 벌레에게 먹혀[10] 인간의 연약함을 인정하는 것을 배웠습니다(행 12장).

우리는 성례를 거룩한 일의 표지와 상징으로 존중하고 공경하지만, 그것을 표지가 나타내는 사물 자체로 존중하고 공경하지 않습니다. 그 누가 표지가 그것이 가리키는 사물이라고 말할 만큼 어리석을 수 있습니까? 만약 그렇다면 지금 '암 원숭이'라는 단어를 쓰면, 각하의 눈앞에 원숭이가 서 있게 될 것입니다. 하지만 성례는 참 실재의 표지입니다. 성례는 한때 본질을 통해 참으로[11] 또한 본성적으로 일어난 바로 그 일을 나타내고 기억나게 하며 우리 눈앞에 펼쳐 줍니다. 왕이시여, 제발 나를 잘 이해해 주십시오. 그리스도께서 우리 죄악을 자신이 죽음으로 대속하셨으며, 주의 만찬은[12] 그분이 친히 "너희가 이를 행하여 나를 기념하라"(눅 22:19)고 말씀하신 바와 같이 이 일의 기념입니다. 이 기념으로 하나님이 자기 아들을 통해 우리에게 보여 주신 하나님의 모든 유익이 기억됩니다. 이 상징, 즉 빵과 포도주로 그리스도께서는 마치 눈앞에 자신을 드러내듯 하여, 우리는 영혼이 속에 지니고 있으며 기뻐하는 그리스도를 귀뿐만 아니라 눈과 혀로 보고 맛보게 합니다.

따라서 성인과 성례에 대한 정당한 경배로 우리는 그리스도께서 친히 전하고 가르치신 바로 그것을 전하고 가르칩니다.

"너희가 아브라함의 자손이면 아브라함이 행한 일들을 할 것이거늘"(요 8:39)이라고 그분은 말씀하셨습니다. 이것이 모든 성인과 거룩한 사람에서 우리가 본받아야 하는 모범입니다. 예를 들면 어떤 예언자나 성인 중 그 누가 마치 (하나님의) 관(管)처럼(13) 하나님의 경고를 우리에게 전해 주었다면, 우리는 성령에 의해 우리에게 주어지고 설명된 그것을 그들이 처음 받아서 전해 줄 때와 똑같은 신심으로 받아들여야 합니다. 그리고 그들이 지극히 거룩한 삶으로 신심을 아름답게 꾸몄다면, 우리도 그들의 발자취를 따르며, 그들과 똑같이 경건하고 거룩하고 순전해야 합니다.

세례에 대해서 그분은 이렇게 말씀하셨습니다.

"아버지와 아들과 성령의 이름으로 세례를 베풀고"(마 28:19). 성찬에 대해서는 "너희가 이를 행하여 나를 기념하라"(눅 22:19)고 하셨으며, 바울의 입을 통해서는 "떡이 하나요 많은 우리가 한 몸이니"(고전 10:17)라고 하셨습니다. 성인 공경이나 성례 제정에서는 이것이 오직 하나님에게만 속한 힘과 은총을 지니고 있다고 볼 수 없습니다. 하나님 자신이 우리가 피조물에게 인정하는 이러한 권능을 주지 않으셨다면, 성인이나 성례가 죄를 용서하거나 축복을 베풀 수 있다고 가르치는 것이 하찮은 일이라는 것은 확실합니다. 하나님 이외에 그 누가 죄를 용서할 수 있습니까? 야고보가 고백하듯 빛들과 은사의 아버지 이외에 누구에게서 온갖 온전한 선물이 내려올 수 있습니까(약 1:17).

따라서 우리는 성례가 이미 일어나고 또한 우리 자신이 행하고 경험해야 하는 지극히 거룩한 일을 가리키기 때문에, 거룩한 것으로 공경되어야 한다고 가르칩니다. 따라서 세례는 그리스도께서 우리를 그분의 피로 씻었으며, 바울이 가르친 바대로 우리는 그분을 입어야 합니다. 즉 그분의 모범을 따라 살아야 한다는 것을 가리킵니다. 마찬가지로 만찬은 그리스도 안에서 우리에게 너그럽게 주신 하나님의 모든 것을 가리키며, 우리가 그리스도께서 우리를 받으시고 돌보고 복되게 하신 구속하신 그 사랑으로 형제들을 즐거이 받아들여야 한다는 것을 가리킵니다. 성찬에 대해서는, 곧 여기서 그리스도의 본래적인 몸을 먹느냐는 문제는 후에 보다 자세하게 논의할 것입니다.

요약하자면 우리 종교의 근원은 다음과 같습니다. 우리는 하나님이 모든 만물의 창조되지 않은 창조주이며 유일하며 하나이신 그분만이 만물에 대한 권세를 지니고 있고 만물을 값없이 주시는 분이라고 압니다. 이러한 신앙의 으뜸 되는 기초를 창조주에게만 속하는 것을 피조물에게 돌리는 사람이 무너뜨립니다. 신조에서[14] 우리는 창조주이신 분을 신뢰한다고 고백합니다. 따라서 우리는 피조물을 신뢰할 수는 없습니다.

더욱이 우리는 하나님을 다음과 같이 생각합니다. 우리가 하나님이 만물의 근원이요 창조주라고 알기 때문에, 그분에게서 나온 것이 아닌 어떤 것도 그분 앞에 혹은 그분 옆에 있다고 생각하는 일이 있어서는 안 됩니다. 그분에게서 나온 것이 아닌 어떤 것이 존재할 수 있다면 그분은 무한하지 않을 것입니다. 그 다른 것이 그분 밖에 있기 때문에, 그분은 그것이 있는 곳에 미칠 수 없습니다. 성경에서 우리는 아버지와 아들과 성령이 하나님이라고 불리는 것을 알지만, 이들은 피조물이나 다른 신이 아니라 셋이 모두 하나요, 한 본질이요, 한 우시아(ousia), 즉 실존이며, 한 힘과 권능, 한 지식과 섭리, 한 선과 호의이며, 세 이름과 인격이지만 모두 그리고 각자는 같은 한 하나님이게 됩니다.

우리는 이 하나님이 본성상 선하시다는 것을 압니다. 그분이 어떠하든 본성상 그러합니다. 선함은 자비와 정의입니다.[15] 자비에서 정의를 뺀다면, 더 이상 자비가 아니며, 무관심과 두려움입니다. 반면 정의를 친절과 인내로 조절하지 못한다면, 가장 큰 불의와 폭력이 됩니다. 따라서 우리가 하나님이 본성상 선하다고 인정할 때, 우리는 그분이 온유하시며 자비롭고 은혜로울 뿐만 아니라, 또한 거룩하고 의롭고 손상당할 수 없으시다는 것을 고백합니다. 그분이 정의롭고 의로우시다면, 그분은 마땅히 죄악과의 모든 사귐을 미워합니다. 따라서 우리 불쌍한 죽을 자들은 죄악으로 더럽혀진 자들이며 죄악에 함께 참여하는 자들이므로 그분과의 친교와 사귐에 대해 절망할 수밖에 없다는 것이 결론으로 따라 나옵니다.

반면, 그분이 선하시다면, 그분은 마땅히 공평하시므로 모든 결정과 행위를 공평하고 선하게 조절하십니다. 이러한 이유로 그분은 자신의 유일하신 아들을 육신으로 입히셨으니, 이것은 이 두 가지, 즉 구속과 회복을 온 누리에 보여 줄 뿐만 아니라 이루시기 위해서였습니다. 그분의 선하심, 즉 그분의 정의와 자비는 손상될 수 없기 때문에, 즉 확고하고 변할 수 없기 때문에, 그분의 정의는 대속을, 그분의 자비는 용서를, 용서는 새로운 삶을 요구했습니다. 따라서 지극히 높은 왕의 아들이 육신의 외투를 입으셔서- 왜냐하면 그분은 신성으로는 죽을 수 없었으므로- 스스로 제물이 되어 흔들릴 수 없는 의를 만족시키고, 또한 죄악에 대한 인식 때문에 자신의 순전함으로는 하나님의 눈길 아래 감히 들어가지 못했던 자들을 화해시키셨습니다. 이것은 그분이 온유하고 자애로우시기 때문입니다. 정의가 사면이 일어나지 못하게 하는 것처럼, 이러한 덕목은 그분 자신이 지은 것을 버리지 못하도록 하십니다. 정의와 자애가 결합되었으니, 전자는 제물을 드리며 후자는 모든 죄에 대한 속죄로 이것을 받으십니다.

어떤 종류에서 이것이 택해져야 합니까? 천사입니까? 하지만 인간의 잘못이 천사와 무슨 관련이 있습니까? 인간입니까? 하지만 모든 사람은 이러한 일을 하도록 결정된 어느 누구도 부패 때문에 희생을 드릴 수 없는 상황에 있습니다. 이 제물을 모형적으로 예언하는 어린 양은 흠이 없어야, 즉 모든 면에서 온전하고 깨끗하고 결점이 없어야 했습니다. 따라서 하나님의 선하심은 우리에게 주신 그것을 자신에게서 받으셨습니다.

하나님은 자신의 아들을 우리의 연약한 육신으로 두르셔서 우리로 하여금 그분의 은혜와 자애가 거룩함과 정의와 마찬가지로 (모든 것을) 뛰어넘는다는 것을 보게 하셨습니다. 바울이 선언한 대로(롬 8:32), 우리에게 자신을 주신 그분이 우리에게 주시지 않고 남겨놓을 것이 무엇입니까? 그분이 천사나 인간을 속죄물로 삼으셨다면 그분이 주신 것은 그분 밖에 있었을 것입니다. 그렇다면 그분이 더 크게 줄 수 있었지만 주지 않으신 것, 즉 그분 자신이 항상 남아 있었을 것입니다.(16)

따라서 지극히 높은 그분의 선하심은, 가장 좋은 선물을 주기를 원하셨을 때, 모든 보물 중에서 가장 값비싼 것 즉 자신을 주셔서, 항상 보다 큰 것을 추구하는 인간의 영혼이 어떻게 천사나 인간의 제물이 모든 사람을 위해 충분한가, 혹은 어떻게 피조물을 흔들리지 않고 신뢰할 수 있는가 생각할 수 있는 길을 남겨 두지 않으셨습니다. 따라서 하나님의 아들이 자애에 대한 확증, 은혜의 보증, 정의의 대가, 삶의 모범을 위해 우리에게 주어진 것은 하나님의 은혜를 확신한 우리가 (참된) 삶의 법을 행하고 전하도록 하기 위해서입니다. 그 누가 하나님의 선하심과 자비의 광대함을 감당할 수 있습니까? 우리는 거절당해 마땅하지만, 그분은 입양을 예비하십니다. 우리는 삶을 망쳐버렸지만 그분은 제 자리에 돌려 주셨습니다. 하나님의 선하심은 우리를 구속하시고 회복시켜서, 우리가 그분의 자애에 대해 감사하고, 대속적 제물에 대해 의롭고 순전하게 되도록 하십니다.

주 그리스도에 대하여

우리는 하나님에게서 나오신 이 하나님의 아들을 믿으며, 그분의 신성이 없어지거나 또한 인성으로 변화되지 않는 방식으로 인성을 취하셨다고 가르칩니다. 그분 안에서는 각 본성이 참으로, 고유하게, 본성적으로 있습니다. 따라서 그분의 신성에서 어떤 것도 빠지지 않아 그분은 참으로 고유하게, 또한 본성적으로 하나님이시며, 또한 그분의 인성은 신성으로 들어가지 않아, 그분은 죄를 지으려는 성향만 빼고는 참으로, 고유하게, 또한 본성적으로 사람입니다. 그러므로 그분은 하나님이신 면에서는 모든 면에서 아버지와 성령과 더불어 하나님이시므로, 인간적인 연약함의 요구 때문에 신성의 속성 중 어느 것도 잃지 않으셨습니다. 또한 사람이신 면에서 그분은 모든 면에서 사람이시므로, 인간의 참되고 고유한 본성에 속하는 모든 속성들을 가지고 있고, 죄를 지으려는 성질만 제외하고는 신성과의 결합 때문에 부족한 것이 하나도 없습니다.

따라서 두 본성의 본래의 성질과 속성이 그분의 모든 말과 행위에 반영되어 있으므로 신심이 있는 사람은 두 본성에서 어느 것에 해당한다고 말해야 하는지를 어렵지 않게 볼 수 있습니다.(17) 물론 모든 것은 마땅히 한 그리스도에게 돌려진다고 말해야 합니다. 그리스도께서 배고프다는 것은 올바른 말입니다. 그분은 하나님이요 인간이시기 때문입니다. 하지만 그분은 신성에 따르면 배고프지 않으셨습니다. 그리스도께서 질병과 결함을 고치셨다는 것은 올바른 말입니다. 그럼에도 당신이 적절하게 판단하신다면, 이것은 신적인 힘에 속하는 것이지, 인성에 속하는 것이 아닙니다. 하지만 본성의 구별 때문에 인격이 나눠지지 않는 것은 사람이 생각하며 잠잔나고 밀할 때와 마찬가지입니다. 사유의 힘이 오직 정신에게만 속하고 잠자고 싶다는 욕구는 몸에 속하지만, 사람은 두 인격으로 이루어지지 않고 하나입니다. 본성의 구별에도 불구하고 인격의 하나 됨이 보전됩니다.(18)

그리고 우리는 어디서나 하나님과 인간은 한 그리스도라고 고백하니, 이것은 아타나시오스가 논증하듯이(19) 사람이 이성을 지닌 영혼과 생기 없는 몸으로 이루어져 있는 것과 같습니다. 하지만 그리스도께서는 인성을 하나님의 아들의 위격(20) 혹은 인격 안으로 취하셨습니다. 이것은 그분에 의해 취해진 인성이 한 인격이 되고, 그분의 영원한 신성이 또 다른 인격이 되는 것과는 다릅니다. 또한 그분은 인성을 하나님의 아들의 위격 혹은 인격 안으로 취하셨습니다. 이는 취해진 사람이 고유한 인격이며, 영원한 신성이 나름대로의 고유한 인격이 되는 방식이 아니라 하나님의 영원한 아들의 인격이 자신의 힘 안으로 또한 자신의 힘 쪽으로 사람을 취하셨다는 것입니다. 이는 하나님의 거룩한 사람들이 참되고 명확하게 보여 준 바와 같습니다.

우리는 이 인성이 성령께서 동정녀를 수태시킬 때에 잉태되었으며, 그의 영원한 동정을 손상시키지 않고 나타나셔서,(21) 영원 전부터 주님이요 홀로 계신 아버지에게서 출생하신 주님이요 하나님이신 영혼의 구원자와 치유자가 동정녀에게서 세상에 태어나셨으며, 그분이 거룩하고 흠 없는 제물이 되셨으며, 이 분에 비하면 짐승으로 가득 찬 모든 제단의 연기는 헛되다는 것을 믿습니다. 그분으로 인해 사람들은 하나님이 친히 그들을 위해 아들의 제물을 준비하고 드리셨다는 것을 보고 짐승의 제사를 뉘우치고 영적인 제사를 드리기로 돌이켰습니다.

우리는 그리스도께서 고난당하시고 빌라도 총독 치하에서 십자가에 못 박히신 것을 믿습니다. 하지만 수난의 고통은 인간이 느꼈지 하나님이 느끼지 않았습니다. 왜냐하면 하나님은 볼 수 없고,(22) 따라서 어떤 고통을 느낄 수 없고 즉 어떠한 고난이나 영향을 받을 수 없기 때문입니다. 슬픔의 외침(23)은 다음과 같습니다. "나의 하나님, 나의 하나님, 어찌하여 나를 버리셨나이까." 하지만 손상될 수 없는 신성의 외침은 '저들을 사하여 주옵소서 자기들이 하는 것을 알지 못함이니이다'입니다. 우리의 죄악을 대속하기 위해 그분은 가장 수치스런 종류의 처형을 당하셔서, 그분이 경험하고 이루지 못한 비천함은 아무것도 남아 있지 않습니다.

그분이 죽으시고 매장되지 않으셨다면 누가 그분이 참 사람이라고 믿겠습니까? 이러한 이유로 사도적인 교부들은 신조에 "음부로 내려가셔서"라는 말을 덧붙였습니다. 그들은 이 표현을 에두르는 식으로 사용하여, 죽음의 실재성을 나타냈습니다. 음부에 있는 사람 중의 하나로 인정된 것은 죽었다는 것과 그분의 구속의 능력이 음부에게까지 미친다는 것입니다.[24] 이것은 거룩한 베드로가 죽은 자들, 즉 세상의 기초가 놓일 때, 불경한 자들이 하나님의 경고를 무시할 때에도, 노아처럼 이 경고를 믿었던 음부에 속한 사람들에게 복음이 전파되었다고 말할 때 암시했던 바입니다.

반면에 그분이 새 생명으로 다시 일어나지 않았더라면 그 누가 죽음에 넘겨져 생명과 권능이 없으신 그분이 참 하나님이라고 믿을 수 있겠습니까? 그러므로 우리는 인성에 따르면 참 하나님의 아들이 죽으셔서 우리의 죄에 대한 속죄에 대해 확신하도록 하셨다는 것을 믿습니다. 우리는 또한 영생에 대해 확신할 수 있도록 그분이 참으로 "죽은 자 가운데서 다시 살아나셨다"는 것을 믿습니다. 그리스도에게 있는 모든 것은 우리의 것입니다. 그분이 하시는 모든 일은 우리의 것입니다. 하나님이 세상을 이처럼 사랑하사 우리에게 유일하신 아들을 주셨으니 이는 우리를 살리고자 위함입니다. 그분이 다시 사셨다면, 그분은 우리를 위해 다시 사셔서 우리의 부활이 시작되게 하셨습니다. 따라서 바울은 그분을 잠자는 자들, 곧 죽은 자들의 첫 열매라고 이야기합니다. 죽었던 그분이 살아난다면, 그분은 우리가 죽지만 살 것이라고 보여주십니다. 히브리어로 '다시 일어난다'는 말은 엄격하게 말하면 '영속하다', '확고히 있다', '견디다'를 뜻합니다. 따라서 바울의 논증은 두 가지 뜻이 있습니다. 그리스도는 죽었다고 생각되었을 때 다시 일어나셨고, 몸을 다시 가지셨습니다. 그렇다면 분명 죽은 자의 부활이 있습니다.

지극히 자애로운 군주시여, 자, 그리스도가 우리의 것이며, 그분의 모든 활동이 우리의 것이라는 이 논증에 힘이 있다는 것을 주목하십시오. 그렇지 않다면 그리스도가 다시 사셨으니 우리도 살 것이라고 말하는 것은 왕이 총사령관이 유죄 판결을 내린 자를 사면할 권세를 가지고 있으므로 모든 사람이 같은 권세를 가지고 있다고 말하는 것과 크게 다른 것이 없습니다. 하지만 그 반대는 그리스도께서 다시 사시지 않았다면 우리도 살지 못한다는 것입니다. 그리스도께서는 자신의 권능으로 사시고 일어날 수 있지만 우리는 우리의 힘으로는 그렇게 할 수 없습니다. 참으로 그리스도께서 다시 살지 않으셨다면, 우리의 힘으로는 부활이 있을 수 없나면, 우리와 모든 사람이 그분의 부활의 권능을 얻는다는 것이 확실합니다. 거룩한 사람들은 그리스도의 몸이 우리를 부활에 이르도록 기르신다고 말했을 때 이것을 생각했습니다.(25) 그들은 여기서 다름 아니라 그리스도 전체가 우리 것이 되고(26) 그분이 다시 사셨다면, 우리가 몸으로 죽을 때에도 영으로 살며 어느 날 같은 몸으로 다시 살 것임을 확신하게 된다는 것을 보여 주기를 원했습니다.

우리의 그리스도 그분이 하늘에 오르시어, 아버지 우편에 앉아 계셨다는 것은— 우리는 이것을 조금도 망설이지 않고 믿습니다— 우리도 죽는 순간 그곳으로 올라갔다가 어느 날 거기서 몸과 함께 영원한 행복을 누리게 될 것이라고 약속합니다. 그분이 온 세상을 심판하기 위해 오실 때까지 거기에 앉아 계시듯이, 우리의 영혼과 모든 축복받은 자의 영혼도 앞서 말한 심판에 이르기까지 몸을 떠나 그분 곁에 있습니다. 심판이 시작될 때, 우리 모두는 놓아둔 몸의 옷을 다시 입고, 그것과 함께 우리 신랑의 영원한 결혼식이든지, 아니면 원수 마귀의 영원한 고통으로 나아갈 것입니다.

지극히 자비로운 왕이시여, 여기서 내가 생각하는 대로 두 가지를 알려드리고자 합니다.

연옥에 대하여

첫 번째 것은 베드로가 사도행전 2장에서 가르친 대로 그리스도가 음부의 고통을 겪지 않으시고, 죽은 다음에 하늘로 올라 가셨기 때문에 우리도 우리가 몸의 속박에서 풀려날 때, 순수한 믿음을 지니고 있다면, 늦춰짐이나 기다림이나 새로운 고통 없이 그곳으로 올라가리라는 것입니다. 따라서 연옥 없이도 충분히 비참해진 사람들을 연옥의 고통으로 위협하는 사람들은, 신자의 영혼을 먹이기보다는 자신의 탐욕을 채우는데 훨씬 더 관심을 가지고 있습니다.

왜냐하면 첫째, 그 사람들은 그리스도의 사역을 완전히 무너뜨리고 받아들이지 않기 때문입니다. 그리스도께서 친히 가르치고, 또한 사도들이 그분의 영에 감화를 받아 가르치며, 또한 우리 종교의 교리가 우리에게 고백하도록 요구하는 대로— 구원은 하나님의 은총과 선하심에 의해 이루어진다— 그분이 우리의 죄를 위해 죽으셨다면, 어떻게 우리가 우리 자신을 위해 보속해야 한다고 강요하는 것을 허용할 수 있습니까? 죄가 우리 자신의 고난으로 대속되어야 한다고 가르치는 자에 의해 얼마나 그리스도께서 손상되고 해를 입습니까? 선행으로는 구원을 얻을 수 없지만 고난으로는 그럴 수 있다면, 마치 하나님이 고통과 곤경에 즐거움을 얻고 온유와 긍휼은 아무것도 알지 못하시는 것처럼, 하나님의 선하심이 의문시됩니다.

둘째, 그리스도께서 우리의 죄에 의해 가해진 형벌과 징벌을 짊어지지 않으신다면, 그분은 왜 인간이 되셨고 무슨 이유로 고난 당하셨습니까? 어떤 신학자들이 만든 구별, 즉 우리는 죄과로부터만 구속되고 형벌로부터는 그렇지 못하다는 주장은 경솔한 생각이요, 참으로 하나님을 모독하는 것입니다. 재판관은 아무런 죄가 없을 때 징벌을 부과하지 않을 것입니다. 죄과가 하나님에 의해 용서가 되었다면 징벌도 또한 감해진 것입니다.

셋째, 그리스도를 믿는 자들은 영생을 가지고 있으며 그분을 보내신 분을 믿는 자들은 정죄에 이르지 않고 이미 사망에서 생명으로 옮겨졌다고 그리스도께서 친히 가르치셨다면, 교황파가 이생을 떠나는 사람들의 영혼에 부과한 연옥의 고통은 그들이 꾸며 낸 이야기라는 것이 분명합니다.

만찬에서 그리스도의 몸의 현존

내가 여기서 설명하려고 하는 두 번째 주제는 다음과 같습니다. 주의 만찬에서 우리는 고난당하시고 하나님 오른편에 앉아 계신 그리스도의 본성적이고 본질적인 몸을 본성적으로 문자적으로 먹는 것이 아니라 영적으로 먹는다는 것과, 교황파의 가르침, 즉 태어나시고 고난당하시고 죽으셨을 때와 같은 모양, 또한 같은 속성과 본성을 가진 그리스도의 몸을 먹는다는 가르침은 주제넘고 어리석을 뿐만 아니라 불경한 일이요 신성 모독입니다.

첫째, 그리스도께서 몸과 영혼으로 이루어진 참 사람이 되었고 죄를 지으려는 성향만 제외하고서는 모든 점에서 우리와 같다는 것은 참으로 분명합니다.(27) 따라서 우리의 육체적 본성에 속하는 모든 특성과 속성이 그분의 몸 안에 참으로 있었다는 결론이 따라 나옵니다. 우리를 위해 그분이 가지신 것은 우리에게 속한 것에서 나온 것이며, 우리가 이미 설명한 바대로 그분은 모두 우리에게 속하십니다. 하지만 그렇다면 첫째, 우리 몸의 속성이 그분의 몸에도 속하며, 둘째, 그리스도의 몸의 속성은 우리 몸에도 고유한 것이라는 결론이 논박할 여지없이 분명하게 따라 나옵니다. 그분의 몸이 우리의 몸에는 없는 어떤 육체적인 것을 소유했다면, 그분이 우리를 위해 몸을 취하지 않으셨다는 생각이 즉각적으로 떠오르게 될 것입니다. 그렇다면 왜 그분은 이 것을 취하셨습니까? 몸을 가진 모든 존재 중에서 오직 인간만이 영원한 축복을 받을 수 있기 때문입니다.

바울이 우리의 부활을 그리스도의 부활로 증명하고 그리스도의 부활을 우리의 부활로 증명한 것을 앞에서 다룬 것은 바로 이것 때문입니다. 바울이 "죽은 자가 다시 살아나는 일이 없으면 그리스도도 다시 살아나신 일이 없었을 것이다"라고 말할 때, 또 다른 어떤 방식으로 그의 논증이 바르게 될 수 있겠습니까? 그리스도가 하나님이요 인간이므로 다음과 같은 반론이 즉각 나올 수 있습니다. "신학자여, 당신은 미쳤소."(28) 그 이유는 그리스도의 몸은 다시 살 수 있고 살아나 그분의 신성과 결합되지만, 우리의 몸은 하나님과 하나 될 수 없기 때문에 다시 일어날 수 없다는 것입니다. 하지만 그리스도의 몸이 어떤 본성과 특성과 속성을 가진다고 할지라도 그것은 우리에 대한 원형(archetype)을 지니고 있다는 점에서 바울의 논증은 맞습니다. 따라서 그리스도의 몸이 다시 사셨으므로 우리의 몸도 다시 살 것이다. 우리는 다시 살아난다. 그러므로 그리스도가 살아나셨다는 결론이 따라 나옵니다.

신학자의 기둥인 아우구스티누스가 그리스도의 몸이 참 몸으로서의 그 성격으로 인해 하늘의 특정한 장소에 있어야 한다고 말할 때, 그의 말은 이러한 자료에서 나온 것입니다. 또한 그리스도의 몸이 죽은 자에게서 살아나셨다는 것을 깨닫는다면, 그 몸은 마땅히 한 장소에 있어야 합니다. 그리스도의 몸은 우리의 몸과 마찬가지로 여러 장소에 동시에 있을 수 없습니다.(29) 이것은 우리의 견해가 아니라 사도들과 아우구스티누스의 견해요, 일반적인 믿음입니다. 우리가 이 사실에 대한 아무런 증인이 없을지라도, 이것은 그리스도께서 모든 점에서 우리와 같다는 사실에 의해 증명될 수 있습니다. 우리를 위해 그분은 스스로 인간의 연약함을 담당하셨고, 사람으로, 즉 인간의 특성과 특질과 속성으로 나타나셨습니다. 지극히 뛰어난 왕이시여, 이러한 방식으로 나는 무심코, 우리가 주의 만찬의 성례에서 이단자로 일컬어지는 것이 매우 잘못되었다는 것을 분명하게 이야기했다고 생각합니다. 사실 우리는 성경이나 교부들에게서 발견되지 않은 것을 한 마디도 가르치지 않았습니다.

하지만 이제 나의 주제로 돌아가렵니다. 성경을 기초로 하면 그리스도의 몸은 참으로 본성적으로 고유하게 한 장소에 있어야 합니다. 물론 우리 몸도 여러 장소에 있다는 어리석고 불경하게 주장하는 억지를 부리지 않는다면 말입니다. 만약 그렇다면, 우리의 반대자는(30) 그리스도의 몸이 고유한 본질에 따라서는 아버지의 오른편에 참으로 또한 본성적으로 앉아 계신다고 인정해야 합니다. 따라서 그분의 몸은 만찬에 그러한 방식으로 있을 수는 없습니다. 만약 그 누가 이와 반대되는 것을 가르친다면, 그리스도를 하늘과 아버지의 보좌로부터 끌어내리는 것입니다. 모든 학자는 어떤 사람들이 감히 주장하는 견해, 즉 그리스도의 몸이 신성과 마찬가지로 모든 곳에 계신다는 주장을, 지지할 수 없고 불경한 것이라고 정죄했습니다. 무한한 것만이 모든 곳에 있을 수 있으며, 무한한 것은 영원한 것입니다. 그리스도의 인성은 영원하지 않고 따라서 그것은 무한하지 않습니다. 무한하지 않다면 마땅히 유한해야 하며, 유한하다면 모든 곳에 계실 수 없습니다. 왕이시여, 당신이 생각할 수 있는 철학적인 성찰의 요건을 맞추고자 살펴본 이러한 문제들은 이쯤에서 접어 두고, 이제 논박할 수 없는 성경의 증언을 다루고자 합니다.

나는 이미 성경 안에서는 그리스도에 대한 말, 심지어 그 말씀이 어느 본성에 적용되는지 쉽게 알 수 있는 경우에도, 나뉘지 않는 그리스도 전체에 관련된다는 것을 분명하게 말했습니다. 각 본성에 합당한 것을 각각에 해당한다고 말할 수 있지만, 그리스도는 두 본성으로 나뉠 수 없습니다. 사람의 경우에서 나타난 바와 같이 두 본성의 소유가 인격의 하나됨을 무너뜨리는 것이 아닙니다. 또한 반대로, 그분의 신성에 고유한 것이 그분의 인성에 해당한다고 말할 수 있고, 그분의 인성에 고유한 것이 그분의 신성에 해당한다고 말할 수 있지만, 신성이 인성으로 낮춰지고 폄하되며 인성이 신성으로 변용된 것처럼, 두 본성이 혼동된 것은 아닙니다. 이제 우리는 성경의 증언에 의해 이것을 보다 분명하게 말해야 합니다.

'그녀가 첫아들을 낳아 구유에 뉘었다'(눅 2:7). 인격의 하나 됨은 결코 그리스도가 참 인간이고 동정녀로부터 태어났다는 사실을 반대하는 논증으로 사용되지 않았습니다. 이것이 내 판단으로는 동정녀가 하나님의 어머니(테오토코스)[31]라고 불리는 올바른 이유가 됩니다. 그럼에도 아버지만이 그분의 신성을 낳았으니, 이것은 사람의 경우에 어머니가 몸을 낳으나 하나님만이 영혼을 낳을 수 있는 것과 마찬가지입니다.[32] 그럼에도 사람은 부모에게서 태어났다고 말합니다. 또한 하늘과 땅을 주관하는 분이 구유에 계셨다는 사실은 그분의 인성에 적용됩니다. 하지만 두 본성이 한 인격 안에서 일치하고 하나 되기 때문에, 그분이 태어나고 구유에 뉘었다는 것이 그리스도 전체에 관련된다면, 이것은 아무런 어려움도 일으키지 않습니다.

'그분이 하늘로 올라가셨다.' 이것은 원래 그분의 인성과 관련됩니다. 하지만 인성이 신성 없이 그리로 올려진 것은 아닙니다. 오히려 오르게 한 것은 신성이요, 올려질 것이 올려졌습니다. 우리가 이미 말했듯이 인성은 계속 유한합니다. 그렇지 않다면 인성은 참 인성이 되지 못할 것입니다. 하지만 신성은 항상 무한하며 제한될 수 없습니다. 따라서 신성은 한 장소에서 다른 장소로 옮겨 다니지 않고 영원히 동일하게 존재합니다.

"볼지어다 내가 세상 끝날까지 너희와 항상 함께 있으리라"(마 28:20). 이것은 그분의 신성을 가리킨 것입니다. 왜냐하면 그분의 인성은 하늘로 올라갔기 때문입니다.

'내가 세상을 떠나 아버지께로 간다.' 진리 자체로 우리를 강권하여, 이 말씀이 일차적으로 또한 문자적으로 그리스도의 인성과 연관되도록 합니다. 이것을 말씀하신 분은 하나님이요 그분이 말씀하신 것은 참이어야 합니다. 어느 본성이 세상을 떠납니까? 신성은 아닙니다. 왜냐하면 신성은 한 장소에 제한될 수 없고, 따라서 그 장소를 떠날 수도 없습니다. 결과적으로 세상을 떠나는 것은 인성입니다. 왕이시여, 당신은 본성적이고 본질적이고 한 장소에 매여 있는 현존에 관한 한, 인성은 여기에 있지 않다는 것을 알 수 있을 것입니다. 인성은 세상을 떠났기 때문입니다. 따라서 우리는 그리스도의 몸을 본성적으로 혹은 문자적으로 먹는 것도 아니고, 더욱이 수량적으로 먹는 것도 아니며, 성례적으로[33] 영적으로 먹습니다.

'따라서 나는 세상에 있지 아니하리라.' 이것은 '이제 더 이상 세상에 없다'라는 구절을 참으로 가리키는 말씀입니다. 이것은 완전히 어떠한 불확실성도 제거합니다. 그분이 인간인 한, 그리스도는 이 세상 안에서 본성적이고 본질적이며 육체적으로 계시지 않고 오직 영적이고 성례적으로 계실 것을 기대할 수 있습니다.

"갈릴리 사람들아 어찌하여 서서 하늘을 쳐다보느냐 너희 가운데서 하늘로 올려지신 이 예수는 하늘로 가심을 본 그대로 오시리라 하였느니라"(행 1:11). 이 구절은 우리에게 그분이 제자들에게서 하늘로 올려지셨다는 것을 보여 줍니다. 따라서 그분은 가 버렸고, 여기에 계시지 않습니다. 하지만 어떻게 그분이 떠나셨습니까? 육체적으로, 본성적으로, 인성의 본질에 따라 그러합니다. 따라서 그들이 '그분이 본 그대로 오시리라'고 말할 때, 이것은 육체적으로, 본성적으로, 본질적으로 그렇다는 것을 의미합니다. 하지만 언제 그분이 오실 것입니까? 교회가 만찬을 기념할 때가 아니라 교회가 마지막 날 그분에 의해 심판을 받는 때입니다. 따라서 그리스도의 몸을 만찬에서 물리적으로, 본성적으로, 본질적으로, 심지어는 수량적으로 먹는다는 견해는 반(反)신앙적입니다. 이것은 진리와 일치하지 않으며, 진리에 대립되는 것은 불경하고 반신앙적입니다.

당신의 날카로운 이해력으로 문제를 빨리 파악할 것이기에, 내 생각에는 이러한 몇 가지 짧은 말이면 그리스도의 몸이 만찬에 어떤 의미로 있는지를 주님 자신의 말씀으로 탐구해야 한다는 것을 증명하는데 충분하다고 봅니다. 나는 다양한 사람들에게 쓴 수많은 글에서 종종 같은 주제를 다루었습니다. 실로 오이코람파디우스와 나는 다시 말하기도 지겨울 만큼 긴 토론을 벌였습니다.(34) 하지만 진리가 드러나 승승장구하며 나날이 전진하고 있습니다. 나는 단지 영적으로 성례적으로 먹는다는 것이 무엇인지를 보여 줄 것이며, 그다음에는 이 문제를 접어 둘 것입니다.

그리스도의 몸을 영적으로 먹는다는 것은 마음과 혼으로 하나님의 자비와 선하심을 그리스도를 통해 의지하는 것, 즉 하나님께서 자신을 우리를 위해 내어 주시며, 우리와 하나님의 의를 화해시키신 그분의 아들로 인해 우리에게 죄 용서와 영원한 구원의 즐거움을 주실 것이라는 것에 대한 흔들리지 않는 신앙의 확신을 가지는 것과 마찬가지입니다. 하나님께서 그분의 유일하신 아들을 주셨는데 그분이 무엇을 우리에게 마다하겠습니까?

이것을 보다 정확하게 말한다면, 그리스도의 몸을 성례적으로 먹는다는 것은 마음과 정신을 성례와 묶어 그리스도의 몸을 먹는다는 것입니다. 왕이시여, 나는 모든 것을 각하에게 분명하게 제시할 것입니다. 당신이 다음과 같은 불안스런 질문을 던진다면, 당신은 그리스도의 몸을 영적으로 먹는 것이지, 성례적으로 먹는 것은 아닙니다. '어떻게 네가 구원받을 수 있는가? 우리는 날마다 죄를 짓고 날마다 죽음에 가까이 다가간다. 이생 다음에는 다른 생이 있다. 왜냐하면 우리는 영혼을 가지고 있고 영혼이 미래와 관련되는 것이라면, 어떻게 그것이 이생과 함께 없어질 수 있겠는가? 어떻게 많은 빛과 지식이 어둠과 무지로 변화될 수 있는가? 따라서 영혼이 영생을 가진다면 어떤 종류의 삶이 내 불쌍한 영혼의 몫이 될 것인가? 기쁨의 삶인가 아니면 고통의 삶인가? 내가 내 삶을 조사하고 그것이 기쁨을 누리는 것이 합당한지 아니면 고통을 겪는 것이 합당한지 생각해 보겠다.'

하지만 당신이 우리 사람이 정염이나 욕망 가운데 습관적으로 행하는 모든 일을 생각해 본다면 당신은 두려워할 것이요, 의와 관련되는 한 스스로의 판단으로 영원한 구원에 합당하지 못하다고 선언하고, 완전히 구원에 대해 절망할 것입니다. 하지만 그때 당신은 불안한 영혼을 이렇게 확신시킬 수 있습니다. '하나님은 선하시다. 선하신 그분은 필히 의로우며 자비로우며, 자애로우십니다. 자애나 자비 없는 정의는 불의의 극치요, 정의 없는 자비는 무관심과 변덕이며 모든 질서의 종말이기 때문입니다. 만약 하나님이 정의롭다면, 그분의 정의는 내 죄를 위한 대속을 요구하십니다. 하지만 그분은 자비롭기 때문에 나는 용서에 대해 절망할 수 없습니다. 이 모든 일에 대해 나는 틀림없는 보증을 가지고 있으니 그분의 유일하신 아들 우리 주 예수 그리스도시오, 하나님은 그분을 자비로써 우리에게 주셔서 그분이 우리의 것이 될 수 있도록 하셨습니다. 우리 대신 그분은 자신을 아버지께 희생하여 그분의 영원한 의를 화해시켜, 우리가 하나님의 자비에 대해, 또한 다름 아닌 그분의 유일하신 아들(그분이 우리에게 사랑으로 내어 주셨던)이 우리의 죄에 대한 그분의 의를 만족시키기 위해 이루신 속죄에 대해, 확신을 가지도록 하셨습니다.' 당신의 영혼이 근심과 절망으로 고통당할 때 다음과 같은 확신으로 영혼을 확증하십시오. '내 영혼아, 어찌하여 너는 낙담하는가? 구원을 주실 수 있는 유일한 분, 즉 하나님이 너의 것이고 너는 그분의 것이다. 너는 그분의 작품이요 피조물이었으나 타락했고 멸망했다. 하지만 그분은 아들을 보내어, 죄를 제외하곤 그분을 너와 같이 만드셔서, 그렇게도 위대한 형제요 친구의 모든 권리와 특권에 의지하여 네가 담대하게 영원한 구원을 주장할 수 있게 하셨다. 이러한 도우미가 내 옆에 서서 도우시는데, 어떤 마귀가 나를 두렵게 하고 무섭게 할 수 있겠는가? 그 누가 하나님이 친히 주시며, 자신의 아들을 보증과 담보로 보내 주신 것을 내게서 빼앗을 수 있는가?' 당신이 이러한 방식으로 그리스도 안에서 스스로 위로하면, 당신은 그분의 몸을 영적으로 먹습니다. 다시 말해 당신은 그분이 당신을 위해 가지신 인성을 의지하며, 모든 절망의 공격에 대해 하나님 안에서 두렴 없이 서 있을 수 있습니다.

그렇다면, 당신이 주의 만찬으로 그리스도를 영적으로 먹기 위해 나아올 때, 또한 그분의 위대한 은혜에 대해, 절망에서 구원받은 그 구속에 대해, 그리고 영원한 구원을 확신시켜 주는 그 보증에 대해 주님께 감사할 때, 또한 당신이 형제자매와 함께 그리스도의 몸의 증표인 빵과 포도주에 참여할 때, 진정한 의미에서 당신은 그분을 성례적으로 먹는 것입니다. 당신은 외적으로 나타내는 것을 내적으로 행하며, 당신의 영혼은 그 증표들 안에서 증거 되는 신앙에 의해 강하게 될 것입니다.

하지만 비록 이 보이는 성례나 표징에 공개적으로 참여하지만, 신앙이 없는 자들에 대해서는 성례적으로 먹는다고 말하는 것이 바르지 않습니다.(35) 그들은 성례에 참여함으로써 심판, 즉 하나님의 징벌을 자신에게 불러옵니다. 왜냐하면 그들은 그리스도의 몸, 즉 성육신과 고난의 신비 전체와 그리스도의 교회를 존중하지 않기 때문입니다. 하지만 신자들은 항상 또한 바르게 그리스도의 몸을 존중합니다. 우리는 참여하기 전에 자신을 살펴야 합니다, 즉 우리는 마음을 찾아서 스스로 다음과 같이 물어 보아야 합니다. '우리가 그리스도를 하나님의 아들 우리의 구속자, 구주로 고백하고 받아들여 오직 그분만을 틀림없는 구원을 시작하신 분과 주신 분으로 의지하는가?' '우리가 그리스도께서 머리가 되시는 교회의 지체가 된다는 사실을 기뻐하는가?' 우리가 주의 만찬에서는 이러한 신앙을 가지고 있는 것처럼 보이지만, 실제로는 거짓으로 교회와 연합한다면, 우리가 주의 몸과 피에 대해 죄를 짓는 것이 아닙니까? 그것은 본성적으로 육체적으로 먹지 않기 때문이 아니라, 우리가 실제로는 영적인 참여가 없음에도 영적으로 참여했다고 교회에게 거짓 증거 했기 때문입니다. 감사의 표징을 사용하지만, 신앙이 없는 자들은, 말하자면 성례적으로 (주의 만찬을) 받습니다. 하지만 그들은 다른 불신자보다 더 심하게 심판을 받을 것입니다. 왜냐하면 불신자는 주의 만찬을 아예 무시하지만, 그들은 마치 주의 만찬을 받는 것처럼 행동하기 때문입니다. 만찬을 겉으로만 기념하는 자들은 불신과 오만의 두 가지 죄를 짓는 것입니다. 반면 불신자들은 불신앙 때문에 어리석은 자와 함께 멸망합니다.

성례나 표지 자체가 만찬에서 작용하거나 작용할 수 있는 것이 무엇인지에 대해 우리 가운데 일시적으로 심한 다툼이 있었습니다. 우리의 원수들은(36) 성례가 신앙을 주며 그리스도의 본성적인 몸을 중개하며, 우리는 본질적으로 있는 그리스도의 몸을 먹는다고 주장합니다. 하지만 우리가 이와 다르게 생각할 충분한 이유가 있습니다.

첫째, 외적인 것이 아니라 오직 성령만이 하나님을 신뢰하는 그 믿음을 줄 수 있습니다. 성례도 믿음을 주기는 하지만 오직 역사적인 믿음만 줍니다.(37) 모든 기념과 유적과 조각은 역사적인 믿음을 줍니다. 즉 그것들은 우리에게 어떤 사건을 기억하게 하고 기억을 새롭게 합니다. 이것은 히브리인의 유월절 혹은 아테네의 채무 변제와 같으며,(38) 또는 에벤에셀의 돌과 같이 승리를 기념하는 방식으로 이루어집니다.

주의 만찬도 또한 이러한 방식으로 믿음을 만들어 냅니다. 즉 그것은 그리스도의 탄생과 수난을 확고하게 증거 합니다. 하지만 주의 만찬이 누구에게 증거 합니까? 신자나 불신자에게 똑같이 증거 합니다. 받든지 안 받든지, 주의 만찬은 모두에게 성례의 권능에서 나온 것, 즉 그리스도께서 고난 받으셨다는 사실을 증거 합니다. 하지만 그것은 오직 신실하고 경건한 자에게만 그분이 우리를 위해 고난 당하셨다는 것을 증거 합니다. 성령에 의해 내적으로 가르침을 받아 하나님의 선하심의 신비를 아는 사람들, 즉 그리스도가 우리를 위해 고난 당하셨다는 것을 알고 믿을 수 있는 사람들, 그들만이 그리스도를 받을 수 있습니다. 아무도 아버지께서 그분에게 이끄시는 자들이 아니면 그리스도에게 나아갈 수 없습니다. 바울은 논쟁 전체를 다음과 같은 한 마디 말로 해결합니다. "사람이 자기를 살피고 그 후에야 이 빵을 먹고 이 잔을 마시라." 따라서 우리가 나아가기 전에 자신을 살핀다면, 만찬이 믿음을 준다는 것은 있을 수 없습니다. 왜냐하면 우리가 나아가기 전에 믿음이 이미 있었기 때문입니다.

둘째, 우리의 원수들이 그리스도의 본성적인 몸이 상징 안에서 우리에게 제시된다고 주장할 때— '이것이 내 몸이다'라는 말씀의 힘과 효과가 그 이유가 된다— 우리는 그 잘못된 가르침을 반대합니다. 그 주장은 이미 인용한 그리스도의 말씀, 즉 그분의 몸이 세상에 계속적으로 있지 않다는 말씀을 통해 해결됩니다. 만약 말씀의 힘에 대해 말한다면, 제시된 몸은 고난당할 수 있는 몸이 되어야 합니다. 왜냐하면 그분은 이 말씀을 하실 때 아직 죽을 몸을 지니고 있었기 때문입니다. 그분은 두 몸, 즉 불멸하며 고난당할 수 없는 몸과 죽을 몸을 소유하지 않으셨습니다. 만약 사도들이 그분의 죽을 몸을 먹었다면 우리가 먹는 것은 무엇입니까? 본성적으로 먹는다면, 죽을 몸입니다. 하지만 죽어야 했던 몸이 이제는 죽지 않고 썩지 않습니다. 따라서 우리가 그분의 죽을 몸이라면, 그분은 죽고 또한 죽지 않을 몸을 가진다는 결론이 따라 나옵니다. 하지만 이것은 불가능합니다. 몸은 동시에 죽고 또한 죽지 않을 수 없습니다. 그렇다면 그분은 두 개의 몸을 가져야 합니다. 하나는 죽을 몸으로 우리와 사도들이 먹으며, 또 하나는 죽지 않을 몸으로 하나님의 오른편에 계십니다. 그렇지 않다면 우리는 사도들이 죽을 몸을 먹었지만, 우리는 죽지 않을 몸을 먹는다고 말해야 합니다. 이것은 분명 웃음거리에 불과합니다.

마지막으로 우리가 먹는 것이 현존하며, 본성적이며, 본질적인 그리스도의 몸이라는 우리의 원수들의 말을 우리는 반대합니다. 이것은 모든 신앙심에 명백히 모순되는 주장입니다. 물고기를 기적적으로 끌어 올리며, 그리스도께서 하나님의 권능 가운데 계신다는 것을 깨달았을 때, 베드로는 "주여, 나를 떠나소서. 나는 죄인이로소이다"라고 말했습니다. 그는 매우 놀랐습니다. 우리가 그분의 본성적인 몸을 식인종처럼 먹으려 하는 것입니까? 마치 어떤 사람이 자기 자녀를 너무도 사랑해서 먹어 치우기를 원하는 것처럼 말입니다. 혹은 마치 식인종을 인간 중에서 가장 야수적이라고 생각하지 않는 것처럼 말입니다. 백부장은 말했습니다. '내 집에 들어오심을 나는 감당치 못하겠습니다'(눅 7:6). 하지만 그리스도께서는 친히 그에 대해 "이스라엘 중에서도 이만한 믿음을 만나 보지 못하였다"고 증언하셨습니다. 믿음이 크면 클수록, 또한 거룩하면 거룩할수록, 믿음은 영적으로 먹는 것에 만족합니다. 믿음이 영적으로 먹는 것에 만족하면 만족할수록, 경건한 마음은 육체적으로 먹는 것으로부터 물러납니다. 섬기는 여인들이 주님의 몸을 영화롭게 한 것은, 그 몸을 먹어서가 아니라 씻고 기름 발라서였습니다. 고귀한 관원인 아리마대 사람 요셉과 은밀한 제자 니고데모는 주님의 몸을 향료와 세마포로 싸서 무덤에 안치했습니다. 하지만 그들은 주님의 몸에 본성적으로 물리적으로 참여하지는 않았습니다.

성례의 힘에 대해

왕이시여, 이러한 난점은 경건을 가장하여 만찬이나 세례에, 종교와 진리를 위협하는 어떤 것을 귀속시켜서는 안 된다는 것을 분명히 말해 줍니다. 하지만 이것이 성례가 아무런 힘이나 능력이 없다는 것을 뜻합니까?

첫 번째 힘. 성례는 위대한 대제사장 그리스도 자신이 제정하고 받아들이신 거룩하고 공경할 만한 것입니다. 그분은 세례를 제정하셨을 뿐만 아니라 그분 자신이 세례를 받으셨습니다. 그분은 우리에게 만찬을 기념하라고 명령하셨을 뿐만 아니라, 그분 자신이 만찬을 최초로 기념하셨습니다.

두 번째 힘. 성례는 역사적 사실을 증거 합니다. 모든 법과 관습과 제도는 그 창시자와 기원을 선포한다고 말합니다. 따라서 세례가 그리스도의 죽음과 부활을 상징적으로 선포한다면, 이 사건이 실제로 일어났다는 결론이 따라 나오게 됩니다.

세 번째 힘. 성례는 그것이 가리키는 장소와 이름을 대체합니다. 유월절, 즉 하나님이 이스라엘 백성을 아끼셔서 넘어가신 사건 자체는 우리에게 제시될 수 없습니다. 하지만 양이 유월절의 표지로서 그 자리를 채웁니다. 마찬가지로 그리스도의 몸과 그것과 관련되어 일어난 모든 일이 우리에게 제시될 수 없습니다만 그 자리는 우리가 대신 먹는 빵과 포도주에 의해 채워집니다.

네 번째 힘. 성례는 높은 것을 대표합니다. 모든 표지의 가치는 그것이 가리키는 것의 가치에 따라 커집니다. 만약 그것이 위대하고 정확하고 고귀한 것이라면 그 표지는 더욱더 높은 가치를 지닐 것입니다. 각하가 아내가 될 여왕과 함께 약혼할 때 준 반지는(39) 여왕께는 단순히 금의 가치에 따라 가치가 매겨지지 않을 것입니다. 그것은 금이지만, 가격을 따질 수 없는 것입니다. 왜냐하면 그것은 여왕의 남편 되는 왕의 상징이기 때문입니다. 그러한 이유로 여왕은 그것을 그녀가 가진 모든 반지 중의 왕으로 생각하고 자신의 보석을 이름 짓고 가치를 매길 때, 이렇게 말할 것입니다. "이것은 나의 왕이로다. 즉 나의 왕이신 남편이 내게 약혼할 때 준 반지다. 이것은 풀어질 수 없는 결합과 신실성의 표지다." 마찬가지로 빵과 포도주는 하나님께서 아들 안에서 또한 아들을 통해 인류와 화해하신 그 친교의 상징입니다. 우리는 이것을 그 고유한 가치에 따라 평가하지 않고 그것이 나타내는 것의 위대성에 따라 평가합니다. 빵은 더 이상 일상적인 것이 아니라 봉헌된 것입니다. 그것은 빵이라고 불리지만, 또한 그리스도의 몸이라고 불립니다. 참으로 그것은 그리스도의 몸입니다. 하지만 그것은 오직 이름과 가리키는 것에 의해서만, 혹은 우리가 말하듯이 성례적으로만 그러합니다.

다섯 번째 힘. 표징과 가리키는 사물과의 유비입니다.[40] 만찬에는 두 가지의 유비가 있습니다. 첫 번째 유비는 그리스도에 대한 것입니다. 빵이 인간을 지지하고 유지하며, 포도주가 인간의 마음을 기쁘게 하듯, 그리스도만이 아무 소망이 없을 때 영혼을 지지하고 유지하며 기쁘게 합니다. 그 누가 하나님의 아들이 자신의 것이며, 그분이 보화와 같이 영혼 안에서 자신을 보호하고, 자신을 위해 아버지께 무엇이든 구할 수 있다는 것을 알면서 절망에 굴복할 수 있습니까? 두 번째 유비는 우리 자신에 대한 것입니다. 빵이 수많은 밀로 이루어지고 포도주가 수많은 포도로 이루어지듯이 한 영에서 나오는 그리스도를 향한 공통된 의지로 교회의 몸이 이루어지며, 많은 지체에게서 한 몸을 이루어 내주는 성령의 참 성전과 몸이 됩니다.

여섯 번째 힘. 성례는 믿음을 더해 주며 믿음에 도움이 됩니다. 이것은 만찬에서 특별히 사실입니다. 왕이시여, 당신은 얼마나 자주 우리 믿음이 시험 받고 유혹 받는지를 아십니다. 마귀는 사도들에게 했듯이 우리를 밀처럼 까부르고 있습니다. 어떻게 그가 우리를 공격합니까? 안으로는 반역에 의해서입니다. 마귀는 우리 감각기관에 정욕의 사다리를 세워, 마치 성벽에서 오래 되고 무너지는 곳을 공략하듯 몸을 통해 우리를 정복하려고 합니다. 하지만 감각기관이 다른 곳에 부름을 받아 유혹자에게 귀를 기울이지 않는다면, 마귀의 공격은 성공하기 힘듭니다. 성례에서 감각기관은 마귀의 꼬임에서 등을 돌릴 뿐만 아니라, 믿음에 대해 굳게 맹세하여, 마치 하인처럼 주인 되는 믿음이 명령하고 행하는 것 이외에 아무것도 하지 않습니다. 따라서 그것은 믿음을 지지하고 강하게 합니다. 나는 공개적이고 자유롭게 말할 것입니다. 만찬에는 네 가지 가장 중요한 감각기관, 참으로 모든 감각기관이 육신의 욕망으로부터 해방되어 구속되고 믿음의 순종 아래 놓여집니다.

청각으로 우리가 듣는 것은 더 이상 현의 음악이나 다양한 음의 조화가 아니라 하늘의 음성입니다. '하나님이 세상을 이처럼 사랑하사 독생자를 주셨다.' 또한 우리는 형제자매로 우리에게 주시는 이러한 유익에 대해 감사하기 위해 그곳에 참여합니다. 우리는 이것을 아들 자신의 명령에 따라 행합니다. 그분은 죽음이 다가왔을 때, 우리에 대한 그분의 사랑에 대한 영속적인 기억과 보증으로 이 감사를 제정했습니다. 그분은 빵을 잡으시고 감사를 드리고 떼어 제자들에게 주시며 지극히 거룩한 입술로 거룩한 말씀을 하셨습니다. '이것은 내 몸이다.' '만찬 후에 잔을 들어' 등등. 청각이 이러한 종류의 일을 받을 때, 완전히 귀가 막히며 놀라서 선포되는 것에게만— 하나님과 하나님의 사랑에 대해 아들이 우리를 위해 죽음에 넘겨졌다는 것을 들을 때— 주의를 기울이지 않겠습니까? 청각이 이러한 방식으로 주의를 기울인다면 믿음이 행하는 바를 행하지 않겠습니까? 믿음은 그리스도를 통해 하나님에 토대를 두고 있습니다. 따라서 청각이 같은 방향으로 바라본다면, 청각은 믿음의 종이 되고 더 이상 경솔한 상상이나 노력으로 믿음을 방해하지 않을 것입니다.

시각에서 우리는 그리스도 대신 그분의 선하심과 은혜로운 성향을 가리키는 빵과 포도주를 봅니다. 따라서 시각이 믿음의 종이 되지 않겠습니까? 시각은 앞에서, 말하자면, 그리스도를 보고, 영혼은 그분의 아름다움에 의해 뜨거워지며 그분을 더 소중하게 사랑합니다. 촉각에 있어서 우리는 빵을 우리의 손으로 잡는데, 그것이 가리키는 바는 더 이상 빵이 아니라 그리스도입니다. 또한 미각과 후각에 대한 부분도 있어서 우리는 주님이 얼마나 선하신지 또한 그분을 의지하는 사람이 얼마나 복된 지를 맛보고 볼 수 있습니다. 이 감각기관이 음식에 즐거움을 얻고 음식에 의해 자극되듯이, 영혼도 하늘의 소망의 달콤한 맛을 느낄 때 기뻐하며 즐거워합니다.

따라서 성례는 믿음의 명상을 돕고 믿음을 마음의 소원과 연결시킵니다. 이것은 성례의 활용 없이는 같은 정도로 혹은 같은 조화로 일어날 수 없는 것입니다. 세례에서는 시각과 청각과 촉각이 믿음의 일을 위해 주장됩니다. 그 믿음이 교회의 믿음이든 혹은 세례 받는 자의 믿음이든, 믿음은 그리스도께서 교회를 위해 죽음을 감내하셨으며 다시 일어나 승리하셨다는 것을 깨닫습니다. 이것이 우리가 세례 시에 듣고 보고 만지는 바입니다. 따라서 세례는 감각기관이 스스로의 욕망을 향해 돌진할 때, 이것을 제어하고 이것을 마음과 믿음의 순종으로 부르기 위해 쓰이는 재갈과 같습니다.

일곱 번째 힘. 성례가 충성 서약으로 작용한다는 것입니다. 라틴어에서 '사크라멘

툼'(*sacramentum*)이란 단어는 '서약'이라는 뜻으로 사용됩니다. 같은 서약을 한 자는 한 백성과 연맹이 되어 한 몸과 한 백성으로 모여, 어떤 것이 거짓 맹세인지 보여 줍니다. 그리스도의 백성은 그분의 몸에 성례적으로 참여하는 것에 의해 한 몸으로 모입니다. 그 누가 주제넘게 믿음 없이 그 친교에 들어가려고 한다면, 그는 그리스도의 몸을 그 머리와 지체에서 배반하게 됩니다. 그가 분별하지 않기 때문에, 곧 우리를 위해 죽음에 넘겨지거나 혹은 죽음에 의해 구속된 그리스도의 몸에 대해 바르게 평가하지 않기 때문입니다.[41] 우리는 그분과 한 몸입니다.

따라서 좋든 싫든, 우리는 '이것은 내 몸이다'라는 말을 본성적으로 문자적으로 이해할 수 없으며, 상징적으로, 성례적으로, 전의적으로 혹은 환유로서[42] 이해해야 한다고 인정해야 합니다. 따라서 '이것이 내 몸이다'는 '이것은 내 몸의 성례다', '이것은 나의 성례적 혹은 신비적 몸이다', 즉, 내가 참으로 취하고 죽음에 넘긴 그 몸의 성례적이고 대표적 상징이라는 것을 뜻합니다.

이제 간략함을 잊어 각하를 화나게 하지 않도록 앞으로 나아가야 할 시간입니다. 하지만 지극히 존귀한 왕이시여, 내가 지금까지 말한 것은 너무도 확실하여 많은 사람이 반박하려고 시도했지만, 누구도 이것을 흔들 수 없었습니다. 따라서 논박할 수 없는 성경보다 말재주를 사용하는 어떤 사람들이 이러한 견해를 불경하다고 금지시킨다고 해도 신경 쓰지 마십시오. 그들은 대담하지만 덧없는 말로 그 사실을 자랑합니다. 하지만 그 문제가 조사될 때 이는 뱀이 허물을 벗는 것 이상의 가치를 가질 수 없습니다.[43]

교회

우리는 또한 거룩하고 일반적인, 즉 보편적인 하나의 교회가 있으며, 이 교회는 보이거나 혹은 보이지 않는다는 것을 믿습니다. 바울의 가르침에 따르면 보이지 않는 교회는 하늘에서 내려오는 교회,[44] 즉 성령의 조명으로 하나님을 알고 맞이한 교회입니다. 온 세계에 있는 모든 믿는 자가 이 교회에 속합니다. 이 교회가 보이지 않는다고 불리는 것은 신자들이 보이지 않기 때문이 아니라 그들이 누구인지가 사람들의 눈에 가려져 있기 때문입니다. 신자는 오직 하나님과 자신에게만 알려집니다.

보이는 교회는 로마 교황이나 주교관을 쓴 자가 아니라, 온 세계에서 그리스도에 대한 신앙을 고백하는 모든 자를 말합니다.(45) 이 숫자 중에는 거짓으로 기독교인으로 불리는 자들이 있는데, 이것은 그들이 내적인 믿음을 가지고 있지 않기 때문입니다. 보이는 교회 안에는 선택 받고 보이지 않는 교회의 구성원이 아닌 사람들도 있습니다. 만찬에서는 자기 정죄를 위해 먹고 마시는 자도 있습니다만, 그 형제자매는 그들이 누구인지 알지 못합니다. 결과적으로 보이는 교회는 그 안에 믿음이 없기 때문에 거만하고 적대적이고, 100번이나 파문될지라도 이에 대해 아무런 생각도 하지 않는 사람을 포함하고 있습니다. 여기서 극악무도한 죄인을 징벌하기 위해, 군주의 정부든, 귀족의 정부든, 정부의 필요성이 나타납니다.(46) 왜냐하면 높은 권세자는 칼을 헛되이 지니고 있는 것이 아니기 때문입니다. 교회 안에 목자가 있고 이 목자 가운데에는 예레미야에서 볼 수 있듯이 군주도 있다는 것을 안다면, 시민 정부 없는 교회란 절름발이요 무력합니다. 지극히 경건한 왕이시여, 권세를 약화시키고, 그 해체를 주장하기는커녕ㅡ 우리는 이렇게 행한다고 고소를 당하고 있습니다ㅡ(47) 우리는 권세가 교회의 몸을 온전하게 하기 위해 필수적이라고 가르칩니다. 이제 이 주제에 대한 우리의 가르침을 간략히 고찰하고자 합니다.

정부

그리스 사람들은 세 가지 종류의 정부와 세 가지 타락 형태를 생각합니다. 첫 번째는 군주정치로 라틴어로는 왕권으로 여기서는 모든 일의 운영이 경건과 공평의 방향으로 한 사람에게 귀속됩니다. 이것의 반대와 타락은 전제정치로, 로마 사람들은 이것을 적절하지 못하게 힘 혹은 폭력으로 묘사하는데, 라틴어에서는 이에 대한 적절한 단어가 없기 때문에 로마 사람들은 보통 그리스어인 'tyrannis'를 빌려 사용합니다. 이것은 경건이 경멸되고, 정의가 발 아래 짓밟히고, 모든 일이 힘에 의해 행해지고, 꼭대기에 서 있는 자가 변덕으로 다스릴 때 나타납니다.

다음으로, 그리스 사람들은 귀족정치를 인정하는데ㅡ 라틴어로는 최고의 사람들의 지배라는 뜻입니다ㅡ 여기서는 최고의 사람들이 국가를 운영하고 사람들 가운데서 정의와 경건을 유지합니다. 이러한 형태가 타락할 때, 과두정치가 되는데, 로마 사람들은 이것을 적절하게 소수의 지배라고 서술합니다. 이 경우에는 소수의 귀족이 일어나 권력을 잡아 공공 선을 위해서가 아니라 자신의 유익을 위해 국가를 복속시키고 국가를 자신들의 목적을 이루기 위해 이용합니다.

마지막으로 그리스 사람들은 민주주의ㅡ 로마 사람들은 공화정이라고 부르는데 이 단어는 민주주의보다는 더 넓은 뜻을 가지고 있습니다ㅡ 를 인정하는데 여기서는 국가, 즉 모든 일의 방향이 공중 혹은 온 백성의 손에 달려 있으며, 모든 행정적인 직임과 영예와 책임적인 지위가 온 백성의 지배를 받습니다. 이 형태가 타락할 때 그리스 사람들은 이것을 음모 혹은 소동,(48) 즉 소요, 반란, 또한 혼란이라고 부르는데, 여기서는 모든 규제를 벗고 국가의 권위ㅡ 그가 전체 백성의 일원이고 부분인 것을 인식하고 각자가 자신을 위해 주장하는 권위ㅡ 보다는 개인의 뜻에 대한 복종이 이루어집니다. 이런 식으로 불법의 음모와 당파가 일어나고 살인, 노략, 불의 및 반역과 반란의 모든 악한 결과가 뒤따라 나옵니다.

우리는 그리스 사람들이 정부에 대해 구분한 내용을 다음과 같이 인정하고 칭송합니다. 만약 지배자가 왕이나 군주면 우리는 그에게 그리스도의 명령에 따라 복종하고 존경해야 한다고 가르칩니다. "가이사의 것은 가이사에게, 하나님의 것은 하나님께 바치라." 왜냐하면 우리는 가이사를 혈통의 권리에 의해서나, 혹은 선거나, 관습적 권리에 의해, 권세가 주어지거나 이전된 모든 통치자라고 이해하기 때문입니다. 하지만 만약 왕이나 군주가 폭군이 되면, 우리는 그의 주장에 제한을 두고 때를 얻든지 못 얻든지 그것을 비난합니다. 주께서 예레미야에게 말씀하시기 때문이다. "내가 너를 여러 나라와 여러 왕국 위에 세운다." 그가 그 경고에 주의를 기울이면, 우리는 왕국과 나라 전체에 대한 아비를 얻은 것입니다. 하지만 그가 더욱더 지나친 폭력에 의존한다면, 우리는 그의 행동이 악하더라도, 주님이 그를 권좌에서 제거하고 혹은 그의 기능을 박탈하고 질서를 회복할 의무가 있는 사람들이 어떤 방법을 발견할 때까지, 그에게 복종하라고 가르칩니다. 같은 방식으로 우리는 귀족정치나 민주정치가 음모와 혼동으로 퇴보하지 않도록 깨어서 경계합니다.

우리는 성경에서 우리가 가르치고 요구하는 바를 예로 들 수 있습니다. 사무엘은 주께서 그의 나라와 생명을 탈취할 때까지 사울을 참아냈습니다. 다윗은 나단에 의해 책망을 받았을 때 올바른 판단으로 돌아왔고, 많은 공격에도 불구하고 보좌를 지켰습니다. 아합과 그의 아내는 엘리야의 책망을 받고 불경한 길에서 돌이키지 않았으므로 생명을 잃었습니다. 헤롯은 근친상간적인 결합에 대해 조금도 부끄러움을 느끼지 않아서 요한에게 비난을 받았습니다. 그렇지만 성경에서 모든 사례를 끌어낸다면 너무 오래 걸릴 것입니다. 학식 있고 경건한 자는 우리가 이러한 자료를 통해 말하려고 하는 것이 무엇인지 잘 압니다.

요약하면 그리스도의 교회에서는 정부와 예언이[49] 모두 필요합니다. 물론 후자가 우선적입니다. 사람이 몸과 영혼으로 이루어져 있고, 몸이 더 열등하고 낮은 부분이듯이,[50] 비록 정부가 영의 일과는 멀리 떨어진 세속적인 상황을 지도하고 지배하지만, 정부 없이는 교회가 있을 수 없습니다.

그러한 이유로 가장 찬란하게 빛나는 우리 믿음의 두 별, 즉 예레미야와 바울이, 우리가 경건한 삶을 살아갈 수 있도록 존재하는 권세자를 위해 주님께 기도하라고 명령한다면,[51] 더욱더 여러 왕국과 여러 백성 중에 있는 모든 사람들은 기독교적 안식을 보장하기 위해 그들이 할 수 있는 모든 것을 시도하고 성취할 의무가 있습니다. 따라서 우리는 공세, 세금, 부과금, 십일조, 서약, 빚과 갖가지 의무를 다 이루어야 하며, 그러한 문제에 있어서 일반적인 법을 지켜야 한다고 가르칩니다.

죄의 용서

우리는 그리스도를 통해 하나님께 기도할 때, 믿음으로 죄의 용서가 확실히 주어진다고 믿습니다. 그리스도께서 베드로에게 우리가 일흔 번씩 일곱 번이라도, 즉 무제한 적으로 용서해야 한다고 말씀하셨다면, 그분은 마땅히 우리의 잘못을 용서하실 것입니다. 하지만 우리는 죄가 용서받는 것은 바로 믿음에 의해서라고 말했습니다. 이 말로써 우리는 단지 믿음만이 용서의 확신을 줄 수 있다는 것을 주장하려고 할 뿐입니다. 로마 교황이 600번이나 네 죄가 사해졌다라고 말할지라도, 영혼이 내적으로 자신이 용서받고 화해되었다는 사실을 조금도 의심 없이 알고, 믿고 참으로 경험할 때까지 영혼은 쉼을 얻지 못하고 하나님과의 화해에 대한 확신을 누릴 수 없습니다. 오직 성령만이 믿음을 주실 수 있으며, 오직 성령만이 죄를 용서하실 수 있습니다.

하나님 앞에서 죄에 대한 회복, 보상, 속죄는 우리를 위해 고난당하신 그리스도에 의해 단번에 이루어졌습니다. 그리스도께서 친히 우리의 죄를 위해 화목제물이 되고 우리의 죄뿐만 아니라 이 세상 모두의 죄를 위한 화목제물이 되셨으며, 이것은 그분의 친구인 복음서 기자와 사도가 우리에게 말하는 바와 같습니다.(52) 따라서 그분이 죄에 대해 보속을 했다면, 누가 그 보속과 화해의 참여자가 될 것인지 나는 묻고 싶습니다. 그분이 친히 하신 말씀을 들읍시다. "나를 믿는 자, 즉 나를 믿고 내게 의지하는 자는 영생을 얻는다." 하지만 죄가 용서된 자가 아니면 누구도 영생을 얻을 수 없습니다. 따라서 그리스도를 의지하는 자는 죄의 용서를 받는다는 것이 결론으로 따라 나옵니다.

우리 중 아무도 누가 믿는지를 알지 못하므로, 우리 중 아무도 누구의 죄가 용서를 받았는지 알 수 없습니다. 오직 은총의 조명과 능력에 의해 믿음의 확신을 누리는 자만이(53) 그리스도를 통해 하나님이 자신을 용서해 주었다는 것을 알고 따라서 용서의 확신을 가질 수 있습니다. 그는 하나님이 속일 수 없고 거짓말할 수 없고 따라서 죄인에 대한 그분의 은총을 의심할 수 없습니다. 하나님은 위에서 말씀하셨습니다. "이는 내 사랑하는 아들이요 내 기뻐하는 자라, 즉 내가 화해하게 되는 자다." 이것은 하나님의 아들과 우리 주요 형제인 그리스도로 말미암아 하나님을 믿는 모든 자는 죄 용서가 그들에게 주어졌다는 것을 확실히 안다는 것을 의미합니다. 따라서 내가 너를 용서하노라, 내가 네게 죄 용서를 확신하게 하노라 등의 말을 사용하는 것은 쓸데없는 일입니다. 사도들은 어디서나 죄의 용서를 설교하지만 이것은 오직 믿고 선택받은 자만 얻을 수 있습니다. 따라서 다른 사람들의 선택과 믿음이 우리에게 항상 가려져 있으므로- 주님의 영은 우리에게 우리 자신의 믿음과 선택에 대해 확신을 주십니다만- 다른 사람의 죄가 용서받았는지 아닌지도 역시 우리에게 가려져 있습니다. 그렇다면 어느 누가 다른 사람에게 죄 용서에 대해 확신시켜 줄 수 있습니까? 이 문제에 대한 교황의 생각은 모두 기만이요 헛된 이야기입니다.

믿음과 선행

우리가 믿음의 주제를 다루었기 때문에 각하에게 믿음과 행위에 대한 우리의 가르침을 짧게 설명하고 싶습니다. 우리가 선행을 금지하는 것처럼 우리를 부당하게 비난하는 사람들이 있기 때문입니다. 우리는 이 문제에서도 다른 문제와 마찬가지로 하나님 말씀이 지시하며 상식이 제시하는 것만을 가르치고 있습니다.(54) 그 누가 이 문제들에 정통하지 못해 선행은 의도로부터 나와야 하며 의도가 없는 행위는 공적이 아니라 우연에 불과하다고 주장하지 않을 수 있습니까? 인간의 마음에서 믿음의 위치는, 행동에서 의도의 위치와 같습니다. 행동이 의도를 따르지 않는다면, 결과는 사전에 매개되지 않은 것이요 아무런 가치가 없습니다.(55) 도시를 지키고 우리 모든 행동을 지시하는 믿음이 없다면, 우리가 노력하는 모든 것은 반 신앙적이고 쓸데없는 일이 됩니다. 우리 사람들은 일 자체보다도 그 일에서 신뢰성과 믿음을 더 많이 생각합니다. 신뢰성과 믿음이 없다면 그 일은 가치가 떨어집니다. 어떤 사람이 각하를 위해 큰일을 했지만, 성실하게 하지 않았다고 생각해 봅시다. 당신은 즉시 그 일을 행한 사람에게 그가 마음에서 그 일을 하지 않았기 때문에 감사의 빚을 지지 않았다고 말하지 않겠습니까? 당신은 불성실하게 행해진 어떤 일에, 숨겨진 반역이 자리잡고 있으며, 바로 그 이유 때문에 불성실하게 봉사한 사람은 늘 부정직하다고 의심을 받게 되며, 그가 자신의 이익을 위해 행동했지 당신을 위해 행동하지 않은 것 같다고 느끼지 않습니까?

선행에 대해서도 같은 규범과 표준이 적용됩니다. 행위의 근원은 믿음이 되어야 합니다. 만약 믿음이 있다면, 그 일은 하나님이 받으실 만한 일이 됩니다. 그렇지 않다면 우리가 하는 것이 무엇이든, 그것은 배역으로 가득 차 있으며, 하나님이 받으실 만한 일이 되지 못할 뿐만 아니라, 하나님에게 모독이 됩니다. 이것이 바울이 로마서 14장에서 "믿음을 따라 하지 아니하는 것은 다 죄니라"라고 말한 이유입니다. 우리 가운데는 우리의 모든 행위가 신성 모독이라고 역설적으로[56] 주장했던 자가 있습니다. 이것으로 그들은 우리와 똑같은 것, 곧 어떤 일이 우리에게 돌려지고 믿음에 돌려지지 않는다면, 그것은 불신앙이고 따라서 하나님에게 가증스런 일이 된다는 것을 말하려고 합니다. 우리가 이미 설명했던 바와 같이 믿음은 오직 하나님의 영으로부터만 옵니다. 따라서 믿음을 가진 사람들은 모든 일의 표준으로 하나님의 뜻을 바라봅니다. 이것은 그들이 하나님의 법을 거스르는 일뿐만 아니라 하나님의 법과 무관해서 행해지는 일을 거부한다는 것을 의미합니다. 왜냐하면 법은 하나님의 영원한 뜻이기 때문입니다. 따라서 법 없이 행해지는 일, 즉 말씀과 하나님의 뜻 없이 행해지는 모든 일은 믿음에서 나온 것이 아닙니다. 믿음에서 나온 것이 아니라면 죄입니다. 그리고 죄라면 그것은 하나님이 몹시 싫어하는 일이 됩니다. 따라서 사람이 하나님이 명령한 것을 행할지라도– 예를 들면 구제하는 것– 믿음에서 나오지 않는다면, 그 일은 하나님이 받으실 만한 일이 되지 못합니다. 우리가 믿음에서 나오지 않는 구제의 근원이 무엇인지를 살펴보면, 그것이 허영이나 혹은 더 많은 것을 대가로 받고자 하는 욕망이나 혹은 또 다른 죄스런 동기로부터 나온다는 것을 발견하게 될 것입니다. 그 누가 그러한 일이 하나님이 싫어하는 것이 된다는 것을 부인할 수 있습니까?

하나님의 뜻 없이 행해진 행위는 믿음 없이 행해지는 것이요, 믿음 없이 행해진다면 그것은 바울의 판단에 따르면 죄이며, 그것이 죄가 되므로 하나님은 그것을 싫어하신다는 것은 매우 분명합니다. 따라서 하나님의 말씀의 보증 혹은 증언 없이 로마파가 거룩하고 경건하고 하나님이 받으실 만한 것이라고 선언했던 것들, 곧 위장된 면죄, 연옥 불의 소멸,[57] 강요된 금욕과 다양한 종단과 미신적인 행위– 이것을 모두 언급한다면 지루할 것입니다– 은 하나님이 보시기에 모두 죄요 가증한 것입니다. 하나님의 법에 따라 행해지는 행위, 예를 들면 주린 자를 먹이고 헐벗은 자를 입히고 감옥에 갇힌 자를 위로할 때 이러한 일이 공로적인지 아닌지에 대해 말하는 것은 어렵습니다. 그것들이 공로적이라는 것을 증명하기 위해 우리의 원수들은 "누구든지 내 이름으로 물 한 그릇이라도 주면 그가 결코 상을 잃지 아니하리라"(막 10:41)라는 말씀을 인용합니다. 하지만 하나님의 말씀은 또한 그것들이 공로적이 아니라고 증언합니다. "너희도 이 모든 것을 다 행한 후에 이르기를 우리는 무익한 종이라 할지니라"(눅 17:10). 우리의 선행이 구원을 얻을 만하다면, 하나님의 정의와 화해시키기 위해 그리스도의 죽음이 필요하지 않았을 것입니다. 또 죄가 용서된다는 것이 더 이상 은총이 아닐 것입니다. 왜냐하면 우리 모두 용서를 공로로 얻을 수 있기 때문입니다. 바울은 로마서와 갈라디아서에서 이 문제를 매우 확실하게 말합니다. 그리스도에 의해서가 아니면 아무도 아버지께로 갈 수 없다는 것은 필연적이기 때문입니다. 따라서 영생은 오직 하나님의 은총과 은혜에 의해서만 이루어지며 이것은 그리스도 안에서 우리에게 풍성하게 부어집니다.

하지만 냉수를 주었을 때 약속된 보상에 대한 위의 본문과 비슷한 본문에 대해서 우리는 무엇이라고 말해야 합니까? 그 답은 명백히 그렇습니다. 하나님의 선택은 자유롭고 값없습니다. 왜냐하면 그분은 세상을 놓기 전에, 우리가 태어나기도 전에 우리를 택하셨기 때문입니다. 결과적으로 하나님은 선행으로 인해 우리를 선택하지 않으셨습니다. 왜냐하면 그분은 세상을 놓기 전에 우리를 선택하셨기 때문입니다. 따라서 선행은 공로적이 아닙니다. 만약 그분이 선행에 대해 보답을 약속한다면, 단지 사람의 방식에 따라 말씀하시는 것에 불과합니다. 아우구스티누스는 말합니다. "오 선하신 하나님이시여, 당신이 당신의 일이 아닌 그 무엇을 보상하십니까? 바로 당신이 우리로 하여금 의지하고 행하게 하시니, 우리가 우리 자신에게 돌릴 수 있는 무엇이 남아 있습니까?"(58)

약속에 의해 선행으로 이끌리는 사람들이 있는 반면, 너무도 관대하고 선하여, 호의를 베풀 때 다음과 같이 말하는 사람도 있습니다. "나는 그것을 당신에게 빚졌다. 당신은 완전히 그것을 받을 자격이 있다" 등등. 따라서 선물을 받은 자는 자신이 애원자라고 느끼는 굴욕에서 벗어납니다(왜냐하면 우리가 우리 이웃을 사랑한다면 그가 용기를 잃지 않도록 조심해야 하기 때문입니다). 하나님도 그렇게 하십니다. 그분은 선하심으로 그분이 사랑하는 사람들을 위대하게 만드셔서, 그들이 멸시당하지 않고 존경 받고 존중 받게 합니다. 그분이 우리를 통하여 하시는 일을 그분은 우리의 것이라 말씀하시며 그것이 우리 자신의 일인 것처럼 보답하십니다. 하지만 우리의 선행뿐만 아니라 우리의 모든 생명과 존재가 그분의 것입니다. 하나님은 종종 사람에게 사람의 말과 형식으로 말합니다.

사람들은 선물을 이를 공로로 얻은 자들에게 주고 이것을 보상이라고 부릅니다. 마찬가지로 하나님은 그분의 선물을 '보상' 혹은 '보답'이라고 부르십니다. 성경에 '공로' '보답'이라는 단어가 나타난다는 것은 의심할 여지가 없지만, 이것은 하나님의 값 없는 선물에 대해 사용됩니다. 왜냐하면 사람이 은총으로 인해 살고 은총으로 인해 모든 것을 받아 가지고 있는데, 어떻게 그 무엇이라도 공로로 얻을 수 있겠습니까?

하지만 우리는 경건한 사람이라면, 공로를 얻는 것이 불가능하다고 해서 선행을 멈추지 않을 것이라고 곧 덧붙여야 합니다. 우리의 믿음이 커질수록, 우리의 선행도 더 많아지고 커질 것입니다. 이것은 그리스도께서 요한복음 14장에서 증언한 바와 같습니다. "내가 진실로 진실로 너희에게 이르노니 나를 믿는 자는 내가 하는 일을 그도 할 것이요 또한 그보다 큰 일도 하리라." 또한 "만일 너희에게 믿음이 겨자씨 한 알 만큼만 있어도 이 산을 명하여 여기서 옮겨 바다에 던져지라 하면 그것이 너희에게 순종하였으리라"(마 17:21; 눅 17:6).

따라서 우리가 믿음을 설교하기 때문에 선행을 제한한다고 주장하는 자들은 우리를 좋게 대하지 않습니다. 또한 그들은 진리를 조롱하면서 우리를 잘못 이끌고 있습니다. "친구여, 이것은 우리를 위한 가르침이다. 우리는 믿음으로만 구원을 받는다. 우리는 금식하거나 기도하거나 궁핍한 자를 돕지 않아야 한다." 이러한 종류의 중상모략으로 그들은 스스로 믿음이 없다는 것을 보여 줍니다. 왜냐하면 믿음이 얼마나 하나님의 놀라운 선물인지, 믿음의 능력이 얼마나 효과적인지, 믿음의 작용이 얼마나 지칠 줄 모르는지를 알았더라면, 그들은 자신들이 가질 수 없는 그것을 멸시하지 않았을 것이기 때문입니다.(59) 영혼의 모든 능력으로 하나님에게 두는 그 확신은 오로지 하나님의 일만 생각하고 목적하며, 하나님을 기쁘게 하는 것 이외에 다른 어떤 것도 할 수 없습니다. 믿음이 성령에 의해 일어난다면, 성령께서 친히 끊임없이 활동하고 작용하는데, 어떻게 믿음이 게으르고 가만히 있을 수 있겠습니까? 참 믿음이 있는 곳에는, 마치 불이 반드시 열을 내는 것처럼, 반드시 선행이 따릅니다. 하지만 믿음이 없는 곳에는, 선행은 참 선행이 아니라 선행의 헛된 모방에 불과합니다. 따라서 보상이 없으면 선행하는 것을 중지하겠다고 말하면서 오만하게 선행에 대한 보상을 요구하는 자는, 아직도 종의 마음과 외모를 가지고 있습니다. 종과 게으른 자는 오직 보상을 위해 일합니다. 하지만 믿음 안에 서는 자들은 그 집의 아들처럼 하나님의 일에 있어서 지칠 줄 모릅니다. 선행에 의해서만 아들이 재산 상속자로서 지위를 얻는 것도 아니며, 상속자가 되기 위해 수고하고 일하는 것도 아닙니다. 그가 태어나는 순간 아버지의 재산의 상속자가 되는데, 이것은 공로에 의해서가 아니라 타고난 권리에 의해서입니다. 그는 지치지 않고 일할지라도 보상을 요구하지 않습니다. 왜냐하면 모든 것이 자신의 것이라고 알기 때문입니다. 자유로운 선택에 의해 그들은 하나님의 자녀가 되지 종이 되지 않습니다. 따라서 자녀들처럼 그들은 보상을 요구하지 않습니다. 만물은 하나님의 상속자로서 그리스도와의 공동 상속자로서 우리의 것입니다. 따라서 그들은 자원하여 불평 없이 자신의 일을 합니다.(60) 그들에게 너무 커서 우리의 능력이 아니라 우리가 의지하는 그분의 능력에 의해서도 이루어질 수 없는 일은 없습니다.

하지만 교회에서는 불신앙과 연약한 믿음과 같이 여러 가지 병이 있습니다. 한편으로는 절대적으로 믿지 않으며, 만찬에서 자기의 정죄를 먹고 마시는 유다와 마법사 시몬과 같은 사람들이 있습니다. 반면에 믿음이 냉담한 사람들, 위험이 다가오면 주저하는 사람들, 믿음이 가시덤불, 즉 염려와 세상적 욕심에 막힌 사람들이 있는데, 그들은 경건의 열매나 일을 만들지 못합니다. 따라서 그리스도와 바울과 야고보처럼, 우리는 그들이 믿음이 있으면 행동에 의해 믿음을 보여야 한다고 경고합니다. 왜냐하면 행위 없는 믿음은 죽은 것이요, 좋은 나무가 좋은 열매를 맺고, 아브라함의 자녀는 아브라함의 일을 하고, 그리스도 안에서는 사랑으로 역사하는 믿음 이외에는 아무 소용이 없기 때문입니다. 따라서 우리는 은총뿐만 아니라 율법도 설교합니다.(61) 신실하고 선택 받은 자는 율법에서 하나님의 뜻을 배우고, 악한 자는 두려워하여 두려움으로 이웃을 섬기든지 모든 절망과 불신앙을 드러냅니다.

하지만 동시에 우리는 이러한 행위가 단지 사람의 지혜로 하나님을 섬기기 위해 고안되었다면, 아무런 가치가 없다고 경고합니다. 왕이시여, 이러한 일이 하나님을 기쁘시게 하지 못하는 것은, 누가 당신이 인정하지 않는 방식으로 당신을 섬기려 할 때 당신을 기쁘게 하지 못하는 것과 같습니다. 따라서 당신이 원하는 대로 섬김을 받아야 한다면, 더욱더 우리는 하나님이 명령하거나 바라지 않는 행위를 하나님 앞에 가져가지 않도록 주의해야 합니다. 우리가 믿음을 가르칠 때, 우리는 선행이 나오는 근원을 밝힙니다. 반대로 우리가 행위를 강조할 때, 우리는 강압 없이 우리 모두가 하나님께 빚지고 있지만 갚을 수 없는 그것을 요구합니다.

영생

마지막으로, 우리는 생명보다는 사로잡힘과 죽음이 특징인 이생에서의 삶 다음에 성인과 신자에게는 기쁨과 즐거움의 영원한 삶이, 악하고 믿지 않는 자들에게는 비참함과 고통의 영원한 삶이 있다는 것을 믿습니다. 이 점에 있어서 우리는 부활까지는 몸뿐만 아니라 영혼도 잠든다는 재세례파의 견해를 받아들이지 않습니다. 우리는 천사와 사람의 영혼이 결코 잠들거나 휴식할 수 없다고 주장합니다. 그들의 가르침은 완전히 이치에 맞지 않습니다. 영혼은 너무도 생동적인 실체이기 때문에 그 자체로 생명을 가지고 있을 뿐만 아니라 그것이 사는 거처에게도 생명을 줍니다. 천사가 몸을 입을 때에는, 몸이 공기로 된 것이든, 특별히 창조된 것이든, 생명을 나누어 주어, 몸은 움직이고 일하고 행동하고 작용을 받습니다. 그렇다면 어떻게 영혼이 몸에서 떠날 때, 뻣뻣하게 되어 잠들 수 있겠습니까? 그 힘과 능력이 너무나도 생동적이고 깨어 있어서, 즉 의도적이라서 철학자들은[62] 영혼을 운동 혹은 활동이라고 묘사했습니다. 그리스도인은 영혼을 위한 보다 정확한 단어를 가지고 있습니다. 그들은 영혼을 '엔텔레키'(entelechy),[63] 즉 다할 수 없는 능력, 작용, 활동과 목적이라고 부릅니다. 세상에서 보이는 것들은 하나님의 섭리에 의해 배열되기 때문에 이것들에서 사람의 영은 보이지 않는 것들에 대한 지식에 이를 수 있습니다. 원소 중에 불과 공기는 영혼이 몸에서 가지는 것과 같은 위치를 차지합니다. 공기가 우주 전체에 편재하듯이, 영혼도 사람의 몸 전체에 퍼져 있습니다. 불이 항상 활력적이듯이, 영혼도 항상 일하고 있습니다. 이것은 잠들 때에도 적용됩니다. 꿈을 꾸고 우리의 꿈을 기억할 수 있기 때문입니다. 결과적으로 잠은 몸에 관련되는 것이지, 영혼에 관련되는 것은 아닙니다. 잠들 때 영혼은 지친 몸을 먹이고 살리고 회복시킵니다. 영혼이 몸 안에 있는 한, 영혼은 행동하고 일하고 움직이는 것을 중단하지 않습니다. 빛이 없는 불이 없듯이, 영혼은 늙거나 연약하거나 혼돈되지 않고 썩지도 잠들지도 않습니다. 영혼은 항상 살아서 깨어 있고 강합니다.

지금까지 나는 오직 철학의 관점에서만 이야기했습니다. 이제 영혼이 잠들지 않는다고 증명하는 성경 본문으로 돌아갑시다. "믿는 자는 정죄에 이르지 아니하나니 사망에서 생명으로 옮겼느니라"(요 5:24). 그렇다면 이 현생에서 믿는 사람은 주님이 얼마나 선하신지를 경험하고 하늘의 삶을 미리 맛봅니다. 하나님 안에 살고 있는 영혼이 몸을 떠나는 순간에 잠든다면, 기독교인의 삶은 세상을 떠날 때보다 세상에 있을 때 더 나을 것입니다. 왜냐하면 지금은 깨어 하나님을 의식적으로 누리고 있지만 그때에는 잠들어 있기 때문입니다. '나를 믿는 자는 영원한 생명을 얻었다.' 영혼이 이생에서 누리는 삶이 오는 세계에서는 잠에 의해 중단된다면, 생명은 끝이 없는 것— 이것이 이 세상에서 영원하다는 뜻입니다— 이 될 수 없습니다.

'아버지여, 나의 종도 나 있는 곳에 나와 함께 있게 하시기를 원하옵나이다.' 복되신 동정녀와 아브라함과 바울이 하나님과 함께 있다면 하늘에서의 삶은 어떤 종류의 삶입니까? 또한 만약 그들이 거기서 잠들어 있다면 하나님은 어떤 종류의 하나님이십니까? 하나님도 잠드셨습니까? 그분이 잠을 잔다면 그분은 하나님이 아닙니다. 잠자는 자는 변화를 겪으며 잠을 자는 것은 피로를 회복시키기 위한 것입니다. 하나님이 피로하시다면 그분은 하나님이 아닙니다. 하나님께 버거운 수고나 일은 없습니다. 반면, 하나님이 잠들지 않는다면, 영혼이 잠드는 것도 불가능합니다. 이것은 해가 지면 위로 올라올 때 공기가 투명하고 빛나지 않을 수 없는 것과 마찬가지입니다. 따라서 재세례파의 이러한 개념은 어리석고 건방진 것입니다. 사람을 속이는 것에도 만족하지 못하고, 그들은 살아 계신 하나님의 확고하고 확실한 증언까지도 왜곡시켜야 합니다. 우리가 또 인용할 수 있는 많은 구절이 있습니다. "영생은 곧 너희가 나를 아는 것이니라." 그리고 "너희를 내게 영접하여 나 있는 곳에 너희도 있게 하리라"(요 14:3) 등입니다. 하지만 우리는 짧게 줄이고자 노력합니다.

우리는 신자들이 몸을 떠나자마자 하나님에게로 날아가서 하나님과 연합하고 영원한 복락을 누린다는 것을 믿습니다. 따라서 지극히 경건한 왕이시여 당신이 다윗,

히스기야, 요시야와 같이 당신에게 맡겨진 직무를 놓을 때, 당신은 우선 하나님 자신을 그 본질과 위엄으로 그분의 모든 속성과 능력 안에서 보는 것을 기대할 수 있습니다. 당신은 이것을 누릴 것이니, 감질나지 않게 충만하게, 풍성함에 항상 동반되는 만족으로서가 아니라, 어떤 포만도 무너뜨릴 수 없는 달콤한 충만함으로 누릴 것입니다. 마치 강물이 바다로 끊임없이 흘러가서 지면 깊숙한 곳으로 돌아가며, 사람들을 기쁘게 하며 계속 유익과 기쁨을 가져오며, 새 생명의 씨앗을 물주고 거름 주고 열매 맺게 하는 것과 같이, 당신은 이것을 누릴 것입니다. 우리가 누릴 복은 영원합니다. 영원한 것은 다할 수 없습니다. 그러한 이유 때문에 포만은 불가능합니다. 영원은 항상 새롭고 그러면서도 늘 동일합니다.

그다음에 당신은 세계가 시작한 이후 살아온 모든 성도, 현인, 신자들과 신념을 지킨 사람들, 용감한 사람들, 선한 사람들의 교제와 친교를 가지게 되는 것을 기대할 수 있습니다. 당신은 두 아담, 즉 구속 받은 자와 구속자, 아벨, 에녹, 노아, 아브라함, 이삭, 야곱, 유다, 모세, 여호수아, 기드온, 사무엘, 비느하스, 엘리야, 엘리사, 이사야와 그가 예언한 동정녀인 하나님의 어머니, 다윗, 히스기야, 요시야, 세례 요한, 베드로, 바울, 또한 헤라클레스, 테세우스, 소크라테스, 아리스티데스, 안티고누스, 누마, 카밀루스, 카토스와 스키피오,(64) 경건왕 루이, 당신의 선임자인 루이 왕조와 필립 왕조와 페팽 왕조 및 믿음 안에서 이생을 떠난 당신의 모든 조상을 볼 수 있을 것입니다.(65) 간단하게 말해서 그곳에서는 이 세상의 처음부터 끝까지 경건한 마음을 지닌 영혼, 혹은 믿는 영혼 중 하나라도 하나님의 현존 가운데 보지 못할 사람이 없을 것입니다. 우리가 이보다 더 기쁘고 달콤하고 숭고한 광경을 생각할 수 있겠습니까? 그러한 삶을 얻도록 우리 모든 영혼의 힘을 쏟아야 하지 않겠습니까? 꿈꾸는 재세례파는 결코 깨어나지 못할 잠으로 음부에서 잠자도록 하십시오. 그들의 오류의 근원은 히브리어로 '잔다'는 말이 '죽는다'는 것과 동등한 것으로 사용되었다는 것을 알지 못하는 데 있습니다. 바울이 이 용어를 사용할 때도 종종 그러합니다.

재세례파에 대하여

왕이시여, 우리가 재세례파를 언급했기 때문에 이 종파의 생활과 소행에 대해 간략하게 서술하려고 합니다. 그들은 대부분 타락한 종류의 사람으로, 필연적으로 부랑자들로 이루어집니다. 그들의 일거리는 나이 많은 여인을 신적인 일에 관한 현란한 말로 미혹하는 것이요, 이로써 자신들의 생계를 유지하고 상당한 금전적인 유익을 얻습니다. 모든 면에서 그들은 이레나이우스가 발렌티누스파에 대해서 서술하고,[66] 나지안조스(의 그레고리오스)가 에우노미오스파에 대해 이야기한 것과 같이[67] 거룩한 삶을 사는 척합니다. 여기에 의존해서 그들은 기독교인이 행정관직을 맡는 것이 법에 어긋나며, 기독교인은 법에 의해서도 심지어 악한 사람일지라도 결코 죽여서는 안 되며, 기독교인은 전쟁에 참여하지 않아야 하며— 심지어 폭군이나 악하고 사나운 사람 혹은 거지가 날마다 노략과 살육과 파괴를 일삼더라도—, 기독교인은 맹세하지 말고, 통행세와 세금을 부과하지 말고, 형제자매와 모든 것을 공유해야 하며, 이 세상을 떠날 때 영혼은 몸과 함께 잠들며, 영 안에서 몇 명의 아내를 취하고 그들과 육체적인 관계를 누릴 수 있고,[68] 십일조와 부과금을 내지 말아야 한다고 가르칩니다.

참으로 그들이 하나님의 좋은 씨앗 가운데에 잡초와 같은 새로운 오류를 뿌리지 않은 날이 없습니다. 그들이 우리에게 속하지 않아 우리에게서 나갔지만, 아직도 어떤 자들은 자신들의 이단 사설을 우리의 탓으로 돌립니다. 이러한 이유 때문에 우리는 그들에 대해 가장 매서운 원수요, 앞에 말한 모든 문제에서 우리는 정반대의 견해를 가지고 있습니다. 따라서 지극히 뛰어난 왕이시여, 각하가 어떤 지역이든지 우리가 행정관을 폐하고 맹세를 금하고 재세례파 도당이 세상에 나가 크게 외치는 모든 다른 일을 권한다는 보고를 받으면, 당신이 붙들어야 하는 그 진리의 이름으로 우리— 즉 기독교 시민 연맹에 속한 도시에 있는 복음의 설교자들[69]— 에 대한 이러한 종류의 소문을 믿지 않기를 당신에게 간청하고 빕니다.

우리는 소동을 일으키려 하지 않으며 행정관의 위엄이나 법을 약화시키지도 않습니다. 우리는 약속한 바를 돌려주지 못하거나 빚을 갚지 못하는 것에 대해서 반대합니다. 그럼에도 어떤 집단에서는 우리가 이러한 일로, 은밀한 소문이 아니라 공개적인 글로 비난 받고 있습니다. 우리는 세상이 이미 불에 던져질 책으로 가득 차 있기 때문에 이 비난에 대한 구체적인 답변을 하지 않습니다. 날마다 사실 자체가 우리에 대해 그러한 소문을 퍼뜨리는 사람들─ 물론 그리스도를 영화롭게 하기 위해서가 아니라 자신의 영예와 배를 위하여─ 의 위선을 드러냅니다. 그러나 실상은 재세례파의 역병이 그리스도의 분명한 가르침이 뿌리를 내리기 시작한 장소에서 퍼져 나갔습니다. 왕이시여, 이러한 사실로써 당신은 악한 자가 추수할 땅에 좋은 씨앗을 뽑아 버리려는 시도로 이 역병을 보냈다는 것을 알 수 있을 것입니다. 우리는 복음을 잘 받아들이기 시작한 도시와 마을이, 그다음에 이 역병에 의해 전염되어 방해를 받고 더 이상의 진보를 이루지 못하고, 뒤따라 생기는 혼란으로 인해 영적인 일이나 세속적인 일이 완전히 방임되는 것을 보아왔습니다.

이러한 이유로 나는 폐하께 경고합니다. 하지만 나를 오해하지 마십시오. 나는 당신이 탁월한 자문가의 보좌를 받는다는 것을 잘 알고 있습니다. 하지만 미리 생각해 두지 않은 것에 대해 주의하기란 불가능합니다.[70] 당신의 조언자들이 이것을 알고 있다면, 이 위험에 대해 쉽게 조처할 수 있으리라는 것을 나는 압니다. 하지만 그들이 그 위험을 깨닫지 못할지라도, 나는 당신이 이 경고에 대해 아마도 화를 내지 않으리라고 생각합니다. 당신의 지역에 새롭게 하는 믿음의 불꽃이 점화되었으므로,[71] 나는 폐하께 좋은 씨앗이 다함이 없이 권세가 높아지는 교황파에 의해 막히지 않도록 경고합니다. 그 좋은 씨앗 대신에 재세례파의 가라지가 당신도 알지 못하는 사이에 자라날 것입니다. 결과적으로 왕국 전체에 큰 혼란이 있어 해결을 발견하기가 지극히 어려울 것입니다.

이것이 우리의 신앙과 우리가 하나님의 은총으로 행하는 설교의 요점입니다. 우리는 이것을 누구나 물어 보는 자에게 설명해줄 수 있습니다. 우리는 거룩한 경전으로부터 배우지 않은 것을 조금이라도 가르치지 않습니다. 우리는 교회의 최초의 교사들─ 예언자들, 사도들, 감독들, 복음서 기자들, 주해가들─, 그 샘에서 보다 순수하게 끌어내린 고대 교부들의 권위를 가지지 않고는 단 한 마디도 주장하지 않습니다. 우리의 저서를 보고 심사한 모는 사람이 이 사실을 증언합니다.

따라서 지극히 거룩한 왕이시여(내가 왜 가장 기독교적인[72] 왕을 지극히 거룩하다고 말할 수 없겠니까?), 다시 일어나셔서 우리 가운데로 오시는 그리스도를 합당한 영예로 받아들이도록 준비하십시오. 바로 하나님의 섭리로 프랑스의 왕이 지극히 기독교적이라고 불리는 것을 아십시오. 친구나 적 모두에게 관대하고 본질적으로 선하다고 칭송되는[73] 당신의 통치 하에 하나님의 아들의 복음의 갱신이 이루어지도록 작정되었습니다. 기독교의 왕이 관대하고 친절한 성향, 정당하고 유능한 판단, 지혜롭고 확고한 영을 가지는 것은 필수적입니다. 우리가 말한 대로, 하나님이 당신에게 이 모든 특성을 부여하여 당신이 이 시대에 빛나며, 신적 지식의 빛을 비추게 하셨습니다. 따라서 이 고귀한 덕행으로 나아가서 방패와 창을 들고, 고귀하고 두렴 없는 용기와 몸소 참여하심으로─ 이것은 모든 사람을 놀라게 할 것입니다─ 불신앙을 공격하십시오. 그러면 지극히 기독교적인 당신이 그리스도의 영예를 보호하기 위해 최초로 나선 것을 볼 때, 우리의 왕들도 당신의 지도와 범례를 따라 적 그리스도를 쫓아낼 것입니다. 구원의 가르침이 당신의 나라에서 순수하게 설교되게 하십시오. 당신은 지혜롭고 학식 있는 사람들, 자원, 종교에 대해 배운 백성이 모두 풍부합니다. 당신은 그들이 하나님과 당신을 지극히 존중할 때, 그들의 영혼이 미신에 의해 미혹되는 것을 허용하지 않을 것입니다.

진리를 대적하여 헐뜯는 자들이 거짓 고소하는 것으로 인해 두려워할 이유가 전혀 없습니다. 당신의 신하뿐만 아니라 해외의 연합된 백성이 거룩하고 의로운 전쟁에 참여할 것입니다. 백성뿐만 아니라 설교자도 주저 없이 교황파가 지금까지 거부한 선서를 행할 것입니다. 통행세나 세금을 지불하지 말아야 한다는 가르침과는 전혀 무관하기 때문에, 설교자들은 스스로 이것들을 낼 것입니다. 그들은 어떠한 특권에도 관여하지 않을 것입니다. 잘못을 저지르면 그것을 밝힐 것이지만, 세속 권력에 속한 일에 무질서를 일으키는 방식으로 개입하지는 않을 것입니다. 이 문제에 있어서 설교자들은 항상 법에 따르는 행정관을 인정할 것입니다. 그가 잘못했을 때 설교자들이 그를 붙잡고 비판할지라도 말입니다.

나를 믿어주십시오. 지극히 고귀한 영웅이여, 나를 믿어주십시오. 교황파가 위협하는 이 모든 악은 하나도 일어나지 않을 것입니다. 주님이 그분의 교회를 보호하십니다. 당신이 독일에서 복음을 받아들인 일부 영주들의 나라와 그 도시의 즐거움과 평안을 직접 보실 수 있다면 좋겠습니다. 그 열매로 인해 당신은 말할 것입니다. "나는 이렇게 이루어진 것이 하나님에게서 나온 것이라는 것을 의심하지 않는다." 당신의 믿음과 지혜에 따라 이 모든 일을 고찰하시고 이렇게 거친 방식으로 각하를 방해한 우리의 무례함을 용서해 주십시오. 이 문제가 이것을 요구합니다.

취리히에서

폐하의 가장 헌신된 종 츠빙글리

제 2 부

불링거

PART II
BULLINGER

거룩한 보편적 교회

편집자의 해설

"거룩한 보편적 교회"는 기독교 교리의 핵심을 다룬 불링거의 설교 시리즈 50편 중 첫 번째 설교다. 1~20편은 1549년에 제1권으로 나왔다. 21~40편은 1550년에 제2권으로 만들었고, 41~50편은 1551년에 출판되었다. 완결된 시리즈는 2절판으로 1552년에 준비되었고, 번역본도 영어뿐만 아니라, 독일어, 네덜란드어, 프랑스어로 상당히 빨리 만들어졌다.

「설교전집」(*Decades*)과 영국 종교 개혁 간의 긴밀한 연관성을 주목해 보면 특별한 의미가 있다. 19번째 설교가 나온 해에 번역과 출판이 이루어졌고, 번역본은 에드워드 6세에게 헌정했다.[1] 불링거는 제2권의 1부와 2부를 에드워드에게 직접 헌정했고, 2권의 1부의 번역도 동시에 진행되었다.[2] 제3권도 영어 헌정문이 있었는데, 이번에는 그레이 경(Lord Grey)에게 헌정했다.

「설교전집」 시리즈의 번역은 16세기 후반까지 완결되지 않았지만, 1577년, 1584

---

1. 이것은 통치와 복종에 관한 설교다. 발터 린(Walter Lynne)이 번역했다. *Zurich Letters*, I, 396, n. 1을 보라.
2. *Ibid.*, 415. 토마스 카이우스(Thomas Caius)가 번역했다.

년, 그리고 1587년 세 번의 성공적인 번역본이 나왔다.[3] 「설교전집」은 엘리자베스 시대의 지도자들에게 높이 평가받았다. 즉 휫기프트(Whitgift)의 주도로 그것은 공인 받지 못한 사역자들의 신학 교과서로서 권위 있는 교재로 사용되었다. 「설교전집」의 정확한 위상에 대해서는 보통 극단적 입장으로 인해 많은 논란이 있었지만, 다음을 보면 그 사건의 진실을 알게 된다.

휫기프트의 기록부를 보면, 하위 성직자들 간에 배움의 증진을 위해 일종의 체계를 세워 놓은 것을 발견할 수 있다. 이런 체계는 1586년 12월 2일에 상원의회에 분명히 소개되었다.[4] 첫 번째 체계는 모든 성직자들이 "문학 석사나 법학사 학위를 받고 공식 설교자가 되는 허가를 받지 말고, 성경과 라틴어나 영어로 된 불링거의 설교집, 그리고 증명 서류를 준비해야 한다"고 규정해 놓았다. 그들은 매일 성경 한 장과 매주 「설교전집」의 설교 한 편을 읽고, 노트에 내용을 요약했다. 이것은 공인된 설교자들의 노트 점검은 물론, 이런 유익한 훈련을 정기적으로 수행하지 않는 이들에 대한 징계를 대비하기 위함이었다. 전체 개요는 의심할 여지없이 온전한 설교 사역을 하기에는 자질이 부족한 수많은 성직자들을 강력하게 반대한, 청교도의 논박들을 접하기 위한 시도였다.

이런 체계가 상원의회에서[5] 공식적으로 통과될 가망성은 희박했지만, 그것의 승인이 거의 확실했다. 3월 10일 일곱 번째 의제에서 하원의장이 "하위 성직자들의 배움의 증진을 위해 주교들이 읽는 그 문건에 동의하기를 기도했기 때문이다. 결국 문건은 통과되었다. 그래서 대주교는 모든 성직자들이 그들의 의무를 이행할 것을 권고했다."[6] 다시금 1588년 11월 1일 런던 주교에게 보내는 서신에서(아마도 공람으로 보낸) 휫기프트는 1588년 회의에서 "비록 상원의회의 권위에 의해 법적 행위나 결론이 난 것은 아니지만, 그것은 그 회의에 참석한 나와 내 형제들에게 적절하며 필요한 생각이었음"을 주교에게 상기시켰다. 즉 "재판관과 내가 언급한 형제들, 곧 이 대교구의 주교들 모두는 여기에 동봉된 문건의 취지에 대한 조항들을 집행해야 한다. 동일한 조항

3. 번역자는 알려지지 않았지만, 스트라이프(Strype)는 "그 교회에서 뛰어난 사람"이라고 언급한다. Annals, II, 2, 144.

4. Tom. I, fol. 131a. 카드웰(Cardwell)의 Synodalia, II, 562를 보라.

5. 상원의회의 초기 기록들이 1666년 화재로 인해 손실되었다(Cardwell, op. cit., Preface i).

6. Strype, Whitgift, I, 499.

들이 얼마나 적절하게 사용되었는지 다음 의회까지 기다려야 하기 때문이다."[7] 기록부의 가장자리에는 이미 인용된 절차들로 동일시된 그것을 명확하게 해 주는 조항들의 사본이 있다. 이 서신을 보면 「설교전집」이 합법적으로 교회에 지키도록 부과한 것은 아님을 알 수 있고, 적어도 그것이 필요한 목적을 위한 건전하고도 신뢰할 만한 교과서로 추천되고 수용될 수 있는 것으로 매우 높이 평가받았음을 알 수 있다.

「설교전집」의 전체 구조는 칼뱅의 「기독교강요」 구조와 비슷하고, 제5편과 마지막 10편의 설교는 「기독교강요」의 제4권처럼 교회론, 성직론, 기도론, 성례론 등에 집중했다. 교회론에 대해서는 두 편의 설교가 있는데, 첫 번째는 교회의 본질과 특성에 대한 중요한 점을 다루었고, 두 번째는 그리스도의 몸, 그리스도의 신부, 그리고 모든 참된 신자들의 어머니인 교회의 일치에 대해서 다루었다. 두 번째 설교에서 불링거가 칼뱅처럼 교회의 존엄성에 고귀한 의미를 둔 점과 분열의 위험성을 예리하게 인식한 점은 주목할 만하다. 복음적 해석으로 불링거는 교회 밖에는 구원이 없다는 키프리아누스의 공식 견해를 찬성한다. 그는 교회의 본질적 일치를 가장 단호하게 주장하며, 대외적 협력에서도 교회의 일치에 대해서 없어서는 안 될 표현으로 주장한다. 로마의 그 당시 교회가 내적으로나 외적으로나 참된 교회의 표지를 전혀 지니고 있지 않았기에 중세 교회로부터의 단절을 지지했다.

교회의 본질과 특성에 대한 논의에서 불링거는 대부분 이미 츠빙글리가 세운 종교 개혁 가르침의 정통 입장을 따른다. 그는 선택된 자들의 불가시적 교회와, 기독교 신앙의 모든 고백자들을 포함하는 가시적 교회를 구별한다. 선택된 자들의 교회는 오직 하나님만 아신다는 의미에서 불가시적이라고 불링거는 설명한다. 가시적 교회의 두 가지 표지는 하나님의 말씀에 대한 선포와 두 가지 복음적 성례의 집행이다. 비록 개혁교회들이 감독제 계승을 이어갈 수는 없지만, 그들이 사도적 진리를 가르친다는 이유로 그들의 사도성은 지지를 받는다. 그러나 불링거는 삶과 교리에서 무오설을 주장하는 일부 교회를 위해서 그것이 얼마나 어리석은 지를 보여 준다. 이러한 모든 문제에서 그는 일반적인 가르침에 대해서 분명하고도 적절한 설명을 제시하지만, 명백하게 아주 새로운 것이나 두드러지게 말한 것은 없다.

---

7. *Whitgift's Register*, Tom. I, fol. 151a. 스트라이프는 그 서신이 주교들에게 전달되었다고 하고(*Whitgift*, I, p. 531), 윌킨스(Wilkins)는 런던의 대주교에게 전달되었다고 한다(*Concil.*, IV, 338).

하지만 불링거의 논법에는 흥미로운 면이 몇 가지 있다. 첫째로 그는 승리한 교회와 군사적 교회 사이의 전통적 구분을 유지한다. 승리한 교회는 천상에서 이미 참된 신자들로 구성되어 있고, 이중의 몸이 아닌 하나의 몸이다. 군사적 교회는 지상의 그리스도인들로 구성되어 있고, 가시적 교회와 불가시적 교회의 두 가지 면 모두가 있는 교회다. 전자는 기독교 신앙을 고백하는 자들의 완전함으로 존재한다면, 후자는 선택된 자들이나 참된 신자들의 내적 사귐으로 존재한다. 또한 그것은 참된 신자들이 가시적 교회의 교제에서 분리될 수 있다는 예외적인 상황을 불링거가 예견했음을 의미한다. 눈에 보이는 몸의 구성원 모두가 그리스도의 몸된 필연적 구성원이라는 점을 믿을 수 없기 때문이다. 반면에 그는 평범한 모든 상황에서 외적 교제의 가치와 진정한 필연성에 대해서는 늘 강조한다.

그다음으로 중요한 점은 가시적 교회의 두 가지 특징에 첨가한 것으로, 불링거가 불가시적 교회의 세 가지 표지로 설명한다. 즉 성령의 교제, 진실한 믿음과 하나님과 이웃에 대한 이중 사랑이다. 마지막 분석에서 선택된 자들의 교회는 하나님만이 아신다는 것은 참되지만, 이것은 참된 신자들이 구별될 수 있는 표시가 전혀 없다는 것을 의미하지는 않는다. 좋은 나무는 그 열매로 알 수 있는 것처럼, 진실한 신자도 그의 삶과 행동의 품격으로 알 수 있다.

로마 교회에 대한 불링거의 태도는 모호한 면이 있다. 그는 로마가 교회의 형식을 지키는 한에서는, 즉 하나님의 말씀과 성례를 지키는 한, 참된 교회로 여겨야 한다는 주장을 부인하기 어렵다고 한다. 그러나 로마교회가 참된 신앙을 벗어난다면, 그리스도의 교회라기보다는 오히려 악마의 교회와 동일시할 만큼 선택의 여지가 없다. 교황권을 옹호하는 자들은 바리새인들처럼 위선자들이다. 바리새인들이 예수 그리스도 안에서 믿음으로 말미암아 전가된 의가 아니라 오히려 자신의 행위로 말미암은 의를 신뢰했기 때문이다. 여기에서 그들은 개인적 이해의 깊은 진심도 없이, 복음적 교리를 사모하는 것으로 가장한 위선자들과 구별된다. 무오설, 수위권, 그리고 사도성을 주장하는 교황들을 단호히 거부했다.

근대적 요구에 따라 그 작품은 로마 가톨릭주의자들의 주장이 제기한 문제로 인해 어울리지 않는 관심으로 고생을 했지만, 불링거의 시대 상황에서는 그러한 심각하고도 집요한 논란을 간신히 피할 수 있었다. 넓게 보면, 그가 소개한 승리한 교회와 군사적 교회와의 차이점은 아마도 강한 설득력을 주기보다는 오히려 혼란의 원천이 될 수 있다. 물론 그것 자체는 명백하며 참된 것이지만, 지상에서 선택된 자들의 사귐과 천상에서 구속된 자들의 사귐과의 모호한 본질적 일치라는 약점을 지니고 있다. 전반적으로 그것은 그리스도의 하나 된 교회 안에서 선택된 모든 자들을 포함하는 것이 오히려 더 낫다. 그들 중 일부는 여전히 형식적 교회의 구성원이지만, 나머지 사람들은 이미 변형되어 사라졌다.

또한 교회가 외부와 내부 몸으로서 이중적 본질을 지니고 있음에도 불구하고 교회 안에서의 일치를 강조한 불링거가 이 점을 충분히 이해했는지 의심해 볼 필요가 있다. 핵심은 참된 신자들이 동료 그리스도인들과의 계속적인 교제를 일시적으로 혹은 영원히 빼앗길 수 있는 지에 대한 점이다. 어떤 의미에서 그들은 가시적이며 조직화된 기독교 공동체의 구성원들이 아닌 곳에 있기에, 비록 세례나 신앙고백으로 이루어졌을지라도, 이러한 경우는 거의 존재하지 않는다. 그러므로 내부 구성원 없이도 외부 구성원으로 잘 될 수도 있겠지만, 외부 없이 내부가 존재한다는 것은 사실상 불가능하다. 교회는 양면 혹은 두 개의 본질을 지니고 있지만, 거기에는 오직 하나의 교회만 존재한다. 그래서 일치의 요점은 모든 진실한 신자들의 공동의 구성원이다. 외부 조직의 높은 존엄과 가치에 관한 모든 주장과 함께, 불링거는 참된 교회를 순수한 영적 교제로 간주하는 반복적인 위험을 강조했다. 한편, 선택된 자들이 그들의 믿음에 대해 인식할 수 있는 증거를 제시해야 한다는 것은 좋은 일이다. 그것은 불링거로 하여금 운명론과 도덕률 폐기론이라는 두 가지 위험을 피할 수 있게 해 주기 때문이다. 그래서 그것은 불가시적 교회를 매일의 삶과 경험에서 더욱 더 살아 있는 교제를 제공한다.

그 설교의 장황함과 엄청난 길이로 분명 곤혹을 치렀지만, 잘 짜여 있고 유쾌하게 표현되었다. 그래서 그것은 츠빙글리의 수많은 작품을 특징짓는 거침과 변덕스러움으로 인해 손상되지 않았다. 사실 우리는 16세기 종교 개혁 시대 교회론의 전반적 가르침에 대한 유능하며 상당히 읽기 쉬운 서론을 접하는 것이다. 그리고 논쟁이 일어난 이래로 대부분 오늘날에도 유효한 논쟁이다. 이 논문은 단순히 역사적 가치와 흥미보다는 훨씬 더 깊은 점들을 여전히 지니고 있다.

이 번역은 1587년 엘리자베스 시대의 번역을 매우 근접하게 따랐으며, 1853년 파커 소사이어티(Parker Society) 본으로 재판되었다. 하지만 일부에서의 영어는 현대식으로 사용했으며, 라틴어가 서로 다른 곳에서는 보통 각주에 지시해 놓은 엘리자베스 시대의 역본들을 택했다.

거룩한 보편적 교회

본문

만물의 주관자이며 창조주이신 하나님 다음으로 우리를 이끄는[1] 사물의 질서와 과정이 바로 교회며, 그분의 가장 탁월하신 사역을 말하기 위해 모이는 곳이 바로 교회다. 우리의 좋으신 하나님과 가장 사랑하시는 아버지의 선함은 매우 위대하기 때문에, 그분은 홀로 행복하게 살길 원치 않으시고, 그분의 사랑을 입은 피조물인 우리 모두에게 모든 종류의 복을 제공하고 부어 주길 원하신다.[2] 그래서 우리는 가능한 모든 방법으로 그분의 선하심을 즐거워해야 한다. 그것이 바로 이 세상에서 살고 있는 사람들을 주님께서 자신을 위해 선택하신 목적이다. 그래서 그분은 종종 자신을 위해 사람들을 변화시킬 수도 있다. 심지어 사람들이 살고 있는 이곳에서도 그분은 거하실 수 있다. 그분의 모든 재물로 사람들을 부유케 하실 수 있고, 그들을 다스릴 수 있다. 그들은 그분의 이름으로, 곧 살아 계신 하나님의 백성, 집, 왕국, 유업, 무리, 회중 혹은 교회로 부름을 받았다. 나는 교회의 주님께서 나에게 말씀하시는 것처럼, 당신의 기도로 도움이 되고 있는, 교회에 대해서 언급할 것이다.

---

1. 라틴어 *rerum cohaerentium*.
2. 라틴어 *et bona sua omnia*가 첨가되어 있다.

에클레시아(Ecclesia)는 교회나 회중을 의미하는 그리스어인데,³ 라틴 사람들에게는 내가 언급한 대로 회중, 교제, 혹은 집회(독일어로는 하나의 공동체), 혹은 공동선에 대한 일들을 듣고자 함께 부름 받은 사람들의 의미로 사용되고 받아들여졌다. 그것은 누가가 사도행전 19장에서 그 단어를 어떻게 사용했는지를 통해 발견된다. 그러나 그것은 거룩한 용도로 번역된 것인데, 회중, 집회, 혹은 주님의 이름을 부르는 신실한 사람들의 모임으로 불리면서 시작되었다.⁽¹⁾ 사도 바울은 자신이 하나님의 회중 혹은 하나님의 교회를 핍박했다고 말한다. 그래서 다른 곳에서 그는 다음과 같이 말한다. "나는 그리스도의 이름을 부르는 모든 사람들을 결박하기 위해 대제사장들로부터 권위를 받았다." 첫 번째 구절에서 바울이 교회라고 부른 사람들을 두 번째 구절에서는 그리스도의 이름을 부르는 자들로 묘사한다. 다른 곳에서 교회 혹은 회중을 뜻하는 에클레시아는 밖으로 함께 부름을 뜻한다. 그리스어 에칼레오(ἐκκαλέω)는 밖으로 부름을 뜻한다. 왜냐하면 하나님께서 전 세계의 모든 곳에서부터, 사람들의 모든 회중으로부터, 모든 신자들과 그들의 후손을⁴ 밖으로 부르시기 때문이다. 그래서 그들은 그분의 특별한 백성이 되며, 그분이 다시금 그들의 하나님이 되신다. 말하지만, 그들은 살아 계신 하나님의 교회가 되는 것이다. 과거에는 하나님의 무리인, 유대 민족의 회중이나 집회를 회당이라고 불렀다. 회당이라는 단어는 에클레시아, 즉 회중과 같은 의미를 지니고 있기 때문이다. 그러나 유대인들의 완악함으로 기독교 신앙에 대한 억누를 수 없는 증오를 품게 되어, 회당이라는 단어는 좋게 취급받지 않았고 거의 사용되지 않았다. 그러나 우리는 우리의 올바른 체제를 위해 지킬 것이며, 유대인이나 무슬림의 교회들, 혹은 우리가 알고 있는 많은 종류의 이방인의 이방 교회들에⁵ 대해서는 논의하지 않을 것이다.⁽²⁾ 우리는 기독교 교회와 신실한 자들의 회중에 대해 논의할 것이다. 그것은 독일 사람들이 교회(Die kirch)라고 부르며, 아마도 암암리에 그리스어로는 퀴리아케(κυριακή)를 가리킨다. 그리스어 퀴리아켄(κυριακήν)은 주님께 속한 것, 즉 집이나 사람을 의미한다. 그래서 유사하게 독일 사람들은 하나님의 백성 그 자체를 교회로 부르며, 하나님께 예배하려고 함께 모인 장소도 교회(die kirchen)라고 부른다. 그러나 무엇

---

3. 이 절은 라틴어에는 없다

4. 라틴어 *ex hoc mundo*가 첨가되어 있다.

5. 라틴어 *vel aliarum exterarum Gentium.*

보다도 우리는 교회나 회중이 무엇인지에 대해 아주 간단히[6] 묘사할 것이다.

교회는 신실한 자들 전체의 모임이자 군집으로서, 부분적으로는 천상에, 부분적으로는 여전히 지상에 존재한다. 또한 교회는 신앙과 참된 교리의 일치 안에서, 성례의 법적 참여 안에서 분명하게 동의한다. 교회는 분리되지 않고, 하나의 가정과 교제안에서 연합되며 연결된다.

이러한 교회는 보통 가톨릭, 즉 말하자면 보편적이라고 불린다. 교회는 모든 시대와 모든 세대에, 전 세계의 모든 장소로 그 가지를 펼쳐 나가기 때문에, 일반적으로 전 세계의 모든 신실한 자들을 포괄한다. 하나님의 교회는 특정한 지역, 국가, 혈연, 신분, 나이, 성, 종족에 얽매이지 않는다. 일반적으로 신실한 모든 자들과 특히 각각의 사람은 그들이 어디에 있든지 간에 교회의 시민이며 구성원이다. 사도 바울은 "유대인이나 그리스인이나, 종이나 자유인이나, 남자나 여자나 할 것 없이 너희는 모두 그리스도 예수 안에서 하나"라고 말한다.

교회는 승리한 교회와 전투적 교회, 두 부분으로 구별된다.(3) 승리한 교회는 세상과 죄와 악에 싸워 이긴 승리 때문에 현재[7] 환호하고 있는, 천상의 거룩한 영들의 위대한 사귐이다. 또한 모든 종류의 기쁨과 즐거움으로 충만한 하나님의 비전을 즐거워하는[8] 사귐이며, 하나님의 영광을 보여 주는 것과 그분의 선하심을 영원토록 찬양하는데 관심을 갖는 사귐이다. 사도 요한은 요한계시록에서 이러한 교회를 사실적으로[9] 묘사한다. "이 일 후에 내가 보니 각 나라와 족속과 백성과 방언에서 아무도 능히 셀 수 없는 큰 무리가 나와 흰 옷을[10] 입고 손에 종려 가지를 들고 보좌 앞과 어린 양 앞에 서서, 큰 소리로 외쳐 이르되, 구원하심이 보좌에 앉으신 우리 하나님과[11] 어린 양에게 있도다." 그런 후에 그는 간략히 다음과 같이 말한다. "장로 중 하나가 응답하여 나에게 이르되, 이 흰 옷 입은 자들이 누구며 또 어디서 왔느냐? 내가 말하기를 내 주여 당신이 아시나이다 하니, 그가 나에게 이르되 이는 큰 환난에서 나오는 자들

---

6. 라틴어 *paulo rudius*.
7. 엘리자베스 판에는 생략함.
8. 엘리자베스 판에는 "still" 첨가됨.
9. 라틴어 *graphice*.
10. 본문에는 "garments"이고, 1584년과 1587년 엘리자베스 판에서는 "raiments"로 기록됨.
11. 1544년 티구리누스(취리히의 Tigur) 성경, 1534년 틴들(Tyndale) 성경.

인데 어린 양의 피에 그 옷을 씻어[12] 희게 하였느니라. 그러므로 그들이 하나님의 보좌 앞에 있고, 또 그의 성전에서[13] 밤낮 하나님을 섬기매 보좌에 앉으신 이가 그들 위에 장막을 치시리니, 그들이 다시는 주리지도 아니하며 목마르지도 아니하고 해나 아무 뜨거운 기운에 상하지도 아니하리니, 이는 보좌 가운데에 계신 어린 양이 그들의 목자가 되사 생명수 샘으로 인도하시고, 하나님께서 그들의 눈에서 모든 눈물을 씻어 주실 것임이라." 형제들이여, 여기에 승리하여 지금도 다스리고 계시는 그리스도의 보혈로 말미암아 진실로 환호하는, 천상의 승리한 교회에 대한 고상한[14] 설명이 있다. 그리스도께서 창세전부터 종말의 때까지 거룩하게 여김을 받는 모든 사람들을 거룩하게 하시며 거룩하게 살아가도록, 세상의 죄를 지고 가는 하나님의 어린 양이기 때문이다. 그래서 사도 바울도 우리가 전투적 교회 안에서 언젠가 변화되어야 할, 여전히 분주한[15] 존재임을 말하면서, 우리에게 이러한 교회의 고상한 설명을 한 것이다. 즉 열두 지파의 족장 계보를 이어받았고, 지극히 높으신 하나님과 중보자이신 우리 주 예수 그리스도와 함께 복된 영혼들의 교제에 참석함으로 하나님의 거룩한 천사들과 함께 교제하는 존재로 변화된 것이다. 복음을 통해 우리에게 하나님의 은총의 위대하심을 설교하는 것과 참된 신앙을 동일하게 받은 우리는 권면하는 것에 대해서 그는 다음과 같이 말한다. "너희는 불이 붙는 시내산과 침침함과 흑암과 폭풍과 나팔소리와 말하는 소리가 있는 곳에 이른 것이 아니라. 그러나 너희가 이른 곳은 시온 산과 살아 계신 하나님의 도성인 하늘의 예루살렘과 천만 천사와 하늘에 기록된 장자들의 모임과 교회와 만민의 심판자이신 하나님과 및 온전하게 된 의인의 영들과 새 언약의 중보자이신 예수와 및 아벨의 피보다 더 나은 것을 말하는 뿌린[16] 피니라." 그러므로 우리와 교제하는 천상의 모든 성도들은 오히려 우리가 그들의 교제에 속한다. 우리는 아담으로부터 온 세상의 마지막 날, 그리고 하나님의 가정까지 성도들과 함께 동반자들이자 공동 상속자들이다. 이것은 모든 인류의 삶에 가장 위대한 평안을 포함하며, 무엇보다도 미덕에 대한 연구를 하게 해 준다. 하나님의 가정의 일원이 되는

---

12. 본문에는 "washed"이고, 엘리자베스 판에는 "spread forth"으로 기록됨.

13. 본문에는 "temple"이고, 엘리자베스 판에는 "holy"가 첨가됨.

14. 라틴어 *elegantissimam*.

15. 라틴어 *qui versamur*를 덧붙인다.

16. 1544년 티구리누스 라틴어 성경에는 *loquebatur*로 기록됨.

것보다 훨씬 더 가치 있는 것이 무엇이겠는가? 혹은 무엇이 우리에게 모든 천사들과 복된 영들의 족장들, 선지자들, 사도들 그리고 순교자들과의 교제하는 것보다 더욱 감미로운 것을 생각할 수 있겠는가? 나는 이러한 유익을 그리스도께서 우리에게 선물로 주셨음을 강조한다. 그러므로 그분께 찬양과 영광과 영원한 감사를 올려 드린다. 아멘.

전투적 교회는 우리 주 그리스도의 깃발 아래 진영을 갖추어, 그리스도의 이름과 신앙을 고백하며, 세상에서 마귀와 죄와 육신과 세상에 대항하여 여전히[17] 분투하고 있는, 지상 사람들의 회중이다. 이러한 교회는 다시 두 가지 방식으로 다루어져야 한다.[4] 그것은 모두 엄격하게 다루어져야 하는데, 이 경우 그것은 부름 받은 사람들뿐만 아니라, 교회의 실제적 사건 안에서 있는 사람들, 즉 하나님의 신실하고 선택된 사람들이자 그리스도께 결합된 생생한 구성원들까지 포함되어 있다. 이들은 단지 외적 결속이나 표시가 아니라 성령과 믿음 안에서 그리스도께 결합되며, 종종 전자가 아닌 후자에 대해서 우리는 언급해야 한다. 이러한 내적이며 비가시적인 하나님의 교회는 그리스도의 선택된 신부를 의미하는데, 그가 누구인지를 아시는 하나님께만 알려진 것이다. 사도신경에서 배운 것처럼 우리가 말할 때 우리가 고백하는 특별한 것이 바로 이 교회다.[18] "나는 거룩한 공교회와 성도의 교제를 믿는다." 이러한 짧은 몇 마디에 우리는 교회가 존재하는 곳과 교회가 무엇인지, 그리고 교회의 종류가 무엇인지를 알게 된다. 첫째로 우리는 하나님의 교회가 거기에 항상 존재해 왔고 지금도 존재하며, 영원토록 계속될 것임을 고백한다. 그것이 무엇인지를 고백하면서 우리는 "성도의 교제"를 덧붙인다.[5] 즉 우리는 교회가 모든 성도들의 교제임을 믿는다. 그 성도들은 과거와 현재와 미래에 존재하며, 하나님께서 그들에게 주신 모든 선한 일들을 즐거워하는 자들이다. 우리는 또한 이러한 교회의 본질이 무엇인지에 대해서 정결하고 복된 그리스도의 거룩한 신부로 표현한다. 사도 바울은 성령과 우리 하나님의 보혈로 정결케 된 거룩한 자들, 곧 영광의[19] 면류관을 받은 수많은 자들, 천상에서 자신들을 영접해 주길 소망하면서 이곳 지상에서 수고하고 있는 남은 자들을 교회라 부른다. 분

---

17. 본문에는 "still"이고, 엘리자베스 판은 "continually"로 기록됨.

18. 라틴어 *Hanc in primis confitentes symbolo edocti apostolico dicimus.*

19. 라틴어에는 "of glory"에 해당하는 부분이 생략됨.

명히 교회에 대한 우리의 관심 속에서 가장 중요한 일은 하나님의 은총을 통해 우리가 그리스도의 몸된 지체가 되며, 모든 성도와 함께[20] 천상의 모든 선물을 누리는 것이다. 우리 자신이 거룩해지는 다른 어느 곳도 고백할 수 없기 때문이다.[21]

혹은 넓은 의미에서 교회는 진실한 신자들과 하나님의 거룩한 자들과 함께 참된 신앙을 알고 고백하는 자신의 삶을 이야기함에 있어서, 참으로 신실하고 거룩한 자들뿐만 아니라, 진실하며 거짓 없는 신앙을 지니지 않은 자들, 그리고 정결하지 않고 거룩하지 않은 자들까지도 포함한다. 이들은 미덕을 인정하며 받아들이지만 악은 거부하며, 이러한 거룩한 전투적 교회의 일치로부터 자신들을 분리하지 않는다. 이러한 견해로부터 사악한 자들과 위선자들(우리가 그리스도 시대와 사도 시대의 교회에서 발견되는 유다, 아나니아와 삽비라, 시몬 마구스, 데마, 허매, 알렉산더와 다른 이들처럼)조차도 교회에서 배제되거나 내쫓기지 않기에, 교회는 외적이며 가시적 교회로서 잘 묘사될 수 있다. 그러나 이러한 교회는 그 자체의 개별적 부분이나 전체 면에서 모두 다시 생각되어야 한다. 그것은 일반적으로, 그리고 특수하게 고려되어야 한다. 특수한 교회는 확실한 구성원으로 구성되며, 일부 한정된 장소의 이름으로 불린다. 교회의 이름은 그 장소의 이름을 사용하는데, 취리히와 베른의 교회들처럼, 어떤 도시의 이름으로 불린다. 그리스어는 이런 특수한 교회들을 우리가 일반적으로 말하는 교구,[22] 파로이키아스(παροικίας)라고 부른다.(6) 우리는 단일한 지역으로 묶인 집과 거리가 있는 곳을 교구라고 일컫는다. 그러나 도시와 농촌에[23] 있는 다양한 지역들은 교회와 교구 목사가 섬기도록 각각 할당된다. 그래서 특수한 순회 구역은 독일어로 교구(Ein barchi, oder pfarkirch, oder ein kirchhory)라 불린다.(7) 그래서 이전에 교구 목사는 이방인들에게 주로 소금과 목재와 같은 필수품을 제공해 주며 분배해 주었기에 공급자(provider)였다. 어떤 사람은 그를 잔치 베푸는 자로, 다른 사람은 그를 처녀들의[24] 공급자로 부른다.(8) 그러므로 교회의 목사들이 순결하고 깨끗한 처녀를 그분께 이끌어 주면서, 교회의 구속자이자 머리이신 그리스도를 위한 처녀들로 준비시켜 주는 자들이기 때문이다. 간단히 말해서 그들 자신이 천상의 축

---

20. 엘리자베스 판 "with the angels."

21. 엘리자베스 판 "for we confess none to be more holy than our own selves."

22. 리틴이 *Vulgas dicit parochias, alii et rectius dixere paroecias.*

23. 라틴어 *et in agro.* 엘리자베스 판 "In cities and towns."

24. 라틴어 *paranymphum.*

제와 향연도 준비하면서 하나님의 백성을 위해 가장 필요한 것들을 준비시켰기 때문이다. 주님을 따르는 무리의 목사들을 바로 교구 목사들, 혹은 영혼의 지도자로서의 목사들이라고 불렀다.⁽⁹⁾ 이것이 바로 주님께서 복음서에서 말씀하신 특수한 교회다. "교회로부터 경고를 받았음에도 교회에 불평하며 교회를 거스르는 자는 상관하지 말라." 전 세계에 퍼진 보편적 교회는 거역하는 자들과 완악한 자들이 함께 회집하거나 모일 수 없기 때문이다. 완고해진 자들은 개별 교회들이 심판하기 때문이다. 결론적으로 보편적 교회는 전 세계에 걸친 모든 개별 교회들, 그곳의 모든 가시적 부분과 구성원들로 구성된다. 우리가 얼마 전에 충분히 언급하며 묘사한 것이 바로 그것이다.

그러나 우리가 언급한 대로, 하나님의 보편적 교회는 맨 처음부터 모든 세대에 걸쳐 우리와 함께 계속 존재해 왔다.²⁵ 맨 처음부터 그것은 가시적이면서도 불가시적으로 전 세계에 걸쳐 퍼졌다. 그래서 주님의 백성과 하나님의 집은 세상 끝 날까지 지상에 남아 있을 것이다. 왜냐하면 그곳은 세상²⁶ 어디에나 어느 시대에나 존재하기 때문이다. 그곳에는 거룩함을 입지 못한 자들이나 거룩하게 되지 않을 사람들도 있는 곳이지만, 하나님께서 그들 가운데 거하심으로 그분의 무리와 거룩한 집으로 될 것이다. 오래 전 선지자의 증언에서도 교회는 영속적이라고 기록한다. 시편 132편에 기록되길, "여호와께서 시온을 택하시고 자기 거처를 삼고자 하여 이르시기를, 이는 나의 영원히 쉴 곳이라. 내가 여기 거할 것은 이를 원하였음이로다." 그래서 또한 "여호와께서 다윗에게 성실히 맹세하셨으니, 저희 후손도 영원할 것이며, 그의 보좌도 태양처럼 내 앞에서 계속될 것이라"고 하셨다. 그러나 그리스도께서 다윗의 자손이며, 그분의 왕권과 영적 시온에 대한 이 모든 것을 우리가 알아야 한다는 사실을 누가 모르겠는가? 그분은 또한 복음서에서 교회의 영원성에 대해서 "내가 세상 끝 날까지 너희와 항상 함께 있으리라"고 하셨다. 또한 "내가 아버지께 구하겠으니 그가 또 다른 보혜사, 진리의 영을 너희에게 주사 영원토록 너희와 함께 있게 하시리라"고 하셨다. 같은 문맥에 속하는 복음서의 다른 언급에서는 "음부의 권세가 교회를 이기지 못하리라"고 했다. 교회를 철저히 파괴하고 전복시키려는 수많은 박해 가운데 있는 신자들에게 참된 위로를 주는 말씀이다.

---

25. 라틴어 *ad nos usque decurrit.*
26. 엘리자베스 판의 라틴어 *seculum.*

그러나 그리스도께서 항상 그랬듯이 그분의 교회는 여기 지상에서 과거와 현재, 그리고 영원히 존재할 것이다. 세상이 존재하는 한, 사탄도 자신의 무리를 계속 지배할 것이다. 이러한 사탄의 교회는 가인과 함께 처음 시작되었고, 태초부터 종말 때까지 그 동안 존재해 온 모든 악한 자들을 포함하면서, 최후의 사악한 자들에게까지 계속될 것이다. 그러나 그들이 여기 지상에 있을지라도, 지옥에서 고통을 받고 있는 자들과 함께 참예한다. 모든 선한 자들이 머리되신 그리스도 아래에 한 몸을 이룬 것처럼, 모든 사악한 자들도 우두머리 사탄 아래에 한 몸으로 통합되어 있기 때문이다. 이것은 다음과 같은 사악한 교회로[27] 잘 묘사된다. 즉 소돔과 고모라, 바벨론, 고라와 다단과 아비람의 무리, 사탄의 회당, 집단, 매춘부, 적그리스도의 왕국, 혹은 이와 유사한 것들이다. 이러한 교회에 모든 사악한 자들과 불신자들이 합해진다. 불신자들은 우리의 거룩한 어머니인 교회의 공동체나 교제로부터 스스로 분리된 자들이다. 또한 특별히 하나님과 그분의 거룩한 말씀을 조롱하는 자들, 그리스도와 그분의 교회를 모욕하며 박해하는 자들이 포함된다. 이러한 구성원 가운데 오늘날에는 이교주의자, 이슬람교도, 유대인, 이단자, 분리론자, 그리고 기독교 신앙을 대적한다고 공언한 모든 자들이 있다. 이러한 자들로 외식하는 자들도 덧붙일 수 있다. 그것은 거룩한 복음서에서[28] 주님 자신을 아주 강력하게 박해하고 정죄하면서 공격한 것은 결코 소소한 범죄가 아니기 때문이다. 다른 곳에서 주님은 이렇게 말씀하셨다. "생각지 않은 날 알지 못하는 시간에 그 종의 주인이 이르러, 엄히 때리고 외식하는 자의 받는 율에 처하리니, 거기서 슬피 울며 이를 갊이 있으리라." 물론 그분은 정확한 심판으로 범죄의 심각성을 나타낸다. 이러한 교회는 사탄의 명령을 따르며, 그 마음의 간계와 생각대로 따르며, 모든 종류의 참람함과 사악함을 분주히 행한다. 결국에는 지옥으로 빠지며, 아주 열심히 혹은 오히려 완고하게 참여하고 있는 그 우두머리와 분리될 곳이 없다.

나는 내가 전투적 교회의 외적 교제와 사귐이 외식하는 것으로 간주하는 것과, 사탄의 교회의 구성원으로 파악하는 것에 대해 네가 반대하리라는 것을 아주 잘 안

---

27. 라틴어 *ecclesia malignantium*.
28. 엘리자베스 판 "in every part of the gospel."

다. 또한 너는 동일하게 외식하는 자들이 서로 다른[29] 두 교회에 참여해야 한다는 것이 불가능하다고 다음의 주님 말씀을 언급하면서 말할 것이다. "나무도 좋고 열매도 좋다 하든지 나무도 좋지 않고 열매도 좋지 않다 하든지 하라." 또한 사도 바울도 그리스도와 벨리알이, 빛과 어두움이, 진실과 거짓이 함께 조화를 이룰 수 없다고 말한다. 위선은 거짓과 어두움이다.

　여기에서 나는 교회의 회중이 된 외식하는 자들을 포함하는 것이 무엇을 의미하는지 적당한 설명을 하고자 한다. 첫째, 우리는 위선자들 사이의 구별이나 차별을 둔다. 일부 외식하는 자들은 인류의 공평과 정의에 대해 확신을 갖고 일하지만, 사람들이 보는 앞에서만 공개적으로 모든 일을 하며, 사람들의 전통적인 입장에 따라 확고하고도 완강하게 일을 한다. 이들에게 그것은 그리스도의 의를 가르치는 교회로부터 떠날 뿐만 아니라, 모든 잔인함으로 박해하고 혐오하며 저주하는 습관과 성질이다. 우리 주 예수 그리스도와 논쟁한 유대교인들과 유대교 바리새인들이 그러했고, 오늘날에도 교회와 다투며 분쟁을 하는 자들이 그러했다. 이들이 사탄의 교회(church)에 명백하고도 가시적으로 소속된 자들이고, 그들은 외적[30] 교회(Church)에 포함되지 않는다. 정말로 그들은 단 한번이라도 하나님의 교회로 불릴 만한 가치도 없다. 둘째, 거기에는 위선자들인 외식하는 자들이 있는데, 그들은 자신의 공평과 정의를 행함에 있어서 어떠한 확신도 없이 하며, 사람들의 전통도 전혀 고려하지 않는다.(10) 그러한 사람들은 교회를 미워하지도, 떠나지도, 박해하지도 않는다. 그들은 외적으로 동일한 신앙을 고백하면서, 동일한 성례에 참여함으로 그것을 동의한다. 하지만 그들은 내적으로나 마음으로는 진실하게 믿지 않으며 거룩하게 살지도 않는다. 이들 가운데 일부는 잠시 동안 교회의 사귐과 교제에 충실히 대할 것이다. 그러다가 어떤 구실이 생기면 그들은 이단이나 분리론자처럼 친구가 아닌 적으로 돌변하여 교회로부터 떨어질 것이다. 교회로부터 떨어지지 않는 사람들도 있는데, 자신의 모든 삶을 교회의 사귐 가운데 유지하면서 외적으로는 신앙이 있는 체하지만, 내적으로는 자신의 실수와 죄악과 사악함을 포기한다. 그들에게 외적 행위나 사귐은 틀림없이 약간의 유익도 없다. 영원한 생명과 모든 천상의 복에 참여하기를 갈망하는 자들은 반드시 외적이

---

29. 라틴어 *diversissimis inter se*.

30. 라틴어 *vel exterioris*.

며 가시적인 공동체뿐만 아니라, 내적으로 영생과 구원을 이루는 공유와 사귐이 있는 하나님의 교회와의 사귐에[31] 참여해야 한다. 그러나 이 중에서 우리는 적당한 예를 언급해야 할 것이다. 교회의 몸에 붙어 있는,[32] 그러한 외식하는 자들이나 위선자들은 그리스도의 몸의 지체로서 교회의 구성으로 불린다. 그래서 우리는 더 좋은 이해를 위해 다음의 비유를 통해 상술하고자 한다.

비록 알곡과 가라지의 성질은 다르지만 가라지도 알곡에 있는 것처럼, 사악한 자들과 외식하는 자들도 교회 안에 있다고 말한다. 종종 인간의 몸에 말라있거나 썩었거나 연약한 부위들이 붙어있는 것과 같다. 이런 구성원들은 공동체를 이루지 못하고 활기찬 영 안에서 살아 있는 구성원들과 참여하지 못하지만, 여전히 그들은 붙어 있으면서 살아 있는 구성원을 분열시키기에, 구성원들에 의해 몸의 일부로 불린다. 그러나 그들이 다른 사람들을 감염시키지 않게 하기 위해서는 그들을 제거하거나, 가끔은 전체 구성원들이 위험에 빠지지 않도록 혼자 있게 해야 한다. 이와 같은 방식으로[33] 외식하는 자들이 비록 성령의 끈이나 믿음과 사랑으로 교회에 연합되어 있지는 않지만 교회 안에 있다고 말할 수 있고, 그들은 살아 있는 구성원으로는 포함될 수 없다. 그러나 교회의 온전한 몸이 심각한 해악을 당하지 않도록 그들을 너그럽게 대해 주어야 한다. 또한 종종 교회의 몸 전체가 더 건강해지기 위해 그들을 접근하지 못하게 한다.

자, 이제 복음과 사도의 가르침이 어떤지를 귀 기울여 보자. 주님께서는 복음서에서 사악한 자들이 뿌린 가라지가 주님의 밭에서 자라지만, 곡식까지 뽑히지 않기 위해 가라지를 뽑지 말라고 분명하게 말씀하신다. 보라, 악한 자, 마귀가 친히 뿌린 잡초는 여전히 주님의 밭에서 자라고 있지만, 곡식이 아니다. 다시금 주님은 복음서에서 말씀하신다. "천국은 마치 바다에 치고 각종 물고기를 모는 그물과 같으니, 그물에 가득하매 물 가로 끌어내고 앉아서 좋은 것은 그릇에 담고 못된 것은 내버린다." 하나의 같은 그물에서 끌고 온 것 중에서 네가 어떻게 선과 악을 알 수 있는지를

---

31. 엘리자베스 판 "For we ought to live for ever and to participate all heavenly gifts with them that desire them, to join in fellowship" etc.

32. 라틴어 *adhuc*를 덧붙인다.

33. 라틴어 *ratione certa et suo quodam modo*.

다시 보라. 그러므로 선과 악은 모두 하나의 같은 나라에서 판단되는 것이다. 손님들 중에 혼인 예복을 입지 않은 한 사람에 대한 다른 비유에서도 나타난다. 그는 잠시 묵인되어 있지만, 결국에는 잔치의 주인에게서 쫓겨난다. 다른 곳에서 그는 손에 키를[34] 들고 타작마당을 정하게 하고 쭉정이는 꺼지지 않는 불에 태운다고 말한다. 이러한 이유로[35] 사도 바울은 고린도전서에서 그리스도의 교회에 대해서 거짓으로 공공연히 대적하는 자들과 교회와 그리스도의 이름에 아직 완강히 반항하거나 반대하지 않는 불순한 자들을 구별한다. "만일 어떤 형제라 일컫는 자가 음행하거나 탐욕을 부리거나 속여 빼앗거든 그런 자와는 함께 먹지도 말라. 밖에 있는 사람들을 판단하는 것이야 내게 무슨 상관이 있겠는가? 밖에 있는 사람들은 하나님이 심판하신다." 밖에 있다는 것은 곧 교회의 테두리 밖에 있다는 것이다. 형제라 불리지 않는 자들은 곧 그리스도나 교회의 이름을 알지 못하는 자들이다. 안에 있다는 것은 곧 외적 교회를 의미하는 교회 공동체 안에서 그리스도의 이름을 알고 있는 자들이며, 아직 교회의 훈련을 잘 견디는 것이 아니라, 늘 많은 해악으로[36] 더럽혀진 자들이다. 모든 사람들 가운데 사도 요한을 가장 평범하게 말했다. "그들이 우리에게서 나갔으나 우리에게 속하지 아니하였나니 만일 우리에게 속하였더라면 우리와 함께 거하였으려니와 그들이 나간 것은 다 우리에게 속하지 아니함을 나타내려 함이니라." 이것은 새로운 종류의 표현이다. 교회에서 나간 사람들이 교회의 구성원에 들지 않는다면, 어떻게 그들이 교회에서 나갈 수 있겠는가? 그러므로 위선자들과 악한 자들은 교회로부터 나간다. 그들은 분명히 한 때 교회 안에 있다. 곧 그들이 정말로 어떤 부류인지 드러나서 교회에서 나가기 전까지다. 또한 그들이 교회에서 나감으로, 그들이 절대로 그리스도와 교회의 참되고 살아 있는 구성원이 아님을 명확히 보여 준다. 하지만 그들은 잠시 교회의 구성원들로 여겨진다. 사도 요한은 우리에게 그 이유를 제시한다. 그리스도의 참된 지체의 성향은 그리스도와 그분의 교회를 결코 버리지 않고, 매일 조금씩 지속해서 자라며 성장한다. 성도들과 거룩한 사람들은 실제로 죄를 저지르고 타락하지만, 그들은 그리스도를 완전히 버리지 않는다.[11] 다윗은 간통과 살인죄를

---

34. 라틴어 *vannum aut ventilabrum*.
35. 엘리자베스 판에는 생략함.
36. 라틴어 *sceleribus*.

저질렀지만, 울부짖으며 다음과 같이 말한다. "하나님이여, 내 속에 정한 마음을 창조하시고 내 안에 정직한 영을 새롭게 하소서. 나를 주 앞에서 쫓아내지 마시며 주의 성령을 내게서 거두지 마소서. 주의 구원의[37] 즐거움을 내게 회복시켜 주시고 자원하는 심령을[38] 주사 나를 붙드소서." 사도 베드로는 주님을 부인하고, 연약한 육신이 선한 영을 정복했다. 그러나 즉시 주님께서 그의 마음을 격려하심으로 그는 회개하고 악의 세력으로부터 떠나, 주님과의 선한 교제에 참여한다. 주님은 그에게 이러한 큰 배신을 예언하셨고, 다음과 같이 말씀하셨다. "내가 너를 위하여 네 믿음이 떨어지지 않기를 기도하였노니, 너는 돌이킨 후에 네 형제를 굳게 하라." 동일한 베드로는 다른 장소에서 많은 사람들이 그리스도를 저버렸을 때, 그도 떠날 의향이 있느냐에 대한 질문에 다음과 같이 대답했다. "주여, 영생의 말씀이 주께 있사오니 우리가 누구에게로 가오리이까? 우리가 주는 그리스도이시며, 살아 계신 하나님의 아들인 줄 믿고 알았습니다." 그래서 사도 요한은 진실하게 말한다. "그들이 우리에게서 나갔으나 우리에게 속하지 아니하였다." 그는 그 이유를 덧붙인다. "만일 우리에게 속하였더라면 우리와 함께 거하였으려니와 그들이 나간 것은 다 우리에게 속하지 아니함을 나타내려 함이니라." 그러므로 그들이 그리스도 공동체와 교회 안에서 우리와 함께 하지 않았기 때문에, 그들이 이전에 있었던 곳에서 떠나가 변절했다.[39] 우리는 그들이 교회의 지체가 되었다고 알았지만, 그들의 변절로 주님의 알곡 중에서 쭉정이로 드러났다. 쭉정이로서 그것이 자극이나 바람이 없으면[40] 한 단의 곡식으로 무거워 보이지만, 바람이 불면 텅 비고 가벼운 것으로 판명되어 알곡과 분리가 된다. 마치 위선자들처럼 자신들의 빛에서 변절되어[41] 그들은 하나님 말씀의 씨앗으로 결코 채워지지 않음과, 참된 그리스도의 알곡이 아님을 확실히 증명한다.

이러한 것에서 우리는 교회에 소속되어 교인의 자격으로 치장하는 모든 사람이 곧 교회에 소속된 것이 아니라는 일반적이고 정통적인[42] 의견을 얻을 수 있다. 사도

---

37. 라틴어 *salutaris tui.*
38. 라틴어 *spiritu principali.*
39. 라틴어는 *a nobis*를 덧붙인다.
40. 리틴어 *nondum.*
41. 엘리자베스 판 "being light by reason of their defection."
42. 엘리자베스 판 "ancient."

요한은 분명하게 덧붙인다. "그러나 그것이 증거일 수는 있지만, 모두가 우리에게 속한 것이 아니다."[43] 우리는 사도 바울이 로마서에서 어떻게 말했는지 볼 수 있다. "이스라엘에게서 난 그들이 다 이스라엘이 아니요. 또한 아브라함의 씨가 다 그의 자녀가 아니라, 오직 이삭으로부터 난 자라야 네 씨라 불리리라." 그러므로 신실한 자들이 참되고 살아 있는 그리스도와 성도들의 지체들이다. 위선자들이나 사악한 자들이 그들의 가면을[44] 벗지 않고 그들의 말과 행동으로 자신들이 한 일을 알리는 동안, 그들은 교회로부터 법적으로 배제될 수도 있다. 그들이 자발적으로 나가지 않는 한, 공개적으로 그리스도를 저버리지 않는 한, 적그리스도나 사탄의 진영으로 달아나지 않는 한, 그들은 교회에 거주하는 자로 여겨지고, 교회의 지체로 불린다. 하지만 모든 사람의 중심을 보시는 하나님은 그들에 관해서 다르게 판단한다.[45] 다시금 나는 그 사안을 실례를 통해 명백하게 할 것이다. 그리스도를 배반하고 자살한 유다의 경우, 그는 공개적인 말이나 행동으로 자신의 간악한 계획, 오히려 아주 사악한 간계를 드러내지 않았다. 그가 그리스도의 제자들과 사도들을 배반하지 않고, 그리스도를 위해 필요한 일들을 섬기고 돕고 있는 한, 그는 그리스도의 사도이자 청지기로 그리고 사도적 교회의 참된 지체로 인식되었다. 하지만 그리스도는 동일한 유다를 사탄으로 묘사했고, 그분이 선택된 자들과 진실하고 살아 있는 지체들에 대해 말씀할 때, 유다는 가장 분명하게 배제되었다. 그래서 그가 비록 성도의 일원으로 인식되면서, 외적 교회의 지체였지만, 하나님의 내적이며 거룩한 교회의 지체가 아님에 대해서는 의심할 이유가 없다. 그러므로 하나는 가시적이고 외적인 하나님의 교회이고, 다른 하나는 불가시적이며 내적인 교회가 있다고 말한 사람들의 말이 경솔한 것이 아니었다.(12) 가시적이며 외적인 교회는 외부적으로 사람에 의해, 하나님 말씀을 들음으로, 성례에 참여함으로, 그리고 자신의 신앙을 공개적으로 고백함으로 교회의 소속이 됨을 알 수 있다. 불가시적이며 내적 교회는 사람들이 보이지 않기 때문이 아니라, 그것은 사람의 눈으로 볼 수 없기 때문에, 진실하고 거짓 없는 신자들로서 하나님의 눈앞에 나타나기 때문에 그렇게 불리는 것이다. 진실한 신자들은 이러한 내적 교회의 참되고 살

---

43. 라틴어 *unde*를 첨가한다.
44. 라틴어 *necdum deterso fuco.*
45. 엘리자베스 판 "do well enough discern them."

아 있는 지체들이기 때문에, 나는 벌써 그것의 엄밀한 뜻으로 전투적 교회라고 불렀다. 그러나 다른 가시적 교회는 선과 악으로 구성되어 폭넓은 의미로 불려야 한다.

우리는 지금까지 지상에서 전투적 교회가 하나님에 의해 확실한 징표가 주어졌고, 이 세상에서 알 수 있는 것으로 표시되었다고 말했다. 우리는 이제 하나님의 교회의 그러한 외적 표지를 말해야 한다. 그래서 거기에는 두 가지 특별한 근본적 표지가 있는데, 하나님 말씀의 거짓 없는 선포와 그리스도의 성례의 합법적 참여다.(13) 여기에 경건과 일치, 고통 속의 인내, 그리스도에 의한 하나님의 이름을 위한 소명 등을 첨가하는 사람들이 있지만, 우리는 이미 언급한 두 가지 속에 이러한 것을 포함한다. 사도 바울은 에베소서에서 언급하길, "그리스도께서 교회를 위하여 자신을 주심으로, 거룩하게 하시고, 물로 씻어 말씀으로 깨끗하게 하셨다." 사도의 이러한 증거에서 너는 교회의 표지를 가져야 한다. 즉 그리스도께서 교회에 친히 제정하신 말씀과 성례다. 그분의 은총으로 부르고, 그리스도의 보혈로 정결케 하기에, 그는 이것을 믿음으로 수용하는 자들에게 그의 말씀으로 선포하고, 성례로 보증한다. 그것은 신실한 자들이 그들이 그리스도를 통해 얻는 구원에 대해 의심하지 않기 위함이다. 이제 이러한 일은 당연히 신실하고 거룩한 지체들에게 속한 것이다. 위선자들이 정결하지 않다면, 책임은 그들에게 있는 것이지, 하나님이나 그분의 거룩한 사역에 있는 것이 아니다.(14) 그들은 가시적으로는 분명히 거룩해져서 거룩한 사람으로 여겨진다. 그러나 이러한 일이 그들에게 속한 것은 당연하지 않다. 이러한 점에서 사도 베드로는 사도 바울과 조금도 다르지 않다. 베드로가 하나님의 말씀을 예루살렘 사람들에게 전했을 때, 그들은 무엇을 해야 할지를 묻자, 베드로는 "회개하고, 너희 모두는 죄 용서를 위해 예수 그리스도의 이름으로 세례를 받으라"고 대답했다. 그러므로 사도 베드로는 교리와 함께 세례를, 말씀과 함께 성례를 결합했다.(15) 그는 우리의 구주로부터 친히 이것을 배웠는데, 그것은 사도 마태가 복음서에 다음과 같이 기록했다. "너희는 모든 민족을 제자로 삼아, 아버지와 아들과 성령의 이름으로 세례를 베풀라." 그래서 너는 사도행전에서 말씀과 성례 말고 다른 어떤 교회의 표지를 읽을 수 없다. "그들은 사도의 가르침을 받아 자선을46 행하며, 떡을 떼며 기도했다." 너는 주의 만찬이 있는

---

46. 라틴어 *beneficientia.*

곳에서 다른 성례인 세례의 성례와 결합된 것을 볼 수 있다. 또한 일치와 사랑, 그리고 하나님의 이름을 위한 소명에 대한 갈망과 연구도 결합되어 있다.

이러한 일들은 충분히 명료하고 견고하지만, 나는 성경으로부터 다른 증거들을 덧붙일 것이다. 하나님의 말씀의 표지나 복음의 선포에 관해서, 주님은 친히 이사야 선지자의 말을 언급한다. "내가 그들과 세운 나의 언약이 이러하니, 곧 네(교회) 위에 있는 나의 영과 네 입에 둔 나의 말이 이제부터 영원하도록 네 입에서와 네 후손의[47] 입에서와 네 후손의 후손의 입에서 떠나지 아니하리라." 복음서에서도 예수님은 말씀하신다. "하나님께 속한 사람은 하나님의 말씀을 듣는다." 또한 "내 양은 내 음성을 들으며 나는 그들을 알며 그들은 나를 따른다. 내가 그들에게 영생을 주노니 영원히 멸망하지 아니할 것이다." 그리고 "나를 사랑하는 자는 나의 계명을 지킬 것이며, 나를 사랑하지 않는 자는 나의 계명을 지키지 않을 것이다." 또한 "진리에 속한 자는 내 음성을 듣는다." 이제 성례의 표지에 관해서 사도 바울은 거룩한 세례에 대한 설교에서 다음과 같이 언급한다. "우리가 다 한 성령으로 세례를 받아 한 몸이[48] 되었다." 또한 주의 만찬에 대한 설교에서 그는 이렇게 말한다. "많은 우리가 한 몸이니, 이는 우리가 다 한 떡에 참여함이라. 우리가 축복하는 바, 축복의 잔은 그리스도의 피에 참여함이 아니냐?" 그러므로 성경의 증거에 의해서 증명된[49] 것처럼, 교회의 외적 징표와 표지가 말씀과 성례라는 것은 가장 확실하다. 이 표지가 우리를 한 몸인 교회 공동체로 인도하며, 거기에서 보호해 준다.

내가 이미 언급한 대로 이제 당연히 이러한 모든 증거들은 선택받은 하나님의 지체들에게 속한 것으로, 그들은 신앙과 참된 순종을 입는다. 그들은 당연히 신앙과 순종이 없는 위선자들에게 속하지 않는다. 하지만 이들도 외적으로 목자의 음성을 듣고, 덕을 실천하고자 노력하며, 성례의 참여에 있어서 공개적으로나 외적으로 선택받은 자들과 참된 신자들과 함께 섞여있기 때문에, 그들이 떠나지 않는 한, 실제로 그리스도의 참된 몸에 외적 표지를 위해 그들은 교회 속에 속한 것으로 인식된다. 이러한 점에서, 명료함을 위해서 교회의 표지를 다룰 때, 우리는 이제 이러한 표지가 교

---

47. 엘리자베스 판에서는 이 구절을 생략한다.
48. 라틴어 *in unum corpus.*
49. 라틴어 *traditum.*

회의 구성원을 선언하고 인식하는 일반적인 규정임을[50] 덧붙여야 한다. 이러한 표지는 그리스도의 참된 교회의 공동체와 교제로부터 배제하지 않기에, 거기에는 이러한 표지가 없는 어떤 특별한 구성원들이 있다. 확실히 거기에는 세상에서 하나님 말씀의 평범한 설교를 듣지 않고, 하나님께 부름을 받은 사람들의 교제에 들어가지 않으며, 성례도 받지 않는 사람들이 많다. 그들이 그것을 무시하거나 하나님 말씀의 선포와[51] 설교가 결여된 곳에서 즐거움을 찾기 때문이 아니라, 수감이나 질병, 다른 악의 압박과 같이 불가피한 사정 때문에 그들은 간절히 갈망하는 그것을 누릴 수 없다. 하지만 아직 그러함에도 그들은 그리스도와 보편적 교회의 참되고 생기 넘치는 지체들이다. 과거에 주님은 이스라엘 백성들을[52] 가시적 교회로 제정하거나 지명했다. 그 가시적 교회는 주님이 어떤 법으로 확립했고 가시적 표지로 세웠다. 어떤 사람이 이런 교회를 무시하거나, 교회의 가르침을 듣고, 거룩한 교회에 들어와 헌신할 수 있을 때 거절하거나, 하나님을 예배하기 위해 지명된 사람들을 환영하지 않고 저주하면, 그는 분명히 하나님 백성의 일원으로 인식되지 않는다. 이방인들 가운데 전 세계에 퍼진 셀 수 없는 사람들의 모임이 확실히 존재하는데, 이들은 하나님의 백성과의 가시적 교제나 모임을 하지 않았고 할 수도 없었다. 하지만 그들은 여전히 이러한 공동체와 교제의 거룩한 일원이자 전능하신 하나님의 친구들이다. 여호야김과 여고냐와 함께 수많은 하나님의 자녀들이 느부갓네살 왕에 의해 투옥되어 바벨론에 포로로 끌려갔다. 하나님의 백성과 분리된 그들은 편견을 갖거나 상처를 받지 않았다. 그들은 여전히 시드기야 치하의 예루살렘에서 성전을 지니고 가시적 예배를 드렸다. 그들의 정신과 마음이 건전하지 않고, 온전하지 않을 때, 하나님의 성전에서 하나님의 백성들과 함께 가시적 교제와 공동체에 속한 수많은 사람들의 가치는 참으로 적었다. 요즘 우리는 참된 신앙을 고백함으로 정죄 받은, 전 세계에 퍼져 있는 신실한 자들을 수없이 찾아 볼 수 있다. 우리는 다음 설교에서 언급할, 적그리스도에게 포로가 된 많은 사람들을 발견할 수 있다. 우리는 그리스, 나톨리아, 페르시아, 아라비아, 아프리카에서도 수많은 사람들을 찾을 수 있다. 그들은 예수 그리스도의 종들이며 그리스도의

---

50. 라틴어 *lege communi.*

51. 라틴어는 "하나님의 말씀의 선포"를 생략한다.

52. 라틴어 *in populo.*

보편적 교회의 존귀한 지체들이지만, 마호메트의 불경건과 잔인함으로 그리스도인의 거룩한 신비로부터[53] 배제되었다. 하지만 그들이 가시적 표지인 그리스도의 모든 지체들과 함께 한 성령 안에서, 한 믿음 안에서 가장 친밀하게 참여하고 있음을 우리는 발견할 것이다. 그러므로 말씀과 성령은 일반적 법령으로 교회의 표지이지만, 그것은 신실한 자들의 교제와 공동체로부터 분리되거나 떨어지지 않는다. 신실한 자들은 불가피한 상황으로 신실한 자들의 가시적 교회로부터 내쫓겼다는 것을 믿는다.[16]

그러나 교회의 표지에 관한 완전한 이해를 위해 원칙적으로 이것도 속한다. 즉 우리가 신앙에 관한 계약으로 동의할 수 있고, 신앙의 참된 의미를 포함하고 유지하며 붙잡지 않는다면, 하나님의 말씀이나 성경에 관해서 자랑하는 것만으로는 충분하지 않다. 만약 네가 교회에서 성경의 의미를 개악하고 그렇게 주장한다면, 너는 참된 성경을 알려 주는 것이 아니라, 네 자신의 생각에서 고안한 사견과 상상을 전하는 것에 불과하다. 아리우스주의자들의 교회는 주님의 말씀을 거부하지 않았지만, 오히려 성경의 증거들로 자신들의 불경한 오류를 꾸미고 옹호하는데 애썼다. 그 교회는 우리 주 예수 그리스도가 하나님 아버지와 함께 동일한 본질임을 부인했다. 동일본질은 성경의 의미와 정통 신앙에서 모두 우리 신앙의 원칙 중 하나로 확증하고 강조했다. 그래서 물론 그것을 상당히 자랑하지만, 그것은 진실하고 순수한 하나님의 말씀을 진술한 것이 아니고, 성경의 참되고 완전한 의미와 달리, 그것을 몹시 뽐내며 자신의 이단 사상을 옹호한, 섞어놓은 말에 불과하다. 그러므로 그것은 교회의 참된 표지를 가지지 않고, 하나님의 참된 교회에 속하지 않았다. 이러한 한 가지 불행한 실례를 통해, 우리는 다른 모든 이단 교회를 분별할 수 있다. 비록 그들이 하나님 말씀의 증거 없이 주장하는 것은 아니지만, 사실 그들 안에 하나님 말씀에 대한 순수성이 없다.[17]

우리가 하나님의 말씀에 관해 언급한 것은 반드시 성례의 사용도 이해되어야 한다. 주님께서 친히 제정하신 성례가 정연하면서도 합법적으로 사용되지 않는다면, 그것은 하나님의 교회의 징표나 표지가 아니다. 여로보암이 진실하게 제물을 바쳤지만, 정말로 그는 하나님께 바쳤지만, 그가 율법대로 제사를 드리지 않았기 때문에, 그는

---

53. 라틴어 *a sacris.*

하나님의 참된 교회를 배반한 문외한으로 취급받았다. 참으로 다윗 자신도 위대한 열정과 큰 기쁨과 노래로 하나님의 법궤를 옮겨왔지만, 그가 그것을 율법대로 제사장의 어깨 위에 옮기지 않아, 한 때 큰 기쁨 대신에 큰 슬픔이 뒤따랐다. 네가 합법적으로 성례를 사용하지 않는다면, 하나님의 성례와 의식을 충분히 사용할 수 없음을 보여 준 것이다. 그래서 네가 준행한다면, 하나님께서 너에게 알려주실 것이다. 게다가 이전에 이단에게 세례를 받은 사람들은 보편적 교회에서 다시 세례를 받지 말라. 이단들도 자신들의 무지한[54] 공동체에서 어떤 사람의 이름으로 세례를 주지 않고, 성부와 성자와 성령의 이름으로 세례를 주기 때문이다. 그래서 그들은 자신의 이름이나 교주의 이름으로 간구하지 않고, 예수 그리스도의 이름으로 간구한다. 그들이 거부하지 않은 것은 이단의 세례가 아니었고, 이단에 의해 시행된 교회의 세례였다. 그러므로 그들은 이단 교회가 참된 표지에 의해 참된 것으로 인식할 수 있다고 인정하지 않지만, 이단들이 참된 교회에 속한 것을 올바르게[55] 사용한 것을 인정했다. 그래서 사악하고 악한 사람이 그것을 시행하기 때문에 단지 선한 일이 어느 면에서 훼손되는 것이 아니다.(18) 지금은 물론 전통적인 사도적 교회에 대해 말하는 것이 아닌데, 오늘날 우리는 교황의 타락한 가톨릭교회가 그리스도의 참된 교회임을 인정하지 않지만, 교황의 타락에 물든 사제들이 준 세례를 받은 사람들에게 우리는 세례를 다시 주지 않는다. 우리는 그들이 교황이 아닌, 그리스도 교회의 세례로, 성 삼위일체의 이름으로 세례를 베풀었음을 알기 때문이다. 그들은 오류와 미신과 가톨릭의 불신앙을 위해서가 아니라, 보편적 신앙의 계약을 위해 세례를 주었다. 결국 우리는 오늘날 사역의 무가치성이 하나님의 봉사를[56] 결코 훼손시킬 수 없음을 고백한다. 동일하게 우리는 주기도문이나 사도신경이나 최종적 정경을 단지 타락한 가톨릭교회가 사용했다고 해서 그것을 거부하지 않는다. 가톨릭교회가 저절로 그것을 소유한 것이 아니라, 하나님의 참된 교회로부터 전수받기 때문이다. 그래서 우리는 그것을 일반적으로 사용하는데, 타락한 가톨릭교회를 위해서가 아니라, 그것이 그리스도의 참된 교회로부터 왔기 때문에 사용한다.(19)

---

54. 라틴어 *ignorantiae.*
55. 라틴어 *peculiariter.*
56. 라틴어 *rei divinae.*

위선자들과 함께 참된 신자들이 공통으로 소유하는 교회의 이러한 외적 표지들과 달리, 경건한 자들에게만 특별히 속한 내적 표지들이 분명히 있다. 그것을 오히려 보증 혹은 고유의 선물로 부르는 편이 낫다. 만약 어떤 사람에게 외적 표지인 필수적 원인이 없다면, 이러한 것으로 외적 표지들이 열매를 맺게 해 주며, 사람들이 하나님 앞에 존귀하고 받아들일 수 있게 해 준다. 내적 표지가 없으면 어느 누구도 하나님을 기쁘시게 할 수 없다. 그러므로 내적 표지 안에 우리는 하나님의 자녀의 참된 표지를 [57] 소유한다. 그것이 하나님의 성령의 교제이며, 진실한 믿음, 그리고 이중적 사랑이다. 이로써 그리스도의 진실하고 생기 넘치는 지체들인, 신실한 자들이 함께 연합하고 결합하기 때문이다. 첫 번째는 그들의 머리 되신 그리스도에게, 그리고 교회의 몸인 모든 지체들에게 결합한다. 이러한 점에 대한 고려는 주로 하나님의 참된 교회의 지식에 속하는데, 외적 결합을 통해서도 더럽혀지지 않은 그들은 부패한 지체들을 관용한다. 계속되는 연구로 하나님께 순결을 반드시 유지하려고 애쓰기 때문이다. 또한 무엇보다도 복음적이며 사도적 가르침이 우리에게 그리스도께서 그분의 영으로 우리와 결합되었음을, 우리가 믿음으로 마음과 영이 그분께 묶여 있음을, 그리고 그분이 우리 안에서, 우리가 그분 안에서 살고 있음을 가르친다. 주님은 복음서에서 다음과 같이 외치셨다. "누구든지 목마르거든 내게로 와서 마시라. 나를 믿는 자는 성경에 이름과 같이 그 몸에서 생수의 강이 흘러나오리라." 그 말씀에 복음서 기자는 덧붙인다. "이는 그를 믿는 자들이 받을 성령을 가리켜 말씀하신 것이라." 또한 복음서에서, 그분은 자신과 영원토록 함께 있을 제자들과 모든 신실한 자들에게 그의 영을 약속하면서 말씀하신다. "그 날에는 내가 아버지 안에, 너희가 내 안에, 내가 너희 안에 있는 것을 너희가 성령으로 알리라." 사도 요한은 설명하면서 말한다. "성령으로 그가 우리에게 주심으로, 이로써 그가 우리 안에 거하시는 줄을 아노라." 또한 "그의 성령을 우리에게 주시므로 우리가 그 안에 거하고, 그가 우리 안에 거하시는 줄을 아느니라." 선택받은 사람, 사도 바울이 로마서에 기록하고 말한 것은 사도 요한과 다르지 않다. "누구든지 그리스도의 영이 없으면 그리스도의 사람이 아니라. 무릇 하나님의 영으로 인도함을 받는 그들은 곧 하나님의 아들이라." 이제 참된 믿음에

---

57. 라틴어 *typus.*

도달할 때, 그것은 우리를 주님께 묶어준다. 사도 바울은 다음과 같이 말한다. "그런 즉 이제는 내가 사는 것이 아니요, 오직 내 안에 그리스도께서 사시는 것이라. 이제 내가 육체 가운데 사는 것은 나를 사랑하사 나를 위하여 자기 자신을 버리신 하나님의 아들을 믿는 믿음 안에서 사는 것이라." 그리고 또한 그는 이렇게 말한다. "그리스도께서 믿음을 통해 우리의 마음에 거하신다." 이러한 말씀에 동의하면서 사도 요한은 다음과 같이 말한다. "누구든지 예수 그리스도를[58] 고백하는 자는 하나님의 아들이며, 하나님이 그 안에 거하시며 그도 하나님 안에 거한다." 일찍이 복음서에서 주님께서 친히 말씀하셨다. "내 살을 먹고 내 피를 마시는 자는 내 안에 거하고 나도 그의 안에 거한다." 믿는 사람은 그리스도의 살을 먹고 피를 마시는 사람이다. 그러므로 그리스도 우리 주님은 영으로 우리와 결합되고, 몸이 머리에 붙어 있는 것처럼, 우리는 마음과 믿음으로 그분과 연합하게 된다. 그러므로 이러한 매듭과 연대가 없는 사람들은 곧 그리스도의 성령을 소유하지 않은 사람이며, 그리스도 안의 참된 믿음도 소유하지 않은 사람이며, 그리스도의 진실하고 생기 넘치는 지체도 아니다. 주님께서 친히 복음서에서 다시 증거하며 말씀하신다. "사람이 내 안에 거하지 아니하면, 가지처럼 밖에 버려져 마르나니, 사람들이 그것을 모아다가 불에 던져 사르느니라." 우리 주님의 이러한 말씀을 본받아 우리가 이미 언급한 사도는 다음과 같이 말한다. "그리스도의 영이 없으면 그리스도의 사람이 아니다." 그러나 그리스도의 영이 있는 사람은 하나님의 사랑으로 불타오른다. 우리는 믿음과 사랑이 분리되지 않는다.[20] 사도 요한은 우리에게 동일하게 두 번씩이나 말한다. "하나님은 사랑이시라. 사랑 안에 거하는 자는 하나님 안에 거하고, 하나님도 그의 안에 거하신다." 주님께서 복음서에서 말씀하신다. "사람이 나를 사랑하면 내 말을 지키리니, 내 아버지께서 그를 사랑하실 것이요, 우리가 그에게 가서 거처를 그와 함께 하리라."

그러나 엄밀하게, 믿음은 우리의 머리 되신 그리스도와 우리를 연결하지만, 그것은 또한 우리를 지상에 있는 모든 그리스도의 지체들과 결합한다. 그들 가운데 오직 하나의 믿음과 동일한 영이 있기 때문에, 비록 믿음이 그리스도를 통해 하나님의 자비에 대한 확신으로서만이 아니라, 믿음의 외적 고백으로서 이해될지라도, 거기에는

---

58. 라틴어는 "Christ"를 생략한다.

오직 동일한 입술과 마음과 문장이 있을 수 있다. 우리 모두가 하나의 신앙을 고백하고 하나의 동일한 머리를 고백하는 것처럼, 한 영과 입술로 우리가 모두 하나의 동일한 몸의 지체들임으로 함께 고백한다. 세상에서 신앙과 종교의 다양성보다 훨씬 더 사람들의 마음을 억누를 수 없게 분리하는 것은 아무 것도 없다. 그러므로 신앙의 일치보다 우리를 더욱 밀접하게 연결할 수 있는 것은 없다.(21)

우리는 이제 사랑에 대해 말하려고 한다. 내가 언급한 사랑은 교회의 몸된 지체들을 상호 간에 서로 연결한다. 주님은 복음서에서 말씀하신다. "새 계명을 너희에게 주노니, 서로 사랑하라. 내가 너희를 사랑한 것같이 너희도 서로 사랑하라. 너희가 서로 사랑하면, 이로써 모든 사람이 너희가 내 제자인 줄 알리라." 그러므로 믿음에 뒤따르는 교회의 유일한 표지가 사랑임에는 의심의 여지가 없다. 그 사랑은 모든 지체들을 함께 확고하게 결합하는 끈이다. 그것은 그리스도의 교제와 성령으로 일치로부터 자란다. 그리스도는 왕이시며, 머리이시며 보편적 교회 최고의 감독이시기에, 하나의 동일한 성령으로 우리 모두를 인내하면서, 의심 없이 그들을 부드럽게 사랑하며, 그의 모든 지체들을 하나님의 자녀로, 형제와 공동 상속자로 만든다. 신실한 사람들만이 뜨거운 사랑으로 그들의 왕이시며, 머리이시며, 최고의 감독이신 분의 지체들과 공동 상속자들을 포함할 수 있다. 사도 요한은 다음과 같이 말한다. "낳으신 이를 사랑하는 자마다 그에게서 난 자를 사랑하느니라. 누구든지 하나님을 사랑하노라 하고 그 형제를 미워하면, 이는 거짓말하는 자니, 보는 바 그 형제를 사랑하지 아니하는 자가 보지 못하는 하나님을 어떻게 사랑할 수 있겠는가?" 우리에게 가장 적합하게 표현하기 위해, 말하자면 우리의 눈앞에 지체들의 연합과 일치를 위해, 바울은 사람의 몸의 지체로부터 취한 비유를 사용한다. "몸은 하나인데 많은 지체가 있고, 모든 지체는 하나의 직분을 가지지 않았다. 그래서 우리는 그리스도 안에서 한 몸이요, 지체의 각 부분이라." 고린도전서 12장에서 그는 머리와 지체의 연결에 대해서 훨씬 더 풍성하고 명백하게 설명한다. 또한 그것을 매우 설득력 있게[59] 표현하면서, 그리고 교회의 가장 높은 지체와 가장 낮은 지체 사이에 상당하고도 적당한 일치, 부지런한 배려, 그리고 지속적이며 가장 신실한 도움이 있음을 증거하면서, 사람의 몸의

---

59. 라틴어 *elegantissime expoliens.*

지체에 관한 동일한 비유를 주로 설명한다. 이러한 모든 것으로부터 그리스도의 교회의 진실하고 생기 있는 표지는 이러한 영적 몸의 참여자로서 그리스도의 영, 진실한 믿음, 그리고 그리스도인의 사랑과의 교제임을 드러낸다. 이러한 것으로 네가 교회의 교제 안에 있는지 아닌지를 쉽게 판단할 수 있다.

더욱이, 그리스도의 교회의 표지에 관해서 이미 논의한 것으로부터, 우리는 교회의 근원이 무엇이고, 그것이 어떻게 세워지고 전파되고 유지되는 지를 수집한다. 그것의 근원은 사도 바울이 교회에 대해 언급한 대로 천상적인 것이다. "위에 있는 예루살렘은 자유로운 곳으로 우리 모두의 어머니다." 그러므로 그는 그것이 완전히 하늘에 있기 때문이 아니라, 비록 지상에 있지만 그것이 천상에서 기원을 두기 때문에 천상적 교회라고 부른다. 하나님의 자녀들은 육신이나 혈육으로 태어나지 않고, 성령의 새롭게 하심으로 하늘로서 난다. 그리스도와 그분의 교회의 참된 지체로 만드는 믿음에 의해, 성령은 하나님의 말씀에 대한 선포를 통해 우리 마음에 믿음을 심어준다. 베드로는 다음과 같이 말한다. "너희가 거듭난 것은 썩어질 씨로 된 것이 아니요, 썩지 아니할 씨로 된 것이니, 살아 있고 항상 있는 하나님의 말씀으로 되었느니라." 바울도 다음과 같이 말한다. "내가 복음으로 말미암아 그리스도 예수 안에서 너를 낳았도다." 그리고 다른 곳에서 동일한 사도는 다음과 같이 말한다. "믿음은 들음에서 나며, 들음은 하나님의 말씀으로 말미암는다."

그러므로 믿음이 들음에서 나고, 들음은 하나님의 말씀으로 말미암기에, 엄밀하게 교회는 아무리해도 사람들의 법령이나 교리에 의해 나오거나 세우질 수 없다. 그래서 우리는 하나님의 말씀만이 하나님의 교회를 세우는데 적합함을 확인한다. 사람의 교리는 사람의 교회를 세우지만, 그리스도의 말씀은 그리스도인의 교회를 세운다. 사람의 교리는 혈육으로부터 나오기 때문이다. 그러나 참된 신앙으로 그리스도를 고백해서, 그리스도께서 교회의 기초로 세운 베드로는 이러한 말씀들을 그리스도로부터 친히 들었다. "이를 네게 알게 한 이는 혈육이 아니요, 하늘에 계신 내 아버지시니라." 그러므로 바울은 이렇게 말한다. "그의 아들을 이방에 전하기 위하여 그를 내 속에 나타내시기를 기뻐하셨을 때에 내가 곧 혈육과 의논하지 않았다." 그래서 믿음과 교회를 세움에 있어서 사람들의 모든 교리를 분명히 배제하며, 오직 하나님의 말씀만을 권하면서 그는 고린도 교인들에게 말한다. "내 말과 내 전도함이 설득력 있는 지혜의 말로 하지 아니하고 다만 성령의 나타나심과 능력으로 하여, 너희 믿음이 사람의 지혜에 있지 아니하고 다만 하나님의 능력에 있게 하려 하였노라." 그리스도의 증언들도 관련되어 있다. "하나님께 속한 자는 하나님의 말씀을 듣는다." 또한 "진리에 속한 자는 내 음성을 듣는다." 또 다시 더욱 명백하게 그분은 말씀하신다. "양들이 그의 음성을 아는 고로 따라오되, 타인의 음성은 알지 못하는 고로 타인을 따르지 아니하고 도리어 도망하느니라." 그러나 타인의 음성 아래에 우리는 그리스도의 가르침과는 다른, 사람들의 모든 법령을 포함한다. 이러한 것에 사도 바울은 지혜의 모양으로 기여했지만, 그는 그것을 진리로 인정하지 않고 의심스러운 것으로 부른다. 우리 주님이 친히 복음서에서 이사야 선지자로부터 불변의[60] 말씀을 인용하신다. "그들은 사람들의 교리를 가르치며, 헛되이 나를 예배한다." 그러므로 교회는 사람의 법령으로 세워지지 않고, 그리스도의 말씀으로만 기초가 세워지며 심겨지고, 모이며 확립된다는 것을 생각해야 한다.

하나님의 교회는 언제든지 유혹에 빠지거나 실족하거나 타락하여 다른 어떤 방법으로도 지킬 수 없는 상황이 아니라면, 동일한 하나님의 말씀으로 확실하게 보호된다. 여기에 바울은 다시 증거하며 말한다. "그리스도께서 어떤 사람은 사도로, 어떤 사람은 선지자로, 어떤 사람은 복음 전하는 자로, 어떤 사람은 목사와 교사로 삼으셨으니, 이는 성도를 온전하게 하여 봉사의 일(즉, 말씀을 가르치며 전하는 일)을 하게 하며, 그리스도의 몸을 세우려 하심이라. 우리가 다 하나님의 아들을 믿는 것과 아는 일에 하나가 되어, 온전한 사람을 이루어 그리스도의 장성한 분량이 충만한 데까지 이르리니, 이는 우리가 이제부터 어린아이가 되지 않고 사람의 속임수(위대하고 거역할 수 없는 권위를 통해 사람들의 교리가 얼마나 심각하게 정죄되는 지를 나는 네가 인식하길 바란다)와 간사한 유혹에 빠져 온갖 교훈의 풍조에 밀려 요동하지 않게 하려 함이라. 오직 사랑 안에서 참된 것을 하여 범사에 그에게까지 자랄지라. 그는 머리니 곧 그리스도라. 그에게서 온 몸이 각 마디를 통하여 도움을 받음으로 연결되고 결합되어 각 지체의 분량대로 역사하여 그 몸을 자라게 하며 사랑 안에서 스스로 세우느니라." 사도의 이러한 말씀이 그 말씀 자체 보다 더 나은 해설이 필요하지 않다는 것은 명백하다.

---

60. 라틴어 *irrefragabile*.

여기에서 또한 우리는 하나님의 말씀으로 교회의 질서와 지도를 적절히 진술해야 한다. 많은 사람들이 그것을 말씀 사역이나 교회의 사역으로 묘사한다. 그러나 우리는 이것을 하나님께서 원하신다면 세 번째 설교에서 언급할 것이다. 이러한 면에서, 우리 주 하나님께서 그분의 말씀으로만 교회의 기초를 세우고, 지어가고, 유지하고 확장하도록 교회에 주어진 교사들이 진리를 변호하기에 충분할 것이다.

이제 두 가지 점이 고려되어야 한다. 첫 번째, 하나님 말씀에 대한 지속적이고 변치 않는 연구라는 이유로, 하나님의 교회는 예언적이며 사도적, 그리고 정통이라고 불린다. 그것이 예언적이며 사도적이라고 불리는 이유는 예언자들과 사도들의 수고로 교회가 처음 세워졌기 때문이다. 또한 그들의 교리로 교회가 현재까지 그리고 세상의 종말까지 전파될 수 있도록 보존되었다. 교회가 정통이라고 불리는 것은 판단과 의견과 신앙이 옳기 때문이다. 교회가 없으면 참된 신앙도 없고, 참된 덕과 행복에 관한 완전한 교리도 없다. 교회의 신앙과 교리는 하나님 자신에 의해 아담과 족장들, 모세와 예언자들, 그리스도와 사도들을 통해 하늘로부터 계시된다. 우리가 뒤의 설교에서 다루는데, 그러한 이유로 교회는 어머니로 불린다.(22)

두 번째, 교회의 교사들이나 목사들의 계승은 하나님의 말씀 없이 그 자체로는 아무 것도 증명하지 못한다. 교황의 가톨릭교회의 옹호자들이나 방어자들은 그들이 사도적 교회의 가장 확실한 표지를 지니고 있다고 자랑한다. 즉 베드로 이후 첫 번째 클레멘트에 의해 이어진 감독의 연속적인 계승이 클레멘트 7세와 최근에 죽은 바울 3세, 그리고 교황으로 선임된 율리우스 3세까지 이어지고 있다.(23) 더욱이 사도적 계승으로 세운 교회로부터 말미암는다고 자처하는 그들 스스로 모든 교회의 지체들을 분리시켰다. 그래서 우리는 성직자의 올바른 계승이 초대 교회에 매우 중요했음을 부인하지 않는다. 성직자로 불리는 사람들이 정말 성직자였고, 성직자 직분을 시행했기 때문이다. 그러나 로마교회의 성직자로 불리는 추기경, 주교, 철학자의 구경꾼으로 잠시라도 있었던 여러 종류의 성직자들은 전혀 지식이 없는 무지한 자들이다. 스가랴 선지자는 이러한 말씀을 주님으로부터 들었다. "너는 또 어리석은 목자의 기구들을 빼앗을지니라. 보라 내가 한 목자를 이 땅에 일으키리니, 그가 없어진 자를 마음에 두지 아니하며, 흩어진 자를 찾지 아니하며, 상한 자를 고치지 아니하며, 강건한 자를 먹이지 아니하고, 오히려 살진 자의 고기를 먹으며, 또 그 굽을 찢으리라. 화 있을진

저 양 떼를 버린 못된[61] 목자여." 그러므로 하나님의 말씀을 신실하게 가르치지 않고 성직자의 직무와 의무를 수행하지 않는 주교들의 연속적인 계승으로, 그들이 세상의 시선 이전에 우상의 친교와 별 다를 바가 없다. 실제로 대 그레고리우스 이래로 대다수의 로마 주교들이 선지자 스가랴가 묘사한 것처럼 우상과 늑대와 약탈자였다는 것을 누가 감히 부인하겠는가? 그래서 나는 질문한다. 그러한 거짓 성직자들의 연속적인 계승을 무엇이 증명할 수 있는가? 정말로, 후대의 성직자들은 거의 전 세계 교회를 사람의 전통으로 채우고, 부분적으로 하나님의 교회를 억압하며, 부분적으로 박해하지 않았는가? 이스라엘의 고대 교회에서는 아론부터 아하스 왕의 치하에서 살던 우리아까지, 그리고 하나님의 말씀을 떠나 사람들의 전통과 실제로 우상에 빠진 다른 악한 대제사장들까지, 어떤 방해도 없이 성직자 계승의 연속적 질서가 있었다. 그러나 그것이 있음에도 불구하고, 대제사장에게 밀착해 있는 교회와 함께 우상 숭배하는 대제사장이 하나님과 하나님의 참된 교회의 진실한 대제사장임을 계승을 통해서는 증명하지 못한다. 사람의 모든 전통을 피하고 정말로 정결케 하여 하나님의 말씀을 선포한 하나님의 참된 선지자들, 건전하고 보편적인 교부들은[62] 그들 스스로 계승한 자들을 성직자로 간주할 수 없었다. 하지만 그것에도 불구하고, 그들은 가장 탁월한 빛이었고, 하나님의 교회의 존경받는 지체들이었다. 그들의 가르침을 믿는 자들은 분리론자도 이단도 아니고, 오늘날에도 그리스도의 참된 교회로 인정받는다. 그리스도 우리 주 하나님의 복된 아들이 여기 지상에서 가르치고, 그의 교회를 함께 모았을 때, 대제사장들의 계승 자체가 주님의 적대자들로 분류되었다. 그러나 그것이 곧 그들이 하나님의 참된 교회의 통치자이자, 이단 교회의 그리스도였음을 의미하지 않았다. 우리 주님의 사도들은 자신들을 위해서 그리고 그들의 가르침이 대제사장들의 중단되지 않는 계승이라고 진술할 수 없었다. 그들은 레위 지파의 서열을 이어받지 않은 멜기세덱의 서열을 좇는, 하나님의 영원한 대제사장이신 주님께 안수 받았기 때문이다. 하지만 그들에 의해 모인 교회는 모든 사람에게 참되고 거룩한 교회로 인식된다. 사도들은 아무나 그들의 참된 제자들이나[63] 계승자들로 받아들이지 않았고,

---

61. 엘리자베스 판의 "idle"은 분명히 양 떼의 부주의에 기인한 실수다.
62. 라틴어 *viri*.
63. 라틴어 *imitatoribus*.

그리스도의 가르침과 도를 올바르게 행하는 자들만을 받아들였다. 바울의 말은 주목할 만하고 분명하다. "내가 그리스도의 제자가 된 것처럼, 너희도 나의 제자가 되어라." 그는 이 말을 하나님의 말씀을 전하는 사역자들에게만 한 것이 아니라, 모든 신실한 자들에게 했다. 하지만 그는 나중에 다른 모든 그리스도인들, 즉 그의 소명과 부르심 안에 있는 모든 사람들을 좋아하는 그의 제자들이 있었다. 사도 바울은 밀레도에서 소아시아의 감독들에게 말하면서, 다른 사람들 속에서 언급한다. "내가 떠난 후에 사나운 이리가 여러분에게 들어와서 그 양 떼를 아끼지 아니하며, 또한 여러분 중에서도 제자들을 끌어 자기를 따르게 하려고 어그러진 말을 하는 사람들이 일어날 줄을 내가 아노라." 바울 사도는 사도적 교회 자체로부터, 실제로 사도적 감독들과 목사들의 교제나 모임으로부터, 교회의 이리들과 삼키려는 자들을 끌어낸다. 그러나 너는 이런 것들이 자신들을 위해 사도적 계승을 진술할 수 있다고 생각하지 않는가? 그리고 그들의 가장 타락한 원인, 즉 그들이 사도들로부터 계승받았다고 주장하지 않겠는가? 그러나 진리를 저버림으로 그들은 신앙과 사도적 가르침으로부터 타락해서, 그들의 유래와 사도적 계승은 더 이상 그들에게 도움을 주지 않는다. 그러므로 우리의 결론은 감독의 연속적 계승 자체가 아무 것도 보장하지 못하지만, 반대로 복음과 사도적 가르침의 순수성이 결여된 계승은 효력이 없다는 것이다.

그러므로 테르툴리아누스는 비록 교회에서 목사의 연속적 계승을 매우 자랑스러워했지만, 그는 사도적 가르침의 진실성으로 인정받아야 했다. 사실 그는 순수한 교리로 가르침을 받는 사도적 교회로서 수용되었지만, 감독의 계승에 대한 어떤 인식도 할 수 없었다. 누군가 그 저자의 언급을 원한다면 다음과 같다. "하지만 사도 시대에 자신들을 당당하게 세우려는 어떤 교회가 있다면, 그래서 그들이 사도들의 지도하에 있기 때문에, 사도들로부터 세우진 것처럼 보이고자 한다면, 우리는 다음과 같이 말할 수 있다. 그들 교회의 첫 번째 시작으로 가서, 자신들의 감독의 계승에 대한 서열을 양도하게 하면, 첫 번째 시작부터 진행되는 계승으로 그들의 첫 번째 감독은 사도나 사도의 사람, 그리고 사도와 함께 지속해 온 사람들 중 어떤 한 사람이 그의 창시자와 선조가 되어야 함을 발견하게 될 것이다. 이러한 방법으로 사도적 교회는 그들의 판단력을 제공한다. 사도 요한이 세운 폴리카르포스가 서머나 교회에 있었다고 증거하고, 로마 교회에서 클레멘스가 사도 베드로에게 지명되었다고 증명하고, 그리고 다른 곳에서도 그들 스스로 보여 주는 것처럼, 그들의 근원이 사도적 뿌리에 있고, 사도들에 의해 그들의 감독권이 주어졌다. 비록 이단들이 그러한 것처럼 가장하지만(그들이 신성 모독을 한 이후에, 그들에게 무엇이 불법이겠는가?), 그들은 효력이 나타나지 않는다. 그들의 가르침이 사도들의 가르침과 비교되기 때문이다. 차이점과 모순으로 그것이 사도나 사도의 권위가 아님을 보여 줄 것이다. 사도들의 가르침에는 그들 사이의 모순이 없는 것처럼, 사도의 사람들도 사도들과 상반된 것이 없다. 사도들을 배반하는 것뿐만 아니라, 다른 교리를 배우는 것도 없다."(24) 그러므로 상당히 후대에 세워진 교회와 지금도 새롭게 세워지는 교회처럼, 이러한 방식으로 그들의 시작이 어떤 사도나 사도의 사람들로 여길 수 없는 교회들이 있을 수 있다. 하지만 그들은 여전히 사도적이며 동일한 가르침을 지닌 하나의 신앙을 고백한다.

테르툴리아누스는 고대 로마 교회에 대해 말하면서, 가르치거나 배운 것의 모두를 모으면서 다음과 같이 언급했다. "사도들이 피로써 자신들의 교리를 교회에 말한 것이 곧 행복이다. 베드로가 고난 가운데 있을 때 주님과 같이 되었다. 바울은 요한의 최후처럼 면류관을 얻었다. 사도 요한은 나중에 뜨겁게 타는 기름에 던져져 아무런 감각도 느끼지 못하며 섬에 유배되었다. 아프리카의 교회들과 함께 배울 점이 무엇이고, 가르칠 것이 무엇이고, 어떻게 행해야 하는 지를 보자. 그것은 한 분 하나님이 만물의 조성자임을, 예수 그리스도가 하나님의 아들이며 창조주이며, 동정녀 마리아에게 태어나, 육신으로 부활한 분임을 인정한다. 율법과 선지서는 복음주의자들과 사도들의 가르침과 연결되며, 그들로부터 물로 세례를 받고, 성령으로 옷 입고, 주의 만찬을 함께 먹고, 순교를 권면하는 믿음을 얻게 된다. 그래서 이러한 제정을 받아들이는데 반대하는 사람은 아무도 없다. 이것이 제정이다."(25) 그래서 테르툴리아누스는 그 책에서 제목을 「이단 대책」(Of the Prescription of Heretics)이라고 붙였다.

마지막으로 기록해야 할 것은 이것이다. 과거와 현재뿐만 아니라, 요즘에도 주 하나님은 교회에 교사와 목사를 주신다. 내가 말하는 교사는 많은 사람의 지도자나[64] 장이 아니며, 군주나 지휘관도 아니고, 요즘 그들이 상투적으로 부르는 기만적인 의미의 교활한 사람도 아니다. 진리의 가르침과 건전하고 순전한 경건이[65] 아닌 다른 수

---

64. 라틴어 *doctores, quidem, non ductores*.

65. 라틴어 *quam doctrina veritatis et poetatis sincera et simplici*.

단이나 방법이 아니며, 그 토대가 순전한 사람들과 그리스도의 사도들이 시작한, 하나님의 거룩하고 보편적 교회를 세우고, 방어하며 보호해 주는 것이다. 그래서 바울은 모든 세속적 지혜를 파기하고 말한다. "내가 너희 가운데, 고린도교회에 거할 때에 약하고 두려워하고 심히 떨었노라. 내 말과 내 전도함이 설득력 있는 지혜의 말로 하지 아니하고 다만 성령의 나타나심과 능력으로 하여, 너희 믿음이 사람의 지혜에 있지 아니하고 다만 하나님의 능력에 있게 하려 하였노라." 사도 바울은 데살로니가 교회에 서신을 쓸 때, 모든 종류의 거짓으로 하는 교활한 조언도 모두 추방한다. "우리의 권면은 간사함이나 부정에서 난 것이 아니요 속임수로 하는 것도 아니라, 오직 하나님께 옳게 여기심을 입어 복음을 위탁 받았으니, 우리가 이와 같이 말함은 사람을 기쁘게 하려 함이 아니요, 오직 우리 마음을 감찰하시는 하나님을 기쁘시게 하려 함이라. 너희도 알거니와 우리가 아무 때에도 아첨하는 말이나 탐심의 탈을 쓰지 아니한 것을 하나님이 증언하시느니라. 또한 우리는 너희에게서든지 다른 이에게서든지 사람에게서는 영광을 구하지 아니하였노라." 그러므로 교회가 의식에 의해, 곧 교활한 조언과 음흉한 사람들의 기만에 의해 모이고, 유지되고, 보호될 수 있다고 생각하는 사람은 매우 기만적이고 어리석다. 보통 사람은 다음과 같이 솔직히 말한다. "사람의 지혜가 무너진 것은 처음에 사람의 지혜로 세운 것이다." 게다가, 주님은 친히 교회의 건물에서 폭력과 무기를 제거하신다. 그의 제자들이 검을 사용한 것을 금하셨기에, 싸울 준비가 되어 있는 베드로에게 말씀하신다. "칼을 칼집에 꽂으라." 우리는 어디에서도 주님이 무장된 세력으로 세상을 복종시키려고 군사들을 보냈다는 것을 읽을 수 없다. 오히려 성경은 하나님의 큰 대적, 적그리스도가 그분의 입의 숨결로 파괴될 것이라고 증거한다. 그래서 선지서의 다른 곳에서도 의심의 여지없이 그러한 것을 읽을 수 있다. 특히 스가랴 12장에 사도들과 사도의 사람들에 의한 모든 민족들을 대적하는 전쟁에서 비유적으로 상술된다. 사도들이 싸우는 방법에 따라 그들은 물리적 전쟁의 창과 검과 활이 아닌, 영적 전쟁으로 한다. 사도의 검은 하나님의 말씀이다.[26] 반면 물리적 혹은 육체적 무기가 때때로 사도의 사람들과 교회에 이점이 되었고, 오늘까지도 선을 행했음을 누구도 부인하지 않는다.[27] 하나님께서 교회를 보호하면서 사악한 자들과 폭군들을 대항하는데 빈번히 군사들과 관리들을 사용하신다는 것을 누구도 부인하지 않는다. 반면에, 모든 사람은 선하고 경건한 관리가 하나님의 교회에 자신의 의무를[66] 다해야 함을 고백할 것이다. 하나님의 존귀한[67] 선지자 이사야는 위대한 까닭 없이는 "아버지들을 돌보는 왕들과 어머니들을 돌보는 여왕들"을 부르지 않는다고 했다. 바울이 예루살렘에서 이방인들 가운데 복음을 전함으로 유대인에게 박해받을 때, 그는 천부장인 글라우디오 루시아의 군대에 의해 구출되었다. 오래지 않아, 그 천부장은 그를 유대 총독 벨릭스 앞에 안전하게 보내기 위해 안디바드리와 가이사랴로 적지 않은 군대, 즉 보병과 기병을 함께 보냈다. 누가가 사도행전에서 서두르지 않고, 근면하고도 상세히 회상했다. 교회사는 하나님의 교회를 옹호하고 구원한 거룩한 군주들의 많은 실례들을 상술한다. 그러나 나는 27번째와 28번째로 기억하는 설교에서 이러한 것을 다루는 약간의 방법이 있다. 결국 교회의 기원과 그것의 확장과 보호에 관한 것이다.

이러한 상황에서 우리가 하나님의 교회가 잘못할 수 있는지 없는지에 대한, 유명한 질문을 부적당하게 다루지 않거나 간략히 해설하지 않을 수 있다고 본다. 그것을 훨씬 더 잘 이해하기 위해서 나는 이 질문의 일부를 간략히 논의할 것이다. 나는 하나님의 보편적 교회가 첫째로 하늘의 복된 영들을, 다음으로 지상의 모든 신실한 그리스도인들을 포함한다고 가르쳐 왔다. 나는 사악한 자들과 위선자들이 잠시 신앙을 가장하는 자들 속에 있다고 말했다. 그러므로 이제 우리가 천상의 복된 영들의 교회를 이해한다면, 그 교회는 결코 실수할 수 없다. 그러나 우리가 사악한 자들이나 위선자들이 선한 자들과 연결되고 혼합되어 있음을 이해한다면, 그들은 실수만 하는 것이 아니라 실수를 하기도 하고 안하기도 함을 알게 될 것이다. 지상의 선하고 신실한 자들의 교회는 실수를 하기도 하고 안하기도 하기 때문이다. 우리가 여러 실수들을 평가하여 그것들을 모두 꾸러미로 모을 때, 이것이 분명해질 것이다. 교리와 신앙에는 일부 실수가 있다. 삶과 교훈에도 일부 있다. 그래서 그것들이 어떠한지를 모든 사람이 안다. 그러면 이제 지상에 있는 신실한 자들의 교회가 어떤 면에서 실수를 하는지 안하는지를 알아보자. 교회의 관습과 삶에 관해서, 그것은 실수를 다시 말해, 죄를 완전하고도 분명하게 해결해 줄 수 없다.[28] 지상에 교회가 존재하는 한, 항상 그것은 간절히 기도한다. "우리가 우리에게 죄 지은 자를 사하여 준 것같이, 우리

---

66. 라틴어 *operam suam.*
67. 라틴어 *clarissimus.*

의 죄를 사하여 주옵소서." 또한 그분의 자비를 위해 하나님은 선택받은 자들이 계속 반복적으로 더럽혀지는 이 세상에 살고 있는 동안, 항상 그의 성도들 안에 있는 모든 찌꺼기와 결점을 제거한다. 나는 너의 어려움, 신실한 독자를 잘 안다. 네가 말하는 교회가 거룩하고 순결하지 않다면, 어떻게 사도가 그것을 흠이나 주름도 없이 거룩하다고 불렀겠는가? 만약 네가 지상의 어떤 교회가 결점도 없이 완전하다는 것을 인정하지 않는다면, 너는 어떤 것도 인정할 수 없을 것이다. 성경에서 증언하는 대로 가장 의로우신 하나님이 모든 사람에게 자비를 베풀며 죄악 아래 있는 만물을 막는, 지상에 그러한 교회는 결코 존재하지 않을 것이기 때문이다. 그래서 사도 바울은 그리스도의 은혜와 성화로, 교회가 점도 흠도 없이 순결하다고 말한다. 육신에 있는 동안 그것 자체가 흠이 없는 것이 아니라, 그러한 흠이 제거될 수 있는 것이다. 믿음으로 그리스도를 받아들인 사람들은 그리스도의 순결로 죄가 부과되지 않아, 결국 세상에서 점도 흠도 없는 동일한 교회가 될 것이다. 육신을 벗어 버리고 모든 비참함이 제거될 때, 그것은 마침내 아무런 결점도 없는 상태가 될 것이다. 더욱이 가능한 한 반드시 흠이 없도록 수고하고 노력하는 지속적 연구로 인해, 교회는 흠이 없다고 이야기될 것이다. 그러한 방법으로, 또한 무엇보다도 전가의 은혜로 교회는 죄를 범하는 것이 아니라 가장 순수하게 되고, 말하자면 죄가 없게 된다.[29]

더욱이 교리와 신앙에 연관해서, 그리스도의 교회는 죄를 범하지 않는다. 그것은 타인의 음성을 알지 못하고, 목자의 음성만을 듣기 때문이다. 유일한 목자이신 그리스도는 다음과 같이 말씀하신다. "나는 세상의 빛이니, 나를 따르는 자는 어둠에 다니지 아니하고 생명의 빛을 얻으리라." 바울도 디모데에서 말한다. "너로 하여금 하나님의 집에서 어떻게 행하여야 할지를 알게 하려 함이니, 이 집은 살아 계신 하나님의 교회요 진리의 기둥과 터니라." 그러나 교회는 선지자들과 사도들의 토대인 그리스도 위에 세워졌기 때문에, 진리의 기둥과 터다. 그래서 교회는 하나님의 진리와 교회의 유일한 능력이 교제를 통해 영원히 지속된다. 그 교제는 당연히 진리의 기둥이자 터인 그분과 함께 있는 것이다. 하나님의 진리는 교회 안에·있기에, 교회의 사역으로 전 세계로 퍼지고, 대적들의 공격을 받는다. 그리스도의 교제 안에서 교회를 보호하는 그리스도와 함께 한 몸을 이루고 있는 한, 교회 안에서 대적하는 자들은 승리하지 못하고 아무 것도 할 수 없다. 또한 동일한 교회가 그리스도께로 돌아서서 사람들과 육신의 조언과 교훈을 따르면 언제든지 교리와 신앙에 있어서 죄를 범한다. 그것은 지금까지 죄로부터 보호해 주었던 것, 즉 하나님의 말씀과 그리스도를 저버리는 것이다. 나는 광야에서 이스라엘 백성의 거대한 공동체가 하나님의 탁월한 교회였음을 누군가가 부인할 것이라고 생각하지 않는다. 그 교회는 주님께서 언약을 세우시고 친히 성례와 계명으로 묶으셨다. 또한 그들이 하나님의 말씀을 무시할 때 어떻게 부끄러운 죄를 범하는지 우리는 모두 잘 안다. 대제사장 아론은 계속해서 열심히 저항하지 않았기에, 금송아지를 만들어 신으로 숭배했다. 이러한 이유로 반드시 교회의 모든 구성원을 더욱 더 부지런히 살피고 주목할 필요가[68] 있다. 교회의 많은 사람들이 죄를 범하기 때문에, 죄로부터 자유로운 사람은 아무도 없다. 이스라엘의 교회에서처럼 주님은 친히 남은 자를 예정해 놓으신다. 공동체와 다른 곳에서 모세, 여호수아와 확실한 많은 사람들을 의미한다. 분명히 주님의 교회 안에서 많은 사람들은 죄를 범하지만, 그분의 자비로 확실한 인원을 보호하신다. 그들은 주님의 뜻을 바르게 이해하고, 신앙과 성실함으로 죄악을 제거하고, 방황하는 주님의 무리들을 다시 거룩한 곳으로 옮긴다.

그러므로 교회는 하나님의 말씀을 떠나 죄를 범할 때에 잘못되었다고 말할 수 있다. 그래서 교회는 완전히 혹은 모두 죄를 범하지 않는다. 하나님의 은총으로 일부 남은 자들이 예정되어 있기 때문이다. 진리는 그들에 의해 다시금 풍성해질 수 있고 다시금 세계 모든 곳곳에 퍼질 수 있다. 사도 바울은 고린도 교회와 갈라디아 교회를 하나님의 거룩한 교회라고 불렀다. 하지만 이들은 교리와 신앙과 태도에 있어서 심각하게 죄를 범했지만, 수많은 자들 가운데 사도 바울이 전한 순수한 가르침을 진실하게 따르는 사람들이 많았다는 것을 누가 의심하겠는가? 그러므로 거룩한 교회는 참된 가르침 안에서 성실하게 유지되지 않는 한 죄를 범했고, 사도들이[69] 전한 진리로부터 떠나지 않을 때 죄를 범하지 않았다. 그래서 우리에게 교회는 선지자나 사도들의 토대가 아니라 사람들의 교훈으로 세워졌다고 하는 사람들은 헛된 거짓말쟁이라는 것이 온 세상에 명백히 드러난다. 그들은 부끄러움도 없이 그러한 교회를 가장 진실한 교회이자 죄를 범하지 않는다고 추천한다. 다윗은 외쳤다. "오직 하나님만 참되시

---

68. 라틴어 *opportunum erit*.
69. 엘리자베스 판 라틴어는 *apostolum*.

고, 모든 사람은 거짓말쟁이다." 또한 예레미야도 외친다. "그들은 주님의 말씀을 거절했는데, 그들 안에 무슨 지혜가 있겠는가?" 그러므로 교회가 죄를 범한다고 하는 자들은 하나님의 참된 교회가 아니다. 참된 교회는 그분의 말씀으로만 다스리는 예수 그리스도 위에 세워진다.

　　지상에 있는 하나님의 교회의 권한에 대한 논의와, 하나님의 말씀에 따른 교회의 의무는 하나님의 말씀에 관한 논문과 상당히 동일하다.[70] 그것은 오직 교회 안에서 행해진 모든 것으로 다스린다. 그러나 전에 내가 판단하길, 즉 성경에 입각한 판단으로 나는 교황주의자들이 이 문제에 대해 기록해 놓은 모든 것을 간략히 열거하고 건전한 가르침을 확실하게 유지할 것이다. 장 제르송(John Gerson)이 틀린 해석을 하지 않는다면 그리 잘못되지 않은 사람인데, 그는 교회의 권위를 "주님이 그의 제자들과 합법적인 계승자들에게 이 세상 끝까지 초자연적이며 영적으로 주신 힘"으로 정의했다. 그는 "전투적 교회의 함양은 영원한 행복을 얻기 위한 복음의 법에 따르기 때문"으로 보았다.(30) 그러나 피터 드 알리아코(Peter de Aliaco) 추기경은 이러한 권위를 여섯 개라고 말한다. 즉 축성, 성례의 집행, 교회 목회자들의 지명, 설교, 법적 교정, 그리고 이런 생활에 필요한 것을 받는 것이다.(31)

　　그들이 축성의 권위라고 부르는 것은 정당하게 안수 받은 성직자가 제단 위에 그리스도의 몸과 피를 성별할 수 있는 권위다. 그들은 이 권위가 주님께서 "이것을 행하여 나를 기억하라"고 하신 말씀에서 제자들에게 주셨다고 말한다. 그러나 그들은 요즘 그것은 주교가 사제들에게 준 것으로 생각하여 주교가 사제들에게 성체와 성배를 줄 때 다음과 같이 말한다. "산 자와 죽은 자를 위해 그리스도의 몸을 바치고 축성할 수 있는 권위를 주노라." 그들은 또한 이것을 서임권으로 부르며, 취소할 수 없는 표지나 특징으로 부른다. 성례를 집행하는 권위와 무엇보다도 고해성사는 그들이 가장 중요하게 여기는 권위다. 그들이 아는 것처럼 그것은 두 가지 열쇠가 있다. 지식의 열쇠는 다시 말해, 지식의 권위로서 죄인이 자신의 죄를 고백할 때다. 그리고 선언과 심판을 선언하는, 혹은 천국을 열거나 닫는, 혹은 죄를 용서하거나 보류하는 열쇠다. 그들은 이것을 마태복음에서 주님께서 베드로에게 말씀하실 때 약속하신 권위라고

---

70. 라틴어 *affinis est.*

한다. "내가 천국 열쇠를 네게 줄 것이다." 그러나 요한복음에서는 모든 제자들에게 그것을 주시며 주님께서 말씀하셨다. "너희가 누구의 죄든지 사하면 사하여질 것이다." 또한 요즘 그것은 주교가 사제들에게 주는 것으로 그들이 안수할 때 자신의 손을 안수 받는 사제의 머리에 올려놓고 다음과 같이 말한다. "성령을 받으라. 네가 누구의 죄든지 사하면 사하여질 것이다." 그들이 교회 재판권으로 부르는 것은 교회에서 임명한 성직자들의 권위다. 그것은 주교제도로 이루어진다. 그래서 온전한 의미로 그것은 전체 교회 중에서 오직 교황에게만 속한 것이다. 교회의 성직자 계급제도에서 교황만이 고위 성직자들과 주교들을 지명할 권리가 있다. "내 양을 먹이라"는 말씀이 그에게 주어졌기 때문이다. 더욱이 그들은 모든 교회의 재판은 직간접적으로 교황으로부터 하위 성직자에게로 온다고 말한다. 완전한 권위를 지닌 교황의 즐거움을 위해 제한된 권위가 주교에게 주어지는데, 주교는 자신의 주교 관구에서만 권위를 지니며, 자기 교구에서 신부 역할을 한다. 사도권의 권위나 하나님 말씀을 전하는 것을 그들은 설교권으로 부른다. 주님께서 그의 제자들에게 말씀하실 때 주셨다. "너희는 온 천하에 다니며 만민에게 복음을 전파하라." 그러나 요즘 교사들은 베드로에 의해 즉 그의 계승자에 의해 직간접으로 허락된 자 외에는 아무도 설교하러 가지 못한다고 단언한다. 그들은 법적 교정의 권위를 하나님께서 베드로에게 주셨다고 말한다. "네 형제가 죄를 범하거든." 주님의 말씀은 마태복음 18장에 잘 나타나 있다. 그러므로 그들은 하나님께서 사제들에게 출교권, 결정권, 재판권뿐만 아니라, 계명과 율법과 정경을 세울 권리를 주셨다고 말한다. "땅에서 매면 하늘에서도 맬 것이다"라고 기록되었기 때문이다. 결국 그들은 영적 노동의 보답으로 이러한 생활에 필요한 것을 받을 수 있는 권리가 주님의 말씀에서 주어졌다고 한다. "그들처럼 먹고 마시라."

이제 그들이 가르친 이러한 것들은 교회의 권위에 관해서 어리석을 뿐만 아니라 거짓된 것이다. 축성과 희생의 권리에 대해서 우리는 종종 다른 곳에서 얼마나 헛되고 어리석은 것인지를 언급했다. 아마도 하나님께서 중요하게 여기시면 적당한 곳과 시간에 더 언급할 것이다. 그 열쇠의 권리는 하나님께서 원하시면 다음 설교의 마지막 부분에서 논의할 것이며, 우리는 이미 고해성사와 비밀 고백에 대한 논의에 어느 정도 집중했다. 그들이 교회 재판권과 로마 주교의 전권에 대해 쓸데없이 이야기하는 것은 단지 어리석고 수치를 모르는 하찮은 일에 불과하다. 그것은 내가 전 세계가 잠시 알고 있었고 후에 이러한 설교들에서 우리는 약간의 논쟁이 분명히 생길 것이다. 그들이 가르치는 직임을 빼앗고 그들이 안수하지 않은 사람이 합법적으로 설교할 수 없다고 외치는 한, 그들은 하나님의 말씀을 무너뜨리고 자신들의 죄악을 방어하며 옹호하기 위한 방법을 노력하는 것이다. 이것은 우리가 적당한 곳에서 다룰 것이다. 그들은 출교의 권리를 아주 추악하고 부끄럽게 남용했다. 태만과 악한 추측으로 교회는 참된 제자도를 잃었을 뿐만 아니라, 로마 주교들을 위해 출교 그 자체는 오랫동안 단지 불과 검에 불과했다. 그것으로 그들은 보통 하나님의 말씀에 대한 참된 고백자들을 사납게 휘몰아치고, 그리스도의 순결한 예배자들을 박해했다. 하나님께서 교회의 성직자들에게 새로운 법을 만들 권리를 주신 적이 없다. 이것도 적당한 곳에서 증명할 것이다. 그들은 생활 수단을 받을 권리나 힘을 가장 높은 자들에게 실행했지만, 그들의 일시적 추수에 대한 보답 가운데 그들은 영적인 일들을 뿌리지 않고, 오히려 잠들어, 주님의 밭에 우리 대적이 잡초를 뿌리고, 그들 자신의 방식대로 하도록 방치했다. 이러한 생활을 위해 필요한 것에 만족하지 못하기 때문에, 그들은 침략한 왕국들을 교묘한 구실로 소유하고 가장 수치스럽고 잔인하게 그것을 획득하지 않는가? 그러므로 누군가 단순한 영혼을 뛰어넘는 폭군에 불과한 이러한 사람들에 의해 교회의 권위를 확고하고 실행된 것으로 보지 않는다면, 분명히 그들이 볼 수 있는 것은 아무 것도 없다.

우리는 이제 교회 재판권의 참되고, 단순하고, 명백하고 분명한 가르침을 덧붙일 것이다. 힘은 사람들이 해야 하는 올바른 것으로 정의된다. 그리스어는 그것을 엑수시아(Ἐξουσία)와 뒤나미스(Δύναμις)라고 부른다. 첫 번째 단어는 올바른 힘을 의미하고, 두 번째는 권위를 실행하는 능력을 의미한다. 어떤 사람이 종종 무슨 일을 행할 수 있는 권위는 있지만 그것을 수행할 능력을 가지지 못한 경우가 발생한다. 그러나 하나님은 이 둘을 모두 행할 수 있다. 그래서 그분은 사도들에게 사탄에게 붙들린 자들을 대항할 수 있도록 이 둘을 모두 주셨다. 누가복음은 기록했다. "주님은 그들에게 모든 사탄을 멸할 수 있는 능력과 권위를 주셨다." 한 가지 종류의 능력이 있는데 그것은 자유롭고 절대적이며, 다른 것은 제한된 것으로 대리적이라고 불린다. 절대적 능력은 자유롭지만, 다른 어떤 법이나 의지에 의해 통제되거나 구속되지 않는다. 그리스도의 능력이 이러한 종류로서, 그분 스스로 복음서에서 언급하신다. "하늘과 땅의 모든 권세를 내게 주셨으니, 그러므로 너희는 가서 모든 민족으로 제자를 삼아 세례를 주라." 또한 요한계시록에서 사도 바울은 이런 능력을 다시 언급한다. "두려워하지 말라. 나는 처음이요 마지막이니, 곧 살아 있는 자라 내가 전에 죽었었노라. 볼지어다. 이제 세세토록 살아 있어 사망과 음부의 열쇠를 가졌다." 그리고 또한 "그가 이르시되 거룩하고 진실하사 다윗의 열쇠를 가지신 이 곧 열면 닫을 사람이 없고 닫으면 열 사람이 없다." 제한된 능력은 자유롭지 않지만 다른 절대적이고 위대한 능력에 복종한다. 그것은 저절로 모든 일을 할 수 없지만, 절대적이고 위대한 능력이 허락하는 일들은 할 수 있고, 어떤 상황에서 할 수 있다. 그래서 이러한 종류가 확실히 교회 재판권이다. 그것은 목회자의 능력으로 불릴 수 있다. 하나님의 교회는 목회자들의 목적에 헌신된 권위를 사용한다. 성 아우구스티누스는 이러한 구별을 인식하면서, 그리고 요한복음에 관한 다섯 번째 논문에서 세례를 참고하면서 말한다. "바울은 목회자로서 세례를 베푼 것이지, 스스로의 능력을 지닌 자로서 베푼 것이 아니다. 그러나 주님은 그분의 능력으로 세례를 베푸셨다. 보라, 그것이 그분을 기쁘게 했다면, 주님은 이러한 능력을 주셨을 것이지만, 그분은 원치 않으셨다. 그분이 이러한 능력을 그의 종들에게 주셨다면, 그들의 것은 주님의 것이 되었을 것이다. 그러면 종들처럼 수많은 잡다한 세례들이 있었을 것이다."(32) 교회에서 그리스도는 자신에게 완전한 능력을 예비한다. 그분은 교회의 머리, 왕, 감독으로 영원토록 계속되기 때문이다. 생명을 제공하는 머리는 언제든지 그의 몸과 분리되지 않는다. 그러나 그것은 그분이 교회에 주신 제한된 능력이다. 그것은 인식해야 할 것이다. 즉 교회 재판권은 한정된 법에 둘러싸인 것이며 하나님으로부터 나온 것이다. 그것이 바로 유효한 이유이며, 모든 일에서 첫 번째 관심은 하나님을 위한 것이 되어야 한다. 교회 재판권은 교회의 이익을 위해 실행에 옮기기 위해 교회에 주어진 것이다. 사도 바울은 말한다. "주님께서 우리에게 능력을 주신 것은 우리가 덕을 세우기 위함이지, 교회를 파괴하기 위함이 아니다." 그러므로 교회를 방해하고 파괴하려는 세력은 악마 같은 폭군이며, 하나님으로부터 나온 교회의 권한이 아니다. 그래서 우리는 교회의 권한에 관한 이러한 목적을 필수적으로 파악하고 유지해야 한다.

그러나 교회의 제한된 능력은 다음의 것들과 매우 밀접하게 연관되어 있다. 교회 목회자의 안수, 교리와 교리들 사이의 분별, 마지막으로 교회 문제의 명령 등이다. 우리는 이제 교회의 권위의 본질에 무엇인지, 그리고 그것이 모든 면에서 제한된 범위가 무엇인지를 설명하면서, 이러한 점들을 순서대로 언급할 것이다.

모든 사람들이 교회의 사역을 이해할 수 있도록 주님은 친히 교회의 첫 번째 교사들인 사도들을 지명하셨다. 그 교회의 사역은 하나님이 직접 제정한 것이지, 사람들에 의해 고안된 전통이 아니다.(33) 그런 이유로 주님이 하늘로 승천하셨을 때, 사도 베드로는 교회를 소집하여 배반자 유다의 자리를 다른 사도로 지명하는 것에 대해 성경으로부터 언급했다. 그래서 하나님께서 교회에 목회자들과 교사들을 선발할 수 있는 권리를 주셨다. 초대 교회는 그 후에 베드로와 사도들이 분명한 성령의 영감으로 설교하면서, 일곱 명의 사역자들을 뽑았다. 성령의 지도를 분명히 받은 안디옥 교회는 바울과 바나바를 안수하고 파송한다. 비록 그들은 이미 수년 동안 목회자로 있었다. 우리는 또한 사도행전에서 사도의 명령으로 교회들이 거룩한 사역을 위한 필요가 있을 때마다 교사들에게 안수했음을 읽는다. 그럼에도 불구하고 그들이 선별 없이 아무나 안수하지 않았으며, 그 직임에 맞는 사람에게 안수했다. 다시 말해, 그들 스스로 후에 규정으로 표현하여 서술한 것이다. "책망할 것이 없고, 한 아내의 남편이 되며, 신중하며, 술을 즐기지 아니하는 사람"이다. 그 규정은 사도에 의해서 정착되었는데 디모데전서 3장에 잘 나타나 있다. 하나님께서 원하시면 우리는 23번째 설교에서 목회자의 안수에 대해서 언급할 것이다. 교회를 위해서 적합한 목회자들을 지명하는 권한을 교회가 받았다면, 나는 거기에는 그것은 무가치하고 악한 사기꾼들을 해임할 수 있는 권위를 가졌음을 누군가가 부인할 것이라고 생각하지 않는다. 또한 이러한 목적에 필요한 자질이 부족하다고 드러나면 고치고 수정할 수 있는 권위를 갖는다.

목회자들은 주로 가르치기 위해 선발되기에, 필수적으로 교회는 가르치고, 권면하고, 안위할 권한, 그리고 합법적인 목회들에 의한 권한을 갖는다. 그러나 모든 것을 가르칠 권한이 아니고, 오직 선지자와 사도의 가르침으로 주님으로부터 전달받은 것에 국한된다. "내가 너희에게 분부한 모든 것을 (주님이 말씀하신 것을) 가르쳐 지키게 하라." "너희는 가서, 만민에게 복음을 전파하라." 사도 바울은 말한다. "나는 하나님의 복음을 위하여 택정함을 입었으니, 이 복음은 하나님이 선지자들을 통하여 그의 아들에 관하여 성경에 미리 약속하신 것이라." 그러나 이런 설교의 사역과 직무는 단순히 교회로부터 받은 열쇠의 권한이다. 그 직무는 하늘을 묶고 풀고, 열고 닫는 것이다. 다른 곳에서도 사도들은 만물 위의 주님으로부터 능력을 받았다. 만물 위라 함은 절대적이지 않고 모든 악마 위이며, 모든 천사들과 사람들 위가 아니다. 또한 마귀 위에 받은 권위와 능력도 절대적으로 받은 것이 아니다. 그들은 사탄을 축출하고 몰아냈다. 그러므로 그들은 자신의 환상에 따라 악마를 다룰 수 있는 것이 아니고, 모든 악마를 제어할 절대적 능력을 지닌 자가 그것을 할 수 있게 한다. 그래서 그들은 사람들로부터 악마를 몰아낼 수는 있지만, 악마를 사람들에게 보낼 수는 없다. 아무튼 그들은 그렇게 할 수 있기를 갈망했었다. 동일하게 질병에 있어서도 그들은 스스로를 기쁘게 할 수 없다. 반면 바울은 거룩한 사역을 잘 수행했을 때에 밀레도에서 연약한 드로비모를 떠나지 않았을 것이다. 두 제자들을 기쁘게 할 수 있었다면, 사마리아 사람들이 주님을 환영하지 않았기에 제자들은 사마리아의 무례하고 잔인한 사람들에게 복수를 하면서, 하늘로부터 사마리아에 불을 명했을 것이다. 같은 방식으로 동일한 사도들은 하늘을 묶고 풀, 열고 닫을 권세를, 그리고 죄를 용서하고 보류할 권세를 받았지만, 언제나 분명히 제한적이었다. 그들은 지옥에 묶인 자를 풀 수 없고, 천국에 사는 자들을 묶을 수 없기 때문이다. 그분은 "네가 천국에서 묶는 자마다"라고 말씀하지 않고, "네가 땅에서 묶는 자마다"라고 말씀하셨다. 또한 "네가 지옥에서 푸는 자마다"라고 말씀하지 않고, "네가 땅에서 푸는 자마다"라고 말씀하셨다. 또한 그들은 자신들이 원하는 자들을 땅에서도 묶거나 풀 수 없었다. 믿음이 없는 자라면 죄로부터 그 사람을 자유롭게 할 수도 없었다. 또한 믿음과 참된 회개로 비추어진 삶을 정죄하거나 묶을 수 없다. 분명히 열쇠의 능력에 관해서 다른 교리를 가르치는 자들은 온 세계를 기만하는 것이다. 그 문제에 대해서는 우리가 적절한 곳에서 더 충분히 다룰 것이다. 동일하게 교회는 그리스도로부터 그 목회자들이 성례를 집행할 권한을 부여받았는데, 자신의 의지나 즐거움에 따라서가 아닌, 하나님의 의지와 주님께서 친히 제정하신 형식과 방법에 따라서다. 교회는 성례를 제정할 수 없고, 성례의 목적과 사용을 바꿀 수도 없다.(34)

더구나, 교회는 사도 바울의 한 문장에서 드러난 교리들을 판단할 수 있는 권한을 지닌다. "예언하는 자는 둘이나 셋이나 말하고 다른 이들은 분별할 것이요." 다른 곳에서 바울은 다음과 같이 말한다. "범사에 헤아려 좋은 것을 취하라." 사도 요한도 말한다. "사랑하는 자들아, 영을 다 믿지 말고 오직 영들이 하나님께 속하였나 분별하라." 그러나 이러한 분별한 권한에도 고정된 질서가 있다. 교회는 자신의 즐거움에 따라 판단하지 않고, 성령의 분별과 성경의 질서와 다스림에 따라 판단하기 때문이다.(35) 여기에서도 질서, 절제, 사랑은 지켜져야 한다. 그러므로 어느 때든지 하나님의 교회는 주님께서 주신 권위에 따라 어떤 중대한 문제에 대해서 공의회를 함께 소집한다. 우리가 사도행전에서 주님의 사도들이 했던 것처럼, 그것은 자신의 세속적 판단에 치우친 것이 아니고, 성령의 인도하심에 복종하는 것이며, 하나님 말씀과 사랑의 말씀에 의한 통치로 모든 행동을 시도하는 것이다. 그러므로 교회는 새로운 법을 만들지 않는다. 예루살렘 교회나 사도의 교회는 신실한 그리스도인들에게 "성령과 교회에 좋은 것 이외에 다른 짐을 지워서는 안 된다"고 말한다. 그러나 성경과 상반되거나 벗어나지 않는 것으로 꼭 필요한 것들은 인정한다.(36) 이제 교회는 수많은 종류의 사람들의 성숙을 위해 처리하는 능력을 가지고 있다. 교회 문제의 실례로 예배 시간과 장소, 예언, 방언 통변, 학교 등에 관한 것이다. 교회는 부부 소송에 대해서도 판단할 능력을 가지고 있다. 무엇보다도 그것은 교회의 몸으로부터의 예절, 권면, 징계, 출교 등의 교정을 책임진다. 사도도 이 권한이 파멸시키기 위함이 아니라 교정하기 위해 주어졌음을 말한다. 우리가 기억한 모든 것들과 그것을 좋아하는 다른 것들은 말씀과 사랑의 법칙에 의해, 그리고 성경으로부터 도출된 거룩한 본보기와 이성에 의해 제한된다. 이것에 대해서 적당한 문맥에서 더 충분히 언급할 것이다.

교회의 권한에 대한 내가 언급하려고 한 것이 바로 그것이다. 나는 이미 우리를 반대하는 대적들이 얼마나 뻔뻔스러운지를 보여 주었다. 그러나 그들은 이러한 문제를 자신들이 추구하고 옹호하고자 하는 것이 실제로 무엇인지를 아이들까지도 알도록 상당히 중요하게 다룬다. 하지만 그것은 교회의 권한이 아니라 자신들의 탐욕, 욕망, 포학이다. 정경의 진리는 우리에게 그리스도가 친히 교회 안에 절대적이고 완전한 권한을 유지하고 실행한다고 가르친다.(37) 그래서 그분은 교회에 대리권한을 주어, 대부분 목회자에 의해 그것을 실행하며, 하나님 말씀의 법칙에 따라 경건하게 실행한다.

이러한 것을 고려할 때, 우리는 하나님의 거룩한 교회의 의무를 아는데 큰 부담을 느껴서는 안 된다. 내가 이미 언급한대로 그것은 하나님을 섬기기 위한 것이며, 거룩한 것이며 그분을 즐겁게 하기 위해 가장 신중하고도 신실하게 하나님께 받은 권한이다. 특별히 그것의 의무에 대한 개요를 요약해 보면, 첫째 삼위일체 하나님을 부르며 섬기는 예배다. 이런 참된 하나님의 말씀을 첫 번째로 고려하지 않고는 아무것도 시작하지 않는다. 그것은 하나님 말씀의 법칙에 따라 모든 일을 명령하기 때문이다. 그것은 하나님의 말씀으로 분별한다. 동일한 말씀으로 그것의 모든 건물을 형성하고, 건물이 지어질 때 건물을 유지하며, 건물이 무너질 때 그것을 수리하거나 회복한다. 그것은 지상의 성도들의 집회와 회중을 뜨겁게 지지하고 사랑한다. 이러한 집회에서 그것은 하나님의 말씀에 대한 설교를 귀 기울여 듣고, 성례에 헌신적으로 참여하며, 큰 기쁨으로 천상의 일을 즐거워한다. 강한 믿음으로 우리의 유일한 중보자이신 그리스도의 중보로 하나님께 열정적으로, 끊임없이, 아주 깊게 기도한다. 그것은 영원히 하나님의 선하심과 위대하심을 찬양한다. 큰 기쁨으로 그것은 천상의 모든 은혜에 감사를 드린다. 그것은 그리스도의 모든 제정들을 아무 것도 무시하지 않으면서, 최고로 존경한다. 그러나 무엇보다도 그것은 생명에 속한 모든 것, 즉 구원과 의와 행복을 하나님의 독생자이자 우리의 구주이신 예수 그리스도로부터 받았음을 인정한다. 예수 그리스도는 그것을 홀로 선택한 유일한 분으로 그의 영과 피로 그것을 거룩하게 했고 하나의 교회로 만들었다. 즉 선택된 백성, 유일한 왕, 구속자, 대제사장, 변호사로서 구원받지 못하는 사람이 없도록 한다. 그러므로 그것은 우리 주 예수 그리스도에 의해 하나님 안에서만 존재한다. 그것은 그분만을 갈망하고 사랑한다. 그분의 유익을 위해 그것은 이 세상에 속한 모든 것을 잃는 것도 즐거워한다. 실제로 자신의 피와 생명까지도 쏟아 붓는다. 그러므로 그것은 믿음으로 그리스도에 분리되지 않도록 굳게 결합한다. 그것은 그리스도에 대한 배교와 절망을 가장 증오한다. 그리스도 없이는 인생의 어떤 것도 아무런 기쁨을 주지 못하기 때문이다. 사탄에 대해 그것은 치명적인 원수처럼 억누를 수 없는 증오를 지닌다. 이단과 범죄에 대항해서 그것은 지속적이며 현명하게 싸운다. 그것은 기독교 신앙의 단순성과 사도들의 가르침에 대한 순수함을 가장 열심히 지킨다. 가능한 한 세상과 육신의 것, 모든 세속적이며 영적 전염을 멀리하여 흠이 없도록 스스로를 지킨다. 그러므로 그것은 모든 불법 모임과 이교들과 악한 사람들을 피하고 모든 방법으로 혐오한다. 그리고 생명의 위협이 있을 때에도 기꺼이 공개적으로 그리스도를 말과 행동으로 고백한다. 그것은 고통으로 연단되지만, 고통을 극복한다. 그것은 신중하게 일치와 조화를 유지한다. 그것은 모든 지체들을 가장 포근하게 사랑한다. 그것은 권한과 능력이 허락하는 한 모든 사람에게 선을 많이 행한다. 아무에게도 상처를 주지 않는다. 기꺼이 용서한다. 연약한 자들이 형제로서 온전하게 이를 때까지 인내한다. 자만으로 의기양양하지 않고, 겸손으로 복종과 절제, 그리고 거룩한 모든 의무를 지킨다. 그러나 오랜 토론을 한들, 이 짧은 이야기 속에서 누가 교회의[71] 모든 특별한 의무를 열거할 수 있겠는가? 그리고 누가 그렇게 신적인 천상 공동체의 지체가 되길 마다하겠는가?

이제, 위의 마음을 하늘을 향해, 우리 주 하나님께 감사를 드리자. 그분은 자신의 사랑하는 아들을 통해 우리를 정결케 하셨고 우리가 함께 모이게 하셔서, 그분의 선택받은 백성이 되게 하셨고, 모든 천상의 보물의 상속자가 되게 하셨다. 그러므로 그분께 모든 찬양과 영광을 무궁토록 올려 드린다. 아멘.

---

71. 라틴어 *sanctae ecclesiae.*

미주

1

1. 제목에 있는 쪽에 주어진 제목은 다음과 같다. 하나님의 말씀의 명료성과 확실성 또는 무오성 (*untroglische*). 여기서 '무오성'이란, 내용에서 틀림이 없음을 나타내는 것이 아니라 성취에 대한 절대적인 확실성을 나타낸다. 괄터(Gwalter)는 두 번째 제목을 완전히 생략하여 '능력'(*kraft*)이 '무오성' 대신 나왔고 '하나님의 형상에 대하여'(*De imagine Dei*) 등의 소제목을 도입했다.

2. 츠빙글리는 주의 산만의 위험성을 깨닫고 있는 듯하며 하나님의 형상에 대한 주제로 돌아간다.

3. 사르데이스의 멜리톤(150-170년 활동)이 신인동형론파라고 알려진 종파의 지도자였는데, 이 종파의 오류는 하나님께 육체적인 실존을 돌린다는 것이었다. 이 주제에 대한 멜리톤의 작품은 더 이상 존재하지 않지만, 오리게네스(창 1:26 주석)와 에우세비오스의 「교회사」(*Hist. eccles.*)에서 증언되었다.

4. 츠빙글리는 하나님이 성육신에서 몸의 형태를 입었다는 것을 인정해야 했다. 하지만 그는 이것이 하나님의 형상으로 지어진 인간의 창조 이후에 일어났다는 것을 지적한다.

5. 참고 아우구스티누스, 「삼위일체론」(*De Trinitate*), IX, 11; X, 10, 18; XV, 7 등.

6. 이른바 아타나시오스 신조 제35항. "인간은 이성적인 혼과 육체이며 하나이듯이, 그리스도도 하나님과 인간이며 하나이시다"(*Nam sicut anima rationalis et caro unus est homo, ita Deus et homo unus est Chrsitus*). 츠빙글리는 이것이 하나님의 형상을 정의한다고 생각하지는 않는다. 이것은 다면 유용한 비교거리일 뿐이다.

7. 논증은 이제 주요한 주제로 나아가기 시작한다.

8. 사르다나팔로스는 사치스런 삶으로 유명한 앗시리아 왕이었다. 그는 주전 833년 니느웨의 포위와 점령 이후에 자살했다. 네로와 헬리오가발루스는 1세기와 3세기의 방탕한 로마의 왕이었다.

9. 츠빙글리는 유다서의 저자를 레바이우스, 사도 유다, 알패오의 아들 야고보의 형제로 가정한다.

10. 이후의 구절은 츠빙글리의 상세한 주석의 전형적인 예이다.

11. 이 중요한 진술에서 우리는 츠빙글리가 중생을 완전히 새로운 창조가 아니라 하나님의 형상의 회복으로 생각했다는 것을 알 수 있다. 하나님의 형상은 죄에 의해 파괴되지 않았다. 그렇다면 하나님에 대한 보편적인 갈망은 없었을 것이다. 이것은 희미해지고 약화되었지만 여전히 갱신되고 회복될 수 있었다.

12. 이는 중요한 제한이다. 원죄는 죄로의 경향이지만 그 자체로는 죄 있다고 볼 수는 없다. 이 점에서 이것은 죄는 아니지만 죄를 일으키며 죄가 될 수 있는 스콜라주의적(또한 트렌토 공의회의) 정욕

(concupiscene)을 닮았다.

13. 이러한 문장에도 불구하고 츠빙글리는 몇 가지 신선한 예시를 제시한다. 참으로 예시들이 이 부분 전체를 이룬다.

14. 그리스 신화에 대한 언급이다. 제우스는 인류를 멸망으로 정죄했지만, 듀칼리온과 피라는 목숨을 건졌으며, 그들이 뒤로 돌을 던지자 새로운 인류가 나타났다. Ovid, *Metamorph*. I, 253.

15. 외적인 행위에는 아무런 힘도 돌리지 않는다는 것을 주목할 수 있다.

16. 이 구절이 우연적으로 말씀의 성취의 지연을 설명하지만, 이는 츠빙글리 신학의 이해에서 매우 중요하다. 츠빙글리가 지적하듯이 하나님의 주권은 시간으로부터의 독립을 포함하며, 바로 이러한 절대적인 초월성의 빛에서 우리는 섭리, 선택, 효과적인 부르심에서의 하나님의 작용을 이해해야 한다. 츠빙글리가 이 가르침을 진술하는 형태가 성경적인 토대에도 불구하고 나중에 정죄되는 철학에 많은 부분을 의존하는 것은 흥미롭다. 교훈시인 「미로」에서도 비슷한 구절이 있다.

17. 비유적 방법에 대한 이러한 설명은 이상하게도 근대적인 특징을 지니고 있다. 츠빙글리는 비유의 궁극적인 목표는 긍정적, 즉 가르치는 것이며, 비유는 배움의 길을 매력적이고 흥미롭게 만들어 이 목표를 이룬다. 하지만 동시에 비유는 청중에게 도덕적인 요구를 한다. 왜냐하면 근본적으로 관심이 있는 자들만이 참된 의미에 뚫고 들어갈 것이기 때문이다.

18. 츠빙글리는 비유가 진리를 감춘다는 것을 인정할 수 없었다. 만약 그렇다면 말씀은 명료할 수 없을 것이다. 진리는 신앙 없이 듣는 자들의 눈 멈과 사악함에 의해 모호해진다.

19. 참고 Hilary, *In Matthaeum comm. can.* XIII.

20. 이 점에서 츠빙글리는 청중에서 첫 번째 호소를 한다. 그가 많은 수녀들이 복음주의적 가르침에 심하게 반대했다는 것을 알았으므로 이 연설이 개인적이라는 것은 의심할 여지가 없다.

21. 츠빙글리는 말씀 자체가 파괴적이라고 묘사할 수 없었다. 왜냐하면 그가 그렇게 했다면 그의 반대자들은 곧 말씀은 주의 깊은 설명 없이는 사람들에게 주어져서는 안 된다고 주장할 것이기 때문이었다.

22. 참고 Josephus, *Antiquitatum Judaicarum, lib*. II.

23. 미가야의 예는 매우 가치 있다. 왜냐하면 이것은 다수의 결정에도 불구하고 내적인 확신을 신뢰할 수 있다는 것을 예시하기 때문이다. 이 점은 나중에 다루어진다.

24. 우리는 이제 핵심 주제, 즉 말씀이 말씀 자체로부터 이해되어야 하며, 말씀에 대한 인간의 주석으로부터 이해되어서는 안 된다는 주제에 이르렀다.

25. 츠빙글리는 이제 말씀이 공적인 해석 없이 얼마나 잘 이해될 수 있는지는 보여 주기 위해 예를 제시한다. 이 경우에 이해는 합리적인 깨달음으로 보일 수 있다는 것을 주목할 수 있으며, 오직 문자적인 의미만 문제가 되었다. 많은 모호한 부분은 중세의 복잡한 주석 체계에서 나타났다.

26. 새로운 법의 오만한 해석자들이 옛 법에서 그들에 해당하는 자들, 즉 안나스와 가야바와 같은 사람들과 함께 놓여진다.

27. 이 메시지에 반대하는 사람들에 대한 훨씬 더 예리한 언급이다.

28. 츠빙글리는 여기서 교회의 고위 성직자들의 외적인 영예를 암시하고 있는데, 그는 이것이 내면적 종

교의 장애물로 생각한다.

29. 츠빙글리는 이제 성경의 권위라는 결정적인 문제를 다룬다. 그는 모든 외적인 심사를 거부하고 성령의 내적인 증언에 의존한다.

30. 인간의 견해에 의존하는 데서 오는 혼돈과 성령에 의해 조명될 때 말씀 자체가 주는 확실성이 대조된다.

31. 카르투지오 수도회는 1084년 브루노에 의해 1084년에 창립되었으며, 첫 수도원은 그레노블의 라 샤르트뢰즈에 세워졌다. 카르투지오 수도회는 극도의 엄격성으로 유명했다.

32. 베네딕투스 수도회는 529년 베네딕투스에 의해 세워졌다. 이 수도회는 서방에서 현존하는 가장 오래된 종단이며, 모든 다른 종단의 기초 또는 규범이 되었다.

33. 문자적으로는 *Predicant*: 도미니쿠스 수도회는 1215년 도미니쿠스에 의해 세워진 설교하는 탁발 수사 종단이다.

34. 문자적으로는 맨발인데, 아마도 프란체스코회 수도사라는 의미로 사용되었을 것이다(괄터는 *Franciscanus*를 지니고 있다). 다른 종단에도 많은 '맨발의' 수도사와 탁발 수사들이 있었지만, 프란체스코는 최초의 맨발 종단 창설자였으며, 이 단어는 이 시기에 프란체스코회 수도사들에 대해 종종 사용되었다.

35. 야고보는 전통적으로 스페인의 성 야고 데 콤포스텔라에서 순교한 것으로 생각되었으며, 그의 경당은 유명한 순례지가 되었다. 콤포스텔라 기사단은 순례자들을 보호하기 위해 1167년 페드로 페르난데즈에 의해 세워졌다.

36. 믿음으로 값없이 의롭게 된다는 것은 본질적인 복음주의 메시지라는 것을 지나가면서 짧게 상기시키는 부분이다.

37. 츠빙글리는 막달라인 마리아가 마르다의 자매 마리아 혹은 베다니의 마리아와 같은 인물로 이해했다.

38. 수도원 제도와 그 복음에 대한 불가피한 오해에 대한 구체적인 공격이다.

39. 츠빙글리는 이제 성경을 교회의 지배적인 해석 권한으로부터 보다 완전하게 해방시키려고 시도한다.

40. 초자연적 조명에 대한 필요성은 성경이 명백한 의미를 지니지 않는다는 것을 뜻하지 않는다. 조명은 본문의 모호함보다는 우리의 눈 멈 때문에 필요하다.

41. 이것으로부터 츠빙글리의 반대자들은 전통이 성경을 보충해야 한다고 주장하며 이로써 모든 종류의 왜곡을 위한 길이 열리게 된다. 하지만 츠빙글리는 주어진 말씀 이외에 어떠한 권위도 인정하지 않으며, 이것은 오직 성경 안에서만 간직되어 있다고 생각될 수 있다.

42. 츠빙글리는 또 다시 소수파의 확신을 옹호하기 시작하며, 진리의 주장자는 종종 홀로 서야 한다는 것을 보여 준다.

43. 교회의 공의회의 과거의 오류는 그의 주장을 지지한다. 아나스타시우스 2세(496-498)는 콘스탄티노플의 아카키오스와 교제를 회복하려고 했으며, 로마 성직자의 저항을 받았다. 그라지아노는 그를 교회에 의해 거부된 교황이라고 언급하며, 그러한 근거로 그는 보통 중세 시대에는 이단자로 생각되었다. 리베리우스(352-366)는 처음으로 아리우스주의자들에 맞서 아타나시오스를 지지했으며 유배당

했다(355). 하지만 그는 358년에 다시 아타나시오스를 정죄했고 로마로 돌아오도록 허락을 받았다.

44. 요점은 우리가 하나님이 성경을 통해 말씀하시도록 할 때만이 성경을 이해할 수 있다는 것이다. 그렇지 않다면 우리는 성경에 우리 자신의 이전의 신념을 읽어들이게 된다.

45. 이 사례는 두 가지 악, 감독직의 악용과 잘못된 성경 주석에 관심을 둔다.

46. Hilary, *De patris et filii essentia*. 츠빙글리는 필수적이거나 결정적이지 않더라도 필요하다면 교부들의 지지를 적극적으로 첨가했다.

47. 이러한 과감한 진술과 함께 츠빙글리는 진리에 대한 이해 가운데 개신교 개인주의를 주장한다. 분명한 약점은 그가 과거 경건한 사람들의 가치 있는 해설에 대해 충분하게 인정하지 않은 것이다. 그래서 겸손하고 진실한 학자들이 종종 상호간에 배타적인 의견에 이르게 되면, 그는 그러한 난제에 대해 일부 편견이나 자기 의지로 확실하게 설명할 수 있을지라도 답변을 하지 않았다.

48. 사실, 츠빙글리의 과거 채무에 대한 지급 거절은 (루터에서처럼) 아마도 과장된 것이지만, 그의 요점은 유효한 것이다. 즉 성경에 대한 정직한 독서가 그에게 성경의 본질적 메시지에 대한 통찰력을 제공한다. 본질적 메시지가 지금까지 존재하는 체계는 불분명하다. 그는 말씀을 조명하시는 성령을 통해서만 경험한 것을 묘사할 수 있다고 느꼈다.

49. 츠빙글리의 반대자들은 그가 다른 사람의 조언을 무시했다고 고소했지만, 그들은 하나님의 조언을 무시했기에 훨씬 더 비난받을 만하다.

50. 감독의 권위에 대한 또 다른 남용으로 정죄할 기회가 주어졌다.

51. 츠빙글리가 성경의 영감에 대한 전통적 교리를 승인했지만, 그는 그것의 이해에서 신적 조명의 필요를 주장했다는 것은 주목할 만하다.

52. 괄터는 마지막 부분에 별도의 제목을 붙인다. *Canones quidam et certae notae.*

53. 이사야 말씀의 다소 공상적인 적용은 츠빙글리가 중세의 개요로부터 완전히 벗어나기 어렵다는 것을 암시한다.

2

1. 게롤트 마이어 폰 크노나우(Gerold Meyer von Knonau, b. 1509)는 한스 마이어와 안나 마이어의 아들이었다. 그의 아버지는 1517년에 죽었고, 츠빙글리는 비록 결혼식은 1524년에 치렀지만, 1522년에 과부와 결혼한 것으로 추정한다. 게롤트는 1531년 카펠 전투에서 전사했다.

2. 즉, Baden-in-Aargau.

3. 글라레아누스(Heinrich Loriti of Glarus)는 유명한 스위스 인문주의자, 음악가로서 에라스무스와 서신 중단 때까지 츠빙글리의 친구였다.

4. 그러므로 1548년 첫 번째 영어 번역본의 제목이다.

5. 호레이스(Horace)에 대한 분명한 암시이다. *Ars poetica* v. 386-388, *nonumque prematur in annum.*

6. 츠빙글리가 토겐부르크에서 기억했던 속담식의 말이다.

7. 츠빙글리는 단지 우리 힘으로 예수님을 따를 수 없다는 것을 생각나게 하는 것이 기도라고 소개한다.

8. 늘 그랬듯이, 진정한 믿음은 성령께서 하시는 일이라고 츠빙글리는 주장한다. 그는 요한복음 6장에서 그가 가장 좋아하는 구절을 인용한다.

9. 페리클레스는 고대에 그의 뛰어난 연설로 유명했다.

10. 성령께서 마음에 역사하시는 것 없이는 말씀과 성찬은 아무것도 이룰 수 없다는 츠빙글리의 생각은 주목해 볼 가치가 있다.

11. 츠빙글리는 자연신학의 가능성에 대해 거부하지 않는다. 외적 현상을 통해서 우리는 하나님의 존재와 섭리를 배울 수 있다. 그리고 이런 기초 위에 계시의 교리가 설 수 있다.

12. 그것은 아마도 빌트하우스에서 츠빙글리 자신이 알게 된 정돈된 가정생활의 모습이다. 하나님의 섭리와 부권은 이신론의 모든 가능성을 배제한다.

13. 츠빙글리는 이제 주요 복음의 가르침을 요약하면서 은총의 교리로 향한다.

14. 츠빙글리는 원죄의 보편성을 강하게 주장한다. 비록 다른 부분에서는 원죄에 대한 개념을 부인하기도 한다.

15. 네로는 그의 가정 교사 세네카에게 죽음을 명령했다. 비록 죽는 방법에 대해서는 그가 스스로 선택하게 했다. (아마 근거는 없지만) 전설에 의하면 시인 엔니우스(Ennius)와 스키피오(Scipio)는 같은 무덤에 묻혔다고 한다.

16. 주피터의 상상의 구속 사역을 암시한다.

17. 무죄(innocentia)의 의미에서 칭의.

18. 공의(justitia)의 의미에서 칭의.

19. 여기에 흥미로운 사상이 있다. 츠빙글리는 예수님이 성육신하여 우리와 동일시하신 덕분에 예수님의 의가 우리에게 전가된다고 주장한다.

20. 츠빙글리는 신자가 죄를 지을 수 없다는 의미가 아니라 신자의 죄가 전가되지 않는다고 설명한다.

21. 이것은 안셀름의 "하나님은 왜 인간이 되셨는가?"(Cur Deus Homo?)에 나오는 사상이다. 그리스도가 하나님이시기에, 그분의 공덕은 인간의 모든 죄를 만족하기에 충분하다.

22. 츠빙글리는 이제 믿음에 의한 칭의가 선한 일을 해야 하는 필요성을 파괴하지 않음을 보여 준다.

23. 생명력(entelechy)은 단순한 가능성과 잠재성을 반대하는 온전하고 완벽한 존재다. 어휘와 개념은 아리스토텔레스에게서 도출했다. 츠빙글리는 신기하고 흥미로운 방법으로 생명력의 개념을 적용한다.

24. 츠빙글리는 이제 신앙의 삶의 다양한 측면을 고려한다. 믿음으로 형성한 덕을 말하면서, 사랑으로 형성된 믿음의 스콜라주의 개념으로 바꾸어 놓았다는 점은 주목할 만하다.

25. 참된 덕은 그 안에서 나온다고 주장한다. 츠빙글리가 다른 사람을 돕고 상담해 주는 것에 대해 말한다는 사실은 그의 마음 한 구석에 목회에 대한 생각이 있다는 것을 암시해 주는 듯하다.

26. 츠빙글리는 이런 언어들을 모두 배웠고, 그는 1523년 9월 개혁이 드러났을 때, 취리히에서 그것을 소개하는데 가장 큰 염려를 했다. 이 연구의 목적은 성경의 정확한 이해에 도달하는 것이었다. 성경은 영적 생활의 적합한 양분이며 올바른 행동에 필수적인 것이다.

27. 츠빙글리는 아마도 마음속에 중세의 타락이 라틴 교부들의 잘못된 가르침의 발전으로 생각했다. 하지만 그의 초기 주석에서 보듯이 그는 라틴어로부터 상당한 것을 배웠다.

28. *Odyssey*, XII, 37-54, 154-200에 대해 언급한다. 율리시스는 경보기 소리를 듣지 못하게 하려고 그의 선원들의 귀를 밀랍으로 막았다.

29. 성경의 참된 이해를 위해 우리가 성령 하나님께 의지해야 함을 더욱 상기한다.

30. 츠빙글리는 피타고라스주의자들이 가정하는 순서에 대해 생각하고 있다. 그들의 초심자들은 2~5년간 변하는 기간에 침묵서약을 한다고 알려졌다.

31. 츠빙글리가 많은 시간을 설교자로서 그의 능력을 키우는데 썼다는 점은 주목할 만하다.

32. 아마도 Pliny, *Historia naturalis*, VIII, 1, 3(6)에서 참고한 것이다.

33. 츠빙글리는 철저한 금욕을 옹호하지 않지만, 그는 무절제의 도덕적이고 물질적 위험에 대해서는 반박하며 경고한다.

34. 토겐부르크에서 한 농부 생활은 그가 평범하지만 건강에 좋은 음식을 가치 있게 여기고, 진미를 피하라고 가르쳤다.

35. 히포크라테스 이후에, 갈레누스는 고대에서 가장 유명한 내과 의사였다(주후 2~3세기).

36. 수도원 규칙에 정해져 있는 과도한 금식을 암시하는 듯하다.

37. 크로톤의 밀로(Milo)는 힘으로 유명했고, 올림픽 경기에서 빈번히 승자가 되었다. 그는 주전 6세기에 살았다.

38. 사치로 악명 높은 시기에 필요한 경고다.

39. 예를 들어, Virgil, *Aeneid*, III, 57; Sallust, *Cat.*, X.

40. 츠빙글리는 아마도 역동적이며 영토에 대한 야망이 그가 사는 시대에 지속적인 전쟁을 일으켰다고 생각했을 것이다.

41. 츠빙글리가 음악에 상당한 관심과 재능이 있었다는 것은 상기하지 않아도 알 것이다.

42. 이것은 정당한 전쟁의 추상적인 개념 정의만을 의미한 것이 아니라, 용병제에 대한 구체적 경고다. 츠빙글리는 이것이 완전히 정당화될 수 없는 것으로 간주했다.

43. 마르세유 도시는 주전 600년에 세워졌고, 문화, 상업적 기업, 건전한 도덕성으로 고대에 유명했다.

44. Seneca, *Epistola*, XCV, 52f.

45. 츠빙글리가 행복한 수많은 축제들을 상기했을 것은 당연하다. 그는 학교, 대학 시절 그리고 토겐부르크에 있을 때 이런 축제에 모두 참여했다.

46. Cicero, *De officiis* III, 29를 참고하라.

47. 아마도 그의 아버지와 삼촌은 츠빙글리가 베른에서 도미니쿠스회 수도사가 되는 것을 막았던 사건이 그의 마음 한 구석에 떠올랐던 것 같다.

48. 그는 복음적 가르침을 받아들이지 않는 부모님에 대해 여기서 분명히 생각하고 있다.

49. 본래 츠빙글리는 신중한 경향이 있고, 그의 개혁 사역은 주의력과 신중한 시기로 특징지어진다.

50. 16세기에 스위스는 견목으로 유명했다. 이것은 전쟁과 평화 모두 그들의 삶의 상황에서 비롯된 것이다.

51. 폰티우스 코미니우스(Pontius Cominius)에 대해 말하고 있다. 그는 고울(Gauls)에 의한 임박한 공격에 대해 경고하기 위하여 테베르(Tiber)를 헤엄쳐 건넜다.

52. 클로엘리아(Chloelia)도 티베르를 헤엄쳐 건넜다. 이번에는 그녀를 납치해 간 포르세나(Porsena)로부터 탈출하기 위한 것이었다. 그녀는 다시 넘겨졌지만, 나중에 다른 인질들과 함께 풀려났다.

53. 평상시처럼, 츠빙글리는 그의 사역이 성급함으로 문제가 있다는 것을 깨달았으나 그것을 고치고 싶은 마음도 시간도 없었다.

54. Ovid, *ars amator*, III, 65f.

55. 이 구절의 정확한 의미는 분명하지 않다. 많은 주석가들은 이것이 비인격적인 어조로, 혹은 일반적으로 취급하여 참고한 것이라고 주장한다. 다시 말해, 츠빙글리는 의붓아들을 위해서 더욱 개인적으로 저술했어야 한다고 느꼈지만, 결혼이 여전히 비밀이었기에, 혹은 다른 과정에 적용해야 하는, 출판을 목적으로 저술했기 때문이다. 다른 학자들은 그가 사역의 부적당함을 단순히 변명하는 것이라고 주장한다. 문맥 속에서 엄밀하게, 그가 자신의 이전 진술을 단순히 꾸미는 것일 수 있다. 그것은 존재하고 있는 출생의 부유함에 덧붙이는 경우가 아니고, 오직 참된 부유함, 즉 영적인 것을 획득하는 경우다.

3

1. 전체 제목은 다음과 같다. *Von dem Touff, vom Widertouff und vom Kindertuff.* 이 본문의 앞에 1525년 5월 27일자 생갈(St. Gall)에게 보내는 헌정문이 있다. 공간이 부족한 관계로 이번 번역에 이 편지는 싣지 않겠다.

2. 계곡 급류의 이미지는 빌트하우스에서의 초기 경험에서 온 것 같다.

3. 루터와 같이, 츠빙글리도 성경 진리의 본질에 집중하는 것이 중요하다고 보았다. 재세례파에 대한 그의 주요한 비판 중 하나는 중요하지 않은 것에 대한 그들의 고집스런 집착이다. 그러나 물론 재세례파들은 그들의 세례에 대한 교리가 비본질적인 것으로 여기지 않았다.

4. 이것은 종교 개혁자들이 존재하는 모든 전통들에 대항하여 성경에만 호소한 것을 보여 주는 분명한 예다. 가능하면 모든 종교 개혁자들은 초대 교부들에게 호소했지만, 궁극적인 권위는 항상 성경에 있었다.

5. 기억은 거룩한 교제를 위해 츠빙글리가 일반적으로 사용한 이름이다.

6. 성례가 인간의 연약함에 양보하는 것으로서 제정되었다는 생각을 칼뱅이 취했다는 점은 주목해 볼 가치가 있다.

7. 그 시대의 매일의 연설에서 성례라는 단어의 의미가 본래 뜻을 잃었고, 스콜라주의 신학의 잘못된 성례주의의 영향을 받았다고 츠빙글리는 말한다.

8. 즉 연방의 지지자는 13개 주가 되었고, 그들의 휘장으로 하얀 십자가를 사용했다. 독일어로는 동맹(Eidgenosse)인데 프랑스어 위그노(Huguenot)에서 온 것이다.

9. 그것은 1388년에 글라루스의 내헨펠스(Nähenfels) 인근에 있는 오스트리아 사람들을 정복한 스위스의 유명한 승리를 인용한 것이다. 4월의 첫 번째 목요일에 기념 순례가 매년 열렸고, 전쟁에서 죽은 글라루스의 사람들을 기념하면서 7개의 돌무덤을 지나가는 행렬이 있다.

10. 영국 국교회의 문서(28)가 화체설을 "성례의 본질을 무너뜨렸다"고 정죄한 것은 흥미로운 일이다. 즉, 그리스도의 몸이 여기에 있고, 빵은 더 이상 상징이 아니라는 것이다.

11. 신약의 성례는 구약의 두 가지 상징을 계승하고 대체한다는 교리는 종교 개혁의 가르침에 있어 중요한 것이었다. 그리스도의 희생에 대한 어떠한 반복의 가능성도 배제했다는 점을 주목해야 한다.

12. 은총의 수단 위에 있는 하나님의 주권 사상은 츠빙글리의 성례 교리에 중요한 것이다. 이것은 그의 분명한 예정설과 연결된다.

13. 츠빙글리는 성례의 역동적 개념을 논하지만, 또한 말씀의 역동적 개념도 구한다. 즉, 말씀과 성례는 본질적으로 성령의 주권적인 역사를 떠나서는 아무 것도 성취할 수 없다.

14. 존재하고 있는 성직자 계급 제도에서 이것은 분명한 함정인데, 가르치는 활동에 있어서 구별되지 않은 다수에 의한 것이다.

15. 그 의미는 다른 사람들이 요한 앞에서 세례를 베풀었기에 이런 실천에 대해서 어떤 이상한 것도 없었다는 것이다.

16. 요한복음 6장의 담화는 츠빙글리의 교리를 발전시키는 것에 큰 역할을 한다. 내적 은총과 은총의 외적 수단의 관계를 다룰 때, 그는 지속적으로 이것에 호소한다.

17. Augustine, *De haeresibus lib.* I cap. 1, *et asserebat se esse Christum*.

18. 츠빙글리는 물질적 이익을 위해서 세례를 받은 유대인들에 대해 생각했다.

19. 바울이 고린도에서 세례의 형식으로 일했다는 묘사는 이 본문에서 인정하기 힘들다.

20. 죽어 가는 강도에 대한 예는 종교 개혁자들이 많이 사용했다. 세례 없이도 구원받을 수 있는 가능성을 부분적으로 보여 주고, 믿음과 노력이 아닌 오직 믿음으로만 의에 이른다는 것을 부분적으로 증명하기 위함이었다.

21. Jerome, *Epistola*, LVIII. 1. 피의 세례, 즉 순교는 물세례와 동등한 것으로 인정되었으나, 그런 세례는 없다고 츠빙글리는 지적한다.

22. 재세례파는 어떤 용어의 정확성을 인정할 수 없었다. 그들이 보는 방식에 따르면, 유아 세례는 유효하지 않기에, 이것을 반대할 때 세례를 부인한 것이 아니며, 성인들에게 세례줄 때 다시 세례를 주는 것도 아니었다.

23. 그래서 츠빙글리는 외적 세례의 절대적 필요성을 부인한다. 이 점을 말할 때, 츠빙글리는 아우구스티누스의 견해를 따른다. 이 견해는 물세례를 받지 못했을 때, 그것의 결핍은 내적 회심으로 채워질 수 있다는 것으로 여전히 로마 가톨릭교회의 공식적 가르침이다.

24. 이 구절에서 츠빙글리는 다소 멀리 가서 세례는 단지 공적 선언으로 보았다. 이런 추세는 그가 내적 세례와 외적 세례를 거의 완전히 분리하는 것과 긴밀하게 연결된다.

25. *Suasoria*: 어떤 방향에 치우친 조언의 말.

26. 츠빙글리가 이 견해를 부인했기 때문에, 종교 개혁 진영 학교의 후대 신학자들이 츠빙글리를 따르지 않았다. 그러나 그들이 믿음을 확고히 하는 성례 집행의 부분으로 그것을 생각했다는 것은 기억될 것이다.

27. 츠빙글리는 너무 많은 것을 증명했다는 것을 깨달은 듯하다. 어떤 물질적인 것도 믿음을 확고히 할

수 없다면, 이 법칙은 언약의 상징일 뿐만 아니라, 기적적인 상징에도 적용되어야 하기 때문이다. 그는 그 둘을 구분할 수 있는 선을 긋는 것에 실패했다.

28. 아하스에 대한 분명한 실수다. 괄터는 자신의 라틴어 판에서 이 실수를 고쳤다. 츠빙글리가 아마 기억에 의존하여 인용했을 것으로 생각된다.

29. 이것은 유아도 믿을 수 있을 뿐만 아니라 정말 믿는다는 루터의 견해와 정면으로 모순된다. 어떤 의식적인 반대를 의심할 이유가 없다.

30. 유아 세례의 문제에 대한 초기의 의구심에 대한 인정이다. Grebel, *Protestation and Defence*, C. R., III을 참고하라.

31. 재세례파는 다양하게 유아 세례를 교황 니콜라스 2세와 사탄의 탓으로 돌렸다. 이전 전설의 거짓은 3부에서 츠빙글리에 의해 폭로되지만, 이것은 재세례파 진영에게는 지속되고 있다.

32. 엄격한 의미에서 재세례파의 다수가 완벽주의자였다는 것을 증명하기는 어렵지만, 이 진술로 보아서 분명히 그들은 완전의 가능성을 믿었던 것으로 보인다.

33. 이것은 취리히 논쟁에서 가져온 많은 실례들 중에 첫 부분이다. 불링거에 따르면 이 사건은 1525년 3월 25일 시작된 논쟁 중에 발생했다.

34. 츠빙글리의 의미는 수도사들이나 수녀들이 수도원의 규칙 하에 있기 때문에 자신들을 우월하다고 여겼던 것처럼, 재세례파도 세례의 규칙 아래 있기 때문에 자신들을 우월하게 여긴다는 것이다. 두 경우 모두의 불가피한 결과는 율법주의와 위선이다. 재세례파는 세례 받을 때 그리스도인들이 하는 보통의 맹세로 이해되기 때문에, 모든 수도사의 맹세는 불필요하다는 루터의 견해를 기반으로 했던 것으로 보인다.

35. 츠빙글리는 성경의 진정한 이해는 그 메시지의 영적인 이해라는 올바른 의미를 유지했다. 그 궁극적인 목표를 향하지 않으면 본문의 자세한 연구는 의미가 없다. 그러므로 그는 단지 상대 주장의 공허함을 드러내기 위하여 말씀과 명령에 대하여 논쟁했다.

36. *Theologi*: 츠빙글리는 특히 학자들에 대하여 생각하고 있지만, 이런 문맥에서 보면 이 용어는 교부들을 가리킨다고 할 수 있다.

37. 재세례파가 논쟁의 영을 저항한다면 그들은 성경의 진정한 의미로 속히 올 것이라는 의미다. 그가 보듯이 문제는 지적인 것이라기보다는 먼저 영적인 것이다.

38. 그리스도인의 자녀들만이 세례를 받을 권리가 있다. 그러므로 자녀들은 항상 이미 어느 정도 가르침을 받은 그리스도인들에 의해서 소개된다.

39. 교회는 보통, 예수님께서 마태복음 28장에서 세례를 집행할 때 사용되어야 하는 말의 형식이 생겼다고 본다. 츠빙글리는 다양한 의식을 원하지 않지만 이런 해석을 논쟁했다. 그 토대는 예수님께서 정말로 성례의 진정한 의미와 중요성을 가르친 점이다.

40. 츠빙글리에 의해 반박되는 것을 제외하고 다른 설명들은 삼위일체 중 한 위격의 이름이 삼위일체 전부를 포함한다는 것과, 사도들은 특별한 계시에 의해 예수님의 이름으로 세례를 주었다는 것이다.

41. *Kintz hinderm Ofen*: 속담에 나오는 숙맥.

42. 츠빙글리는 그가 형식을 바꿀 의향이 없다고 다시 반복한다. 그는 분명 그의 해설을 오해할까봐 염

려한다.

43. 이것은 다소 불안정한 주장으로 보인다. 최대한 말할 수 있는 것은 요한이 유아에게 세례를 주지 않은 증거가 없을 뿐이다.

44. 츠빙글리는 그의 초기 진술에 단서가 요구된다는 것을 깨달은 것으로 보인다. 그 문제는 어느 쪽으로든 증명될 수 없는 성격의 것이다.

45. 재세례파가 이 논점에 이상하게 민감했다는 점에 주의가 집중된다. 그 논점은 그들의 수많은 영적 후손들에게 지속되어 온 특징이다.

46. 츠빙글리는 재세례, 또는 심지어 성인 세례가 교회의 분파적 견해를 복잡하게 하는 본질적인 점을 파악한다. 이것과의 논쟁에서 츠빙글리는 단순한 제도화된 교회들을 옹호한 것이 아니라, 교회의 종교 개혁 교리를 옹호한 것이다.

47. 즉, 세례 요한.

48. 강조점은 성령의 내적 사역의 주권과, 그 결과로 하나님과 개별 신자를 제외하고는 진정한 세례가 감추어지는 것이다.

49. 성령의 내적 사역의 가능성은 유아에게도 배제시킬 수 없다. 역사하시는 대상뿐만 아니라 그 시기도 하나님의 주권이기 때문이다.

50. 로마서 6장의 본문은 재세례파가 많이 사용한다. 그들은 오직 성인 신자들만이 경험할 수 있는 것을 묘사한다고 주장했다. 츠빙글리는 이 구절을 자신의 견해로 대담하게 설명한다.

51. 이것은 종교 개혁자들을 반대하는 도덕폐기론자의 추론이다.

52. 바울의 세례에 대한 이해는 루터의 설교 「세례」(On Baptism)에서 강하게 드러났다.

53. 여기서 우리는 세례의 효과보다는 오히려 그것의 중요성을 강조한 종교 개혁의 특징을 볼 수 있다.

54. "접목"이라는 단어는 흥미롭다. 이것이 어떤 영적 유익을 암시하고 있기 때문이다(영국 국교회의 문서 27을 참고하라). 츠빙글리는 입회 혹은 가입이라는 관점으로 생각한다.

55. 츠빙글리는 심지어 교회 안에서도 권징의 필요를 인정하지만, 재세례파 교회들에서 발견되는 추방의 법적 사용에 대해서는 비판한다.

56. 몇몇 재세례파 사람들이 이미 독특한 방식의 말투와 옷차림에 영향을 줬던 것으로 보인다. 후터파 공동체를 참고하라.

57. 규율의 바로 이런 엄격함이 그것의 목적을 좌절시킨다는 점이다. 이것에 시달리는 사람들에게서 반발을 일으키기 때문이다.

58. 재세례파는 유아 때 받은 세례를 경멸했지만, 그들의 성인 세례는 중요하고 정말로 결정적인 체험으로 간주했다.

59. 문자적으로 Linmag는 리마트(Limmat) 강의 옛날 이름이며, 그 위에 취리히가 위치해 있다.

60. 성례 교육의 강조는 개혁교회의 전형적 접근방식이다. 모든 세례 의식에서 무엇이 일어나는 지에 대해서 종교 개혁자들이 제시했다.

61. 츠빙글리는 개혁교회와 루터파 교회를 구별하는 의식 절차에 대하여 이미 더 급진적인 태도를 취하고 있었다. 약간의 시작이 있은 후, 전면적인 개혁은 취리히에서 이미 시행되고 있었다.

62. 여기서 두 가지를 주목해야 한다. 첫째, 신약성경이 의식을 시행하는 문제에 있어서도 절대적인 기준이 되었다. 둘째, 유아에게 축복 기도는 세례와 동일시된다.

63. 즉, 원죄. 츠빙글리는 인간의 본성의 보편적 타락을 인정하지만, 적어도 그리스도인들과 그들의 자녀의 경우에 있어서 만큼은 그것에 따른 죄책감은 인정하지 않는다.

64. 보통 고통이 경감된다고는 하지만, 아우구스티누스 시대부터 세례 받지 않은 유아들의 저주가 거론되었다. 츠빙글리는 이 교리를 완전히 거부한다.

65. Augustine, *In Joann. evang. tract.* CXXIV, 요한복음 15장의 각주, *Accedit verbum ad elementum, et fit sacramentum, etiam ipsum tanquam visibile verbum.*

66. 모든 종교 개혁 지도자들처럼, 츠빙글리도 아우구스티누스를 매우 존경했고, 그의 글과 특히 인용된 작품에서 많은 것을 배웠다.

67. 츠빙글리가 외적 성례에서보다 외적 말의 능력을 서술하지 않을 것이라는 점은 주목할 만하다.

68. 현명하게 그는 요한 다른 담화에서 '물'이란 단어를 은유적으로 사용한 점을 포착한다.

69. 츠빙글리는 갈라진 입술이 문자적으로 불이었음을 명백히 주장했다.

70. 요한복음 3:5가 아니라, 요한복음 3:22-26이다.

71. 츠빙글리가 인도 교회의 그러한 시행에 대해서 어떻게 아는지는 알 수 없다. 한 가지 주장은 그가 영지주의 도마행전에서 언급한 스프라기스(σφραγις)에 대해 생각하면서 그 의미를 문자적으로 잘못 사용했다는 것이다. 그것보다는 그가 거기에서 다른 것과 병행하는 실제 시행에 대해 들었던 것 같다. 예를 들어, 콥틱 교회는 종종 그들의 손으로 십자가를 두드렸다. 이레나이우스에 따르면 카르포크라테스(Carpocrates)도 오른쪽 귓불에 소인을 찍었다. *Adv. Haer.*, I C. 20, 4. 츠빙글리가 그러한 보고를 들었다면, 그것을 수정했는지 안 했는지를 판단하기는 불가능하다.

72. 유아 세례의 증거 본문으로 요한복음 3:5이 자주 인용된 것을 참고하라. 그 사상은 외적 물세례가 영적 정화에 본질적이며 이것이 억제되어서는 안 된다는 것이다.

73. 오스발트 미코니우스(Oswald Myconius, 1488-1552)는 대성당의 교장이었고, 츠빙글리의 친구이자 나중에 그의 전기 작가가 되었다. 츠빙글리가 취리히에서 사람들의 목사로 불리는 데에는 미코니우스의 도움이 컸다.

74. 이 분석의 심리학적 정확성은 전형적으로 인문주의적이다.

75. 그리스도인의 선행은 믿음의 자연스러운 열매이지, 율법을 열심히 준수함으로 얻는 결과가 아니다. 이것은 개신교의 특징적인 주장이다.

76. 츠빙글리는 이제 재세례파의 뿌리에 있는 분파적 교만을 지적한다.

77. 여기에 재세례파를 반박하기 위해 택한 훨씬 더 엄격한 잣대로서의 성찰, 아마도 칭의를 의미한다.

78. 츠빙글리가 성경 해석에 있어서 지나친 개인주의에 동의하지 않았다는 점을 주목하라. 교회는 하나님의 말씀에 묶여있지만, 말씀의 해석은 당연히 교회에 속한다.

79. 이 구절은 매우 흥미로운데, 취리히에서 개혁을 실행하는 것에 있어서 츠빙글리의 신중함을 반영한다. 사람들이 전체적으로 준비되기 전까지 어떤 개혁도 완수된 적이 없다.

80. 츠빙글리에게 있어서 성경 그 자체가 당연히 최고 법정이다.

81. 루터와 같이, 츠빙글리도 하나님께서 사용하시는 말씀의 힘을 믿었다. 그런 이유로 그는 가르침이 항상 행동에 앞선다고 생각했다. 기초가 충실한 설교로 준비되었을 때에만 개혁의 일이 완수될 수 있다.

82. 츠빙글리는 회중에 의한 외적 부름이 하나님에 의한 내적 부르심을 공인하는 것이라고 한다. 목회자 츠빙글리를 목사로 불렀다는 점은 주목할 만하다. 감독과 선지자도 모두 그에게는 목사를 의미했다.

83. 이것은 1525년 3월의 논쟁이다. 레오 유드는 아인지델른에서 츠빙글리를 따랐고, 현재는 취리히의 성 베드로 교회의 목사였다.

84. 이 토론은 1524년 8월에 발생했다.

85. 이 부분의 핵심은 요한의 세례와 예수님의 세례가 같음을 보여 준다. 이것은 개혁교회의 학교가 갖는 독특한 입장이다.

86. 아마 루터를 약간 암시하는 것으로 보인다. 루터는 어떠한 문제에 있어서도 교황주의자와 재세례파와의 연합 공격에 직면할 필요가 없었다.

87. 츠빙글리는 세례의 진정한 기원을 보여 주는 것에 있어서, 예수님의 세례와 함께 요한의 세례의 정체성을 명료하게 할 것이라고 말한다.

88. 교황주의자의 견해에 따르면 요한의 세례는 단지 예비적인 것이고, 그것이 의미하는 것에 영향을 줄 아무런 권위를 지니지 않았다는 것이다.

89. '그림자'라는 단어에 대한 말장난이다.

90. 엄밀한 의미에서 심지어 교황주의자들도 이것을 인정한다. 그러나 그들은 그리스도인의 세례에는 성령이 역사하실 것을 보증하지만, 요한의 세례에는 그런 역사가 없다고 대답했다.

91. 츠빙글리는 예수님이 하나님의 아들로서 내적으로도 세례를 베푸실 수 있다는 점은 인정한다. 그러나 외적 형태에 관하여서는 예수님의 세례와 요한의 세례에 차이가 없다.

92. 그리스도가 최고의 선생이지만, 사람으로서 그분은 다른 사람들과 다른 것을 가르치지 않으셨고, 더 큰 효과가 있는 것을 가르치시지도 않으셨다.

93. 츠빙글리는 이러한 비교에는 그가 인간 본성 이후의 그리스도에게만 언급하고 있음을 분명히 한다. 기독론의 가르침은 말씀과 성례 모두 츠빙글리 교리의 근본이다.

94. 사실상 이것은 다소 무리한 추론으로 보인다. 이것은 새 생명을 얻는 회개가 복음을 통해서 왔을 때에만 진리다. 즉, 그 둘은 묶여 있는 것이다.

95. 츠빙글리는 마태복음 11:11을 고려하지 않는다.

96. 요한복음 3장의 이러한 마무리 짓는 절들은 모두 요한의 담화로 여겨진다.

97. 이런 구별은 아마 매우 미묘하다.

98. 제자들의 세례 문제는 교부들과 학자들에게 항상 골치 아픈 것이었다. 그들이 예수님이나 또는 서로에게서 세례를 받았다는 기록이 없기 때문이다.

99. 츠빙글리는 요한에 의한 것이든 제자들에 의한 것이든, 예수님이 항상 세례의 진정한 권위자며 주는 분이라고 말한다.

100. 삼위일체의 모든 세 위격이 참여한다는 의미에서, 요한이 예수님에게 준 세례가 삼위일체의 성격을

띤다는 점을 지적한다.

101. 그리스어 형태는 신학자들이 완전히 인정했다.

102. 어휘의 올바른 형태보다 그 의미가 강조되고 있다는 점을 다시 주목하라.

103. 이미 확립된 입장의 관점에서 츠빙글리가 신중하게 이 구절을 해석하고 있다는 점을 주목해야 한다.

104. 이 설명은 우리에게 츠빙글리가 음악에 강한 관심이 있음을 상기시킨다.

105. 티모테우스(Timotheus)는 알렉산더 대왕의 결혼 때 연주했던 유명한 음악가다. 이중 급여에 대해서는 Quintilianus, *Institutiones oratoriae*, II, 3에서 언급된다.

106. 루터의 1522년 신약성경에서 참고한 것이다. *Warauff seyt yhr den toufft*. 이것은 1524년 바질(Basle)판에 따른 것이며, 영국 권위 본(English Authorised Version)도 'Unto what' 등으로 기록되어 있다. 1524년 취리히 번역본은 *Worinn sind ir den toufft*다.

107. 츠빙글리는 요한의 세례가 단지 세례로서 특별한 것이 없었다고 말한다. 유대인들은 이미 정결예식에 익숙했기 때문이다.

108. 이 본문은 아볼로가 요한의 가르침에 대해 불완전한 지식만 가지고 있었다는 견해를 지지하는 것으로 보이지 않지만, 츠빙글리는 요한의 복음에 대한 설교에서 어떤 식으로든 결함이 있었다는 것을 받아들이지 않을 것이었기 때문에, 이런 식으로 해석할 수밖에 없다. 예수님의 죽음과 부활에 대해서 몰랐기 때문에 아볼로는 복음에 대한 완전한 지식이 없었다는 것이 분명한 해석이다(그가 아마 예수님이 오셨다는 것을 알았더라도).

109. 자신의 이익을 위해 개신교 입장을 신앙으로 고백하는 사람이 많았다. 그래서 츠빙글리는 이들을 언급하고 있는 것이다.

110. 츠빙글리는 예수님이 단 한 번 죽으셨기 때문에, 우리는 세례에서 단 한 번 죽을 수 있음을 의미한다.

111. 에베소에서 열두 명이 다시 세례를 받지 않았다는 것에 칼뱅도 츠빙글리와 같은 생각이지만, 그는 이 사건을 아주 다르게 설명한다는 점이 흥미롭다. 칼뱅에 의하면, 그 열두 명은 이미 요한으로부터 물세례를 받았고, 바울이 안수함으로 성령의 내적 세례만을 받았다.

4

1. 라틴 저작들은 다음을 참고했다. 1. *Ad Matthaeum Alberum de coena domini, epistola*, Nov. 16, 1524; 2. *De vera et falsa religione commentarius*, Mar. 1525; 3. *Subsidium sive coronis de eucharistia*, Aug. 17, 1525; 4. *Ad. Joannis Bugenhagii Pomerani epistolam responsio*, Oct. 23, 1525.

2. 이 점에서 츠빙글리는 이 논문의 해설에서 자신의 교리를 독일어로 진술했다. 그가 의미하는 바, 그 주제에 관한 특별 작품에 기록하지 않았다.

3. 예를 들어, 「주석」(Commentarius)은 프란시스 1세에게 헌정하면서, 스위스 외부로부터의 요청에 대한

답변으로 작성한 것이다.

4. 츠빙글리의 서적들은 이제 우리(Uri)와 누렘베르크(Nuremberg) 시에서도 금지되었다(1525년 7월 14일 의회의 명령에 의해).

5. 고대성에 대한 호소는 무시된 채 지나가서는 안 된다. 최고의 권위는 성경이지만, 모든 종교 개혁자들처럼 츠빙글리는 개신교 신앙이 초대 교회의 신앙과 같다고 생각했다. 그 호소도 훌륭한 변증적 가치를 지닌다.

6. 이것은 루터교도에서 참고한 것이다.

7. 이것은 로마 가톨릭의 견해다.

8. 여기 참고는 에라스무스와 그의 동료들의 견해다.

9. 츠빙글리는 여기에서 루터교도를 의미한다.

10. 즉, 로마 가톨릭의 화체설 교리다.

11. 즉, 루터교도는 실제로 그리스도의 말씀의 해석을 주장한다.

12. 즉, 에라스무스의 동료들.

13. 세례에 관한 논문에서 츠빙글리는 '성례'라는 어휘의 정의로 시작하는 것이 필수적이라고 생각한다. 그 이유는 그 말의 원래 의미가 거짓 교리의 조작으로 잃어버렸기 때문이다.

14. 이것이 바로 츠빙글리 자신의 설교 「하나님 말씀의 명료성과 확실성」에서 제의한 말씀의 교리라는 점은 주목할 만하다.

15. 이것은 츠빙글리 자신이 그의 설교에서 사용한 예다.

16. 츠빙글리가 이 논쟁이 취리히에서 그의 반대자 요아킴 암 그륏(Joachim am Grüt)이 그를 반박하고자 이미 사용된 것임을 알았다는 것을 의심할 수 없다. 암 그륏은 창세기 1장과 시편 119편, 가브리엘의 마리에 대한 답변의 예를 사용하면서, 츠빙글리의 *Christenlich Anzeygung*에 대한 답변으로 이 주제를 발전시켰다.

17. 츠빙글리가 의미하고자 한 것은 다음과 같다. (a) 지금 말씀하는 분은 그리스도가 아니라, 교황과 사제다. (b) 교황이나 사제가 언급하는 '나의' 말은 그리스도의 몸과 관련되지 않는다. 그래서 우리는 단순한 사람의 말에 능력이 있다고 생각할 수 없다. 만약 우리가 할 수 있을지라도, 빵은 사제의 몸이 되는 것이지, 그리스도의 몸이 되는 것이 아니다.

18. 다시 말해, 그리스도는 우리가 의도한 것이 아니라, 그 자신이 말씀으로 의도한 것을 말씀으로만 성취하신다.

19. 츠빙글리가 인식할 수 없는 실재적 임재(실체적 현존)를 인정하지 않았다는 것은 주목을 받을 것이다. 오히려 유일하게 그는 '실체'와 '우연성' 사이의 평범한 구분을 파괴하려고 하지 않는다. 그는 실체가 우연성 없이 현존할 수 없음을 당연하게 여긴다.

20. 이것이 루터교의 공재설의 교리다. 즉 빵은 남아 있지만, 그리스도의 몸의 실체는 **빵**의 안과 **빵**과 함께 있다.

21. 현명하게도 츠빙글리는 루터교도들 스스로가 문자적으로 이해하는 그리스도의 단순한 말씀에 의해 머물러 있지 않음을 보여 준다. 만약 그들이 화체설의 교리를 수용했다면, 적어도 훨씬 자기의 일관

성은 유지했다는 것이다.

22. 이것은 루터 저작, *Wider die himmlischen Propheten, von den Bildern und Sakrament*에 대한 암시다. 고린도전서 10장을 인용하면서 루터는 주석을 단다. "내 생각에 그것은 칼슈타트(Carlstadt)의 머리와 그의 모든 분파들에 내리는 벼락같은 심판이다." 칼슈타트는 그 구절의 해설로 답변했다.

23. 이미 루터교도들은 성경의 명백한 진술을 주장했다. 말부르크 회담에서 예시하면서 양보하지 않는 루터의 입장이다.

24. 츠빙글리는 여기에서 전통적 종교 개혁의 교리가 되는 것을 주장한다. 즉 성경은 항상 성경으로 비교되어야 한다.

25. 정경은 유용한데, 그것이 궁극적 권위를 지니고 있기 때문이 아니라, 그것이 진리를 포함하며 츠빙글리가 확실한 것들에 대한 권위를 지니고 있기 때문이다.

26. *Corpus juris canonici c. 42, Dist. II, de consecratione.*

27. 베렝가르 드 투르(Berengarius of Tours, 1000-1088)는 화체설 논쟁에 있어서 랑프랑코(Lanfranc)의 가장 큰 반대자였다. 1079년에 그는 그레고리우스 7세에 의해 강제로 철회되었다.

28. 니콜라스 2세 교황(1058-1061). 유아 세례를 주도적으로 명령한 교황이다.

29. 1059년 회의에서 참고한 것이다.

30. 베렝가르의 지지자들이 사라졌다는 참고가 없다.

31. 중세에 성막은 종종 교회의 벽 속에 지어 놓아서 매우 습했다.

32. 이것은 아마도 가장 엄밀한 의미로 문자적 식사를 거부한, 암 그릇의 논쟁을 참고한 것이다.

33. *Ad Dec. Grat. P III, dist. 2, c. 1. Ego* 등을 참고하라.

34. 라바누스 마우루스(Rabanus Maurus, 856년 사망)는 9세기 초에 화체설 교리를 반대한 학자들 중 한 사람이다. 그는 라트랑 드 코르비(Ratramnus)와 존 스코투스 에리우게나(John Scotus Eriugena)의 지지를 받았다.

35. *Ad Dec. Grat. P III, dist. 1, c. 1.*

36. 그라지아노(Gratian)는 12세기에 속한 사람으로 볼로냐의 수도사였고 처음으로 신학과 구분된 주제로 교회법을 가르쳤다. 그의 생애에 알려진 바는 거의 없다.

37. 츠빙글리는 다른 가능한 해석을 내다보았다. 진리는 아주 쉽게 오해될 수 있기에, 성례에 관해서 진리를 말하는 것이 위험하다고 보았다.

38. 츠빙글리는 부겐하겐(Bugenhagen)을 각별하게 생각하고 있다. 그는 문자 그대로 치아로 먹는 것을 부정했다.

39. 이것은 그라지아노의 강의로부터 발전시킨 책에서 참고한 것이며 *Corpus juris canonici*의 1권으로 만든 것이다. 그것은 원래 *Concordantia discordantium canonici*로 알려졌으나, 지금은 보통 *Decretum*으로 불린다.

40. 교회법은 아우구스티누스로부터 두 개의 인용을 포함한다. *Tract. XXV*와 *Tract. XXVI, in Joannis evang.*

41. *Corpus juris canonici, c. 59, dist. II de consecratione.*

42. *De vera et falsa religione commentarius*와 *Subsidium sive coronis de eucharistia.*

43. 츠빙글리의 성례에 대한 가르침의 주요 근간은 요한복음 6장에서 발견된다. 츠빙글리는 아우구스티누스의 저술을 통해 6장을 이해하는데 도움을 받았다.

44. 죽음과 최종 부활 사이에 신자들의 상태에 관한 재세례파와의 논쟁에서 참고한 것이다. 재세례파들은 그곳에서는 의식이 없어서 영혼이 잠을 잔다고 주장했지만, 츠빙글리는 영은 여전히 하나님의 임재 안에서 의식적인 삶으로 즐거워한다고 반박했다.

45. 츠빙글리는 육신 자체가 죄를 속죄할 수 있는 것이 아니고, 십자가에 못 박힌 육신을, 즉 육신의 죽음을 의미하는 것이다.

46. 이 문맥에서 세속적 이해와 영적 이해 사이의 구분은 육신과 영의 용어에 대한 이해에서 비롯된다. 육신의 양식은 문자 그대로 먹는 것이고, 영의 양식이 그리스도 안에서의 믿음이다.

47. *Corpus juris canonici*, c. 44, *Dist. II, de consecratione.*

48. 정경의 첫 번째 부분은 아우구스티누스의 *Enarratio in Psalmim* 54에서 온 것이고, 나머지는 그의 *Tractat. XXXVII in Joannis evangel*에서 나왔다.

49. 루터교도들에게서, 특히 부겐하겐으로부터 참고한 것이다.

50. 이 부분에서 그리스도의 두 본성에 대한 질문이 츠빙글리에 의해 공개적으로 제기되었다. 그는 예전에 누렘베르크에게 보낸 서신에서만 그것을 언급했다.

51. 신적 본성에 따라 만찬에서 그리스도의 참된 임재를 가능하게 만든다는 사실이 쉽게 간과될 수 있다. 사실상 츠빙글리는 이것을 당연시 했다.

52. 츠빙글리는 하나님의 무감각성의 교리를 강하게 유지한다.

53. 로마 가톨릭주의자들에게서 참고한 것이다.

54. 에라스무스 측에서 참고.

55. 츠빙글리는 하나님의 참된 전능성은 단지 무슨 일이든 할 수 있는 능력이 아니라, 그분이 원하시는 것을 하는 능력을 의미한다고 본다. 그것은 능력뿐만 아니라 선택도 포함한다.

56. 창세기 41장에서 참고한 것이다. 츠빙글리는 아래의 같은 실례로 돌아간다. C. R., IV, 496을 참고하라.

57. 이것은 오히려 츠빙글리 측의 공상적인 주석의 또 다른 예다.

58. 즉, 에라스무스의 제자들.

59. *Theologi*는 특별히 중세의 신학자들을 의미한다.

60. 시노페의 마르키온(Marcion of Synope, 85–160)은 2세기의 유명한 이단으로, 다른 것들 가운데에서 그리스도의 가현설의 견해를 강하게 유지했다. 그는 주후 144년에 출교되었고, 자신의 교회들을 세웠다.

61. Tertullian, *Adv. Marcionem*, lib. I, c. 14, lib. IV, c. 40을 참고하라.

62. 계속되는 논쟁이 다음에 있다. 우리는 우리를 위해 주신 몸을 먹는다. 그래서 우리가 그것을 신기하게 먹는다면, 그것은 우리를 위해 신기하게 주신 것이다.

63. 이 이론의 옹호자들이 자신들의 예를 지지한 논쟁에 대한 우스꽝스러운 참고다.

64. *Corpus juris canonici*, c. 44, 아우구스티누스의 인용.

65. 암 그륏은 신실한(*Treue*) 진리(*veritas*)에 대해 표현하면서 논쟁했다. 그는 아우구스티누스의 라틴어 이전의 원래 히브리어로 돌아가야 할 권리를 갖는다는 츠빙글리의 의견에 동의하지 않았다.

66. 이 구절은 아우구스티누스의 *Tractat. XXX in Joannis evangel*에서 왔다.

67. 츠빙글리는 마음속에 빌리칸(Billican)의 작품, *De verbis coenae dominicae*과 우르반 레기우스(Urban Rhegius)의 작품을 생각하고 있었다. 그것은 그가 1526년 3월 1일에 답변한 것이다. 빌리칸은 팔라틴(Palatinate)에 있는 빌리그하임(Billigheim)의 테오발트 게르놀트(Theobald Gernolt)나 게를라허(Gerlacher)로 바일(Weil)과 뇌르트링엔(Nördlingen)에서 루터교의 지지자였다. 1529년 이후, 그는 로마 가톨릭주의로 점점 돌아섰지만, 양쪽 모두 그의 명확한 입장을 밝히지 않았다. 레기우스는 아우구스부르크의 목사였다.

68. 빌리칸과 레기우스에게 쓴 답변은 1526년 3월 1일에 나왔는데, 며칠 후에 현재의 논문이 나왔다.

69. C. R., IV, 484이하를 참고하라.

70. 빌리칸, 레기우스, 부겐하겐, 그리고 가능한 슈벵크펠트(Schwenckfeld)와 콘라트 리스(Konrad Ryss)의 작품에서 참고한 것이다.

71. Origen: *In Leviticum Homilia XIII*, 3, 그리고 *In Exodum homilia* VII, 4를 참고하라.

72. 츠빙글리는 슈벵크펠트와 리스를 각별하게 생각하고 있다. W. Köhler, *Zwingli und Luther*를 참고하라.

73. C. R., IV, 500이하를 참고하라.

74. 츠빙글리는 성례에서 가상으로 먹는 몸에 대해서 어떤 죄책감이 있다고 인정하지 않고, 성례에서 대표되는, 즉 십자가에 못 박힌 몸에 대해서만 죄책감을 인정할 것이다.

75. 이 책이 참고 되었다. *Joannis Oecolampadii de Genvina Verborum Domini, Hoc est corpus meum, juxta vetustissimos authores, expositione liber.* Basileae Anno 1525.

76. 이 번역은 루드비히 해처(Ludwig Hätzer)의 작품이며, 1526년에 취리히에서 출판되었다.

77. Jerome, *Commentar. in evangel. Matthaei, lib. IV.*

78. Ambrose, *Commentar. in epist. I ad Corinth.*

79. *Corpus juris canonici c. 50 dist. II, de consecrat*을 참고하라.

80. 맨 나중의 번역은 츠빙글리의 견해에 분명히 훨씬 호의적이어서, 그는 그것을 옳은 것으로 간주한다.

81. "신앙"이란 단어는 종종 "신조"로 사용되었지만, 현재 상황에서 그것은 일반적인 "신앙"의 폭넓은 의미를 가지고 있는 것으로 보인다.

82. 상징의 이름들과 나타난 사물의 이름들의 이러한 교환가능성은 종교 개혁 학교의 후대 성례의 가르침에서 두드러진 역할을 감당하는 것이었다.

83. 18번째 논문의 해설을 참고하라. 암 그륏은 그의 답변에서 이 논문에서의 진술과 「주석」, *Subsidium*, 그리고 현재 논문에 있는 츠빙글리의 후대 가르침과의 약간의 차이점을 포착했다.

84. *Corpus juris canonici, c. 51, Dist. II, de consecrat.*

85. Augustine, *In Psalmum XXI, enarratio II.*

86. Augustine, *enarratio in Psalmum III.*

87. 결혼 반지의 예는 코르넬리우스 호엔(Cornelius Hoen)의 서신으로부터 알 수 있다. 그것은 레오 유드에 의해서 에라스무스와 루터의 성례론에 관한 자신의 책에서도 사용되었다. *Des hochgelehrten Erasmi von Roterdam und Doctor Luthers maynung vom Nachtmahl.*

88. Augustine, *Epistola* XCVIII.

89. 츠빙글리는 취리히에서 진행 중인 개혁교회 예배를 언급하고 있다.

90. 이것은 순전히 문법적 토대에 관한 츠빙글리와 오이코람파디우스 사이에 시도된 분열에 대한 참고다.

91. 즉, '교제'는 '참여'가 아니라, '친교'나 '공동체'다.

92. *Corpus juris canonici, c. 36, Dist. II, de consecrat.*

93. 이러한 두 개의 정경의 말은 아우구스티누스에게서 발견되지 않고, 아마도 사도 요한에 관한 논문 26권과 27권에서 확인할 수 있다.

94. *Corpus juris canonici, c. 62, Dist. II, de consecrat.*

95. 아마 콘라트 리스라는 무명의 작품에서 참고한 것이다. 콘라트 리스라는 이름은 익명이지만, '리스'는 슈벵크펠트의 제자였던 것으로 판단된다.

96. 칼슈타트(안드레아스 보덴슈타인)는 비텐베르크에서 루터의 동료 교수였다. 그 당시에 그는 재세례파 극단주의자들의 영향 아래 있었다.

5

1. 전체 제목은 다음과 같다. 「기독교 신앙의 짧고 명확한 주해」(*A Short and Clear Exposition of the Christian Faith*)

2. *ad coem et palum exercerent. palus*는 말뚝으로 적을 표시하는 것이며 근접한 전투에서 훈련을 위해 사용되었다.

3. 프랑스 의회에서 분명히 유포된 스위스 종교 개혁에 관한 거짓 보고서를 참고한 것이다.

4. 무시나 갈망 모두를 통해 츠빙글리와 그의 제자들은 재세례파들과 헷갈렸다.

5. 사도신경에서 참고한 것이다.

6. 유일하고 참되신 하나님으로부터 얻은 믿음은 필연적으로 신뢰할 수 있는 믿음이라는 것이 츠빙글리의 요점이다. 그는 기독교의 하나님이 유일하고 참된 하나님이라는 것을 보여 주기 위해 철학적 논쟁을 사용하지만, 그는 말씀에 대한 믿음과 하나님의 계시에 관한 그의 확실성에 근거한다.

7. 우리가 거룩한 일들을 경배할지라도, 우리는 그것들이 중세의 사상과 실천에서처럼 하나님의 자리를 빼앗게 해서는 안 된다.

8. 이것은 아우구스티누스로부터 얻은 사용과 향유 사이의 구분이다.

9. 본문. λατρείᾳ *adorari.*

10. *pediculari morbo* 혹은 이 기생증. Virgil, *Georgica* 3, 564와 Josephus, *Antiquities*, XIX, 8, 2를 참고하라.

11. *per essentiam.*

12. *eucharistia*는 보통 츠빙글리가 축사나 주의 만찬에서 표현했다.

13. 문자적으로 "갈대와 같은" 이 구절은 오히려 기계적 영감설 개념을 제시한다.

14. *In symbolo.*

15. 츠빙글리가 하나님의 공의에 화해 용어에 속죄 사상이 분명하게 있다는 것은 주목할 만하다. 그는 공의와 자비가 하나님 안에서는 하나이며 동일한 선임을 언급한다. 결국 신성 안에 있는 어떤 불일치도 피한 것이다. 그래서 그에게는 공의가 성부에게 적합하고 자비가 성자에게 적합하다는 암시조차도 없다.

16. 두 개의 요점이 이 절에서 두드러진다. 첫째, 스콜라주의 표현의 확실한 영향이고, 둘째, 화해를 목적으로 하는 그리스도의 성육신과 죽음의 필연성이다.

17. 그리스도의 존재와 사역에 대한 신성과 인성의 분리는 츠빙글리 신학의 핵심이다. 일치에 대한 그의 강조에도 불구하고, 그것은 근본적으로 네스토리우스주의 경향이 불가피하게 나타난다.

18. 이 비교는 아우구스티누스에게서 비롯된다.

19. 소위 아타나시우스 신조에서 참고한 것이다.

20. in unitatem hypostaseos. hypostasis는 그리스어로 삼위일체의 본질 안에서의 각 위격을 의미하기 위해 사용되는 용어다. 그것의 라틴어는 *persona*와 동일하다.

21. 츠빙글리는 아마도 마리아의 영원한 동정녀성에서 그가 결코 부인하지 않았음을 암시하고 있다.

22. ἀόρατος.

23. ἀνάλητος.

24. 츠빙글리는 나중에 칼뱅이 제출한 견해, 즉 그리스도가 지옥의 모든 고통을 맛보았지만, 그분은 분명히 구속자로 오시기 전에 신앙이나 경건 안에서 죽은 모든 자들의 구원과 함께 하강을 연결한다는 견해를 수용하지 않았다.

25. Irenaeus, *Adv. Haer. IV*, 18, 5.

26. 성육신이 츠빙글리의 구원론에 활력이 되었다는 것은 주목할 만하다. 왜냐하면 성육신으로 인해 그리스도가 신자들과 함께 동일시되는 것과, 신자들이 그리스도와 동일시되는 것 모두 가능해졌기 때문이다.

27. 성육신의 이해는 만찬에서 하나님의 임재에 관한 올바른 이해의 열쇠다.

28. παραλογίξη. 사도행전 26:24를 참고하라.

29. *In Joannis evang. tract. XXX*에서 인용한 것이다.

30. 즉, 교황주의자들과 루터교도.

31. 츠빙글리는 여기에서 431년 에베소 공의회에서 마리아에 대해서 공식적으로 기록된 제목을 수용한다.

32. 이 구절은 영혼의 원죄에 대한 영혼창조설을 분명히 가리킨다.

33. *sacramentaliter.*

34. 그 주제에 관한 츠빙글리의 작품 전체 목록은 G. Finsler, *Zwingli-Bibliographie*, 1897을 보라. 오이코람파디우스의 작품은 E. Staehelin, *Oekolampad-Bibliographie*, 1918. 두 사이의 관계에 대해서

는 E. Staehelin, *Das theologische Lebenswerk Johannes Oekolampad*, 267f., 598f., 1939.

35. *improprie*, 즉 적당하게 혹은 엄밀하게.

36. 즉, 루터교도.

37. *fides historica*. 선포된 사건의 역사적 진리의 수용.

38. σεισάχθεια. 주전 594년 솔론의 행전에서 참고한 것으로 그가 모든 부채를 탕감하고 부채로 인한 노예 소유를 금지했을 때다.

39. 츠빙글리는 「주의 만찬론」에서 사용한 반지의 예로 돌아간다.

40. *analogia*.

41. 죽음으로부터 구속한 그리스도의 몸으로 그는 교회를 의미한다.

42. μετωνυμιχῶς.

43. *leberide sunt inaniores*. 에라스무스가 *Adagia I*, 1, 26에 사용한 라틴 속담이다. *Leberide*는 그리스어 λεξηρίδη를 번역한 것이다.

44. 요한계시록 21:2을 분명히 참고한 것이지만, 츠빙글리는 당연히 기억으로 인용하면서 바울의 구절로 착각하며 묘사한 것이다. 그는 아마 갈라디아서 4:26을 생각한 것이었다.

45. 츠빙글리가 본래로 참된 교회는 모든 선택된 자의 공동체와 가시적 모든 외적 고백자들로 구성된다. 이 둘은 선택된 자들이 고백자들과 가시적 교회의 일원이 됨으로 하나가 된다.

46. 츠빙글리는 아마도 취리히에서 더 작은 의회를 생각하고 있다.

47. 재세례파의 책임에 대해 자세히 참고하고 있다.

48. σύστρεμμα ἤσύσασιν.

49. 엄밀하게 선지자의 직무, 즉 설교.

50. 츠빙글리는 인간의 이중 본성의 유비를 다시 사용한다.

51. 예레미야 29:7과 디모데전서 2:2을 참고하라.

52. 즉, 사도 요한.

53. 비록 츠빙글리가 견고한 확신의 교리를 가르치긴 했지만, 그 확신이 성령에 의해 내적으로 붙잡힌 하나님의 은총과 신실함에 객관적으로 근거한 것은 주목할 만하다.

54. *intellectus omnis*.

55. 여기에서 츠빙글리가 사용한 논쟁은 아주 민감한 것이다. 참된 선행은 인간이 진정한 믿음이 있을 때 자리 잡는 성향의 근본적 변화가 있는 곳에서만 가능하다. 그것이 바로 믿음이 항상 행함보다 선행해야 하는 이유다. 하지만 믿음은 항상 반드시 행함으로 성취된다.

56. παραδόξως.

57. 그것은 연옥의 고통 시기를 경감시켜 준다고 주장하는 그럴듯한 행위나 보상을 참고한 것이다.

58. 츠빙글리는 아우구스티누스를 상당히 많이 의존했다. 그는 여기에서 행위의 공덕에 반대한 증거로서 그에게 호소한다.

59. 믿음의 능력과 '분주함'에 대한 사상은 루터에게서 자주 발견되는 것이지만, 츠빙글리는 여기에서 그것을 훨씬 더 철학적 경향으로 주장한다.

60. 믿음의 행위는 자발적으로 이루어지지, 외부의 율법의 지킴으로 되는 것이 아니다. 그것은 심령에 새겨진 새로운 율법의 행함이다.

61. 아마도 츠빙글리는 율법이 복음적 교회들에 의해 취소될 수 없음을 강조하는 것이 필요함을 발견한다. 그는 그리스도인의 인도 안에서, 그리고 악한 행위를 저항하거나 정죄함 안에서 참된 직무임뿐 발견한다.

62. 특별히 아리스토텔레스.

63. ἐντελέχειαν. 단어와 개념 모두 아리스토텔레스에게서 도출한 것이다. 생명력은 잠재성에 반대하는 실제 활동이다.

64. 이것은 츠빙글리가 모든 위대하고 경건한 이방인들의 구원을 주장한 유명한 구절이다. 루터는 비록 자신의 창세기 20장 설교(W. A. XXIV, 364f)에서 유사한 견해를 내비추었지만, 그 사상 자체가 이교도라고 공격했다(Luther, *Kurz Bekenntniss vom heiligen Sakrament* 1544).

65. 불링거는 프랑수아 1세의 선조들에 대한 참고를 생략했다.

66. 발렌티누스파들은 이집트의 영지주의자 발렌티누스의 제자들이었다. Irenaeus, *Adv. Haer.* I, 6, 3을 참고하라.

67. 유노미안주의자들은 아리우스주의자들이다. Gregory of Naz. *Orat. XXVII*, 9.

68. 이 책임은 아마도 헛된 소문보다 더한 것에 기초한다. 과격한 재세례파 분파들 중 일부가 뮌스터에서처럼 일부다처제를 시행했기 때문이다.

69. 기독교시민연맹은 1527년에 취리히와 콘스탄스에서 시작되었고, 1528년에 베른과 생갈도 참여했고, 1529년에는 비엘, 뮐하우젠, 바젤, 샤프하우젠도 참여했다. 츠빙글리가 프랑스와의 조약을 위해 협상한 것은 연맹을 위함이었다.

70. 츠빙글리는 여기에서 라틴어 속담을 인용한다.

71. 이것은 아마도 개혁 운동을 성공적으로 하고 싶어 하는 리용과 파리에 사는 친구들에 대한 참고다.

72. 프랑스의 왕들은 잘 알려진 제목, 즉 '가장 그리스도인다운 왕'(Most Christian King)에 싫증을 냈기에, 츠빙글리는 그의 열변에 기초한 것이 이것이다.

73. 츠빙글리는 프란시스 왕이 복음주의 신앙을 갖게 된다면 전체 유럽도 극복할 수 있으리라 소망했던 것으로 보인다. 그가 이러한 결론적 호소에서 모든 수사적이며 현학적으로 표현한 것도 바로 그런 이유 때문이다. 장래의 사건들은 그의 기대가 지나쳤음을 드러냈다.

6

1. 이런 사상에 '부름 받은' 근원에 관한 일부 역할이 있는 것 같다. 교회는 하나님께 부름을 받은 자들뿐만 아니라, 하나님을 부르는 자들의 사귐이다.

2. 이교 세계의 조직화된 종교에 대한 언급이지, 이스라엘이나 기독교 세계 밖 신자들의 사귐이 아니다.

3. 불링거는 여기에서 전통적인 구분을 수용하지만, 그는 개혁교회의 방식을 적용한다. 승리하는 교회는 현재 천상에 선택된 모든 자들로 이루어진다. 군사적 교회는 외적으로 신앙을 고백하는 그리스도

인들로 구성되는 것이지, 내적으로 지상에 선택된 모든 자들로 구성된 것이 아니다.

4. 불링거가 외적 교회와 내적 교회 사이의 차이점을 발전시킨 것은 군사적 교회와 관련이 있다. 이런 면에서 그는 가시적 교회가 선한 자들과 악한 자들로 이루어졌다는 로마 가톨릭 사상을 반대한다.

5. "성도의 교제"라는 말이 단순히 이전 논문의 확장이나 정의로 간주된다는 점이 흥미롭다. 거룩한 보편적 교회와 구별되는 성도의 교제에 대한 실제 교리가 아니다.

6. Bingham, *Antiquities*, I, 2, 1을 참고하라.

7. *Pacii Isagog. in Decretal.*, III, 29 *De paroeciis*를 참고하라.

8. Smith, *Dictionary of Antiquities*, 599를 참고하라.

9. 이 사상은 폴리도르(Polydor)로부터 가져온 것 같다. Verg., *De Rerum Inv.* IV, 9.

10. 여기에 나타난 것은 위선적인 사람들 사이의 구분인데, 첫 번째는 바리새인들과 로마 가톨릭주의자들처럼 자신들의 의를 신뢰하며 복음을 반대하는 의미에서 위선적인 사람들이고, 두 번째는 외적으로 복음적 신앙에 대한 형식과 언어를 적용하지만, 내적이며 개인적인 믿음에는 그렇지 않은 사람들이다.

11. 선택의 교리는 반드시 성도의 최종적 견인 교리를 포함한다.

12. 불링거는 아마 츠빙글리에 대해 생각하고 있다. 이 문제에 대해서 그는 츠빙글리의 가르침을 밀접하게 따른다. 스위스 신앙고백(Helvetic Confession)도 그렇다.

13. 여기에 불링거는 전통적 개혁주의 교리를 다시 언급한다. 즉 가시적 교회의 두 가지 특색은 하나님 말씀에 대한 신실한 설교와 두 개의 주님의 성례에 대한 올바른 집행이다.

14. 말씀과 성례가 다른 사람들에게 다른 효과를 지닌다는 사실은 말씀과 성례 자체에 어떤 변화가 있다는 것이 아니다. 즉 성경의 내적 말씀이 종종 하나님의 말씀이 '되는' 것이 아니다. 효과적 수용의 조건은 은총의 도구 안에서가 아니라, 개인 안에 거하시는 성령의 작용이다.

15. 결국 개혁주의의 주장은 성례가 결코 말씀 없이 집행되어서는 안 된다는 것이다.

16. 확실한 상황에서 참된 신앙을 지니는 것이 가능하지만, 조직된 신자들의 공동체에 속하지 못할 수도 있다는 의미다. 불가시적 교회 밖에는 구원이 없다. 그러나 참된 의미에서 가시적 교회는 신자들의 '어머니'이며, 보통 참된 그리스도인이 아니면 그곳의 지체가 되지 않는다.

17. 불링거가 성경의 개인적 해석의 권리를 인정하지 않는다는 연관에서 그것을 주목하게 된다. 하나님의 말씀으로 묶여 있는 교회가 올바르게 해설한다. 성경의 단순히 가지고 있다고 해서 참된 교회가 이루어지는 것이 아니다.

18. 하나님의 주권을 종교 개혁자들이 확고하게 붙잡으면 불링거의 논쟁에서 함축하고 있는 것들을 피할 수 있다. 곧 이단 교회들이 말씀과 성례의 순수성을 가질 수 없기에, 그들은 말씀과 성례를 전혀 가지지 못한다. 이러한 추론은 후스에 의해 서술된 것이지만, 16세기 종교 개혁자들은 확실한 질료와 형식이 유지된 곳에서의 성례의 집행은 유효하다는 전통적 견해를 모두 수용했다.

19. 이것은 청교도들을 반박하기 위해 영국 국교회가 발견한 가장 유용한 논쟁이었다. 청교도들은 로마 가톨릭 교회 안에서 사용된 것들을 근거로 실행하고 있는 수많은 것들을 비판했다.

20. 불링거는 행함의 올바르고 적당한 자리에 대한 개신교 전반의 이해를 뒷받침하는 믿음과 사랑의 생

생한 상호연락을 유지한다.

21. 다른 개혁주의 작품에서처럼 여기에 개신교 교육을 가상으로 특징지을 수 있는, 제멋대로의 개인주의가 전혀 없다. 심지어 가장 개인적인 믿음 자체도 교제의 끈으로 간주된다.

22. 하나님의 계시가 세상에 주어지고 개별 신자들과 의사소통할 수 있는 것이 가시적 교회를 통해서이기 때문에, 가시적 교회는 높이 평가받는다.

23. 바울 3세는 1549년 11월 10일에 죽었다. 1550년 2월 7일에 존 마리아 드 몬테(Jon Maria de Monte)가 그를 이어 선출되었고, 율리우스 3세라고 불렸다.

24. Tertull. *De Praescript. Haeret.*, 32. 불링거의 요점은 테르툴리아누스 자신이 실제로 만든 것이 아니고, 비록 그것이 분명 유효한 추론이지만, 그것은 테르툴리아누스가 언젠가 그러한 가능성을 예견했을지는 의심스럽다.

25. *Ibid.* 36.

26. 불링거는 아우스부르크 잠정 협정에 뒤따르는 어려운 상황을 만들어낸 외교와 군사력을 사용하는 것에 대해 아마도 저항했다. 그의 비평은 주로 로마 가톨릭주의자들에게 향했으나, 그는 슈말칼텐 동맹 정책도 분명히 거부했고, 심지어 그가 공개적으로 줄곧 저항해온 것과 달리, 츠빙글리의 후대 정책들도 거부했다.

27. 불링거는 힘의 사용은 항상 그리고 필연적으로 잘못되었다는 재세례파의 추론을 끌어오길 거절한다. 그는 영적 목적을 획득하기 위해 힘을 신중해 사용해야 한다는 것을 믿지 않았지만, 하나님께서 통치자가 그리스도인이 아닐 때에만 합법적으로 실행하는 힘을 사용함으로 파기하는 것은 믿었다.

28. 아마도 재세례파에 대한 반박에서, 도덕완전주의의 모든 어리석은 개념은 여기에서 무시했다.

29. 칭의와 성화의 참된 이해는 죄악 된 교회가 어떻게 거룩하고 흠 없는 교회로 묘사될 수 있는지를 우리가 이해할 때 가능하다. 이신칭의의 교리가 없다면 그 역설은 완전 모순이다.

30. Gerson, *De Potest. eccles. Opp.* Tom. I, Col. 3, Par. 1606.

31. Petri de Alliaco, *Tract. de ecclesiae auctoritate Opp.* Tom. I, Col. 898, Par. 1606.

32. Augustine, *Tract. V in Joann.*

33. 모든 종교 개혁자들과 함께 불링거가 목회에 대한 신적 제도와 권위를 인정했음은 주목할 만하다.

34. 종교 개혁자들이 고해성사를 비롯한 다섯 가지를 참된 성례로 수용하지 않은 것은 이 토대 위에 있었다.

35. 이것은 교회 위에 있는 성령의 수위권에 관한 명확한 주장이다.

36. 이러한 규정으로 불링거는 교회에서 단순히 교회 자체의 권위로 부과한 모든 실천, 교리, 규정을 배제한다. 그는 성경에 상반되는 것을 행하지 않는 범위에서, 성경이 보장하지 않는 문제에 대해 법을 만드는 자유조차도(루터교와 영국 국교회는 인정함) 교회에 당연한 것으로 여기지 않았다. 그는 성경 밖이나 그것에 반하는 어떤 규정도 교회가 부과해서는 안 된다고 주장한다. 교회의 유일한 권위는 외적 질서의 문제에 있고(예를 들어, 예배 시간), 성경의 법에 대한 개인적 적용이다(예를 들어, 출교 문제).

37. 교회 위에 있는 그리스도 자신의 주권은 여기에서 분명히 보호된다. 교회와 사역자들의 권위가 모든 경우에 그 주권에 지배를 받는다.

참고 문헌 BIBLIOGRAPHY

ZWINGLI

A. EDITIONS

Opera (Gwalter), Tiguri 1581 f. (4 vols.).

Sämmtliche Schriften im Auszüge (Usteri & Vögelin), Zurich 1819–1820 (2 vols.).

Werke (M. Schuler & J. Schultess), Zurich 1828–1842 (8 vols.).

Zeitgemässige Auswahl aus Huldreich Zwinglis parktischen Schriften (R. Christoffel), 1843–1846.

Sämtliche Werke (*Corpus Reformatorum*), Berlin 1905 f.

Ulrich Zwingli: Eine Auswahl aus seinen Schriften. (G. Finsler, W. Köhler, A. Ruegg), Zurich 1918.

Zwingli-Hauptschriften (Volksausgabe), Zurich 1940 f.

B. TRANSLATIONS

Selected Works of Zwingli (S. M. Jackson), New York 1901.

The Latin Works of Zwingli (S. M. Jackson & others), New York 1912, and Philadelphia 1922 and 1929 (3 vols.).

C. SECONDARY WORKS

Allgemeine deutsche Biographie, Leipzig 1875 f.

Archiv für schweizerische Reformationsgeschichte, Freiburg–im–Br. 1869–1875 (3 vols.).

A. Baur: *Zwinglis Theologie: ihr Werden und ihr System*, Halle 1885 and 1889 (2 vols.)

J. Berchtold–Belart: *Das Zwingli-Bild und die schweizerischen Reformations-Chroniken*, 1929.

C. Bergmann: *Die Täuferbewegung im Kanton Zürich bis 1660*, 1916.

F. Blanke: *Zur Zwinglis Entwicklung* (Art. Kirchenblatt für die reformierte Schweiz), 1930. *Zwinglis Sakramentsanchauung* (Th. Bl. 10), 1931.

A. Bouvier: *Ulrich Zwingli d'après ses Oeuvres*, Revue de théol. et phil. 80, 1931.

P. Brockelmann: *Das Corpus Christianum bei Zwingli*, 1938.

H. Bullinger: *Reformationsgeschichte* (Ed. Hottinger & Vögelin), Frauenfeld 1838–1840 (3 vols.).

A. E. Burckhardt: *Das Geistproblem bei Zwingli*, 1932.

P. Burckhardt: *Huldreich Zwingli: eine Darstellung seiner Persönlichkeit und seines Lebenswerkes*, Zurich, 1918.

R. Christoffel: *Huldreich Zwingli: Leben und ausgewählte Schriften*, Elberfeld 1857. (Trans. J. Cochrane, Edinburgh 1858, but without the selected extracts.)

O. Clemen: *Zwingli und Calvin*, 1926.

D. Cunz: *Zwingli*, Aarau 1937.

Die Religion in Geschichte und Gegenwart, Art. Zwingli.

A. W. Dieckhoff: *Die evangelische Abendmahlslehre im Reformationszeitalter*, I, 1854.

E. Egli: *Actensammlung zur Geschichte der zürcher Reformation in den Jahren*, 1519–1523, Zurich 1879. *Analecta refromatoria* 1899 f. *Die Züricher Wiedertäufer zur Reformationszeit*, 1878. *Schweizerische Reformationsgeschichte*, 1910.

U. Ernst: *Geschichte des zürchen Schulwesens bis gegen das Ende des 16 Jahrhunderts*, 1879.

A. Farner: *Die Lehre von Kirche und Staat bei Zwingli*, 1930.

O. Farner: *Das Zwinglibild Luthers*, 1931.

   Huldreich Zwingli, Zurich 1917.

   Huldrych Zwingli, Zurich 1943 and 1946 (2 vols.).

   Zwinglis Bedeutung für die Gegenwart, Zurich 1919.

O. Farner and H. Hoffmann: *Die grosse Wende in Zürich*, Zurich 1941.

G. Finsler: *Zwinglibibliographie*, Zurich 1897.

B. Fleischlin: *Zwingli Persönlichkeit, Bildungsgang und Werden*, Luzern 1903.

K. Guggisberg: *Das Zwinglibild des Protestantismus im Wandel der Zeiten*, 1934.

W. Hasties: *The Theology of the Refromed Church*, Edinburgh 1904.

Hastings Encyc. of Religion and Ethics, Art. Zwingli.

G. Heer: *Ulrich Zwingli als Pfarrer in Glarus*, 1884.

J. G. Hess: *Ulrich Zwingli*. (Trans. L. Aikin, London 1812.)

J. J. Hootinger: *Ulrich Zwingli*. (Trans. T. C. Porter, 1856.)

H. Hug: *Ulrich Zwingli*, 1931.

F. Humbel: *Zwinglis und seine Refromation im Spiegel der gleichzeitigen schweizerischen volkstümlichen Literatur*, Zurich 1912.

S. M. Jackson: *Huldreich Zwingli*, London 1901.

J. Kessler: *Sabbata*. (Ed. St. Gallen, 1902.)

B. J. Kidd: *Documents illustrative of the Continental Reformation*, Oxford 1911.

W. Köhler: *Das Buch der Refromation Huldrych Zwinglis*, Munich 1926.

   Das Marburger Religionsgespräch, 1529.–*Versuch einer Rekonstruktion*, Leipzig 1929.

Die Geisteswelt Ulrich Zwinglis, Gotha 1920.

Die neuere Zwingliforschung, Theol. Rund. N.F. IV, 1932.

Huldreich Zwingli, 1923.

Ulrich Zwingli und die Reformation in der Schweiz, Tübingen 1919.

Ulrich Zwingli: Zum Bedenken der Zürich Reformation, 1519–1919.

Unsere religiösen Erzieher, II, Leipzig 1917.

Zwingli und Luther: Ihr Streit um das Abendmahl, Leipzig 1924.

J. Kreutzer: *Zwinglis Lehre von der Obrigkeit*, Stuttgart 1909.

C. von Kügelgen: *Die Ethik Zwinglis*, Leipzig 1902.

A. Lang: *Zwingli und Calvin*, Bielefeld and Leipzig 1913.

Lexicon für Theologie und Kirche, Art. Zwingli.

R. Ley: *Kirchenzucht bei Zwingli*, Zurich 1948.

G. W. Locher: *Die Theologie Huldrych Zwinglis im Lichte seiner Christologie*, I, Zurich 1952.

F. Loofs: *Dogmengeschichte*, IV, pp. 792f.

A. Maurer: *Ulrich Zwingli*, 1931.

J. C. Mörikofer: *Ulrich Zwingli*, Leipzig 1867 and 1869 (2 vols.).

L. von Muralt: *Die Badener Disputation*, 1925.

Zwinglis geistesgeschichtliche Stellung, 1931.

O. Myconius: *Vita Huldrici Zwingli*. (Ed. *Vitae quatuor Reform*. Neander, Berlin 1841.)

E. Nagel: *Zwinglis Stellung zur Schrift*, Freiburg 1896.

L. I. Newman: *Jewish Aspects of the Zwingli Reformation*, New York 1925.

W. Oechsli: *Quellenbuch zur Schweizergeschichte*.

G. Oorthuys: *De Anthropologie van Zwingli*, 1905.

T. Pestalozzi: *Die Gegner Zwinglis am Grossmünsterstift in Zürich*, Zurich 1918.

Realencyklopädie für protestantische Theologie, Art. Zwingli.

A. Rich: *Die Anfänge der Theologie Huldrych Zwinglis*, Zurich 1949.

O. Rückert: *Ulrich Zwinglis Ideen zur Erziehung und Bildung im Zusammenhang mit seinen refromatorischen Tendenzen*, Gotha 1900.

J. M. Schuler: *Huldreich Zwingli*, Zurich 1819.

G. von Schultess–Rechberg: *Zwingli und Calvin in ihrer Ansichten über das Verhältnis von Staat und Kirche*, Aarau 1909.

A. Schweitzer: *Zwinglis Bedeutung neben Luther*, Zurich 1884.

E. Seeberg: *Der Gegensatz zwinschen Zwingli, Schwenckfeld und Luther* (R. Seeberg Festschrift, 1929).

P. Sieber: *Bibliographie zur Zwinglis Gedenkfeier*, Zwingliana V.

S. Simpson: *Ulrich Zwingli*, London 1903.

B. V. Soós: *Zwingli und Calvin Zwingliana*, 1936, 2 pp. 306–326.

R. Stähelin: *Der Einfluss Zwinglis auf Schule und Unterricht* (in der Einladungsschrift z. Feier des 300 Jährigen Bestandes des Gymnasiums zu Basel, 1889, pp. 61–71).
Huldreich Zwingli, Basel 1895 and 1897 (2 vols.).

J. Strickler: *Aktensammlung zur schweizerischen Reformationsgeschichte in den Jahren*, 1521–1531, Zurich 1878–1884 (5 vols.).

J. Stumpf: *Chronica vom Leben und Wirken des Ulrich Zwingli*, Zurich 1932.

H. D. Türler: *Thomas Wyttenbach*, 1927.

J. M. Usteri: *Darstellung der Tauflehre Zwinglis*, 1882. *Zwingli und Erasmus*, 1885.

A. Waldburger: *Zwinglis Reise nach Marburg*, 1929.

P. Wernle: *Der evangelische Glaube nach den Hauptschriften der Refromatoren, II Zwingli*, Tübingen 1919.

Zeitschrift für Kirchengeschichte: Art. Zwingli and the Lord's Supper, 1927, I.

Zwingliana, Beiträge für Geschichte Zwinglis, der Reformation und des Protestantismus in der Schweiz, 1897f.

BULLINGER

A. EDITIONS

The works of Bullinger have never been collected into one series, and are mostly avilable only in the early invidual editions. A comprehensive list may be found in the Parker Society edition of the *Decades*, Vol. III, Biographical Notice, pp. xvf.

Bullinger himself collected his principal writings into ten volumes (*Biblioth. Tigur*), but they have never been published in a complete from.

E. Egli prepared a modern edition of the important *Diarium* (Basel 1904).

B. TRANSLATIONS

Quite a number of Bullinger's treatises were translated into English in the sixteenth century, including the *Decades*.

The Parker Society republished the Elizabethan version of the *Decades* in their 4–volume edition of 1849–1852.

C. SECONDARY WORKS

F. Blanke: *Der junge Bullinger*, Zurich 1942.

A. Bouvier: *H. Bullinger, Réformateur et Conseiller oecumenique, le Successeur de Zwingli, d'après sa correspondance avec les Réformés et les Humanistes de Langue française*, Neuchatel 1940.

R. Christoffel: *H. Bullinger und seine Gattin*, 1875.

Die Religion in Geschichte und Gegenwart, Art. Bullinger.

E. Egli: *Heinrich Bullinger*, Zwingliana 1904, 2 p. 419.

   Bullingers Beziehungen zu Zwingli, Ibid., p. 439.

N. Gooszen: *J. H. Bullinger*, Rotterdam, 1909.

S. Hees: *Lebensgeschichte Meister H. Bullinger*, Zurich 1823 and 1829 (2 vols.).

BIBLIOGRAPHY

L. Lavater: *Vom läben und tod dess Eerwirdigen Herrn Heinrychen Bullingers, dieners des Kyrchen zuo Zürich*, Zurich 1576.

Lexicon für Theologie und Kirche, Art. Bullinger.

N. Paulus: *Hexenwahn und Hexenprozess im 16 Jahrhundert*, 1910.

K. Pestalozzi: *Leben und ausgewählte Schriften der Väter der reformierten Kirche*, V, 1858.

Realencyklopädie für protestantische Theologie, Art. Bullinger.

A. Ruegg: *Die Beziehungen Calvins zu Bullinger*, Zurich, 1909.

T. Schiess: *Der Briefwechsel H. Bullingers*, Zwingliana, 1933, 1 p. 369.

G. von Schultess—Rechberg: *H. Bullinger*, Halle 1904.

J. Simlerus: *Narratio de ortu, vita et obitu reverendi viri D. Henrici Bullingeri··· Tiguri excudebat* Froschouerus, 1575.

J. Sutz: *H. Bullinger, der Retter der zürcherischen Reformation*, Zurich 1915.

J. M. Usteri: *Vertiefung der Zwinglischen Sakraments- und Tauflehre bei Bullinger*, Theol. Studien u. Krit. Gotha 1882—1883.

A. van t'Hooft: *De theologie van Heinrich Bullinger in Betreuking tot de Nederlandsche Reformatie*, 1880.

G. R. Zimmermann: *Die Zürcher Kirche und ihre Antistes*, 1877.

   Heinrich Bullinger (in *Grosse Schweizer*, Zurich, 1938, pp. 106—114).

색인 INDEXES

일반 색인

392

성경 색인